混合教学改革手册

Handbook of
Educational Reform through Blended Learning

李铭 韩锡斌 程建钢 编著

清华大学出版社
北京

版权所有，侵权必究。举报：010-62782989，beiqinquan@tup.tsinghua.edu.cn。

图书在版编目（CIP）数据

混合教学改革手册/李铭，韩锡斌，程建钢编著．—北京：清华大学出版社，2023.7
ISBN 978-7-302-62360-1

Ⅰ．①混⋯　Ⅱ．①李⋯②韩⋯③程⋯　Ⅲ．①教学改革—手册　Ⅳ．① G420-62

中国国家版本馆 CIP 数据核字（2023）第 012941 号

责任编辑：	纪海虹
封面设计：	赵世颖
责任校对：	宋玉莲
责任印制：	杨　艳

出版发行：清华大学出版社
网　　址：http://www.tup.com.cn，http://www.wqbook.com
地　　址：北京清华大学学研大厦 A 座　　邮　编：100084
社 总 机：010-83470000　　邮　购：010-62786544
投稿与读者服务：010-62776969，c-service@tup.tsinghua.edu.cn
质量反馈：010-62772015，zhiliang@tup.tsinghua.edu.cn

印 装 者：三河市东方印刷有限公司
经　　销：全国新华书店
开　　本：165mm×240mm　　印　张：36.75　　字　数：580 千字
版　　次：2023 年 7 月第 1 版　　印　次：2023 年 7 月第 1 次印刷
定　　价：128.00 元

产品编号：098230-01

序　　言

随着大数据、人工智能、区块链、5G等数字技术的兴起，人类社会生产生活方式发生了深刻变化。数字产业化和产业数字化加速发展，对全球各国劳动力所拥有的知识、技能与能力提出了新的要求，需要高等教育和职业教育作出相应的回应。互联网的发展催生了数字化思维、分布式认知、虚拟空间知识传播方式和人际交往方式，这将导致人才培养理念、方式和治理体系的系统性变革，教育的数字化转型势在必行。2020年国际电信联盟、联合国教科文组织和联合国儿童基金会联合发布《教育数字化转型：联通学校，赋能学习者》，首次提出教育数字化转型的概念和倡议；欧盟发布《数字教育行动计划（2021—2027年）》，主张欧盟未来需要推进"促进高性能的数字教育生态系统的发展"和"提高数字技能和能力以实现数字化转型"两大战略事项；美国高等教育信息化协会发布的《2020年十大IT议题——推动数字化转型》，提出推动高等教育数字化转型的主要议题。中国教育部也于今年年初提出要实施国家教育数字化战略行动。然而，正如联合国教科文组织2021年在《共同重新构想我们的未来：一种新的教育社会契约》中指出的，计算机和互联网等正在迅速改变知识的创造、获取、传播、验证和使用方式，从而使信息更容易获取，为教育提供了新的方式，并对教育有巨大的变革潜力，但我们还没有找到将这些潜力变为现实的路径。

为此，联合国教科文组织高等教育创新中心（中国深圳）和清华大学教育研究院联合开展高等教育数字化转型"3+1"项目研究（即3本手册和1份研究报告），3本手册包括《混合教学改革手册》《高等教育教师发展手册》和《职业教育教师发展手册》，1份研究报告即《高等教育教学数字化转型研究报告》。研究报告包括中文、英文、法文和西班牙文 4 个版本，在联合国教科文组织于 2022 年 5 月西班牙巴塞罗那召开的第三届世界高等教育大会上正式发布。该报告试图为国际组织、政府、高校、企业以及其他利益相关方提供应对教学数字化转型的理念、思路、方法、挑战及对策。报告分析了高等教育数字化转型的背景与现状，阐明教学数字化转型的内涵及实施框架，从学校、专业、课程与教学、教师教学能力、学习者学习和质量保障 6 个方面详细阐述高等教育教学数字化转型的内容、特征、策略以及进一步探索的方向，提出高等教育教学数字化转型面临的挑战及对策，同时，结合不同国家的实践案例分享各方探索的经验。3 本手册则侧重提供混合教学改革、教师教学能力及其发展方面的理论、标准、方法和策略，聚焦解决数字化教学"最后一公里问题"，供实践者和研究者参考。同时，借助联合国教科文组织平台进行传播，以期助力全球各国，尤其是发展中国家，借助数字技术迈向联合国教科文组织倡导的 2030 教育可持续发展目标，并在此过程中创建适合未来的具有包容性、韧性的开放和高质量的高等教育教学体系。手册的中文版将由清华大学出版社出版，英文版由斯普林格出版社（Springer）出版。

"3+1"项目既要迎接教育数字化转型的战略挑战，又要兼顾"教育信息化最后一公里问题"的解决，任务重、难度大且时间紧，历时 10 个月集大成，实属不易！在项目实施中，联合国教科文组织高等教育创新中心（中国深圳）提供了经费上的支持，中心主任李铭教授全程参与并给予了重要指导，国内外 15 个教授团队更是积极参加和协同合作，包括韩锡斌、刘美凤、王玉萍、宋继华、张铁道、陈丽、王淑艳、陈明选、钟志贤、刘清堂、沈书生、俞树煜、曹梅、孙杰远、杨浩团队。在此致以特别的感谢！

本手册是《混合教学改革手册》，包括基础理论篇、课程教学篇、专业与学科建设篇、学校改革篇、支持服务篇、实践案例篇和未来展望篇。第一章基础理论篇阐释了混合教学的概念和理论依据，系统介绍了混合教学的理论基础，包括系统论、教育传播理论、学习理论、课程理论、教学理论等，归纳总结了混合教学模式、设计模式和实践模式；第二章课程教学篇阐释了混合课程教学的核心要素与基本环节，详细说明混合课程教学设计、实施与评价的方法与过程，并辅以理论说明和方法示例；第三章专业与学科建设篇阐述了信息时代对专业改革提出的要求，并提出了信息时代

序　言

专业人才培养方案的体系重构、过程优化与支持体系建设等方面的策略；第四章学校改革篇阐明高等教育和职业教育机构混合教学改革的总体框架和核心要素，提出了学校系统推动混合教学改革的策略说明了效果评价的框架和工具；第五章支持服务篇阐明了混合教学支持服务的理论依据及原则，提出面向学习者的学习支持服务、面向教师的教学支持服务，以及学校提供的混合教学环境和资源支持；第六章实践案例篇概述了混合教学案例的作用与价值、使用方法，呈现了 10 个国家的 15 个实践案例，说明案例的背景、核心问题、解决措施、效果与影响等；第七章未来展望篇从混合学习空间、开放教育资源、泛在学习、教育理念更新与教育生态体系变革等不同侧面对混合教学改革的未来发展进行了展望。

在本手册的编写过程中，总结了清华大学研究团队 20 年来混合教学研究与实践成果，并融入全球化情境，同时，邀请国内外教育技术学、高等教育学、职业教育学、教育管理学专家共同开展研究。手册定位兼具工具性、实用性、资源性、引领性、学术性，平衡把握"四性"，即本土性与全球性、经典性与时代性、普遍性与特殊性、理论性与实践性，旨在为国际组织和各国政府提出混合教学的相关政策建议，为各级各类高等院校和职业院校管理者推进混合教学改革提供系统解决方案，为院校教师实施混合教学改革提供便利的行动指南，为研究者以及相关企业从业人员提供混合教学改革理论、方法、技术等方面的参考。

本手册由李铭、程建钢、韩锡斌负责总体编著。第一章基础理论篇由刘美凤（北京师范大学）负责，赵国庆（北京师范大学）、钟志贤（江西师范大学）、马婧（郑州大学）、王雯（中国教育科学研究院）参与编写；第二章课程教学篇由韩锡斌（清华大学）负责，王雯（中国教育科学研究院）、崔依冉（清华大学）、王淑艳（美国南密西西比大学）、冯晓英（北京师范大学）参与编写；第三章专业与学科建设篇由沈书生（南京师范大学）负责，杨浩（美国纽约州立大学奥斯威戈分校）、周潜（清华大学）参与编写；第四章学校改革篇由周潜（清华大学）负责，黄月（北京邮电大学）、崔依冉（清华大学）、王玉萍（澳大利亚格里菲斯大学）、陈楠（北京教育科学研究院）参与编写；第五章支持服务篇由刘清堂（华中师范大学）负责，陈丽（北京师范大学）、罗杨洋（兰州大学）、白晓晶（北京开放大学）、冯晓英（北京师范大学）、马志强（江南大学）参与编写；第六章实践案例篇由陈明选（江南大学）负责，王竹立（中山大学）、梁林梅（河南大学）、马志强（江南大学）、刘英群（清华大学）参与编写；第七章未来展望篇由俞树煜（西北师范大学）负责，陈丽（北京师范大学）、王竹立（中山大学）参与编写。

联合国教科文组织高等教育创新中心（中国深圳）蒋清宇等，清华大学教育研究院易凯谕、郭日发、石琬若、刘金晶，北京师范大学刘文辉、刘敏、孙桐、张绣苗、张智妍、胡琳琳、盛海曦、刘刚、王寸尺，南京师范大学赵晓伟、周佳玉，华中师范大学葛福鸿、陈峰娟、桑志强、曹天生、苗恩慧、苟诗瑶、陈亮、尹兴翰、孙磊，江西师范大学朱欢乐、邓祯钰、何妞、梁伊铃、王静、陈小燕，江南大学周亮、郭麟凤，西北师范大学王妍莉、蔡旻君等，对本手册编著工作进行了支持，多所高等院校、职业院校领导、教师提供案例，本手册凝聚了他们长期开展高等教育、职业教育教学研究与改革的心血和成果。在此，一并致以诚挚的谢意。

本手册的编辑出版得到了清华大学出版社的大力支持，特别是纪海虹主任等投入了巨大的心力和时间，特此表示衷心的感谢！

程建钢

2022 年 8 月

目 录

第一章 基础理论篇 ·· 1
  第一节 混合教学的概念及其发展 ··· 1
  第二节 混合教学产生与发展的理论依据 ·· 3
    一、心理学依据 ··· 4
    二、教育学依据 ··· 18
  第三节 混合教学的理论基础 ··· 23
    一、系统论及其对混合教学的指导 ·· 24
    二、教育传播理论及其对混合教学的指导 ································· 27
    三、学习理论及其对混合教学的指导 ·· 35
    四、课程理论及其对混合教学的指导 ·· 62
    五、教学理论及其对混合教学的指导 ·· 73
  第四节 混合教学模式 ·· 87
    一、认知学徒制教学模式 ·· 87
    二、基于资源的学习模式 ·· 90
    三、基于项目的教学模式 ·· 92
    四、基于问题的教学模式 ·· 97
    五、分布式学习模式 ··· 99
    六、随机进入教学模式 ··· 100
    七、案例式教学模式 ··· 101
    八、翻转课堂模式 ··· 103
  第五节 混合教学设计模式和混合教学实践模式 ······························ 105
    一、混合教学设计模式 ··· 106

二、混合教学实践模式 …………………………………… 128
第六节　学习者混合学习的特点和需求 ………………………… 134
　　一、不同学习风格类型的学习者混合学习特点 ………… 135
　　二、不同自我效能的学习者混合学习特点 ……………… 142
　　三、不同学习态度的学习者混合学习特点 ……………… 146
　　四、不同学习动机的学习者混合学习特点 ……………… 148

第二章　课程教学篇 …………………………………………… 153
第一节　混合课程教学的核心要素与基本环节 ………………… 154
　　一、混合课程教学的核心要素及其关系 ………………… 154
　　二、混合教学的基本环节 ………………………………… 158
第二节　分析混合课程的现状与学习者特点 …………………… 161
　　一、分析混合课程的现状 ………………………………… 161
　　二、分析混合课程的学习者特点 ………………………… 164
第三节　分析混合教学的环境 …………………………………… 171
　　一、分析混合教学环境的基本原则 ……………………… 171
　　二、物理教学环境的选用 ………………………………… 172
　　三、网络学习空间的选用 ………………………………… 175
第四节　明确混合课程教学目标 ………………………………… 177
　　一、确定混合课程总体目标 ……………………………… 177
　　二、划分学习单元 ………………………………………… 179
　　三、确定学习单元目标 …………………………………… 180
第五节　确定混合课程学习内容与呈现形式 …………………… 186
　　一、组织混合课程的学习内容 …………………………… 186
　　二、确定混合课程教学内容呈现形式的原则 …………… 190
　　三、开发数字化学习资源 ………………………………… 196
第六节　设计与实施混合课程学习活动 ………………………… 199
　　一、混合课程学习活动的整体安排 ……………………… 199
　　二、混合课程线上线下学习活动的安排 ………………… 205
　　三、学习单元活动的设计与实施 ………………………… 207
第七节　评价学习者的混合学习效果及反馈指导 ……………… 220

一、课程单元的混合学习效果评价及反馈指导 …………… 221
二、课程的混合学习效果评价 …………………………… 228
三、混合学习效果的评价策略 …………………………… 229
四、测量学习者学习动机和能力的工具 ………………… 236
第八节 多种模式混合课程的实施要点 ………………………… 237
一、基于不同学习目标的混合课程 ……………………… 238
二、基于不同时空的混合课程 …………………………… 239
三、基于不同教学环境的混合课程 ……………………… 239
第九节 混合课程实施效果的评估与反思 ……………………… 241

第三章 专业与学科建设篇 …………………………………… 245
第一节 现代大学制度下的专业与学科责任 …………………… 246
一、专业与学科的区别及联系 …………………………… 246
二、信息时代引发的跨学科革命 ………………………… 248
三、信息时代推动了专业办学的变革 …………………… 252
第二节 信息时代对专业改革提出的要求 ……………………… 256
一、从专业人才的特定性到连通性 ……………………… 256
二、从专业办学的独立性到协同性 ……………………… 261
三、从专业方向的封闭性到开放性 ……………………… 263
第三节 信息时代专业人才培养方案的体系重构 ……………… 267
一、专业体系的变革与调整 ……………………………… 267
二、专业人才的定位与培养 ……………………………… 269
三、专业发展的融合与创新 ……………………………… 275
第四节 信息时代专业人才培养的过程优化与支持体系建设 … 277
一、服务于高质量人才需求的培养过程设计 …………… 277
二、体现用户至上的培养过程支持体系建设 …………… 279

第四章 学校改革篇 …………………………………………… 283
第一节 学校系统推进混合教学改革的总体框架 ……………… 283
一、学校系统推进混合教学改革的实施框架 …………… 283
二、学校不同主体推动混合教学改革的系统框架 ……… 286

第二节 学校系统推动混合教学改革的核心要素 …… 290
  一、制订目标与规划 …… 290
  二、构建组织机构 …… 309
  三、出台政策与规范 …… 313
  四、形成文化氛围 …… 316
第三节 学校系统推动混合教学改革的策略 …… 318
  一、学校推动混合教学改革的着力点 …… 318
  二、学校推动混合教学改革的策略 …… 320
第四节 学校系统推进混合教学改革的效果评价 …… 323
  一、高校混合教学改革实施效果的自评框架 …… 323
  二、UNESCO 高校混合教学实施自我评价工具 …… 324
  三、基于教师群体在线行为的混合教学实施定量评价框架 …… 325

第五章 支持服务篇 …… 336
第一节 混合教学支持服务概述 …… 336
  一、混合教学支持服务的理论依据 …… 336
  二、混合教学支持服务的原则 …… 340
  三、混合教学支持服务的核心内容 …… 341
第二节 面向学习者的学习支持服务 …… 342
  一、学习规划与引导 …… 343
  二、学情诊断与辅导 …… 349
  三、学习监测与干预 …… 357
  四、学习评价与反馈 …… 363
第三节 面向教师的教学支持服务 …… 368
  一、教学培训支持 …… 368
  二、课程教学支持 …… 369
  三、激励政策支持 …… 372
  四、课程评价支持 …… 372
第四节 混合教学环境和资源支持 …… 375
  一、混合教学物理环境 …… 377

二、混合教学网络学习空间 …………………………… 399
　　三、混合教学的工具 …………………………………… 407
　　四、混合教学的资源 …………………………………… 416

第六章　实践案例篇 ……………………………………………… 422
　第一节　案例概述 ……………………………………………… 422
　　一、混合教学案例的作用与价值 ……………………… 422
　　二、混合教学案例的使用方法 ………………………… 423
　　三、案例内容的基本结构 ……………………………… 424
　第二节　具体案例呈现 ………………………………………… 425

第七章　未来展望篇 ……………………………………………… 522
　第一节　混合学习空间：系统推进教学改革的基础 ………… 523
　　一、混合学习空间将成为未来教学的场所 …………… 523
　　二、混合学习空间构建与应用的支持技术 …………… 524
　　三、混合学习空间的未来发展 ………………………… 527
　　四、学习空间的发展对混合教学的影响 ……………… 528
　第二节　开放教育资源：促进混合教学改革的重要学习
　　　　　资源 …………………………………………………… 530
　　一、开放教育资源的种类 ……………………………… 530
　　二、开放教育资源的未来发展方向 …………………… 533
　　三、促进开放教育资源应用的策略和建议 …………… 536
　第三节　泛在学习：一种适应混合教学的学习形态 ………… 538
　　一、泛在学习的基本理念 ……………………………… 538
　　二、促进泛在学习的策略与建议 ……………………… 539
　　三、泛在学习的未来发展趋势 ………………………… 542
　第四节　教育理念更新与教育生态体系变革 ………………… 545
　　一、知识观的发展：从精加工的符号化信息回归到
　　　　全社会的人类智慧 ………………………………… 546
　　二、学习观的发展：学习是与特定的节点和信息资源
　　　　建立连接的过程 …………………………………… 547

三、教育系统的发展：从线性有序变成开放、复杂的
　　动态系统 ··· 548
四、教育新形态：未来学校和新的教育供给主体涌现 ··· 549
五、学习制度的发展：构建灵活、终身的学习制度 ······ 551

附录：名词术语中英文释义·································· 553

第一章 基础理论篇

混合教学的实践离不开理论的指导，不仅仅是依赖混合教学自身的理论，还要参考其他相关理论。混合教学的产生与发展是学习心理学和教育学规律在信息时代的必然呈现。混合教学需要在系统理论、教育传播理论、学习理论、教学理论和课程理论等指导下开展。在混合教学的研究与实践中已经形成了一定的模式，以及相关的设计模式和实践模式。本章在第一节，简要回顾混合教学概念的内涵及发展过程；第二节，阐述混合教学产生与发展的理论依据，指出混合教学走向常态化是信息时代教学发展的必然结果；第三节，说明混合教学的理论基础及其对混合教学的指导意义；第四节，呈现混合教学的几种主要模式，诠释教学可以通过这些教学模式做到线上线下无缝衔接；第五节，介绍混合教学设计模式和实践模式；第六节，综述学习者混合学习的特点和需求。本章系统归纳总结了混合教学的相关理论与研究成果，不仅概述理论本身的内涵和特点，而且阐明这些理论对混合教学的指导意义和价值，可供教师、教学设计师、教育技术人员、教学管理者、教学研究者参考。

第一节 混合教学的概念及其发展

混合教学的概念始于企业人力资源培训领域，旨在解决传统面授教学在时间和空间上的限制：学员规模小、时效性差、培训成本高等。一些国际大公司，如IBM、波音公司等自20世纪60年代就开始尝试借助传播技术手段突破上述限制，面向几百甚至上千员工进行培训。传播技术在不断创新，包括起初的大型计算机、小型计算机、70年代的电视媒体、80年代的CD-ROM光盘，直到21世纪基于互联网的各种传播方式，混合教学的发展目标依然如初，即突破培训师的人力局限，达到培训效益最大化。[①] 企业员工培训目标直接指向岗位能力和工作绩效的提升，面授教学对工作技能的训练以及企业文化的传承起到不可或缺的作用，因此，将基于技术的学习与面对面教学的优势有机结合既是企业人力资源培训不断探索的结果，也是混合教学概念的缘起。

随着信息技术的发展，20世纪90年代基于网络的E-Learning逐渐增多，面对面学习与E-Learning环境所使用的媒体、方法以及需要满足的对象需求不同，此阶段，两种学习方式在很大程度上处于分离状态。但随着E-Learning方式为学习者提供更加丰富的技术环境、更加便捷的资源获取方式的同时，其约束力弱、即时交互体验感差的弱点也显露出来，人们意识到，学习者在不受监督的纯网络环境下难以独立完成学习任务。由此，更有效、更灵活的混合教学方式被教育领域的相关学者与实践者应用在教学当中，"混合教学"被作为专有名词提出。此时的混合教学更多地被视为纯面授教学与纯在线教学之间的过渡态，被看作是二者基于信息技术的简单结合，是通过信息技术将部分传统课堂教学"搬家"到网上，或作为"补充"的课外延伸部分。之后，人们对于混合教学的认识也在逐渐发生转变，混合教学逐渐被理解为一种改进课堂教学、提升学习效果的教学形态。越来越多研究者认识到，"混合"一词表示"整合""融合"等更加深刻、丰富的内涵而非简单的"加和"，混合的内容也不局限于面授与在线的环境混合，而是包含教学资源、教学方法、教学环境、教学工具、教学模式等多要素的系统性重构。

从教育发展史的角度来审视，教育作为一项社会活动，必然受到特定社会生产力，尤其是科技进步的影响。影响教育教学形态的最重要科技就是传播技术，它的每次颠覆性发展都深刻变革教育教学。原始社会的教育与生活、劳动相结合，主要传播技术是肢体语言，其使命是维持人们的群体生存，没有正式教育与非正式教育之分，形成了朴素的泛在教育形态，

---

① Bersin J. How Did We Get Here? The History of Blended Learning[M]. The Blended Learning Handbook: Best Practices, Proven Methodologies, and Lessons Learned. Pfeiffer Wiley, Chichester, 2004.

具有个别化知识传授的特征。农业社会的教育采用的主要传播技术是口耳相传及手工编纂的书目,由于社会需求的不同形成了正式教育与非正式教育的区别。正式教育,以官学与私塾为主要形态,采用或集中或分散的方式,教学组织形式以个性化教学为主,没有严格的班级及学年区分;而劳动技能的培养采用农耕情境学习、师徒传帮带等方式,体现为非正式教育。工业社会的教育所采用的传播技术除了口手相传,还包括批量印刷的书目以及初步的计算机技术。工业社会由于需要大批量的标准化人才,其正式教育由面向精英转向大众,并由此产生了标准化、规模化的学校、学年、班级、课程等概念,以班级授课为主要形式;非正式教育的内容则由农业社会的劳动技能变为工作技能,教学的方式由农耕情境变为工厂情境下的师徒"传帮带"等。当前,人类迈入信息社会,形成了以信息与通信技术为基础、信息资源为基本发展资源、数字化产业为引领的社会形态,数字化和网络化为基本社会交往方式。在信息社会中,信息与物质、能量一起构成社会赖以生存的三大资源,多媒体技术及互联网技术广泛应用于教育。正式教育从工业社会的大众化变为普及化,同时,"以学习者为中心"使得正式教育除了保留规模化的特征,还具有了个性化的特征。教学方式从工业社会的纯面授班级授课变为有计划的面授教学和灵活的信息化教学的结合,具有了实体物理空间和虚拟网络空间相融合的混合教育形态。随着云计算、物联网、人工智能、生物计算机技术等新一代信息技术的不断普及应用,以及物理空间和虚拟空间的深度融合,教育将会真正满足"人人、时时、处处、事事"的学习需求,使得正式教育与非正式教育获得无缝融合,从而满足学习者个性化、终身化的学习需求,使人类学习迈向泛在学习新生态。

第二节 混合教学产生与发展的理论依据

综上所述,"混合教学"是指将基于互联网和数字媒体的学习与师生面对面教学相结合的教学形态。这种教学形态,会依据教育的本质和教育与学习规律以及未来社会对人才的要求,重构教育教学的核心要素,包括目标、内容(资源)、媒体、方法、评价、教学团队等,以达成特定条件下的最优化学习效果。混合教学是社会、经济、技术发展到一定阶段的产物，必将成为教育的新常态。它既能满足社会发展对教育的需求，也能满足个人自主发展的要求，它的产生与发展有着坚实的教育学和心理学理论依据。

一、心理学依据

（一）混合教学可以兼顾一般意义上的学习者的共性和个性

心理学研究指出，人既有共性特征，也有个性特征。在众多共性和个性特征中，既有跟学习相关、密切的，也有相关度不大的。在与学习者学习相关的共性和个性当中，我们将那些与学习特定学科内容无关的共性和特性称为心理学一般意义上的学习者学习的共性和个性。

一般意义上的学习者学习的共性特征包括：认知发展阶段特征、社会性心理发展阶段特征、道德发展阶段特征等。一般意义上的学习者学习的个性特征有学习需求与动机、学习兴趣、学习能力、学习风格等。

学习者具有与学习相关的共性特征，证明了面对面教学和线上针对群体直播教学等的合理性；同样，学习者具有的与学习相关的个性特征，是面对面教学难以完美关注到的，而这正是线上教学可以充分发挥作用的地方。正因为如此，混合教学的产生与发展具有其历史必然性。下面，我们分别阐述一般意义上的学习者学习的共性特征和个性特征，以便更清楚地了解如何依据学习者的共性和个性设计合理的混合教学。

共性特征

个体心理发展具有顺序性与阶段性，因此不同年龄阶段、不同时代的学习者也会表现出相应的、共同的一般特征。具体而言，学习者这些共同的一般特征包括认知发展阶段特征、社会性发展阶段特征、道德发展阶段特征等。

关于认知发展特征，著名心理学家皮亚杰（Piaget）提出了关于认知发展阶段的理论，对我们了解学习者的一般特征并据此在教学中采取不同的教学策略具有重要的启发意义。

皮亚杰提出了认知发展的四个阶段[①]：（1）感知运动阶段（0~2岁）。这个时期的孩子通过感觉和知觉动作来适应外部环境，即通过他加之于客

[①] ［瑞士］皮亚杰. 发生认识论原理[M]. 王宪钿译. 北京：商务印书馆，2017.

体的行动和这些行动所产生的结果来认识世界。其中,手的抓取和嘴的吸吮是他们探索周围世界的主要手段。(2)前运算阶段(2~7岁)。这里的运算是指心理运算,或是说在思维指导下的动作。这一阶段的儿童开始摆脱对具体动作的依赖,可以凭借头脑中对事物的表征——表象与语言进行思维。然而,由于在他们的认知结构中直觉成分占优势,所以他们只能进行直觉思维。(3)具体运算阶段(7~11岁)。这个阶段的儿童,思维水平有了质的变化,在认知结构中已有了抽象概念,能进行逻辑推理,但仍需要借助具体事物和形象的支持来进行。(4)形式运算阶段(11岁以后)。这一阶段,儿童的思维不必从具体事物和过程开始,可以利用语言文字,在头脑中想象和思维,重建事物和过程,从而解决问题。他们能够理解并使用相互关联的抽象概念。

大学习者属于成人前期,一般在18~24岁左右,是接受专业教育的最佳期[1]。在思维发展方面,从形式逻辑思维过渡到辩证逻辑思维;通过假设和理论观念进行思维,思维更加抽象,对理想、可能性和非物质性有了极大的兴趣;思维更加全面、灵活、有预计性,思考问题更加周密,能够灵活运用知识技能解决问题;思维发展的形式化与命题性使大学习者形成和检验命题的能力提高了,在科学思维方面能进行复杂和灵活的思考[2]。在学习方面,大学习者有了较高的空间知觉和想象能力;记忆范围扩大,对抽象材料的识记迅速增加,掌握了一定的记忆方法;自学能力也显著提高。

关于社会性心理发展阶段特征,埃里克森认为,尽管不同文化中存在某些差异,但情感发展变化及其与社会环境的相互关系遵循着相似的方式。出于对文化和个体关系重要性的认识,他提出了把自我发展和环境影响结合起来的人格发展阶段论,整个发展过程划分为以下8个阶段:(1)学习信任阶段(出生到18个月)。主要矛盾是信任对不信任。婴儿还不具备独立生存的能力,依赖性很强,如果父母给予爱抚和有规律的照料,就能发展其信任他人的人格特征。反之,则会使婴儿形成不信任人的人格特征。(2)成为自主者阶段(18个月至3岁)。主要矛盾是自主对羞怯与怀疑。这一时期,儿童自主的欲望很强,如果父母允许他们做力所能及的事,体会

---

[1] 师书恩,傅耀良.教育技术教程[M].南京:南京大学出版社,2000.
[2] 赵鸣九.大学心理学.第2版[M].北京:人民教育出版社,2003.

自己的能力，则会形成自主性的人格。反之，如果过分溺爱或过多限制，则容易使儿童形成缺乏自信、羞怯多疑的人格特征。（3）发展主动性阶段（3~7岁）。主要矛盾是主动对内疚。这一时期，儿童的想象力得到发展，表现出很强的求知欲和好奇心。如果父母多鼓励儿童创新和想象，耐心听取和回答他们提出的问题，儿童的主动性就会得到加强。如果父母对儿童提出的问题感到不耐烦或者不屑一顾，甚至讥笑他们的想法，则容易使儿童形成拘谨、被动或内疚的人格特征。（4）变得勤奋阶段（7~12岁）。主要矛盾是勤奋对自卑。儿童进入小学后开始独立承担学习生活任务，独立面对成功和失败。教师经常鼓励和赞扬有利于培养儿童的勤奋感和进取的人格，但如果儿童过多遭遇失败或教师过多地指责，则容易使儿童形成自卑的人格特征。（5）建立个人同一性阶段（12~18岁）。主要矛盾是自我同一性对角色混乱。这个时期，青少年的最主要特点就是出现了自我同一性，即个体尝试把与自己有关的各个方面（包括自己的身体相貌、自己以往的状况、自己的现状、环境与条件的限制以及对自己未来的展望）统合起来，形成一个自己觉得协调一致的整体。这一时期，青少年生理上已趋成熟，他们通过对各方面的需要加以整合，寻求最终解决先前各个阶段遗留下来的问题的方法，追求性别、职业、信念、理想等方面的同一性。这时他们的思想情感处于急剧的变动之中，如果得到教师、家长的正确引导，将顺利获得自我同一性。如果引导不当，青少年就容易产生自我同一性混乱，致使他们无法获得自我一致的见解，或朝秦暮楚，或自我混乱。（6）承担社会义务阶段（18~30岁）。主要矛盾是亲密对孤独。这个时期是恋爱婚姻和早期家庭生活阶段。处于青春期就寻求与他人建立亲密的个人关系，乐于与人交往，建立友谊，分享苦乐，而又不失去自我。如果不能在朋友之间、恋人之间、夫妻之间建立一种友爱关系，就会产生孤独感。（7）显示充沛感阶段（30~60岁）。主要矛盾是繁殖对停滞（充沛对颓废）。所谓繁殖是指广义上的，不仅包括繁衍后代，还包括生产能力和创造能力等基本能力或特征。这个阶段包括中年和壮年时期，是成家立业的阶段。如果个人事业成功，能够关怀下一代，造福社会，尽到做父母的责任，就会获得充沛感。反之，就会陷入自我专注状态，颓废迟滞，以私利和自娱为怀。（8）达到完善的阶段（60岁以后）。主要矛盾是自我整合对失望。这个阶段是人的老年期，是人一生的努力趋近完成的时期。如果前面7个阶段能顺利度过，这时候回顾一生的历程就会体验到一种久经锻炼的智慧感和人生哲学，感到自己与新生代已融为一体，因而能安详地面对死亡。反之，就会悔恨不迭，想重新来过却又年迈体弱，心有余而力不足，感慨人生苦短，从而感到绝望和沮丧，对死亡产生恐惧。

埃里克森认为，上述每一阶段都有相应的影响人物，即存在人际关系的焦点。影响每个阶段的重要影响人物依次分别是：母亲、父亲、家庭成员、邻居和学校师生、同伴和小团体、友人、同事和配偶、整个人类①。

关于道德发展阶段的特征，劳伦斯·科尔伯格在皮亚杰的道德发展理论的基础上提出道德判断能力的发展有3种水平6个阶段。3种水平，即前习俗水平、习俗水平、后习俗水平。其中，每种水平又有两个阶段（见表1-2-1）②。

表1-2-1 科尔伯格的3种水平6个阶段道德判断能力发展理论

水平		阶段	心理特征
前习俗水平 （4~10岁）	1	避罚服从取向	只从表面看行为后果的好坏。盲目服从权威，旨在逃避惩罚
	2	相对功利取向	只按照行为后果是否带来需要的满足来判断行为的好坏
习俗水平 （10~13岁或以后）	3	寻求认可取向	寻求成人认可，凡是成人赞赏的，自己就认为是对的
	4	遵纪守法取向	遵守社会规范，认定社会规范中所定的事项是不能改变的
后习俗水平（青少年早期，或成人初期，或永远达不到）	5	社会法制取向	了解行为规范是为维护社会秩序而经过大家同意所建立的，只要大家同意，就可以改变社会规范
	6	普遍伦理取向	道德判断是以个人的伦理观念为基础的，个人的伦理观念用于判断是非时，具有一致性和普遍性

---

① [美]艾力克·埃里克森.童年与社会[M].高丹妮 等译.北京：世界图书出版公司，2018.
② [美]戴维·谢弗.发展心理学：儿童与青少年[M].北京：中国轻工业工业出版社，2004.

但是，科尔伯格的理论由于最初主要是基于男性数据，因此有些研究者认为它能更好地描述男孩而非女孩的道德发展。在以科尔伯格的阶段理论为基础的道德判断测验上，女性得分普遍低于男性。这一结果使得研究者们提出了关于女孩道德发展的不同观点。卡罗尔·吉利根认为，社会对男孩和女孩的养育方式不同，导致了男性和女性在看待道德行为上的基本差异（见表1-2-2）①。

表1-2-2　吉利根提出的女性道德发展的3个阶段

阶段	特征	例子
阶段1 个体生存的定向	最初关注的是什么是实际的、对自己最有利的，然后逐渐从自私过渡到责任感，即思考什么对他人是最有利的	一年级的女孩在和朋友玩耍时，可能坚持只玩她自己选择的游戏
阶段2 自我牺牲的善良	最初的观点是女人必须牺牲自己的愿望以满足他人所需，但逐渐从"善良"过渡到"真实"，即会同时考虑他人和自己的感受	现在这个女孩长大了，她可能认为作为一个好朋友，她也应该玩好朋友选择的游戏，即使她自己并不喜欢这些游戏
阶段3 非暴力的道德	在他人和自己之间建立起道德等价性，伤害任何人，包括自己，这些都是不道德的。根据吉利根的观点，这是道德推理中最复杂的形式	这个女孩现在可能认识到，朋友必须在一起分享时间，并且找寻双方都喜欢的一些活动

不同的认知发展阶段特征会规定教学目标的难度、内容的抽象程度、教学资源的形式、活动的设计等；不同的社会性心理发展阶段特征至少对交互设计、活动设计、反馈与评价设计有制约；不同的道德发展阶段特征会对活动规则的设计提出要求，等等。

在提倡终身学习的学习型社会里，学习者可以是大中小学习者、成人和老年人，他们都拥有学习的认知、社会性心理和道德发展阶段的共同特征。当面对同龄的学习者时，这些共同特征就是面授教学或线上直播教学目标、内容、资源、活动、协作学习、互动、反馈、评价等的重要设计依据。但是，当面对的学习者是混龄情况时，面授教学甚至网络直播就显出其弱势，一个教师面对大班额的学习者自主学习也难以处理，因此，线上自主学习的优势就彰显出来，混合教学的产生和发展就有其必要性。

---

① [美]戴维·谢弗.发展心理学：儿童与青少年[M].北京：中国轻工业出版社，2004.

个性特征

人的发展既有共性，也有个性，即人与人之间存在个别差异。这种个别差异，是人在社会化过程中由于受到人的遗传、社会生活条件、教育等因素的不同影响而造成的。在所有的个性特征中，部分个性特征与学习相关，比如，学习兴趣、学习动机、学习风格等差异化的个性特征。

1. 学习兴趣。"学习兴趣"反映了学习者"愿不愿意学"的差异。心理学家将学习兴趣分成个体兴趣和情境兴趣两类，其中，"个体兴趣"是特质性的，而"情境兴趣"是状态性的[①]。"个体兴趣"相对稳定，是一个人对特定刺激、事物和主题的注意倾向；"情境兴趣"则是由环境的某些方面引起的，包括内容特征，如人类活动或生活主题，以及结构特征，如任务的组织和呈现方式[②]。

通常，兴趣能够促进更加有效的信息加工。对某个主题感兴趣的人会投入更多的注意，并且会为此进行更多的认知卷入。他们更可能采用有意义的、有组织的和精细的形式来加工信息[③]。

无论是个体兴趣还是情境兴趣，都会影响知识学习效果——学习兴趣越大对学习材料的情感反应越积极，因而学习的坚持性越强，思考越深入，对材料的记忆效果越好，学习成就越高[④]。然而，不同的兴趣类型对学习产生的作用又是不相同的。情境兴趣有时是"引发"型的，能够在短时间内吸引学习者，但是学习者也很容易将注意力转移到其他地方，因此对认知过程和学习的作用是有限的。而"保持"型的情境兴趣能够促进学习者在长时间内将注意力保持在同样的任务或主题上。因此，保持型的情境兴趣和持久的个人兴趣比引发型的情境兴趣更加有利。后者能够临时地抓住学习者的注意，而前者，尤其是个人兴趣，则能够从根本上为参与一项活动提供长期的动力[⑤]。

---

① [美]安妮塔·伍尔福克. 伍尔福克教育心理学（第12版）[M]. 伍新春 等译. 北京：机械工业出版社，2015.

② Ainley M, Hidi S, Berndorff D. Interest, learning, and the psycholo-gical processes that mediate their relationship[J]. Journal of Educational Psychology, 2002, 94（3）：545.

③ [美]简妮·爱丽丝·奥姆罗德. 学习心理学[M]. 汪玲 等译. 北京：中国人民大学出版社，2015.

④ [美]安妮塔·伍尔福克. 伍尔福克教育心理学（第12版）[M]. 伍新春 等译. 北京：中国人民大学出版社，2015.

⑤ [美]简妮·爱丽丝·奥姆罗德. 学习心理学[M]. 汪玲 等译. 北京：中国人民大学出版社，2015.

此外，从某种程度上来说，兴趣和学习是能够彼此促进的。当学习者体验到胜任的感觉时，他们的学习兴趣也会提高，所以即使学习者在一开始的时候对某部分学习内容或某项活动没有兴趣，他们也可能在体验到成功后慢慢形成兴趣①。

因此，如何了解学习者的个体兴趣、如何激发并维持学习者的个体兴趣和保持型的情境兴趣，多样化的教学形式、自主探究的学习氛围都是必要的，混合教学具有这样的特点。

2.学习动机。学习动机通常被定义为一种激发、指向并维持某种行为的内部心理状态②。依据动机的不同作用模式，可以将动机的定义分为三类③：（1）内在观点，将动机定义为"推动行为的内在力量"或"主观原因"；（2）外在观点，如"诱因论"等理论强调外部设定的目标、刺激、奖励或惩罚所起的作用；（3）调节过程观点，认为动机对行为起到"引起、维持、调节和停止的作用"。

因此，学习动机包含三方面：内部动机、外部动机和自我调节④。三者之间相互作用，共同影响学习者的动机水平。"内部动机"由学习者内在的需要或情感反应引起，对学习行为产生"驱动力"，包括兴趣爱好、认知内驱力和情绪与态度三个要素；"外部动机"来自外部环境或他人，对学习者的学习行为产生"吸引力"，包括设置的学习目标、奖励与惩罚、自我提高内驱力和附属内驱力四个要素；"自我调节"起中介作用，包括期望、自我效能、意志和归因四个要素，形成循环过程，用来引起、维持或停止学习行为，对动机的强度、方向和维持时间起到调节作用，将外来的诱因转化为个体内在的动因，并对学习行为的结果进行归因从而影响后继行为的发生⑤。

学习动机的差异会影响学习者学习的方方面面，包括选择学习什么样的内容、采取什么样的学习方法、学习持续多长时间、投入多少精力，以

---

① [美]安妮塔·伍尔福克.伍尔福克教育心理学（第12版）[M].伍新春 等译.北京：机械工业出版社，2015.

② [美]安妮塔·伍尔福克.伍尔福克教育心理学（第12版）[M].伍新春 等译.北京：机械工业出版社，2015.

③ 张爱卿.论人类行为的动机——一种新的动机理论构建[J].华东师范大学学报（教育科学版），1996（1）：10.

④ 张爱卿.动机论：迈向21世纪的动机心理学研究[M].武汉：华中师范大学出版社，1999.

⑤ 张昕禹.学习者分析要素体系的再研究[D].北京师范大学，2019.

及最终能够产生什么样的学习结果等。在教学中，教师要分析不同学习者的学习动机类型，从而采用不同的教学策略，促进所有学习者学习动机的提升与学习投入。

3. 学习风格。学习风格是指对学习者感知不同刺激和对刺激作出反应这两方面产生影响的、反映学习者个性特点的心理特征，即学习者在学习过程中总是喜欢采用某些特殊策略的倾向，具体包括学习者对学习环境条件的不同需求、认知方式的差异、个性社会心理品质等。

学习者对学习环境条件的需求

具体包括以下内容：（1）感情的需要。指学习者在学习的过程中对鼓励和安慰的需求与否的个性化差异。（2）社会性需要。指学习者需要与同伴一起学习讨论与否的差异，比如，有的人喜欢与比自己年长的人一起讨论、学习，有的学习者喜欢自己独立学习、思考等。（3）环境和情绪的需求。比如，做作业或复习的时候需要绝对安静的环境；看书的时候喜欢吃零食；思考的时候习惯来回走动；学习时喜欢只留下一盏灯；喜欢坐在校园里看书；感觉到在某一个特定的时间段里的学习效率特别高，等等。

认知方式的差异

"认知方式"是指学习者在感知、记忆和思维的时候习惯采取的方式，也叫"认知风格"。它表现出学习者在组织和加工信息过程中的个别差异，反映了学习者在知觉、记忆、思维以及解决问题的能力等方面的不同特征。每一种认知方式都带有两极性。每个学习者都同时具有多种不同的认知方式，并在每一种认知方式中倾向于某一极。在学习的过程中，学习者将自己所具有的各种认知方式组合起来运用。目前对教学设计产生影响的认知风格主要有四方面：感知或接受刺激所偏爱的感觉通道、场独立型和场依存型、整体型与序列型、冲动型和沉思型。

感知或接受刺激所偏爱的感觉通道。指学习者在学习时，比较偏爱的感觉通道，包括视觉通道、听觉通道和动觉通道等。偏爱视觉通道的学习者习惯利用视觉去感知或接受刺激，这样的学习者喜欢通过自己阅读教科书来学习知识，即使是在听教师的纯语言讲授时也希望同时看到图片或其他视觉材料；偏爱听觉通道的学习者对语言、音响的接受能力和理解能力比较强，所以更喜欢从其他人的讲述中获取知识，而不太愿意通过自学方式理解知识；比较偏爱动觉通道的学习者则喜欢亲自动手参与到学习过程中去，对能够让学习者动手操作的学习活动感兴趣；还有一些学习者属于偏爱两种或两种以上的感觉通道相互结合型的，如喜欢同时利用视觉通道和听觉通道进行学习，如果让这样的学习者用电影或录像等视听觉媒体进行学习，学习效果就比较好。

场独立型和场依存型。这里的"场"是指人周围的环境。场独立型的学习者很少会因为环境的影响而改变他们对信息的感知能力。他们的自主性比较强，靠内在动机进行学习，而不必依赖于教师的鼓励和同学们的称赞。他们喜欢独立地进行学习与思考，善于发现问题，能把老师教的或从书本上学的知识重新组织，进而变成自己的知识，对教师教学结构的依赖性不强。场依存型的学习者很少主动地加工外来信息，即使加工也要参照环境因素。他们喜欢在与人交流的环境中学习，特别希望教师把教学组织得井井有条。这种学习者容易受到别人的暗示，老师或家长的鼓励会极大地激发出他们的学习热情，相反，受到一点批评又会使他们的学习兴趣明显下降。对于这样的学习者，要经常予以鼓励以提高他们的学习兴趣，同时，需要教师的教学有很好的条理性和结构性。

整体型与序列型。这一分类是由 Pask 及其同事首先提出来的。[①] 他们的研究发现，个体在处理学习任务时会有两种倾向性，一种是采用整体处理任务的策略，同时检验较多的复杂假设，以假设为导向；另一种则是采用逐步处理任务的策略，一次只检验一个有限的假设，以事实为导向。

整体型学习者在学习复杂的事物时，首先关心的是建立一种较概括化的描述，或对有关论题及其关系进行概述。通常同时关注一个主题的几个不同方面，涉猎学习任务层次结构中不同层面的许多工作目标与论题。其次，会用自上而下的方法把不同层次的信息关联起来，使它们之间形成高阶的结构化关系。因此，整体型学习者善于从全面、整体的角度来解决问题，他们喜欢总揽全局，然后找到解决问题的突破口，或先解决复杂的问题。具有较高的直觉性和模糊性，但准确性与深刻性较低。序列型学习者则用"操作化"的方法学习。在形成一个概念的整体图像之前，他们集中在细节和程序上，通常用一种线性化的序列来组合信息，用自下而上的工作方式一步一步地工

---

① Pask G. Styles and strategies of learning[J]. British Journal of Educational Psychology，1976，46（2）：128-148.

作。因此，这类学习者习惯将遇到的问题切分成细节来加以理解，喜欢按部就班地按照逻辑序列有步骤地解决问题，且善于发现不同实体间的差异性。

沉思型和冲动型。沉思型学习者的知觉和思维方式以反省为特征，逻辑性强，判断性也强；冲动型学习者的知觉和思维方式则以冲动为特征，直觉性强。这两种学习者在学习上存在着差异。沉思型的学习者面对某一问题时，一般比较小心、谨慎，并不急于回答问题，只有在对所选择的答案的正确性进行反复审思、并确认在不会出错的情况下才开始回答问题，所以很少出错，但思考的时间比较长。这样的学习者善于完成需要对细节进行分析的学习任务，如阅读理解、逻辑推理和小发明、小制作等，但反应偏慢。他们乐意在合作的气氛中学习，意志对其学习活动的影响明显超过情感所起的作用。冲动型的学习者则很少全面地考虑解决问题的各种可能性，往往只以一些外部线索为基础，凭直觉形成自己的看法，有时甚至连问题的要求都没有听清楚就开始回答了，所以尽管他们用的时间比较少，但出错率比较高。这样的学习者在完成需要作整体性解释的学习任务时成绩要好些，他们乐意在竞争的气氛中学习，情感的介入常常对其学习有较大的促进作用。但是，他们的阅读能力一般相对弱一些，学习成绩不一定理想。不过，如果从解决问题的能力来看，冲动型的学习者并不一定比沉思型的学习者差。

学习者在认知方式上表现出的倾向性无好坏之分，而是各有所长。因为不同的学习活动需要不同的心理活动特征，所以只能说某一种倾向更适合某一学习情境，而不能说具有某种倾向的学习者一定比具有另一种倾向的学习者聪明。

混合学习以相对灵活、自主的学习形式可以在学习环境、学习伙伴等方面给学习者提供更多的选择，系统地给出反馈，可以有视、听、文字等多种资源呈现方式等，可以允许学习者按照自己的步调学习，因此可以满足不同学习者的学习风格。

个性社会心理品质

个体在社会化过程中，一方面，形成了自己独特的个性心理品质；另一方面，处于社会中的个体受所处社会环境、社会文化传统等条件的影响，使自己的心理品质中带有明显的社会性成分，这就是个性社会心理品质，比如，控制点和焦虑水平。

控制点。它指的是人们对影响自己生活与命运的某些力量的看法。在学习者的学习场合中可以理解为："控制点"是学习者对影响自己学习的某些因素的看法。其存在两种倾向性，即内部控制与外部控制。具有内部控制特征的学习者相信，自己的学习结果是由自身的内部因素决定的，自己的能力和进行的努力完全能够控制事态的发展；而具有外部控制特征的学习者认为，自己受命运、运气、机遇或他人等这样一些难以预料的外部力量控制，自己的努力无法抵挡客观因素的影响。

具有内部控制倾向特征的学习者一般都具有较高的成就动机，他们认为凭借自己的能力和努力就能够取得比较好的学习成绩，所以总是对自己充满信心，努力学习。当他们取得好成绩时，会认为是自己努力的结果，因而自信心也进一步增强；而不理想的成绩会使他们感到自己的努力还不够，必须加倍努力才能改变这种状况。他们富于挑战性，能积极地看待比较困难的学习任务。具有外部控制倾向的学习者成就动机相对较低，由于总是在寻找客观原因，缺乏自信，所以在学习的过程中常常感到无能为力。此外，他们不能适时改变自己的行为以选择合适的学习任务。

焦虑水平。指个体由于某种预期会对他的自尊心构成潜在威胁的情境所产生的担忧反应。焦虑水平可表示出这种担忧反应或反应倾向的程度。焦虑水平高的学习者，对各种考试或测验都感到非常紧张，特别担心考试成绩不理想，以致影响了他们正常的学习、复习及考试或测验。对于这样的学习者，教师可适当减轻学习者的压力，帮助他们从高焦虑水平逐渐趋向中等焦虑水平，往往会产生比较好的学习效果。焦虑水平低的学习者，因为对考试结果不太在意，所以一般不会花很多时间进行准备或复习。对于这样的学习者，教师可以给他们增加一些学习或考试的压力，以促使他们焦虑水平由低等向中等转化。此外，当学习者需要完成记忆任务（如背诵课文、公式、定理）时，教师可以有意地提高所有学习者的焦虑水平，因为这样做对学习者的记忆活动有利；而当某项学习活动需要学习者进行难度较大的思维时，教师则应该注意适当降低学习者的焦虑水平，因为较高的焦虑水平会对解决问题产生严重的抑制作用①。

---

① 刘美凤. 教育技术教程[M]. 北京：清华大学出版社，2014.

（二）混合学习可以为不同学习者提供差异化学习路径或步调

上一小节讨论的是心理学与学习有关的一般意义上的学习者的共性和个性特征。要同时关注学习者的这些共性和个性，需要混合教学这种灵活的学习方式，因此混合学习常态化成为必然。

其实从心理学角度，还有一种与学习者学科学习更为密切的个性特征，面授教学尤其难以关注和处理。需要线上教学辅助完成的，就是不同学习者的学科学习潜力、学习需求和学习能力。

多元智能结构

美国哈佛大学心理学教授加德纳（Gardner H.）将自己过去关于儿童艺术认知和脑损伤病人的研究成果及调查报告加以综合归纳提出的多元智能理论[1]，不但风靡全球，而且对教育具有重大的意义。不同于传统的智力测验，加德纳将智力定义为"在特定的文化背景下或社会中，解决问题或制造产品的能力[2]"，认为只要是在一个文化背景中被看作是有价值的能力，就应该被视为一种智能。针对每种能力，加德纳提出了几个判据来判断是否属于智能。到目前为止，他提出了 8 种智能：语言智能、数理逻辑智能、空间智能、身体运动智能、音乐智能、人际交往智能、自我认知智能及自然认知智能。加德纳提出，每个人与生俱来都拥有 8 种既各自独立存在又相互联系的智能，每个人的智能强项和弱项各不相同，在解决问题和创造产品的时候，组合并运用这些不同的智能方式和特点，即可形成每个人不同的、个性化的多元智能结构。多元智能强调每个人都有自己独特的智能图式，每一个学科都可能会利用到学习者的多元智能，因此导致学习者可能在学习某一学科具有天赋潜力，在另一个学科就可能潜力不足。

加德纳的"多元智能"理论，在教育领域产生了广泛影响，使教育者意识到学习者之间的多元差异。这种差异会导致某些学习者学习其擅长的学科会容易、会快，而学习其不擅长的学科会相对有难度、会慢；同时，如何利用"多元智能"去教，让不同的学习者有不同的学习路径，让不同快慢的学习者有自己的学习步调，这是在线学习的优势[3]。

---

[1] 沈致隆.多元智能理论的产生、发展和前景初探[J].江苏教育研究，2009（9）：17-26.
[2] [美]霍华德·加德纳.多元智能[M].沈致隆 译.北京：新华出版社，1999.
[3] 张晓峰.多元智能理论关照下的课程开发[J].教育导刊，2002（Z1）：20-23.DOI：10.16215/j.cnki.cn44-1371/g4.2002.z1.006.

学习需要

"学习需要"是指学习者目前的学习和发展水平与期望学习者达到的学习和发展水平之间的差距。期望达到的状况是指学习者应当具备什么样的能力素质。通常对学习者的总期望是由以下几方面因素决定的：（1）学习者生活的社会及其发展所赋予学习者的历史使命和任务（包括长远的、近期的能力素质要求）；（2）学习者未来的职业或现在从事职业的新发展对人才的要求；（3）学习者未来的工作岗位或所在岗位的技术变化对人才的希望；（4）学校、教师和学习者自身对知识技能、态度的培养和发展方面的要求等[1]。因此，由于学习者所处的生活环境不同，将来所选择的工作、岗位也不同，学习者的发展潜力不同，对不同学习者的学习期望也会存在差异性。

同时，学习者目前的水平，包括学习者对目标技能和各级先决知识及能力的掌握情况以及对学习内容的态度等，是学习者从事新学习的基础[2]。在掌握学习理论中，布鲁姆认为，学习者对新的学习任务的认知准备状态、情感准备状态是影响学习的关键差异。如果教学与这两个准备状态相适宜的话，所有学习者的学习结果都会处于高水平[3]。

因此，学习起点与终点的不同导致不同学习者的学习需要存在差异性。传统课堂由于人数多，基本上教学步调一致，教师无法兼顾不同学习者的学习需求。混合教学，采用"线上+线下"相结合的学习方式，可以扩展学习的时间和空间，通过设计丰富多样的学习资源，学习者既可以复习，也可以反复学习，还可以学习更多、更深的内容，从而满足不同学习者的学习需求。

学习能力

"学习能力"是在学习活动中形成和发展起来的，是指人们在正式学习或者非正式学习环境下，自我求知、做事和寻求发展的能力[4]。学习能力表现

---

[1] 乌美娜 主编.教学设计[M].北京：高等教育出版社，1994.
[2] 刘美凤，康翠，董丽丽.教学设计研究：学科的视角[M].北京：北京师范大学出版社，2018.
[3] 施良方.学习论：学习心理学的理论与原理[M].北京：人民教育出版社，1994.
[4] 刘美凤，康翠，董丽丽 教学设计研究：学科的视角[M].北京：北京师范大学出版社，2018.

为一般能力和特殊能力[①]。一般能力是适用于所有或大多数学习的综合能力，与学科无关，具有迁移性、普遍性、适用领域广、稳定性强等特征。欧洲教育结构调整计划认为能力包括3个层次：知晓和理解的能力、知道如何运用的能力、知道如何生存（在社会背景中与人相处）的能力。因此，可以将学习者的一般能力分为：工具能力（分析和综合能力、安排和计划能力、信息处理技能等）、人际关系能力（在团队中工作的能力、沟通和表达能力、批评和自我批评能力等）、系统能力（在实际中应用知识的能力、研究能力、学习能力、领导力等）[②]。中国学者尹宏藻等人将一般性的学习能力分为基本能力和综合能力，认为学习者的基本能力包括观察能力、记忆能力、思维能力和表达能力，综合能力包括自学能力、问题解决能力、实验能力和创造能力[③]，提出，学习者基本能力和综合能力的培养是从学科专业知识的学习中提炼出来并应用于新的学习中，既是学习的基础也是学习的目的。

"特殊能力"是在专业活动中所表现出来的能力，比如学科能力。林崇德认为学习者的智力、能力应该与特定学科有机结合，包括学科一般能力（如语文和英语等语言类学科中的听、说、读、写能力）、与学科相关的智力成分和学习时的能力、策略和方法[④]。而加德纳提出了多元智能理论[⑤]，将学科与学习者的智力结构建立起了联系。他指出，人类的智能是多元化而非单一的，主要是由语言智能、数理逻辑智能、空间智能、身体运动智能、音乐智能、人际交往智能、自我认知智能、自然认知智能8项组成，每个人都拥有不同的智能优势组合，所以在不同的学科领域会有不同表现。

正如前面所说，学习能力中的一部分是一般学习能力，之所以放到与学科相关的部分阐述，是因为一般学习能力存在差异性，这种差异性也会直接影响学习者完成学科学习活动的方式、效率、质量等。在混合教学中，由于可以提供多种学习的途径及多样的学习支持手段，以及可以复习、反复学习或学习到更多的东西，可以锻炼与发展自己的学习能力，因此，可以满足学习者的能力差异，从而促进学习者更好地完成学习任务。

[①] 高玉祥. 个性心理学 [M]. 北京：北京师范大学出版社，1989.
[②] 许德仰，许明. 欧洲关于大学生一般能力的界定 [J]. 教育评论，2005（2）：92-95.
[③] 尹鸿藻，毕华林. 学习能力学 [M]. 青岛：青岛海洋大学出版社，2000.
[④] 林崇德. 论学科能力的建构 [J]. 北京师范大学学报（社会科学版），1997（1）：5-12.
[⑤] [美]霍华德·加德纳. 智能的结构 [M]. 沈致隆 译. 北京：中国人民大学出版社，1990.

二、教育学依据

综上所述，混合教学方式既可以关注学习者的共性和个性，也可以为具有不同学科潜力的学习者提供学习的不同路径、步调，等等。培养全面发展与个性化发展的人才正是信息社会发展对教育的要求，因此，这也构成混合教学出现和发展的重要的教育学依据。

（一）混合教学有助于促进实现"每个学习者发展"的教育本质

教育是教育者对学习者产生正面影响的社会活动。持有正确的学习者观对科学办教育以及"促进每个学习者发展，提高每一个人的生命质量和价值"这一教育本质的实现非常重要。根据加德纳的多元智能理论，智能是"在特定的文化背景下或社会中，解决问题或制造产品的能力"，每个人与生俱来的智能强项和弱项各不相同，在解决问题和创造产品时组合并运用这些智能的方式和特点也不同[1]。由此可见，每个学习者的智力结构不同，但每个学习者都有其独特的潜力，即没有差生，只有不同。同时，学习者之间的学习基础、学习速度、学习兴趣、学习动机、学习需求、学习能力等方面也存在差异性。因此，如果学校能够为每个不同的学习者提供发展的多元途径，就有可能让每个学习者的优势智能得到进一步发展，并因此激发其学习动机，进而带动其弱势智能获得一定程度的发展，这就实现了每个学习者都能在学校获得成功的学习生活，并达到促进每个学习者发展的教育目的。

为促进每个学习者的发展要求，学校要进行有针对性的个性化教学。也就是说，由于学习者之间存在差异性，进而存在差异化的学习需求，教学需要按照学习者个体独特的需要进行量体裁衣式的施行。教育领域对个性化教学方式的探索从未停止。在中国，2500年前，孔子就提出"因材施教"的教育理念："根据不同对象的具体情况，采取不同的方法，进行不同的教育"，使每个学习者都能获得个性化发展。西方的个性化教学萌芽始于苏格拉底，真正的个性化教学思想来源于20世纪的人本主义教育哲学。个性化教学并不拘泥于某一种教学形式，而是可以运用各种形式去实现其促进学生个性发展的目标[2]。

---

[1] [美]霍华德·加德纳. 多元智能[M]. 沈致隆 译. 北京：新华出版社，1999.
[2] 邓志伟. 个性化教学论.（第2版）[M]. 上海：上海教育出版社，2002.

然而，实现真正的个性化教学对于学校来说是一项巨大的挑战。为每一个学习者配备一名辅导教师几乎是不可能的，而技术的发展为促进学习者的个性化发展提供了可能性。基于大数据的学习分析、自适应系统、大规模开放课程等为给学习者提供适合的学习内容、学习方法创造了条件，"在富技术的环境中，人们更可能以自己的方式进行学习，这样他们就不会经受那种因为要求每个人同时学习同样内容而带来的失败感[①]"。另外，信息技术的发展提供了多样的学习方式，从 E-learning 到 U-learning，学习者在课堂外有更大的空间学习。《教育在变革：论信息技术对教育发展具有革命性影响》一书总结出信息技术带给学校的变革有以下几个方面：新的学习方式；转变教育信息资源模式；产生新的教学环境；助推优质教师资源；变革师生互动方式；创新教与学的模式[②]。

近年来，众多学者对技术如何促进个性化教学与学习进行了研究。例如，有学者利用智能学习分析技术对学习者课堂的7种行为进行识别：听课、左顾右盼、举手、睡觉、站立、看书和书写[③]。该技术能够及时、精准地反馈每一位学习者的课堂学习情况，有利于教师改进教学方法、优化课堂教学与管理，从而提高教与学的效率，助力个性化教学改革。有学者构建了包含"课前—在线预习""课中—线上线下混合学习"和"课后—在线复习"3 个阶段的通用英语学习模式，为更加个性化的混合学习提供了新的教学思路。

混合教学是学校实现以学习者为中心的个性化教学的重要途径之一。一方面，混合教学融合了在线与学校教学的优势，既可以实施线下教学的多种教学模式，以学习者为主体，与学习者进行充分的互动与交流，又可以结合新兴技术，打破时间与空间的限制，为学习者提供个性化的教学服务，在促进学习者个性化发展方面有着独特的优势；另一方面，混合教学以多种教学理论为指导，结合多种教学方式，强调"在'适当的'时间，通过应用'适当的'学习技术与'适当的'学习风格相契合，对'适当

---

① [美]阿兰·柯林斯，[美]理查德·哈尔弗森.技术时代重新思考教育[M].陈家刚，程佳铭译.上海：华东师范大学出版社，2013.

② 熊才平.教育在变革：论信息技术对教育发展具有革命性影响[M].北京：科学出版社，2013.

③ 魏艳涛，秦道影，胡佳敏，姚璜，师亚飞.基于深度学习的学生课堂行为识别[J].现代教育技术，2019，29（7）：87-91.

的'学习者传递'适当的'技能"[1]。在这样的理念下,学习者能够以一种适合他们个人需要的方式来学习,而不是在一个以不变应万变的课堂中进行学习[2]。因此,混合教学符合教育本质的要求,其成为常态化教学形式有着必然性,符合教育规律。

(二)混合学习有利于培养具备21世纪核心素养的人才

人类发展至今,已经经历过原始社会、农业社会、工业社会,正在迈向信息社会[3],不同的社会形态对教育有着不同的需求。在农业社会,教育以学徒制或一对一辅导的形式展开,一般只有一间屋子的校舍;在工业社会,为了解决大规模教学的需求,现代学校产生并发展,教育系统转变为"工厂模式"[4]。进入21世纪,知识更新速度加快、知识获取的途径多样化,传统的教育方式已无法适应人们日益复杂的生活、工作环境,社会对人才提出了创造性、多样化、个性化等更高的要求。

在急剧变化的时代,代表着未来的教育界为了应对新时代的发展,也在不断变革。世界各国以及国际教育组织几乎都在试图回答到底培养什么样的人才能面对21世纪的挑战,这是全球所面临的共同挑战。经济合作与发展组织(OECD)希望培养出的人才具有以下几个特征:首先,要具备反思性。反思性是 DeSeCo(素养的界定与遴选:理论和概念基础)项目提出的核心素养。反思是相对复杂的心理过程,它包括元认知、创造力和批判性思维等。反思对个体提出了更高的要求,要求个体具有一定的社会成熟度,不随波逐流,能够考虑不同的观点,提出个人独立的见解并为自身的行为负责;其次,要具备能够解决不同情境中的各类问题的能力[5]。欧盟对教育结果的期待是希望培养出具备批判性思维、解决问题、团队合作、

---

[1] Singh H, Reed C. A white paper: Achieving success with blended learning[J]. Centra Software, 2001(1): 1-11.

[2] [美]迈克尔·霍恩,[美]希瑟·斯特克. 混合式学习——21世纪学习的革命[M]. 混合式学习翻译小组译. 北京: 机械工业出版社, 2016.

[3] Shift P. Knowledge, Wealth and Violence at the Edge of the 21st Century[J]. New York: Bantam, 1990.

[4] 段敏静,裴新宁,李馨. 教育系统的范式转变——对话国际教学设计专家 Charles M.Reigeluth 教授[J]. 中国电化教育, 2009(5): 1-6.

[5] Voogt J, Roblin N P. A comparative analysis of international frameworks for 21st century competences: Implications for national curriculum policies[J]. Journal of Curriculum Studies, 2012, 44(3): 299-321.

沟通谈判技巧、创造力、跨文化交流、终身学习等能力的人才[①]。中国学习者发展核心素养则以培养"全面发展的人"为核心，希望学习者能够具备人文底蕴、科学精神、学会学习、健康生活、责任担当、实践创新六大素养[②]。

荷兰学者沃格特等人在对世界上著名的 8 个核心素养框架进行比较分析以后，得出如下结论：（1）所有框架共同倡导的核心素养是 4 个，即协作、交往、信息通信技术素养，以及社会和/或文化技能、公民素养；（2）大多数框架倡导的核心素养是另外 4 个，即创造性、批判性思维、解决问题、开发高质量产品的能力或生产性。这 8 个素养是人类在信息时代的共同追求，可称为"世界共同核心素养[③]"。同时，关注认知性素养和非认知性素养，体现了知识社会的新要求。世界共同核心素养即世界对信息时代人的发展目标的共同追求，体现了世界教育的发展趋势。

混合教学既有教师和学习者面对面教学的优势，即通过授课和各种教学活动可以促进师生和生生交流，以及学习者之间的协作，从而发展学习者的交流、协作能力，同时又有线上教学形式多样、自定步调、分享观点、资源共享、共同探究解决问题等的优势，有助于促进学习者自主学习能力、鉴别能力、批判精神和创造能力的培养，适合信息社会发展对人才要求的大趋势，其产生和发展具有必然性。

混合教学利于培养学习者 21 世纪核心素养的观点亦得到研究者们的支持。陈丽娜通过研究发现，混合教学可以提高学习者的学习积极性、课堂参与度和独立思考能力[④]。张彦琦等建立了基于小规模限制性在线课程的混合教学模式，通过实践发现，此模式提高了学习者的自主学习能力和学习效率[⑤]。王晶心等通过对参与过基于大型开放式网络课程，即 MOOC 开展的混合教学课程的大学习者进行调研，发现此模式能够提高学习者的语言表达能力、自主学习能力和

[①] European Commission. Proposal for a council recommendation on key competences for lifelong learning[R]. Europpean Commission：Brussels，Belgium，2018.

[②] 核心素养研究课题组. 中国学生发展核心素养 [J]. 中国教育学刊，2016（10）：1-3.

[③] Voogt J，Roblin N P. A comparative analysis of international frameworks for 21st century competences：Implications for national curriculum policies[J]. Journal of Curriculum Studies，2012，44（3）：299-321.

[④] 陈丽娜. 基于混合式教学的学习效果评价研究 [D]. 华中师范大学，2018.

[⑤] 张彦琦，易东，刘岭，等. 基于 SPOC 的混合式教学模式的构建与实践 [J]. 重庆医学，2019，48（21）：3766-3769. DOI：10.3969/j.issn.1671-8348.2019.21.042.

团队合作能力,加强了师生和生生间的交流,提高了学习成效[①]。可见,混合教学在促进学习者问题解决能力、合作能力等高阶思维能力方面有着重要的作用。

混合教学需要充分发挥以教师为主导、学习者为主体的教学模式,促进学习者自主学习能力的发展,为学习者创设真实情境下的问题,培养学习者解决实际问题的能力;充分结合多种教学模式的优势,为学习者提供恰当的学习途径,注重协作学习,培养学习者的协作交往能力;应尽可能为学习者提供多样化的学习工具,以及充分的技术资源以支持学习者的自主学习,使他们成为一个终身学习者。同时,对学习者的批判性思维和创新思维能力的培养,应融入在教学过程中,利用如今广袤的线上资源让学习者多接触不同的思想,并多为学习者提供动手实践和表达自己观点的机会,做好恰当的引导。

目前,各高校都将混合教学作为教学改革的一个发展方向。一方面,利用各类MOOC线上课程资源作为面对面教学的辅助开展混合教学,更为重要的是,大学应当依据自己学校的课程,自行选择或建立教学管理平台;另一方面,建设线上课程资源,开展多模态混合教学,使混合教学的应用遍布高等教育的各领域和各学科,从而促进教学方式的变革。本手册第六章提供了高校混合教学案例。

按照其心理学和教育学的理论依据,在混合教学中,面对面教学和线上教学应当密切配合,无缝衔接,既关注学习者的共性,又基于学习者的个性化特征;不仅要尊重不同阶段学习者的共性发展规律,同时也要满足不同学习者的差异化学习需求。因此,混合教学需要进行学习活动多元化设计与教学资源层次化设计,允许不同步调或不同路径的学习,并根据学习者学习的效果为学习者提供个性化指导,充分发挥每个学习者的学习潜能;同时,通过更多的自主、合作、探究等教学模式培养学习者信息时代的核心素养。

为此,混合教学评价也应立足于学习者个体差异化的基础,强调学习者的全面发展和个性发展的和谐统一,既要兼顾教学目标实现,又要凸显因材施教的理念,在促进学习者全面发展的同时,为学习者的个性发展提供空间[②]。这样,教学评价应结合学习者线上学习数据和线下课堂表现,对

[①] 王晶心,原帅,赵国栋.混合式教学对大学生学习成效的影响——基于国内一流大学MOOC应用效果的实证研究[J].现代远距离教育,2018(5):39-47.DOI:10.13927/j.cnki.yuan.2018.0050.

[②] 李逢庆,韩晓玲.混合式教学质量评价体系的构建与实践[J].中国电化教育,2017(11):108-113.

每个学习者的学习风格、学习需求、学习潜力进行全面的评价，构建学习者画像[1]。例如，孙琳等基于 edX 开放数据集，分别从学习者学习目的、学习兴趣、学习者类型、学习行为特征等方面进行详细的分析，探讨各种学习行为特征之间的相关性，根据学习效果对不同的学习者给出学习意见，并基于这一系列描述性和相关性数据的分析，展现不同用户群体的学习状况[2]。贾积有等利用 Courser 的课程数据，对 82 352 名学习者的学习行为进行汇总和分析，探究学习者在网络学习过程中学习行为对成绩的影响，利用相关性分析，得出与学业成绩相关性较高的行为特征，然后具体分析了成绩优秀和成绩较差学习者在行为特征上的差异[3]。王哲采用实证研究的方法对 MOOC 上学习者行为模式进行了分析，首先对用户行为进行建模，其次对不同类别学习者的行为模式进行分析，发现了造成学习者分化的原因，最后给出了针对性建议[4]。赵弼皇和邓勋认为，应从学习者的"学"、教师的"教"、网络平台系统和学习资源对基于 MOOC 的混合教学进行评价，其中，对学习者的"学"的评价应设置学习资源利用、学习态度、与教师和学习同伴的交流以及学习成果 4 个一级指标，并提出了详细的 13 个二级指标，以此实现更开放、更完善的教学评价[5]。

第三节　混合教学的理论基础

上一节论述了混合教学产生与发展的必然，并会成为未来教育常态的教育学和心理学理论依据。混合教学的产生和发展，符合心理学的规律，

---

[1] 钱静. 分层教学方法在小学英语课堂教学中的应用分析 [J]. 成功（教育版），2012（7）：164.

[2] 孙琳，张巧荣，郑娅峰. 基于 edX 开放数据的学习者在线学习行为分析 [J]. 软件导刊，2020，19（12）：190-194. DOI：10.11907/rjdk.201482.

[3] 贾积有，缪静敏，汪琼. MOOC 学习行为及效果的大数据分析——以北大 6 门 MOOC 为例 [J]. 工业和信息化教育，2014（9）：23-29. DOI：10.3969/j.issn.2095-5065.2014.09.005.

[4] 王哲. 大规模开放在线课程的用户行为研究 [J]. 计算机教育，2014（21）：21-26.DOI：10.16512/j.cnki.jsjjy.2014.21.006.

[5] 赵弼皇，邓勋. 基于 MOOC 的混合式教学模式下多元化评价体系的构建 [J]. 科学咨询（教育科研），2020（1）：26-27.

顺应教育的本质和未来发展趋势，有利于促进社会发展所需要的个性化人才的培养。那么，如何能够设计出理想的混合教学，从而实现这一目标呢？这部分即将阐述实现理想的混合教学设计需要依据的理论基础，包括系统理论、教育传播理论、学习理论、课程理论等。

一、系统论及其对混合教学的指导

（一）系统论的思想及其对混合教学的启示

系统思想为理解和处理复杂世界的问题提供了一套思考的方法[①]。系统论思想是美籍奥地利理论生物学家贝塔朗菲1932年提出的，具体是指以系统概念为中心，探索能够更适当和更有效地处理系统复杂性和动态性的基本框架与方法[②]。该思想的核心是强调把所要处理的事物看作一个系统，既要看到其中的组成部分、组成部分之间的相互联系和相互作用，又要看到它们和环境之间的相互作用，并从整体加以处理和协调，产生1+1>2的整体效应[③]。

系统论思想的基本性质和基本观点总结如下：[④]第一，整体性观点。整体性是系统最基本的属性，是系统论的最基本观点。"整体大于它的各部分的总和"这是系统论的一个定律。第二，相关性观点。系统、要素、环境都是相互联系、相互作用、相互依存、相互制约的，一个要素发生变化，其他要素也会引起变化。第三，结构性观点。系统的结构是系统保持整体性及具有一定功能的内在根据；保持系统的整体性，其结构的稳定性是系统存在的基本条件。第四，层次性观点。系统由一定的要素组成，这些要素又是由更小一层的要素组成的子系统。另外，系统本身又是更大系统的组成要素。系统的层次性特征有利于系统本身的运行和系统功能的发挥。第五，动态性观点。任何系统都是作为过程而展开的动态系统，都具有时间性程序，研究事物就要研究它的历史、现状和发展趋势，以及变化规律。善于在动态中平衡系统，改革系统的活动过程，才能充分发挥系统的效益。

---

① Authors S. Systems Thinking, Systems Practice[M]. J. Wiley, 1981.
② [美]巴巴拉·希尔斯，[美]丽塔·里齐. 教学技术：领域的定义和范畴[M]. 乌美娜等译. 北京：中央广播大学出版社，1999.
③ 肖雯. 系统思想指导信息资源整合——"牵手福娃走进自然"动物数字博物馆构建浅谈[C]// 2007年北京数字博物馆研讨会. 2007：122-126.
④ 窦学伦. 系统论简介[J]. 宁夏教育，1988（4）：10-11.

第六，目的性观点。人类的任何一项活动都具有目的性。首先，要确定系统应该达到的目标，其次，在遵循客观规律的前提下，通过反馈作用，调节和控制系统，使系统的发展顺利地导向目标。第七，环境适应性观点。现实系统都是开放的，它与环境有物质、能量和信息的交换。

教育是一个极其复杂的系统工程，系统论思想在解决教育各方面的问题中起到关键性作用，也是混合教学的重要指导思想。这是因为，首先，混合教学需要将线上和线下当作一个整体看待，混合教学本身就是一个对线上线下教学进行设计、开发、实施、评价、反馈与完善等的全流程，情境复杂，涉及环节多，环环相扣，需要统筹规划，需要线上线下无缝衔接；其次，一个好的混合教学设计需要多方人员参与（内容专家、技术人员、美工、教学设计专家、教师、学习者等），而且要考虑的教学结构和过程要素繁多（教学目标、教学内容、学习者构成及其特点、线上线下教学活动、教学空间、其他教学策略、教学评价、教师、学习支持人员、教学环境以及学习者的学习环境、社区等），这些要素要合理搭配、线上和线下密切配合、无缝衔接，需要系统思考；再次，在混合教学实施时，需要学习支持服务、线上线下活动、学伴与社区成员互动，以及学习过程追踪与个性化推送和调整，等等，需要综合处理；最后，混合教学评价应结合学习者线上学习数据和线下课堂表现，综合考虑学习者的全面发展和个性发展之间的关系，既关注学习结果，也关注学习过程，需要综合平衡多方面因素。

（二）系统方法[①]及其对混合教学的启示

系统科学方法简称"系统方法"，是按照事物本身的系统性把研究对象作为一个具有一定组织、结构和功能的整体来加以考察的一种方法。具体地说，是从系统与要素之间、要素与要素之间、系统与外部环境之间的相互联系、相互制约、相互作用中综合考察研究对象的一种方法。

运用系统方法解决问题的一般过程包括 5 个基本步骤（见图 1-3-1）。（1）从需求分析中发现问题，确定目标。一般而言，运用系统方法的第一个步骤是根据需求分析的结果提出要解决的问题，并确定要达到的目标。（2）确定解决问题的方案。根据发现的问题和将要达到的目标，确定解决问题的方案，而且一般会有多种方案供选择。（3）选择解决问题的策略。

[①] 李龙 编著. 教学设计 [M]. 北京：高等教育出版社，2010.

从多种方案中选择适合的一个,之后选择达到目标的工具、方法和技术路线。(4)实施问题求解的过程。实施解决问题的策略解决问题。(5)评价实施的有效性。在实施过程中,收集过程信息和系统结果信息,将这些信息与确定的目标相比较,进行评价和修正。其中的系统分析技术、解决问题的方案优化选择技术、问题解决的策略优化技术以及评价调控技术等构成了系统论的方法体系和结构。

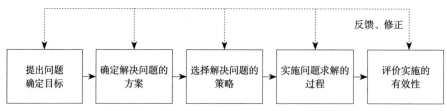

图 1-3-1　运用系统方法解决问题的一般过程

总之,系统方法注重情境分析和整体观念,同时,强调关系分析是一种解决问题的方法。它的工作模式是"系统分析",它以目标为导向,强调评价工作,为解决问题探究适当的方案。

混合教学设计、实施、评价、反馈与完善的整个过程及其子过程都是应用系统方法通过需求分析确定教学目标,经过内容分析、学习者分析、学习目标阐明等确定混合教学活动设计。其他教学策略的制订、教学资源的开发与选择、测试并完善策略方案、实施混合教学、评价混合教学效果、进一步改进下一轮的混合教学设计等过程就是系统方法在混合教学中的具体应用,可确保实现最优化的教学效果。

（三）复杂系统理论及其对混合教学的启示

复杂系统理论是复杂性科学在发展中形成的一系列关于复杂系统的理论,比如,描述复杂系统存在状态的巨系统理论、揭示复杂系统演化规律的自组织理论、讨论复杂系统复杂性的时空图景的混沌和分形理论、讨论复杂系统的适应性与复杂性关系的复杂适应系统理论等,是在贝塔朗菲提出的一般系统论的基础上的进一步发展。一般系统论虽然形成了系统的观点,但所指系统主要是经过人为设计形成的既成系统,且具有中心控制和稳定的结构,其演变通常可预期。与一般系统论不同,复杂系统理论所关注的是没有中心控制和稳定结构的复杂系统,这类系统不是由设计规划出来的，而是由大量具有活力的要素主体相互作用，在群体层面涌动出来的。涌动是一个自下而上的生成过程，在群体层面表现为从无序到有序，这一过程被称为自组织。正是因为自组织，整个系统的演变过程会不断面临众多的可能选择，使人难以预期。伴随着自下而上的生成过程，系统又会形成自上而下的规范过程，因为生成的有序结构本身就是一种规范。于是，整个系统就在自下而上与自上而下的两个相反方向的运动中保持着一种张力。当这种张力指向对环境的适应时，整个系统就会在张力的作用下，既产生众多的变动可能，又通过适应性要求对可能性进行筛选，从而将系统的演变导向进化方向，最终形成最能适宜环境的系统结构和运行机制。

事实上，教学本身就是一个复杂系统，在实际操作中被简单化了。混合教学是在面对面教学和在线教学基础上发展起来的一种综合性的教学方式，其复杂性比单纯的面对面教学或线上教学更胜一筹。混合教学的目的在于综合各种教学方式的优势，进而达成最优的教学效果。要达到最优的教学效果，怎么混合多种教学方式、形成最优化的教学系统显得尤为重要。由于这样的教学系统包含的要素众多、类型各异、作用关系繁杂，且演变过程具有众多可能，单靠人为的规划设计很难构建形成。从复杂系统理论的角度看，学习者和教师都是充满活力的主体，对个性化教学的追求决定了所要构建的最优教学系统必然是一个复杂系统。如果把最优的教学效果视为环境对教学系统提出的要求，那么，依据复杂系统理论就可以通过自下而上的生成过程对自上而下的环境要求的自适应来自组织形成所需要的复杂教学系统，实现对各种教学方式的融合。这启示我们，在混合教学中，既要给予师生自主选择学习方式和教学方式的足够自由空间，激发师生的活力，又要依据所期待的教学效果要求对整个教学环境进行规范，只有在二者之间保持合理的张力，才能使多种教学方式有机融合在一起，形成最优教学系统，从而实现最优的教学效果。

二、教育传播理论及其对混合教学的指导

教育传播是人类传播的特殊形式，是由教育者按照一定的目的选定合适的内容，通过有效的媒体通道把知识、技能、思想、观念等传送给特定的教育对象的一种活动，是教育者和受教育者之间的交流活动。教育传播

理论的实质，就是要追求这种交流互动更加有效。因此，早于教育技术学出现的教育传播学的理论框架可以阐释同样追求最优教学交互效果的混合教学问题。当然，随着心理学的发展和建构主义哲学认识论逐渐获得人们的青睐，人们逐渐认识到教育传播是多向的交互活动，思想和意义不是被传送的，而是受者作为主体建构出来的，从而使教育传播学具有了新意。

（一）教育传播多渠道选择[①] 与混合教学

教育传播具有以下基本特点：（1）明确的目的性。教育传播是以培养人才为目的的一种传播活动。（2）内容的严格规定性。教育传播的内容是按照教学计划和教学大纲或其他的要求严格选定的。（3）受者的特定性。教育传播有特定的对象，大学习者、中学习者、小学习者、成人学习者等都各自有不同的教育需求。（4）媒体和通道的多样性。在教育传播中，教育者既可以用语言、体态语作为媒体，又可以用板书、文本、模型、图片、图像、录音、虚拟现实、增强现实等作为媒体；既可以是面对面的传播，又可以是非面对面（书信、微信等社交媒体、电子邮件、网络等）远程的传播。

依据系统思想，教育传播主要是由教育者、教育信息、教育媒体和受教育者4个要素组成的一个系统，这4个要素交互作用形成以下6种关系：教育者—受教育者；教育者—教育信息；教育者—教育媒体；受教育者—教育信息；受教育者—教育媒体；教育信息—教育媒体（见图1-3-2）。

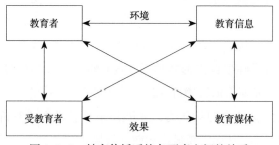

图1-3-2　教育传播系统各要素之间的关系

每种关系都有3种情形：（1）关系类型。和谐关系还是对抗关系？两者对教育传播活动的影响大不相同，前者起促进作用，后者起干扰作用。

[①] 南国农，李运林．教育传播学（第二版）[M]．北京：高等教育出版社，2005．

（2）关系的密切程度。亲密、一般或疏远，这是程度上的差异。关系亲密，可增进传播效果；关系疏远，会削弱传播功能。（3）情境不同，要素相互关系不同。一个百人以上的大班和10人小班相比，其师生联系和交往的亲密程度不会相同。处理好这6种关系，对于保证和提高教育传播效果是非常重要的。

其中，当教育者和受教育者确定后，教育信息就会相应具有规定性，而教育媒体部分最活跃和丰富，因为大多数媒体都能承载并传递很多信息内容，但是，不同的传播渠道交互的效果可能不同。这就出现了传播渠道选择，甚至是多种渠道同时选择使用的问题了。一方面，一些确切的信息内容需要选择最适合传递的渠道，以达到更好的传播效果；另一方面，依据建构主义学习观以及联通主义（参见学习理论部分）的思想，很多意义分布在不同的节点以及节点之间的关系上，学习者会通过不同的媒体工具承载，从多种渠道获得信息，并结合自己原有的信息建构自己的意义，形成自己的认知结构和理解。

因此，混合教学本身具有多种传播渠道，既有面对面教学语言和体态语的媒体形式，也有结合线上教学文本、图片、声音、视频、动画，甚至是虚拟现实，抑或是增强现实等的多种媒体表现形式，可以满足不同学科内容所需要的对应的表现形式，同时，也可满足不同学习风格的学习者的需要，满足学习者意义建构的需要，有助于促进传播效果的提高。与此同时，混合教学具有的多种可选择性，并不意味着随意性，需要处理好教育者与教育媒体通道、学习者与教育媒体通道以及教育信息与教育媒体通道的关系，只有它们彼此之间有很好的适配性，才能保证高质量的教育传播效果。

（二）教育传播模式与混合教学

教育传播模式是再现教育传播现实的一种理论性的简化形式。它是对教育传播现象的概括和简明表述，是对教育传播过程的各要素的构成方式与关系的简化形式，反映了教育传播现象的主要本质特征[①]。

教育传播的基本模式。基于教育传播系统构成的四大要素，并考虑到反馈和环境对传播效果的重要影响，建构了教育传播基本模式（见图1-3-3）。

---

① 汪基德.论教育传播模式的构建与分类[J].河南大学学报（社会科学版），2007（1）：150-154.DOI：10.15991/j.cnki.411028.2007.01.027.

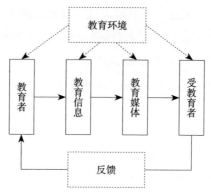

图 1-3-3　教育传播的基本模式

这一模式揭示，在教育传播中，教师（也可以是教师团队）根据某种需要（如社会发展、学习者身心发展需要等）选择教育信息和教育媒体，并通过媒体（也包括教师的语言符号和体态等非语言符号）将教育信息传输给学习者；学习者主动接受通过教育媒体传来的信息并进行反馈，教师根据反馈信息进一步调整教育信息与媒体，以达到优化传播过程、提高传播效果的目的。传播环境对传播系统的各个要素都有一定的影响。教育传播的过程是指传播效果不是由某一个要素决定，而是由传播过程涉及的所有要素相互作用、相互联系的结果，要统筹考虑传播过程中的各个要素以及它们之间的关系。

教育传播的典型模式 [1]

1. 面对面教育传播模式（见图 1-3-4）

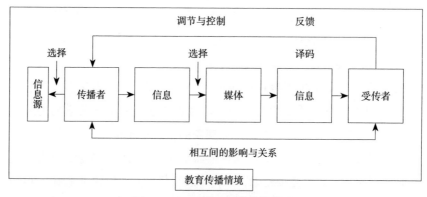

图 1-3-4　面对面教育传播模式

---

[1] 魏奇，钟志贤著. 教育传播学[M]. 南昌：江西教育出版社，1992：233-246.

面对面教育传播的过程为：传播者根据教育传播目标及其所判断的受传者的心理发展状况两大因素选择和加工、制作要传递的教育信息——向谁传递什么的决策阶段；传播者把要传递的信息转换成一套特定的符号系统，并形成一定的内容结构——如何组织传递的信息内容阶段；传播者通过媒体把信息传递给受传者，需要考虑信息内容与媒体特性和目标与受传者之间的对应关系——媒体（信息）传输阶段；受传者通过媒体感知信息内容，感知的结果通常有与编码信息一致、相悖或部分感知。受传者绝不是被动的信息接受容器，其认知结构、生活经历、个性、价值观构成其"选择机制系统"，其认知能力、主动性或参与性直接影响对信息的感知程度——接收阶段；受传者把感知和接收信息的情况通过各种形式反馈给传播者，作为传播者调节与控制教育传播过程的决策依据之一，此为反馈—调控阶段，需多次进行；传播者和受传者之间具有直截了当的相互间的形象评价，评价的结果会产生"情感迁移"现象，影响建立传者—受者之间的人际关系，影响信息传通的质量；为提高信息传递效率和效益，传播者应切实处理好教育传播过程中的各因素、各阶段之间的关系，不仅要慎重考虑系统内的各要素与系统的关系，而且要考虑与情境的关系。

2. 传统远程教育传播模式

如图 1-3-5 所示，此模式是参照马莱茨克的大众传播模式，结合远程教育的实际情况而构建的。此模式体现出远程教育的本质性特征：（1）师

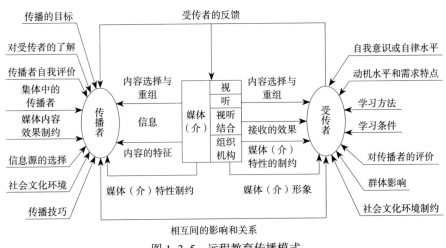

图 1-3-5　远程教育传播模式

生相互分离;(2)辅助性教育组织机构的影响作用,特别表现在计划和准备学习材料之中;(3)以学习者为中心;(4)运用教育传播媒体;(5)定期面授,以解决针对性的问题或施以补救性教学;(6)是一种最工业化的教育形式。

3. 基于网络媒体的教育传播模式

随着技术的不断发展,基于互联网的远程教育传播模式逐渐成为主流。信息供给方即信息源更加多样化,通过大数据对信宿的特征获取更加方便,能够及时反馈和多向互动,因此,远程教育的传播模式越来越丰富多彩。下面介绍几种网络环境下的教学传播模式。①

(1) 探究式教育传播模式。基于网络的探究学习是利用网上已有的资源进行主动探究的学习方式。

如图 1-3-6 所示,在这个模式中,显示信息:一般是由某个教育机构(如中学、大学或研究机构)设立一些适合由特定的学习对象来解决的问题,同时提供大量与问题相关的信息资源供学习者在解决问题过程中查阅,另外,还设有专家负责对学习者学习过程中的疑难问题提供帮助,学习者可上网浏览信息。传递信息:通过互联网向学习者发布信息。反馈信息:利用电子邮件或在线聊天软件反馈信息。诊断评价:创建评价量表来展示如何评价最终的成果。或者教师创建一个自我评价表,使学习者可以对自己的学习进行评价和反思,并简要总结。

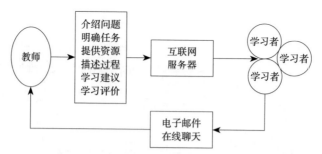

图 1-3-6 基于网络的探究式教育传播模式

---

① 南国农,李运林.教育传播学(第二版)[M].北京:高等教育出版社,2005:45-50.

（2）讨论式教育传播模式。"讨论学习"是指多个学习者在讨论支持系统的帮助下，以讨论的方式来进行学习的教学模式。

如图1-3-7所示，在这个模式中，显示信息：一般由各个领域的专家或专业教师在互联网站点上提供与该教学内容有关的学科主题，学习者根据自己学习的特定主题选择有关讨论组，与其他学习者讨论交流。传递信息：在互联网上实现讨论学习的方式有多种，最简单实用的是利用电子邮件、BBS、在线聊天系统等。同时，教师根据学习者提出的问题进行有针对性的指导。诊断评价：由具有特权的领域专家进行调节，以保证学习者的讨论和发言能符合教学目标的要求，防止讨论偏离当前学习的主题。

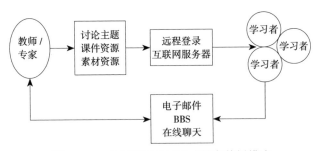

图1-3-7 基于网络的讨论式教育传播模式

（3）个别辅导教育传播模式。个别辅导教育传播模式是通过教师或基于网络的教学软件（智能化的CAI个别化学习支持软件）对在自行建构知识意义过程中的学习者进行一种引导的学习方式。

如图1-3-8所示，在这种模式中，显示信息：基于互联网智能化的CAI个别辅导软件教师进行教学，通过软件的交互与学习情况记录，形成一个体现学习者个性特色的个别化学习环境，通过教学软件库将教学内容的文字、图形、图像、声音、活动、动画等学习资源上传到网上，让学习者下载或网上浏览。传递信息：通过基于互联网的CAI软件资料库以及教师与单个学习者之间的通信来实现。反馈信息：同步指导，通过在线聊天软件进行基于文本的交谈，异步指导：通过电子邮件，教师根据学习者提出的问题进行有针对性的指导。

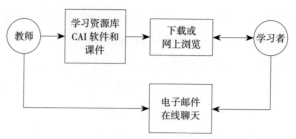

图 1-3-8 基于网络的个别辅导教育传播模式

（4）专题网站式教育传播模式。专题网站式教育传播模式是指基于网络的专题网站学习模式，建立围绕某门课程或某个专题的资源网站，并利用该网站进行学习或研究的传播模式。

如图 1-3-9 所示，这种学习模式是围绕某一专题进行较广泛、深入的学习和研究，并要求学习者通过专题学习网站的共建和共享来培养创新精神与实践能力。这种模式的学习过程是：学习者根据一定的要求，参与网站的设计和开发；教师提出学习要求，学习者利用网站自主、协作学习；学习者的自主学习成果（网页）通过评价整合为网站资源；学习者利用网站提供的形成性练习和考试功能，检查自己的学习效果。

在这种模式中，显示信息：一般都是由某个教育机构（如中学、大学或研究机构）或个人设立一些适合特定的学习对象学习的专题网站，并有教师或专家负责对学习者学习过程中的疑难问题提供帮助，学习者上网浏览信息；传递信息：通过互联网向学习者发布。反馈信息：利用电子邮件、BBS、在线聊天软件进行交流。诊断评价：教师创建一个自我评价表，使学习者可以对自己的学习进行评价和反思，并简要总结。该模式有利于学习者通过专题学习网站的共建和共享来培养创新精神和实践能力。

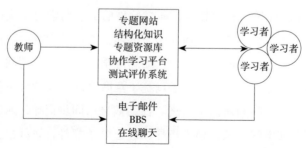

图 1-3-9 基于网络的专题网站式教育传播模式

混合学习涉及面对面、远程，尤其是基于互联网的传播模式，其设计、实施和评价、反馈与完善等所有传播过程和功能要素都应遵循这些传播模式的过程、所涉及的要素，并要遵照传播学的所有规律。

三、学习理论及其对混合教学的指导

自 1879 年心理学诞生之后，学习理论逐步得到发展，形成了许多有代表性的学习理论流派，如"行为主义""认知主义""建构主义"和"人本主义"等经典学习理论，也出现了如"联通主义"等新兴学习理论。不同学习理论流派的观点和立场各有特色，但都主要回答了关于学习实质、学习过程、学习的规律和条件三个基本问题[①]。深入理解这些理论及其应用场合，有助于我们全面了解学习的界定、性质、作用、条件等诸多学习要素，为混合学习的理论和实践提供科学依据。

（一）"行为主义"及其适用的教学情境

20 世纪上半叶，"行为主义"成为心理学的主流学派。行为主义认为，学习是刺激和反应之间的联结，这种联结是通过反复尝试实现的[②]。巴甫洛夫（Pavlov）和华生的"经典性条件作用理论"、桑代克（Thorndike）的"联结主义学习理论"、斯金纳（Skinner）的"操作性条件作用理论"都强调刺激和反应之间的联结，后来，一些行为主义者开始吸收认知学派的思想，如班杜拉的"社会学习理论"。

各科教学中总会有一些内容不太需要思考而需要学习者强行记住（英语单词、数学符号等），或者经过了思考认可却需要学习者熟练记忆、快速反应的，或者一些动作技能等，都是行为主义学习理论可以发挥作用的教学场景，至今都在所有教学过程中（含混合教学）发挥重要作用。下面我们介绍典型的行为主义理论观点。

苏联生理学家巴甫洛夫和华生的"经典性条件作用理论"

经典性条件作用理论的形成来源于两个方面：一是巴甫洛夫通过狗分泌唾液的实验得出学习是刺激和反应之间的联结，这个联结是无条件刺激和条件刺激反复作用的结果；二是华生对经典性条件作用进一步发展，认

---

① 陈琦，刘儒德. 当代教育心理学（第 3 版）[M]. 北京：北京师范大学出版社，1997.
② Watson J B, Kimble G A. Behaviorism[M]. Boston：Routledge，2017.

为学习的本质是一种刺激代替另一种刺激建立条件反射，形成习惯的过程①。巴甫洛夫发现了经典性条件作用并揭示了其原理，华生以巴甫洛夫的经典性条件作用原理为基础，将其发展成为学习理论，创立了经典行为主义。

巴甫洛夫通过动物实验提出他的理论，在这些实验中最著名的是狗分泌唾液实验②。由于肉（无条件刺激）可以自动地引起狗分泌唾液的反应，狗分泌唾液的反应被称为无条件反应。狗听到铃声（中性刺激）不会分泌唾液，但是当一个中性刺激（铃声）和一个无条件刺激（肉）多次反复结合之后，狗即使没有闻到肉味，只听到铃声也会分泌唾液，而此时铃声由原来的中性刺激变成了条件刺激，此时发生的反应称为条件反应，这就是经典性条件作用理论产生的整个过程。

华生指出，所有的行为都是通过条件作用建立新刺激—反应（S—R）联结形成的，学习的本质是一种刺激代替另一种刺激建立条件反射，形成习惯的过程③。这个过程也是强化的过程，由此他提出了频因律和近因律。"频因律"是指在其他条件相等的情况下，某种行为练习得越多，习惯形成得就越迅速；"近因律"是指当反应频繁发生时，最近的反应更容易得到强化。华生主张一切行为都是以经典性条件反射为基础的，但他过于强调外在客观环境对人类学习的影响而忽视了内部的心理过程。

桑代克的"联结主义理论"

桑代克是美国心理学家，现代联结主义的倡导者和教育心理学的奠基人，通过饿猫打开迷笼实验，提出了"试误—联结"学习理论，他认为，学习的实质在于形成一定的联结，一定的联结需要通过试误来实现，同时他认为动物的学习是盲目的，而人的学习是有意义的。

桑代克以动物实验为根据，他将一只饿猫放在一个笼子里面，将小鱼放在猫可以看到的笼子外面，此时猫想要吃到鱼就必须触碰到笼子机关跑出去。在实验过程中猫在笼子中的活动都是盲目的，它在笼子里到处乱跑、乱抓、乱咬，偶然它会触碰到开关跑出去。然后他多次将猫放到笼子里面，

---

① Pavlov P I. Conditioned reflexes: an investigation of the physiological activity of the cerebral cortex[J]. Annals of Neurosciences, 2010, 17（3）: 136.

② Pavlov I P, Thompson W H. Excerpts from The Work of the Digestive Glands[J]. American Psychologist, 1997, 52（9）: 936.

③ Watson J B, Rayner R. Conditioned emotional reactions[J]. Journal of Experimental Psychology, 1920, 3（1）: 1.

猫逃出笼子的速度越来越快，犯错误的次数越来越少，经过反复尝试和试误之后，猫一进入笼子就能立即触动机关跑出来。由此，桑代克认为学习的过程是通过多次尝试逐渐减少错误，直至成功的过程。①

桑代克通过饿猫打开迷笼实验，总结了以下3条学习的重要原则：一是"准备律"。指有机体对某些活动有准备时，实现了，有机体对该活动会感到满意，若没有实现，有机体就会感到烦恼；如果有机体没有准备，强迫其实现活动，也会感到烦恼②。二是"练习律"。指有机体在尝试—错误的学习过程中，联结的强度会随着练习的次数增加而增加，反之，则会逐渐减弱直至消退。三是效果律。指有机体在进行某项活动时，如果伴随的结果是满意的，那么联结就会增强，这项活动重复进行的可能性就会增加，反之，就会因烦恼的结果而减弱③。

斯金纳的"操作性条件作用理论"

斯金纳是美国心理学家、新行为主义心理学的主要代表，他在桑代克和巴甫洛夫的基础上，通过斯金纳箱实验，提出了操作性条件作用理论④，他认为，学习的实质是一种反应概率上的变化，强化是增强反应概率的手段。

斯金纳的"操作性条件作用理论"也是建立在动物学实验的基础上，他改进了桑代克的实验。在20世纪30年代，他将白鼠作为研究对象，发明了一种叫斯金纳箱的特殊实验装置。斯金纳箱中有一个操纵杆，下面有一个食物盘，只要箱中的动物按下操纵杆，一粒食丸就会滚到食物盘中，动物就可以获得食物。斯金纳将饥饿的白鼠放在箱内，白鼠最开始在箱子里盲目地乱跑，偶然间它碰到了操纵杆，获得了一粒食丸。白鼠经过多次尝试，会不断按下操纵杆，直到吃饱为止。由此，斯金纳发现有机体作出的反应与其随后出现的刺激条件之间的关系对行为起着控制作用，它能影响其以后反应的概率。如果一个反应发生后，有强化的刺激尾随，则该操作的概率就会增加，反之，则会不断减少直至最后消失。这就是操作性条

---

① Thorndike E L. The principles of teaching: Based on psychology[M]. Routledge，2013.
② Thorndike E L. The original nature of man[M]. Рипол Классик，1921.
③ Thorndike E L. The psychology of learning[M]. Teachers College，Columbia University，1913.
④ Skinner B F. The behavior of organisms: An experimental analysis[M]. BF Skinner Foundation，2019.

件作用的基本过程。斯金纳将人的行为分为两类：应答性行为和操作性行为。"应答性行为"是由已知的刺激引起的，正如巴甫洛夫的"经典性条件作用理论"，有机体被动地对环境刺激作出反应；"操作性行为"是有机体自身发出的，最初是自发的行为，不与任何特定的刺激联系。操作性行为是操作性条件作用的研究对象。在日常生活中，人的大部分行为都是操作性行为，主要受强化规律的制约。

班杜拉的"社会学习理论"

班杜拉（Bandura）是美国心理学家，社会学习理论的奠基人。班杜拉通过大量的实验研究提出了"社会学习理论"[1]，他认为学习的实质是个体通过对他人的行为及其强化性结果的观察，从而获得某些新的行为反应或已有的行为反应得到修正的过程。

班杜拉为了解释人类行为，批判"环境决定论"和"个人决定论"并由此提出了"交互决定论"，他认为，人的行为既不仅仅是由内部因素驱动，也不是仅仅由外部环境刺激和控制，而是内部因素和外部环境相互作用的产物，坚持多因素相互作用共同决定行为的观点[2]。"交互决定论"认为，个体、环境和行为是相互影响、彼此联系的，三者的影响力大小取决于当时的环境和行为的性质。

观察学习。班杜拉的"社会学习理论"将学习分为参与性学习和替代性学习。参与性学习是指通过实践并直接体验行为后果而进行的学习，实际上就是指"做中学"，也称为直接学习；替代性学习是指通过观察别人的学习，学习者在这一过程中并没有外显的行为，也称为间接学习。班杜拉又将替代性学习称为观察学习。人类大部分的学习都是替代性学习，它可以提高人类学习的效率，并且可以避免人去经历有负面影响的行为后果。

班杜拉通过波波玩偶实验，提出了观察学习的具体过程。在这个实验中，让3组4~6岁的儿童观看一个成人殴打玩偶的电影。第一组儿童观看的电影是殴打玩偶的成人的行为得到了奖励；第二组儿童观看的电影是殴打玩偶的成人的行为受到了惩罚；第三组儿童观看的电影是殴打玩偶的成人的行为既没有得到奖励也没有受到惩罚。然后将3组儿童带到相类似的

---

[1] Bandura A, Walters R H. Social learning theory[M]. Prentice Hall：Englewood cliffs，1977.

[2] Bandura A. Social cognitive theory of moral thought and action[M]//Handbook of moral behavior and development. Psychology press，2014：69-128.

情境中，让儿童与玩偶单独在一起。结果发现：看到榜样因攻击而得到奖励的儿童最具有攻击性；看到榜样因攻击而受到惩罚的儿童攻击性最小；而看到榜样既没有得到奖励也没有受到惩罚的儿童的攻击性介于前两组儿童之间。

班杜拉认为，第二组孩子并不是没有学会攻击玩偶的行为，而是因为看到成人攻击玩偶的行为受到了惩罚，所以攻击行为没有表现出来而已。在此基础上，班杜拉详细描述了观察学习包括注意、保持、再现和动机4个过程。

"注意过程"是观察者自身通过对活动的知觉选择自己的榜样，并注意到榜样的行为，一般观察者会选择和自身相似、地位比自己高、能力比自己强的人作为榜样；"保持过程"是指观察者观察榜样的行为，并通过表象和言语的形式将他们的行为储存在记忆中；"再现过程"是指观察者在相关的情境中，将头脑中储存的榜样的行为再现出来，即模仿和练习；"动机过程"是指观察者观察榜样行为的后果，如果榜样的行为受到惩罚，就不会模仿该行为，如果榜样的行为得到了奖励，观察者就会模仿榜样的行为。

因此，学习行为习得后能不能表现出来，取决于所习得的行为受到什么类型的强化。强化一般分为3种类型：一是替代强化，即观察者因看到榜样受强化而受到的强化；二是自我强化，即观察者根据一定的标准对自己实施的强化；三是直接强化，即观察者因表现出所观察到的行为而受到强化。

行为主义与混合学习

如前所述，由于行为主义在促进学习者记忆或快速反应方面具有独到的作用，因此，行为主义在教学中的应用更多地体现在促进记忆和行为塑造方面。其可以通过程序教学的形式完成，即将要记忆的内容或反应的行为分解成小步子并及时强化达成最终目标。在学习开始阶段，对于复杂的行为或学习内容，可以分解成一个个小步子，每完成一小步的内容或行为就给予强化，直到获得最终的目标或行为达成。学习获得之后，也可以通过反复观看学习内容或完成的行为动作巩固记忆或内化行为，促进记忆或行为塑造。这样的程序教学最早可以利用教学机器进行，即计算机辅助教学[1]，现在在线上可以更方便地进行。比如，要记忆的内容或需要建立迅速

---

[1] Skinner B F. Teaching machines[J]. Scientific American, 1961, 205（5）: 90-106.

反应的行为可以放在教学网络平台上不断重复播放,或辅以行为纠正等。行为主义在学习领域,特别是在混合学习环境的实施和布鲁姆认知层次低水平技能的实现方面有很大的影响[①]。

(二)认知主义及其教学应用

20世纪60—70年代,随着学习理论的发展,行为主义学习理论表现出越来越多的局限性,无法解释人是如何通过内部的心理机制进行学习的,越来越多的心理学家开始采用认知取向,关注学习者对知识的内部加工过程,认知主义并不否认行为主义主张的学习是形成刺激—反应的联结,但强调刺激—反应之间联结形成的原因是认知结构的形成,认为学习的实质就是学习者通过理解,主动在头脑中形成认知结构的过程。认知派学习理论主要有布鲁纳(Bruner)的"认知—发现理论"、奥苏贝尔(Ausubel)的"认知—同化理论"和加涅(Gagné)的"信息加工理论"等。

布鲁纳的"认知—发现理论"

布鲁纳是美国认知教育心理学家,他反对以强化为主的被动的程序教学,强调学习的主动性,主张采用发现学习的方式,使学科的基本结构适合学习者头脑中的认知结构,其理论也被称为"认知—发现说",是当代认知派学习和教学理论的主要流派之一。

认知学习观 布鲁纳认为,学习的本质不是被动地形成刺激—反应的联结,而是主动地形成认知结构,即形成不同学科领域的类别编码系统。学习者不是被动地接受知识,而是主动地发现知识,并将新知识和学习者头脑中已有的认知结构联系起来,积极构建知识体系。布鲁纳通过研究学习者学习的具体过程,发现学习包括获得、转化和评价3个过程。学习活动首先是新知识的获得,新知识获得可能是以往知识的深化,也可能与原有知识相违背。新知识获得之后,还要对它们进行转化。人们可以超越给定的信息,运用各种方法将它们变为另外的形式,以适合新任务,并获得更多的知识。评价是对知识转化的一种检查,通过评价,人们可以判断他们处理知识的方法是否适合新的任务。新知识的获得、知识的转化和评价三者几乎是同时发生的。

---

① Thomas P Y. Towards developing a web-based blended learning environment at the University of Botswana[J]. 2010.

结构教学观 布鲁纳十分注重学习的主动性和认知结构的重要性，他认为教育的目标在于让学习者理解学科的基本结构，所谓学科的基本结构就是指学科的基本概念、基本原理和基本方法[①]。他认为，学习者掌握了学科的基本结构就会把该学科看作一个相互联系的整体，就更容易理解整个学科的具体内容，容易记忆学科知识，促进学习迁移，提高学习兴趣，发展学习者智慧，因此布鲁纳把学科的基本结构放在设计和编写教材的中心地位[②]。

为了让学习者学习和掌握学科的基本结构，布鲁纳提出了4条基本教学原则。第一，动机原则。学习者的动机分为3种，即好奇的内驱力、胜任内驱力和互惠内驱力，教师需要激发学习者的学习动机，使他们能够达到教学的目标。第二，结构原则。学习者理解学科的基本结构，需要借助语言、图像和符号3种表征方式。教师应该根据学科内容、学习者年龄、知识背景等因素去选择对应的表征方式，从而促进学习者掌握学科基本结构。第三，程序原则。教学的目的是学习者掌握学科的基本结构，每门学科知识庞杂，存在各种不同的学习程序，对于学习者而言，不存在所有学习者都适用的一种学习程序。第四，强化原则。在通常情况下，强化可以增加学习者行为发生的概率。适度且及时的强化，可以提高学习者的学习动机和效率。

奥苏贝尔的"认知—同化理论"

奥苏贝尔是美国著名教育心理学家，认知派学习理论的代表人物。奥苏贝尔最大的贡献是提出了"有意义学习理论"和"先行组织者策略"。奥苏贝尔认为，布鲁纳的学习理论过于强调发现式学习，忽视了系统知识的传授，会造成教育质量低下。奥苏贝尔根据学习方式把学习分为发现学习和接受学习，又根据学习材料与学习者原有知识结构的关系将学习分为机械学习和意义学习，并认为学习者的学习主要是有意义地接受学习[③]。奥苏贝尔主张用认知观点和同化论来解释意义学习，提倡用接受学习的方式来获得系统的知识，形成良好的认知结构。

意义学习 "意义学习"的实质是指符号所代表的新知识与学习者认知结构中已有的适当观念建立非人为和实质性的联系。所谓非人为的联系是

---

① Bruner J S. Toward a theory of instruction[M]. Harvard University Press，1966.
② Bruner J S. The process of education[M]. Harvard university press，2009.
③ Ausubel D P，Novak J D，Hanesian H. Educational psychology：A cognitive view[M]. New York：holt，rinehart and Winston，1968.

指新知识同原有的旧知识的联系必须符合知识的内在逻辑联系。所谓实质性联系是指不同的符号表达的是同一认知内容。例如,"三条边相等的三角形是等边三角形"和"等边三角形有三条边相等"是一回事,其本质特征并未变。奥苏贝尔认为,新旧知识是否建立这种非人为的和实质性的联系,是划分机械学习和意义学习的标准。

意义学习必须满足两个条件:一个是外部条件。学习材料必须具有逻辑意义,即学习材料必须和学习者头脑中已有的知识建立起非人为和实质性的联系[1]。另一个是内部条件。首先,学习者必须具有积极、主动将符号所代表的新知识与认知结构中的适当知识加以联系的倾向性;其次,在学习者原有的认知结构中必须具有同化新知识的适当观念。

接受学习 "接受学习"就是在教师指导下,学习者接受事物意义的学习。在接受学习中,学习的内容大多都是现成的、已有定论的、科学的基础和知识,包括一些抽象的概念、命题、规则等,通过教科书或教师的讲述,用定义的形式将知识直接呈现给学习者。这时不可能发现什么新知识,学习者只能接受这些知识,掌握其意义。接受学习的过程是:首先,学习者在认知结构中找到已有的能同化新知识的先前知识;其次,要找到新知识和已有知识之间的相同点;最后,找到新旧知识之间的不同点,在积极的思维活动中融会贯通,求同存异。

教师在教学过程中也要分析学习者是否具备学习新知识的先前知识,当学习者缺少先前知识背景时,教师可以事先呈现准备性的、引导性的学习材料,即所谓的先行组织者[2]。先行组织者的抽象和概括水平要高于当前的学习任务,并且要将学习者头脑中已有的观念和新的学习任务相关联。其目的是为新的学习任务提供观念上的固着点,增加新旧知识的可辨别性,使学习者能更有效地同化、理解新学习的内容。奥苏贝尔的研究表明,使用了先行组织者的学习效果,要好于没有使用先行组织者的学校效果[3]。

---

[1] Ausubel D P. The facilitation of meaningful verbal learning in the classroom[J]. Educational Psychologist, 1977, 12 (2): 162-178.

[2] Ausubel D P, Fitzgerald D. The role of discriminability in meaningful learning and retention[J]. Journal of Educational Psychology, 1961, 52 (5): 266.

[3] Ausubel D P. In defense of advance organizers: A reply to the critics[J]. Review of Educational Research, 1978, 48 (2): 251-257.

加涅的"信息加工理论"

从 20 世纪五六十年代开始,随着对学习理论的进一步研究,以及受计算机科学的影响,信息加工理论逐渐成为学习和记忆领域占主导地位的一种理论。"信息加工"是指人脑对信息的接受、转换、存储和提取,信息加工理论把学习的过程类比为计算机加工的过程。加涅是信息加工理论的主要代表人物之一,被认为是行为主义学习理论和认知主义学习理论的折中主义者。他根据现代信息加工理论,对学习的实质、过程、条件以及教学作出了系统的论述,建立起综合的学习理论。

20 世纪 70 年代,加涅根据现有的信息加工理论提出了学习过程的基本模式即学习的信息加工模式(见图 1-3-10)[①]。

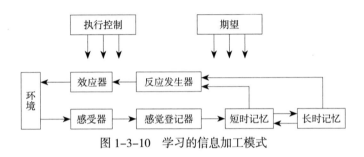

图 1-3-10 学习的信息加工模式

这一模式由环境系统、执行控制系统和期望系统 3 个系统组成,展示了学习过程的信息流程,对于理解教学和教学过程,以及如何安排教学时间具有极大的应用意义。环境系统由感受器、感觉登记器、短时记忆、长时记忆、反应发生器和效应器构成。从具体过程来看,首先,感受器接受来自环境的刺激信息并将其传递给感觉登记器,信息在那里保留的时间很短,约 0.25~3 秒,绝大部分信息不会被注意,只有一小部分信息经过加工后进入短时记忆,信息在这里可以持续二三十秒,且容量只有 7±2 个信息单位。如果想要保持信息,就得采取复述的策略,但是,复述只有利于保持信息以便编码,并不能增加短时记忆的容量。

信息从短时记忆进入长时记忆时,要经过编码的过程。编码就是用各种方式把信息组织起来,经过编码后的信息可以储存在长时记忆中。一般

---

① Gagne R. The conditions of learning and theory of instruction Robert Gagné [J]. New York, NY: Holt Rinehart and Winston, 1985: 361.

来说，长时记忆时的储存容量几乎是无限的，储存的时间是长久的。当需要信息时，需经过检索来提取信息，被提取出来的信息可以直接通过反应发生器，从而产生反应；也可以再回到短时记忆，对信息进一步考虑后，再次通过反应发生器作出反应。

"执行控制系统"是一种控制信息加工过程的系统，它不与任何一个操作加工成分直接相连，这意味着它对整个加工系统进行调节和控制，决定哪些信息从感觉登记器进入短时记忆，如何进行编码，采用何种提取策略等。"期望系统"是信息加工过程的动力系统，是指学习者期望达到的目标，即学习动机，这种期望会调节人们去注意有关信息，影响学习者学习的努力程度。

学习阶段及教学设计。从学习的信息加工模式可以看到，学习是学习者与环境之间相互作用的结果。在此基础上，加涅认为，教学活动是一种旨在影响学习者内部心理过程的外部刺激，教学包括一系列独立的事件，每一个事件都对应学习的内部活动，对学习者都有显著的影响。

根据这种观点，加涅把学习活动中学习者的内部心理活动分解为9个阶段，并对应以下9种不同的教学事件[①]：（1）引起注意。教师教学时要使用突然的刺激变化，引起学习者注意。此阶段，学习者的内部学习活动是接收。（2）告知学习者目标。教师告知学习者学习目标，告诉学习者在学习之后他们将能够做些什么。此阶段，学习者的内部学习活动是预期。（3）刺激回忆先前的学习。教师要求学习者回忆先前习得的知识或技能。此阶段，学习者的内部学习活动是将相关信息提取到工作记忆中。（4）呈现刺激。教师要向学习者展示具有区别性特征的新的教学内容，帮助学习者减少相似刺激的干扰。此阶段，学习者的内部学习活动是选择性知觉。（5）提供"学习指导"。教师要提供一个有意义的练习机会，使学习者能较快地建构新信息的意义，即形成概念。此阶段，学习者的内部学习活动是语义编码。（6）引出行为。教师要引导学习者表现出具体行为，以检验学习者的意义建构是否成功。此阶段，学习者的内部学习活动是反应。（7）提供反馈。教师对学习者的行为反应给予反馈，建构成功，给予鼓励反馈；建构不成功，给予矫正反馈。此阶段，学习者的内部学习活动是

---

① Gagne R. The conditions of learning and theory of instruction Robert Gagné [J]. New York, NY: Holt Rinehart and Winston, 1985: 361.

强化。(8)评价行为。教师要求学习者另外再表现出行为并给予强化。此阶段,学习者的内部学习活动是提取和强化。(9)促进保持和迁移。教师要提供变化了的练习及间隔复习,帮助学习者将新建构的内容进行归类和重组,促进保持和迁移。此阶段,学习者的内部学习活动是提取并概括化。

认知主义与混合教学

认知主义学习理论的哲学基础是客观认识论,即承认存在客观真理或绝对知识,教学就是要依据学习者的原有认知结构说服学习者接受教师传授新知识,并将其纳入学习者原有的知识结构,或扩充或改变学习者的原有认知结构,学习就发生了。混合教学可以利用面对面和线上双重通道或多重通道,利用大数据以及数据挖掘等先进的学习分析技术,通过分析线上学习者学习过程痕迹、合作学习或提问等的对话文本,结合很多量表、问卷等的调查,更多地了解学习者的认知结构,作为设计混合教学、呈现学习内容的依据。

同时,认知主义强调学习不是盲目的,而是有意义的,学习是有机体积极主动地形成新的认知结构。因此,混合教学要线上线下教学无缝连接,设计适合不同学习者的教学方案,这样有助于激发大多数学习者的学习积极性,通过自主学习和教师引导,掌握相应的知识,将外部客观事物内化为其内部的认知结构。

认知主义强调,要按照学习者的年龄、经验水平和材料性质,选择灵活的教学程序和结构方式来组织实际教学活动,要求混合教学需要针对学习者的心智发展水平和认知表征方式作出适当的安排,使学习者的知识经验可以做到前后衔接。认知主义主张采用先行组织者策略进行教学,在混合教学过程中,可以以学习者既有的知识储备为基础,并且补充能够与新的学习发生连接的材料,为学习者学习新知识作准备。

(三)建构主义学习观及其教学应用

20世纪70年代之前,研究者对于学习与教学的探讨主要基于行为主义和认知主义,二者所不同的是行为主义指向个体的外部(行为反应),而认知主义指向个体的内部(信息加工过程)。建构主义是行为主义发展到认知主义以后的进一步发展,其本质是与客观主义相对立的哲学认识论,即极端的建构主义认识论不承认客观真理的存在,而温和的建构主义认识论会认为,可以把客观真理先搁置起来,人们是通过个体原有的经验与存在的事物相互作用而形成对事物的认识的。与行为主义学习观和认知主义学习观把学习看成学习者的个体活动不同的是,这样形成的建构主义学习观将学习视为个体原有经验与社会环境互动的加工过程。

现代建构主义的先导当属皮亚杰,他认为知识即非来自主体,也非来自客体,而是在主体和客体的相互作用过程中建构起来的,有机体认知结构的丰富过程就是主体的认知结构从平衡到不平衡,再到平衡的不断建构的过程[①]。皮亚杰的认知学习观主要在于解释如何使客观的知识结构通过个体与之交互作用而内化为学习者的认知结构[②]。因此,皮亚杰的建构主义观点属于认知建构主义。

20世纪70年代以来,以布鲁纳为代表的美国教育心理学家将苏联教育心理学家维果茨基(Vygotsky)的思想介绍到美国后,对建构主义思想的发展起到了极大的推动作用。维果茨基是社会建构主义的代表人物之一,在心理发展上强调社会文化历史的作用,特别强调活动和社会交往在人的高级心理机能发展中的突出地位。他认为,高级心理机能来自外部动作的内化,这种内化不仅通过教学,也通过日常生活、游戏和劳动来实现[③]。另外,内在的智力动作也外化为实际动作,使主观见之于客观。内化和外化的桥梁便是人的活动。

建构主义学习理论的基本观点

建构主义认为,学习的过程不是学习者被动地接受外来信息的过程,而是学习者利用原有认知结构同化新知识的过程,强调学习的主动性、社会性和情境性,其结果是认知结构的重新构建或改组。建构主义本质上是一种哲学认识论,对其各方面观点的认识有助于理解建构主义学习观[④]。

知识观 建构主义强调知识的动态性、应用情境性和主动建构性。"知识的动态性"是指知识不是对客观世界的绝对正确表征,而是知识会随着社会的发展、人类的进步而不断变化。"知识的应用情境性"是指知识并不是拿来就用,而是要结合具体的情境进行重新创造。"知识的主动建构性"

---

① Piaget J. The principles of genetic epistemology[M]. Psychology Press,1997.
② Piaget and his school:a reader in developmental psychology[M]. Springer,1976.
③ Vygotsky L S. Mind in society:The development of higher psychological processes[M]. 1978.
④ Fetsco T,McClure J. Educational psychology:An integrated approach to classroom decisions[M]. Allyn & Bacon,2005.

是指不同的学习者对知识有不同的理解，理解会受到学习者已有的经验背景、学习过程及环境的影响。

学习观　建构主义者强调学习的社会互动性、情境性和主动建构性。"学习的社会互动性"是指学习者并不是孤立存在的，而是学习任务是通过各成员在学习过程中的沟通交流、共同分享学习资源完成的，学习不是独立的个人行为，而是"学习共同体"[①]；"学习的情境性"是指学习是在具体情境中进行的，知识是不可能脱离活动情境而抽象存在的，学习应该与情境化的社会实践活动结合起来；"学习的主动建构性"是指学习者是主动的信息建构者，不是被动的接受者，学习的过程是基于个体的经验背景建构知识的过程，而不是由教师向学习者传递知识的过程。

教学观　建构主义者强调，学习者并不是空着脑袋走进教室的。在日常生活中，他们已经形成了丰富的经验，而且，有些问题他们即便没有接触到、没有现成的经验，但当问题一旦呈现在面前时，他们往往可以基于相关的经验，对问题进行解释。所以，教学不能无视学习者的这些经验，而是要把学习者现有的知识经验作为新知识的生长点，引导学习者从原有的知识经验中生长出新的知识经验。

综上所述，当今的建构主义者对学习和教学进行了新的解释，强调知识的动态性，强调学习者的经验世界的丰富性和差异性，强调学习的主动建构性、社会互动性和情境性。学习者是自己的知识建构者，教学需要以学习者为中心，尊重学习者的观点，注重在实际情境中进行教学，注重协作学习，促进学习者进行自主建构。

认知建构主义学习理论

"认知建构主义"主要是以皮亚杰的思想为基础发展起来的，与布鲁纳、奥苏贝尔等的学习理论具有较大的连续性，它强调个体通过自己的探索、发现来建构知识。它的基本观点是：学习是一个意义建构的过程，是学习者通过新旧经验的相互作用形成、丰富和调整自己认知结构的过程，其实质就是新旧知识同化和顺应的过程。一方面，新经验要与学习者原有的知识联系起来，从而获得新知识的意义并纳入学习者已有的认知结

---

① Wenger, Etienne. Communities of Practice: Learning, Meaning, and Identity. [M]. Cambridge university press, 1999.

构；另一方面，原有的知识会因为新知识的纳入而发生一定的调整和改组。认知建构主义的典型代表是维特罗克（Merlin C.Wittrock）的"生成学习理论"、斯皮罗（Rand J. Spiro）等人的"认知灵活理论"。

1. 生成学习理论

维特罗克是美国当代著名的教育心理学家，他根据学习的信息加工理论，提出了"生成学习理论"，其主要包括对学习实质的理解和学习生成过程模式两个方面的内容。

学习的实质 维特罗克认为，人们所知觉的事物的意义总是和我们已有的知识经验联系在一起，人们根据长时记忆中已有的知识经验主动地、有选择地提取与当前新知识相联系的有关信息，生成对信息意义的理解，并将所生成的意义不断存储、整合到长时记忆中，这个过程就是学习。单纯的信息输入并不是真正的学习，只有将新旧知识结合在一起，把新知识纳入学习者已有的认知结构中并获得具体的意义，学习才算是真正发生了。总之，维特罗克认为，学习者的学习是在已有的知识经验基础上进行的，学习过程是学习者主动建构的过程[①]。

学习生成过程模式 按照维特罗克的理论，人类所有学习活动都可以用生成过程来解释，生成学习过程是学习主体根据自己的态度、需要、兴趣和爱好以及认知策略对当前环境中的感觉信息产生选择性注意，获得选择性信息并利用原有的知识结构建构该信息的意义，从而获得新知识、新经验的过程[②]。学习活动可以从4个方面来理解：动机、学习过程、生成过程和创造过程。"动机"指学习者的学习愿望，并把学习的成败归因于自己的努力与否；"学习过程"与注意有关，学习者从学习环境中主动地对感觉经验进行选择性注意，并从头脑中提取相关的知识和经验；"生成过程"指形成信息材料的内部联系和信息材料与已有知识经验之间的联系，并进行意义建构；"创造过程"与生成过程密切相关，因为它涉及记忆的内容，包括前概念、反省认知、抽象知识和具体经验。

生成学习理论作为一种建构主义学习理论，它重视学习者学习的主动

[①] Wittrock M C. Generative Learning Processes of Comprehension[J]. Educational Psychologist, 2010, 24（4）.

[②] Osborne R J, Wittrock M C. Learning science: A generative process[J]. Science Education, 2010, 67（4）: 489-508.

性，重视对学习者内部认知结构的探讨，强调教学要以学习者为中心，促进学习者的意义建构。生成学习理论既可以来指导学习者的学习过程，也可以指导教师的教学过程，得到了心理学家的普遍认同。

2. 认知灵活性理论

斯皮罗等人从信息加工的角度来解释建构性学习的过程，认为学习不是一次性完成的，而是一个不断深化的过程。由此，提出认知灵活性（cognitive flexibility）理论[1]，重点解释如何通过不断深化的学习促进对知识的灵活应用。

结构良好领域知识和结构不良领域知识 斯皮罗等人提出的"认知灵活性理论"是以他们对知识领域的划分为基础的，根据知识及其应用的复杂多变程度，斯皮罗等人把知识划分为结构良好领域（well-structured domain）知识和结构不良领域（ill-structured domain）知识。所谓结构良好领域的知识，是指有关某一主题的事实、概念、规则和原理之间是以一定的层次结构组织在一起的，如计算三角形的面积，可以直接套用相关的公式。所谓结构不良领域的知识，是指将结构良好领域的知识应用于具体问题情境时产生的知识。结构不良领域是普遍存在的，只要将知识应用到具体情境中去，就有大量结构不良的特征。

初级知识获得与高级知识获得 与两种知识领域相对应的有两种学习类型，它们分别是初级知识获得和高级知识获得。"初级知识获得"是对结构良好领域的知识的学习，是可以直接套用公式和法则就能够得到解决的，属于学习的中低级阶段，只要求学习者通过练习掌握一些重要的概念、事实、规则和原理；"高级知识获得"是对结构不良领域的知识的学习，要求学习者在各种情境下通过应用知识解决问题，从不同角度表征知识，把握知识的复杂性以及相互联系，最终将其迁移到不同的情境中，属于学习的高级阶段。因此，学习者若要很好地完成任务，就需要具有认知灵活性。

随机进入教学 教学应该要培养学习者的认知灵活性[2]，"认知灵活性"

---

[1] Spiro R J, Feltovich P J, Jacobson M J, et al. Cognitive flexibility, constructivism, and hypertext: Random access instruction for advanced knowledge acquisition in ill-structured domains[J]. Educational Technology, 1991, 11（5）: 24-33.

[2] Spiro R J. & Jehng, J. C. Cognitive flexibility and hypertest: Theory and technology for the nonlinear and multidimensional traversal of complex subject matter. In Nix D. & Spiro R J.（Eds.）, Coghition, education, and multimedia : Exploring ideas in high technology. Lawrence Erlbaum Associates, Ins. 1990: 163-205.

指学习者通过多种方式建构自己的知识，以便在情境发生根本变化的时候能够作出适宜的反应。由此，斯皮罗等人提出了随机进入教学原则，在阐明这一教学原则时，他们运用了这样一个类比：在日常生活中，当我们在不同的时间、不同的场合，带着不同的目的观看某一风景时，我们会对这一风景产生不同的感受和认识。同理，对同一内容，学习者要在不同时间、重新安排的情境中，带着不同的目的从不同角度进行多次交叉、反复的学习，以此把握概念的复杂性并促进迁移。这种反复绝非为了巩固知识、技能而进行的简单重复，因为在每次的学习情境中都存在着互补、重合的方面，可以使学习者对概念产生新的理解。

3. 社会建构主义学习理论

"社会建构主义"是"认知建构主义"的进一步发展，是以维果茨基的思想为基础发展起来的，他主要关注学习和知识建构背后的社会文化背景和社会互动机制。学习是一个文化参与的过程，学习者只有借助一定的文化支持来参加某一学习共同体的实践活动，才能内化有关的知识。知识的建构不仅需要个体与物理环境的相互作用，而且需要通过学习共同体的合作互动来完成，其中典型的代表就是"文化内化与活动理论"和"情境认知与学习理论"。

文化内化与活动理论 维果茨基认为，人具备动物所不具备的高级心理机能[1]，如概念思维、有意注意、逻辑记忆、理性想象等，其核心特点是以语言和符号作为工具，是文化历史发展的结果。人的高级心理机能的形成最开始并不是从内部自发产生的，而是社会的、集体的、合作的，而后才变成个体的、独立的。这种从外部的、心理间的活动形式向内部的心理过程的转化，就是人的心理发展的一般机制——内化机制。所谓"内化"，就是把存在于社会中的文化变成自己的一部分，从而有意识地指引自己的各种心理活动。

在维果茨基的思想基础上，列昂捷夫系统地发展了活动理论。他提出，一切高级的心理机能最初都是在人与人的交往过程中以外部动作的形式表现出来，经过反复练习和实践，外部动作才能内化为内部的心智动作。活动是心理机能内化的中介和桥梁，而人的活动就其本质而言是一种社会实践，是在一定文化背景中的社会成员的相互作用。

---

[1] Vygotsky L S. Thought and language[M]. MIT press，2012.

文化内化和活动理论的应用是支架式教学。所谓"支架",是指建筑行业用的脚手架,被暂时用来辅助建筑作业,一旦建筑完成就被拆除,社会建构主义者用它来比喻教学的支架作用。"支架式教学"是指在学习过程中给学习者提供一种暂时性的帮助,用来辅助学习者逐步完成自己不能独立完成的任务,伴随着学习者的进步支架被逐步撤出,直至学习者能够独力完成任务[1]。在实际教学中,只有根据学习者的最近发展区搭建的支架,对学习者的发展才是最有效的。因此,支架的作用就是使个体的最近发展区变成现实的发展水平。

情境认知与学习理论　布朗(Brown)等人批判传统教学实践暗含的一种假设,即概念性的知识可以从它们被学习和应用的情境中抽象出来,这一假设极大地限制了教学实践的有效性。由此,他们界定了情境性认知的概念并提出了情境性学习理论[2]。这一理论认为,知识是在一定文化背景下的活动中产生的,不可能脱离活动情境而抽象地存在,知识是情境化的,并且在很大程度上是它所应用的活动、背景和文化的产物。

根据情境认知与学习理论,学习应该与情境化的活动结合起来,即进行情境性学习。情境性学习具有四大特征:第一,真实的任务情境。学习应该在与现实情境相类似的情境中发生,以解决学习者在现实生活中遇到的真实问题为目标。第二,情境化的过程。学习的过程与现实的问题解决过程类似,所需要的工具往往隐含在情境中,教师并不是将提前准备好的东西交给学习者,而是在课堂上呈现专家解决问题的相类似的探索过程,指引学习者进行自我探索。第三,真正的互动合作。现实的活动总是在一定的共同体中进行的,学习者在学习中需要相互合作,共同探索解答问题。第四,情境化评价。学习是在一定的情境中进行的,在学习活动中对具体问题的解决过程本身就反映了学习的效果。情境认知理论在教学中应用之一是"抛锚式教学"。这种教学模式将学习活动与某种有意义的大情境挂钩,让学习者在真实的问题情境中进行学习。教师首先呈现真实问题或真实事件,在教师的引导下,学习者运用原有的知识去尝试理解情境中的现象和

---

[1] Wood D, Bruner J S, Ross G. THE ROLE OF TUTORING IN PROBLEM SOLVING*[J]. Journal of Child Psychology and Psychiatry, 1976, 17 (2): 89-100.

[2] Brown J S, Collins A, Duguid P. Situated Cognition and the Culture of Learning[J]. Educational Researcher, 1989, 18 (1): 32-42.

活动，然后让学习者用自己的理解方式去体验、思考并解决问题。在这一模式中，教师呈现的真实问题或真实事件被形象地比喻为"抛锚"。因为一旦这类事件或问题被确定了，整个教学内容和进程就被确定了。

4. 建构主义学习观与混合教学

建构主义学习观是混合教学重要的理论基础。建构主义提倡情境化教学，认为学习是在一定的情境下进行的，知识并不是独立抽象存在的，教学要构建一定的教学情境，混合教学线上线下无缝衔接便于利用各种媒体表现形式将教学置于一定的情境中进行，特定的情境可以激发学习者学习兴趣，让学习者主动地进行意义建构[1]；建构主义提倡学习的社会互动性，混合教学既可以通过面对面教学促进各方面对面深入交流，同时，还可以通过建立线上虚拟社区，促进更广泛而长时间的深入探讨，参与者多边协作，强调学习者的合作交流能力，甚至学习者可以通过跨文化的交流，取得相应的学习成果[2]；建构主义强调以学习者为中心的教学，知识是在学习者头脑中形成的，而不是从外界接受的，学习者是自主的建构者，混合教学更容易为学习者自主学习提供途径，促进学习者自主学习，重视自主学习环境的构建，进而提高学习者的主体地位[3]。由于线上和线下无缝衔接，因此能够将教学从课上延伸到课下，更多地开展各种教学活动，构建更多的自主学习环境。

（四）人本主义对教学的指导作用

人本主义心理学兴起于20世纪60年代，盛行于70年代。人本主义心理学认为，人生而具有善根，后天只需提供适当的环境，人即会自然而然地成长和发展。人本主义主张尊重人的价值和主观能动性，认为教育要符合学习者人性发展的实际需求。人本主义的典型代表是马斯洛（Maslow）和罗杰斯（Rogers）。

马斯洛被誉为"人本主义心理学之父"，他提出了"需求层次理论"。该理论认为，人的需要是多种多样的，这些需要可根据其性质划分为呈阶

---

[1] Hung D. Design Principles for Web-Based Learning: Implications from Vygotskian Thought[J]. Educational Technology, 2001: 33–41.

[2] Lam J. Non-prescribed collaborative learning using social media tools in a blended learning course[J]. International Journal of Innovation & Learning, 2017, 21（4）: 449.

[3] Gharacheh A, Esmaeili Z, Farajollahi M, et al. Presentation of blended learning conceptual pattern based on individual and social constructivism theory[J]. International Journal of Humanities and Cultural Studies. 2016（1）: 1126–1149.

梯状排列的 7 个层次（见图 1-3-11）[①]。

图 1-3-11　马斯洛的需求层次

生理需要　是指个体为了维持生存及延续种族的最为基本的需要，如食欲、性欲、睡眠等，是人的本能体现。如果所有需要都没有得到满足，并且机体因此而受生理需要的主宰，那么，其他需要可能会全然消失，或者退居幕后。因此，生理需要在人的各种需要中处于最优的位置。

安全需要　是指个体为了获得保护或免受威胁而对组织、秩序、安全感和预见性的追求，如危险时求人帮助、患病时寻求医治等。通常是在生理需要得到满足后，这一需要才会作为主导动机显现出来。处于安全需要支配下的人的行为更多地指向安全，他们可能仅仅是为了安全而活。

爱和归属需要　是指人要求与他人建立情感联系以及隶属于某一群体，并在群体中享有地位的需要。当人的生理和安全需要得到满足后，爱和归属的需要将支配人的动机和行为。他们希望自己能在所处的组织中有一席之地，重视友爱与家庭，追求与他人建立友好的关系和建立美满幸福的家庭。倘若爱和归属的需要没有得到满足，他们的内心将会感觉特别痛苦，感觉自己被孤立、抛弃。

尊重需要　是指个体获得并维护自尊心的需要，如获得他人的肯定和赞许等。当人生理的、安全的、爱和归属的需要均得到满足后，尊重的需要将会对人的生活起支配作用。

[①]　Maslow, Abraham H. Motivation and Personality（2nd ed.）[M]. New York：Harper & Row Publishers，1970.

认知需要 是指个体了解周围环境、解决生活中碰到的疑难问题以及探究事物发展规律的需要，如阅读、询问、探索等。这类需要能引导人们确立活动目标、指引活动方向、产生合理行为。当认知需要未能得到满足时，人会感到强大的精神压力，甚至有可能产生心理扭曲。

审美需要 是指个体对美好事物的心理需要，对人的成长有重要意义。由于其属于高层次的需要，因而并不是所有人都具有。有着较高审美需要的人，往往都期待着令人身心愉悦、给人无限美感的环境。然而，当这一需要未得到满足时，可能会使他们产生心理障碍，进而影响其生活。

自我实现的需要 是指个体精神上追求真善美合一的至高人生境界的需要。自我实现的需要是人的最高层次的需要，马斯洛认为，人的前6种需要均获得满足时，他们才会去追求自我实现。自我实现的需要是人追求自身全部潜力的欲望，将会使人忠于自己的本性，变得越来越像人本来的样子。

马斯洛认为，需求层次具有以下关系：（1）低一层次需要获得满足后，高一层次需要才会显现并主导个体的行为。例如，饥肠辘辘、衣不蔽体的流浪汉由于他们的生理需要、安全需要尚需获得满足，因而不敢奢求他人的尊重和赞许。（2）所有需要可划分为两大类，即基本需要和成长需要。基本需要包括前4个层次的需要，这些需要都与人的本能直接相关，它们的满足有利于个体身心健康。后3层需要为成长性需要，它们都是以发挥人的自我潜能为动力，这些需要的满足将会给个体带来最大程度的快乐。

马斯洛认为，人的需要决定着动机，即需要的性质影响动机的性质，需要的强度影响动机的强度。其中，自我实现是马斯洛所倡导的动机理论的中心思想。自我实现的本意是指有机体均生来就具有特殊潜力。该潜力是有机体的一种内在需求，有机体为了满足该种需求，进而在生活中使其所具有的潜力获得发挥。马斯洛用自我实现解释人类的行为，认为人类的正常有机体正是基于自身的潜力，尽力追求满足，进而使其自我得以实现。

因此，在马斯洛看来，教育不能是外铄的，而应该是学习者内发的。学校和教师要给学习者创设良好的教育环境，使其各种基础性需要获得满足，自发地从成长需要中追求自我实现，充分发挥自身的潜能，实现自身价值。

罗杰斯是人本主义心理学最有影响的人物之一。他首创了"当事人中心疗法"，提出了人格的自我理论，并倡导以学习者为中心的教育思想，对教育实践具有重大影响。

"当事人中心疗法"认为，每个个体都具有健康成长的潜力，只要为患者创设友好的、支持的和真诚的氛围，无须施加治疗，患者就会自行痊愈。罗杰斯认为，一名优秀的治疗师应该具备3方面的特征：（1）表里如一，即以真诚的态度、真实的自我对待当事人；（2）无条件地积极关注，即对当事人的真诚态度是无条件的；（3）同理心，即设身处地去理解当事人的处境、感受。

在长期的心理治疗中，罗杰斯逐渐形成了自己的人格理论，而关于自我理论则构成了他的人格理论的核心。"自我理论"认为，人先天就具有"自我实现"的动机，其表现为个体最大限度实现各种潜能的趋向。这是人最基本的、也是唯一的动机和目的，它指引人朝向满意的个人理想成长。马斯洛提出的所有需要层次都可归入这一动机中。罗杰斯认为，每一个人都生活在一个以自我为中心而又不时地变动的经验世界里。这个个人经验和内心世界，罗杰斯将其称为"现象场"。罗杰斯认为，自我是在与环境和他人的相互作用中形成的，是现象场的产物[①]。

罗杰斯的当事人中心治疗法与人格的自我理论进一步体现在他的教育理念中，具体表现为他的教学目标观和以学习者为中心的教学观。

教学目标观 罗杰斯认为，传统的教育只是强调认知，摒弃与学习活动相联系的任何情感，否认了自身最重要的部分，进而导致教育中知、情分离。在罗杰斯看来，人类精神世界中的认知和情感是不可分割、相互融合的统一体。他认为，教育的理想是要培育"躯体、心智、情感、精神、心力融汇一体"的"完人"。这是教育的理想目标，不一定能完全实现，而现实的教学目标是培养"能够适应变化和知道如何学习的人"。因此，与早期的教育理论相比，罗杰斯强调不仅要关注学习者知识学习的结果，还要注重学习者适应变化和知道如何学习的能力，即"鱼"与"渔"兼顾。罗杰斯指出："只有学会如何学习和适应变化的人，只有意识到没有任何可靠的知识，唯有寻求知识的过程可靠的人，才是有教养的人。在现代世界，变化是唯一可以作为确立教育目标的依据。这种变化取决于过程而不是取决于静止的知识。"而要实现这一教学目标，学习者自身的主动学习和教师

---

① Rogers C R. A Way of Being[J]. Counseling Psychologist，1980（2）：2-10.

对学习者真诚的态度是必不可少的。他认为，教师要鼓励学习者直面生活的问题并亲自体验问题。因此，罗杰斯认为教学的关键不是课程计划、教学技能、教学资源或教学方法等，而是教师和学习者的关系。为此，教师应充分信任学习者能够发挥自身的潜能，尊重学习者的感情和个人经验，以"真"我对待学习者并设身处地为学习者着想。

以学习者为中心的教学观 关于传统教育，罗杰斯这样描述："多少年来，我们所受的教育只是强调知识，摒弃了与学习活动相联系的任何情感。我们否认了自身最重要的部分。"[1] "心智能进入学校，躯体在表面上被准许紧紧跟随，但是情感和情绪只能在学校之外享受自由地表达"。这与罗杰斯将"学习者作为一个完整的个体加以接受，把学习者作为具有各种感情、埋藏着大量潜能的一个尚未臻于完美的人"的理念相左[2]。他认为，传统的教育是知、情分离且重知轻情的，必须进行改革。罗杰斯的教育观秉持了他在人本心理治疗中以当事人为中心的理念，将学习者置于教学的中心地位，学校、教师均为这个中心服务[3]，被称为"学习者中心教育"。

关于学习过程，罗杰斯认为，学习是学习者的经验学习。学习者自身的经验是学习生长的中心，学习者的自发性和主动性是其学习的动力。对同一事物，学习者可能因其经验的不同而表现出不同的反应方式和反应水平。因此，罗杰斯反对用行为主义刺激—反应（S-R）的联结来解释学习的发生机制。与行为主义学习强调的"无意义"的记忆不同，罗杰斯认为学习是"有意义的""自我主动的"，他重视学习材料与学习者实际生活（如学习兴趣、期望、需要等）的关系。教学旨在培育学习者的独立性、创造性和自我依赖性的品质，它通常具有以下特征：教学方向源自学习者；个体的躯体、情绪和心智都沉浸于学习之中；导向学习者不同的行为和态度；由学习者来评价学习活动。

关于教学过程，罗杰斯称教师为促进者，提出了"非指导性"教学理论。罗杰斯认为，教师必须要和学习者建立相互信任的关系，并遵循八项

---

[1] M. K. Client-centered therapy[J]. Journal of Consulting Psychology, 1951, 15（3）: 265-265.
[2] Rogers C R. A Way of Being[J]. Counseling Psychologist, 1980（2）: 2-10.
[3] Rogers C R, Lyon H C, Tausch R. On becoming an effective teacher: Person-centered teaching, psychology, philosophy, and dialogues with Carl R. Rogers and Harold Lyon, 2012.

原则：第一，教师和学习者共同制订课程计划和管理方式等，共同承担责任；第二，教师给学习者提供包括自身学习经验、书籍、参考资料等在内的多种学习资源；第三，将学习者探寻自己的兴趣作为重要的教学资源，要求学习者独立或与同伴一起形成学习计划；第四，创设学习的良好氛围；第五，学习的重点不是内容，而是学习过程的持续性，课堂的教学目标也不是学习者掌握"需要知道的东西"，而是知道如何掌握"需要知道的东西"；第六，由学习者自定学习目标，通过对学习者进行"自我训练"来促进实现这一目标；第七，由学习者来评价学习结果，教师和同伴则通过积极反馈使得自我评价尽可能客观；第八，促使学习者的情感、理智沉浸于学习过程的始终，使学习者的学习渗透到其生活和行为中去。

可见，人本主义的哲学思想和学习理论作为对行为主义和认知主义的有力补充，强调学习的情感成分，重视学习者学习的主动意愿与兴趣；强调以学习者为中心，重视学习者的自我实现意愿，学习者学会学习比学习知识更重要；强调学习的情境性，重视学习与生活建立联系，等等。这些都对教学，尤其是混合教学具有重要的指导意义。

（五）联通主义及其教学应用

联通主义学习理论由乔治·西蒙斯（Siemens, G）和斯蒂芬·唐斯（Downes, S）于 2005 年提出[1]。该理论诞生于人类社会趋于数字化、网络化、智能化以及知识急剧更迭和快速涌现带来挑战这一时代背景，以复杂系统的混沌理论、自组织理论、复杂理论和网络理论为基础，直面学习的复杂性，是一种解释网络时代学习如何发生的重要理论。该理论认为，知识时刻处于变化之中，是一种网络现象[2]；学习即是连接的建立与网络的形成，是促进内部认知神经网络、概念网络和社会网络形成并连接的过程；为了保持知识的持续流通和生长，需要在复杂的环境中不断建立、维护和更新连接。该理论为解读网络时代的学习机理，更有效地开展网络空间的教学设计提供了一个全新视角。

---

[1] Siemens G. Connectivism: A learning theory for the digital age[C]// International Journal of Instructional Technology & Distance Learning. 2005.

[2] Downes S. Connectivism and connective knowledge[J]. National Research Council Canada，2012.

联通主义理论的基本原则

西蒙斯在《联通主义：数字时代的学习理论》一文中提出了 8 条原则，后经安德森等人①进一步对其解读和补充，构成了联通主义学习理论的 14 条基本原则。其分别为：学习和知识存在于多样性的观点中；学习是与特定的节点和信息资源建立连接的过程；学习也可能存在于物化的应用中；学习能力比掌握知识更重要；为了促进持续学习，我们需要培养和维护连接；发现领域、观点和概念之间关系的能力是最核心的能力；流通（准确、最新的知识）是所有联通主义学习的目的；决策本身是学习的过程；在理解中将认知和情感加以整合非常重要；学习有最终的目标：增强学习者"做事情"的能力；课程不是学习的主要渠道，学习发生在不同的方式中；个人学习和组织学习是相互整合的过程；学习不仅是消化知识的过程，也是创造知识的过程。

联通主义理论的基本原则强调了学习和知识的分布性、联通性、多样性及生成性；概括了开放联通的网络时代学习者应该具备的能力；指出了联通主义学习的目的；强调了联通主义学习的双视角——集体和个人。

联通主义理论的核心观点

联通主义当前已经形成较为完整的理论体系，其核心观点涵盖联通主义的哲学取向、知识观、学习观、课程观、教师观、学生观、学习环境观和交互观②。

哲学取向　　联通主义学习理论的哲学取向主要体现在本体论、认识论和方法论 3 个方面，即世界 / 现实的本质是"整体的、分布的、是对要素如何被感知者连接的反映"，基于这一本质将现实认识为"知识存在于连接建立的过程中"，对应的方法便是从多个方面评价连接。这一哲学取向指明了连接既是联通主义学习理论的核心，也为评价联通主义学习提供了方法论指导。

知识观　　联通主义知识观认为，知识是一种网络现象，存在于联通之中，具有网络特性，由于其变化速度快且没有固定形式，因此从本质上属于软知识。其包含"知道在哪"和"知道怎么改变"两种类型，以"个体

---

① Anderson T. The dance of technology and pedagogy in self-paced distance education[C]. The 23rd ICDE World Congress, Maastricht, 2009.

② Wang Z, Li C. The Learning Theory of Connectivism and its Latest Development[J]. Open Education Research, 2014.

知识"和"社会知识"的形式存储。网络中的知识存在 3 个核心特征：动态性、隐性和生长性，即知识时刻处于变化之中，知识并非是陈述性的，网络中的知识通过与其他节点的彼此交互而建立新的连接。寻径和意会是知识生长的关键，是学习者在复杂的分布式网络学习环境中凝聚信息的手段和核心[①]。

学习观 联通主义学习观认为，学习即连接的建立与网络的形成，网络是由节点和连接组成的，新出现的节点必须与网络中的其他节点建立联系，才能实现知识的传输与意义的转换，因而连接是联通主义学习的关键。联通主义学习观认为，知识的获得是意义化的过程，学习是 3 个网络（认知神经网络、概念网络与社会网络）形成与发展的过程。

课程观 联通主义理论秉持开放的网络课程观，将课程属性定义为开放、分布、学习者定义、社会化和复杂性。其具有 6 个方面的核心特征：强调学习者自主决定如何参与、采用何种技术建立学习空间和分享或生成学习内容；由参与者共同开发，课程随着参与者的参与和投入而不断进化；创建和分享意会后的生成性内容；通过网络传递课程内容，网络（社会网络和技术网络）是交互和学习的中心；学习者有自己的交互空间并贡献内容；课程内容碎片化。课程整体以开放网络资源为锚点，生成性内容也面向网络开放。

教师观 联通主义学习理论打破传统意义上对教师的定义，将教师重新定位为课程促进者，教师的作用不再是课堂的绝对掌控者，而是影响或塑造网络。联通主义教师观认为，促进者作为学习网络中的重要节点，通过放大、策展等方式引导与促进学习者对关键要素的关注，助力学习者扩展个人网络；通过驱动意会、聚合、过滤的方式协助学习者在寻径与社会化的过程中找到方向、有效过滤冗余信息、会聚关键节点，使其能更好地专注于对主题的理解与思考；通过模仿与持续存在的方式，成为学习者学习过程中的共同旅行者，在网络中持续推动学习者建立与维持连接。

学生观 联通主义学生观认为，学习者不仅是知识的消费者，还是知识的贡献者和创造者。联通主义学习的两个基本前提设定了参与联通主义

---

① Siemens G. Orientation: sensemaking and wayfinding in complex distributed online information environments. 2011.

学习应当具备的基本能力：学习者受过教育，有信心和能力利用网络开展学习；学习者具有参与联通主义学习的能力，能对信息正确与否和有用与否作出判断[①]。同时，联通主义学习理论还阐明了学习者应当具备的能力和重点培养发展的能力，包括自我导向能力和网络导向能力、模式识别能力、整合能力、决策能力、表达交流能力、批判性思维、反思能力、问题解决能力、创新能力、信息素养等[②]。

学习环境观 通常混合课程往往依托特定的平台或学习管理系统[③]，而联通主义学习环境观，强调学习环境的开放性、分布式和个性化，即支持学习者自主选择工具和平台，构建个性化的学习空间和技术网络，如各类社会化工具、知识管理与分享工具、协作工具等，支持利用分布式平台和熟悉的工具管理学习材料与学习过程，创建和分享内容，与他人进行交流，等等。

交互观 尽管两位联通主义创始人并未对交互观进行详细阐述，但从前面理论观点可以看出，交互是联通主义理论的核心和取得成功的关键。王志军和陈丽构建了基于认知参与度的联通主义学习教学交互分层模型（CIE 模型）[④]，依据认知参与度由浅入深地将联通主义中的教学交互划分为操作交互、寻径交互、意会交互和创生交互 4 个层次，并对 4 个交互层次进行了说明，成为对联通主义教学交互特征与规律研究具有解释力和指导力的重要理论。

联通主义理论对混合教学设计的指导意义

线上线下教学空间的深度融合，共同支撑了混合教学模式创新。网络学习空间作为传统教室的延伸成为重要的学习环境，联通主义学习理论给予了网络学习空间教学设计以重要的启示。在网络学习空间中，信息极大丰富，知识的获取变得唾手可得，更多情况下知识以一种分布式、碎片化、

[①] Terry A, Jon D. Three Generations of Distance Education Pedagogy[J]. International Review of Research in Open and Distance Learning, 2011, 12（3）：80–97.

[②] Stranack K. Critical review of connectivism：A learning theory for the digital age[J]. Retrieved on July 12, 2014 from http：//stranack.ca/2012/08/16/critical-review-of-connectivism-a-learning-theory-for-the-digital-age, 2012.

[③] Levy D. Lessons Learned from Participating in a Connectivist Massive Online Open Course（MOOC）[C]// CHAIS conference on instructional technologies research 2011. 2011.

[④] 王志军，陈丽. 联通主义学习的教学交互理论模型建构研究[J]. 开放教育研究，2015，21（5）：25–34.

不稳定的形态存储于网络中并保持持续生长①,此时知识的记忆和掌握不再是重点,有能力在需要的时候连接、发现和应用知识变得尤为重要。联通主义学习理论提供了适应复杂网络环境和新知识观的教学新思路,最能反映当下及未来网络环境中社会化学习的常态②,有利于推动复杂和快速变化领域的知识创新,有利于训练和发展学习者数字时代的学习能力和素养,为其提供一个更广阔的视角去把握不断变化、增长的知识和社会的发展。

与前4种理论支撑下的混合教学有所不同,联通主义学习既包含内容的消费,也关注内容的生产,学习者的贡献是网络中可供扩展的存在,如反思、批判性评论、链接的资源,以及其他知识创造、传播和解决问题的数字产物。在探索网络化知识的过程中伴随着未知和迷惑,学习网络的持续扩大、维护和发展便成为保持个体和集体时新性与开展有效学习的关键,即学习不再只是内化的个人活动,在网络条件下,学习可以存在于我们自身之外的组织或数据库中。这一观点也影响了联通主义指导下的混合教学设计重点,需要转向构建有利于网络发展和知识生长的生态环境③。

从联通主义理论的基本原则和观点可以看出,联通主义指导下的混合课程更适用于分析、评价和创新层次的认知目标④,更适用于快速变化、交叉综合领域的知识创新⑤,对复杂开放的网络环境中的学习最为有效⑥。这类课程设计时应注意:(1)课程设计以促进网络联通、知识创生和能力发展为目标;(2)学习环境不局限于某一课程平台或学习管理系统,应发挥互联网优势,创设高度开放、联通化、分布式的学习环境,学习者自主选

---

① Cabrero R S, Román Ó C. Psychopedagogical predecessors of connectivism as a new paradigm of learning[J]. International Journal of Educational Excellence,2018,4(2):29–45.

② Duke B, Harper G, Johnston M. Connectivism as a digital age learning theory[J]. The International HETL Review, 2013(Special Issue):4–13.

③ Carreno I. Theory of connectivity as an emergent solution to innovative learning strategies[J]. American Journal of Educational Research, 2014, 2(2):107–116.

④ 陈丽,王志军. 三代远程学习中的教学交互原理[J]. 中国远程教育,2016(10):30–37,79–80.

⑤ 胡艺龄,顾小清. 从联通主义到MOOCs:联结知识,共享资源——访国际知名教育学者斯蒂芬·唐斯[J]. 开放教育研究,2013,19(6):4–10.

⑥ Dron J, Anderson T. Collectives, networks and groups in social software for e-learning[C]// E-Learn:World Conference on E-Learning in Corporate, Government, Healthcare, and Higher Education. Association for the Advancement of Computing in Education(AACE), 2007:2460–2467.

取和联通各类工具平台构建个人学习空间；（3）选择开放、复杂、实践性、生长性的知识领域作为课程主题，课程团队前期的内容设计是为了触发深入的学习和交互，课程内容由所有参与者共建共创，随着课程开展而不断进化；（4）注重交互设计，联通主义学习是"操作—寻径—意会—创生"4类交互螺旋递归、迭代深入的过程，学习活动应围绕这4类交互开展设计——操作类学习活动可促进适应学习环境；寻径类学习活动可引导融入学习社区；意会类学习活动可激发深度讨论联通；创生类学习活动可推动内容沉淀生成；（5）教师不仅仅负责准备和组织引导性内容，更重要的是同学习者一起完成内容的创造，作为示范者促进寻径和驱动意会，影响和塑造网络；（6）学习评价取向是网络联通、知识创新和能力发展，基于过程性数据运用混合评价方法，提供阶段性个性化的评估反馈以促进后续学习开展[1]；（7）注重激发学习者能动性，鼓励学习者参与课程设计与运行，开展同伴互助式的学习支持服务。

在设计联通主义指导下的混合课程时，在线教学设计部分可参考国内外cMOOCs设计案例，如国外乔治·西蒙斯和斯蒂芬·唐斯团队开设的"CCK08""CCK09""Change 11 MOOC""Personal Learning Environments & Knowledge 2010"，以及国内北京师范大学陈丽教授团队设计开发的《互联网+教育：理论与实践的对话》等。

四、课程理论及其对混合教学的指导

一方面，课程连接着并受制于教育目的和培养目标，是培养目标的具体体现，是实现教育目的的基础；另一方面，课程理论连接并制约着教学的形式、方法，有怎样的课程及其内容就决定着要采用何种相应的教学形式和方法。在相当长的一段时期内，课程是作为教学论的一个基本问题来研究的，20世纪初期，美国学者博比特1918年出版的《课程》[2]一书是课程理论作为独立学科诞生的标志。课程理论是根据对学科系统、个体心理特征、社会需要的不同认知和价值取向而建立起来的关于课程编订的理论和方法体系。20世纪中叶以后，随着世界各地课程改革运动的兴起，课

---

[1] 王志军，陈丽. 远程学习中的概念交互与学习评价[J]. 中国远程教育，2017（12）：12-20+79.

[2] Bobbitt F. The curriculum[M]. Houghton Mifflin，1918.

程理论得到进一步发展，出现了知识中心课程理论、学习者中心课程理论和社会中心课程理论等不同的课程理论流派。

(一) 知识中心课程理论

知识中心课程理论堪称课程发展历史中最古老也是影响范围最广的理论，其发展包括从19世纪赫尔巴特（Johann Friedrich Herbart）和斯宾塞的实质主义课程理论的主知主义课程理论，到20世纪以巴格莱和德米阿什克维奇为代表的要素主义课程理论、以赫钦斯为代表的永恒主义课程理论以及布鲁纳的学科课程理论。知识中心课程理论是立足于学科知识来对课程进行阐释的。

主知主义课程理论

主知主义（或称主智主义）是西方近代教育发展进程中产生的一种重要的教育思想或思潮。这一教育思想发展于17世纪，至19世纪趋于鼎盛，成为推动欧美教育发展的主导思想。从19世纪末、20世纪初开始，由于进步主义教育和新教育运动的兴起，主知主义逐步失去了原有的统治地位，但其影响仍然广泛存在，并不断发挥着不可忽视的实际作用。

主知主义主要是指以赫尔巴特和赫尔巴特学派为代表的教育思想流派[1]。这个教育思想流派强调知识以及与此相关的智力、智慧和理性价值，主张把传授知识和发展理智作为教育和教学过程的基础与目的，注重探讨传授知识的有效方法和途径，重视研究选择、编制知识内容的基本原则和具体方式。根据主知主义教育家们的观点，知识不仅具有认识的价值，不仅与人的理性发展直接相关，而且还与道德、审美及宗教信仰都有不同程度的联系。因此，传授知识不只是一种教学活动，其意义不仅限于智育，它本身也是一种教育、陶冶、训练，是实施道德教育、审美教育、宗教教育的基本途径。相对于中世纪教育思想的根本精神而言，西方近代历史上产生的几乎所有的重要教育思想或思潮在不同程度上都具有重知、重智的特点。因此，从广泛的意义上讲，近代的一切教育思想、理论和学说都可以归纳到主知主义教育思想的范畴之中[2]，表明主知主义教育思想深刻地体

---

[1] Strozier R M. Foucault, subjectivity, and identity: Historical constructions of subject and self[M]. Detroit: Wayne State University Press, 2002.

[2] Racine L, Vandenberg H. A philosophical analysis of anti-intellectualism in nursing: Newman's view of a university education[J]. Nursing Philosophy, 2021, 22 (3): e12361.

现了西方近代社会、文化与教育发展的基本趋势与根本精神。

实质主义课程理论

如前所述,实质主义课程理论可以看作是主知主义的一个支流。实质主义课程理论是19世纪以英国为核心发展起来的,其主要代表人物当属斯宾塞。斯宾塞认为,随着社会生产和科技的发展,教育应教会每个人怎么生活,只有科学才能为完满生活作准备。"为完满生活作准备"[1],而适应"完满生活"需要的最有价值的知识是科学,因此课程是由实用科学知识组成的。

斯宾塞根据人类完满生活的需要,按照知识价值的顺序将普通学校的课程体系分为5个部分,即:维护自己身体健康的生理学和解剖学;促进社会生产发展的语言、文学、算学、逻辑学、几何学、力学、物理学、化学、天文学、地质学、生物学、社会学等;履行父母职责,促进儿童身心健康的心理学、教育学;调节自己行为的历史学;满足自己艺术需要,完满度过闲暇时间的自然、文化与艺术。从学科内容上看,斯宾塞的实质主义课程理论是以学习者完满生活为依据的,带有一定的实用性或功利性,所以又被称为"功利主义"课程理论。

实质主义教育提倡以实质为目的,认为教育的意义不在于课程和教材的训练作用,或知识教学促进学习者能力发展的作用,而是要重视课程、教材的具体内容本身及其实用价值,使学习者获得丰富的知识。

要素主义课程理论

要素主义是20世纪30年代美国出现的与实用主义教育相对立的教育思想流派,早期的主要代表人物有巴格莱、德米阿什克维奇等。要素主义教育的主张在40年代因进步主义教育的声势浩大而处于劣势。第二次世界大战后,要素主义重视系统知识传授的教育主张受到了人们的重视。但到60年代末,要素主义在美国逐渐失去统治地位。

要素主义课程理论认为,课程目标应该向学习者传授社会文化遗产[2],并对学习者个体进行理智与道德的训练,教育的终极目的是促进社会进步和民主水平的提高,而要实现这一远大的理想,必须首先提高社会公民的

---

[1] Lawson J, Silver H. A Social History of Education in England (Methuen and Co[J]. Ltd., London,1973.

[2] Begle E G. SMSG:The first decade[J]. The Mathematics Teacher,1968,61(3):239-245.

道德素质和文化素养，因为个人的道德和智慧才是决定社会是否前进发展的核心因素。因此，学校的课程必须保证人类文化遗产的要素代代传递下去，并对个人进行理智和道德的训练。鉴于这样的课程目标，在课程内容的选择上就应该选择人类社会历史中所遗留的优秀的文化要素，这些共同不变的文化要素构成了学校课程的基本内容，也是社会知识的基本核心。课程专家必须把这些共同的文化要素提取出来，根据学习者身心发展的规律向其分阶段地传授。因此，要素主义者要求，课程中要包含青年一代所需要的某种有关集体的价值标准，也就是社会上传统的社会文化价值标准，本国政治、思想领导人的价值标准，以及西方文明的伟大著作家的价值标准。同时，又要对个人的理智训练和道德培养具有价值。

要素主义课程理论认为，教师是理智的模范，人类历史所遗留的丰富遗产必须经由教师的组织才能传授给学习者。这对教师的素质和专业水平要求极高，要求教师首先要具备清晰的思维和渊博的知识，既要精通所教科目的逻辑体系，又要熟悉学习者身心发展的规律，被认为是社会文化的最佳典范。只有教师才能把人类的历史遗产、民族文化的共同要素介绍给学习者，并且担负起培养学习者智慧与能力的责任。

永恒主义课程理论

作为现代西方哲学中的一个重要流派，永恒主义课程理论产生于20世纪30年代，其主要代表人物有美国的赫钦斯、法国的阿兰和英国的利文斯通等[①]。针对进步主义教育降低学习者智力训练标准、削弱基础知识等弊端，永恒主义教育家认为教育的性质、目的和课程内容是永恒不变的，那些具有理智训练价值的传统的"永恒学科"价值高于实用学科的价值，是学校最应该选择的学科，也是最有价值的知识。他们力图依靠教育的力量来拯救社会危机，使社会重现稳定、文明、繁荣的往日风景。

在赫钦斯看来，普通教育课程不应该经常变动或按照职业化要求设计。课程之间应该有一种基本观念的共同基础，其内容应该包括西方世界最重要的名著以及读、写、思考和谈话的艺术，还有作为人类推理过程最好典范的数学。这些学科演绎出人性的共同因素，使人与人联系起来。因为伟

---

① Otiende J E, Sifuna D N. An introductory history of education[J]. Nairobi University Press, 2006.

大的名著包含了对人和事物的本质最深刻的见解，涵盖了知识的一切领域，揭示了一切学科知识的基础。为此，他提出了著名的名著课程，并开展了一场对西方世界影响深远的名著阅读运动。他还特别推荐认真研读和讨论西方文明包含了永久的或永恒的主题的古典名著，有助于把个人培养成一个真正的文化参与者[1]。除了古典著作之外，他还极力主张对语法、修辞学、逻辑学、数学和哲学的学习。

永恒主义课程理论是作为实用主义课程的对立面而出现的，其强调永恒学科、永恒知识的观点确实切中了实用主义课程理论的弊端[2]，与当时盛行的实用主义课程理论分庭抗礼，也为人们认识学校课程提供了另外一种视角，使学校课程从过多地关注技术转移到关注价值。永恒主义课程理论流派虽然也重视学习者个体自身能力的培养，但更多的是关注学习者能否在学校养成良好的品质。但永恒主义课程理论因从一开始就存在的缺陷，难以长久地为人们所接受，在学校课程中实践起来也比较困难，过多地关注价值也忽略了技术在现代社会发展中的积极作用。因此，永恒主义课程理论在20世纪50年代便走向衰落，至80年代时虽有抬头的苗头，但终未能成为欧美国家大学课程指导思想的主流。

学科课程理论

1957年，苏联成功发射第一颗人造地球卫星，掀起了又一轮美国教育改革的浪潮。1959年，美国"全国科学院"在伍兹霍尔召开会议，讨论如何改革普通学校教育教学的内容和方法，使其促进儿童智力发展；如何把学校各科教育教学重点转移到培养儿童的智力和能力上来，等等。美国著名心理学家布鲁纳任此次大会主席。他根据大会讨论的结果，以自己的结构论思想为指导，总结成了《教育过程》一书。这无疑是为美国解决教育问题提出了一个颇为吸引人的新方案。它既不同于传统教学理论的盲目强调系统知识学习，又与实验主义教学论偏重经验学习的主张不同，而是把工作的着眼点放在解决现代人类开发智力资源的需要上，因而具有突出的时代感，受到了人们的普遍欢迎。美国从60年代初开始掀起了一场以此思

---

[1] Kobayashi T. Perennialism and Progressivism in Liberal Education[J]. International Christian University Publications. I-A, Educational studies, 1967（12）: 17-40.

[2] Bansal S. Perennialism-A concept of educational philosophy[J]. International Journal of Education and Science Research, 2015, 2（6）: 87-93.

想为指导，以课程改革为中心的教改运动。

布鲁纳的《教育过程》共阐述了此次课程改革的4个基本思想。第一，学习任何学科主要是使学习者掌握这一学科的基本结构，同时也要掌握研究这一学科的基本态度或方法；第二，任何学科的基本原理都可以用某种形式教给任何年龄的学习者；第三，过去在教学中只注意发展学习者的分析思维能力，今后应重视发展学习者的直觉思维能力；第四，学习的最好动机乃是对所学材料本身发生兴趣，不宜过分重视奖励、竞争之类的外在刺激。在这4个基本思想中，核心是学科的基本结构。他认为："关于结构在学习中的作用以及它怎样才能成为教学的中心的探索是有实际意义的。"

布鲁纳的"学科基本结构"理论根据就是他的"迁移说"[①]。布鲁纳指出，学习的迁移可分为两类：一类是特殊迁移，他认为这是习惯或联想的延伸，即具体知识或动作的迁移；另一类是一般迁移，即原理和态度的迁移。他认为，后一类迁移是教育过程的核心。布鲁纳强调掌握学科的基本结构和领会基本原理的概念是通向适当的"训练迁移的大道"。主张用"螺旋式"方法组织编制各科教材，注意教材组织的心理学化，使所编的教材符合儿童智力发展的进程和特点，学来易懂、易记、易于迁移，对参差不齐的学习者都可起到促进智力发展的作用。他认为，儿童的智力发展具有阶段性和连续性的特点，与人类发明创造的历史演进过程极为相似。他特别提出"表征"（又译"再现表象"）概念，认为在人类智慧生长期间存在着3种表征系统，即动作表征、图像表征和符号表征。它们分别代表人类智慧发展的3个不同阶段。布鲁纳认为，这3个表征系统实质上是3种信息加工系统，人类正是凭借这3个系统来认识世界的。这3个系统是按顺序发展的，一般都是从动作表征到图像表征，再到符号表征。在每一阶段的表征系统形成过程中，前一个表征系统成为后一个表征系统的基础，但这3个表征系统不能相互替代。每一个表征系统都具有迁移的特性和作用，儿童获得的表征系统越是基本的，它对新问题的适用性就越宽广。

（二）学习者中心课程理论

学习者中心课程理论起源于20世纪，主要包括以马斯洛、罗杰斯为代表的人本主义课程理论、以杜威为代表的经验主义课程理论和以莫里斯为

---

① 邵瑞珍，张渭城. 布鲁纳教育论著选[M]. 北京：人民教育出版社，1989.

代表的存在主义课程理论，学习者中心课程理论强调以学习者为核心，认为课程内容应随着教学过程中学习者的变化而变化。

人本主义课程理论

人本主义课程理论的基础是人本主义心理学，正如前面所述，人本主义心理学源于20世纪50年代的美国，其创始人为马斯洛和罗杰斯，由于其兴起是在行为主义心理学和精神分析心理学之后，又称为现代心理学的第三势力，但第三势力的称谓并不妨碍它成为当今最有市场的心理学流派之一。

人本主义心理学自产生起便讥讽精神分析心理学为"不正常人的心理学"以及"行为主义是低级动物和婴幼儿的心理学"。它不但主张心理学应研究正常的人，而且更应强调人的高级心理活动，如热情、信念、生命尊严等内容。①

人本主义主张把人作为一个整体来研究，而不是将人的心理肢解为不能整合的几个部分，它认为结构主义课程培养处理的是人格不健全的人，其大肆鼓吹的学科分化是倒行逆施。人本主义认为教育的根本价值是实现人的潜能和满足人的需要，它的目标是培养完整的人，它提出教育的目的是培养人格健全、和谐发展和获得自由的"完人"。这样的"完人"，首先是多种多样的潜能得以发挥，表现为各个层次的需要得以实现；其次是情意发展与认识发展的和谐统一，包括情感、感情和情绪的发展，认知、理智和行为的发展，以及情意与认知、感情与理智、情绪与行为的发展的统一。这都需要在课程开发、实施和评价的全过程中体现出来。当然，人本主义也有其局限性，在认识倾向上过分地强调"个体"的重要性，强调个人主义的价值观。

经验主义课程理论

经验主义课程理论起源于20世纪早期，其代表人物为杜威。在经验主义课程理论建立之前，课程理论长期存在着"学科中心论"和"儿童中心论"的对垒。要素主义课程理论和永恒主义课程理论等都属于"学科中心论"，而浪漫自然主义课程理论和人本主义课程理论则属于"儿童中心论"。"学

---

① Nixon J. Encouraging Learning: Towards a Theory of the Learning School[M]. Open University Press, Taylor & Francis, 1900 Frost Road, Suite 101, Bristol, PA 19007, 1996.

科中心论"和"儿童中心论"对垒的认识论根源是二元论的思维方式,其结果是把直接经验和间接经验、人文主义和科学主义、知识和能力、个人与社会、分科和综合这些原来统一的整体人为地割裂开来,并使二者对立。20世纪初,伟大的教育哲学家杜威以其独特的"经验"概念消融了儿童与学科的僵硬对立,确立起独特的"经验自然主义的经验课程"。

杜威在《民主主义与教育》一书中提出了他的教育哲学与课程理念的4个基本命题,也就是他关于经验主义课程理论的4个具体主张:(1)"教育即经验的不断改造或改组"。他认为,"这种改造或改组,既能增加经验的意义,又能提高指导后来经验进程的能力"。(2)"教育即生长"。生长是一个自然的过程,是一个持续不断的进程,是人的习惯、心智、才能的不断增长和完善。(3)"教育即生活"。他认为"教育是生活的过程,而不是将来生活的准备"。这种生活是一种自然生活、学校生活、社会生活的完整统一,是经验与生活的融会贯通。(4)"教育是一个社会的过程"。这个命题包括两个基本内涵,即学校教育按照社会生活的形式组织起来;组织起来的学校教育是促进社会进步、实现民主主义理想的工具和手段,也可以说是社会进步和改革的基本方法,学校成为一种社会组织和社会生活形式。

经验主义课程理论在世界范围内产生了深远影响,打破了少数人垄断教育的机会,促进了我国社会思想的改革和教育思想的改革,提出教育标准的制定应适应社会计划需要,发挥平民教育精神,促进个性化发展。

存在主义课程理论

存在主义教育思想是存在主义哲学观在教育上的表达,是一种以存在主义为哲学基础的教育思潮。20世纪50年代,美国教育哲学家莫里斯等人将存在主义引入了教育领域,逐渐形成存在主义教育思想流派。

20世纪中期,随着工业化进程的加快、科技至上导致的"工具理性"的过度膨胀、以人为所有问题出发点的存在主义在世界范围内的广泛传播及其影响领域的扩大,存在主义教育思想对课程理论的影响也扩大了。这个时期存在主义课程理论的流传主要集中在美国,因为50年代以来,美国在国内外遇到了越来越严重的危机:美苏冷战、朝鲜战争的失败等,以及欧洲的一些主要的存在主义者的论著被翻译成英语在美国出版,这样,存在主义的中心从欧洲转移到了美国。

存在主义教育思想强调个人的自我实现，注重品格教育，提倡个人的自由选择，主张采用"对话"式的个别教学组织形式。存在主义者认为：教育的主要目的是为每一个具体的个人服务；教育应该指导人意识到自己的环境条件，促进其顺利地投入有重要意义的生存中去；学校课程的全部重点必须从事物世界转移到人格世界，因而人文学科是最重要的；要使所有的儿童，除《圣经》以外还要熟悉古代历史和古典著作；各种教材本身没有价值，它是个人借以发展自我认识和自我责任感的工具；主张理想的课程应承认个人在经验上的差异，要以学习者的兴趣作为学习计划与活动的根据；提倡活动性课程，以即时的需要为出发点，学习者在分组和个人单独活动中有完全自由。这种课程观念直接影响到后来人本主义课程观的产生。

存在主义者不但打破了学科之间的界限，而且超越了课程内容静态化的窠臼，强调学习者个体的需要、兴趣和经验，使课程内容从目的转变为手段，而且从工具性的目的转变为人的目的。存在主义者认为，教育应该教给个人自发地和真实地生活，注重人文学科的学习，强调学习过程中的反思与顿悟，不赞成以学科为中心的教学。

存在主义以人为本的理念，重视道德教育，课程实施中的苏格拉底法、个别化教育、创造性的活动，在课程目标上帮助每一个人成为他自己而进行自我认识、自我负责以形成自己独特的生活方式，课程内容以学习者的实际需要为依据，师生关系中师生平等对话交流的理念等，在当前我国的课程改革中都有所借鉴。

（三）社会中心课程理论

社会中心课程理论亦称"社会改造主义课程理论"，起源于20世纪30年代，其主要代表人物是康茨、拉格、布拉梅尔德和弗莱雷。社会中心课程理论强调社会问题和社会改造。

早在20世纪30年代，在世界性经济危机的冲击下，以康茨、拉格为代表的社会中心课程理论者认为，"进步教育"只适用于社会稳定时代，不适用于社会非常时期，于是他们对"进步教育"作了一些修补。他们强调教育的目的在于按照主观设想的蓝图"改造社会"，把学校作为形成"社会新秩序"的主要工具。为此，他们主张围绕社会改造的"中心问题"组织学校课程。20世纪50年代，随着进步主义教育运动的偃旗息鼓，以布拉梅尔德为主要代表的改造主义教育派有所发展。60年代的课程改革遭受挫折后,社会改造主义教育派抓住当时社会存在的各种问题,以问题为中心设计中小学课程,并在当时盛极一时。

社会改造主义课程理论认为,教育的根本价值是社会发展,学校应该致力于社会的改造而不是个人的发展。为此,该理论批判儿童中心课程理论过于注重学习者的个人需要、兴趣、自由及活动而忽视了社会的需要,主张课程的最终价值是社会价值,课程是实现未来理想社会的运载工具。其基本主张包括:(1)课程改造的目标。社会改造主义者认为,设定课程目标的目的不是让学习者适应现存社会,而是要培养学习者的批判精神和改造社会现实的技能。为此,课程目标要统一于未来"理想社会"的总目标;各门学科的内容统一于"社会改造";课程安排统一于解决问题的活动。(2)课程内容。改造主义课程没有统一的课程内容,它以广泛的社会问题为中心。如学校课程要关注犯罪、战争、贫富、种族歧视、失业、环境污染、疾病、饥饿等问题,学习者对这些问题要有批判性见解。学校课程还要设置工业化、自动控制宣传媒介等论题,要学习社会学、人类学、政治学、历史、物理等科目。值得注意的是,这些课程应由教育者按照社会需要来决定,而不是由学习者自己来决定。(3)课程组织。社会改造课程理论主张,应以解决社会实际问题的逻辑而不是学科知识的逻辑为主线来组织课程。改造主义者提出了多种课程组织方式,如课程的安排要具有弹性,多种形式的活动形成学习单元,充分利用校内外的环境,学科须重新组织,对课程重新认识,课程计划无须事先制定等。(4)学习方式。改造主义课程理论主张尽可能让学习者参与到社会生活中去,增强学习者适应社会生活的能力。此外,改造主义者还就学校的课程改革提出一些原则。他们认为,要真正发挥学校在社会改造中的作用,学校自身必须作出相应的改革,学校改造首先是课程的改革。课程改革应该遵循这样一些原则:课程应由多方面活动和各种材料构成;依据综合的原则组织这些活动与材料,并与需要理解的意义保持密切相关;提供一切具有社会价值的技能;提供关于当代生活的重要问题和课题的实践;组织和运用儿童的矛盾与动机,以儿童学习的矛盾而不是教师教学的矛盾为基础;通过自治的学校团体,建立一种社会合作计划;为创造力的表现和审美意识的形成提供充分的机会,等等。

社会中心课程理论强调课程建设要关注社会焦点问题,反映社会政治经济变革的客观需求,课程学习应深入社会生活中,强调课程结构有意义的统一性，深刻认识到社会因素对教育的制约作用，因此，它具有一定的特色和优势。但社会中心课程理论同样走向另一个极端，即夸大了学校变革社会的功能，把课程设置的重心完全放在适应和改造社会生活上，忽视学习者的主体性，阻碍学习者主体意识和能力的发展，其预想的课程目标很难实现。

（四）课程理论与混合教学

知识中心课程理论、学习者中心课程理论和社会中心课程理论各自强调的内容不同：知识中心主张课程应以学科分类为基础，以学科教学为核心，以掌握学科的基本知识和相应技能为目标，目的是将人类积累的文化科学知识系统地传授给学习者，强调的是知识和学科间的关系；学习者中心课程理论认为，教学应该从学习者的自身需求出发，强调知、情、意的结合，培养完整的人，教学内容应从多方面让学习者产生意义感，促使学习者主动参与学习，达到教学效果；社会中心课程理论从自身起源就带有改革和进步的性质，强调课程建设要关注社会焦点问题，强调课程学习应深入社会生活等。三者各有侧重，每个侧重对现在社会而言都很重要，因此，混合教学课程设计、实施与评价要综合三者的主张，要从学习者的自身需求、兴趣、完整发展、自我实现等出发，关注社会问题，通过学科或跨学科知识的系统学习与实践，达到满足适应社会甚至促进社会发展的要求。

混合教学从系统与环境的关系角度，将社会需求和问题作为环境对系统的输入，从而使教学目标和内容等能够满足社会对学习者发展的要求；混合教学对知识的存在形式和组织方式进行了重塑，打破了传统教学中知识组织的专属性质，使学科间的界限变得模糊，根据教学目标确定和选择知识，从满足社会发展的能力培养视角加强对知识的学习和应用；混合教学通过对学习者特征的分析，提供适合学习者特点的内容、资源形式、学习步调等，促进学习者的自我实现，是学习者中心课程理念的承载与具体实践。总之，目前很多混合教学的课程实践都是基于项目式学习或者基于问题的学习，在课程内容上也越来越多地聚焦具体问题的解决，其中不乏社会性问题的解决，并且在网络环境下，以学习者为中心，学习者可以根据自身需求确定个性化的学习目标、自主确定学习进程和选择课程内容，使其知识建构能力和自主问题解决能力都能得到增强。

五、教学理论及其对混合教学的指导

混合教学课程与教学的设计、实施及评价不仅要符合学的规律，也要符合教的规律。学的规律我们一般称为学习理论，教的规律我们一般称为教学论或教学理论。接下来，我们就介绍几种主要的可以指导混合教学的教学理论。

（一）掌握学习理论及其对混合教学的指导

20 世纪 60 年代中期，美国各界人士对 50 年代末期的教育改革提出了尖锐的批评，"回归基础运动"席卷全美国，如何大面积提高教学质量和尽量减少中途退学人数成为当时美国社会十分关注和亟待解决的问题。布鲁姆和他的同事在这种社会背景下，立足于现实，以现行的班级教学为前提，吸收个别化教学的长处来改进教学过程，力图能使每个学习者都能掌握学校所教的内容。他们对美国中小学的教育现状进行了广泛深入的研究，并进行了长期的教学实验，创立了"掌握学习"教学理论。

所谓"掌握学习"，是指以班级教学为基础，辅之以经常的、及时的"反馈—矫正"环节，为学习者提供充足的学习时间和个别帮助，使学习者在掌握一个单元之后，再进行下一单元较高级的学习，从而使学习者达到课程目标所规定的标准[①]。掌握学习理论包含两层意思：首先，它是一种教和学的乐观主义理论；其次，它是一套有效的个别化教学实践，它能帮助绝大多数学习者很好地进行学习。

掌握学习理论的核心思想是让每个学习者都有足够多的学习时间。任何一种新的创造都须借鉴前人的成果。布鲁姆在探索上述问题时，参阅研究了大量教育心理学家的理论。其中卡罗尔公式是掌握学习理论的核心思想。

卡罗尔认为，"一个学习者的能力倾向是指其掌握一项学习任务所需要的时间量"[②]。这句话可以概括为一个公式：能力倾向 =f（学习速度）。在这个公式里，卡罗尔把学习能力归结到学习速度这个变量上。这个公式实际上包含着这样一个信念：只要有足够多的时间，每一个学习者都能掌握一项规定的学习任务。

[①] 张婷婷. 布卢姆"掌握学习"教学理论解读[J]. 现代教育科学，2009（4）：60-62.
[②] 施良方. 学习论[M]. 北京：人民教育出版社，2001.

布鲁姆根据卡罗尔公式，建立了他的学习模型：学业达成度 = f（实际学习时间/需要的学习时间）。根据这个公式，我们就可以看到：学业达成度与该学习者需要的学习时间成反比，与实际给予他的学习时间成正比。一个学习者需要的学习时间越少而实际给他的时间越多，那么，他的成绩就越好。在群体教学中，我们给予所有学习者的学习时间是一样的，所要求的目标也是一个。然而，事实上，由于学习者学习能力有差异，那么要完成一个学习项目所需要的时间是不同的。例如，学习数学的一元二次方程，对于学习能力较强的学习者来说，也许只要一课时就足够了，而对于学习能力较差的学习者来说，需要两课时，然而，教学大纲也许规定只有一堂课的时间。显然，对于后一部分学习者来说，他只能达到教学目标的一半甚至不足一半。而在个别化教学中，学习者有充分的时间去学习，无论能力倾向如何、学习速度快慢，都因个别化教学而能满足他"需要的学习时间"，也都有充分的"实际学习时间"，这样，学业成绩便与学习能力不甚相关，无论是谁，都可以在个别化教学中获得良好成绩。

布鲁姆进一步认为，影响学业达成度的还有如下 3 个变量需要掌握：（1）认知的前提特征。这在学习中起 50% 的作用。认知的前提特征包括学习者的能力倾向、认知结构水平等。例如，学习牛顿第一定律 F=ma，如果连 m（质量）和 a（加速度）的概念都不清楚，那么，就不可能掌握这个公式，更谈不上正确应用了。这个结论告诉我们，要掌握某一学习项目，首先要确定前期的准备知识，并且要弄清学习者的准备状况，并使学习者尽可能获得这些知识，这是掌握学习策略的一个重要措施。（2）情感的前提特征。这在学习中起 25% 的作用。所谓情感的前提特征，是指学习者对所学课题的情意、态度、兴趣、信心等非智力因素的总和。一个学习者如果对一项学习活动抱有兴趣并充满信心地去把握它，从而在学习中表现出极大的自制力和恒心，那么，就能在 25% 的程度上保证学习目标的实现。这一点在掌握学习的策略中也是非常重要的。（3）教学的质量。这在学习中起 25% 的作用。所谓教学的质量在布卢姆看来，主要是指对于学习任务各要素的表现、解释和顺序安排是否适合学习者的学习程度。如果把学习目标定得过高，学习内容大大超过学习者的前期认知水平，而且在解释目标时，又没有适当的顺序，这样的教学就是一种不适合的教学。只有那种适当的教学目标和科学的解释程序的教学，才能够在 25% 的程度上帮助学习者实现教学目标。

参考、掌握学习策略，混合教学首先应重视认知前提特征的作用，混合教学便于在学习某个项目前先了解学习者的认知水平，更便于利用线上教学资源使学习者尽可能获得前期所需的知识储备；其次，发挥情感前提的作用，如设计学习者感兴趣的活动，利用各种方式鼓励学习者充满信心地完成；最后，采用线上、线下学习相结合的方式，并充分利用线上学习空间、个性化的学习步调，为每个学习者提供差别化的帮助，从而能使每个学习者都能达成学习目标。混合教学的环境适合掌握教学理论的实现。

（二）首要教学原理及其对混合教学的指导

美国戴维·梅里尔（Merrill，M.D）在考察了大量的教学设计理论后，研究了这些设计理论和模式背后所具有的共同的基础性原理，归纳了5项首要原理：（1）聚焦问题。当学习者在解决现实世界问题的情境中掌握技能时，才能促进学习。（2）激活旧知。当学习者回忆已有知识与技能作为新学习的基础时，才能促进学习。（3）示例新知。当学生观察将要学习的新技能的示证时，才能促进学习。（4）应用新知。当学习者运用新掌握的技能来解决问题时，才能促进学习。（5）融会贯通。当学习者反思、讨论和巩固新习得的技能时，才能促进学习（见图1-3-12）。

图1-3-12　首要教学原理①

梅里尔认为，首要教学原理中各项要求如果能够得到一一落实，那么，教学策略的效能水平肯定会逐渐得以提高。贯彻了"示证新知"原理，效能水平将达到第一级水平；贯彻了"应用新知"原理，效能水平将达到第二级水平；再加上贯彻了"聚焦问题"解决原理，效能水平将达到第三级水平。如果再加上"激活旧知"原理和"融会贯通"原理，那么，教学效能水平将会更上一层楼。

---

① Merrill M D. First principles of instruction: Identifying and designing effective, efficient and engaging instruction[M]. Hoboken, NJ: Pfeiffer. 2012.

只呈现信息（教学策略效能水平0） 只呈现信息的教学策略对于传递大量信息来说是很有效率的，但遗忘起来也很快，用来解决复杂问题并不奏效。

示证新知（教学策略效能水平1） 示证新知就是采用整个或部分问题中的一个或多个样例，以此向学习者展示在具体的情境中如何运用信息。"示证新知"原理主张：当学生观察将要学习的新技能的示证时，才能促进学习。

应用新知（教学策略效能水平2） 尽管将知识应用到现实世界的重要性已经得到了大家的普遍认可，但大部分人的教学仅仅包括了选择题之类所谓的"练习"。"再现性问题"对于促进学习几乎不起作用。当学习者有机会来操练，并将所学的技能应用到各种具体问题中时，技能水平才会得到提高。"应用新知"原理主张：当学习者运用新掌握的技能来解决问题时，才能促进学习。

聚焦问题（教学策略效能水平3） "问题"这一词包括了各种各样的活动，其最重要的特征是要面向完整问题，而不是仅仅限于问题的某一部分，这些问题代表了学习者在走出课堂后的现实世界中将会碰到的许多问题。"聚焦问题"原理主张：当学习者在现实世界问题或者任务的情境中掌握知识和技能时，才能促进学习。

在效能水平1、效能水平2或者效能水平3教学策略基础上，再激活对相关心智模式的回忆，能够帮助学习者在已有模式的基础上作出进一步调整并构建新的心智模式。激活旧知原理主张：当学习者激活已有知识和技能的心智模式，并将其作为新学习的基础，才能促进学习。

首要教学原理可以直接指导混合教学设计及其实施。混合教学要在设计完整的问题、让学习者回忆相关知识的基础上，提供新知识的示例，并让学习者将新学习的知识技能应用于解决问题的情境中，为学习者提供应用新知识解决问题的多种案例，给学习者机会展示自己获得的新知识、新技能，通过反思、反馈、讨论等活动促进学习者的融会贯通。

（三）支架教学理论及其对混合教学的指导

"支架式教学"是1976年由美国著名教育学家和心理学家布鲁纳及其同事在研究母亲如何影响幼儿语言发展的过程中提出的。"支架"原意是指架设在建筑物外部，用以帮助施工的一种设施，俗称"脚手架"，在这里，用来比喻对学习者问题解决和意义建构起辅助作用的概念框架。根据欧共体"远距离教育与训练项目"（DGX Ⅲ）的有关文件，"支架式教学"被定义为：为学习者建构对知识的理解提供一种概念框架①。

"支架式教学"的理论基础源于苏联著名心理学家维果茨基创建的社会建构主义，其中最直接相关的有两个基本观点：一是社会建构主义的心理起源社会说。这一观点认为任何高级心智功能从其起源上而言都是社会性的。因为包括判断、推理、想象、有意记忆、意志、高级情感、语言等在内的高级心智功能最初都是在人与人之间作为一种活动内容或活动形式而存在，然后才被学习者内化，成为学习者内在的心理过程或心理能力的。因此，任何学习活动都是学习者在与教师、同伴进行社会互动的情境中促进其高级心智功能发展的重要途径，教师不能把学习者的学习与发展仅仅留给机遇，任学习者自然发展，而应承担必要的责任。二是最近发展区理论，指的是"实际的发展水平与潜在的发展水平之间的差距"②。前者是指独立解决问题时的能力，后者则是指在成人的指导下或是与更有能力的同伴合作时解决问题的能力。

如果说皮亚杰的儿童心理发展理论强调教育要适应儿童当前的心理发展阶段的话，那么维果茨基的理论，特别是"最近发展区理论"则强调教育要在可能的条件下去促进儿童的心理发展。教学一方面使最近发展区变为现实，另一方面也创造着新的最近发展区。儿童的两种水平之间的差距是动态的，随着时间的推进，一些之前不能完成的任务逐渐被儿童掌握，取而代之的是更加复杂和困难的任务。对于教师来说，在教学中既要能充分考虑到学习者现有的发展水平，又要能根据学习者的最近发展区给学习者提出更高的发展要求。

支架式教学的环节包括：（1）搭"脚手架"。教师围绕学习任务，按照"最近发展区"的要求将任务加以分解，并建立整个任务的概念框架。（2）创设问题情境。教师通过一定的手段，将学习者引入一定的问题情境（知识框架中的某个位置），使学习者的已有经验与新的问题情境产生矛盾冲突，从而激发学习者探索的兴趣和愿望。最佳的问题情境是处

---

① 高芹. "支架式教学"的理论与实践探索 [J]. 中国电力教育，2010（4）：49-50.
② 陈琦，刘儒德. 当代教育心理学 [M]. 北京：北京师范大学出版社，1997.

在学习者"最近发展区"内的问题情境,问题能够引发学习者的认知需要、兴趣和动机。(3)独立探索。教师首先要帮助学习者确立目标,为学习者探索问题情境提供方向;其次,要围绕当前的学习内容,为学习者提供探索该学习内容所需要的概念框架,让学习者明确与此相关的一些基本概念及相关的理论,并使其内化为学习者的认知结构。最后,要通过提问、演示等方式进行启发引导,为学习者提供问题解决的原型。而随着教学的深入,教师的引导也应随着学习者解决问题能力的增强而逐渐减少,直至最终拆除支架。而学习者逐渐增加对问题的自主探索,并能在概念框架中继续攀登,最终完成自我管理、自我监控和探索的任务。(4)协作学习。这个阶段,教师的任务主要是要建立一个学习者团体,通过生生之间、师生之间的共享与交流,使原来多种意见相互矛盾且态度纷呈的复杂局面逐渐变得明朗、一致起来,共同解决独立探索过程中所遇到的问题,并在共享集体思维成果的基础上达到对当前所学概念比较全面、正确的理解,即最终完成对所学知识的意义建构。(5)效果评价。评价主体包括教师、学习者个体、学习者团体等;评价的方式包括教师对学习者的评价、学习者的自我评价、学习小组对个人的评价等;评价的内容包括自主学习能力、对小组协作学习所作出的贡献、是否完成对所学知识的意义建构。

混合教学可参考支架式教学理论的环节设计:按照"最近发展区"的要求搭建"支架";创设问题情境,产生认知冲突;引导学习者借助教师搭建的"支架"独立探索,完成知识建构;通过生生交流、师生交流强化知识建构;运用多元评价进行诊断性和反思性学习。

(四)活动理论及其对混合教学的指导

活动理论起源于康德与黑格尔的古典哲学,形成于马克思的辩证唯物主义,由维果茨基提出,成熟于苏联心理学家列昂捷夫与鲁利亚,是社会文化活动与社会历史研究的成果。活动理论是关于人的实践过程的理论,强调活动在知识技能内化过程中的桥梁性作用,活动构成了心理特别是人的意识发生、发展的基础,而人的活动具有客体性和社会性。

库提是活动理论研究的代表人物。他认为,活动理论是一个研究作为发展过程的不同形式人类实践的跨学科框架,包括相互联系的个人、社会以及制品的使用。库提为活动理论的研究范围作出了一定的界定,它包括个人、社会及其联系，是个人在社会中的实践过程。从库提的观点可以看出，活动理论关注的是实践过程而非知识本身，是人们在发展过程中使用工具的本质、不同的环境作用、社会关系、活动目的与意义，最终达到对主体或客体进行改变的过程和结果。

如图 1-3-13 所示，活动理论系统模型包含了主体、客体和群体之间的 3 种相互关系。主体与客体的关系以"工具"为中介，主体与群体的关系以"规则"为中介，客体与群体的关系以"分工"为中介。"工具"可以是在转换过程中使用的任何东西，包括物质工具和思考工具；"规则"包括社区内显性和隐性的规范、习俗及社会关系；"分工"是指一个共同体的显性和隐性组织，它与客体转化为结果的过程有关。

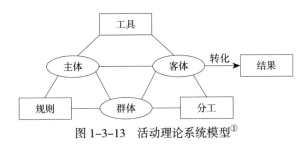

图 1-3-13　活动理论系统模型[①]

在教学设计中，主体即为学习者，是教学设计的执行者；客体即教学目标，或学习目的，是主体通过一定的活动受到影响改变的东西；群体指除学习者自身外的其他共同学习者，如教师及其他工作人员等；工具在教学设计中可以理解为教学环境，包括在教学过程中使用的硬件与软件的设计；规则是用来协调主体与群体的，是教学活动过程中的一种制约或约定；劳动分工是指不同的成员在教学过程中都要完成不同的任务。

根据活动理论的观点，混合教学要充分发挥技术的"工具"作用，让技术成为帮助学习者达成目标的有效中介。这里的技术可以是能有效促进学习者学习的音视频、动画、学习软件等信息技术工具，还可以是思维导图、概念图等思维可视化工具和批判性思维、创造性思维等思维策略工具；同时，在涉及群体和个体的学习或活动中，要充分设计好需要遵守的规则；如果有任务，先设计好任务的分工，以确保混合教学有效发生。

---

① Kuutti K. Activity theory as a potential framework for human-computer interaction research[J]. Context and consciousness: Activity theory and human-computer interaction, 1996, 1744.

（五）探究社区／共同体理论对混合教学的指导

科学家们普遍使用科学探究的方法对自然科学现象进行探索、质疑和研究，科学哲学家查尔斯·桑德斯·皮尔士在《信仰的确定》一书中提出了"探究社区"的概念，倡导为有着共同研究目标并使用类似研究方法的科学家们组成一个探究社区，以实现更高远的目标[①]。教育家杜威（Dewey）拓宽了科学探究的概念，在其著作《逻辑：探究理论》一书中提出了著名的"探究型教育"概念，将科学探究的概念从科学家从事科研活动拓展至教育活动中[②]。20世纪80年代，李普曼结合查尔斯的"探究社区"和杜威的"探究教育"的理念，提出了符合教育情景的探究社区理论[③]。他将教学实践活动分为常规实践和反思实践，提倡把传统课堂转变为探究的场所。类似于李普曼的"探究社区"，之后还衍生出了实践社区[④]、学习社区[⑤]、学习者社区[⑥]、教室社区[⑦]等一系列在教育背景下研究探究学习的理论。

随着因特网的兴起，许多学者提出了不同的在线教学模型，其中最有影响力的是加拿大阿尔伯特大学的兰迪·加里森、特里·安德森和沃尔特·阿切尔于1999年针对在线教学环境提出的探究社区（Community of Inquiry，CoI）理论框架（见图1-3-14）[⑧]。经过多年的发展和大量实证研究验证，该理论框架被公认为在线混合学习领域中最有效的教学理论。

[①] Peirce C S. The Fixation of Belief[M]//The Pragmatism Reader. Princeton University Press，2011：37-49.

[②] Dewey J. Logic：The Theory of Inquiry[M]. Later Works，1938.

[③] Lipman M. Thinking in education[M]. Cambridge：Cambridge university press，2003.

[④] Wenger E. Communities of practice：Learning, meaning, and identity[M]. Cambridge：Cambridge university press，1998.

[⑤] Peterson R. Life in a crowded place：Making a learning community[M]. Portsmouth：Heinemann Educational Books，1992.

[⑥] Rogoff B, Matusov E, White C. Models of Teaching and Learning：Participation in a Community of Learners[M]. In David R. et al Eds. The Handbook of Education and Human Developement. Edinburgh：Blackwell Publishing，2008.

[⑦] Bridges L. Creating Your Own Classroom Community. Strategies for Teaching and Learning Professional Library[J]. York：Stenhouse Publishers，1995.

[⑧] Garrison D R, Anderson T, Archer W. Critical inquiry in a text-based environment：Computer conferencing in higher education[J]. The Internet and Higher Education，1999，2（2-3）：87-105.

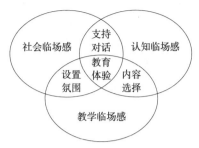

图 1-3-14 探究社区理论框架

加里森等人提出的探究社区理论的核心思想围绕教学经验的 3 个基本要素：认知临场感①、社会临场感② 和教学临场感③。加里森就 3 种临场感给出了分类和指标（见表 1-3-1）④。

表 1-3-1 探究社区三要素的类别和指标⑤

基本要素	类别	指标（举例）
社会临场感	·开放式交流 ·小组凝聚力 ·情感表达	·毫无保留的表达 ·鼓励协作 ·表情包
认知临场感	·契机事件 ·探索 ·整合 ·解决	·解迷惑 ·交换信息 ·连接想法 ·应用想法
教学临场感	·设计与组织 ·促进演讲 ·直接指导	·布置课程安排和教学方法 ·分享个人意图 ·聚焦讨论

---

① Garrison D R, Anderson T, Archer W. Critical thinking, cognitive presence, and computer conferencing in distance education[J]. American Journal of Distance Education, 2001, 15（1）: 7-23.

② Rourke L, Anderson T, Garrison D R, et al. Assessing social presence in asynchronous text-based computer conferencing[J]. The Journal of Distance Education/Revue de l'Ducation Distance, 1999, 14（2）: 50-71.

③ Anderson T, Liam R, Garrison D R, et al. Assessing teaching presence in a computer conferencing context[J]. Journal of Asynchronous Learning Networks, 2001, 5（2）.

④ Garrison D R, Arbaugh J B. Researching the community of inquiry framework: Review, issues, and future directions[J]. The Internet and Higher Education, 2007, 10（3）: 157-172.

⑤ Garrison D R, Arbaugh J B. Researching the community of inquiry framework: Review, issues, and future directions[J]. The Internet and Higher Education, 2007, 10（3）: 157-172.

加里森认为，临场感是通过人际社区产生的一种身份的感知[1]，社会临场感、认知临场感和教学临场感相互交叉，描述的是深层次的、有意义学习的体验过程。探究社区理论的核心在于教育经验的创建，需遵循以下8条原则：持续开展有目标与活力的探究活动；有计划地通过批判性反思与对话培养批判性思维；有计划地创建信任关系与营造开放沟通的学习氛围；建立学习社区成员的协同关系与形成社区凝聚力；相互尊重并对彼此负责；有计划地设计课程内容、学习方法、学习时间，有效监控和管理批判对话与协作反思活动；维持探究并使其走向问题解决；确保评价与预期的过程和结果相一致。下面分别详细阐述3种临场感。

"认知临场感"指学习者可以从持续性的反思和论述中自行创建和确认意义[2]。认知临场感源自杜威的反思理论，杜威认为，有价值的教育经验应该来自反思和以批判性思维为产出的过程[3]，基于此理论发展而来的实践探究是认知临场感的基础[4]。认知临场感是批判性对话和反思的工具，指学习者在批判性探究社区里通过不断反思和对话来构建意义的程度。认知临场感模型包括触发事件、探究、整合和应用4个阶段（见图1-3-15），即通过定义一个问题或任务来触发学习者进入学习状态，学习者在探究相关信息或知识的基础上，通过分析和整合不同的观点与理解来确定解决问题的方案，最终解决问题[5]。

认知临场感的第一阶段"触发事件"是探究的起始点，在该阶段，教师提出问题、困境或争论点激发学习者进入协作探究学习。教师的关键任务是发起和塑造触发事件，去除潜在的分散注意力的触发事件，使学习者专注于学习任务。在第二阶段，教师触发事件后，学习者有选择

---

[1] Garrison D R, E-learning in the 21st century: A community of inquiry framework for research and practice[M]. Routledge, 2016.

[2] Garrison D R, Anderson T, Archer W. Critical inquiry in a text-based environment: Computer conferencing in higher education[J]. The Internet and Higher Education, 1999, 2（2-3）: 87-105.

[3] Dewey J. How we think: a restatement of the relation of reflective thinking to the educative process[J]. American Journal of Psychology, 1933（46）: 528.

[4] Swan K, Garrison D R, Richardson J C. A constructivist approach to online learning: The community of inquiry framework[M]//Information technology and constructivism in higher education: Progressive learning frameworks. IGI global, 2009: 43-57.

[5] Garrison D R, Arbaugh J B. Researching the community of inquiry framework: Review, issues, and future directions[J]. The Internet and Higher Education, 2007, 10（3）: 157-172.

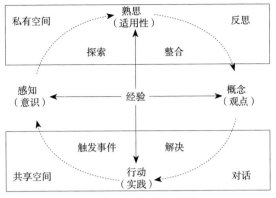

图 1-3-15 认知临场感模型

地关注与经验中相关的问题、困境或争论点，以头脑风暴、提问和信息交换为特征。在第三阶段，学习者在批判性反思和对话之间创建问题解决方案，对想法进行整合。这一阶段，教师需要对教学中的误解进行诊断，给学习者提供探索性问题或评论，让学习者的学习体验更加顺畅和深刻，帮助学习者将思考过程推到更高一级的批判性思维和认知发展阶段。在最后一个阶段，学习者采用实际应用的方法去实践提出的解决方案或检验研究假设[①]。

"教学临场感"指对学习者的认知过程和社会过程的设计、促进和指导，实现学习者富有个人意义和教育价值的学习效果，包括3个子类：教学设计与组织、促进对话和直接指导[②]。教师设计的学习活动应激励学习者参与学习、分享对知识的理解，学习活动中的问题及任务描述清晰、结构化提示可以支持学习者相互之间互动构建高层次的知识。在课程教学内容的相互交流中，教师对学习者互动进行回顾和评论，提出相应的问题并观察对话是否朝着预定方向发展，使对话持续有效地推进。教学临场感的主要任务是创建与设置课程内容、设计学习活动与方法、设置学习活动序列，有效利用交流媒介，组织、兼容和管理有目的的批判对话与协作反思活动，

---

① Anderson T, Garrison D R, Archer W, et al. Methodological issues in the content analysis of computer conference transcripts[DB/OL]. International Journal of Artificial Intelligence in Education. 2000：11.

② Anderson T, Liam R, Garrison D R, et al. Assessing teaching presence in a computer conferencing context[J]. Journal of Asynchronous Learning Networks，2001，5（2）.

给予学习者及时的反馈。教学临场感鼓励学习者在协作探究中成为具有元认知意识和元认知策略的探究者。

"社会临场感"指学习者在利用媒体进行沟通过程中被视为"真实的人"的程度及与他人联系的感知程度[①]。社会临场感包括情感表达、开放交流与小组凝聚力3个子项目。混合教学与传统面授式教学相比,在线部分的学习缺少面对面的交流,教师在设计教学活动时需要格外注意社会临场感的因素。社会临场感要求学习者在探究学习中将自己与学习内容和其他学习者联系起来。"情感表达"指通过表情符号、幽默和自我揭露表达情感;"交互式响应"指引用学习同伴的话语信息来维持学习主题的持续讨论,或表达对他人或他人信息的同意,或赞赏,或提问等;"凝聚力反应"指使用称呼语、应酬语等交流和问候。因此,社会临场感揭示了信息质量的高低,是协作学习社区和简单下载信息之间的本质区别。在真正的探究学习社区中,信息的语气是质疑的,但有吸引力;有表达、有回应,有怀疑但有礼貌性;有挑战性,也富有支持性[②]。

从探究社区理论模型来看,3种临场感之间是相互联系、相互影响的关系,3种临场感之间的重合部分才能产生有意义的教育经验。研究表明,3种临场感之间都具有正相关性,教学临场感与认知临场感之间的相关性最高,认知临场感对于教学临场感与社会临场感之间的关系有着很大的影响,当认知临场感被约束时,教学临场感与社会临场感之间的关系也会消失[③]。研究者通过结构方程模型建模发现,教学临场感和社会临场感对于认知临场感有重要影响。多种回归分析揭示,教学临场感与社会临场感明显解释了认知临场感的变动。研究者们在进一步研究中发现,社会临场感对于认知临场感的影响要比教学临场感明显得多[④]。还有研究显示,社会临场感是教学临场感与认知临场感之间的一个中介变量,教师应当努力组织课程内

---

① Short J, Williams E, Christie B. The social psychology of telecomm-unications[M]. Toronto; London; New York: Wiley, 1976.

② Aragon S R. Creating social presence in online environments[J]. New Directions For Adult and Continuing Education, 2003 (100): 57-68.

③ Kozan K, Richardson J C. Interrelationships between and among social, teaching, and cognitive presence[J]. The Internet and Higher Education, 2014 (21): 68-73.

④ Shea P, Bidjerano T. Cognitive presence and online learner engagement: A cluster analysis of the community of inquiry framework[J]. Journal of Computing in Higher Education, 2009, 21 (3): 199-217.

容，促进学习者积极参与对话，让学习者产生归属感从而激发有意义学习[①]。Garrison 之后又对探究社区模型进行了改进，如图 1-3-16 所示。

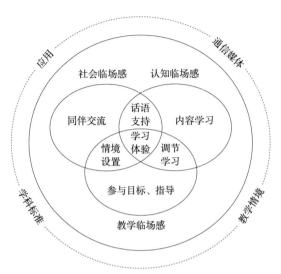

图 1-3-16 Garrison 等修订的探究社区模型

模型的核心内容未发生改变，只是对最初框架进行了细化，并在通信媒体的基础上加入了教学情境、学科标准和应用 3 个因素[②]。Armellini 和 Stefani 基于 Garrison 等的研究，探究在混合学习环境下，社会临场感、教学临场感和认知临场感在语言教师专业发展中所发挥的作用，并根据研究结果对 CoI 模型进行了调整，如图 1-3-17 所示。

修改后的框架强调社会临场感是 CoI 模型的核心，塑造并嵌入了其他两个临场感。[③] 教学临场感和认知临场感在本质上已经变得高度社会化，社会临场感比原始框架表现得更加突出。他们将 CoI 模型分为了 6 个部分，分别是学习交互、内容社会化、社区发展、课程设计、自学和学习体验。

---

① Garrison D R, Anderson T, Archer W. The first decade of the community of inquiry framework: A retrospective[J]. The Internet and Higher Education, 2010, 13 (1-2): 5-9.

② Garrison D R. Thinking Collaboratively: Learning in a Community of Inquiry[M]. New York: Routledge, 2015.

③ Armellini A, De Stefani M. Social presence in the 21st century: An adjustment to the Community of Inquiry framework[J]. British Journal of Educational Technology, 2016, 47 (6): 1202-1216.

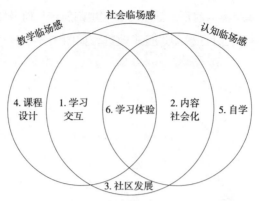

图 1-3-17　Armellini 和 Stefani 的 CoI 模型

其中，学习交互反映了教学的社会化，在线学习环境下教学临场感所包含的教学话语体现了显著的社会性，比如，师生互动形式可以为学习过程提供支架，并促进学习者的高阶思维培养；内容社会化指参与者在使用在线课程材料等内容进行知识建构的过程中，会将学习内容与同伴非正式的交流结合起来，学习者在一种轻松的氛围下学习，反映了模型中认知的社会化；社区发展代表处于教学临场感和认知临场感之外的社会临场感本身；课程设计是教学临场感的一个方面，通常被认为是在教师或教师组的职权范围内，有时也包括学习者或其他角色的介入；自学源自认知临场感的独立学习和反思，包括学习者对新概念、新观念的使用和整合，利用他们自己的建构方式重新制订新概念和新观念，自学成果可以应用到模型其他领域，特别是内容的社会化。与 Garrison 等的 CoI 模型相同，学习体验仍然是框架的核心组成部分，在概念上没有区别。

批判性思维作为高等教育的终极目标之一，探究社区理论可以在混合教学中针对批判性思维的培养发挥重要作用，教师在混合教学中要善于理解和运用探究社区的 3 个存在感，强调通过协作学习和批判性反思的对话实现学习者有深度和有意义的学习，最终实现学习者发展的有效目标。

经过 20 年的发展，探究社区理论框架正进入成熟期，相关研究更加理性和深入，与研究相关的关键词根据强度排列依次为：MOOC、teaching presence、social media、blended learning。作为传统在线课程的升级，混合教学要求教师的教学设计更加针对学习者，让学习者有更好的学习体验并参与到学习活动中去。

第四节 混合教学模式

在第二节讨论了混合教学产生与发展的心理学和教育学依据,之后,在第三节就如何设计理想的混合教学的理论基础(系统论、教育传播理论、学习理论、课程理论等)进行了详尽的阐明。接下来讨论混合教学理论以及依据理论基础设计混合教学的方案,我们称之为混合教学模式,和实现混合教学模式的过程,即混合教学设计过程模式,以及在实践中如何混合,即混合教学实践模式等。这部分我们首先阐述混合教学模式,紧接着阐述混合教学设计模式与混合教学实践模式。

所谓教学模式,是指在一定教育思想指导下,为完成特定的教学目标设计并通过实践而逐渐形成的教学诸要素之间比较稳定的相互作用的关系,包括教学过程诸要素的组合方式、教学程序及其相应的策略和评价方式等。这里我们介绍几种常用的教学模式及其在混合教学中的应用,设计者可以根据自己的教学情形(比如教学目标、教学内容、面对的学习者等)进行选择或进一步设计使用。

需要说明的是,以下教学模式既可以在面对面教学中使用,也可以在纯在线教学中使用,当然,线上线下混合使用效果最佳,也最容易全面实现。

一、认知学徒制教学模式

在正式的学校教育产生之前,学徒制曾经是人们学习的最普遍方式。古代的学徒制大多偏向于学习技艺性的东西,普遍采用徒弟观察师父工作、与师父交流、徒弟尝试工作让师父纠错、徒弟反思,从而使徒弟逐渐地接近师父的技能方法。这种方法因学习在应用的实际场合发生,所以,学习对学习者来说可以学以致用。学校产生之后,知识与技能作为教与学的内容就被从实际运用的情境中抽象了出来。学习与实际应用情境相脱离,易使学习者对学习的意义产生不确定性,从而影响到学习者的学习动机和投入程度,同时也很难培养学习者的问题解决等高级认知能力。作为对传统教育弊端的一种批判和矫正，柯林斯等人于 1989 年最早提出认知学徒制教学模式①。

认知学徒制中的"学徒"表明了其与传统的学徒制的继承关系或相似性，即强调学习应当发生在其应用的情境当中，通过观察专家工作与实际操作相结合获得知识与技能。认知学徒制中的"认知"则又反映出其比较强烈的现实意义，即不同于传统学徒制强调在相应的用途中传授技能，认知学徒制强调一般化的知识，以便在很多不同的情境中应用。认知学徒制拓展了实践的范围，并且明确了应用规则，这样，学习者可以学习在不同的情境下应用这些技能。认知学徒制是对传统教学脱离现实生活，以及只注重知识的传授而不重视学习者高级认知技能培养的弊端的反思、批判和革新。所以，认知学徒制的主要目的在于培养学习者的高级认知技能，比如，问题解决能力、反思能力等。

认知学徒制注重构成学习环境的 4 个维度：内容、方法、顺序和社会学②。在内容方面，专家技能需要的知识类型包括领域知识和策略知识。"领域知识"指与特殊领域相关的明确的概念、事实和程序，例如，阅读领域中的知识包括词汇、句法和语音规则等。"策略知识"指利用领域知识解决现实世界问题的知识，现有研究区分了 3 种策略，包括启发式策略，指完成任务所需的一般技术和方法；控制策略，指控制解决问题和执行任务过程的元认知方法即指导解决过程的一般方法；学习策略，指如何学习新概念、事实和程序的知识。

在方法方面，认知学徒制提出了促进专家技能发展的 6 种策略：示范、辅导、脚手架、表达、反思和探索。（1）示范。指专家（教师等）将所有的思考步骤都示范给学习者，以便学习者对专家思考和工作的过程形成深刻认识。（2）辅导。这里是指当学习者学习的时候，专家（教师等）观察并指导他们，给他们提供恰当的帮助。例如，通过使用提问、适当的暗示、建模或提供新任务等策略，从而使学习者完成任务的工作绩效接近专家。（3）脚手架的提供和逐渐拆除。指在学习开始的时候，要为学习者提供比

---

① Collins A, Brown J S, Newman S E. Cognitive apprenticeship: Teaching the crafts of reading, writing, mathematics[J]. Thinking: The Joural of Philosophy for Children, 1988, 8（1）: 2-10.

② Collins A, Brown J S, Holum A. Cognitive apprenticeship: Making thinking visible[J]. American Educator, 1991, 15（3）: 6-11, 38-46.

较多的支持；之后，随着学习者专业知识的不断增加，逐渐减弱或减少支持以发展学习者自主能力。（4）清晰地表述。指教师提供给学习者演示或表达他们新掌握的知识与技能的机会，并鼓励学习者表达出他们的知识和想法。（5）反思。指让学习者对他们自己和专家或其他学习者的问题解决过程进行比较，从而最终形成一种内化的专业知识认知模式。（6）探索。探索指促进学习者依靠自己进行问题解决的方式。

在顺序方面，认知学徒制教学给出了3种教学内容排序的方式：（1）增加内容的复杂性，即按照等级的任务结构从底端任务向上垂直地增加难度。（2）增加内容的多样性，即同一等级内容在水平程度上的增加。例如，改变问题解决的情境，在多种情境中实践，以此强调应用范围的广阔性；改变学习活动的目标或原因，或改变学习环境中的因素等。（3）从全局技能到局部技能，在分解技能之前先呈现整体的技能，这是一种从上到下的、有详细说明的、垂直或水平的内容序列，也就是首先传授最高水平的全局技能。这样呈现有两个重要的优点：第一，使任务富有意义，具有整体结构或者说具有问题的系统观[1]。第二，让学习者在关注细节之前先构建一个总的概念地图，这样，学习者就具有了组成整体内容的概念模式[2]。

在社会学方面，认知学徒制教学推荐了5种社会化策略：（1）情境学习。教学应该置于一定的情境中，可以在做中学，以便更清楚地理解学习的原因。（2）模拟。教学可以进一步模拟真实世界中的活动。（3）实践共同体。当问题解决时，学习者和专家以动态的方式相互作用是十分重要的，实践共同体原则要求构建一个学习环境，在这个环境中，参与者可以积极地交流、操作与专家知识相关的技能。（4）内在动机。内在动机是指由学习者在非控制的环境中独立完成任务的能力，或独立完成任务的成就感导致从个体内部产生的动机。教学过程应该努力刺激学习者的内在动机。（5）合作。合作是指让学习者一起工作，来培养他们合作解决问题的能力。

---

[1] Casey, C. Incorporating cognitive apprenticeship in multi-media[J]. Educational Technology Research & Development, 1996（44）：71-84.

[2] Collins A, Brown J S, Holum A. Cognitive apprenticeship: making thinking visible[J]. American Educator: The Professional Journal of the American Federation of Teachers, 1991, 15（3）：6-11, 38-46.

认知学徒制特别强调教学应该置于"学习共同体"之中。学习者作为一个初学者或新手，逐渐从该共同体的边缘向中心移动，在这个过程中，他们会变得比较积极，更多地接触其中的文化，逐渐进入专家或熟练人员的队伍中[①]。

技术支持下的认知学徒制教学模式本身是一种混合教学模式，信息技术的融入为认知学徒制在学校实践中的应对提供了诸多的可能性。具体来说，视频以及相关计算机增强现实技术能够创建模拟应用的情境，当然，线上或线下也可以提供真实的应用情境环境，为学习者进行情境式学习提供了可能性。比如，可以通过基于技术的脚手架为学习者提供个性化的学习支持；知识论坛、云笔记等工具能够促进学习者展现所学，及时记录学习者的思维过程，增进学习者之间、师生之间的互动交流；技术能够让反思更加直观，等等。认知学徒制的最新发展之一就是它与互联网技术环境的融合。如现在的远程教育视频和即时通信工具都能让学习者即时得到专家的帮助和反馈，专家也能够观察和即时了解学习者的学习情况，并提供有针对性的帮助。学习者之间也可以相互交流，进行协作学习和作品发布。面对面教学可以实施认知学徒制，但当班额比较大的时候，学习效果就会打折扣，因此，基于技术的混合教学更有优势。

二、基于资源的学习模式

基于资源的学习模式是指学习者不是通过上课而是通过与广泛的学习资源交互作用进行学习的教学模式。这里的学习资源是指所有可以利用的印刷和非印刷的媒体，涉及书和文章、音像资料、电子数据库及其他基于计算机、计算机多媒体和计算机网络的资源等。

如表 1-4-1 所示，基于资源的学习在以下几个方面与传统的讲授型教学模式形成鲜明的对照。

可见，基于资源的学习主要目的是培养学习者独立学习或探索的能力；同时，基于资源的学习尊重并注重培养学习者的个性，这是由于它允许学习者针对同一问题选择自己喜欢的方式来研究、解决具体问题，可以根据

---

① Collins A, Brown J S, Newman S E. Cognitive apprenticeship [M]. New York：Cambridge University Press，2006.

表 1-4-1　两种模式的对比

传统的讲授型教学模式	基于资源的学习模式
教师是专家	教师是促进者/指导者
主要的资源是课本	多种资源/媒体
事实是主要的	问题是主要的
信息是现成的、组织好了的	信息是需要被发现的
强调结果	强调过程
评定是定量的	评定是定量/定性相结合的

自己的学习风格、兴趣、能力水平进行灵活的调节，所以这种学习方式也是个别化的或个性化的。它关注的焦点也是学习者自主学习能力的培养，而不是教师对学习者灌输知识。

基于资源的学习通常包括如下步骤：（1）确定问题。将知识点转化成学习者可以探究的问题和学习目标。（2）确定收集信息的方法。指导学习者如何收集信息，并帮助学习者探索潜在的信息来源。（3）收集信息。在进行信息收集的过程中，要求学习者能够识别和选择与研究问题相关的重要信息或事实，并对收集的信息进行分类。（4）使用信息。指导学习者如何使用自己收集的信息，并且标注信息的来源。（5）综合信息，解决问题并汇报。引导学习者将信息组织成一个系统的、有逻辑的综合信息，解决要探究的问题。要求学习者采用书面、口头报告或者其他形式展示自己如何综合信息解决问题的。（6）评估。让学习者去评价并且知道如何评价他们所做的事情，评估和自我反思是基于资源的学习过程中的高潮[1]。

随着技术的发展以及网络资源的丰富性，线上与线下融合的资源学习方式越来越普遍。基于资源的混合教学设计能够更大地发挥其本身的优势。一方面，混合教学融合不同形式的资源设计、打破课堂面对面的单一教学场所，能够满足学习者的个性化需求；另一方面，由于基于资源的学习对

---

[1] Awaludin A. Resource Based Learning For Teaching Arabic[J]. Ijaz Arabi Journal of Arabic Learning，2019（1）．

学习者自主学习能力、信息搜索能力等具有较高的要求，计算机学习环境可以为学习者提供必要的脚手架，为学习者提供个性化的支持。

先前的研究已经证明资源建设是混合教学的关键要素之一，如课程资源建设的丰富性对于混合学习的效果非常重要[1]；"资源特征"——更新性、及时性、满足个性化学习以及"资源呈现方式"是影响混合学习过程中学习者满意度的重要因素等[2]。针对不同年龄段或不同学习阶段、不同学习风格的学习者，需要提供清晰、便捷、可获取的资源环境，使他们不至于在众多资源中迷航，或产生沮丧情绪，或花费太多的时间，从而影响到学习的效果和效率。

学校改革倡导者、教学工作者以及媒体专家都在提倡，面对数字化时代，我们必须改变原有的基于资源的教学方式，走向更加灵活的、基于资源的学习方式，以培养学习者的问题解决能力和批判性思维能力。混合同步学习打破了传统课堂教室围墙的空间限制，提高了学习灵活性，拓展了优质学习资源的空间可及性。可以说，只要提供更多获取资源的机会、多种处理和使用资源的方法，那么就具备了开展基于资源的学习方式的成熟条件，从而为基于资源的混合教学提供发展空间。

三、基于项目的教学模式

基于项目的学习（Project-Based Learning，PBL）是一种基于建构主义理论的情境式学习方式[3]，背后的理念是当学习者通过理解概念并将所学的知识运用于真实情境中积极构建他们的理解时，他们能够加深对学习材料的理解。有研究者将PBL定义为"一种课堂活动的模式，它脱离了短暂且孤立的以教师为中心的课堂教学，以长期的、跨学科的、以学习者为中心的教学取代，是一种与现实世界的问题和实践相融合的学习活动"[4]。在真实学习环境中，PBL往往需要学习者进行跨学科的思维

---

[1] 丁蕾.基于"互联网+"的中职物理混合式教学[J].中国电化教育，2016（3）：141-145.
[2] 李宝，张文兰，张思琦，赵姝.混合式学习中学习满意度影响因素的模型研究[J].远程教育杂志，2016，34（1）：69-75.DOI：10.15881/j.cnki.cn33-1304/g4.2016.01.008.
[3] Lave J, Wenger E. Situated Learning: Legitimate Peripheral Participation[M]. Cambridge: Cambridge University Press, 1991.
[4] Holbrook.Project-based learning with multimedia.2007. Derived from：http：//pblmm.k12.ca.us/PBL guide/ WhyPBL.html.

整合，以项目为驱动，将分散的学科问题集中并融合，以应对实际挑战和解决复杂问题。

在 PBL 中，学习者通过设计、批评和评估具体的人工制品或产品来解决问题或困境 [1][2]。这种方法体现了约翰·杜威的"做中学"概念[3]。学习者在基于项目的学习过程中有责任规划和实施他们的想法及解决方案，在实施的过程中，基于项目的学习可能有利于促进学习者知识的构建[4][5]。

PBL 被认为具有以下优点：激发学习者解决现实问题，合作工作，激活更高的认知水平，并有利于学习者组织自己的学习过程。因此，PBL 在理论知识的获取和专业能力培养之间架起了桥梁[6][7]。已有研究表明，PBL 更适合于偏重应用和实践的工程类课程，而对数学、物理等逻辑类课程效果不明显[8]。

然而，在 PBL 的实施过程中也容易出现一些问题。首先，在 PBL 教学过程中，往往容易忽略课程知识的形成[9]。其次，学习者在项目探索中收集所需要的资源时会受到网络中大量冗余信息的干扰，导致项目执行耗时费

---

[1] Blumenfeld P C, Soloway E, Marx R W, et al. Motivating Project-Based Learning: Sustaining the Doing, Supporting the Learning[J]. Educational Psychologist, 1991, 26（3-4）：369-398.

[2] Howard, J. Technology-Enhanced Project-Based Learning in Teacher Education: Addressing the Goals of transfer[J]. Journal of Technology and Teacher Education, 2002, 10（3），343-364.

[3] Barron B, Schwartz D L, Vye N J, et al. Doing With Understanding: Lessons From Research on Problem- and Project-Based Learning[J]. Journal of the Learning Sciences, 1998, 7（3-4）：271-311.

[4] Aviv R, Erlich Z, Ravid G, et al. Network Analysis of Knowledge Construction In Asynchronous Learning Networks[J]. Journal of Asynchronous Learning Network, 2003, 7（3）：1-23.

[5] Thomas W R, Macgregor S K. Online Project-Based Learning: How Collaborative Strategies and Problem-Solving Processes Impact Performance[J]. Journal of Interactive Learning Research, 2005, 16（1）：83-107.

[6] Kuo-Hung, Tseng, Chi-Cheng, et al. Attitudes towards science, technology, engineering and mathematics（STEM）in a project-based learning（PjBL）environment[J]. International Journal of Technology and Design Education, 2011, 23（1）：87-102.

[7] Wiek A, Xiong A, Brundiers K, et al. Integrating problem-and project-based learning. into sustainability programs[J]. International Journal of Sustainability in Higher Education, 2014, 15（4），431-449.doi：10.1108/IJSHE-02-2013-0013

[8] 周贤波，雷霞，任国灿. 基于微课的翻转课堂在项目课程中的教学模式研究[J]. 电化教育研究，2016，37（1）：97-102.

[9] 陈丽虹，邓安富. 网络环境下 PBL 教学模式的研究与应用[J]. 中国远程教育，2010，No.380（11）：46-48.

力，学习效率低下。再次，PBL 是以学习者小组合作的方式进行的，有时师生之间缺乏交流与合作。最后，由于在课后完成项目的过程中缺乏指导和监督，过程评价难以实施[1][2]。

PBL 是以学习者为主体的一种产出导向教学模式，它是学习者在教师指导下通过完成一个真实的项目而进行的活动。掌握基于项目的教学法，我们需要进一步深入了解基于项目的学习组成要素、实施流程和学习环境的关键特征。PBL 主要由四大要素组成：内容、活动、情境和结果，各要素的具体内容见表 1-4-2。

表 1-4-2 基于项目的学习组成要素[3]

要素	要素说明	要素特点
内容	指项目学习的主题，主要指现实生活和真实情境中表现出来的各种复杂的多学科知识交叉的问题	1. 是现实生活中的问题，强调知识的完整性和系统性 2. 是学习者有能力进行深度探究的知识 3. 通常是跨学科的 4. 能够激发学习者兴趣
活动	指学习者解决面临问题所采取的探究行动，强调学习者协作探究能力的培养	1. 具有一定的挑战性 2. 具有建构性，实现概念的冲突和迁移 3. 与学习者个性发展相符
情境	指支持学习者进行探究的环境	1. 可促进学习者之间的协作 2. 利于学习者使用并掌握工具
结果	指在学习过程中或学习结束时学习者通过探究活动获得的知识、技能或利用知识解决问题的高级认知能力	1. 产生一定的智力和劳动成果，例如，模型实体或报告等 2. 教师设置评价指标，评价学习者、作品或过程 3. 形式多样，内容丰富

---

[1] 周贤波，雷霞，任国灿. 基于微课的翻转课堂在项目课程中的教学模式研究 [J]. 电化教育研究，2016，37（1）：97-102.

[2] 张文兰，张思琦，林君芬，吴琼，陈淑兰. 网络环境下基于课程重构理念的项目式学习设计与实践研究 [J]. 电化教育研究，2016，37（2）：38-45+53. DOI: 10.13811/j.cnki.eer.2016.02.006.

[3] 刘景福，钟志贤. 基于项目的学习（PBL）模式研究 [J]. 外国教育研究，2002（11）：18-22.

有研究者提出 PBL 的实施一般分为项目背景、项目任务、活动探索、制作产品、成果交流和项目评价 6 个步骤[①②]。也有研究者指出，基于项目的学习一般包括规划探究主题、形成学习小组、确定项目任务、制定探究计划、实施计划、展示与评价 7 个环节[③]。在实际实施过程中，PBL 的实施流程往往包含选定项目、制定计划、活动探究、作品制作、成果交流和活动评价 6 个基本步骤，根据实际项目实施情况可以增加或删减部分环节。

基于项目的学习环境具有 6 大关键特征[④⑤⑥]：驱动性问题、关注学习目标、情境探究、协作、技术工具支持、创造产品。第一，驱动性问题。在项目开始时有一个驱动或引发性的问题，用来组织和激发学习活动，学习活动则是有意义的基于项目学习的主体。第二，关注学习目标。保证课程材料匹配关键的学习目标；同时，学习目标是证明学习者是否掌握学习内容的科学标准。第三，进行情境探究。基于项目的学习要求学习者对现实生活中的情境问题进行探究，学习者通过情境探究获得学科知识的核心概念和原理，从而掌握一定的技能。第四，强调学习活动中的协作。老师、学习者以及涉及该项活动的所有人员相互合作，形成"学习共同体"。在"学习共同体"中，成员之间是一种密切协作的关系。第五，在学习过程中提供多种技术工具支持。在学习过程中，学习者会使用各种认知工具和信息资源来陈述他们的观点，支持他们的学习。这些认知工具和信息资源有计

---

① 姜大志，孙浩军. 基于 CDIO 的主动式项目驱动学习方法研究——以 Java 类课程教学改革为例[J]. 高等工程教育研究，2012（4）：159-164.

② Munezero MD. Benefits and challenges of introducing a blended project-based approach in higher education: Experiences from a Kenyan university[J]. International Journal of Education & Development Using Information & Communication Technology，2016，12（2）：206-218.

③ 王晓波，陈丽竹. 重识"项目式学习"——访北京师范大学教育技术学院副院长董艳教授[J]. 中小学信息技术教育，2017（6）：28-30.

④ Blumenfeld P C, Soloway E, Marx R W, et al. Motivating Project-Based Learning: Sustaining the Doing, Supporting the Learning[J]. Educational Psychologist，1991，26（3-4）：369-398.

⑤ Krajcik J S, Blumenfeld P C, Marx R W, Soloway E. A collaborative model for helping middle. grade teachers learn project-based instruction[J]. The Elementary Schools Journal，1994，94（5）：483-497.

⑥ Krajcik J S, Czerniak C M, Czerniak C L, et al. Teaching science in elementary and middle school classrooms: A project-based approach[M]. Columbus: McGraw-Hill Humanities, Social Sciences & World Languages，2003.

算机实验室、超媒体、图像软件和远程通信等。第六，创造产品。课程结束时，学习者有一个或一系列最终作品，而且学习者之间需要就作品制作进行交流和讨论，从而在交流和讨论中得出结论并发现一些新的问题。

混合教学为基于项目学习的开展提供了更好的学习环境，主要表现如下：

（1）混合教学中的面对面教学更有利于 PBL 知识学习的系统化，可以更好地发挥教师的主导作用，帮助学习者系统地学习理论知识，弥补 PBL 教学中容易忽视的知识系统学习的不足[①]。

（2）混合教学的环境更有利于 PBL 中学习者的自主探究。在 PBL 的过程中，网络可以为学习者提供丰富的学习资源，而微课、课件等资源可以帮助学习者自主学习。

（3）混合教学的环境更有利于 PBL 中的时时合作与沟通。学习者可以使用微信或 QQ 等网络交流平台来加强沟通与协作。教师可以利用这些工具实时了解学习者的状态，掌握和控制学习者项目的进度，确保项目的进度处于可控状态。

（4）混合教学环境更有利于 PBL 的多元评价。在复杂的环境中，在 PBL 的每个阶段，教师都可以记录学习者在在线学习平台上活动的信息，如登录时间、发布时间和作业评价，实时评估学习者表现和学习情况，以实现评价方法的多样化。项目完成后，平台还可以形成学习者评价报告，综合反映学习者的学习效果[②]。实施基于项目的混合教学需要重新设计教学内容、教学资源、教学策略和教学评价方法。与此同时，一定要有一个功能齐全的网络教学平台作为支撑。

澳大利亚埃迪斯·科文大学的"学习设计"项目是国外知名大学混合学习教学模式的应用典范，它们建立了成熟、完善的支持系统，而且研发了适于跨学科推广的教学模式，对教师的指导也非常细致到位。该项目贯穿多个专业学科，学习方式灵活，并且设置模拟真实世界问题的学习任

---

① 周贤波，雷霞，任国灿. 基于微课的翻转课堂在项目课程中的教学模式研究[J]. 电化教育研究，2016, 37（1）: 97–102. DOI: 10.13811/j.cnki.eer.2016.01.015.

② 张文兰，张思琦，林君芬，吴琼，陈淑兰. 网络环境下基于课程重构理念的项目式学习设计与实践研究[J]. 电化教育研究，2016, 37（2）: 38–45+53. DOI: 10.13811/j.cnki.eer.2016.02.006.

务，提供学习资源与学习支持体系，保留了传统的面对面学习的优势，即学习者既能获得教师的有力支持，同时又能借助于电脑等计算机辅助工具，从而实现有效学习。因此，"学习设计"项目通过信息交流技术的使用，开发可循环使用的学习资源（如软件、模块），创设灵活的混合学习教学模式，以实现大学各专业的高质量教学[1]。这些经验对中国高校结合基于项目的教学模式改进混合学习教学实践、全面提升教学质量具有一定的借鉴意义。

四、基于问题的教学模式

基于问题的学习（Problem-Based Learning，PBL）是一种主动的学习方式，指学习者在理解和解决复杂的、结构不良的问题方面进行合作[2][3]，边学习边解决问题。它强调把学习设置到复杂的、有意义的问题情境中，通过让学习者合作解决真实性问题来学习隐含于问题背后的科学知识，形成解决问题的技能，并形成自主学习的能力[4]。在 PBL 环境中，学习者面临一个真实的问题，这是学习过程的催化剂[5]。学习者转变成积极的角色参与者，承担着解决问题的责任，学习变成了主动性、反思性的，涉及问题解决、批判思维等高级认知的过程。

PBL 经验流程可以分为 5 个步骤。在 PBL 环境中，问题是启动学习过程的催化剂，在步骤 1 中向学习者介绍一个与他们的生活有关的结构不良的问题，以增加学习者的兴趣和动力。然后在步骤 2 中对问题进行分析，以确定学习者对问题了解多少，并指导学习者对解决问题所需学习的知识进行独立学习。在步骤 3 中继续分析这个问题，并通过协作策略确定不同的行动步骤。在步骤 4 中生成问题的解决方案。在第 5 步中学习者考虑每

---

[1] 孙曼丽，许明.澳大利亚高校"混合学习"教学模式——以埃迪斯科文大学"学习设计"项目为例[J].宁波大学学报（教育科学版），2013，35（5）：48-52.

[2] Barrows H S. Problem-Based Learning Applied to Medical Education[M].Springfield：Southern Illinois University，School of Medicine，2000.

[3] Savery J R. Overview of problem-based learning：Definitions and Distinctions[J]. Interdisciplinary Journal of Problem-based Learning，2006，1（1）：9-20.

[4] Hmelo C E, Ferrari M. The problem-based learning tutorial：Cultivating higher order thinking skills[J]. Journal for The Education of The Gifted，1997，20（4）：401-422.

[5] Barrows H, Tamblyn R. Problem-based learning：An approach to medical education[M].New York：Springer Publishing Company，1980.

个解决方案的结果,并通过元认知选择最可行的解决方案[①]。

PBL是一种以学习者围绕开放的、驱动性问题学习为中心的教学模式,通过教师的帮助,不仅取得课程的学习成果[②],即通过PBL的教学提高了学习者的学习动机,促使学习者取得满意的学习成绩[③],而且还促进了学习者交流和合作技能的发展,更重要的是学习后学习者能够解决真实的问题。关于基于问题的学习,已经报道了许多积极的事例。一些研究表明,有过PBL经验的学习者表达了积极的学习态度,对课程有积极体验[④]。PBL的使用对教学目标的实现,如学习者的理解和参与及课程的氛围营造产生了积极的影响[⑤]。通过PBL获得的问题解决能力和软技能也可以提高学习者毕业后的就业能力[⑥]。

混合教学为实施基于问题的学习提供了很多便利。线下教学,为学习者面对面针对真实的问题进行讨论提供了有效的途径;之后,线上各种教学资源,为学习者围绕要解决的问题进行基于资源的自主或合作学习提供了极大的便利条件;同时,基于技术的脚手架可以为学习者的学习提供个性化的学习支持;线上线下的学习环境可为学习者随时随地随需的交流和合作提供便利;学习者学习和解决问题的整个过程都可以得到记录,并可以做后期反思的重要证据;线上线下环境可为教师指导学习者学习和解决问题提供数据或信息支持;学习者的问题可以得到及时反馈和解决,从而有效地促进学习者问题探究过程的实效性。

[①] Chang N C, Wang Z Q, Hsu S H. A Comparison of the Learning Outcomes for a PBL-based Information Literacy Course in Three Different Innovative Teaching Environments[J]. Libri, 2020, 70 (3), 213 225. https://doi.org/10.1515/libri-2018-0132

[②] Fee S B, Holland-Minkley A M. Teaching computer science through problems, not solutions[J]. Computer Science Education, 2010, 20 (2): 129-144.

[③] Savoie J M, Hughes A S. Problem-Based Learning as Classroom Solution.[J]. Educational Leadership, 1994, 52 (3): 54-57.

[④] Kay J, Barg M, Fekete A, et al. Problem-based learning. for foundation computer science courses[J]. Computer Science Education, 2000, 10 (2): 109-128.

[⑤] Bednarik R. Problem-based learning in teaching theoretical computer science[R]. International Conference on Engineering and Research, 2004: 801-807.

[⑥] Looi H C, Seyal A H. Problem-based learning: An analysis of its application to the teaching of programming[R]. International Proceedings of Economics Development and Research, 2009.

五、分布式学习模式

分布式学习是从分布式资源的概念中发展而来的。分布式学习作为一种教学模式，它允许教师、学习者和教学内容分布于不同的、去中心或泛中心的位置，因而教育和学习可以在不同的时间和地点进行。分布式学习的应用既可以结合面对面的课程，也可以结合在线课程，或者创设完全的虚拟课室[1]。

分布式学习有以下几个关键特征：分布式学习是一种教学模式；具有分布式的学习资源；以学习者为中心；通过交互式的共同体进行协作、交流，获得学习技能和社会技能；通过虚拟环境中的学习体验，进行知识的建构[2]。

分布式学习对促进教学和学习的改善意义是多方面的。(1) 从学习资源的分布特点来看，分布式学习为实现随时、随处的泛在学习提供了物质基础和方法策略保证。(2) 以学习者为中心的学习方式，使得学习者拥有更多的学习自主权和控制权，学习者可以根据自身的情境特点（工作特点、生活习惯、居住环境等）、学习风格"量体裁衣"地利用分布式学习，从而满足不同的学习需求。同时，这种任意、自主和便利的学习方式，也有利于激发和保持持久的学习动机。(3) 分布式学习强调学习的交互、交流，注重学习共同体的作用，强调知识建构的社会性，将以往关注个体知识建构转向关注知识的社会性建构。分布式学习注重集体认知和集体意义的建构，强调知识是学习者在丰富的社会文化情境中通过与他人的协商互动而主动建构的。分布式学习环境既是个人认知功能的延伸或拓展，也是点燃、汇聚和凝练集体智慧的良好平台。(4) 分布式学习是实现终身学习理念，促进学习型社会发展的有效途径。终身学习需要有便捷的、资源丰富的、方法多样的、个性化满足的并与工作生活紧密关联的学习条件，而一个学习型社会则是一个全民学习、主动学习和终身学习的知识社会。分布式学习环境最大限度地满足了终身学习和学习型社会发展的要求[3]。

---

[1] Steven Saltzberg and Susan Polyson. Distributed learning on the world wide web [EB/OL].(2013-05-16) [2022-06-24]http://hagar.up.ac.za/catts/learner/nuwe/project.htm.
[2] 李玉斌，姜巍，姚巧红. 简论分布式学习 [J]. 现代教育技术，2007（1）: 52-54+14.
[3] 钟志贤，张琦. 论分布式学习 [J]. 外国教育研究，2005（7）: 28-33.

在面对面教学环境中，学习者也可以通过网络接触到分布在不同地方的教学资源，甚至分布在不同地方的资源人，使学习者获得不同的认知观点和体验，帮助学习者建构知识和意义；同样，学习者也可以在网络环境甚至是虚拟环境中，与分布在不同地方的资源或资源人（包括分布在不同地方的教师和同学）交流学习，获得不同的认知体验。分布式课堂既可以突破传统教学课堂的时空，也可以扩展教师和同学的概念，还可以方便学习者随时随地随需地进行学习。因此，混合教学环境更利于分布式学习模式的实施。

六、随机进入教学模式

随机进入教学模式是一种对复杂（或高级）的知识与技能进行教学的教学模式。学习者可以为了不同的目的，随意通过不同途径、不同侧面，采用不同方式多次进入同样教学内容的学习，从而获得对同一事物或同一问题多方面的认识与理解，这就是美国学者斯皮罗等人提出的"随机进入教学"[1]。

由于有些领域问题的复杂性和多面性，单从一个视角或一次性对其进行认识很难对这些复杂问题的内在性质和事物之间的相互联系有全面了解，也会导致学习者只是对事物某个方面的单一认识，而且这种对事物的单一认识会直接影响到学习者在利用这个知识解决问题时的有效迁移。因此，随机进入教学模式主张多次进入，绝不是传统教学中用于巩固所学知识与技能的简单重复，而是为了不同的目的，从不同的方面去了解事物，其结果必然会使学习者对事物的全貌在理解与认识上有一个质的飞跃，从而提高学习者对复杂事物以及事物之间关系的把握和灵活运用所学知识与技能的能力。比如，对"计划生育"问题，学习者就可以从家庭、孩子心理、国家、全球、社会、经济、环境等多个角度进行认识，从而得出一个比较全面的认识与结论。

随机进入教学模式主要包括以下几个教学环节：（1）向学习者呈现与当前学习主题基本内容相关的情境。（2）让学习者随机进入学习，根据学

---

[1] Spiro R, Feltovich P J, Jacobson M J, et al. Cognitive Flexibility, Constructivism and Hypertext: Random Access Instruction for Advanced Knowledge Acquisition[J]. Ill-Structured Domains, 1995.

习者"随机进入"学习所选择的内容而呈现与当前学习主题的各种特性相关联的情境，让学习者随着学习过程中所遇问题的有关契机灵活地进入学习情境，在此过程中，教师应充分发展学习者的自主学习能力。（3）对学习者进行思维发展的训练。由于随机进入学习的内容通常比较复杂，所研究的问题往往涉及许多方面，因此在这类学习中，教师还应特别注意发展学习者的各种思维能力，包括元认知、发散思维等，并逐步帮助学习者建立思维模型。（4）提倡小组合作学习。合作学习能够弥补单独建构知识的缺陷，通过学习者之间从多种视角对事物的认识进行充分的对话，让所有学习者的观点在和其他学习者以及教师一起建立的社会协作环境中都受到考察、评论，同时，每个学习者也对别人的观点与看法进行思考并作出反应。（5）对学习效果进行评价。可以是自我评价，也可以是小组评价。评价内容包括：自主学习能力；对小组协作学习所作出的贡献；是否完成对所学知识的意义建构。

混合教学更方便实施随机进入学习。面对面教学适合大家从不同的角度提出观点共同讨论一个事物，线上教学可以通过提供针对一个内容不同观点的学习资源，帮助学习者实现对一个内容从不同角度进入学习，同时，学习者也可以通过平台的讨论区展示自己的观点并发表对别人观点的不同认识等，促进随机进入教学的有效实施。

七、案例式教学模式

"案例教学"最早由哈佛大学法学院前院长克里斯托弗·哥伦布·兰代尔提出，于1870年前后最早应用于法学教育中，后来被广泛用于其他学科，如医学、经济学、管理学、社会学等，是一种深受学习者欢迎的教学方法[1]。自20世纪初以来，案例教学一直是哈佛商学院的核心教学方法。至今，每年秋季，哈佛商学院都会为对案例教学感兴趣的高中教师举办一次研讨会[2]，以促进教师将案例教学应用到高中课堂中。哈佛商学院将案例定义为一种简短的叙述文档，它描述了个人或组织所面临的特定挑战。每

---

[1] 杨光富，张宏菊. 案例教学：从哈佛走向世界——案例教学发展历史研究[J]. 外国中小学教育，2008（6）：1-5.

[2] The Case Method [EB/OL]. [2021-11-12]. https://www.hbs.edu/case-method-project/about/Pages/case-method-teaching.aspx

个案例反映了当时决策者可用的信息,并构建到特定的决策点,但没有揭示实际作出了什么决策。在哈佛商学院的案例教学课堂中,学习者们被要求阅读案例,并把自己放在实际决策者的位置上,考虑他们自己会根据当时可用的信息做什么。教师则通过逐步提出问题来引导学习者讨论,这些精心设计的问题是成功案例教学的关键。一个有经验的案例教学法老师通常会提前思考好几个步骤,预测在哪些点哪些问题可能会被提出,并准备好后续的问题来指导学习者。

在教育领域,研究者提出了适用于广泛教学情境的案例及案例教学的定义。所谓案例就是为了一定的教学目的,围绕选定的一个或几个问题,以事实为素材而编写成的对某一实际情境的客观描述。案例教学,就是在教师的指导下,根据教学目的的要求,组织学习者通过对案例的调查、阅读、思考、分析、讨论和交流等活动,教给他们分析问题和解决问题的方法或道理,进而提高他们分析问题和解决问题的能力,加深他们对基本原理和概念的理解的一种特定的教学方法[1]。

案例教学依赖于"案例"材料。教师需要选择和组织所要讨论的材料,从大量的资料中选择出适当的案例,如果手头没有现成的可以覆盖所需教学内容的案例的话,还要自己动手撰写,并以一定的程序把它呈现出来。案例在叙述方式上有 5 个基本要求:一是要突出对事件中矛盾、对立的叙述,彰显案例主题;二是要有一个从开始到结束的完整的情节,不能是对事件的片断描述;三是叙述要具体、明确,使案例的阅读者就像身临其境一样感受着事件的进程;四是要反映事件发生的背景,把事件置于一定的时空框架之中;五是要揭示案例情境的复杂性,揭示人物复杂的内在心理活动[2]。

案例教学的具体实施一般要经历案例引入、案例研讨、概括总结这 3 个步骤。在案例引入环节,教师发放并介绍案例情境,学习者自主阅读案例,设身处地思考案例中的问题。在案例研讨环节,教师与学习者对案例中的问题、矛盾等进行深入研讨,直到得出解决方案或结论。教师在其中扮演引导者的角色,不断引导学习者厘清思路,得出结论。最后,教师总结案

---

① 张家军,靳玉乐.论案例教学的本质与特点[J].中国教育学刊,2004(1):51-53+65.
② 郑金洲.案例教学:教师专业发展的新途径[J].教育理论与实践,2002(7):36-41.

例研讨过程中的不同观点，强调案例背后蕴含的原理、规律等。

在混合教学设计中，无论是在线还是面对面的学习环节，都可以根据教学目标、内容的特点而选择案例教学模式。采用案例教学，能够激发起学习者的积极性，提高互动参与度。另外，在混合教学的视角下，案例教学的潜能能够被更大地激发出来。与技术的融合，也是案例教学的前沿发展方向。具体来说，以往的案例多以文本的形式呈现，融合计算机和网络技术，案例呈现的形式更加丰富、多元，还可以满足学习者不同的学习风格；学习者之间的讨论不止局限于课堂中，还可以打破时空限制，随时随地进行；案例教学中常用的问题策略能够在技术环境中根据学习者的表现而随时出现，自适应地支持学习者的学习；也能够打破空间限制，融入更多的专家等外部资源参与案例的研讨。总之，在一个大的混合教学项目中，案例教学可以作为其中的某个教学活动；同时，案例教学也可设计为混合的形式，以使教学更好地达到目标。

八、翻转课堂模式

"翻转课堂"一段时间以来是教育领域研究者关注的热点。在 2011 年，加拿大的《环球邮报》将"翻转课堂"评为影响课堂教学的"重大技术变革"。"翻转课堂"最早由美国迈阿密大学商学院 Lage & Treglia 于 1996 年提出，将其定义为"将原本在课上进行的教学活动放在课下进行，反之亦然"[1]，并在"微观经济学原理"课程中进行了应用。在 2007 年，为了帮助缺课的学习者，美国科罗拉多州落基山林地公园高中的两位化学教师——乔纳森·伯尔曼和亚伦·萨姆斯将课程内容录制成教学视频上传到网络上，让学习者回家观看，由于这些教学视频也被其他学习者所接受，课堂时间被腾出进行问题解决、师生互动等活动，由此逐渐形成了"学习者回家自学，课堂上解决问题"的教学模式[2]。

根据 EDUCAUSE 对翻转课堂的定义，翻转课堂是一种教学模式，它

---

[1] Lage M J, Platt G J, Treglia M. Inverting the Classroom: A Gateway to Creating an Inclusive Learning Environment[J]. The Journal of Economic Education, 2000, 31（1）: 30-43.
[2] 何克抗. 从"翻转课堂"的本质，看"翻转课堂"在我国的未来发展 [J]. 电化教育研究，2014，35（7）: 5-16.DOI: 10.13811/j.cnki.eer.2014.07.001.

将课程中典型的课堂讲授和家庭作业元素颠倒过来①。在上课前，学习者可以在家观看简短的视频讲座，而课堂时间则用于练习、参与项目或讨论等。Berrett 认为，翻转意味着期望的倒置。也就是说，通过使用计算机技术和互联网，传统讲座中传递信息的环节被移出课堂，代之以一系列旨在吸引学习者主动学习的互动活动②。简而言之，翻转课堂背后的教育理念为主动学习，其核心为反转课堂内与课堂外发生的活动。

相比于传统课堂教学，翻转课堂具有一定的优势。Alten 等人通过对已有文献进行综述，总结了翻转课堂的五大优势：（1）需要学习者有较强的自我调节学习能力，但在翻转课堂学习过程中也能够反过来培养学习者的自我调节能力；（2）学习者在教师的帮助下在课堂上主动完成作业，避免了独自完成作业时过高的认知负荷；（3）学习者有更多的时间用于学习活动，是主动的、建设性的、互动的参与模式，能够达到更好的学习效果；（4）学习者有更多的机会得到有效的反馈和教师差异化的指导；（5）学习者可提高对学习环境的满意度③。然而，随着对翻转课堂的大力追捧，研究者与实践者们开始对翻转课堂重新进行反思。对翻转课堂的批判包括：（1）视频制作等需要教师过多的时间和精力，对学习者的能力要求过高；（2）占用学习者课后过多的时间，给学习者造成过大的压力，等等。对翻转课堂的冷思考，让研究者与实践者认识到翻转课堂只适合于某些特定的教育情境。

在采用翻转课堂模式时，也需要精心设计，以提升学习效率。Kim 等人通过考察大学 3 种不同学科的翻转课堂实例，确定了翻转课堂的设计框架，共包括 9 条设计原则，具体为：（1）为学习者提供在课前首次接触课程的机会；（2）为学习者在课前预习课程提供激励；（3）提供一种评估学习者理解能力的机制；（4）在课内与课外活动之间提供清晰的联系；（5）提供清晰的定义和结构良好的指导；（6）提供足够的时间让学习者完

---

① Educause. 7 things you should know about flipped classrooms [EB/OL].（2012–03–09）[2021–11–12]. https://ccnmtl.columbia.edu/enhanced/noted/7_things_flipped_classrooms.html.

② Berrett D. How 'Flipping' the Classroom Can Improve the Traditional Lecture[J]. Education Digest，2012，78（1）：36–41.

③ Alten D V，Phielix C，Janssen J，et al. Effects of Flipping the Classroom on Learning Outcomes and Satisfaction：a Meta–Analysis[J]. Educational Research Review，2019，28：1–18.

成作业；（7）促进形成学习型社区；（8）对学习者个人或团队的工作提供及时的、适应性的反馈；（9）提供熟悉和易于访问的技术[①]。此框架能够为教师设计翻转课程提供参考。

翻转课堂是一种典型的混合教学模式。翻转课堂的设计理念能够将在线与面对面的学习活动有机结合，并将其系统地联系起来。有学者总结出了通用性的基于翻转的混合教学模式。在在线教学环节，学习者主要完成知识的学习与理解，通过网络教学平台中教师提供的教学视频、教学PPT、微课等教学资源或通过网络检索进行自主学习。在此过程中需要积极与同学或老师进行交流，达到对课程内容的基本理解。在理解课程内容基础上在线完成练习或作业，教师通过后台数据了解学习者的学习和练习情况。在整个学习或练习过程中，学习者可以详细记录遇到的问题，通过与同学、老师交流进行解决，或者等待在课堂中提出，由教师帮助解决。而在课堂教学环节，由于学习者通过在线学习已基本理解了所要求学习的知识，课堂环节主要是进行知识内化，进行成果汇报、作业展示、问题交流、核心知识点讨论等互动式学习活动[②]。

第五节　混合教学设计模式和混合教学实践模式

要实现上述混合教学模式方案及其目标，需要对其实现过程进行设计，从而形成混合教学设计过程模式，简称"混合教学设计模式"。混合教学设计模式既应遵从一般教学设计模式，但又应有其特殊性。首先，探讨混合教学设计需要遵循的一般教学设计模式的内容；其次，探讨混合教学设计的特殊性，在此基础上形成混合教学设计模式；最后，说明混合教学的实践模式，即在实践中如何混合。

---

① Kim M K, Kim S M, Khera O, et al. The experience of three flipped classrooms in an urban university: An exploration of design principles[J]. The Internet and Higher Education, 2014, 22, 37-50.
② 张其亮, 王爱春. 基于"翻转课堂"的新型混合式教学模式研究[J]. 现代教育技术, 2014, 24 (4): 27-32.

一、混合教学设计模式

（一）一般教学设计模式：层次与过程

教学设计层次

按照系统论的观点，教育系统是社会系统中的一个子系统，而教学系统是教育系统中的子系统，它本身又是由许多更小的子系统构成的。根据各子系统大小和任务的不同，教学设计可以分为"教学系统""教学过程"和"教学产品"3个层次（见图1-5-1）。

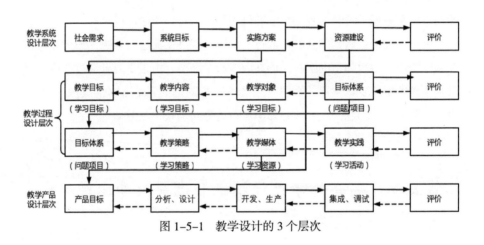

图 1-5-1　教学设计的 3 个层次

教学系统层次　属于宏观设计层次，所涉及的教学系统比较大，如一个新的专业计划的设计、一个培训系统或一个学习系统的设计、课程设计等。相对于混合教学，可以是指混合教学平台设计、混合教学课程设计等。

这个系统的设计，首先，要进行社会需求分析；其次，根据社会发展对人才需求或平台系统需求的分析拟定系统目标；再次，根据系统目标确定该系统的组成要素，根据系统要素设计实施方案、设计（选择）资源（包括人力资源和非人力资源，以及管理制度建设等）；最后，在实践中进行评价和修正。

教学过程层次　该设计是对单元直至一节课或某几个知识点的教学全过程进行的教学设计。通常会涉及确定教学目标、教学内容、教学对象、教学策略制定，教学媒体等环节。混合教学过程设计也需要涉及这些要素。

教学产品层次 包括各种教学媒体（资源）以及其他教具、学具等。教学产品的设计与开发往往是连在一起的，它根据教学系统设计和教学过程设计所确定的产品使用目标，经过分析、设计、开发、生产、集成和调试6个步骤而完成，最后进行评价和修改。

简单的教学产品，如 PPT、录音教材和小微课等，一般由任课教师自己设计、制作；比较复杂的教学产品，如录像教材、大型多媒体课件以及相关教学环境的设计和开发，则需要组织专门开发小组来完成[1]。

针对混合教学，由于其平台既是教学产品，又是一个具有复杂教学需求的系统，因此，混合教学需要的网络平台设计这里把它划归为系统中心层次；要实现理想的混合教学效果，少不了很多教学资源的设计、开发与使用。

一般教学设计过程模式

教学设计理论与实践发展至今，形成了数百种教学设计过程模式。这些教学设计模式大致又可以分为三大类：以系统为中心的模式（IDI 教学开发模式，1971；西尔斯和格拉斯哥模式，1990）、以产品为中心的模式（Van Patten 模式，1989）、以课堂为中心的模式（格拉奇和伊利模式，1980；肯普模式，1996）[2]。中国的教学设计模式大多是以早期国外的这三大类教学设计模式为基石，结合某种理论或方法，借鉴或仿照国外模式不断演变而来的。[3]

任何一种教学设计模式都是对 ADDIE 模式的诠释或扩展。ADDIE 是 A（Analyze/分析）、D（Design/设计）、D（Development/开发）、I（Implementation/实施）、E（Evaluation/评价）首字母的缩写，概括了诸多典型教学设计模式的一般特征。诸多典型教学设计模式表面看来是林林总总、千差万别的，但实际上 ADDIE 模式的衍生，或增删，或合并，或转换，都是万变不离其宗。表 1-5-1 是 ADDIE 教学设计模式各阶段的设计任务及其结果实例。

---

[1] 李龙. 教学设计 [M]. 北京：高等教育出版社，2010：21-22.
[2] 乌美娜. 教学设计 [M]. 北京：高等教育出版社，1994：44.
[3] 刘美凤，康翠，董丽丽. 教学设计研究——学科的视角 [M]. 北京：北京师范大学出版社，2018：39-40.

表 1-5-1　ADDIE 教学设计诸阶段与任务/结果实例

阶段	任务实例	结果实例
分析/确定学习内容	需求评价、明确问题、任务分析	学习者基本情况、描述约束条件、陈述学习需求/问题、任务分析等
设计/具体阐述如何学习	编写教学目标、设计测试项目、设计教学、确定资源等	描述可测量的目标、制定教学策略、说明教学模型等
开发/开发教学材料	与开发者合作，开发工作任务书、流程图和程序等	故事板、脚本、练习、CAI 等
实施/具体实施教学项目	教师培训、试验等	学习者的反馈意见和相关数据等
评价/决定教学的适当性	记录时间、解释测试结果、跟踪调查、修改等	建议、项目报告、修改后的模型等

倘若以 ADDIE 这一概括性的模式作为参照来分析几个典型的教学设计模式，就可以清晰地看到这些典型教学设计模式所体现出来的共同 ADDIE 特征（见图 1-5-2）。

在总结国内外教学设计各种模式的基础上，乌美娜提出了教学设计的一般过程模式（见图 1-5-3）[①]。该模式以学习理论、教学理论、传播理论、系统理论为理论基础，相对系统、整体地考虑了教学设计过程的各个要素。

（二）混合教学的特殊性及其教学设计模式

混合教学设计会涉及所有一般教学设计的要素和环节，需要遵从一般教学设计的模式。混合教学相对于面对面或单纯的线上教学体现出许多差异，因此混合教学设计模式又具有其特殊性。混合教学是线上与线下教学优势互补的一种教学模式，与传统的课堂教学相比，混合教学延伸和拓宽了教学时间与空间，学习者可以随时随地自主或合作学习，学习者的学习可以自定步调。同时，可以利用线上学习过程留痕，再利用大数据和学习分析技术，更有可能获得学习者学习的各种有关信息，并提供更适合每个学习者学习的个性化学习环境；与单纯的在线学习相比，能够消解师生之间的疏离感和学习者的孤独感，可以有更灵活的教师与学习者会面的教学组织形式，可以将适合面授的内容进行集体教学，提高教学效率等。

---

① 乌美娜.教学设计[M].北京：高等教育出版社，1994：53.

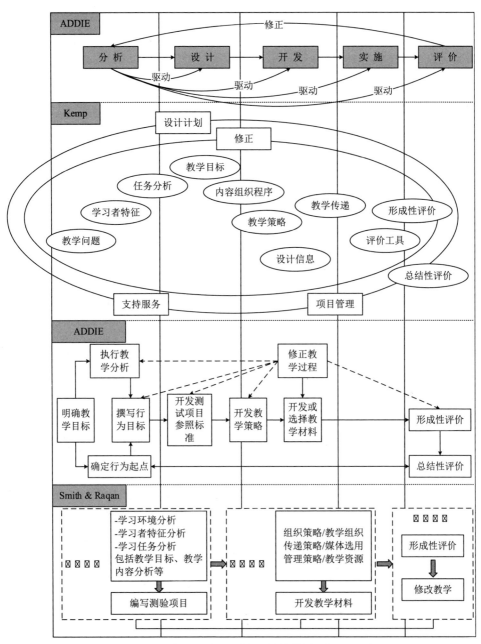

图1-5-2 典型教学设计模式的共同特征（ADDIE）

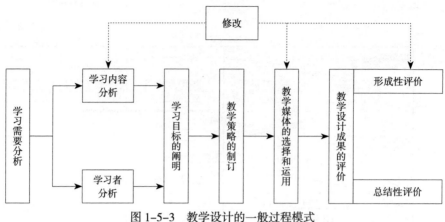

图 1-5-3　教学设计的一般过程模式

国外学者提出了一些混合教学设计模式。斯坦恩（Jared Stein）和格雷厄姆（Charles Graham）2014年共同出版了混合学习的专著 Essentials for blended learning：a standards-based guide[①]，认为混合课堂即现场（即面对面）和在线体验的结合，用以产生有效、高效和灵活的学习体验。在面向高校进行混合教学研究时提出了混合课程设计模型（见图 1-5-4）。混合课程设计是由设计、参与、评价 3 个环节组成的循环过程，强调混合课堂需要迭代开发，通过 3 个活动的持续改进来支持个人学习活动、课程或单元的设计。

图 1-5-4　混合课程设计模型

模型中的设计部分包括教学目标设计、评价与反馈设计、描述实现教学目标的学习活动、增加学习过程的在线元素四部分（见图 1-5-5），强调以学习为中心的"逆向"设计过程，从学习结果开始，然后设计相对应的评价方式，最后创设促进学习的活动。鼓励教师一次只针对混合课程的一小部分（单一课程或单元）进行设计，在学习者参与混合学习活动并进行了线上线下学习效果评价之后，再对设计进行进一步优化。

为了便于大家开展教学设计实践，Essentials for blended learning：astandards-based guide 一书提供了一个混合课程设计模板（见表 1-5-2）。

---

① Stein J, Graham C R. Essentials for blended learning: A standards-based guide[M]. New York: Routledge, 2014.

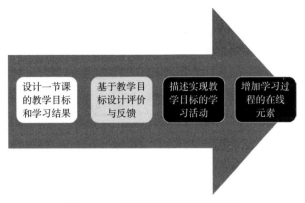

图 1-5-5　混合课程逆向设计过程

表 1-5-2　混合课程设计模板

课程名称：课程定位 目标：		
结果	评价	活动
课程定位 目标：课前学习者作好充分准备		
·了解课程参数和期望 ·认识同学并选择加入一个团队 ·熟悉课程网站和工具	·全部参加教学大纲测验（在线） ·团队注册（在线） ·论坛介绍（在线）	·见面、问候和概述（面对面） ·阅读教学大纲（在线） ·游览课程网站（在线）
课程名称 课程目标		
1. 学习结果 2. ……	1. 在线或面对面的评价方式 2. ……	1. 在线或面对面的活动形式 2. ……

混合课程设计模型强调学习者的参与性，以此对课程的有效性进行评估，通过评估对课程设计进行持续的修改，迭代循环的设计可以帮助教师不断改善混合教学的效果。例如，在混合课程的第二周或第三周，你会发现学习者们似乎不了解需要学习的在线资料，此时，你可以改变教学策略，如课前设置在线测试，督促学习者完成在线资料的学习，之后，通过对本节课的学习效果进行评估来判断该教学策略的实施是否正确。如果这个改变是有效的，你就可以在你所有的课程计划中都设置课前的在线测试。改变教学策略不仅仅是简单地修改当前的课程，修改的目的是改进现在的课程，并使结果适应未来的课程。因此，当前最新迭代的课程结果可以作为

下一个课程的模型，而下一个课程又可以作为要实施、评估和迭代的原型。这种策略不仅可以改进一节一节的课程，还可以帮助你在每次迭代中提升自己的设计与开发技能。

伊格尔顿（Eagleton）面向高等教育心理学专业教学提出了混合学习干预设计模型，包括确定学习任务需求（前测、学习结果和学习者档案）、学习干预设计（开发与传播、教学策略、学习策略、评价策略）和评估3部分（见图1-5-6）[①]。

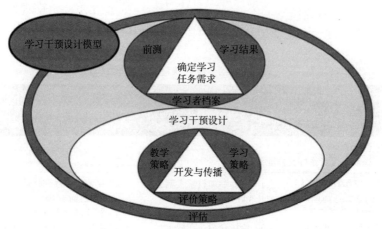

图1-5-6　混合学习干预设计模型

确定学习任务需求有3项子任务，包括获取学习者的个人档案、对学习者进行前测以明确学习者学习的基本情况，以及明确学习结果即学习目标。根据学习者学习的基本情况和学习目标，最终确定学习任务需求。然后，进行学习干预设计，包括教师教学策略、学习者学习策略、教学内容开发与传播形式以及教学评价的设计。

学习干预设计包括开发与传播、教学策略、学习策略、评价策略等。在教学策略方面，可以基于建构主义理论和深度学习策略从以下几个方面进行完善：（1）培养逻辑思维的教学策略。首先，在混合学习环境中，可以通过简短的讲座、阅读期刊文章或书籍及网站中的一部分内容来介绍信

---

① Eagleton S. Designing blended learning interventions for the 21st century student[J]. AJP Advances in Physiology Education，2017，41（2）：203-211.

息。通过为学习者提供有关探究主题的背景知识，促使他们能够制订有意义的探究计划[①]。其次是明确需要完成的结果以及报告的方式。最后，应该让学习者明确他们的学习目标，并为他们提供一定的支持以促进探究，从而保护他们的创造力[②]。此外，在课堂上，基于探究的学习干预可以通过与学习者对话的方式进行，以便教师了解学习者当前对知识和概念的理解中的偏差与误解。（2）培养分析性思维的教学策略。通过发展批判性思维培养学习者的分析思维发展，学习使用概念图和图表等工具来组织呈现他们学习的知识，同时减轻工作记忆中的信息过载。（3）培养整体思维的教学策略。促进学习者改变先入为主的观念，以带来新的想法，鼓励学习者只有在考虑了所有观点后再作出决定。（4）培养情感思维的教学策略。通过基于问题的学习策略让学习者实际参与学习，通过实际参与影响他们对学习的态度。

在学习策略方面，应该考虑学习者在特定条件下需要采用哪种学习策略来学习新概念。与单独学习相比，与他人一起学习的方式更有可能产生有意义的学习。促进学习者共同学习的活动应该被考虑，包括合作学习、协作学习、同伴学习和基于问题的学习等。具体来说，学习者可以采用的有效学习策略有 SQ4R（调查、提问、阅读、记录、背诵、复习），其不仅有助于记忆信息，还有助于提高理解[③]；首字母缩略词、离合词、歌曲和押韵可用于记忆信息，也可用于连接相关概念；概念和思维导图可以帮助分块和关联信息[④]等。

在确定学习任务需求和学习干预设计外，还需要进行评估，与学习干预设计阶段的教学评价设计是对教学成果进行不同评价，评估阶段重点是评价所有步骤是否按计划展开，若发现任何障碍，就需要进行教学设计的调整和修正，即评估阶段主要是对教学方案在实践过程中的反馈与微调。

---

① Eagleton S. An exploration of the factors that contribute to learning satisfaction of first-year anatomy and physiology students. Adv Physiol Educ. 2015, 39: 158-166. DOI: 10.1152/advan.00040.2014.

② Inquiry based learning（Online）. Chicago, IL: Northeastern Illinois University. http://www.neiu.edu/~middle/Modules/science%20mods/amazon%20 components/AmazonComponents6.html [19 Jan 2012].

③ SQ4R Bepko Learning Center（Online）. Indianapolis, IN: University.College. http://blc.uc.iupui.edu/ [29 Feb 2012].

④ Miller G A. The Magical Number Seven, Plus or Minus Two: Some Limits on Our Capacity for Processing Information[J]. Psychological Review, 1956, 63（2）: 81-97.

伊格尔顿等提出创建混合学习项目是一个演进过程，需要考虑讲师的能力、机构的基础设施以及学习者对新学习形式的接受程度。同时，混合学习设计可以集成到全脑学习模型中（见图1-5-7）①。在建构这个模型时，需要考虑学习者信息加工处理方式的差异，如学习不同材料时，左右脑加工模式不同，所以要结合全脑学习模型去设计学习内容和学习形式。

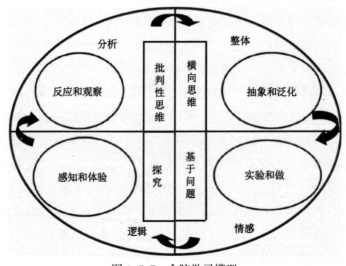

图1-5-7 全脑学习模型

为了验证混合教学方法的有效性，伊格尔顿曾对解剖生理学一年级学习者的学习满意度影响因素进行过调查研究②。在研究中，解剖学和生理学的课程采用了混合的方法。研究结果发现，采用混合教学方法，在满足学习者知觉和认知差异的基础上提高了学习者的可学习性。多样化的方法使得内容更加有趣，从而激励了学习者的学习动机。同时也发现，评估教学过程的有效性对于学习者的学习也非常重要。教学评估可以为学习者提供有价值的信息，帮助学习者评估、反思、改进自己的学习过程。混合教学相比传统教学具有灵活性、趣味性、便利性等优势。然而，需要注意的是，

---

① Eagleton S, Muller A. Development of a model for whole brain learning of physiology[J]. Adv Physiol Educ, 2011（35）: 421-426. DOI: 10.1152/advan.00007.2011.

② Eagleton, Saramarie. An exploration of the factors that contribute to learning satisfaction of first-year anatomy and physiology students[J]. Advances in Physiology Education, 2015, 39（3）, 158-166. DOI: 10.1152/advan.00040.2014.

简单地将课程转变为混合形式并不一定能为学习者提供更好的学习体验。我们还需要仔细分析学习者对学习途径（异步和同步）的偏好、他们的能力和期望，以及技术的背景和可用性①。

乔西·伯尔辛（Josh Bersin）是一位在人力资源领域颇负盛名的分析家，他专注于公司人力资源、特长发挥、招聘和领导力等方面的分析与研究②。丰富的行业知识储备帮助伯尔辛在2004年出版了著作《混合学习：最佳实践、已被证实的方法和经验教训》③。在这本著作中，伯尔辛依据多年的行业经验并聚焦多个混合教学实例，为读者展示了混合教学在特定情境下可适用或参考的范例。

1. 混合教学设计基本概念要素

在课程设计者决定采用混合教学模型后，伯尔辛建议关注以下几点：（1）不同倾向的学习者学习模式；（2）培训模式的选择与应用；（3）教学平台对学习者的跟踪和报告情况。

研究者通过多年调查研究发现，学习者主要分为视觉型、听觉型和动觉型3种。视觉型学习者约占学习者总数的50%~70%，他们在学习中倾向于使用文本、图示、图像和照片进行高效率的学习；听觉型学习者约占学习者总数的20%~40%，他们倾向于先倾听后笔记的学习方法；动觉型学习者约占学习者总数的5%~20%，他们倾向于使用触摸和上手实践学习。伯尔辛认为，依据学习者的类型去设计混合教学课程可以做到更高效。依据伯尔辛的研究，使用多于一种的混合教学形式可以提高学习者的记忆力和熟练度。在课程设计中，课程设计者必须意识到数字化学习缺乏互动以及传统面授式教学中的师生关注度，因而在混合教学中必须充分考虑到文化和社会化的目标。

伯尔辛将教学课程分为4种，即4种培训模式：（1）信息传播（向大众传播信息）；（2）迁移重要技能（向大众快速转移重要技能）；（3）技能熟练度培训（拓展新技能）；（4）认证课程（为组织、政府或学校系统性地认证某些专属技能）。混合教学课程要依据需要解决的问题而不是内容去设

---

① Snow R. Aptitude, instruction and individual development. Int J Educ Res.1989, 13：869-881. doi：10.1016/088 3-0355（89）90070-0.
② https：//www.linkedin.com/in/bersin/.
③ Bersin J. The blended learning book：Best practices, proven methodologies, and lessons learned[M]. John Wiley & Sons, 2004.

计，有些课程的内容仅需做到了解，有些课程则需要学习者做到完全掌握。明确要设计的混合教学课程类型可以有效地帮助课程设计者简化问题和挑战。在确定课程类型后，依据不同类型可以确定课程的不同属性，如开发周期长短、学习者学习强度、学情跟踪需求、课程考核指标、学习互动类型（听、说、读、写、发帖和回答反馈等）、课程媒介（网络会议、工作坊、网页式教学等）和资金总投入等。

在混合教学中教师和学习者的时空分离性决定了教师需要跟踪学习者的学习进度和学习结果。不同的课程种类对学习者的跟踪情况不同，采用混合教学的老师需要追踪学习者的参与度、活动度、完成度、分数和满意度来全面了解学习者的学习情况。伯尔辛针对以上5个学习者的追踪维度提出了以下设计者需要思考的问题：

- 参与度：学习者的参与时间、参与度与参与数量
- 活动度：学习者登录与注销；总学习时长与学习任务完成进度
- 完成度：课程设计者须定义"课程完成"；学习者是否达到了教学目标；学习者与每章教学内容的互动程度
- 分数：采取何种打分制、等级制或人工考核制度
- 满意度：学习者对教学内容和平台的反馈

2. 已被证实可行的混合教学设计模型

伯尔辛从课程内容组织形式的角度将混合教学课程分为程序流式课程（见图1-5-8）和核心与辐射式课程（见图1-5-9）。各种形式的高校慕课就是典型的程序流式课程的例子。它们有固定的教学计划、教学流程和课程考核。程序流式课程的特征是以小步骤按顺序递进进行以单元为单位的教学活动；每一单元有讲授、测试、群体活动、讨论和小测验；整学期的教学计划拥有详细的课程考核标准；学习者以在线自学和其他教学活动的形式进行混合学习；在接近课程的末尾时通常以期末考核的方式结束。程序流式课程有5个优点：（1）创造的学习环境让学习者对课程有较高的承诺性和完成率，学习者会积极参与制订自己的学习计划；（2）可以通过学习平台对学情进行全方位的跟踪；（3）符合学习者对学习的期待，教学计划可以嵌入传统面授式课堂的工作流程中；（4）对认证课程是很好的形式，可以确保学习者完成每一步的教学任务；（5）模块化式的教学内容便于后期维护，每个教学模块可以轻松替换，对整个教学课程影响较小。

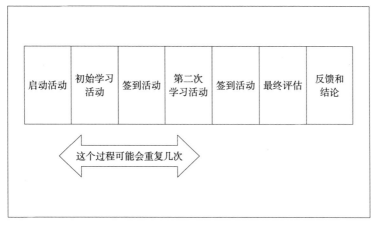

图 1-5-8 程序流式课程模型

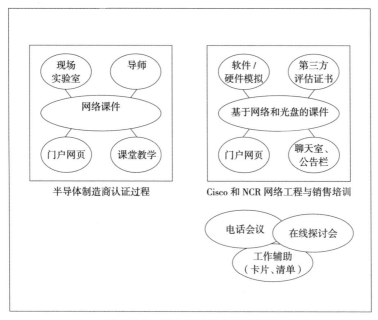

图 1-5-9 核心与辐射式课程模型

另一种是核心与辐射式课程。课程设计者创建一个基本概念,围绕基本概念提供、补充学习材料和资源,学习者自行选择课程内容,推动教学进度。这种模式相比程序流动式课程更加容易部署,可以让更多的人参与进课程当中,但是没有程序流动式课程的跟踪和汇报功能。核心与辐射式课程有以下几个优点：（1）分期进行课程设计，先部署开发课程，后期向核心课程逐渐丰富支持辅助材料；（2）学习者可以自由选择何时使用辅助材料；（3）鼓励学习者使用辅助支持学习资料；（4）针对特殊需求提供特殊的支持辅助学习材料，例如，对学习者提供仿真实验等；（5）课程开发周期可以加速；（6）可以针对学习者的个人风格提供富有灵活性的教学。

程序流式课程和核心与辐射式课程的区别是：程序流式课程更加符合传统面授课堂的形式，核心与辐射式课程则常被用于高度自我激励和独立学习的学习者。伯尔辛从多个视角对程序流式课程和核心与辐射式课程进行了比较，具体如表1-5-3所示。

表1-5-3 程序流式课程与核心与辐射式课程的比较

	程序流式课程	核心与辐射式课程
课程安排	教学活动以线性方式展开，每个教学活动有明确的开始和结束	课程的每个核心课程内容所附带的辅助支持材料都由学习者自由选择
灵活性	固定的课程安排让学习者不偏离教学目标	围绕核心课程的支持辅助材料都由学习者自主完成
对组织机构的利益	教学设计结构化利于评估进度、完成度和影响力	课程开发相对简单，后期更改较为容易
挑战点	需要有课程安排的逻辑、讲授者指导、需要学习者参与学习计划	无法对学习者的学习动机有高驱动性，对单独个体的评估有困难
学习者所负担的责任点	需要学习者真正地参与学习计划，这样才能获得较好的学习效果	学习者需要对自己的混合学习负责
举例		

在确定了使用哪一种混合教学类型后，伯尔辛在本著作中为读者介绍了5种已被证实和发展成熟的混合教学模式（见表1-5-4）。

表1-5-4 5种已被证实和发展成熟的混合教学模式

混合教学模式	定义
电子化自主学习	需要学习者进行自学，无须传统面授式的学习，学习者通过多媒体的方式进行课程的学习
面授式教学/电子化自主学习	课程由面授式和自学模式混合，学习者可以提前学习资料，有更好的学习效率和体验

续表

混合教学模式	定义
网络直播式/其他媒介作为辅助	通过网络直播式的学习，需要学习者借助多媒体自学、自行练习
职业技能学习	需要演示相对较为复杂的技能，往往针对的是特殊领域的工作
仿真式/以实验为中心	多应用于IT行业

针对混合教学模式，伯尔辛强调在课程设计前深入了解不同的教学模式可以节约课程开发时间和成本。如同其他教学方法一样，并不存在一种完美的混合教学模式，优秀的混合教学通常由2~3种模式提高课程对学习者的影响力，每一种教学模式和课程媒介都有自己的特点，需要课程设计者针对某一问题选择最适合的教学模式。伴随着新的技术革命，会有新的混合教学模式，课程设计者需要针对具体情况具体分析才能最大效率地发挥混合教学的作用，同时也要注意，当一门混合教学课程使用过多不同的教学模式会适得其反。

国内学者也提出了一些混合教学设计的思路和模型。钟志贤提出了混合教学中学习环境设计和使用者设计的思路与方法。

1. 学习环境设计

学习环境是对某种学习活动或行为的"给养"，它的核心理论基础是建构主义和情境认知理论，所蕴含的知识观是意义建构的，要求积极应用信息技术，支持学习者高阶能力的发展[①]。学习环境具体指促进学习者发展的各种支持性条件的统合。促进学习者发展规定了学习环境存在/创设的指向或意义；各种支持性条件包括各种资源，以及工具、人、活动、人际关系等要素；统合说明了围绕学习者发展，将各种支持性条件实现统整的可能性和必要性[②]。

关于学习环境的类型。学习环境可以划分为两类：一是空间观。威尔逊将学习环境分为计算机微世界、基于课堂的学习环境和虚拟环境3种类

---

① 钟志贤. 论学习环境设计[J]. 电化教育研究，2005（7）：35-41.
② 钟志贤. 面向知识时代的教学设计框架——促进学习者发展[M]. 北京：中国社会科学出版社，2006：162.

型[1]。二是性质观。帕金斯认为，所有的学习环境，包括传统的课室环境，都存在"简易的"和"丰富的"学习环境的差别。简易的学习环境要素强调信息库、符号簿和任务管理者；丰富的学习环境，除上述要素外还包括建构工具包和现象呈现环境，强调学习者自身对学习环境的控制[2]。有别于这两类，钟志贤认为学习环境是由学习者的发展目标、学习内容的特点等方面来决定的，是为促进学习者发展创设的支持性条件，在实际的教学活动中，通常表现为教学活动模式/类型。据此提出了学习环境的活动观，学习环境根据教学活动类型可划分为"个体—接受、群体—接受、个体—探究、群体—探究"四大类型（见图1-5-10）。

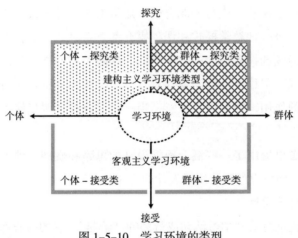

图1-5-10 学习环境的类型

关于学习环境的构成要素。根据对学习环境定义的理解，在分析综合各种要素的基础上，提出学习环境主要是由活动、情境、资源、工具、支架、学习共同体和评价七大要素构成，教师/学习者与七大要素具有密切的内在联系（见图1-5-11），离开了学习者/教师，学习环境便没有存在意义[3]。

---

① Wilson B G. Metaphors for instruction：why we talk about learning environments[J].Educational Technology，1995，35（5），25-30.

② Tan S C，Hung D. Beyond Information Pumping：Creating a Constructivist E-Learning Environment[J]. Educational Technology，2002，42（5），48-54.

③ 钟志贤.论学习环境设计[J].电化教育研究，2005（7）：35-41.

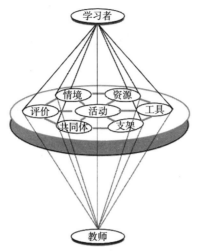

图 1-5-11 "7+2"学习环境的构成要素

关于学习环境设计理论基础。国际教育技术学领域出现了以情境认知理论、活动理论和分布式认知理论为分析框架的走势。这些理论统称为社会—文化研究观。根据学习环境设计的五大理论视角,结合情境认知活动理论和分布式认知,构建了一个统整的学习环境设计理论框架(见图 1-5-12)。

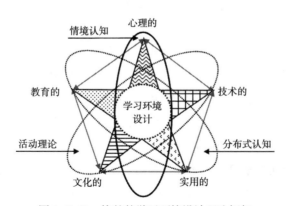

图 1-5-12 统整的学习环境设计理论框架

学习环境设计的宗旨是支持学习者有意义地学习,在学习环境设计中,各种学习环境构成要素通过融合有意义学习的五大特性,与有意义的学习共同形成积极的学习环境，以支持学习者在开展有意义的学习（高阶学习）过程中，促进学习者高阶能力、高阶思维和高阶知识的发展[1]。

2. 使用者设计

在过去的几十年间，有史以来，人类的活动系统经历了四代设计方法的演进：规定性设计、权威性设计、参与性设计和使用者设计[2]。（1）规定性设计：专家们将成功经验移植到教学系统设计的研究领域，这种方法是"法规性的或自上而下的"方法。（2）权威性设计：专家介入特定的问题，通过需求分析，然后为决策制定者提供问题解决方案。（3）参与性设计：专家介入特定的问题，并与代表问题求解一方的小组成员共同工作，围绕问题求解，展开实际的/实践的交流/对话。（4）使用者设计：教师是活动系统的设计者、使用者和享用者，而不是从专家那里"购买"设计方案。使用者设计是设计方法的最新演进，倡导的是一种以使用者为主体的教学设计理念，既是面向知识时代教学设计框架的实践运作方式，也是实现教学设计主体回归的必由之路，更适合混合教学。钟志贤对其从定义、特点、意义、理由方面都作了阐述[3]，并提出促进实施使用者设计的方法[4]：

使用者设计的定义。"使用者设计"是指以情境化需要为核心的创造性活动。它所倡导的是一种以使用者自身为主体的教学设计理念与实践。换言之，使用者设计也可以叫情境化设计、个性化设计、风格化设计，或者是 DIY 教学设计。

使用者设计的特点与意义。从设计理念和实践方面来看，使用者设计实质上是以用户为中心的设计与开发，教师作为教学设计的使用者，整个过程都要将教师置于中心地位。使用者设计关键特点可归结为：

使用者设计是一种情境化设计/个性化设计。使用者设计强调教学情境的独特性和设计主体的创造性。

设计的存在先于设计的本质。设计是处在活动情境中主体的创造性活动和结果，它表现为一种不断根据情境变化而调控的过程。在具体进入实

---

[1] 钟志贤. 论学习环境设计[J]. 电化教育研究，2005（7）：35–41.
[2] Banathy B H. Comprehensive systems design in education[J]. Educational Technology，1992.
[3] 钟志贤. 走向使用者设计：兴起、定义、意义与理由[J]. 中国电化教育，2005（7）：9–15.
[4] 钟志贤. 促进使用者设计——开发反思工具[J]. 中国电化教育，2005（8）：33–36.

际的教学设计活动之前，并不存在一种预先规定的、优先选用的、行之有效的教学设计方案。

- 使用者设计是以问题为中心、以实践为中心和以人为中心的方法，而不是以理论为中心的方法。
- 任何指导设计的理论并不能直接作用于设计实践，它必须结合情境的需要，经过实践主体的阐释。
- 使用者设计是教师的自我调控设计，对教师的自我调控能力、反思能力／批判性思维能力提出了较高的要求。
- 使用者设计倡导回归教学设计实践主体的理念，它对教学设计研究的意义是多方面的，如反思理论与实践的关系、强调教学设计的情境性、作为教师专业化成长的有效路径、解放沉默的大多数，教师在教学设计过程中获得应有的话语权。

实现使用者设计的方法。使用者设计活动必须建立在反思和运用反思工具的基础上。"反思工具"是指支持设计者实施反思过程的思维辅助手段、方式或方法。换言之，使用者设计应当是反思型设计，从事使用者设计活动的教师应当是反思型教师。使用者在设计中的反思，是教师对自我和教学设计过程与结果进行监控、判断和改善的思维活动。

清华大学教育研究院韩锡斌、程建钢团队提出了混合教学设计与实施框架，将混合教学分为前期分析、教学规划、教学设计、教学实施、教学支持与保障、教学评估与优化6个基本环节（见图1-5-13）。

北京师范大学冯晓英团队基于多年开展混合学习设计的实践与研究，提出"互联网+"时代的混合学习设计应以能力和兴趣发展为设计价值取向，其设计原则包括"3个转变"和"3个关键词"[①]。3个转变为：（1）转变设计视角，由教学设计向学习设计转变；（2）转变设计理念，由知识传递设计向能力培养设计转变；（3）转变设计范畴，由前端设计转向全过程设计。3个关键词为：核心目标设计、学习体验设计、学习支架设计。

基于如上3个转变与3个关键词，他们继而提出了核心目标导向的混合学习设计模式（见图1-5-14）。该模式贯穿核心目标的引导，包括3个环节、

---

① 冯晓英,王瑞雪."互联网+"时代核心目标导向的混合式学习设计模式[J].中国远程教育，2019（7）：19-26+92-93.DOI：10.13541/j.cnki.chinade.2019.07.004.

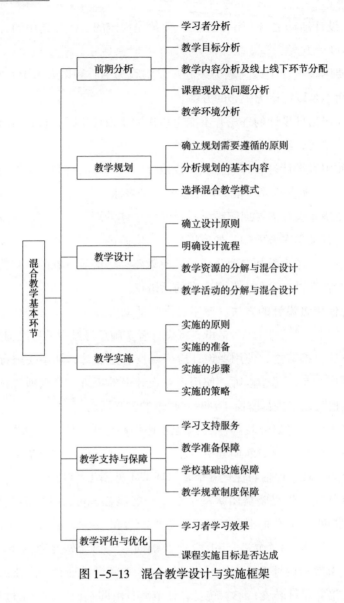

图 1-5-13　混合教学设计与实施框架

10个步骤。3个环节分别是核心目标设计、学习体验设计、学习支架设计，对应混合学习设计的3个关键词；10个步骤包括确定核心目标、细化目标设计、学习模式与策略设计、启发性话题与情境设计、学习活动整体设计、混合式学习路径设计、学习活动细化设计、学习评价设计、学习支持设计、学习资源与工具设计。其中，步骤1~2对应核心目标设计，步骤3~6对应学习体验设计，步骤7~10对应学习支架设计。以下对此进行详细的介绍。

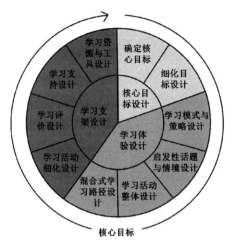

图 1-5-14 核心目标导向的混合学习设计模式

关键环节一：核心目标设计

步骤1：确定核心目标 教师依据但不限于学科知识点，预设学习者参与课程学习能够获得的关键性学习成果和产出，找出知识点、学科内容背后起支撑作用的方法、思维、能力等，并抽取出最关键性的能力或方法，作为教学的核心目标。设计核心目标就是要回答一个关键性问题：学习者通过课程学习最需要掌握什么知识、能力或方法？3个子问题可以引导核心目标的设计：（1）这门/节课最核心/关键性的内容是什么？（2）学习者最希望获得什么？（3）学习者学习中的关键难点在哪？3个引导问题分别指向学习内容分析、学习结果分析、学习需求分析。

步骤2：细化目标设计 教师将所确定的核心目标进一步转化、分解为具体的教学目标和学习目标。在这个环节中，教师需要思考的是：为了达成此核心目标，学习者需要有哪些关键性产出？步骤2将形成教学目标和学习目标。在以学习者为中心的理念指导下，混合学习设计需要克服仅从教师或知识内容的角度设计教学目标，要重点从学习者的角度设计学习目标。学习目标将用形象的语言告知学习者：通过学习，学习者将有哪些主要收获，将能够解决什么问题。

关键环节二：学习体验设计

步骤1：学习模式与策略设计 从上一阶段确定的核心目标出发，教师需要设计宏观的学习模式与策略。例如，围绕核心目标，适合采用案例式教学，还是项目式教学？从学习者的视角出发，学习模式是假定能够使学习者达到最佳学习状态的方法，学习策略是旨在帮助学习者提高学习效果和效率，从而达成有效学习的学习过程方案。学习模式和策略的设计是学习体验设计的首要环节。

步骤 2：启发性话题与情境创设 情境教学是教学实践中常用的策略，常用以激发学习者的学习兴趣、创设任务情境。在明确了教学的核心目标后，首先设计启发性话题，再创设学习情境，借助启发性话题让学习情境设计与核心目标相契合。启发性话题是契合核心目标所衍生出的既符合学习者的已有知识和经验基础，又能激发学习者兴趣的核心话题。例如，"怎样才是一个好的开题报告""如何甄别网络上养生信息的真假"，等等。在启发性话题引导下，教师或教学设计人员可进一步围绕该话题创设学习情境。因此，启发性话题就是学习情境创设与核心目标之间的设计桥梁，帮助学习情境与核心目标相契合。

步骤 3：学习活动整体设计 学习活动整体设计，即初步确定学习者参与课程学习、达成学习目标的关键学习路径。在步骤 3 所设计的学习模式与策略、步骤 4 所设计的启发性话题的引导下，教师需要进一步思考：怎样的学习路径、学习活动序列能够帮助学习者有效达成教学的核心目标？在整体设计时，以教学的核心目标为导向是非常重要的，只有如此，方能保证学习活动聚焦、教学重点突出。在进行学习活动整体设计时需要注意：（1）学习活动任务要适量，避免任务过载；（2）学习活动的设计应指向学习目标，同时与学习情境相适应，并符合学习者的认知发展特点。

步骤 4：混合式学习路径设计 "混合学习路径设计"将直接解决"如何混合"的问题。在这个环节，教师或教学设计人员需要考虑两点：（1）在宏观层面，将选择怎样的混合模式？例如，是"线下主导型、讲授式"混合教学模式，还是"线下主导型、交互/协作式"混合教学，等等[①]。（2）在微观层面，混合学习路径如何设计？即基于步骤 5 的学习活动整体设计，哪些活动将采用线上学习，哪些活动将采用线下学习？等等。在考虑混合模式和混合学习路径设计过程中，有可能需要返回对步骤 5 中学习活动整体设计的结果进行优化与调整。

---

① 冯晓英，王瑞雪，吴怡君. 国内外混合式教学研究现状述评——基于混合式教学的分析框架 [J]. 远程教育杂志，2018，36（3）：13-24.DOI：10.15881/j.cnki.cn33-1304/g4.2018.03.002.

关键环节三：学习支架设计

步骤1：学习活动细化设计 此步骤是在前序设计的基础上进行细化设计，并完善学习活动的步骤和描述。学习活动的细化设计实质是为学习者的学习搭建支架，是支撑混合学习顺利实施的必要环节。在混合学习设计中，为了保证学习者自主参与学习活动，要求教师从个人学习过程的角度设计学习者的学习活动，以便学习者能够从整体上了解个人学习所经历的阶段和每个阶段应完成的任务。

学习活动细化设计包括6个部分：活动名称、活动目的、活动计划/时间、活动要求、活动指导、活动评价及规则。每一个学习活动应当有清晰指向的学习目标。学习活动细化设计的一个关键难点是学习活动步骤的设计，或者说学习步调的确定。学习步调的大小，体现了学习支架的强度。一般来说，步调越小、步骤越细，支架强度越高。然而，支架强度并非越大越好。过细的步骤、过高的支架强度，也有可能造成学习任务的琐碎和学习者的倦怠情绪。因此，学习活动步骤的设计要遵循最近发展区原则，了解学习者的学习状态和学习能力非常重要。

步骤2：学习评价设计 混合学习评价通常采用形成性评价与总结性评价相结合的评价方式。在每一个学习活动或一组学习活动之后，都需要考虑是否需要设计学习评价。混合学习评价通常也会以学习活动或者学习活动中的步骤呈现。混合学习评价应当是目标导向的，每一个评价活动都应当与学习活动所指向的学习目标对应。评价设计应考虑3个维度：（1）评价内容，即评价什么。通常混合学习的评价内容是某个学习活动的过程或成果。（2）评价主体，即谁来评价。通常可选择由学习者自我评价、同伴评价或教师评价。（3）评价方式，即如何评价。如通过在线平台进行评价或面对面评价、书面评价或口头评价、正式评价或非正式评价，等等。有些正式的关键性评价活动还需要设定评价标准。

步骤3：学习支持设计 如前所述，混合学习设计应当是全过程的设计，不仅包括前期的教学设计，还包括学习过程中可能需要的学习支持设计。在混合学习中，教师提供的学习支持应当包括两类：一类是在学习设计环节预设的学习支持；另一类是在学习实施过程中提供的动态的学习支持服务。此步骤的学习支持设计就是混合学习设计阶段教师预先设计的学习支持，针对学习者在学习过程中可能遇到的疑难点提供适当的学习支架支持。

例如，在学习讨论区中设计启发性问题引导学习者展开思考和讨论，或者提供一个学习案例引导学习者进行分析，等等。

步骤4：学习资源与工具设计 学习资源设计不同于教学资源的设计。学习资源的设计是为了支持学习者的"学"，是为学习者的学习搭建的支架，而教学资源的设计是为了支持教师的"教"，是教师讲授的替代形式。在完成以上9个步骤的设计后，教师需要在细化设计方案的基础上进一步考虑：哪些环节或步骤学习者可能会遇到困难？包括技术困难、学术性困难等。继而针对性地设计和开发学习资源与工具，既可能包括PPT、视频、阅读材料等学习材料，也可能包括习题、测试等评价工具，还可能包括评价框架、反思框架、模板、示例等操作性工具。

二、混合教学实践模式

在进行混合教学设计的时候，可能会面临的一个问题就是什么时候采用线上教学，什么时候采用线下教学。在混合教学实践中，一些学者总结出了一些模式，称为混合教学实践模式，这些混合教学实践模式有助于增加教师线上和线下该如何混合的认识和经验。

（一）祝智庭的混合教学实践3种模式

祝智庭总结出了混合教学实践的3种模式，分别是O2O，OAO和OMO，并指出未来的混合教学必然走向OMO。

O2O（Online To Offline）指基于在线、离线或线上到线下所构建的学习环境。教学过程主要发生在线下，线上的主要职责是任务分流。翻转课堂的"以学定教"即是分流的体现。创客学习的线上领任务、线下探究的模式也是如此。这时的学习主要是线上到线下的单向流动。线上、线下有明显边界。

OAO（Online And Offline）指线上与线下有机整合的一体化"双店"形态，是一种基于线上与线下整合的模式。基于OAO所构建的学习环境，是线上线下互通、互联、互增值的样态，具有双向流动的特点。线上、线下有明显边界。

OMO（Online Merge Offline）指基于线上线下全面整合而构建的学习环境，以学习者为中心，通过技术手段打通线上和线下、虚拟和现实学习场景中各种结构、层次、类型的数据，形成线上线下融合的场景生态，实现个性化教学与服务的教学新样态[1]。这种环境朝着"线上空间实体化，线下空间虚拟化"的方向发展。OMO所构建的学习环境有两个发展方向上的重要转变：线上与线下之间界面的弱化与消失；学习者从"全副武装"到"轻装上阵"。OMO教学是线上与线下、同步与异步都融合的教学模式。

（二）迈克尔·霍恩的混合教学实践6种模式

美国创新视点研究所的迈克尔·霍恩归纳了6种主要的混合教学实践模式，分别为线下主导式、线上主导式、线上线下轮转模式、灵活模式（Flex）、在线实验室、自混合模式[2][3]。

"线下主导式"（face to face driven）也叫面授为主的混合教学模式。教师通过传统课堂教学传授课程内容，同时，他们也提供在线课程资源或者复习材料作为补充，以便学习者可以在家、教室或者实验室自主学习。这种模式的另一种方法是在面对面的教学环境中学习在线课程内容。采用此方法教学，教师要确保课堂有网络连接的计算机环境，同时准备好在线课程内容。教师让学习者在课堂上根据自己的学习步调，利用网络资源进行学习。例如，引导每个学习者查找学习资源并撰写学习摘要，通过网络与教师或同伴分享自己的学习结果。教师在教学过程中的作用就是提供个性化指导。

"线上主导式"以在线学习为主，学习者主要在远程开展在线学习，也可以选择到学校接受面授教学。这种模式通过动态管理的在线课程，提供所有学习内容，并使用远程同步交互系统（如视频会议系统等）或异步交互系统（如BBS讨论区等）与学习者个体和群体进行答疑讨论。该学习模式可以在任何时候、任何地点给学习者提供学习机会，为学习者在校外拓展学习提供更多的选择。

"线上线下轮转模式"即面授和在线交替进行。学习者在一段时间的面授教学和一段时间的在线学习之间轮流进行学习，在线学习可以不在教室完成。翻转课堂是这种模式的一种形式，学习者在家提前学习在线课程内容，然后到课堂上接受教师面对面的教学。

---

[1] 祝智庭，胡姣. 技术赋能后疫情教育创变：线上线下融合教学新样态 [J]. 开放教育研究，2021，27（1）：13-23.DOI: 10.13966/j.cnki.kfjyyj. 2021.01.002.

[2] Horn M B, Staker H. The rise ok K-12 Blended Learning[R]. Innosight Institute，2011.

[3] 韩锡斌，葛连升，程建钢. 职业教育信息化研究导论 [M]. 北京：清华大学出版社，2019.

"灵活模式"包括在线学习内容、面授小组或个人辅导。在这种模式中，大部分学习者是在在线环境下完成学习的。学习者仍然可以接受课堂上的面授教学，但这时的面授教学只是为小组或者个人辅导所用。在这种模式的教学过程中，学习者通过网络阅读教学说明，观看教学视频，完成测试和作业，获取写作模板并开展项目探究。学习者通过调控自己的学习步调来决定如何安排学习内容，建构自己的知识。虽然学习者可以通过移动设备在家和学校或其他任何地方获取课程资源，但是教师的价值仍是通过在实体学校对学习者个体和群体进行学习指导来履行教学职责。无论身处何方，通过网络获取信息的基本要求是本学习方法所必须的。

"在线实验室"意味着在机房在线学习，并在网上完成互动。所有的课程材料和教学活动都是在计算机机房中完成的，学习者通过观看多媒体教学材料进行自主学习，并通过视频会议系统，或者论坛、E-mail 等与教师或同学进行同步或异步交互。该模式虽然为学习者根据自己的学习步调设置了完整的在线课程，但学习过程是在实体学校的空间内实现的。大多数课程单元由学习者自主学习来完成，而有些学习单元则需要由 3~4 位学习者组成的学习小组协同完成。

"自混合模式"允许学习者自主选择线上和线下，这是一种个性化的教学模式，学习者可以在线选择学习内容并按需学习，大部分的学习是在线完成的，但是学习者也会参加面对面的课堂教学。在这种模式的实施过程中，为了支持学习者获取相关知识和学习工具，教师需要事先准备相应的在线课程作为学习者完成学习任务的必备资源。

（三）基于 MOOC 的混合教学实践模式

MOOC 可直译为"大规模在线开放课程"。国内亦有人将 MOOC 译为"慕课"。教师可充分利用免费开放的 MOOC 资源开展混合教学。

混合 MOOC 实践模式

基于 MOOC 的混合教学是将 MOOC 的内容或 MOOC 相关技术整合到传统课程中形成的学习计划、策略和活动，该模式不仅能够提升传统课堂的教学质量，也为充分发挥 MOOC 优势、实现 MOOC 的可持续发展提供了重要途径[1]。MOOC 除拥有与传统大学相似的课程模式外，在资源呈现

---

[1] 王晶心，冯雪松. 基于慕课的混合式教学：模式、效果与趋势——基于 SSCI 和 ERIC 数据库的分析 [J]. 中国大学教学，2019（10）：49-55.

与功能设计上更有自己的独特之处。在总结了过去 20 多年网络教育实践的经验基础上，生成的 MOOC 模式更加符合碎片化交互性的学习需求[①]，也更加有利于在实际教学中开展混合学习。MOOC 应用于混合学习有如下优势：

完备的教学环节与结构设计降低了开展基于 MOOC 的混合学习的难度。课程不仅发布学习资源，还包括课程目标、每周话题、作业、研讨等，学习者可以获取知识、分享观点、完成作业、参加考试，甚至获得证书。MOOC 体现的是一种教学课程的全程参与模式，会时刻兼顾学习者的需求，弥补了以往网络教育功能泛化、交互性功能不足等缺点[②]。

独特的资源呈现与功能设计更加贴合学习者自学模式。在教师引导授课的情况下，将课程持续时间设计为与通常教育周期一样（约 8~12 周）。每堂课还被分割成 3~5 个相关主题的短视频（8~12 分钟居多），既方便学习者按主题学习，又便于他们利用零碎时间进行视频观看。重要知识点处嵌入交互式问题，保证了学习者注意力的集中并对其学习效果进行及时检查。背景材料嵌入超链接，学习者可以先到网上查看相关资料，再继续往下学习。

独创的同伴互评设计凸显了学习者的主体地位。教师根据课程特点制定出作业评价标准，学习者先在规定时间内提交作业，再按照互评标准为其他学习者（最少 5 名）的作业进行评分。在互评的过程中，学习者通过查看其他学习者的作业，实现了思维碰撞、互相学习、拓展知识边界的目的。

Kloos 等人依据慕课在教学中所占的比重以及学习顺序总结出 6 种基于慕课的混合学习实践模式[③]，它们分别是：（1）慕课作为面授内容的基础和铺垫，即课程的前半部分为慕课自学，后半部分为面授教学。（2）翻转课堂模式，即学习者课前自主完成慕课在线学习，面授环节则用于加强对

[①] 顾小清，胡艺龄，蔡慧英. MOOCs 的本土化诉求及其应对 [J]. 远程教育杂志，2013，31（5）：3-11.DOI：10.15881/j.cnki.cn33-1304/g4.2013.05.005.

[②] 顾小清，胡艺龄，蔡慧英. MOOCs 的本土化诉求及其应对 [J]. 远程教育杂志，2013，31（5）：3-11.DOI：10.15881/j.cnki.cn33-1304/g4.2013.05.005.

[③] Kloos C D，Munoz-Merino P J，Alario-Hoyos C，et al. Mixing and blending MOOC Technologies with face-to-face pedagogies[C]// Global Engineering Education Conference. IEEE，2015，967-971.

所学知识的理解和应用。（3）以慕课学习为主，辅以一定的线下辅导与答疑环节，这种混合模式比较适用于社区和跨机构团体间的学习。（4）以面授课程为主，将慕课作为面授课程的数字化学习教材。这种模式下，面授课程与慕课课程通常被设计为同步的。（5）慕课作为面授课程的补充与拓展。与上述4种模式不同的是，这种混合模式下的慕课内容与面授课程的内容可以是不一致的，它的一种适用情境是跨学科课程，慕课可以为学习者提供额外的知识或技能，尤其是补充课堂时间无法涵盖的大量实践练习。（6）以慕课为基础的完全在线学习，并辅以视频会议等形式进行一定的指导。该模式已被用于多个大学预备课程实践中，目的是缩小不同背景的学习者在大学入学前的准备差距。

SPOC 混合教学实践模式

MOOC 以其规模大、开放性、网络性、交互性、资源丰富等特征满足了开放教育中不同层次学习者的需求。但是通过对国内外相关文献及平台开放数据整合分析发现，MOOC 在开放教育中存在课程完成率低、难以实现个性化学习、教学模式单一、评估及认证方式不明确和人文主义、情感价值观培养缺失等问题[1]。为解决这一问题，2013 年，加州大学伯克利分校 MOOCLab 的课程主任阿曼多·福克斯（Armando Fox）教授率先提出 SPOC 概念，希冀将优质 MOOC 资源与课堂面对面教学有机结合起来，借以翻转课堂教学，变革教学结构，提高教学质量[2]。在此背景下，SPOC 作为 MOOC 和传统校园面授课堂教学的结合，成了一种新的教学模式。

SPOC（Small Private Online Course）中的 Small、Private 分别与 MOOC 中的 Massive、Open 相对应，"Small" 是指学习者规模较小，一般在几十人到几百人之间，"Private" 是指对学习者申请设置限制性准入条件，只有符合条件的学习者才能被纳入 SPOC，故有一定的私密性。SPOC 即是通过设置参与准入条件（主要针对本校学习者）而形成的小规模私有在线课程，由微视频、即时练习、互动讨论和学习测验等要素构成，是 MOOC 本土化的一种学习

---

[1] 王朋娇，段婷婷，蔡宇南，曾祥民. 基于 SPOC 的翻转课堂教学设计模式在开放大学中的应用研究 [J]. 中国电化教育，2015（12）：79–86.

[2] 贺斌，曹阳. SPOC：基于 MOOC 的教学流程创新 [J]. 中国电化教育，2015，（3）：22–29

模式①。

罗尔夫·霍夫曼认为,"SPOC=Classroom + MOOC",SPOC 是一种融合了实体课堂与在线教育的混合教学模式。SPOC 是采用在线(On-line)学习与线下面对面(Off-line)学习相结合的一种混合教学,是指将 MOOC 的在线教学资源(如视频、资料、测验、在线作业、论坛等)应用到小规模的实体校园注册学习者的一种课程教育,实现了 MOOC 和传统校园面授课堂教学的结合,有效地弥补了 MOOC 的短板②。SPOC 的基本价值取向是:设计和利用优秀的 MOOC 资源,改变或重组学校教学流程,促进混合教学和参与式学习,扎实提高学与教的质量。

SPOC 可分为两种类型:(1)针对在线学习者的 SPOC 是指根据设定的申请条件,从全球的申请者中选取一定规模(通常是 500 人)的学习者纳入 SPOC 课程,入选者必须保证学习时间和学习强度,参与在线讨论,完成作业和考试等,最终通过者将获得课程完成证书③。(2)针对在校大学习者的 SPOC,其本质是利用 MOOC 讲座视频实施翻转课堂教学。其基本流程是:教师要求学习者在课前自主按照 MOOC 的讲座视频进行学习,并完成相应的作业,然后在课堂教学中通过师生互动和生生互动解决学习中遇到的问题,教师根据学习者的需求来设置和调控课程的进度及节奏④。

SPOC 至少在以下 4 个方面具有 MOOC 无法比拟的优势⑤:(1)SPOC 既推动了大学的对外品牌效应,也促进了大学校内的教学改革,提高了校内教学质量。(2)SPOC 模式的成本较低,且能用来创收,提供了 MOOC 的一种可持续发展模式。(3)SPOC 重新定义了教师的作用,创新了教学模式。(4)SPOC 更加强调赋予学习者完整、深入的学习体验,使学习者的学习动机增强,有利于提高课程的完成率。

---

① 罗九同,孙梦,顾小清.混合学习视角下 MOOC 的创新研究:SPOC 案例分析[J].现代教育技术,2014,24(7):18-25.

② 吕静静.开放大学混合式教学新内涵探究——基于 SPOC 的启示[J].远程教育杂志,2015,33(3):72-81.DOI:10.15881/j.cnki.cn33-1304/g4.2015.03.011.

③ Haggard S. Moocs: From Mania to Mundanity [EB/OL].(2013-10-03)[2022-06-24]https://www.timeshighereducation.com/comment/opinion/moocs-from-mania-to-mundanity/2007773.article.

④ Sidorko P E. MOOCs and SPOCs: Where is the Library?[C]//Access Dunia Online Conference.2013:2013.10-30.

⑤ 康叶钦.在线教育的"后 MOOC 时代"——SPOC 解析[J].清华大学教育研究,2014,35(1):85-93.DOI:10.14138/j.1001-4519.2014.01.001.

第六节　学习者混合学习的特点和需求

尽管已有大量研究表明，与传统面对面和完全在线模式相比，混合教学方式能够改变教师运用课堂时间的方式，提高课堂和在线交互的可能性。在混合教学课程中，学习者有更高的满意度，但在高校实践中仍存在不少问题，仍需要进一步优化。混合教学在设计时，应先关注到不同学习者的特点，识别和定义学习需求，然后根据需求确定学习目标，选择技术，框定内容，等等。了解混合教学中学习者的特点是教学改革成功与否的关键因素之一。

目前，混合教学设计存在材料呈现方式单一、任务设置单一、支持策略区别性低、反馈性评价不及时且无针对性等问题。

教师在展示教学材料时，常根据自身经验选择呈现方式，忽视了不同特点的学习者对材料的敏感性具有差异。例如，在不同风格类型的学习者中，低分组的学习者需要进阶性地呈现具体的教学材料，高分组的学习者即使在无具体教学材料呈现时也可以很好地理解教学内容。目前，不少学校和课程教师作出了开展混合教学改革的设计。然而，在真正实施混合学习时却远远达不到预想的效果——学习者可能积极性不高，教师发现自己工作量大大增加而教学效果却不明显。

在混合教学设计中，任务的设置往往相同，未结合学习者的不同进行多样任务的设置。另外，教师在混合教学设计时常常陷入一个误区：总是希望做多一些，也设想学习者能投入更多时间和精力。于是，他们将很多资源放在网络平台上，设计很多的活动希望能够让学习者学得更多。但是这么做的结果常常是加重了教师的工作负担和学习者的学习负担，使混合教学效果适得其反。比如，在作业布置环节，无论学习者学习程度如何，都需要以同样的方式完成一样的作业内容，这可能导致低水平学习者完成作业困难，或高水平学习者完成作业无挑战性。

教师在不了解学习者的特点时选择教学支持策略，可能会使其不符合学习者思考的方式，得到负向效果。比如，同化型认知风格的学习者处理问题偏爱自己思考与反思，教师对此类学习者应实施间接性支持策略，给予他们自己的空间；而发散型风格的学习者处理问题偏爱与别人互动，教师对此类学习者应实施直接性支持策略，给予他们相应的引导。

目前，在混合教学设计中，对于评价环节缺乏重视，教师对学习者的反馈性评价具有延迟性、评价内容无针对性。不同学习者对于评价表现出不同的反应，比如，情绪是学习者自我效能感的影响因素之一，对高自我效能感的学习者及时进行评价，有利于学习者产生积极的情绪，激发学习动机。因此，如何针对不同学习者设计教学评价，提高混合教学设计质量仍是个问题。

以上问题目前还没有很好的公认的解决方案。现在的问题其实并不是混合教学是不是最有效的，而是如何才能使混合教学更加有效、采用什么样的方法和策略改善和促进当前环境下的混合教学。不同的学习者群体会对学习方式有不同的需求和偏好，不同的课程、学习内容、教学环境等都会影响到混合教学的设计。只有针对特定学习者的混合学习设计方案才有可行性和有效性可言。因此，本章具体分析了不同学习风格、不同自我效能感、不同态度、不同动机学习者的特点，以及学习者在混合教学中的表现，为解决已有教学设计存在的问题、提高教学设计水平，提供建设性意见。

一、不同学习风格类型的学习者混合学习特点

近年来，教师和研究人员已经意识到学习风格的重要性，教育工作者注意到一些学习者更喜欢某些学习方法[1]。有关学习风格的研究发现表明，学习者的学习风格影响他们在学习环境中的表现，促使学习者形成独特的学习偏好，并帮助教师规划学习和教学环境[2]。

（一）学习风格的内涵

许多学者对"学习风格"的概念进行阐释。Pask 指出，人们在学习中倾向于采用某种特定的策略，从而以不同的方式学习，大多数学习者都有自己喜欢的学习方式，但有些学习者可能会根据任务调整自己的学习方式[3]。学习风格也可以定义为影响学习者获取信息、与同伴和老师互动以及

---

[1] Eisenberg, NancyFabes, Richard, et al. Personality and socialization correlates of vicarious emotional responding[J]. Journal of Personality and Social Psychology, 1991, 61 (3): 459-470.

[2] Kemp J E, Morrison G R, Ross S M. Designing Effective Instruction (2nd Ed.) [M]. NJ: Prentice Hall, 1998.

[3] Pask G. Styles And Strategies of Learning[J]. British Journal of Educational Psychology, 2011, (46): 128-48.

参与学习经验的能力的个人品质。Kemp 等人认为，学习风格是指个人如何处理学习任务和过程信息的特征[①]。Jensen 将学习风格定义为一种思考、处理和理解信息的首选方式，它指的是一个人在学习和解决问题时获取和使用信息的典型风格[②]。

许多研究调查了学习风格对社区大学课程的影响[③][④]。迄今为止，很少有研究评估学习者对学习风格和混合学习环境的感知。关于学习风格的研究多集中在学习者在传统学习环境中的成功程度、对学习环境的态度或对学习环境的参与度。

（二）学习风格的分类

1. Soloman-Felder 学习风格分类

R. M. Felder 和 B. A. Soloman 指出，学习者在处理和感知信息的方式上有不同的偏好，从信息加工、感知、输入、理解 4 个方面将学习风格分为 4 个维度 8 种类型，即活跃型与沉思型、感悟型与直觉型、视觉型与言语型、序列型与综合型，并设计了具有很强可操作性的学习风格量表。感悟型与直觉型这一维度描述了学习者优先感知的信息类型；活跃型与沉思型与教学中使用的媒体和信息的类型有关；活跃型与沉思型与学习者的学习行为有关；序列型与综合型涉及学习者的学习过程[⑤]。

2. Kolb 学习风格分类

Kolb 认为，学习风格是一个人偏好的感知与加工信息的方法，描述具体—抽象的感知方法和描述积极—沉思的信息加工活动。这两个维度的组合构成了 4 种不同的学习风格类型——发散型、同化型、集中型和顺应型。与发散型风格相关的主要学习能力是具体经验和反思观察；与同化型风格相关的主要学习能力是抽象概括和反思观察；与聚合型学习风格相关的学

[①] Grasha A F. Teaching with Style a Practical Guide to Enhancing Learning by Understanding Teaching and Learning Styles[J]. Sci Stke, 1996.

[②] Provost J A, Anchors S. Using the MBTI Instrument in Colleges and Universities [J]. Center For Applications of Psychological Type, 2003, 123–155.

[③] Cheryl, Jones, Carla, et al. Are Students' Learning Styles Discipline Specific?[J]. Community College Journal of Research and Practice, 2010, 27（5）: 363–375.

[④] Terry M. Translating Learning Style Theory into University Teaching Practices: An Article Based on Kolb's Experiential Learning Model[J]. Journal of College Reading & Learning, 2001, 32（1）: 68–85.

[⑤] Felder R M, Solomon B A. Index of learning styles（ILS）. 1998.

习能力主要是抽象概念和主动实践；与顺应型风格相关的主要学习能力是具体经验和主动实践。

（三）Soloman-Felder 学习风格分析

1. Soloman-Felder 学习风格不同维度的特点

1）活跃型与沉思型（见表 1-6-1）

表 1-6-1 活跃型与沉思型的学习风格特点

知识的加工	活跃型	（1）活跃型学习者倾向于通过积极讨论、应用或解释给别人听来掌握信息 （2）"来，我们试试看，看会怎样"这是活跃型学习者的口头禅。活跃型学习者比较倾向于独立工作	每个人都是有时候是活跃型，有时候是沉思型的，只是有时候某种倾向的程度不同，可能很强烈或一般，抑或很轻微
	沉思型	（1）沉思型的特点是反应慢，但精确性高，看重解决问题的质量，而不是速度 （2）沉思型学习者喜欢安静地思考问题。"我们先好好想想吧"是沉思型学习者的通常反应，他们更喜欢集体工作	

2）感悟型与直觉型（见表 1-6-2）

表 1-6-2 感悟型与直觉型的学习风格特点

知识的感知	感悟型	喜欢学习事实，不喜欢复杂情况和突发情况；痛恨测试一些在课堂里没有明确讲解过的内容；对细节很有耐心，很擅长记忆事实和做一些现成的工作；不喜欢与现实生活没有明显联系的课程	每个人都是有时是感悟型的，有时是直觉型的。如果过于强调直觉作用，会忽视细节或者犯粗心的毛病。如果过于强调感悟作用，会过于依赖记忆和熟悉的方法，而不能充分地集中思想理解和创新
	直觉型	倾向于发现某种可能性和事物间的关系，喜欢革新，不喜欢重复；擅长掌握新概念，理解抽象的数学公式；工作效率高且具有创新性；不喜欢需要记忆和进行常规计算的课程	

3）视觉型与言语型（见表 1-6-3）

表 1-6-3 视觉型与言语型的学习风格特点

知识的输入	视觉型	视觉型学习者很擅长记住他们所看到的东西，如图片、图表、流程图、图像、影片和演示中的内容	在大学里很少呈现视觉信息，学习者都是通过听讲和阅读写在黑板上及课本里的材料来学习。而大部分学习者都是视觉型学习者，也就是说，学习者通过听讲和阅读获得的信息量不如通过呈现可视材料的方法获得的信息量大
	言语型	言语型学习者更擅长从文字的和口头的解释中获取信息 当通过视觉和听觉同时呈现信息时，每个人都能获得更多的信息	

4）序列型与综合型（见表 1-6-4）

表 1-6-4　序列型与综合型学习风格特点

知识的理解	序列型	序列型学习者习惯按线性步骤理解问题，每一步都合乎逻辑地紧跟前一步，倾向于按部就班地寻找答案。序列型学习者可能没有完全了解材料，但他们能以此做些事情（如做家庭作业或参加考试），因为他们掌握的知识是逻辑相连的	缺乏顺序思考能力的极端综合型学习者即使对材料有了大概了解，他们可能对一些细节还是很模糊。而序列型学习者能对主题的特殊方面知道许多但联系到同一主题的其他方面或不同的主题时，他们就表现得很困难
	综合型	综合型学习者习惯大步学习，吸收没有任何联系的、随意的材料，然后突然理解它。综合型学习者或许能更快地解决复杂问题，或者一旦他们抓住了主要部分就用新奇的方式将它们组合起来，但他们却很难解释清楚	

2. Soloman-Felder 学习风格的不同维度在混合学习中的表现

1）活跃型与沉思型

这个维度与学习者的学习行为有关。活跃型学习者倾向于尝试一些新东西，喜欢小组合作；而沉思型学习者则喜欢在做之前想清楚所有的事情，并且更喜欢单独工作。活跃型学习者往往比沉思型的学习者依赖程度更高。纯在线环境可能会阻碍学习者参与大型团队项目，但通过混合学习，大型团队活动可以很容易地通过课程的面对面教学部分完成，并可能辅之以一些在线讨论。例如，教师可以为学习者提供真实的聊天室或实时的网络讨论空间。

2）感悟型与直觉型

这个维度描述了学习者优先感知的信息类型。感悟型学习者更喜欢处理事实，或经验情景和物理感觉，而直觉型学习者更喜欢理论、抽象思维、想象力和创新情景。教师可以在教学中使用解释和案例相结合的方式，帮助学习者更详细地理解课程。在混合模式下设计课程使教师能够使用几种可能的替代方法来组织他的教学方法。例如，案例研究和实验可以在面对面教学中进行，而理论和概念的学习可以在在线教学中进行，反之亦然。

3）视觉型与言语型

这个维度与教学中使用的媒体和信息类型有关。一种极端的做法是只使用视觉材料，如图片、图表或流程图；另一种极端是只使用口头解释和书面表达。在混合教学课程中，视觉和图形材料对在线教学极为重要，教师可以使用图片或图表来阐明他们要讲授的内容。教师可能会在面对面的部分中使用口头解释和讲义，但视觉和口头材料的结合才能更好地促进学习者的理解。

4）序列型与综合型

这个维度涉及学习者的学习过程。有些学习者只能循序渐进地学习，他们需要尽可能多地了解主题的每一个细节，然后才能将分数整合到整体中，这种从小到大的学习过程叫作"顺序学习"。在另一个极端，一些学习者不喜欢细节，他们将概念分解为细节之前先看整体概念，这种学习过程被称为"全球学习"。鼓励更多学习者创造力的另一种可能是引入一些话题供学习者在线讨论，让他们表达自己的想法，并支持或争论其他学习者的想法。

3. Soloman-Felder 学习风格对教师开展混合教学的启示

Kamolbhan Olapiriyakul 等人研究了学习者的学习风格与他们的考试成绩之间的相关性，学习者学习风格调查结果显示，一般学习者倾向于活跃型、感悟型、视觉型和序列型[①]。

首先，大多数学习者更喜欢展示材料的视觉表现形式，如 PowerPoint 演示文稿和其他多媒体演示文稿，以及课堂上和网上都用到的演示文稿。

其次，得分较低的学习者往往更积极，因为他们需要先尝试一些东西，然后才能完全理解潜在的概念。另外，表现好的学习者不需要太多具体的例子，即使是在更具描述性的演讲形式下，他们也可能更清楚地理解这个主题。此外，分数较低的学习者在完成作业时依赖程度较高，相比个人作业，小组作业可能更适合他们；同样，在班级中表现最好的学习者也略倾向于小组作业，而不是个人作业，但依赖程度相较成绩较差的学习者低。

最后，完全或部分接受在线教学的学习者更倾向于感悟型而不是直觉型，一些课程材料必须是为感悟设计的，感悟通过与事实或现实世界的情况联系来理解概念。

（四）Kolb 学习风格研究

1. Kolb 学习风格分析及其特点

Kolb 根据具体经验或者抽象经验、活动性实践或者反思性实践两个维度，将学习风格分为发散型、同化型、聚合型和顺应型 4 种类型（见图 1-6-1）。

1）发散型

与发散型风格相关的主要学习能力是具体经验和反思观察，具有这类

---

① Olapiriyakul K, Scher J M. A guide to establishing hybrid learning courses: Employing information technology to create a new learning experience, and a case study[J]. Internet & Higher Education, 2006, 9（4）: 287-301.

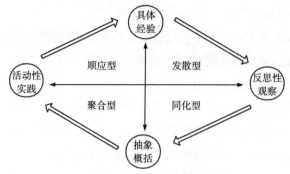

图 1-6-1 Kolb 学习风格的类型

学习风格的学习者善于多角度观察具体情境，擅长发散思维，因而在"头脑风暴"等需要产生大量想法和创意的活动中表现得比较出色。这类学习者有广泛的兴趣，喜欢收集信息。研究表明，他们对人比较感兴趣，想象力和情感都很丰富，擅长文科类课程，在课堂中，这类学习者喜欢小组活动，开放地倾听别人的观点，喜欢接收他人的反馈。这种学习风格类型的学习者经常提问的典型问题是"为什么"，这种学习者对与其体验、兴趣和未来职业相关的学习材料能很快地作出反应并予以解释。

2）同化型

与同化型风格相关的主要学习能力是抽象概括和反思观察，具有这类学习风格的学习者善于把大量的信息变得简练而有逻辑性。与发散型学习风格的学习者相比，同化型学习风格的学习者对理论和抽象的概念感兴趣，通常这类学习者认为一种理论的逻辑合理比它的实践价值更重要。同化型学习风格对于从事信息和科学等职业非常重要。在课堂中，他们喜欢阅读演讲，喜欢探索和分析理论模型，希望有时间思考问题，得出理论。这种学习风格类型的学习者经常回应的典型问题是"什么"，他们能对有组织的、逻辑的信息呈现方式，以及给予他们思考时间的学习活动作出较好的回应。

3）聚合型

与聚合型学习风格相关的学习能力主要是抽象概念和主动实践，具有这种学习风格类型的学习者善于发现思想和理论的实际用途，他们能够找到解决问题的方案并作出决策，进而解决问题。他们喜欢执行技术任务和处理技术问题，而不是社会问题或人际问题，这些学习能力对于从事专业性和技术性岗位等是很重要的。在正式的学习情境中，聚合型学习风格的学习者喜欢用实验验证新想法，喜欢模拟、实验以及实际应用操作等。这种学习风格类型的学生典型问题是"怎么样"。这类学习者喜欢有机会主动尝试新的任务，并允许他们在失败的环境中试误学习。

4）顺应型

与顺应性风格相关的主要学习能力是具体经验和主动实践，具有这类学习风格的学习者善于从实际体验中学习。他们喜欢执行计划，喜欢卷入新的、有挑战的经历中。他们依靠直觉体验行动，而不是依靠逻辑思维。顺应型学习风格的学习者在解决问题时依靠人与人的沟通来获取信息，而不是依靠他们自身的技术分析。这种学习风格对于行动导向的职业是非常重要的，比如，销售和市场。在正式的学习情境中，这种类型的学习者喜欢与他人合作完成任务，喜欢设定目标进行调查研究，能够寻找各种方法来完成项目。这种学习风格类型的学习者经常思考的典型问题是"如果会怎样"，他们喜欢将课堂中学到的知识运用到新的环境中去解决实际问题。

2. Kolb 学习风格的不同类型在混合学习中的表现（见表 1-6-5）

Akkoyunlu B 等人的研究结果表明，具有不同学习风格的学习者在学习成绩上没有显著差异，拥有同化型学习风格和发散型学习风格的学习者在网络环境中都同样成功[1]。Kolb 的体验式学习模式指出了学术领域内的学习风格规范，发散型学习风格的学习者应面向服务型职业、艺术、社会科学或人文和教师，而科学家、工程师、技术人员和院士则是同化型学习风格学习者的例子[2][3]。根据 Kolb 的说法，同化型学习风格的学习者注重逻辑、想法和概念，擅长系统规划，喜欢单独工作，通常在思考和观察中学习。在可能的情况下，拥有同化型学习风格的学习者更喜欢通过演示来学习讲座，尊重专家知识，通过采取合乎逻辑和深思熟虑的方法进行对话来学习。同化型学习风格的学习者视讲师为专家，更喜欢直接从讲师那里获取信息，他们与同龄人的互动较少，与教师的互动更多；他们以目标为导向，可能会喜欢与讲师互动，以设定对作业、考试和其他课程要求的期望。

---

[1] Akkoyunlu B, Soylu M Y. A Study of Student's Perceptions in a Blended Learning Environment Based on Different Learning Styles[J]. Educational Technology & Society. 2008, 11, (1): 183-193.

[2] Kolb D A. Experiential Learning: Experience as the source of Learning and Development Second Edition[M]. Hoboken: Pearson 2015.

[3] Aşkar P, Akkoyunlu B. Kolb learning style inventory[J]. World Wide Web, 1993 (87): 37-47.

另外，发散型学习风格的学习者倾向于与人相处，并以情感为导向。因此，他们可能会发现在线环境讨论令人不舒服，很难与他人建立联系。发散型学习风格的学习者参与论坛的次数最少，对这一结果的一种解释是，他们不喜欢在网络环境中分享自己的想法，在在线教学环境中需要更多的支持。同化型学习风格的学习者是最活跃的学习者，而发散型学习风格的学习者则不那么活跃。发散型学习风格的学习者具体的经历往往对情感表现出更大的敏感性，因此应该与同龄人和老师有更多的互动。

表1-6-5　不同学习风格在混合学习中的优势与不足

	发散型	同化型	聚合型	顺应型
优势	想象力丰富 善于了解认清问题	善于制订计划，构建理论模型 善于分析问题	快速解决问题和作出决定 擅长演绎推论 善于认识问题	思维活跃 付诸行动 善于领导 敢于冒险
不足	在几种选择面前无法抉择 难以作出决定 难以把握机会	空中楼阁 缺乏实践应用 缺乏良好的工作基础 缺乏系统的工作方法	解决问题容易出错 仓促作决定 对有关思想是否正确不作检验	微不足道的改进和无意义的活动太多 不按时完成任务 计划不切实际偏离目标

3. kolb学习风格对教师开展混合教学的启示

同化型学习风格的学习者对以有组织、合乎逻辑的方式呈现的信息作出反应，如果他们有时间反思的话，就会受益；而发散型学习风格的学习者是情绪化的，对人很敏感，因此需要与同龄人和老师进行更多的互动。正如一些研究者指出，在设计网络学习环境时，必须为不同学习风格的学习者提供足够的支持策略，并调整在线课程设计以适应这些风格[1][2]。在网络学习环境中，迎合不同的学习风格可能会导致更高的留存率。

二、不同自我效能的学习者混合学习特点

（一）自我效能的概念

对自我效能感的理解通常是由班杜拉的社会认知理论构成的，自我效能感被广泛地定义为个人对自己组织和执行达到指定绩效类型所需的行动课程能

---

[1] Maddux C D, Ewingtaylor J, Johnson L M. Distance Education: Issues and Concerns[M]. New York: Haworth Press, Inc. 2002.

[2] Thiele J E. Learning patterns of online students [J]. Journal of Nursing Education, 2003, 42(8): 364-368.

力的判断[①]。班杜拉在其理论中确定了两种类型行为决定因素,即结果预期和自我效能预期。"结果预期"是指对实现成功结果的可能性的信念;"自我效能预期"是指对有能力执行某些行为的信念。因此,自我效能感"不关心一个人拥有什么,而是相信自己能利用自己积累的资源做什么"[②]。简而言之,自我效能感可以看作是对一个人在未来执行某些行为或实现某些结果的能力水平的主观判断。自我效能在预测特定领域的学习或成就方面更有效[③]。比如,计算机自我效能感是学习者对自己应用计算机技能完成任务能力的自我评估[④]。

(二)自我效能感形成的影响因素

班杜拉等人的研究指出,影响自我效能感形成的因素主要有:自身直接经验、替代经验、言语劝说、情绪唤醒(见表1-6-6)。

表1-6-6 自我效能感的主要影响因素

直接经验	学习者的亲身经历对自我效能感的影响最大。一般来说,成功经验会提高效能期望,反复的失败会降低学习者的自我效能感
替代经验	学习者通过观察别人的行为而获得的间接经验对自我效能感产生影响
言语劝说	试图凭借说服性的建议、劝告和自我引导来改变学习者的自我效能,但是具有不持久性。言语劝说的价值取决于它是否切合实际,缺乏事实基础的言语劝说对自我效能感的影响不大,在直接经验或替代性经验基础上进行劝说的效果会更好
情绪唤醒	情绪和生理状态也影响自我效能感。高度的情绪唤起、紧张的生理状态均会妨碍行为操作,降低对成功的预期水准

(三)自我效能的作用

班杜拉等人的研究还指出,自我效能感具有下述功能:决定学习者对选择及对该活动的坚持性;影响新行为的获得和习得行为的表现;影响学习者在困难面前的态度等(见图1-6-2)。

[①] Bandura A. Social Foundations for Thought and Action: A Social Cognitive Theory[M]. Upper Saddle River: Prentice-Hall, lnc. 1986.

[②] Bandura, Albert. Much Ado Over a Faulty Conception of Perceived Self–Efficacy Grounded in Faulty Experimentation[J]. Journal of Social & Clinical Psychology, 2007, 26 (6): 641-658.

[③] Shea P, Bidjerano T. Learning presence: Towards a theory of self-efficacy, self-regulation, and the development of a communities of inquiry in online and blended learning environments[J]. Computers & Education, 2010, 55 (4): 1721-1731.

[④] Compeau, D R Higgins C A. ComputerSelf-Efficacy: Development of a Measure and Initial Test[J]. MIS Quarterly, 1995 (19): 189-211.

图 1-6-2　自我效能感对学习者的影响

1. 决定学习者对混合学习的选择及坚持性

在社会认知视角上，社会认知动机模型强调自我效能能够激励学习者选择启动并坚持自我调节[①]。在在线学习中，关于学习者自我调节的讨论核心都是自我效能感的概念，阐明了学习者角色的强有力基础，强调了学习者的动机和认知之间的界面[②]。学习者的自我效能感、创造性、感知性等个人特征会对教育中技术的采用产生影响，影响着学习者的活动选择、努力和毅力。自我效能感高的学习者比那些怀疑自己能力的学习者投入更多的努力和毅力。学习者的自我效能感可以提高他们采用全面电子学习的意愿。另外，自我效能感已被确定为大学 GPA 的最佳预测因素，也是大学持久性的最佳预测因素之一[③]。因此，自我效能感能够增强学习者选择混合学习的意愿并持续坚持使用。

2. 影响混合学习中学习者新行为的获得和习得行为的表现

自我效能感影响学习者的学习和学业成就。传统课堂背景下的一些研究发现，有许多研究者指出自我效能与成就指数有关[④⑤]。自我效能感较高的学习者不仅设定了更高效率地掌握知识的目标，而且他们还选择从事更具挑战性的任务。Rose 等人通过学习者的自我效能感预测研究生对护理流行病

[①] Zimmerman B J. Theories of Self-Regulated Learning and Academic Achievement: An Overview and Analysis. In: Schunk D H. Zimmerman BJ, Eds, Self-Regulated Learning and Academic Achievement: Theoretical Perspectives, Erlbaum, Hillsdale, 2001: 1-37.

[②] Shea P, Bidjerano T. Learning presence: Towards a theory of self-efficacy, self-regulation, and the development of a communities of inquiry in online and blended learning environments[J]. Computers & Education, 2010, 55（4）: 1721-1731.

[③] Robbins S B, Lauver K, Le H, et al. Do Psychosocial and Study Skill Factors Predict College Outcomes? A Meta-Analysis[J]. Psychological Bulletin, 2004, 130（2）: 261-288.

[④] Pajares F, Valiante G. Influence of Self-Efficacy on Elementary Students' Writing[J]. Journal of Educational Research, 1997, 90（6）: 353-360.

[⑤] Zimmerman B J, Kitsantas A. Homework practices and academic achievement: The mediating role of self-efficacy and perceived responsibility beliefs[J]. Contemporary Educational Psychology, 2005, 30（4）: 397-417.

学课程学习方式的选择①。相比之下，计算机自我效能感低的学习者，更愿意选择和同学/老师进行面对面的讨论与交互，不愿意获得新的学习行为。学习者对异步在线学习的额外控制有利于低自我效能感学习者的发展。异步在线下让学习者对材料有更多的控制（例如可以暂停、倒带或降低速度），为学习者提供了更深入地思考材料的时间，促进学习者对学习内容的习得②。

3. 影响学习者在困难面前的态度

在混合环境中学习，使学习者能够在受保护、舒适的环境中和方便的时间处理任务，高的自我效能感能够影响学习者在困难面前的态度。Kamla Ali Al-Busaidi 论述道，学习者对学习管理系统的计算机自我效能感越高，控制相关技术的能力就越大，并将网络教学平台用于混合学习③。在后续实证研究中，Busaidi 假设了大学习者的网络教学平台自我效能感能够改善他们对混合学习的意愿。Artino 发现，在在线学习中，学习者的高自我效能和较低的任务价值预示着对全面在线航空课程的偏好更强④。低自我效能感会导致学习者表现出无序的研究策略、低努力和低成绩的特点⑤。自我效能感对学习效果有显著正向影响，自我效能感中的一般自我效能感与特殊自我效能感都显著正向影响学习效果⑥⑦。学习者的学术自我效能感水平越高，在困难面前相信他们有能力开展学校相关活动，学习者参与幸福感就越大。⑧除此之外，自我效能感还受到先前

---

① Rose M A, Frisby A J, MD Hamlin, et al. Evaluation of the effectiveness of a Web-based graduate epidemiology course[J]. Computers in Nursing, 2000, 18 (4): 162-167.

② Robinson C C, Hullinger H. New Benchmarks in Higher Education: Student Engagement in Online Learning[J]. Journal of Education for Business, 2008, 84 (2): 101-109.

③ Al-Busaidi K A. An empirical investigation linking learners' adoption of blended learning to their intention of full e-learning[J]. Behaviour and Information Technology, 2013, 32 (10-12): 1168-1176.

④ Artino A R. Online or face-to-face learning? Exploring the personal factors that predict students' choice of instructional format[J]. Internet & Higher Education, 2010, 13 (4): 272-276.

⑤ Bandalos D L, Finney S J, Geske J A. A model of statistics performance based on achievement goal theory[J]. Journal of Educational Psychology, 2003, 95 (3): 604-616.

⑥ Mcdonald P L. Adult Learners and Blended Learning: A Phenomeno-graphic Study of Variation in Adult Learners' Experiences of Blended Learning in Higher Education[J]. Dissertations & Theses Gradworks, 2012.

⑦ Hejazifar N. Factors influencing academic outcomes in blended learning environments: A pilot study on the role of self-regulated learning[D]. Peterborough: Trent University, 2012.

⑧ Wei Y, Wang J, Yang H, et al. An Investigation of Academic Self-Efficacy, Intrinsic Motivation and Connected Classroom Climate on College Students' Engagement in Blended Learning[C]// 2019 International Symposium on Educational Technology (ISET). 2019.

的经验、反馈和生理唤醒的影响。如果学习者觉得他们能成功地完成任务，他们的自我效能感就会增加，如果他们不这样做，他们的自我效能感就会下降。

4. 对教师开展混合教学的启示

在混合教学设计环节，教师应注重给予学习者实际操作的机会、教学内容的生动性、学习者情绪的变化等因素，提升教学设计质量，使学习者能够获得直接经验、理解学习内容、调节情绪，促进自我效能感的提升，从而改善在混合学习中学习者的学习结果。

三、不同学习态度的学习者混合学习特点

（一）学习态度的概念

"学习态度"是指个体在自身学习过程中形成的一种相对稳定的、包括认知、情感和行为倾向等因素的心理倾向。学习态度作为一种重要的非智力因素，是影响学习效果的重要因素，较好的学习态度是学习者持续发展的重要条件。Ajzen认为，学习态度指的是对某种与混合学习相关的行为的情感反应[1]。研究表明，学习者对计算机的态度在混合学习环境中起着重要作用[2][3]。学习者的态度也被认为在在线学习环境中特别重要，因为一个人的态度会影响其对技术的接受和参与[4][5]。

（二）学习态度的作用

Hood指出，深入了解学习者对待学习的动机、态度如何影响学习者在自助式混合学习中访问不同组件的意图，可以帮助教师根据学习者的需求制订混合学习课程。态度是学习者在自助式混合学习课程中的重要预测因素[6]。

---

[1] Ajzen I, Fishbein M. Understanding Attitudes and Predicting Social Behavior[J]. Journal of Experimental Social Psychology, 1980, 278.

[2] Lu Y, Zhou T, Wang B. Exploring Chinese users' acceptance of instant messaging using the theory of planned behavior, the technology acceptance model, and the flow theory[J]. Computers in Human Behavior, 2009, 25（1）: 29–39.

[3] Teo T. Assessing the computer attitudes of students: An Asian perspective[J]. Computers in Human Behavior, 2008, 24（4）: 1634–1642.

[4] Mitchell A, Honore S. Criteria for successful blended learning[J]. Industrial & Commercial Training, 2007, 39（2–3）: 143–149.

[5] Omar N D, Hassan H, Atan H. Student Engagement in Online Learning: Learners Attitude Toward E-Mentoring[J]. Procedia - Social and Behavioral Sciences, 2012, 67（67）: 464–475.

[6] Hood M H. Bricks or clicks? Predicting student intentions in a blended learning buffet[J]. Australasian Journal of Educational Technology, 2013, 29（6）: 762–776.

一些研究通过使用技术接受模型（TAM）[1]了解态度如何影响学习者参与在线学习的行为意图[2][3]。

Adam 提出，学习者对混合学习的态度可能与对出于学术目的使用社交媒体的态度有关。此外，对混合学习的态度、感知的易用性和感知的在线教育有用性也与对社交媒体使用的态度高度相关。出于学术目的，对社交媒体的态度很可能与对混合学习的态度有关[4]。Adam 认为，Facebook 可以用来改变对在线课程的潜在负面态度，可以作为一个有效的工具来促进在线学习社区和课堂讨论；然而，有人担心引入 Facebook 是对学习者隐私的侵犯，一些学者建议它应该是可选的[5]。Adam 的研究表明，要求学习者使用 Facebook 并没有降低他们对媒体的态度，当以互动的方式有效使用 Facebook 时，学习者们会发现它非常有用。更重要的是，这项研究暗示，对混合学习的态度和对社交媒体用于教育的态度可能是相关的。因此，学者们应该尝试将 Facebook 融入他们的混合班，因为学习者们似乎对将 Facebook 作为班级的一部分持开放态度。一项电子图书调查发现，41.3%的大学习者报告说，他们以某种方式将社交媒体用于教育目的[6]。超过一半的大学习者对在社交网络上创建学习小组感到积极。Ophus 等人发现，学习者可能会担心隐私和分心，但总体来说，他们对使用 Facebook 进行学习的想法持开放态度[7]。同样，Tashir 等人得出结论认为，学习者对社交网络的使用作为其电子学习活动的一部分给予了相当积极的评价[8]。

---

[1] Davis F D, Warshaw B P R. User Acceptance of Computer-Technology – a Comparison of 2 Theoretical-Models[J]. Management Science, 1989, 35（8）: 982-1003.

[2] Cheng Y M. Antecedents and consequences of e-learning acceptance[J]. Information Systems Journal, 2011, 21（3）: 269-299.

[3] Tselios, Nikolaos, Daskalakis, et al. Assessing the Acceptance of a Blended Learning University Course.[J]. Journal of Educational Technology & Society, 2011.

[4] Acar A. Attitudes toward Blended Learning and Social Media Use for Academic Purposes: An Exploratory Study[J]. Journal of E-Learning and Knowledge Society, 2013, 9（3）: 107-126.

[5] CL Muñoz, Towner T. Back to the "wall": How to use Facebook in the college classroom[J]. First Monday, 2011, 16（12）.

[6] Mckiel A. 2011 Global Student E-book Survey[J]. Medicina, 2012.

[7] Ophus J D, Abbitt J T. Exploring the Potential Perceptions of Social Networking Systems in University Courses[J]. Merlot Journal of Online Learning & Teaching, 2009.

[8] Tasir Z, Al-Dheleai Y M H, Harun J, et al. Students' Perception towards the Use of Social Networking as an e-learning Platform[C]//10th WSEAS International Conference on Education and Educational Technology, Penang: Malaysia. 2011: 70-75.

（三）对教师开展混合教学的启示

总体而言，学习者对在课堂上使用社交媒体持积极态度，实际上是因为使用社交媒体学习的经历改善了他们的积极态度。学习者对线上和面对面课程的态度是与学习者在混合学习环境中的满意度相关的最具影响力的变量[1]。这表明，教师应该考虑学习者在这两种环境中的态度，因为学习者的态度对混合学习的满意度影响最大。此外，教师应该更加重视学习者对混合学习在线部分的态度，因为这被认为是与学习者满意度关系最大的方面。

四、不同学习动机的学习者混合学习特点

（一）学习动机的概念

依据不同的理论或视角，学习动机有多样的定义。认知取向的动机理论将动机定义为激发和维持目标行为的心理过程，如成就动机、归因方式、控制信念和目标定向等[2]。人本主义流派认为，动机源于个体一系列的内在心理需要，如自我实现、胜任感、关系和自主性的需要[3]。总之，学习动机是指激发与维持学习者的学习行为，并使学习者的学习活动朝向一定学习目标的一种动力倾向。

（二）学习动机的分类

因划分依据的不同，不同依据下学习者的学习动机可以分为不同的种类。

1. 内部动机和外部动机

根据学习动机的动力来源，可以将学习动机分为内部动机和外部动机[4]。有研究者指出，有内部动机的学习者学习目的是针对学习活动本身，可以帮助学习者获得情绪满意度，从而产生成就感[5]。内在动机与学业

---

[1] Li Y, Yang H H, Cai J, et al. College Students' Computer Self-efficacy, Intrinsic Motivation, Attitude, and Satisfaction in Blended Learning Environments[C]International Conference on Blended Learning. Springer, Cham, 2017.

[2] Schunk D H. Learning Theories: An Educational Perspective Upper Saddle River[M]. NJ: Merrill, 2000.

[3] Woolfolk A. Educational psychology (13th ed.) [M]. New York: Pearson, 2016.

[4] Ryan R M, Deci E L. Intrinsic and Extrinsic Motivations: Classic Definitions and New Directions.[J]. Contemp Educ Psychol, 2000, 25: 54-67.

[5] Deci E L, Ryan R M. Intrinsic Motivation and Self-Determination in Human Behavior[J]. Contemporary Sociology, 1985, 3（2）.

成就[1]、教育任务依从性[2]，以及学业成功和心理健康[3]的其他方面呈正相关。此外，发现内在动机可以预测参与度[4]。

2. 近景的直接性动机和远景的间接性动机

根据学习动机的作用与学习活动的关系，可以分为近景的直接性动机和远景的间接性动机（见表1-6-7）。

表1-6-7 动机的划分

根据动力来源划分	内部动机	指由学习者内在的需要引起的动机	例如，学习者的求知欲、学习兴趣、改善和提高自己能力的愿望等内部动机因素会促使学习者积极主动地学习
	外部动机	指学习者由外部诱因所引起的动机	例如，某些学习者为了得到奖励或避免受到惩罚而努力学习，他们进行学习活动的动机在于学习活动之外
根据作用与学习活动的关系划分	近景的直接性动机	是与学习活动直接相连的，来源于对学习内容或学习结果的兴趣	例如，因为任课教师讲得很生动，使枯燥的数字容易理解与记忆，学习者的成绩很好
	远景的间接性动机	是与学习的社会意义和个人的前途相连的	例如，学习者意识到自己的历史使命，为不辜负父母的期望，为争取自己在班集体中的地位和荣誉等都属于间接性的动机

（三）学习动机的理论

学习动机理论主要分为三大类：行为主义理论、人本理论、认知理论。

1. 行为主义理论

行为主义理论，也称为"强化动机理论"，是由行为主义学习理论家提出来的。以斯金纳为代表，他们用强化来解释动机的产生，认为强化可以使人在学习过程中增强反应重复的可能性，任何学习行为都是为了获得某

---

[1] Froiland J M, Oros E. Intrinsic motivation, perceived competence and classroom engagement as longitudinal predictors of adolescent reading achievement[J]. Educational Psychology, 2014, 34（2）: 119-132.

[2] Froiland J M. Parents' Weekly Descriptions of Autonomy Supportive Communication: Promoting Children's Motivation to Learn and Positive Emotions[J]. Journal of Child & Family Studies, 2015, 24（1）: 117-126.

[3] Ryan R M, Deci E L. Self-determination theory and the facilitation of intrinsic motivation, social development, and well-being [J]. Am Psychol, 2000, 55（1）: 68-78.

[4] Walker C O, Greene B A, Mansell R A. Identification with academics, intrinsic/extrinsic motivation, and self-efficacy as predictors of cognitive engagement[J]. Learning & Individual Differences, 2006, 16（1）: 1-12.

种报偿。由于强化动机理论过分强调引起学习行为的外部力量（外部强化），忽视、甚至否定了人的学习行为的自觉性与主动性（自我强化），因而这一学习动机理论有较大的局限性。

2. 人本理论

学习动机的人本理论主要包括需要层次理论和自由学习理论，其中比较著名的是以马斯洛为代表人物的需要层次理论。马斯洛把人的需要分为5种，分别为生理需要、安全需要、归属和爱的需要、尊重的需要、自我实现的需要。他将前4种需要定义为缺失需要，将自我实现的需要定义为生长需要。自我实现的需要又包括认识与理解的需要、审美需要、创造需要。但其忽略了人们本身的兴趣、好奇心等在学习中的始动作用，有些学习活动并不一定都是由外部动机所激发和引起的。

3. 认知理论

学习动机的认知理论主要包括期望-价值理论、成败归因理论、自我价值理论以及目标定向理论等。期望-价值理论的代表人物阿特金森认为，最初的高成就动机来源于孩子生活的家庭或文化群体，特别是幼儿期的教育和训练的意向。也就是说，成就动机涉及对成功的期望和对失败的担心两者之间的情绪冲突。成败归因理论是维纳在海德和罗特研究的基础上，对行为结果的归因进行了系统探讨，发现人们倾向于将活动成败的原因即行为责任归结为以下6个因素，即能力高低、努力程度、任务难易、运气（机遇）好坏、身心状态、外界环境等。同时，维纳认为这6个因素可归为3个维度，即内部归因和外部归因、稳定性归因和非稳定性归因、可控归因和不可控归因[1]。最后，将3个维度和6个因素结合起来，就组成了归因模式。目标定向理论是以成就动机理论和成败归因理论为基础，在Dweck能力理论的基础上发展起来的一种学习动机理论[2][3]。Dweck认为，人们对能力持有两种不同的内隐观念，即能力增长观和能力实体观。持能力增长观的个体认为，能力是可改变的，随着学习的进行是可以提高的；

---

[1] Weiner. A theory of motivation for some classroom experiences[J]. Journal of Educational Psychology, 1979, 71（1）: 3–25.

[2] Dweck C S. Motivational processes affecting learning[J].1986, 41（10）: 1040–1048.

[3] Amalia G A. Dweck, C. S. and Leggett, E. L. A Social-cognitive Approach to Motivation and Personality[J]. Psychological Review, 1988, 95（2）: 256–273.

持能力实体观的个体则认为，能力是固定的，是不会随学习而改变的。自我价值理论是美国教育心理学家 Covington M V 提出的[①]。该理论以成就动机理论和成败归因理论为基础，从学习动机的负面着眼，试图探讨"有些学习者为什么不肯努力学习"的问题。

（四）学习动机的作用

学习动机的作用主要有 3 种：(1) 定向作用。学习动机能够使学习者的学习行为朝向具体的目标，并为达到目标而努力。(2) 调节作用。学习动机决定了何种结果可以得到强化，进而调整和改善学习行为。(3) 激发和维持作用。

学习环境对学习者的学习动机具有直接影响。混合学习的目标是激发学习者的学习动机，学习结果与学习者的学习动机之间有着密切的联系。已有研究基于面对挑战的意愿、对学习内容的好奇心、对学习内容的掌握、坚持和对成就的需求几个关键变量来研究动机。Bekele 系统梳理了 1995—2007 年发表的有关网络学习环境的研究，结果表明，网络学习环境有助于学习者学习动机的提升，并且相较于传统学习环境，单纯的网络学习环境更有助于提高学习者的学习动机[②]。Alk 等研究者发现学习动机会显著影响混合学习效果[③]。Artino 指出，学习者在作选择时，动机是至关重要的因素[④]。Utts 等人研究了学习者选择混合学习和面对面学习两种统计入门课程的预测因素，他们发现了提高计算机技能的动机是预测因素之一[⑤]。Michelle Hood 表示，高的外部动机与使用学习模式意图有强烈相关[⑥]。但也有研究表明，学习动机并不直接影响学习成绩，只对提高入学率起至关重要的作

---

① Covington M V. Making the grade：A self-worth perspective on motivation and school reform.[J]. Cambridge University Press，1993.

② Bekele T A. Motivation and satisfaction in Internet-Supported Learning Environments：a review. [C]// Internationalforumofeducationaltechnology&society. 2010.

③ Alkis N，Temizel T T. The Impact of Motivation and Personality on Academic Performance in Online and Blended Learning Environments[J]. Educational Technology & Society，2018，21.

④ Artino A R. Online or face-to-face learning? Exploring the personal factors that predict students' choice of instructional format[J]. Internet & Higher Education，2010，13（4）：272-276.

⑤ Utts J，Sommer B，Acredolo C，et al. A Study Comparing Traditional and Hybrid Internet-Based Instruction in Introductory Statistics Classes[J]. Journal of Statistics Education，2003，11（3）：2.

⑥ Hood M H. Bricks or clicks? Predicting student intentions in a blended learning buffet[J]. Australasian Journal of Educational Technology，2013，29（6）：762-776.

用①。内在动机被发现是参与的积极预测因子,这意味着更渴望学习的学习者对 BL 的参与度会更高②。

(五)学习动机对教师开展混合教学的启示

首先,教师可以充分利用混合学习环境创设问题情境,实施启发式教学,激发学习者的求知欲望;其次,教师可以充分利用混合学习环境及时提供反馈信息,给予学习者适当的评价;最后,教师可以通过合理设置课堂环境,妥善处理竞争和合作。

总之,第一,教师应该充分重视学习者自身的特点,要尽可能地因材施教,使实施方案有针对性,为学习者提供一个清晰的指引;第二,要重视学习者的评价和反馈,并适时调整课程和活动设计;第三,发动学习者的主动性和积极性,共同建设课程资源,在这个过程中,为学习者提供更多的机会和更大的热情去熟悉开放教育资源和各种社会性学习软件;第四,不要同时尝试太多的新方案,每个学期最多 1~2 个,太多的新技术放在一起反而会折减教学效果。

---

① Law K, Geng S, Li T. Student enrollment, motivation and learning performance in a blended learning environment: The mediating effects of social, teaching, and cognitive presence[J]. Computers & Education, 2019, 136(JUL.): 1–12.

② Wei Y, Wang J, Yang H, et al. An Investigation of Academic Self-Efficacy, Intrinsic Motivation and Connected Classroom Climate on College Students' Engagement in Blended Learning[C]// 2019 International Symposium on Educational Technology(ISET). 2019.

第二章　课程教学篇

课程是教育教学活动的基本依据和载体。随着以互联网为基础的各类信息技术在课程教学中的普及与应用，混合课程教学日益成为新常态。本章首先讨论混合课程教学的核心要素及其关系，然后围绕一门混合课程阐述教学实施的过程和方法，共分为三个阶段（见图 2-0-1）。第一阶段是对当前课程进行前期分析：分析学习者的特点，包括学习者的学习准备和学习风格，分析开展混合教学的环境，包括物理教学环境和网络学习空间，由此确定实施混合课程教学的需求和条件。

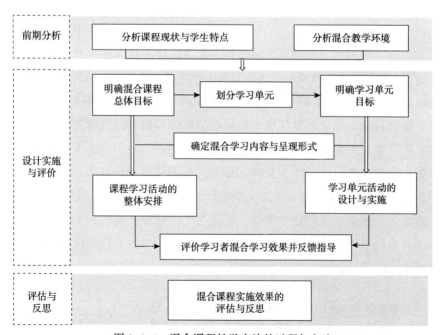

图 2-0-1　混合课程教学实施的过程与方法

第二阶段是核心过程，首先是明确混合课程教学目标，包括混合课程的总体目标和学习单元目标；其次是确定混合课程的学习内容与呈现形式，包括混合学习内容选择与数字化学习资源的选择及制作；再次是设计与实施混合课程学习活动，包括整个课程的学习活动和学习单元的学习活动；之后是评价学习者的混合学习效果及反馈指导。最后依据混合课程的学习目标、所处时空、教学环境等方面的差异，提出了不同模式混合课程的实施要点。第三阶段提供了混合课程实施效果的评估与反思方法。

本章在阐释混合课程具体的实施方法时，不仅说明具体操作流程，也尽量提供所依据理论的说明，还会呈现一些示例，可供教师、教学设计师、教育技术人员、相关企业人员等实施混合课程教学时参考。

第一节 混合课程教学的核心要素与基本环节

一、混合课程教学的核心要素及其关系

混合课程教学是一个由多种要素构成的复杂的动态系统。不同学者从不同的视角对教学要素进行了很多讨论，他们提到的核心要素包括课程的教学目标、学习者、教师、教学内容、教学方法、教学评价及反馈和教学环境[1]。在混合课程教学中，这些要素仍然是必不可少的，但每个教学要素的内涵都有了拓展[2]。混合课程教学的核心要素及其关系如图2-1-1所示。

课程目标：混合教学情境下的课程目标强调信息时代所需的知识、技能、综合能力及素质的全面培养，以及网络学习空间中的态度、情感、价值观的塑造。美国的"21世纪学习框架"阐明信息时代的学习者需要掌握的核心能力除了3R（Reading、wRiting、aRithmetic）之外，还需要学习与创新能力、信息媒体与技术素养、职业与生活技能。其中，学习与创新能力是开启创造性工作和终身学习的钥匙，包括三项内容：批判性思维与问题解决、沟通与合作、创造力与创新；信息媒体与技术素养包括信息素养、

---

[1] 李秉德. 教学论 [M]. 北京：人民教育出版社，1991：12-17.
[2] 韩锡斌，王玉萍，张铁道等. 迎接数字大学：纵论远程、混合与在线学习——翻译、解读与研究 [M]. 北京：清华大学出版社，2016：325.

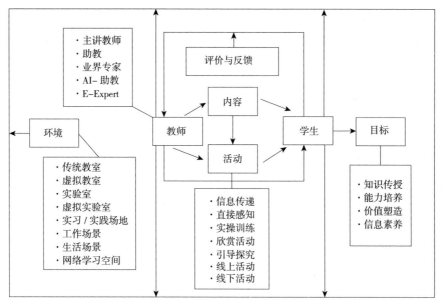

图 2-1-1　混合课程教学的七个要素及其关系

媒体素养和信息通信技术素养；职业与生活技能是 21 世纪学习、工作与生活的必备技能，具体包括灵活性与适应性、主动性与自我指导、社会与跨文化交往、产出与问责、领导力与责任[1]。混合教学的目标要指向信息时代所需的技能和能力，并将这些目标体现在具体的教学内容和教学活动中，以培育适应 21 世纪的学习者。

学习者：学习者是信息时代的原住民，从被动的信息受体、接受者和被支配者变为主动支配自己的行为、方法、偏好的主体，甚至参与学习内容的建构。这一角色定位的转变为混合教学提出了更高的要求，需要注重对学习者在数字化环境中的学习行为、学习风格、学习效果、社会网络特征等进行分析，以掌握学习者的学习特点，更好地促进学习者的学习投入，提高学习效果。

教师：在信息时代，教师由单一作战转变为团队协作，从主讲教师到包括助教、业界专家等的教学团队，同时还可引入人工智能（AI）助教及

---

[1] Binkley M，Erstad O，Herman J，et al. Defining twenty-first century skills. Assessment and teaching of 21st century skills [M]. Netherlands：Springer，2012：17-66.

专家（E-Expert）等，因此，混合教学的教师不仅自己需要具备信息化教学能力，而且还需要有领导并掌控教学团队的能力。为了适应信息时代原住民学习者的新特点，教师的角色也需要从传统的知识传授者、主导者变成学习活动的设计者、指导者和促进者。

学习内容：信息时代学习者获取知识的来源不再和以往一样单一，而是更为丰富多样，知识的呈现形式体现为多种媒体的融合，知识结构也由固定的、以课程大纲为准绳的结构化知识变成包含静态结构化和动态非结构化的各类知识。上述变化为混合教学的开展提供了机遇和挑战，一方面，知识的爆炸性增长既有利于学习者自主拓展学习内容，也可以为教师提供更为丰富的教学资源，另一方面，海量的信息也容易让学习者陷入选择的困境，甚至造成认知负荷[1]。教师在设计并实施混合教学时，需要具备对各类形式的教学内容具备相应的选择、制作和应用能力。

学习活动：在混合教学情境下，学习活动由限定在特定实体空间的面授方法拓展为虚实融合空间中更加多元化的方式，智能手机、平板电脑、电子书包、网络教学平台、视频会议系统等多样化的电子设备和技术系统都有利于教师引导学习者开展形式多样的学习活动。学习的组织形式也由固定时间的班级授课拓展为线上和线下相结合的课前、课中和课后形式，例如，可以借助互联网将教室外的学习者融入课堂教学，还可以将大规模的在线授课与小规模的线下讨论和辅导相结合。

学习评价与反馈：移动互联网、云计算、大数据、数据挖掘、学习分析、人工智能等新技术的不断涌现，为学习评价与反馈提供了新的方法。在混合教学中，可以借助教学过程中生成的大数据开展多维度的学习分析、评价与动态反馈。在评价与反馈的数据来源方面，既可以包含学习行为信息，又可以收集生理信号、心理意识活动、面部表情等多个方面的信息；在评价与反馈的内容方面，除了日常的学习成绩，还可以实现学习者学习满意度、学习者学习过程等方面的评价；评价与反馈的途径更加便捷，可以及时、准确、个性化地进行学习指导；评价与反馈的形式更加丰富，自动生成的

---

[1] Clark R E, Yates K, Early S, et, al. An analysis of the failure of electronic media and discovery-based learning: Evidence for the performance benefits of guided training methods. Handbook of training and improving workplace performance[M]. United States：John Wiley & Sons Ltd，2010：263-297.

可视化呈现形式可以帮助教师从横向、纵向等多个方面分析学习者学习行为和学习效果，从而促进教与学的及时改进。

教学环境：信息技术深刻影响着社会和经济形态，形成了物理空间和网络空间二元共存的混合环境，物理教学环境也相应地发生了变化，从传统实体的教室、实验室、实习/实践场地和工作场所，延伸到学习者完全可以自己掌控的网络学习空间、虚拟仿真实验室、虚拟实习/实训基地和基于物联网工作场景等技术支撑的虚拟空间。

混合课程教学的 7 个核心要素之间存在既相互支撑、又相互制约的辩证关系，在特定情境下对各要素及其关系的合理调配既是提升混合教学质量的关键，也是教师实施混合教学的核心能力。

课程目标是通过课程开发确定的，受整个社会道德、经济和技术等方面发展的影响。课程总体教学目标可以分解为学习单元的具体教学目标，一旦确定后就指导着教学的全过程。可以说，教学的全过程都是为达成课程目标而进行的，其他 6 个要素围绕目标进行设计和配置。然而事先确定的目标是否能够实现，也受其他 6 个要素的制约，一个典型的例子是在"新冠肺炎"疫情期间，师生被迫在家进行教与学，与面授相比，教学环境发生了巨大变化，由此影响到技能习得的教学目标，实验、实习和实训课被迫停开或者将课程目标调整为观摩实验视频等。

学习者是学习的主体，所有的教学要素都是围绕学习者这一主体加以组织的，教学质量也是以学习者学习效果作为最终的衡量指标。学习者既是混合教学的出发点，也是混合教学的着眼点，在整个教学过程中，学习者占据着中心地位。

学习内容既需要围绕课程目标进行选择和组织，同时也制约目标的实现。学习内容要求科学性与思想性相统一，既要把科学与人文知识以及技术技能传授给学习者，同时也要结合知识与技能中内在的德育因素对学习者进行适当的政治、思想和道德品质教育。即使基于指定的教材，教学内容的科学性与思想性及其多媒体呈现形式仍然依赖授课教师的教学意识和教学能力。

学习活动是为把学习内容内化为学习者的知识、能力和价值观，从而达成课程目标服务的，是课程教学设计中最具灵活性的因素，特别依赖授课教师的教学能力，必然会受到教学环境的制约。

学习评价与反馈是联结教师和学习者、促进师生交互、实现课程目标的关键因素。课程目标是否具备可测量性、学习内容和活动能否支撑目标的实现等,都需要通过学习评价来验证,并将评价的结果反馈给学习者,指导学习者的学习。在混合课程中,评价与指导的实施需要通过各类技术来支撑,因而受制于教学环境的影响。丰富多样的新技术和信息化设备可以帮助教师收集学习者线上和线下的多种学习数据,而如何利用这些数据开展学习评价与指导则受到教师信息化教学能力的制约。

教学环境一般是由学校统一构建的,尤其是教学环境的信息化程度受到整个数字校园规划和建设的影响。一旦建立了某种教学环境(包括实体环境和网络空间),教师的信息化教学意识和能力就决定了这些教学环境能否发挥出其教学的潜能,从而影响学习内容的呈现(如数字资源的选择与制作)、学习活动的可能性与适切性(如 VR 虚拟仿真实训活动的设计),最终影响课程目标的达成。

教师对以上各要素及其关系的动态掌控是其教学能力的体现,尤其是进入信息社会之后,虚实融合的教学空间给教学带来了前所未有的可能性,但同时对教师的教学能力发展也提出了空前的挑战,需要适应数字原住民学习者的认知方式从个体认知向基于互联网的群体认知、分布式认知方式转变。同时,基于虚实融合教学空间的混合教学,环境要素始终处于动态变化之中(网络暂时中断,或者技术工具出现故障等),这就需要教师在整个教学过程中有能力调控各个要素(包括教师自己本身)之间的关系,使其达到特定情境下的最优化教学效果。

二、混合教学的基本环节

基于系统论视角,系统是由多种要素及其环境构成的,并按照一定的规则动态运行。混合课程教学不仅是由构成要素及其相互作用构成的复杂系统,也体现为一种由若干环节相互衔接的教学过程。由于教学方式不同,混合课程教学的基本环节也存在差异。混合教学实施过程中常见的流程包括以教师为主体掌握教学流程的讲授式教学和以学习者为主体掌握学习流程、教师辅助配合的探究式教学。虽然研究者们常常倡议将学习的自主权交给学习者,但不可否认的是,在很多教学场景下依旧需要教师作为知识的输出方进行传授,例如,涉及工程学、医学等学科的操作部分时,好的讲授能使深奥、抽象的书本知识变成浅显通俗、具体形象的知识,便于学习者快速掌握课程的基本概念和专门技能[①]。也有研究发现,讲授式教学法对学习者自主学习具有积极作用[②]。同时,讲授式教学对于教师而言最易于操作,因而被普遍应用。因此,本部分将对这两种不同师生角色的常见教学流程分别进行介绍。

(一)讲授式教学的基本环节

混合教学中的讲授式教学包含知识呈现、学习者参与、学习结果再现、学习过程反思4个基本教学环节(见图2-1-2)。

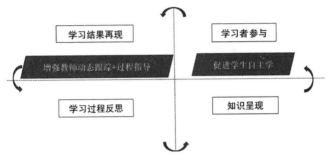

图2-1-2　教师讲授式理念下的基本教学环节

· **知识呈现环节**:教师借助多种教学材料、教学媒体、合理的问题设计等引起学习者注意,告知学习者学习目标,激发学习者学习兴趣。

· **学习者参与环节**:教师往往通过丰富多样的混合学习活动来促进学习者的自主学习,比如,线上或线下的小组讨论、辩论赛、教学游戏、小测验,等等。

· **学习结果再现环节**:这是学习者逐步内化所学内容的重要环节,在这个环节需要增强教师的动态跟踪和过程性指导,给予学习者多元的学习结果表达与输出的机会。

· **学习过程反思环节**:这是非常重要但也最容易被教师忽视的教学环节。强化学习者对学习过程的反思,是培养学习者高阶思维能力、增强元认知水平的必要环节,有助于学习者深入思考学习方法、积累学习经验、内化学习成果。

---

① 阎光才.讲授与板书为代表的传统教学已经过时?——不同方法与技术在本科课堂教学中的有效性评价[J].教育发展研究,2019(23):1-9.

② 周楠,汪雅霜.讲授式教学法对大学生自主学习影响的实证研究——基于A大学的探索性分析[J].教学研究,2021,44(5):1-8.

（二）探究式教学的基本环节

混合教学中的探究式教学是对教师的教学设计和学习者的自主学习能力要求都很高的教学方式，包含体验与参与、概念探索、意义建构、展示与应用4个基本教学环节（见图2-1-3）。

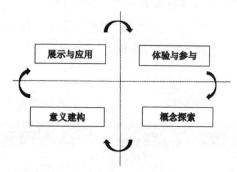

图 2-1-3　学习者探究式理念的基本教学环节

- **体验与参与教学环节**：教师要提供多种方法激发学习者学习的兴趣，促进学习者自主学习，帮助学习者增加学习投入，如尝试多种途径向学习者介绍学习目标和学习内容、提供互动性较强的内容、引入真实的情境、提供学习者能够动手操作的学习材料/工具等。需要注意的是，不论是采用游戏化交互、动手实验、小组协作等哪种或哪些学习方式，都是为了激发学习者的情感体验，让学习者真正理解为何而学。

- **概念探索环节**：在激发了学习者情感后，教师要通过多样性的呈现方式帮助学习者理解与教学内容相关的理论或概念。在这个阶段，教学内容的呈现形式、编排顺序和知识逻辑要紧扣核心理论或核心概念。在混合教学中被广泛应用的教学视频并非教学内容的唯一呈现形式，还可包括互动动画与程序或其他更加灵活的呈现形式。为了达到帮助学习者组建认知网络、探索核心概念的目标，教师可以采用以下材料形式的呈现，如交互网站、电子书、模拟仿真、游戏化教学内容，等等。

- **意义建构环节**：作为学习的主体，学习者在接受教师的教学引导和内容呈现后，通过行动建构意义。本环节是学习者图式生成的重要阶段。学习者要参与教师设计的学习活动，并通过多种方式开展学习行动和进行自我表达。教师一般可提供博客讨论、学习播客、社会网络连接、专业协同社区、测试等多样化的学习活动供学习者参与。学习者在参与这些活动的过程中建构他们自己的学习体验和对核心概念的理解，并形成认知图式。因此，该环节是学习者通过一定的策略网络联系情感网络与认知网络，达成"如何"学习的过程。

- **展示与应用环节**：学习者已通过教师的多方式引导、多形态教学内容、参与的多样化学习活动，建构了教学内容在自我认知中的图式，最终需要学习者表达出这个图式，或应用这个图式解决实际问题。因此，该环节是学习者围绕教学内容的核心概念，展示自己所学和应用自己所学的环节。在这个环节中，教师可通过编排文本、演讲、绘图、视频等多种形式的展示活动，帮助学习者创造性、个性化地展示他们自己的项目。

第二节 分析混合课程的现状与学习者特点

在进行混合课程的教学设计之前，首先需要对课程现状以及学习者特点进行分析，明确混合教学设计的需求和起点。课程现状分析的目的是了解课程当前情况与预期目标之间的差距；学习者特点分析的目的是为了充分了解学习者的学习准备和学习风格，以便为后续学习内容、学习活动等方面的设计提供依据。

一、分析混合课程的现状

在课程现状分析的过程中，首先，需要明确学习者的需求，即分析其现状和目标的差距，并根据此差距归纳出课程现存问题。其次，需要明确混合教学设计是否为解决以上问题的最好途径，即进行混合教学设计的必要性分析。最后，需要明确如何利用混合教学设计解决以上问题，以确定进行混合教学设计的可行性[1]。课程现状分析需要回答以下三类问题[2]：

第一，课程存在哪些问题？可以从目标、学习者、内容、活动、评价、环境和教师7个维度进行分析（见表2-2-1）。值得注意的是，课程教学需

---

[1] 乌美娜.教学设计[M].北京：高等教育出版社，1994：55-71.
[2] 韩锡斌，王玉萍，张铁道等.迎接数字大学：纵论远程、混合与在线学习——翻译、解读与研究[M].北京：清华大学出版社，2016.

要遵循一致性准则，即教学内容（资源）和教学活动的设计都要围绕设定的教学目标展开，并通过学习评价能够测量出设定目标是否达成。

表 2-2-1　课程教学中存在的问题清单

维度	可考量的问题
目标	·课程目标是否可测量？知识、技能、价值、社交能力、信息素养、动机水平等方面预定目标是否可实现？
学习者	·教学形式是否与学习者特征匹配？学习者学习能力是否差异太大？是否有课堂内外同时听课的学习者？
内容	·学习内容是否围绕目标设计？是否过时？资源形式选用是否恰当？
活动	·学习活动是否支持目标的达成？是否支持主动学习/合作学习？是否匹配班级规模？
评价	·学习评价是否能够测量目标的达成度？是否简便易行、多源互证？是否据此可以明确指导学习者学习？
环境	·教学环境是否能够支撑混合教学实施？教室环境和网络空间是否能够无缝结合？是否简便易用？
教师	·教师是否能够掌控混合教学？是否有相关人员协助与支持（如助教、教育技术人员等）？

一致性准则：目标—内容（资源）—活动—评价（反馈）

第二，哪些问题是可以通过混合教学来解决的？采用混合教学并不能解决所有教学中的问题，因此需要对是否可以利用混合教学设计进行问题区分，由此明确混合教学设计的必要性。同时，统筹考虑教学中产生的相关问题将会有助于系统性地破解教学难题。

第三，混合教学设计如何解决这些问题？在确定了需要解决的问题后，需要进一步考虑采用混合教学解决这些问题的方案。一个课程现状分析的示例如表 2-2-2 所示。

表 2-2-2　课程现状分析示例

存在问题	能否用混合教学解决	解决方案
课程概念多、公式多，学习者不易理解和记忆，导致学习者有畏难情绪，影响学习者的知识与技能训练	能促进该问题的解决	将概念和公式内容放到课前线上学习，利用短视频等形象化的形式呈现，便于不同基础的学习者自主学习，根据课前学习情况在课堂上再进行针对性的答疑和讲解，加深学习者对概念的理解。同时，利用概念结构图显示概念之间的联系，强调概念间的逻辑关系与主次关系，便于学习者记忆和回忆，由此，降低概念数量多给学习者带来的学习难度

尽管已有大量研究表明，与传统面对面和完全在线模式相比，混合教学方式能够改变教师运用课堂时间的方式，提高师生课堂和在线交互的可能性。在采用混合教学的课堂中，学习者具有更高的满意度，但在高校实践中仍存在不少问题。目前，这些问题不再围绕"混合教学较传统教学方式是否更为有效"，而是关注"如何才能使得混合教学更加有效，采用什么样的方法和策略能够改善和促进混合教学效果"。具体体现为材料呈现方式单一、任务设置单一、支持策略区别性低、反馈性评价不及时且无针对性等问题。

（1）**材料呈现方式单一**。教师在展示教学材料时，常根据自身经验选择呈现方式，忽视了不同特点的学习者对材料的敏感性具有差异。例如，在不同风格类型的学习者中，低分组的学习者需要进阶性地呈现具体的教学材料，高分组的学习者即使在无具体教学材料呈现时也可以很好地理解教学内容。目前，不少学校和课程教师作出了开展混合教学改革的设计，但单一的内容组织方式与材料呈现方式，可能导致在真正实施混合教学后远达不到预想的效果。

（2）**任务设置单一且工作量偏重**。混合教学设计的任务同质性较高，未结合学习者的不同进行多样任务的设置。另外，教师在混合教学设计时常常陷入一个误区：希望在网络平台上呈现更多资源、设置更丰富的活动，设想学习者投入更多时间和精力，从而获得更高的教学收益。但是，结果常常是加重了教师的工作负担和学习者的学习负担，学习者积极性未必提升，教师发现工作量大大增加而教学效果却不明显，混合教学效果适得其反。例如，在作业布置环节，无论学习者学习程度如何都需要同样的方式完成一样的作业内容，可能导致低水平学习者完成作业困难或高水平学习者完成作业无挑战性。

（3）**教学支持策略区别性低**。教师在不了解学习者特点的前提下选择教学支持策略，可能会使其不符合学习者思考的方式，得到负向效果。例如，同化型认知风格的学习者处理问题偏爱自己思考与反思，教师对此类学习者应实施间接性支持策略，给予他们自己的空间；而发散型风格的学习者处理问题偏爱与别人互动，教师对此类学习者应实施直接性支持策略，给予他们相应的引导。

（4）**反馈性评价不及时且无针对性**。目前，在混合教学设计中对评价环节缺乏重视，教师对学习者的反馈性评价具有延迟性、评价内容无针对性。不同学习者对于评价会表现出不同的反应，例如，高自我效能感的学习者得到及时的评价反馈会有利于他们产生积极的情绪，激发学习动机。因此，如何针对不同学习者设计教学评价，提高混合教学设计质量仍有待探讨。

二、分析混合课程的学习者特点

混合教学的目的是为了有效促进学习者的学习，因此需要清楚地了解学习者的特点。学习者作为学习活动的主体，所具有的认知、情感、社会等方面的特征都将对学习过程和结果产生影响[①]。已有研究发现，学习者的年龄、早期网络学习经验、对授课形式的偏好、平均学习时间、自我管理和监督能力等个体因素会导致不同的混合学习结果[②③]。

表2-2-3呈现了已有研究所提出的影响学习者混合学习的态度动机、认知和学习过程等不同维度效果变量的学习者个体因素。

表2-2-3 混合学习效果的学习者个体影响因素汇总表

混合学习效果变量	学习者个体方面的影响因素
态度动机维度（满意度、动机、临场感、使用意愿等）	性别、年龄、远程学习经历、学习风格、对授课方式的偏好、混合学习态度、混合学习接受度、感知有用性、感知易用性、感知娱乐性、自我效能感、学习者对电脑学习的适应性、成效期望
认知维度（成绩）	年龄、学习态度、早期成绩、预期难度、先验经历、混合学习满意度、混合学习感知便捷性、持续使用意愿、学习动机、学习方法、观看在线讲座数量、网上学习适应性
学习过程维度（学习参与）	性别、年龄、先验经历、职业目的、学习动机、自我效能感

整体而言，学习者个体方面对于混合教学效果的影响因素可分为以下4类，相应地，在混合教学中对学习者的分析也可以从以下四方面展开：

- 学习者一般特征：例如，性别、年龄、所处学段等；
- 学习者初始能力：例如，早期成绩、先验经历、混合学习态度（如感知有用性、感知易用性、感知娱乐性）等；

---

① 何克抗，郑永柏，谢幼如. 教学系统设计[M]. 北京：北京师范大学出版社，2002：52.

② Lim D H, Morris M L. Learner and instructional factors influencing learning outcomes within a blended learning environment[J]. Journal of Educational Technology & Society, 2009, 12（4）: 282-293.

③ Woltering V, Herrler A, Spitzer K, et al. Blended learning positively affects students' satisfaction and the role of the tutor in the problem-based learning process: Results of amixed-method evaluation[J]. Advances in Health Sciences Education, 2009（14）: 725-738.

- 学习者差异与学习需求：例如，学习风格、对授课方式的偏好、学习动机、成效期望等；
- 学习者的信息化设备情况：例如，学习者所具备的软/硬件设备情况等。

（一）分析学习者基本特征

1. 学习者当前所处的年级

不同年龄的学习者心理状态、认知水平存在差异，不同年级的学习者对待学习的态度、认知以及学习投入有所差异，需要进行针对性的教学设计[1]。根据一项面向国内大学习者的调查研究，学习者在大学不同年级的教学体验、情感感知、学习动机、时间管理程度等会呈现不同水平，整体体现出一年级各项心理感知数据明显好于二、三年级，到大四时再有所回升[2]。一项面向中国高职学习者的调查研究，结果也显示出一年级学习者的学习专注程度高于二年级学习者，可能因为一年级学习者刚入学，情绪状态较高涨，等到三年级时对待学习的活力、奉献和专注程度等方面的学习投入会有所回升[3]。

根据上述对学习者不同阶段的特征分析，需要进行针对性的教学设计。例如，对于安排在二年级的混合课程，更需要注意学习者的学习兴趣下降、疲惫感上升的情况，在集体授课阶段注意增加教师的监督、布置连续的任务和高质量的提问以增强课堂的组织性；在学习者在线自主学习阶段，教师需要及时监管，为学习者提供个别辅导的机会；教师还要对应调整作业内容，注意所提供的作业难度要水平适中，形式尽量具有趣味性，多种举措并行，提高学习者在后续混合教学活动中的学习投入。

2. 学习者的性别差异

性别差异可能会影响学习者对一些活动的参与意愿，可据此对应调整混合教学设计与活动安排[4]。根据已有研究对男女生在混合教学的使用态度和使用意向上的调查，发现女生对混合教学的感知娱乐性会直接影响她们使用混合教学系统开展相关学习的态度，而对于男生群体，这种影响需要通过让他

---

[1] Rodríguez-Ariza PL. Blended learning in higher education: students' perceptions and their relation to outcomes[J]. Computers & Education, 2011（56）: 818-826.
[2] 史秋衡. 大学生学习情况究竟怎样[J]. 中国高等教育, 2015（3）: 68-70.
[3] 肖艳双, 徐大真. 高职生学习投入状况及对策研究[J]. 职教论坛, 2012（30）: 77-81.
[4] Smaldino S E, Lowther D L, Mims C. Instructional technology and media for learning（Twelfth edition）[M]. United States: Pearson Education, Inc., 2005: 42.

们感知到混合教学的有用性才会起到作用①。因此，教师在课程初期阶段介绍混合教学方式时，需要顾及不同群体的关注点，有所侧重地吸引大家接受混合教学的方式。再如，男生对电子产品更感兴趣，更容易受到游戏、社会新闻、聊天软件的影响，对于信息技术融入教学的态度更加积极，教师可以灵活设置教学活动，吸引学习者兴趣，并在初始阶段降低信息化操作的难度，以减缓女生面临信息教学的不适②。除了在信息化的接受程度与使用意愿方面男女生存在明显的不同倾向，有研究者总结了近1 500个有关性别差异的研究，结果发现，男性和女性在智力成分、兴趣以及性格方面均存在显著差异，例如，女生的抗挫折能力更弱，更易害怕失败③。教师在开展教学过程中需要注意区分比较脆弱、心理弹性低的学习者，并给予积极引导，同时注意自己的言行对学习者自我概念所产生的影响④。

3.学习者规模

教师需要考虑班额的情况，灵活设置适宜的教学活动。例如，15人、30人、70人不同的班额规模能够采用的教学活动会有所区别：大班额适合开展教师讲授，在大班额中开展学习者自主学习时需要分组协作，以便教师掌握学习者的整体动态以及给出个性化指导；小班额更适合设计师生互动，建议给予学习者充足而均衡的交流、表达机会。

（二）分析学习者先验知识、技能和态度

"起点能力分析"是指分析学习者对特定学科或任务学习的基础，包括知识、技能和态度等，是后续教学内容设计的起点。学习者已有知识结构及其掌握情况将影响学习者的学习效果，这一发现在混合教学情境下也得到了证实⑤。教学设计应当首先明确学习者现有知识（事实、概念、命题、

---

① Padilla-Meléndez A, Del Aguila-Obra A R, Garrido-Moreno A. Perceived playfulness, gender differences and technology acceptance model in a blended learning scenario[J]. Computers & Education, 2013（63）: 306-317.

② 张立春, 焦建利. 学生对电子书包的态度及理解研究[J]. 开放教育研究, 2015, 21（2）: 98-105.

③ Maccoby E. Jacklin C. The Psychology of Sex Differences[M]. Redwood: Stanford University Press, 1974: 125-126.

④ Conroy D E. Fear of failure: An exemplar for social development research in sport[J]. Quest, 2001, 53（2）: 165-183.

⑤ Ausburn L J. Course design elements most valued by adult learners in blended online education environments: An American perspective[J]. Educational Media International, 2004, 41（4）: 327-337.

理论等）的数量、清晰度、组织结构，以及学习者对先验知识的掌握情况：可分辨性、稳固性、可利用性，并以此作为教学设计的起点。

教师在开展自主学习、合作学习等需要充分发挥学习者学习主动性的教学活动时，需要依据学习者对先验知识、技能掌握的程度，以及学习态度进行教学，此类活动更适合具有中等及以上先验基础的学习者。例如，基于一项关注美国学习者在计算机科学中开展混合学习的研究，发现学习者的先验经历是影响其算法思维技能、促进深度学习的最显著的因素之一[①]。基于一项关注中国大学习者体育课程教学的研究发现，自主学习方式比较适合具有中等及中等以上运动技能基础的大学习者[②]。

混合教学的初始阶段一般需要为学习者留出适应该学习方式的时间，这个时间的长短需要依据学习者的信息化能力以及在线学习经历来定[③]。老师可以通过简短的课前调查问卷询问学习者的在线学习经历和时长，从而对学习者信息化能力作出基本的判断。对于信息化水平较高、具有比较丰富在线学习经验的学习者，通过简短的混合教学介绍与引入可以尽快进入课程的正式学习；对于班级中相关基础较弱的学习者占比较高时，教师需要在课程初期放缓节奏，为学习者留出适应新型学习方式的时间；而对于班级中仅部分学习者信息化基础较弱的情况，可以通过设置单独的课外时间和学习活动帮助此类学习者尽快适应混合学习方式，在一定程度上均衡不同基础学习者的学习节奏。

整体而言，通过开展相关调查了解学习者的先验基础，旨在及时调整混合教学的活动设计与组织实施，以尽量符合学习者最近发展区的方式（注：关于最近发展区的相关理论说明参见第一章"基础理论篇"）提高混合教学的有效性。对此，已有研究者提出了以下教师教学的策略建议：开展与学习者能力水平相匹配的教学，在学习和应用设置之间使用相同的元

---

① Grover S, Pea R, Cooper S. Designing for deeper learning in a blended computer science course for middle school students[J]. Computer Science Education, 2015, 25（2）: 199-237.
② 吴本连. 自主学习方式影响大学生体育学习效果的实验研究[D]. 上海：华东师范大学, 2010.
③ Ausburn L J. Course design elements most valued by adult learners in blended online education environments: An American perspective[J]. Educational Media International, 2004, 41（4）: 327-337.

素，选用适宜的教学方式，以促进学习实现迁移[①]。

（三）分析学习者学习风格

学习者之间的学习风格存在差异，这会影响学习者的学习方式，例如，学习者在小组学习中的行为、参与课堂内外学习活动的表现、与他人的互动方式以及解决问题的方式等[②]。

活跃型与沉思型：活跃型倾向于积极的讨论，教师适合设计小组合作、讨论、角色扮演等需要学习者协同开展的活动；沉思型喜欢安静地思考问题，教师应对其布置单独的作业，减少需要多人开展的项目式工作。

感悟型与直觉型：感悟型擅长记忆事实和学习明确的知识，教师在教学过程中可以联系日常生活现象，采用案例的方式帮助学习者理解；直觉型喜欢创新性工作和理解抽象信息，教师可以设置预习，给予他们自主探讨的时间和空间，但需要注意的是，如果需要对直觉型学习者教授记忆性、公式性的内容时，应提醒学习者花时间阅读问题，并注意检查他们的结果，以免因为此类学习者不喜欢重复检查而造成错误。

视觉型与言语型：视觉型喜欢图片、影音、图像等视觉性信息，教师可以多采用多媒体资源，尤其对不好理解的抽象性知识，可通过视频、动画等方式辅助理解；言语型喜欢文字、话语等抽象性信息，教师更适合进行口头讲授或者将讲义、文本性材料发送给学习者进行自主学习。

序列型与综合型：序列型喜欢按照合乎逻辑的步骤开展学习，教师在设计教学活动时需要注意提供较为具体的"脚手架"，辅助学习者按照既定的逻辑顺序进行学习；综合型更倾向于采用发散性地解决问题的方式，教师在设计教学活动时可以适度放宽邻近"脚手架"之间的距离，甚至给出问题作为"锚点"后，先由学习者进行自主探究和发散思考，给予学习者充足的思考和理解空间。

同化型与发散型：同化型关注理论的逻辑合理超过对实践价值的关注，教师在开展面向工程师、技术人员等岗位的课程时，需要更多考虑学习者

---

① Lim D H, Morris M L. Learner and instructional factors influencing learning outcomes within a blended learning environment[J]. Journal of Educational Technology & Society，2009，12（4）：282-293.

② El-Bishouty M M, Chang T W, Graf S, et al. Smart e-course recommender based on learning styles[J]. Journal of Computers in Education，2014，1（1）：99-111.

的此类特点；发散型更善于观察和发散思维，教师在开展面向艺术人员、服务人员等岗位的课程时，需要更多考虑学习者的此类特点，如开展"头脑风暴"、小组讨论等需要交互、产生想法和创意的活动。此外，发散型学习者在混合教学过程中对于 web 环境的易用性感知，以及对面授环境、在线环境、评价环节等方面的感知等各项得分都显著更高①。因此，教师在面向同化型学习者开展混合教学时，可能需要提供更多的指导和帮助。

拓展阅读 2-2-1

有研究者从学习者的感官偏好（sensory preferences）、个性类型（personality types）、期望的普遍性程度（desired degree of generality）和生物学差异（biological differences）进行了不同的划分和介绍，对此感兴趣的教师可进一步阅读 Rebecca，L. 所发表的文章：《Language Learning Styles and Strategies：An Overview》②，还可以访问学习风格主题的线上资源空间，网址为：https：//www.engr.ncsu.edu/stem-resources/legacy-site/. 也可使用专门的量表对学习者学习偏好进行测量，如 Reid 等研究者开发了知觉学习风格偏好问卷（Perceptual Learning Style Preference Questionnaire），用于测量被试者 6 方面的学习风格偏好：视觉（visual）、听觉（auditory）、动觉（kinesthetic）、触觉（tactile）、个人学习倾向（individual learning）、群体学习倾向（group learning）。③④

---

① Akkoyunlu B，Soylu M Y. A study of student's perceptions in a blended learning environment based on different learning styles[J]. Educational Technology & Society，2008，11（1）：183-193.

② Oxford R L Language learning styles and strategies：An overview[C]. GALA（Generative Approaches to Language Acquisition）Conference，2003：1-25.

③ Reid J. Perceptual Learning Style Preference Questionnaire. Learning styles in the ESL/EFL classroom[M].Boston，MA：Heinle & Heinle Publishers，1984：202-204.

④ Chen M L. Influence of grade level on perceptual learning style preferences and language learning strategies of Taiwanese English as a foreign language learners [J]. Learning and Individual Differences，2009，19（2）：304-308.

拓展阅读 2-2-2

加德纳认为，个体身上存在相对独立存在着的、与特定的认知领域或知识范畴相联系的 8 种智能①，如下图所示②。

不同的人会有不同的智能组合，例如，建筑师及雕塑家的空间感（空间智能）比较强、运动员和芭蕾舞演员的体力（身体/运动智能）较强、公关人员的人际交往智能较强、作家的自我反省智能较强，等等。基于该理论，教师需要客观认识到不同学习者的特点，接受其具备不同的学习风格，并相应提供适宜其开展混合学习的教学设计与活动安排。

（四）分析学习者的信息化设备情况

开展混合教学活动之前，教师需要了解学习者所具备的信息化设备情况，具体包括支持混合学习的硬件设备情况，如笔记本、手机、平板等，以及支持混合学习的软件设备情况，如 WiFi、直播软件、学习平台软件、专业软件等。根据学习者的信息化设备情况，教师灵活调整线上部分的教

---

① Gardner H. Intelligence Reframed：Multiple Intelligences for the 21st Century[M]. New York：Basic Books，1999，58.

② The website of Multiple Intelligences. A beginner's guide to the theory of multiple intelligence（MI）[EB/OL]. [2022-04-21]. https：//www.multipleintelligencesoasis.org/a-beginners-guide-to-mi.

学活动，例如，如果学习者只具备手机而没有电脑，那么教师所上传的资源格式必须能够直接打开，而不适合发送压缩包或者在特定软件支持下才能够打开的文件格式，并且这种情况下教师如果安排学习者课后操作相关专业软件，需要保证学校能够提供相应的练习机房，因为学习者的手机并不支持他们开展工程绘图、设计加工时需要在电脑上操作的软件。

第三节 分析混合教学的环境

教学环境是教学活动开展的必要条件。信息时代教学环境从物理环境，如教室、实验室等延伸到了配备丰富的数字化教学资源和多样化技术工具的网络学习空间。同时，物理教学环境也配有多种技术设备，强调与网络学习空间的联通，以支持线上线下教学活动的有效融合。

一、分析混合教学环境的基本原则

教师在进行混合教学的环境分析时，根据教学设计将物理教学环境和网络学习空间进行有机整合尤为重要，应遵循以下原则[①]：

原则1：提供真实情景。混合教学环境需要提供真实的问题情境，以便教师和学习者围绕该问题在环境中学习知识，习得技能，设计解决方案，实施项目和进行交流评价。

原则2：支持多种学习活动。混合教学环境要支持提问、阐述和讨论等多种形式的活动，以帮助学习者构建新知识与先验知识的联系。无论是线上还是线下，混合教学环境应能够详细记录学习者开展的各种学习活动。

原则3：支持交互与反馈。混合教学环境要加强师生的反馈和交互，在构建反馈时，支持教师对学习者群体进行个别化、分阶段的各种反馈形式。在混合教学形式不同时，反馈和交互方式应灵活变化，教师对学习者的反馈设计、反馈内容、反馈方法和反馈时点等应可动态调整。混合教学环境要支

---

① Ferreira-MeyersK A F. Book Review：Guide to Blended Learning by Martha Cleveland-Innes with Dan Wilton [J]. Journal of Learning for Development，2019，6（2）：187-190.

持师生交互的内容、形式的多样性，并提供技术辅助，保证交互的及时性和畅通性。

原则 4：提供支架帮助。混合教学环境需要有效整合各种信息技术，充分发挥各种信息技术的场景适应度，最大化地利用信息技术对学习者在不同混合教学形式下的支持作用，提升学习者学习过程的体验，汇聚他们在学习过程中产生的数据，增加学习者的学习产出。

原则 5：结果呈现及反思支持。为支持学习者的学习，混合教学环境要提供多种方式的展示形式，以便学习者对学习任务进行展示。无论在线上还是线下，混合教学环境应能记录学习者的展示过程，并帮助教师寻找学习者面临的挑战，记录教师反思的问题，标记重要的内容。

二、物理教学环境的选用

教师在设计一门混合教学课程时需要了解可能获取到的物理教学环境的特点，以便进行恰当的选择使用。物理教学环境的类型、特点及适用范围如表 2-3-1 所示。关于这些物理教学环境的详细特点，可参阅本手册第 5 章支持与服务篇中的"混合教学环境和资源支持"一节。

表 2-3-1　物理教学环境的类型、特点及适用范围

教学环境	开展教学的特点	适用范围
多媒体教室	·丰富教学样态，提升学习体验：借助数字化学习资源和课堂管理软件工具，实现面授教学中多样态展示教学内容，开展师生交互、提问、测试等，提升学习者在教室环境下的学习体验	教学目标以知识传授为主，教学活动以讲授为主
智能交互教室	（来源：山东财经大学"会计学"智能交互教室） ·提供互动工具，提升学习动机：为学习者提供更多发表和展示自己观点的工具，调动学习者的学习积极性 ·促进小组讨论，支持讨论结果分享：为不同学习小组提供讨论工具，并支持小组讨论结果的分享与互评 ·收集学习数据，提供学习分析反馈：实时、无感知地收集学习者的学习过程数据，并通过智能分析为学习者提供学习方法建议和学习辅助反馈	教学目标包含知识传授和技能训练，注重学习体验，教学活动以分组协作为主

续表

教学环境	开展教学的特点	适用范围
网络互动教室	（来源：清华大学视听教室） · 多地教学联动，保障教学交互：创设学习空间，通过多种网络交流技术设备和工具，将不同物理场所分布的学习者会聚一堂，学习者在网络互动教室中可实现与不同地域同学的交互	教学目标以知识传授为主，教学活动以多地联动同时开展互动活动
虚拟仿真实训室	（来源：https://www.ubisimvr.com/ubisims-immersive-vr-for-structured-clinical-learning-experience/） · 多样化的实训学习场景，提升实训学习临场感：通过变更模拟实训场景的参数设置或软件系统，实现实训环境的多样化配置，帮助学习者在无法获得某些专业设备或无法轻易到达某些工作场所时，通过虚拟现实的方式实现实训学习 · 全过程学习数据收集，动态评价学习者学习过程：所有实训活动都可被虚拟仿真设备记录，完成对学习者全部学习过程的数据收集，动态评价学习过程和结果 · 全方位教学演示，增强观摩学习成效：学习者可通过计算机设备或监控端全方位观摩教师或其他学习者的操作过程，还可通过录播形式回放操作过程	教学目标以技能训练为主，教学活动为面向虚拟仿真场景的操作演练
数字化技能教室	（来源：Electrical Maintenance Skill Training Workbench Lab Equipment Electrical Automatic Trainer for University） · 对接行业产业，加强真实环境下的技能训练：配备行业产业的真实设备或模拟设备，让学习者在真实生产环境中完成技能习得，实现"做中学"。	教学目标以数字化技能为主，教学活动为面向真实场景的实操演练

续表

教学环境	开展教学的特点	适用范围
大场景虚拟仿真实训室	（来源：https://gapssimulation.com/st-georges-advanced-dental-simulation-suite/） · 增强实训场景的沉浸性，提升实训观摩的真实性：增加演示场景的复杂性和细节呈现，支持学生观摩和理解真实工作过程 · 增强复杂任务的配置，支持多人技能训练：通过变更系统配置和软件工具可实现各种复杂场景的仿真操作，支持多人协同开展技能训练	教学目标以复杂问题的解决能力为主，教学活动以实训观摩教学或面向复杂任务场景的多人技能训练为主
情景化互动实验室	（来源：https://vrschoolresearch.com/2017/03/14/ever-wonder-what-happens-when-vr-is-used-in-classrooms/） · 创设多样化实验情境，增加学习者的学习体验与参与：使用虚拟现实技术设计各种情境下的实验学习过程，支持学习者扮演不同角色进行学习体验，增强实验学习的参与感 · 记录教与学的过程，支持师生教学反思：通过虚拟现实技术中的全方位实验过程记录，支持师生回顾教学过程和实验学习过程，促进师生进行更为全面的教与学的反思	教学目标以表达性技能为主，教学活动以角色扮演为主
强交互虚拟实验实训室	（来源：https://theleadsouthaustralia.com.au/industries/education/virtual-reality-bridges-gap-between-hazardous-workplaces-and-the-classroom/） · 设置多感官通道，增强真实感与临场感：采用视觉、听觉、触觉等多通道输入，增强学习者开展更具真实感和临场感的实验实训学习 · 记录全过程学习数据，动态掌握学习者实验实训成效：通过完整记录学习者多种知觉调动和协同工作的过程，动态掌握学习者实验实训学习情况并给予及时反馈与指导	教学目标以感觉与知觉技能训练为主，教学活动以面向真实场景的实操演练为主

三、网络学习空间的选用

教师在设计一门混合课程时需要了解可能获取到的网络学习空间的特点，以便进行恰当的选择使用。网络学习空间一般由三类技术系统构成：网络教学平台、视频会议系统和专用网络教学工具。

网络教学平台支持师生开展异步在线教学活动，承载在线课程，支持网络环境下的教与学的全过程。各类网络教学平台不下百种，分为通用平台、专用平台及MOOC平台三类。通用平台又分为商业平台（Blackboard、Canvas、THEOL）和开源平台（Moodle、Sakai、Drupal）。专用平台是指专门为某个机构开发的或者专门为某类课程开发的，如WISE（Web-based Inquiry Science Environment）等。MOOC平台如Coursera、Udacity和edX（美国）、FutureLearn（英国）、OpenupEd（欧洲）、OpenCourseWorld以及Iversity（德国）、Miriada X（西班牙）、Alison（爱尔兰）、Open2Study（澳大利亚）、XuetangX（中国）等。Edutools网站从用户角度提出了网络教学平台的功能，包含学习管理工具、系统支持工具和系统技术特性3个方面（见表2-3-2）[①]。

表2-3-2 基于Edutools的网络教学平台的主要功能

一级类别	二级类别	三级类别
学习管理工具	效能工具	收藏/书签、时间列表、导航与帮助、课内检索、异步/同步
	交流工具	讨论区、文件交换、课程邮件、日志笔记、实时聊天、视频服务、电子白板
	学习者参与工具	分组、自评互评、学习者社区、学习者档案
系统支持工具	课程设计工具	内容共享/复用、课程模板、课组管理、教学标准兼容、定制外观、教学设计工具
	课程发布工具	自动测试评分、课程管理、教师帮助、学习者跟踪、在线打分工具
	课程管理工具	身份认证、托管服务、注册系统、课程权限设置
	硬件/软件	服务器、服务软件、移动服务支持数据库与浏览器要求

---

① WECT. EduTools [EB/OL].（2006）[2022-04-21]. http：//wcet.wiche.edu/learn/edutools.

续表

一级类别	二级类别	三级类别
系统技术特征	安全/性能	用户登录安全和访问速度、错误预防与报告
	兼容/整合	国际化/本土化、API、第三方软件整合、数字校园兼容
	定价/许可	公司、版本、成本、源码与附加产品

视频会议系统主要功能是提供在线视频或音频实时直播或录播，是具有互动白板、屏幕共享、实时消息、实时录制、随堂测评和教务管理等功能的网络学习空间。这类学习空间支持多种同步在线教学场景，如大班课、小班课、一对一等，支持视频直播和录播，支持随堂测验并具有相应的教务管理功能。学习者在学习过程中可以通过留言、弹幕、评论等多种方式与教师或同伴进行互动交流。这类系统如 ZOOM、Tencent Meeting、Skype、DingTalk 等。

专用网络教学工具包括但不限于计算工具（如 MATLAB）、认知增强工具（如思维导图工具 Xmind、3D 制作动画工具 CoSpaces）、展示增强工具（创建多媒体演示文稿工具 Buncee）、翻译转换工具（Google Translator、iFLYTEK）、学科教学工具（FCS Biology、NOBOOK）、仿真实验软件（数控仿真系统 Machining）、仿真实训软件与仿真实习软件等[①]。

多样态的网络学习空间具备不同功能，以满足不同课程情境下的混合教学需求：

- 学习资源型网络学习空间的主要功能是承载大量且多样的学习资源，支持个体的自主学习。
- 直播教学型空间的主要功能是提供在线视频或音频实时直播或录播，还具有互动白板、屏幕共享、实时消息、实时录制、随堂测评和教务管理等功能，支持多种教学场景（大班课、小班课、1V1、双师课堂等）。学习者在学习过程中可以通过留言、弹幕、评论等多种方式与教师或同伴进行互动交流，完成群体知识建构。
- 学习社区型空间的主要功能是提供学习交流服务，实现助学者（教

---

① 中国教育部.教育部关于发布《职业院校数字校园规范》的通知[EB/OL].（2020-06-24）[2021-08-06]. http://www.moe.gov.cn/srcsite/A07/zcs_zhgg/202007/t20200702_469886.html.

师、专家等）与学习者之间通过交流、指导、答疑，提供学习支架和学习策略等形式的互动；学习者与学习者间通过讨论、协作实现交互；学习者通过对资源的编辑、定制、收藏、评论、分享、创造等形式实现与资源的交互，支持学习者进行会话。

- 游戏化虚拟学习社区为学习者提供"寓学于乐"的学习环境，通过游戏激发学习者对知识的热情，通过特定角色代入开展探究学习。
- 课程服务型空间的主要功能是提供课程平台、课程内容和学习支持服务，承载大量且周期性更新的课程资源。面向学习者提供课程检索、学习计划制订、学习情况记录等功能；面向教师提供包含公告、评分标准、课件、测验与作业、考试、讨论区六大模块的课程设计功能，以及课程发布功能、课程管理功能。通过提供教师答疑区、课堂交流区等多种类型的课程讨论区，促进师生互动交流。

第四节 明确混合课程教学目标

教学目标是混合教学的出发点，支配着教学的全过程，并规定了教与学的方向[①]。首先要确定课程整体目标，然后再分解为各个学习单元的目标。

一、确定混合课程总体目标

教师可以从知识、技能与态度 3 个维度确定混合课程的总体教学目标，同时，教学目标要更加强调数字时代所需的信息素养的形成，包括信息化专业能力和信息化学习能力等。需要预设出学习者在教学活动结束后得到的成果，然后可通过回答如下 3 个问题确定教学的核心目标：（1）这门课最核心/关键性内容是什么？（2）学习者最希望获得什么？（3）学习者在学习中的关键难点在哪？

---

① 崔允漷. 教学目标——不该被遗忘的教学起点 [J]. 人民教育，2004，（2）：16–18.

拓展阅读 2-4-1

《IT 项目管理》课程（北京大学软件与微电子学院朱郑州副教授）

这门课最核心的内容是软件开发与实践，学习者最希望获得软件开发和软件项目管理的方法与技巧，而学习者学习的关键难点也在于此。因此，本课程的核心目标在于让学习者掌握软件开发和软件项目管理的方法与技巧。

将确定的核心目标进行分解。教师应考虑的是：为达成这个核心目标，学习者需要有哪些关键性产出？注意：需要从学习者学习的视角提出学习目标，目标的表述应清晰、明确、易评判，并明确说明在学习过后，学习者将有什么收获，将能解决什么问题？

作为混合课程整体教学目标的下位目标，学习单元教学目标是对课程整体教学目标的细化，因此，课程整体教学目标决定了后续各学习单元混合教学的有效实施，需要优先确定。

拓展阅读 2-4-2

《IT 项目管理》课程（北京大学软件与微电子学院朱郑州副教授）

《IT 项目管理》课程的核心目标进一步分解成了两个不同能力层级的目标。对于优秀学习者必须达到高阶要求，而对那些能力相对弱、学习进度较慢的同学，由于他们的学习方式跟别人不一样，此时需要帮他们达到基本要求。

	基本要求	高阶要求
知识	・软件工程的基本思想 ・开发和维护软件项目的工程化方法与技术	・能了解软件工程学科前沿理论

续表

	基本要求	高阶要求
技能	· 软件开发能力 · 软件项目管理能力	· 文献检索、分析、写作能力
态度	· 遵守《宪法》法律、工程伦理 · 与人为善、换位思考、团队精神	· 独立思考与创新精神 · 全球视野

二、划分学习单元

课程的学习单元是指由一系列知识、技能等要素组成并具有内在一致性的、相对完整的一个学习单元。一般来说，一门课程由不同的学习单元组成，每个学习单元则由不同的知识点组成。可按照章节内容、任务、模块、项目、专题、教学周等将课程内容划分成学习单元。单元划分一是要考虑课程本身知识之间的逻辑关系；二是要结合学习者的认知规律；三是要参考以往教学情况和学习者的反馈。划分时既需要关注知识点的相对独立性和完整性，又需要考虑到知识点之间的前后关联性。对于以认知类教学目标为主的内容，如英语、数学、物理、教育学等课程，建议按照章/节等形式进行组织；以技能类目标为主的内容，如绘画、雕刻加工、设备操作等课程，建议按照项目、模块、任务等形式进行组织；以态度类目标为主的内容，如思想品德、心理健康等课程，建议按照主题的形式进行组织。一个学习单元的内容应该有相对的完整性，前后两个学习单元内容应具有连续性和连贯性。

 拓展阅读 2-4-3

注意事项说明：
- 注意一个学习单元的内容有相对的完整性
- 注意前后两个学习单元内容的连续性和连贯性
- 注意不同学习单元划分方式的科学性和合理性

三、确定学习单元目标

与混合教学整体教学目标对应，学习单元目标也分为认知目标、技能目标和态度目标。撰写认知目标时可以参考表 2-4-1。首先确定所学知识的类型，分为"事实性知识""概念知识""程序性知识"和"元认知知识" 4 类①；其次再确定预期达到的学习水平，包括记住、理解、运用、分析、评价、创造 6 个层次②。

表 2-4-1　学习单元认知目标撰写参考表

知识类型	预期达到的学习水平					
	记住	理解	运用	分析	评价	创造
事实性知识						
概念知识						
程序性知识						
元认知知识						

拓展阅读 2-4-4

关于上述 4 种知识类型（Four types of knowledge）的概念解释如下所示：③④

➢ **事实性知识**：通常指一门学科的基础知识、一些符号等，是学习该

---

① Anderson L W, Krathwohl D, Airasian P, et al. A Taxonomy for Learning, Teaching, and Assessing.: a Revision of Bloom's Taxonomy of Educational Objectives[M]. New York: Longman, 2001: 46.

② Anderson L W, Krathwohl D, Airasian P, et al. A Taxonomy for Learning, Teaching, and Assessing.: a Revision of Bloom's Taxonomy of Educational Objectives[M].New York: Longman, 2001: 38-62.

③ Mayer R E. A taxonomy for computer-based assessment of problem solving[J]. Computers in Human Behavior, 2002, 18（6）: 623-632.

④ Anderson L W, Krathwohl, D R, Airasian P W, et al. A Taxonomy for Learning, Teaching, and Assessing.: a Revision of Bloom's Taxonomy of Educational Objectives[M]. New York: Longman, 2001: 29.

门学科的工具，在知识水平中处于最低位，如专有名词。
- ➢ **概念知识**：包括 3 个子类：分类和种类知识；规则和推理知识；理论模型和结构知识。概念知识代表了个人是如何将具体学科知识组织和建构起来的，也代表了不同知识内部是如何以系统的方式联系起来并发挥作用的。
- ➢ **程序性知识**：是关于"怎么做"的知识，通常是一系列的或有次序的步骤，包括技能、算法、技术和方法，总体被称作"程序"。它还包括一些标准，这些标准能告诉学习者何时应用何种程序。
- ➢ **元认知知识**：在教学情境中，元认知包括学习者学习和思考的一般策略性知识、认知任务知识、如何应用策略，以及与认知行为动机有关的自我因素。

撰写技能目标时可以参考表 2-4-2。首先确定技能的类型，其分为感觉与知觉技能、体力或实践技能、表达技能、智慧技能 4 类，其次再确定预期达到的技能发展阶段。

表 2-4-2　学习单元技能目标撰写参考表

技能类型	预期达到的技能发展阶段					
	知觉	定向	有指导的反应	复杂的外显行为	适应	创新
感觉与知觉技能						
体力或实践技能						
表达技能						
智慧技能						

拓展阅读 2-4-5

四类技能的内涵：
- ➢ 感觉与知觉技能是指依托于感觉与知觉器官开展的活动能力，如品酒、英语听力；

> 体力或实践技能是指需要依赖肌肉运动的活动能力，如操作仪表盘、打篮球；
>
> 表达技能则包括口头表达技能与文字表达技能——口头表达技能，如演讲、辩论，文字表达技能，如公文写作；
>
> 智力技能是指仅在大脑中进行的认知活动能力，如逻辑判断、数学计算。

技能发展阶段的内涵：

- 知觉：运用感官觉察客体或关系的过程，以此获取信息，指导动作
- 定向：为某种特定行动或经验而作出预备性调整或准备状态
- 有指导的反应：在教师或自我评价标准指导下表现出来的外显行为
- 复杂的外显行为：复杂动作模式的熟练操作（迅速、连贯、精确、轻松）
- 适应：技能达到高度发展水平，能修正自己的动作模式，以适应具体情境的需要
- 创新：能运用已形成的理解力与技能，创造新的动作模式以适应具体情境的需要

撰写学习单元的态度目标时，可以从学习者对事物的认知状态（群体意识、责任感、承受力、自我管理等）、情感状态（自信、热情、忠诚、诚实、正直）和行为倾向（主动和进取精神、与人合作、学习与业绩的自我提高等）3个方面考虑。

"ABCD法"通常被用来进行外部行为的描述，其中"A"（Audience）指教学对象，由于学习目标是针对学习者的行为而编写的，所以描述学习目标时通常对象就是"学习者"；"B"（Behavior）指行为，多为一个行动动词，表明学习者经过学习以后能做什么和应该达到的能力水平，这样，教师才能从学习者的行为变化中了解到学习目标是否已经实现了，其对应于不同认知目标层次常用的动参见词表2-4-3；"C"（Condition）指条件，这个要素说明上述行为是在什么样的条件下产生的，与动作同时发生，一般包括环境因素（空间、光线、气温、室内外、噪音）、人的因素（个人单独完成、小组协同完成、教师指导下完成等）、设备因素（工具、计算器等）、

信息因素（资料、教科书、笔记、图片、辞典等）、时间因素（速度、时间限制等）、激发性因素（为引起行为产生提供什么刺激？刺激量如何？等等）；"D"（Degree）指标准，表明了行为合格的最低要求，教师可以用它不定期地衡量学习者的行为是否合格，学习者也能够以此来检查自己的行为与学习目标之间是否还有差距。

表 2-4-3　不同学习目标层次可参考选用的动词

目标层次	特征	可参考选用的动词
记忆	从长期记忆中获取相关的知识	标记、点句重要项目、复制、定义、描述、最爱、查找、用谷歌搜索、强调、识别、标记、点赞、倾听、列表、定位、匹配、记住、命名、建立网络联系、编号、引用、回忆、阅读、逐一讲述、识别、记录、复述、重复、检索、搜索、选择、制表、断定、使可视化
理解	确定教育信息的意义，包括口述的、书面和图像传递的	高级搜索、注释、关联、逻辑搜索、分类、归类、评论、比较、对比、转换、演示、描述、区分、讨论、发现、区别、估计、例证、解释、表达、扩展、收集、推广、分组、识别、显示、推断、日志、预测、赞成、总结、标记、用推特发布
应用	实行或在指定的处境执行程序	实现、管理、应用、表达、执行、改变、画图表、选择、收集、完成、计算、构建、演示、确定、展示、检查、说明、实施、会谈、评判、编辑、实验、应付、加载、操作、绘制、起草、呈现、运行、分享、概述、上传、使用
分析	分割材料的组成部分，查明这些部分彼此间与总体结构或目的的练习	广告、评价、归因、分解、计算、分类、归类、比较、作结论、对比、关联、解构、演绎、区分、辨别、划分、区别、估计、解释、说明、推断、整合、链接、分割、画思维导图、排序、组织、概述、规划、指出、区分优先次序、提问、分离、构建、调查
评价	基于准则和标准作出判断	辩论、评估、检查、批评、评论、决定、考虑、审辩、辩护、检测、发表评论、实验、分级、假设、评判、证明、测量、审核、监控、建立网络联系、说服、发帖、预测、评级、推荐、反思、重新构建、回顾、修正、评分、支持、测试、验证
创造	整合元素以形成新颖的、条理分明的整体或者创造出原创产品	改编、制作动画、写博客、构建、合作、写作、构造、设计、开发、发明、指明方向、促进、拍摄电影、表示、集成、发明、领导、制造、管理、混合/重新合成、修改、谈判、创立、演讲、计划、播客、生产、编程、出版、角色扮演、模拟、解决问题、建造、视频博客、维基编写

学习单元目标是混合课程整体目标的细化，在设计完所有学习单元的教学目标后，需要对照课程整体教学目标，检查整体目标是否是所有学习单元目标的概括，而单元目标是否是整体目标的细化。学习单元目标确定后，

单元学习内容选择、学习活动设置、学习评价设计都要围绕其展开，做到目标、内容、活动、评价四者之间的一致性。

拓展阅读 2-4-6

《物流信息技术的应用》学习单元1：任务一 自动识别技术之条码技术
- 目标1：学习者经过阅读学习单元1任务一相关材料，能够解释条码技术的基本概念和识读原理，正确率达到90%。
- 目标2：通过学习学习单元1任务一的PPT课件和教材内容，完成商品条码和二维条码的认知任务，学习者能够解释商品条码种类和结构，能够解释二维条码的种类和结构，正确率达到80%。
- 目标3：通过观看学习单元1的视频【物流条码应用】，能够复述物流条码的种类和结构，学习者能够阐述条码技术在仓储与配送管理中的应用过程，正确率达到80%。

拓展阅读 2-4-7

《核酸检测的基本原理》课程学习单元目标撰写示例

学习单元名称	教学目标（ABCD法）
学习单元1-1：DNA的组成与结构和DNA复制的基本原理	学习者（A）经过观看课前预习视频和回答在线问题（C），能够回忆DNA双链的组成、其连接的结构和复制的原则（B），准确率达到95%以上（D）。

续表

学习单元名称	教学目标（ABCD 法）
学习单元 1-2：DNA 聚合酶的结构与作用	学习者（A）经过聆听教师讲解（C），能够匹配并逐一讲述 DNA 聚合酶各部分的结构和对应的功能（B），对相关课堂问题回答准确率达到 80% 以上（D）。
学习单元 1-3：PCR 反应的原理与流程	1：学习者（A）经过观看动画演示和聆听教师讲授（C），能够解释引物、模板、DNA 聚合酶、dNTPs 等在 PCR 反应中发挥的作用（B），准确率达到 80% 以上（D）。
	2：学习者（A）经过聆听教师讲授，在小组合作的条件下（C），能够绘制 PCR 的原理示意图（B），准确率达到 90% 以上（D）。
	3：学习者（A）经过子单元 1-1、1-2、1-3 的学习后，在不额外翻阅资料的前提下（C），能够在完成分小组游戏（类似于谁是卧底的游戏规则，描述词汇需要符合客观事实，卧底需要寻找共性，平民需要描述特性）时描述自己的词汇并且分辨其他人所描述的词汇是否与自己的一致（B），游戏成功率达到 50% 以上（D）。
	4：学习者（A）经过绘制 PCR 的原理示意图和聆听子单元 1-1、1-2 的内容（C），能够辨别 PCR 与体内 DNA 复制之间的区别并考虑 PCR 体系在临床中的应用（B），每个问题的回答至少考虑两个方面，并且言之有物、符合基本原理和逻辑（D）。
学习单元 2-1：荧光共振原理	学习者（A）经过观看动画演示和聆听教师讲授（C），能够描述荧光共振的基本概念（B），准确率达到 80% 以上（D）。
学习单元 2-2：荧光共振 PCR 原理及流程	学习者（A）经过聆听教师讲授，在可以翻阅课堂笔记及 PPT 的条件下（C），能够绘制荧光共振 PCR 流程的图示，并且比较其与普通 PCR 之间的相同点和不同点（B），准确率达到 80% 以上（D）。
学习单元 3-1：核酸检测的基本流程	学习者（A）经过观看动画演示和聆听教师讲授（C），能够叙述核酸检测的基本流程（B），准确率达到 80% 以上（D）。
学习单元 4-1：实验室中的 PCR 操作	学习者（A）经过实地参观实验人员 PCR 操作，在教师的指导下（C），能够配制 PCR 体系并且使用 PCR 仪和调试参数，同时检测是否得到 PCR 产物（B），得到目标的 PCR 产物（D）。

第五节　确定混合课程学习内容与呈现形式

课程的学习内容是根据特定的课程目标有目的地从人类的知识经验体系中选择出来，并按照一定的逻辑序列组织、编排而成的知识体系和经验体系的总和。学习资源是学习内容的载体，决定了学习内容的媒体呈现形式。教材是根据课程目标和标准编制的教学用书，是使用最为广泛的教学资源，有纸质版和电子版两种形式。信息时代产生了多种媒体的数字化学习资源，可以通过互联网广为传播。教师在选择混合教学内容时，一般以教材为主要来源，也可选择其他学习资源，特别是基于网络的数字化学习资源。

一、组织混合课程的学习内容

混合课程的学习内容应当围绕课程总体目标以及各个学习单元的目标进行组织。学习内容选择是否适当，其检验标准就是学习者是否通过学习给定的内容能够达成预定的学习目标。常见的学习内容类型是认知性内容（知识点）和技能性内容（技能点）。

 拓展阅读 2-5-1

《核酸检测的基本原理》学习单元目标及学习内容

学习单元	目标（ABCD 法）	学习内容
学习单元 1-1：DNA 的组成与结构和 DNA 复制的基本原理	学习者（A）经过观看课前预习视频和回答在线问题（C），能够回忆 DNA 双链的组成、其连接的结构和复制的原则（B），准确率达到 95% 以上	知识点：脱氧核糖核酸以及 DNA 双链反向平行双螺旋结构、DNA 碱基互补配对、DNA 复制的内容
学习单元 1-2：DNA 聚合酶的结构与作用	学习者（A）经过聆听教师讲解（C），能够匹配并逐一讲述 DNA 聚合酶各部分的结构和对应的功能（B），对相关课堂问题回答准确率达到 80% 以上（D）	知识点：DNA 聚合酶的工作原理
学习单元 1-3：PCR 反应的原理与流程	目标1：学习者（A）经过观看动画演示和聆听教师讲授（C），能够解释引物、模板、DNA 聚合酶、dNTPs 等在 PCR 反应中发挥的作用（B），准确率达到 80% 以上（D）	知识点：PCR 反应的原理和流程（重点） 技能性：应用 PCR 体系的方法

续表

学习单元	目标（ABCD法）	学习内容
学习单元1-3：PCR反应的原理与流程	目标2：学习者（A）经过聆听教师讲授，在小组合作的条件下（C）能够绘制PCR的原理示意图（B），准确率达到90%以上（D） 目标3：学习者（A）经过子单元1-1、1-2、1-3的学习后，在不额外翻阅资料的前提下（C），能够在完成分小组游戏（类似于谁是卧底的游戏规则，描述词汇需要符合客观事实，卧底需要寻找共性，平民需要描述特性）时描述自己的词汇并且辨别其他人所描述的词汇是否与自己的一致（B），游戏成功率达到50%以上（D） 目标4：学习者（A）经过绘制PCR的原理示意图和聆听子单元1-1、1-2的内容（C），能够辨别PCR与体内DNA复制之间的区别并考虑PCR体系在临床中的应用（B），每个问题的回答至少考虑两个方面，并且言之有物、符合基本原理和逻辑（D）	知识点：PCR反应的原理和流程（重点） 技能性：应用PCR体系的方法
学习单元4-1：实验室中的PCR操作	学习者（A）经过实地参观实验人员PCR操作，在教师的指导下（C），能够配制PCR体系并且使用PCR仪和调试参数，同时检测是否得到PCR产物（B），得到目标的PCR产物（D）	技能点1：使用实验仪器（如移液枪、冰盒、PCR仪）的方法 技能点2：配制PCR体系的方法 技能点3：检测PCR产物的方法

　　学习单元的内容组织通常涉及3个方面：范围、重点和序列。范围主要是指学习内容的广度和深度。在决定单元范围时，要从课程的连续性以及社会、学习者的特点出发，确定单元内容中各种事实、概念的相对重要性，从而选取难度适当的核心内容；学习单元的重点通常围绕特定的主题与观点展开，是内容中的关键部分，主题又由若干子主题构成，从而形成特定的知识框架；学习单元的序列是内容展开的顺序，一般在确定材料的序列时，要注意新旧知识之间的联系，保证新的学习以原有学习为基础展开。

　　学习单元的内容确定后，可以选择多种媒体形式，由此形成混合课程中的数字化学习资源。数字化学习资源是指基于网络的学习材料，经过数字化处理、可以在计算机上或网络环境下运行的多媒体材料。学习资源的选择需要考虑内容与形式的匹配，如概念性知识可采用电子讲稿和电子文档呈现，对于过于抽象的知识可使用视频展示；程序性知识可采用动画演示等，但也要与教学形式相适应，如讲授式教学一般使用电子讲稿、电子文档等，探究式教学需要仿真程序、交互动画等，协作式教学需要协同式电子文档的支持等。在呈现学习资源时，还需要考虑学习者的特点、学习环境及终端设备等，如学习视频的时长尽量在10分钟以内，以便适应学习者注意力最高水平的持续时间；学习者用手机进行学习资源阅读时，需要考虑学习材料的版式和风格是否适合手机屏幕等[1]。在混合教学情境下，还需要考虑线上和线下学习内容的分解与逻辑安排（见表2-5-1）。

表2-5-1 混合课程线上线下学习内容安排建议

适合线上安排的学习内容
·学习者提前自主预习，课前预备相关知识
·学习者需要重复学习的内容
·事实性知识和概念性知识内容
·占用课堂时间太长但对学习有辅助作用的内容
·课后巩固、深化的内容
·课外拓展读物，补充教材的内容
适合线下安排的学习内容
·学习者自主学习遇到困难的内容
·学习者需要老师答疑解惑的内容
·教师重点讲解的内容
·需要教师和学习者面对面地交流与沟通的内容
·课堂讨论、集中展示的内容
·与线上学习互相补充的内容

---

[1] [美]约翰·梅迪纳.让大脑自由：释放天赋的12条定律[M].浙江：浙江人民出版社，2015.

拓展阅读 2-5-2

根据 Reigeluth 细化理论，教学内容可以分为两种知识类型：
- 一种是领域知识，包括概念性知识（说明"是什么"，包括概念的定义、实例和把概念应用于具体的情境学习之中）和理论性知识（说明"为什么"，包括最基本的原理和观点）；
- 另一种是任务知识，包括任务的主要功能和步骤，分为过程性任务知识（说明"怎么办"，）和启发性任务知识（说明"何时该怎么做"）。教师可以依据这一理论对教学内容进行知识点分解和组织。

对于与实践密切联系的课程而言，例如医学类、工程类等学科，其教学内容与职业标准密切对接，所以在组织此类混合课程的学习内容时需要基于工作过程。其包含四个基本环节（见图 2-5-1）①。

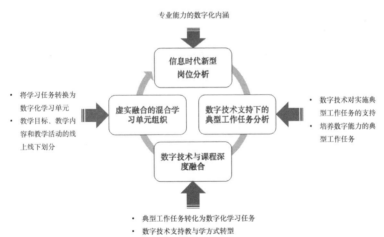

图 2-5-1　基于工作过程的课程开发数字化转型

---

① 王雯，韩锡斌. 工作过程导向的职业教育课程混合教学设计[J]. 中国职业技术教育，2020，(5)：68-78.

（1）信息时代新型岗位分析：信息技术对传统行业产生了巨大冲击，在进行岗位分析时应充分调研现有及未来行业需求的新型岗位。此外，岗位职业能力的内涵也发生了一定改变，在进行课程对应的岗位能力分析时，必须在传统岗位能力基础上充分探讨岗位职业能力的信息化内涵，包括信息化职业能力、数字化学习能力和综合信息素养。

（2）数字技术支持下的典型工作任务分析：数字技术支持下的典型工作任务分析包括分析数字技术对实施典型工作任务的支持，以及涉及数字化职业能力、数字化学习能力和综合信息素养培养的典型工作任务。

（3）数字技术与课程深度融合：一方面，将数字技术支持下的典型工作任务转化为学习任务；另一方面，需要考虑数字技术如何满足学习者工作过程导向的学习、支持职业能力培养目标的实现。

（4）虚实融合的混合学习单元的组织：混合学习单元的组织包括将学习任务转换为数字化学习单元，进行教学目标、教学内容和教学活动的线上线下划分。混合学习单元的组织仍选择工作过程的对象、内容、手段、组织、产品、环境中的恰当要素作为依据。

二、确定混合课程教学内容呈现形式的原则

混合课程教学内容呈现形式的选择，通常需要遵循以下原则[1][2]：

（1）一致性原则。不要呈现与教学目标无关的文字、图像、声音等资料，以免分散学习者对关键信息的注意力。尤其一些为了增添课堂趣味性而插入的文本、图片、背景音等，当它们与课程内容的主题无关时，反而会适得其反、降低学习效果。

（2）提示性原则。呈现教学资源时可给予重要信息一些提示，从而减轻学习者信息搜索的负荷。同时，一组学习行动完成时给予学习者结束信息提示，让他们可以为下一组行动作准备。

（3）冗余原则。去除重复信息。例如，当使用"动画+解说"的方式呈现信息时，不要再呈现与解说内容一致的文字。

---

[1] Mayer R E Multimedia aids to problem-solving transfer[J]. International Journal of Educational Research, 1999（31）: 611-623.

[2] Ben S, Catherine P, Maxine, C, et al. Designing the User Interface: Strategies for Effective Human-Computer Interaction（6th edition）[M]. New York: Pearson Education, 2017: 95-97.

（4）空间邻近原则。存在一致性的图片与文字在空间布局方面应邻近。即画面与解释该画面的文字应紧邻呈现，从而减少学习者检索与整合信息的认知加工，减少短期信息存储的认知负荷。

（5）时间邻近原则。相互关联的信息在时间上应紧邻出现或同步呈现，从而方便学习者建立连贯的心理表征，减少短期信息存储的认知负荷。

（6）分块并减轻短期记忆负担原则。将一个复杂任务分割为几个连续的独立片段，同时避免要求学习者从一个界面必须记住信息再到另一个界面使用信息。例如，在动画或视频中通过设置转场进行内容分隔，方便学习者把控学习节奏，避免一次性接受全部信息而造成认知负荷，但需要关联学习的内容应该做到压缩到一块来显示，如一张表格应在一页显示。

（7）预训练原则。呈现复杂任务或新的教学内容时，通过预先提供先行组织者材料，帮助学习者对复杂关键概念进行预学习。

（8）多媒体原则。在呈现信息时，同时使用文本和图像的方式要比单独呈现文本材料的效果要好，这可能因为前者有益于帮助学习者整合言语心理表征和图像心理表征，从而促进生成性认知加工。

（9）双通道原则。在呈现教学资源时要考虑将视觉通道和听觉通道同时激活，减少过度使用其中一种通道造成负荷。例如"图像+旁白"的方式要比"图像+屏幕文本"的方式效果更好。

（10）个性化原则。以对话风格呈现言语信息要优于正式文本语言。在拍摄视频时以第一人称视角的效果要优于第三人称视角，因为前者能够提升学习者的代入感、提升参与的主动性。

（11）声音原则。在呈现声音解说时，采用真实人声的效果要优于使用机器生成的声音。

（12）图像原则。在呈现信息时，注意屏幕上所呈现的图像与文字之间的关系，避免学习者的注意力因被某些真人或卡通人物的图像所吸引，反而分散了对学习内容的注意力。

选用开放教育资源

数字化学习资源可以分为开放教育资源、引进教育资源和自主开发资源。"开放教育资源"通常指基于非商业用途、遵循资源版权要求，借助网络信息技术自由使用和修改的数字资源，包括开放在线课程（含MOOCs）、开放课件（含微课）、开放教学材料、开放软件等[①]。混合课程的数字化学习资源应优先引用开放教育资源，当开放教育资源无法满足教学需求时，可以建议学校以购买、接受捐赠等形式从校外引入，最后的一个选择才是进行自主开发。开放教育资源可通过网络获取（见表2-5-2）。

表 2-5-2　一些开放教育资源的列表

类型	资源示例及其网址	简介
开放课程	可汗学院： https://zh.khanacademy.org/	可汗学院，通过在线图书馆收藏了3 500多部可汗老师的教学视频，向世界各地的人们提供免费的高品质教育
	麻省理工学院的开放课程： http://ocw.mit.edu/index.htm	MIT把240门课免费放在网上供大家学习，并于2010年完成了33个学科共2 000门课程，包括课程教学大纲、讲义、作业和试卷等
	国际课件开放联盟： http://www.oeconsortium.org/	国际课件开放联盟（OCWC）是拥有全球包括哈佛、耶鲁、麻省理工学院等200多所高等教育机构和相关教育组织的联合体，其使命是促进全球共享正式和非正式学习的教育资源，以及利用自有、开放、高品质的教育材料组成课程。联合体机构汇总起来共为OCWC提供了超过20种语言环境下的14 000门课
	Coursera： https://www.coursera.org/	Coursera是大型公开在线课程项目，由美国斯坦福大学两名计算机科学教授创办。旨在同世界顶尖大学合作，在线提供网络公开课程。Coursera的首批合作院校包括斯坦福大学、密歇根大学、普林斯顿大学、宾夕法尼亚大学等美国名校
	TED-Ed： https://ed.ted.com/	TED-Ed召集众多科学、设计、文学、音乐等领域的杰出人物，通过演讲分享他们关于技术、社会、人的思考和探索，从2006年起，TED演讲的视频被上传到网上
	edX：https://www.edx.org/	edX是麻省理工和哈佛大学于2012年4月联手创建的大规模开放在线课堂平台，免费给大众提供大学教育水平的在线课堂
	iTunes U： https://www.apple.com.cn/education/itunes-u/index.html	iTunes U是一种免费的网络公开课，诸多学校，如哈佛、MIT、牛津等都把自己课堂的音频、视频、文档，放在网上，可以通过itunes这款软件来下载
	中国大学MOOC： https://www.icourse163.org/）	中国大学MOOC提供高等教育在线课程

---

① UNESCO. Forum on the Impact of Open Courseware for Higher Education in Developing Countries [R]. Paris：UNESCO，2002.

续表

类型	资源示例及其网址	简介
开放课程	智慧职教： http://www.icve.com.cn	智慧职教提供职业教育在线课程
	学堂在线： https://www.xuetangx.com	学堂在线提供高等教育在线课程
开放教科书	美国"社区学院开放教育资源联盟"： http://oerconsortium.org/disciplinespecific/	美国国家社区学院改革委员会启动了"实现梦想"项目来消除传统教育资源给学习者带来的经济负担。美国13个州的38个社区学院将启动完全基于开放教育资源的学位项目
	"平坦世界的知识"： http://www.flatworldknowledge.com/	"平坦世界的知识"是在线教科书和家庭作业平台
	古腾堡课程： http://www.gutenberg.org	古腾堡课程项目网站是一个拥有6万多本免费电子书的图书馆
教学素材	MERLOT： http://www.merlot.org/merlot/index.html	MERLOT是根据NSF资助的项目"创作工具和教育对象经济（EOE）"建模的，由Apple Computer以及其他行业、大学和政府合作者主持、开发与分发的工具，以形成参与构建学习材料共享知识库的社区
	Iconfont： https://www.iconfont.cn/home/index?spm=a313x.7781069.1998910419.2	Iconfont是阿里妈妈MUX倾力打造的矢量图标管理、交流平台。设计师将图标上传到iconfont平台，用户可以自定义下载多种格式的icon，平台也可将图标转换为字体，便于前端工程师自由调整与调用

拓展阅读 2-5-3

应用开放教育资源时应注意遵循以下原则：
- 教师应确保所应有的开放教育资源版权清晰、来源明确；
- 教师应对内容的正确性、准确性、时效性、全面性、有效性及对教学的支持性进行科学判断；
- 教师需要对开放教育资源进行有目的的再加工，使之完全符合教学需求。

教师可以从开放教育资源的网页设计和内容设计两个维度思考是否选用该开放教育资源，具体可参考表 2-5-3 和表 2-5-4 进行评估与应用。通过统计两份核查表中"符合"与"不符合"的数量，从而帮助作出是否选用该资源呈现混合教学内容的决定。

表 2-5-3　网页设计部分的评估审查表

	符合	不符合	不适用
1. 速度			
A. 页面加载速度快捷			
2. 主页			
A. 主页引人入胜，具有强烈的视觉冲击			
B. 方便浏览者了解当前所处位置（具有清晰的标题、描述、图片说明等）			
C. 具有明确的索引、目录或包含网站内容的导航			
D. 明确呈现网站赞助商／信息提供者			
E. 关于网站赞助商／信息提供者的联系方式便于获取			
F. 明确版权日期或网站建立日期			
3. 易于导航			
A. 用户可以在站点内轻松跳转			
B. 如有必要，提供场地使用说明			
C. 导航所指向的方向明确，易于遵循			
D. 通过呈现适当链接跳转至网站其他页面			
E. 网站内外链接正常（无错误链接等）			
4. 多媒体			
A. 每项图像、视音频文件都具有明确的用途			
B. 所使用的图像、视音频文件与网站内容一致，提供充足的信息量			
5. 浏览器兼容性			
A. 网站可适用于各种浏览器，如 Netscape、Internet Explorer			

续表

	符合	不符合	不适用
6. 内容呈现			
A. 站点内具备足量信息			
B. 信息具有清晰的标签			
C. 站点内使用相同的基本格式			
D. 信息易获取（比如，不超过 3 次点击即可到达指定位置）			
E. 链接列表组织良好、便于使用			
7. 流传性			
A. 明确标注上一次修订的日期			
B. 及时移除过时的材料			
8. 拓展信息的可获得性			
A. 通过工作链接提供联系人或地址，便于获得进一步的信息			
B. 提供链接用于跳转到其他有用网站			

表 2-5-4　内容设计部分的评估审查表

	符合	不符合	不适用
1. 直观印象			
A. 用户可以快速明确网站的基本内容			
B. 用户能够明确网站的目标受众			
2. 信息提供者			
A. 明确标注出信息材料的提供者			
B. 可获得信息提供者的材料			
C. 根据所给信息，作者有资格提供关于该主题的材料			
D. 明确网站赞助商			
E. 联系人或联系地址可用，便于用户提出问题或验证信息			
3. 信息的流传性			
A. 提供最新一次的修订日期			
B. 最近一次修订的日期应与所提供的材料相对应			

续表

	符合	不符合	不适用
C. 内容频繁更新			
D. 通过链接所跳转到的其他网站运行正常			
4. 信息质量			
A. 网站的目标定位明确（商业类，娱乐类等）			
B. 内容有效地达到预期目的			
C. 内容完整，不存在诸如"正在建设中"的标识			
D. 网站内容组织良好			
E. 网站所提供的信息简单易懂			
F. 网站能够提供大量与本人需求/目的相关的信息			
G. 内容立场客观正确			
H. 网站具有良好的可交互性			
I.（基于本人的先验知识）网站所提供的信息准确			
J. 网站所提供的信息与其他来源的类似信息具有一致性			
K. 网站提供的信息内容语法与拼写正确			
5. 拓展信息			
A. 有与本人需求/目的相关的其他网站的链接			
B. 所提供的链接至其他网站的内容质量较高，能够符合本人需求/目的			

三、开发数字化学习资源

根据媒体形式，将学习资源分为6种类型：文本类、图形/图像类、音频类、视频类、动画类和三维模型类。

文本类资源中的文字信息尽可能简单明了，以免语句过长或过短都可能造成学习者的阅读困难，尽可能避免生僻字和难以理解的词语。在组织文本类素材时，可通过编号形式标记文本信息的结构，重要词汇或语句可通过加粗、高亮等方式进行强调，尽可能避免屏幕中大量的文字信息。

图形/图像类资源的用途不同，呈现的方式也要作相应的设计：点缀类图片旨在吸引学习者注意力，一般放在开始或分段处；表征类图片旨在呈现内容的特征，帮助学习者快速获得要点；程序性图片呈现系列操作的步骤，相较文字方式能够更加简明地呈现信息的前后关联；解释性图片是对复杂抽象信息的直观呈现，一般与文字信息相配合，旨在帮助学习者理解困难或抽象的文字信息等。在图文混排时需要做到图片信息内容准确，与文字互相配合，切忌呈现与所传递信息无关的图形、图像造成认知负荷①。

视频类资源在设计时应主题明确，一般一个视频对应一个主题；视频呈现形式需根据学习者特点与课程内容特征，选择是否出镜、是否呈现人像、是否呈现字幕等。视频与音频进行组合设计时，两者的内容需要围绕同一主题；配音应尽量清晰，速度适中；背景音乐音量不干扰讲解的声音。视频类素材设计的长度一般不宜超过 10 分钟，若超过则可适当拆分为多个视频进行呈现。

拓展阅读 2-5-4

几种常见的视频学习资源
- 出镜讲解：授课者的形象出现在视频讲解当中，授课者可以直接站在黑板、电子白板、背投彩电或者演播室的绿幕布前，后期进行处理。特点：（1）容易抓住学习者注意力；（2）容易形成一对一授课感觉。
- 手写讲解：可以在纸张、黑板、带有电子笔的平板电脑或是带有液晶屏的手写板上，通过摄像机拍摄或录屏的形式保存手写的讲解过程。特点：（1）吸收了传统课程中板书讲解的全部优点；（2）通过后期剪辑，可以剪去不必要的拖沓，大大提升推导讲解效率，进而提高学习者学习效率。此形式更适合涉及推导过程讲解的课程，如理工科、经济、金融类。
- 实景授课：对传统授课过程进行实景录制，可以极大发挥在线授

---

① 金慧. 在线学习的理论与实践：课程设计的视角 [M]. 北京：清华大学出版社，2017：134.

课优势。适用于：（1）讲解相关实验，可以到实验室中边实验边讲解；（2）讲解出土文物、名家名画，可以到博物馆中实景观摩授课；（3）需要参观工厂车间、金融交易市场，可以直接去现场感受氛围，同时可以讲解与实物相关的课程内容。
- 动画演示：动画演示有助于形象讲解抽象知识，生动活泼，易于理解，适当时加以利用可以调动学习者的学习兴趣，提升知识讲解的效率。
- 访谈式教学视频：以访谈形式将3名以上的教师或学习者针对规定话题进行讨论、对话的过程进行拍摄。特点：（1）循序渐进地将知识寓于对话当中，使授课内容富有故事性，能够吸引学习者的注意力；（2）便于学习者接触到更多人的观点，扩展思路与视野。

在开发多媒体资源时，可以将未数字化的文本、图像、音频、视频等媒体资料通过一定的途径使其数字化。例如，用 Photoshop 软件编辑制作图片，用 Premiere、Audition、Camtasia Studio 等音视频录制软件制作声音文件或视频文件，用 3D Studio MAX、Animator Studio、flash 等软件制作动画或三维模型等。将媒体素材上传到网络教学平台时需要注意媒体素材的组织结构、文件格式、大小（如图像是否需要压缩等）、制作难度和成本、发布时间等因素，建议教师尽量将 PPT 讲稿转成 PDF 格式，将图片资料存储为 jpg 或 gif 格式，声音文件尽量采用 mp3 格式，视频格式尽量转换为流媒体视频格式（.wmv、.asf 等），从而节约媒体素材所占用的空间，便于在网络上传输。

基于上述多媒体资源，可以开发课件、案例、参考资料等。课件是对一个或几个知识点进行呈现的多媒体材料或软件，依据使用目的的差异可分为助讲型课件（如教师使用的 PPT 讲稿等）和助学型课件（如学习者学习的微视频等），其中，助学型课件的类型又包含呈现演示型、交互学习型、操作训练型、模拟实验型、学习游戏型等。助学型课件的设计与开发要注重互动性，在呈现学习信息的同时，为学习者提供有针对性的引导、评价、反馈和指导等信息，便于促进学习者自主学习。案例是为了达成特定教学目标，基于一定的事实而编写的故事，可作为重要的学习资源用于教学过程，其中的问题可以引发学习者的思考、争论、推理、决策等。按照案例的媒体形式一般分为文本案例和视频案例。教学案例库的设计与开发也是课程建设的重要内容。参考资料是指有关教育方面的政策、法规、条例、规章制度，以及对重大事件的记录、重要文章、书籍等。研究型教学的开展需要学习者依据某个选题进行自主探究，教师为引导其更有针对性地深入研究某个领域，为学习者提供经典的、重要的、相关的文献资料，提高学习者探究学习的效率。选用和开发此类资源时，需要考虑材料的文件格式、文件大小（是否需要压缩）等。

第六节　设计与实施混合课程学习活动

学习活动是学习者为达到既定的学习目标需要完成的操作总和[①]。混合课程学习活动的设计包括课程活动的整体安排和每个单元的学习活动设置，还需要关注线上、线下场景学习活动的不同特点以及彼此有机衔接。

一、混合课程学习活动的整体安排

学校课程持续的时间都是以学期为计算单位的，在每个学期，课程的学习活动可以分为3个阶段：初期、中期和后期，每个阶段的学习活动安排有各自的侧重点[②]。

依据第一章呈现的探究社区理论（CoI），在课程的不同阶段，教师需要提供不同强度的社会临场感、教学临场感和认知临场感的教学活动，从而满足不同课程实施阶段师生的混合教学特点以及学习者需求的变化：课程初期以创设社会临场感支架为主，教学临场感支架次之，前者旨在建立学习者的身份认同与归属感、促进其熟悉混合学习环境，后者意在激发学习者动机、建立良好的师生关系；课程中期需要重视创设教学临场感支架，引导学习者有效学习，并创设认知临场感支架，促进学习者深化认知、建

---

① 何克抗，林君芬，张文兰.教学系统设计[M].北京：高等教育出版社，2006：113-115.
② 冯晓英，吴怡君，曹洁婷等."互联网+"时代混合式学习活动设计的策略[J].中国远程教育，2021，（6）：0-67+77.

构知识，激励学习者持续参与的社会临场感支架强度逐渐减弱；课程后期创设认知临场感支架，给予学习者自我展示的机会和自我反思评价，同时，逐渐撤出直接指导相关的教学临场感支架[①]。图 2-6-1 呈现了不同阶段临场感侧重点的变化，圆圈大小代表了对应临场感的支架强度，即在对应教学阶段的重要性程度。

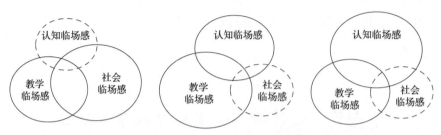

图 2-6-1　混合课程各阶段临场感侧重情况示意图

课程初期阶段：通常指课程的前两周，是学习者了解课程目标、课程内容、教学方式，以及师生之间刚刚认识的阶段。可从以下几方面设计与实施此阶段的学习活动：

（1）帮助学习者建立身份认同和归属感，形成友好、活跃的交流氛围。典型活动包含破冰活动、介绍混合教学环境、集体答疑、组织构建小组开展协作活动、给予学习者自由表达的机会等。

（2）帮助学习者加强对课程的了解，构建良好的师生关系。典型活动包含向学习者介绍课程内容与安排、提出学习期望与考核方式、说明课程对学习者发展与人才培养的意义，并向学习者作自我介绍，拉近师生距离。

（3）关注、激发学习者对混合学习的兴趣和动机。相关的教学活动包含呈现明确的奖惩标准、提出课程目标、说明课程意义等方式，激发学习者的外部动机，还包含通过设计与学习者先验基础、群体特征、需求相适应的教学情境，组织有吸引力的教学活动，以提出具有启发性的问题等方式激发学习者的学习动机。

---

① 冯晓英，吴怡君，曹洁婷，等．"互联网 +"时代混合式学习活动设计的策略 [J]．中国远程教育，2021（6）：60-67+77．

拓展阅读 2-6-1

《西方经济学》课程初期的混合学习活动组织如下表所示。(鞍山广播电视大学梁玉忠)

活动	学习方式	策略
活动1：欢迎信	线上	建立归属感，形成良好氛围
活动2：阅读课程信息	线上	熟悉学习环境
活动3：教师自我介绍	线上、线下	了解课程，信任教师
活动4：破冰活动	线上、线下	建立归属感，形成良好氛围
活动5：小组建设	线上、线下	建立归属感，形成良好氛围
活动6：告知目标和标准	线上、线下	激发学习动机
活动7：情境导入	线下	激发学习动机

其中，活动3、4、5都是通过线上线下混合的形式开展。课程之初，教师运用微信、QQ等即时通信软件发布"欢迎信"，告知学习者课程的基本情况，包括具体教学活动的日程、课程的目标细则以及平台的使用步骤等信息。同时，教师在欢迎信中进行了"自我介绍"，让学习者了解自己并建立起信任感，帮助学习者快速适应新的学习环境。接下来，教师设计了"线上破冰活动"并开展了"小组建设"，在活动中小组成员介绍自己的年龄、职业等，互相打招呼，并合作构思小组名称及学习口号。这些活动也在面授教学中进一步拓展，教师根据线上活动的情况，设计了简单的小组任务以拉近学习者之间的距离，帮助学习者建立身份认同和归属感，初步形成学习共同体。教师在此基础上鼓励学习者共同制订在线讨论的基本规则，以促进学习者开放交流，营造轻松自由的交流氛围。在第一次面授教学时，教师当面向学习者介绍自己，进一步加强学习者对自己的学术信任。此外，教师设计了线下破冰活动，通过联系学习者的生活经验、提出引导性问题帮助学习者对"稀缺性""机会成本"等相关概念产生好奇心，提升学习者的学习兴趣和学习动机。此外，教师向学习者介绍细化的评价标准和规则，着重强调线上讨论的重要性，进一步激发学习者的学习积极性。

拓展阅读 2-6-2

课程初期活动案例：破冰活动——8个名词 Eight Nouns[①]

该课例源自中国清华大学《混合学习设计与应用》本科生课程。

活动内容与目的：每位学习者在网上讨论区写下8个最能描述自己特点的名词，并说明原因。前几个名词一般很容易想到，但到了后3个词，则往往需要思考一段时间。而正是后面不易想到的词可以揭示出学习者自己都没想到的特点，该活动有助于同学之间快速熟悉。如有位来自土耳其的学习者在8个名词活动中给出一个dishwasher，原因是他很喜欢洗盘子。尽管这个词有些夸张和玩笑的成分，但这位同学确实被大家记住了。8个名词在营造一种社会性互动的学习氛围，而这种氛围往往是课程学习的起点，它活跃了整个团队的气氛，在所有参与者中建立了一种社会性共识（这一活动不仅适用于网络环境，在教室环境也适用）。

建议与提示：教师要确保所有学习者已经明确活动的规则和要求；教师自己带头贴出自己的8个名词，也可以贴出几个以往同学的名词作为示例；每位学习者至少要对一位同学的帖子作回复。

课程中期阶段：指课程学习活动的主体部分，不同课程时长不一。可从以下几方面考虑设计与实施此阶段的混合教学活动：

（1）通过组织和实施恰当的教学活动引导学习者有效地学习。有效活动包含教师的直接指导、聆听学习者的表达、与其进行对话交流，并通过开展案例分析、互动讨论等方式增强师生、生生间的互动对话。

（2）促进个人及小组通过持续交流实现知识建构，深化认知。可开展的活动包含头脑风暴、焦点讨论等引发学习者思考的活动，以及辩论、角色扮演、问题分析等帮助学习者获取信息、会聚群体智慧的活动等。

[①] Bonk C, Khoo E. Adding Some TEC-VARIETY: 100+ Activities for Motivating and Retaining Learners Online[M]. United States: Open World Books, 2014: 181-208.

（3）激励学习者持续参与，避免混合教学中期为学习者带来倦怠感。教师的相关行动包含及时激励与表扬、树立同伴学习榜样、同伴互评等方式，注重提升学习者的自我效能感和学习参与。

拓展阅读 2-6-3

《段落写作》课程（印度尼西亚大学开设的一门英语教育课程）

这门课程主要采用了翻转课堂的模式，教师会提前为学习者提供必要的学习材料，包括写作案例等，并要求学习者提前阅读和学习。课程中期的混合学习活动组织如下表所示。

活动	学习方式	策略
活动1：面授	线下	激励学习者的持续参与
活动2：经验/案例分享	线上、线下	引导有效学习
活动3：头脑风暴	线下	促进个人及小组知识建构
活动4：案例分析	线下	促进个人及小组知识建构
活动5：同伴互评	线上	激励学习者持续参与

教师每周会进行一次面授课，创设较高强度的教学临场感。在课上教师首先会选择一个写作主题如"定义""因果关系"等进行讲解，随后再通过线下方式提供对应主题的高难度写作模板案例给学习者，在线上案例分享活动的基础上逐层递进，丰富混合学习资源。学习者在课堂上以小组为单位进行头脑风暴，对该案例的中心句、论据和总结句进行分析与讨论，并将讨论结果与全班同学进行分享交流。课后，学习者需要根据当周学习主题进行段落写作，并提交至作业区，所有学习者的作业都会在作业区展示出来。教师除了对学习者进行评价外，还设计了线上同伴互评活动，以激励学习者的持续参与。此外，在下一次的面授课上教师会对学习者上周的作业进行面对面的点评和指导，以持续激发学习者的学习积极性。

课程后期阶段：指课程的最后两周，课程主体内容教学已基本完成，处于总结反思、作品展示的阶段。可从以下几方面考虑设计与实施此阶段的混合教学活动：

（1）开展综合展示类教学活动。课程后期以面向高阶目标、促进综合进阶为主线，通过创设认知临场感，支持学习者将所学知识、技能进行迁移应用，解决真实或复杂的问题，并通过完成综合类学习任务、将作品产出进行展示的活动方式，促进学习者综合应用所学内容。

（2）支持学习者自我反思与评价。开展反思评价类活动，促进学习者实现意义建构。具体包含教师评价、同伴互评、自我反思等多元主体、多种形式的活动，通过提供过程性支架、呈现导航地图或思维导图、给予及时反馈指导等方式促进实现上述活动顺利开展。

拓展阅读 2-6-4

《Java 编程》（中国北京大学本科生课程）

该课程为期 15 周，分为概念化、建构和对话 3 个阶段。课程后期主要是建构阶段和对话阶段，即学习者对前期概念化阶段习得的知识进行应用迁移。教师在课程中会提供教材中的专家代码案例供学习者参考，帮助学习者解决相似的编程问题。学习者参考在线平台提供的资源，在教师的面对面指导下解决问题，设计多种编程方案进行比较和自我评价以选出最优方案。学习者提交作品到平台后，教师会进行评分，其他同学也能够就程序的创作以及可迁移性展开交流。除了教师和同伴对学习者作品在平台上进行评价反馈外，教师在线下课堂也设计了同伴评价和自主评价活动，通过面对面的交流讨论，使学习者更加深刻地反思、总结自己的学习，从而促进问题解决能力和自我反思能力的发展。

课程后期的混合学习活动组织示例如下表所示：

活动	学习方式	策略
活动1：个人创作	线下	综合展示与自我发展
活动2：作品展览	线上	综合展示与自我发展
活动3：同伴互评	线上、线下	自我反思与评价
活动4：自我评价	线下	自我反思与评价

二、混合课程线上线下学习活动的安排

学校课程的时间安排从长到短依次包括整个学期、教学周和学习单元。高校和职业院校的一个学期有16~20个教学周，每个教学周安排1~3次面授教学，每次2~4个学时，教师的授课需要按照学校对课程的时间安排来进行。混合课程的鲜明特征就是既有线下学习活动，也有线上学习活动，而且线上线下活动相互交织，贯穿整个课程的始终[1]。因此，与仅仅面授课程相比，混合课程在线学习活动的安排及其与线下学习活动的衔接是需要重点考虑的。例如，原本面授课程中每周安排两次线下活动，在混合课程中则可以将其中一次置于线上（见表2-6-1）[2]。

表2-6-1　混合课程线上和线下活动安排（一周内）

周二	周三	周四	周五	周六	周日	周一	周二
			线上活动				
线下活动		线上活动					线下活动

为了使线上和线下活动更加紧密地衔接，建议通过设置在线测验、问答等活动检测学习者的线上学习效果，引导学习者回忆线上学习的内容，并根据学习者对线上学习的掌握情况及时调整线下课堂学习活动；通过线下课堂提问、测验、讨论等形式对学习者线上自主学习进行督促，并给予及时反馈指导。混合学习活动的整体安排还受师生同地/异地、线上/线下、同步/异步等因素的影响。

---

[1] Neumeier P. A closer look at blended learning — parameters for designing a blended learning environment for language teaching and learning[J]. Recall，2005，17（2）：163–178.

[2] Stein J，Graham C R. Essentials for Blended Learning：A Standards–Based Guide[M]. New York：Taylor & Francis，2013：13.

同地/异地：是指教师、学习者是否能够同处一个教室，以及多长时间可以同处一个教室。大学的师生大多数情况下都可以做到在同一个教室授课，这样有助于多安排线下面授活动。然而，在有些情况下，例如，受到新冠肺炎疫情的影响，很多在国外的留学学习者无法返回校园，因此学习活动的安排必须将线下活动与线上活动结合起来，使得教师与部分学习者在同一教室空间的同时，身处国外的学习者借助网络工具也能远程参与。还有些情况，如开放大学的学习者都有日常工作，无法在工作日到学校，因此采用线上活动就比较适合，同时，利用周末或者节假日可以到学校进行面授交流。

同步/异步：是指教师的教学活动与学习者的学习活动既可以在同一个时间段进行，又可以在不同时间段进行。线下面授一定是在同一个时间段进行的，线上教学活动也可以通过网络视频或者音频会议系统进行。同步的好处是可以创设班级共同学习的氛围，学习者可以在教师的督促指导下专心完成学习任务，并可以进行即时互动，及时解决疑问。异步教学可以通过网络教学平台的支持来完成，其好处是学习者依据自身需求在合适时间进行自定步调的学习，具有时间安排的灵活性等。

线上/线下：线下学习活动发生在实体空间，如教室、实训室等，线上学习活动则需要技术系统（网络教学平台、视频会议系统等）的支持。由于线上和线下的空间和时间安排有各自的特点，因此适宜的学习活动也不同。

适宜线上进行的活动：

（1）**学习内容**。在学习者已有的知识水平上，能够通过自学达到既定的学习目标，例如，通过自学完成相关概念的学习；需要学习者进行重复的活动，比如，观看制作动画的流程；有助于帮助学习者理解学习内容和扩展知识面的活动，并且是学习者可以独立完成的活动，比如，观看电影和历史记录资料等。

（2）**学习过程**。以下情况适合将学习活动放在网上：需要给学习者及时反馈的活动，比如，线上进行测试，线上进行提交作业；需要提前与学习者进行沟通和交流的活动，例如，通过学习者提交预习报告，提前了解学习者在学习过程中的问题；需要针对学习者个体差异性进行的活动，例如，学习者可以根据自己的偏好选择文字或者视频的方式来进行学习。

（3）**学习时间**。可以灵活进行的活动适合放到线上，例如，学习者可以根据自己的空闲时间在网上讨论区参与讨论。

适宜线下进行的活动：

（1）**学习内容**。动手实操类活动需要在线下完成，需要操作实际设备；需要学习者在具体实体空间内完成的活动，如发生在具体实训室、模拟工厂、真实工作场域的活动。

（2）**学习过程**。需要师生之间、学习者之间频繁交互、协作完成的活动，例如，角色扮演、协作完成一项任务，更方便面对面讨论。

（3）**学习时间**。任何类型的活动都可以放到线下，采用面对面的方式开展。

三、学习单元活动的设计与实施

信息技术拓展了教师和学习者教学活动的空间与时间，围绕一个学习单元设计活动不仅需要考虑发生在课堂（课中）的活动，还需考虑课前和课后的活动[1][2]。

（一）组织课前混合学习活动

依据教学目标，构建并发布导学信息和学习资源，发布学习任务和活动；组织学习者在课前根据导学信息进行自主在线学习，并根据学习者的在线学习情况进行在线答疑；对学习者的课前学习行为和学习结果进行评价，据此调整课中的学习活动。表 2-6-2 呈现了适宜课前进行的混合学习活动的目标、说明、工具及实施条件。

表 2-6-2　适宜课前进行的混合学习活动

课前活动	活动目标	活动说明	活动工具	实施条件
导学地图	学习者在预习时能够明确本单元（章节）学习内容的知识结构，了解学习资源设置的逻辑线索		章节思维导图、单元概念图、课前导学单	导学地图的学习材料可以通过网络学习平台发布，也可打印纸质材料，依具体情况而定
课前自测	学习者完成预习后，能够借助课前测试题自我检测预习效果，明确疑难问题和听课重点	学习者应在规定时间内完成课前自测，自测预习效果，补充预习，或同同学讨论	课前自测题（主观或客观）	该活动应在课前学习者完成预习后开展，需要教师依据预习内容有针对性地设置课前自测题

---

[1] Anders N, Dziuban, C D, Moskal P M. A time-based blended learning model[J]. On the Horizon, 2011, 19 (3): 207-216.

[2] Day J A, Foley J D. Evaluating a Web Lecture Intervention in a Human-Computer Interaction Course[J]. IEEE Transactions on Education, 2006 (49): 420-431.

续表

课前活动	活动目标	活动说明	活动工具	实施条件
KWLQ 预习报告	通过将预习内容与以往知识建立关联，激发预习好奇心，梳理预习内容，提出预习问题，明确听课重难点	K：看了文章的标题、摘要等概要信息，写出关于这篇文章已知哪些知识 W：想进一步了解哪些知识 L：详细阅读文章后，感到收获了哪些知识 Q：还有哪些疑问需要在课堂上询问、讨论	KWLQ 列表	KWLQ 列表的学习材料可以通过网络学习平台发布，也可打印纸质材料，依具体情况而定
预习讨论区	学习者通过预习讨论发现预习漏洞，加强预习的针对性，明确课堂学习的重点	学习者在预习讨论区发帖和回复，互相借鉴学习同伴的预习成果、同伴互助答疑解惑	预习材料或资源（音视频、文字、图片、PPT）	需要教师在课前明确预习要求、预习讨论问题或主题

（二）组织课中混合学习活动

根据课前学习者反馈的在线学习结果，针对重难点和共性问题进行重点讲授与答疑；在学习者通过自学已经掌握了教学知识点或技能点的情况下，教师可酌情压缩知识点和技能点讲解所花费的时间，用于发布和组织课堂学习任务，学习者自主或同侪间协作完成；组织学习者以个体或小组方式开展自主研讨与探究、巡视，进行课堂任务引导，及时提供给学习者个性化反馈。表 2-6-3 呈现了适宜课中进行的混合学习活动的目标、说明、工具及实施条件。

表 2-6-3　适宜课中进行的混合学习活动

课中活动	活动目标	活动说明	活动工具	实施条件
先前知识回顾	在已有知识基础上开展新知识的学习，将新知识与原有知识建立关联	在上课之初通过组织学习者进行自主回顾、回答问题、小组讨论等方式，对相应的先前知识进行回顾，建立新旧知识间的联系	用于先前知识回顾的讨论题、问题设计等	教师需要有选择性地设计用于先前知识回顾的题目，力求切中要点

续表

课中活动	活动目标	活动说明	活动工具	实施条件
预习情况点评	学习者明确预习过程存在的问题，明确听课侧重点	对学习者的预习情况（预习报告、课前自测等）进行点评和讲解	教师的预习点评评语（表格、思维导图等任意形式均可）	教师需要对学习者预习反馈情况仔细剖析，从中提炼多数学习者在预习中出现的错误或问题，在课中伊始及时纠正，并引导学习者专注听课
重难点精讲	学习者通过教师的讲授或演示，掌握本节课学习的重难点	学习者在教师的引导下认真听讲、做好笔记、按要求完成练习（实操或做习题）	N/A	有赖于教师严谨的教学设计与充分的备课，对课堂重难点作切割
抛锚设问	学习者通过教师的抛锚设问，在课堂学习中主动思考	通过教师的抛锚设问并为学习者提供恰当的脚手架，引导学习者在课堂上主动思考，带着问题听课学习	精心设计的用于抛锚设问的问题、为营造真实问题场景所需的工具	抛锚设问的问题设计非常关键，往往是基于工作场景的实际问题，应充分利用虚拟仿真平台或多媒体工具，尽可能为学习者营造出真实的问题情境或还原问题实例
随堂测试	检验课堂学习效果，及时查漏补缺	学习者应在课堂规定时间内完成教师发布的随堂测试	随堂测试题目（主观或客观）	注意试题测试的时间点，合理设置题量与难度。发生在学习者课堂刚开始、用于检测学习者预习情况的测试，与发生在课堂正式学习后的测试，试题难度应有所区别
操作/发音示范与纠正	借助模拟仿真训练，增强技能熟练度，达成技能类学习目标	模拟仿真是实验实操受限时增强学习者技能训练的有效方式，学习者在课堂上规定的时间内完成模拟仿真训练	模拟仿真软件或平台	活动的顺利实施有赖于较为完善的模拟仿真软件或平台
组织角色扮演	学习者通过扮演所学专业的职业角色，在真实的问题情境中感悟职业角色内涵，体验职业岗位的情感，建立对职业角色的正确认识和一定的职业认同感	教师担任导演，学习者分组担任演员、观察员，参与到一个真实的问题情境中，通过行动学习和体会处理实际问题的方式方法及结果。表演结束后，演员和观察员分别对自己的角色予以评论，讨论该活动的收获	依具体表演需要而定	角色扮演活动的顺利展开有赖于学习者密切的合作与清晰的分工，教师应充分发挥导演的职能，帮助学习者营造真实职业情境

续表

课中活动	活动目标	活动说明	活动工具	实施条件
组织成果展示	展示和汇报个人或小组阶段学习的成果	学习者以个人或小组形式，通过演讲、辩论、作品展览等方式在规定时间内完成成果的展示和同伴互评，并依据教师与同伴的建议进行优化改进	汇报、展示所需的多媒体设施或工具	适合作为学习单元的小结在课中实施

（三）组织课后混合学习活动

批改作业，对学习者的学习表现及任务完成情况进行评价与反馈；为学习者提供优秀案例，引导学习者完成学习反思，可给学习者提供一些问题，如"在混合学习中，我遇到了哪些问题和困难？""我和优秀案例之间的差距有哪些，我该如何改进？"等。表2-6-4呈现了适宜课后进行的混合学习活动的目标、说明、工具及实施条件。

表2-6-4 适宜课后进行的混合学习活动

课后活动	活动目标	活动说明	活动工具	实施条件
课后作业	学习者借助课后作业巩固线上所学知识与内容，查漏补缺	学习者在规定时间内完成课后作业并提交	依据具体作业情况而定	需要教师明晰作业要求，并予以及时作业反馈和答疑
作业互评	通过对同伴的作业给出合理评价与建议，彼此借鉴、取长补短，锻炼学习者自主学习能力	学习者在规定时间内将作业提交至互评区，并对同伴作业进行评价	作业互评标准	适合课后在线开展，便于同学间观点共享。在线学习平台须具备讨论区或专门的作业互评区
课后讨论	加深对课堂所学知识的理解，及时提出或解答个人学习疑问	学习者以个人或小组名义在讨论区开展讨论，如回复教师设置的主题讨论帖，发布疑难问题和课后反思等，并要求尽可能多地（可有选择性）回复其他同学的帖子	在线平台讨论区相关工具	该活动适合课后在线开展，便于同学间观点共享。在线学习平台须具备讨论区，主题讨论或问答需教师明晰讨论主题和规则

续表

课后活动	活动目标	活动说明	活动工具	实施条件
课后自测	及时检验课堂学习效果、开展有针对性的复习	学习者在规定时间内完成课后自测并提交,教师规定作答时长,收集和分析学习者自测结果,对出错率高的题目予以答疑;自测也可计入最终课程评价体系。学习者根据课后自测结果有针对性地开展复习和进一步课后讨论	作业互评标准、自测题可通过平台电子发布,也可纸质发布	自测题目数量不宜过多,以能够检测学习者课堂学习效果为宜
实操练习	熟悉技能操作的关键点	学习者以个人或小组形式在授课结束后及时并反复开展实操练习;遇到疑难及时向同伴、老师寻求帮助	实操练习所需的软件或设备	适合课后自主开展,其顺利实施有赖于支持实操练习的软件、工具和实操环境
提供拓展资源	对所学内容加以巩固,深化对相关内容的理解	学习者课后借助学习平台或教师发放的拓展资源进一步深入学习	多种形式的拓展资源	适合课后在线开展,为学习者提供尽可能丰富的课后拓展资源
课堂回放	选择性回看课堂授课内容,解决疑难问题,复习巩固课堂所学	通过暂停、反复等方式(选择性)回看课堂教学视频	具备回放功能的学习平台/视频会议系统	适合课后在线开展

课前、课中、课后混合学习活动的紧密衔接

课前与课后活动的体量要依据相邻课堂活动的时间间隔进行合理设置。对于两节课间隔较长(例如一周)的情况,则可以布置容量较大的作业、项目式任务等学习活动,而间隔较短(例如一天)的情况,则可以安排工作量较小的复习与预习任务。

在课堂面授的开始阶段,教师需要对学习者课前学习情况进行点评(无论是前一阶段的作业与复习,还是本课内容的预习),让学习者感受到他们在课堂之外的学习活动也是受到关注的,从而保持继续参与课前、课后活动的积极性。图2-6-2呈现了一个学习单元课前、课中、课后的混合教学活动示例,既包括学习者的学习活动,也包括教师的教学活动,既有线下的活动,也有线上的活动。

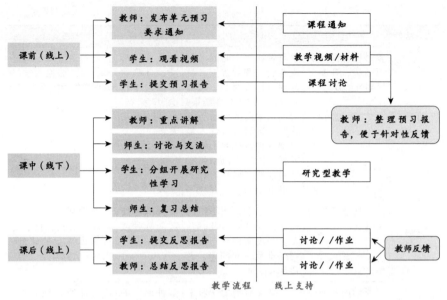

图 2-6-2 一个学习单元的课前、课中、课后混合学习活动

课前的活动不仅与课堂活动相关联,还要注意与课后活动建立关联。例如,课前开展的预习报告和课后反思的活动内容与规则建立关联,组织学习者在授课结束后回看预习报告,开展自我反思总结经验,有益于优化后续预习活动的效果。

 拓展阅读 2-6-5

翻转课堂是混合教学的一种形式,已有研究者整理了翻转课堂的典型教学模式(如下表所示)[1],这些翻转课堂在课前、课中、课后组织了不同的活动。

---

[1] 郭建鹏.翻转课堂教学模式:变式与统一[J].中国高教研究,2019(6):8-14.

提出者	课前	课中	课后	第二次课中	特点
Sams & Bergmann[①]	视频讲授	问题解决			通过视频把浅层的知识传授移到课前课外，课中课内则用来进行问题解决和深层学习活动。把传统教学模式的"先讲授后解决问题"在时空上进行前移
Talbert[②]	视频讲授	问题解决 分享交流 汇报展示 释疑答惑 评价反馈 总结反思			加入了课前和课中的练习，能够促进学习者对知识的理解，并帮助教师掌握学习者的认知情况，最后，教师根据学习者的回答情况作出反馈
Lo et al.[③]	视频讲授 自测练习				基于首要教学原则提出，已有研究证明，在数学、中文、物理等科目上的教学效果要显著好于传统的教学方式
Song and Kapur[④]		问题探索	视频讲授		一种基于有益失败的翻转课堂模式，已有研究证明，该模式更能提升学习者对数学的概念性理解和问题解决能力
郭建鹏[⑤]		问题探索	视频讲授	测试应用 分享交流 汇报展示 释疑答惑 评价反馈 总结反思	"探索-翻转-应用"： 探索阶段：学习者在课堂上进行探究活动，对目标内容形成必要的先前知识 翻转阶段：学习者在课外观看教学视频，系统学习教师关于知识的讲解，并提交视频反馈给教师 应用阶段：教师在课堂上解释学习者视频学习中遇到的问题，对学习者进行测试，设计应用性的问题让学习者完成，并对学习者进行评估
郭建鹏[⑥]	问题探索 视频讲授	测试应用 分享交流 汇报展示 释疑答惑 评价反馈 总结反思	作业练习		综合前述教学环节形成的通用模式，包括：目标、准备、教学视频、回顾、测试、活动和总结7个环节

---

① Sams A. Bergman J. Flip your students learning [J]. Educational Leadership, 2013（6）：16-20.

② Talbert R. Inverting the Linear Algebra Classroom[J]. Primus, 2014, 24（5）：361-374.

③ Lo C K, Lie C W, Hew K F. Applying "First Principles of Instruction" as a design theory of the flipped classroom: findings from a collective study of four secondary school subjects [J]. Computers & Education, 2018（118）：150-165.

④ Song Y. Kapur M. How to flip the classroom–"productive failure or traditional flipped classroom" pedagogical design?[J]. Educational Technology & Society, 2017（1）：292-305.

⑤ 郭建鹏.翻转课堂教学模式：变式与统一[J].中国高教研究, 2019（6）：8-14.

⑥ 郭建鹏.翻转课堂与高校教学创新[M].厦门：厦门大学出版社, 2018：190.

学习活动的选择：具体的学习活动可以依据教学模式、知识类型和学习目标进行选择。

（1）**依据教学模式选择学习活动**：教学模式可以分为以教为主的教学模式和以学为主的教学模式两大类。常见的以教为主的教学模式有五环节教学策略（激发动机、复习旧课、讲授新课、运用巩固、检查效果）、示范—模仿教学策略（演示动作、教师指导下的学习者练习、自主练习、技能迁移）等。常见的以学为主的教学模式有发现学习模式（问题情境、假设—检验、整合应用）、抛锚式教学模式（创设情境、确定问题、自主学习、协作学习、效果评价）等。依据不同的教学模式可以选择的学习活动如表2-6-5所示。

表2-6-5　依据教学模式可供选择的学习活动

教学模式	学习活动
以教为主的教学模式	听讲、阅读、观看影音资料、案例分析……
以学为主的教学模式	讨论、协作、问题解决、反思、角色扮演、在线测试、展示、资料搜索……

（2）**依据知识类型选择学习活动**：按照Benjamin Bloom的教育目标分类学，知识被分为事实性知识、概念性知识、程序性知识和元认知知识。不同种类知识对应的学习活动如表2-6-6所示。

表2-6-6　依据知识类型可供选择的学习活动

知识类型	学习活动
事实性知识	听讲、阅读、观看影音资料、资料搜索、讨论、协作
概念性知识	听讲、阅读、资料搜索、观看影音资料、讨论、协作、问题解决、反思
程序性知识	听讲、阅读、讨论、协作、问题解决、反思、案例分析、角色扮演
元认知知识	阅读、讨论、协作、问题解决、反思

拓展阅读2-6-6

混合学习活动设计与相关学习理论的联系：

混合学习活动设计要遵循一定的原则和理论基础。对于不同情境的教学内容而言，适用不同学习理论，从而导向不同教学活动。

- 事实性内容的学习适合行为主义。行为主义学习理论认为，学习是刺激—反应的联结，是尝试错误的过程，基于此，可设计操练与练习性活动，如加法练习、英语单词练习等。
- 过程性和原理性内容的学习适合认知主义。认知主义学习理论认为，学习是外部刺激和认知主体心理过程作用的过程，因此应当设计符合认知过程的教学活动，如加涅的九大教学事件就是基于认知信息加工理论进行的教学活动设计。
- 促进意义建构等高级思维的教学适合建构主义。建构主义学习理论认为，学习要素有情境、协作、会话、意义建构，最近发展区，可设计学习小组、教学支架、认知学徒等学习活动。
- 促进学习者对新知识获取的教学适合联通主义。联通主义学习理论认为，学习就是形成网络：增加新的节点，创造新的神经路径，因此应当构建基于互联网的学习生态，培养学习者信息素养。

（3）依据学习目标选择学习活动：按照 Benjamin Bloom 对认知领域教育目标的分类，学习目标被分为记忆、理解、应用、分析、评价和创造 6 个层级，对于不同学习目标，适用的学习活动也存在差异，具体如表 2-6-7 所示。

表 2-6-7　根据学习目标可供选择的学习活动

学习目标层级	学习活动
记忆——认识、列表、描述、区分、检索、命名、定位	简单的思维导图、flash 卡片、在线测试、基本的网络搜索、社会书签、问答讨论区、作品展示
理解——解析、总结、改写、分类、解释、比较	创建思维导图、博客日志、分类和标签高级的网络搜索，为评论、讨论区等做标签
应用——实施、执行、使用、编辑	刺激游戏或任务、编辑和开发共享文件（Wiki、视音频工具）、访谈（如制作播客）、展示工作（使用网络会议或在线工具）、说明（使用在线图表、创造性的工具）
分析——对比、组织、结构、询问、建构	调查/测验、使用数据库、关系思维导图、报告（在线图表、网络出版）

续表

学习目标层级	学习活动
评价——确认、假设、批判、实验、判断、测试	争论或座谈（使用网络会议，在线聊天或讨论）、调查（在线工具）、报告（博客等）、劝说型演讲（网络广播，网络文档，思维导图呈现模式），评论、协调、反思和展示（讨论区、博客、微博）以及合作和交流
创造——设计、建构、计划、生产、发明	编程、电影制作、动画、视频、博客——被用于制作电影、演示稿、故事、项目、图表艺术、广告、模型等

实施混合学习活动的策略：

- 提供清晰、完整的单元导学（包括学习目标、学习活动、任务完成截止时间、评价方式、求助方式等）；
- 将课堂活动与课外活动进行有机衔接[①]；
- 提供清晰的指导，给予及时提醒、反馈和激励[②]；
- 学习任务难度适宜，给予充足的任务完成时间[③]；
- 发挥学习者的主体作用，给予学习者一定程度自主权[④]；
- 促进学习者的自我反思与互评[⑤]；
- 注重师生、生生之间的情感交互，组织形式多样的交流互动[⑥]。

---

① Thai N T T, De Wever B, Valcke, M. The impact of a flipped classroom design on learning performance in higher education: looking for the best "blend" of lectures and guiding questions with feedback[J]. Computers & Education, 2017（107）：113-126.

② Bernard R M, Borokhovski E, Schmid R F, et al. A meta-analysis of blended learning and technology use in higher education: from the general to the applied[J]. Journal of Computing in Higher Education, 2014（26）：87-122.

③ Kim M K, Kim S M, Khera O, et al. The Experience of Three Flipped Classrooms in an Urban University: An Exploration of Design Principles[J]. Internet & Higher Education, 2014（22）：37-50.

④ Keller J M. First principles of motivation to learn and e3-learning[J]. Distance Education, 2008, 29（2）：175-185.

⑤ Shih R C. Can Web 2.0 technology assist college students in learning English writing? Integrating Facebook and peer assessment with blended learning[J]. Australasian Journal of Educational Technology, 2011, 27（5）：829-845.

⑥ Ma J, Han X, Yang J, et al. Examining the necessary condition for engagement in an online learning environment based on learning analytics approach: The role of the instructor[J]. The Internet and Higher Education, 2015（24）：26-34.

拓展阅读 2-6-7

教学活动设计表：

课前学习活动设计： 包含学习活动任务、学习活动流程、监督规则和评价规则的设计（与学习资源相匹配，且指向已有的学习目标）	学习目标 （ABCD 法）	资源 / 工具	线上 / 线下	时间分配
课中学习活动设计： 包含学习活动任务、学习活动流程、监督规则和评价规则的设计（与学习资源相匹配，且指向已有的学习目标）	学习目标 （ABCD 法）	资源 / 工具	线上 / 线下	时间分配
课后学习活动设计： 包含学习活动任务、学习活动流程、监督规则和评价规则的设计（与学习资源相匹配，且指向已有的学习目标）	学习目标 （ABCD 法）	资源 / 工具	线上 / 线下	时间分配

 拓展阅读 2-6-8

《混合学习设计与应用》（清华大学 2021 秋季本科生课程）

课前学习活动设计：	学习目标（ABCD法）	学习内容（知识点、技能点）	资源／工具	线上／线下	时间分配
1. 预习学习资源：（1）浏览微课"单元一 认识和设计混合课程——教学活动设计"的学习视频。（2）浏览微课"单元二 建设混合课程——单元活动建设"的学习视频。观看上述视频，了解单元活动设计的思路，以及课程在线部分的活动构建。 2. 预习后请思考以下问题并分享在讨论区： （1）在你之前学习过的课程中，感到印象最深刻的学习活动有哪些？这些活动的形式和流程分别是什么？用到了哪些资源？ （2）上述学习活动为什么对你印象深刻？如果为你们小组的混合课程实施单元选择并设计恰当的学习活动，你会选择哪些活动？给出至少两个理由 3. 参与其他同学的讨论：在本周一中午前浏览其他同学的回答，选出你觉得逻辑最清晰的回答，然后在该同学的帖后点赞并回复说明理由 4. 提交疑问：若在学习过程中有任何疑问，也可提交在讨论中	1. 学习者通过浏览微课视频，能够独立、准确复述出教学活动的类型 2. 学习者通过浏览微课视频，能够掌握在网络课程平台上搭建教学活动的方法	1. 知识点： （1）教学活动在整个教学设计中的位置及作用 （2）教学活动的类型 2. 技能点： （1）教学活动的设计 （2）网络课程平台中教学活动的搭建	1. 微课视频 2. 讨论区 3. 课件	线上	6天

	学习目标（ABCD法）	学习内容（知识点、技能点）	资源／工具	线上／线下	时间分配
课中学习活动设计： 1. 听老师解答同学们在课前预习中提出的问题 2. 听老师具体讲解教学活动的设计	1. 学习者通过听老师的讲解，能够记住教学活动的选择与设计原则，并在设计教学活动的过程中有意识地应用相关理论，考虑到注意事项，在小组合作的情况下设计出合适的教学活动 2. 学习者通过听老师的讲解以及课前的学习视频，能够通过小组合作在网络学习平台上搭建教学活动	1. 知识点： （1）教学活动选择与设计的原则 （2）支持教学活动设计的相关理论 （3）教学活动设计的注意事项	1. 课件 2. 学习者作业整理 3. 网络学习平台	线下+线上	2课时

	学习目标（ABCD法）	学习内容（知识点、技能点）	资源/工具	线上/线下	时间分配
课后学习活动设计： 1. 完成课后反思并发布在讨论区： （1）本次课堂学习你获得了哪些知识？还有哪些问题？（2）本次课程学习方法的总结。截止日期：×月 × 日 23：59 2. 完成课后作业并提交至网络学习平台：（1）围绕你选定的课程单元，根据前面已撰写的一个单元的教学目标，以及已匹配的教学资源，完成该单元教学活动的设计，填写"教学活动设计表" （2）完成网络学习平台上本单元学习活动的添加，可能包括微视频、测试、作业、讨论区、学习反思、调查问卷，等等	1. 学习者通过课后反思，能够加深对学习活动设计的理解与记忆 2. 学习者通过完成课后作业，能够将学习的理论知识应用于实践，设计出与其所选课程教学目标及内容适配的学习活动设计	技能点：学习活动设计知识的应用	网络学习平台	线上	6天

拓展阅读 2-6-9

《商务营销与谈判》

阶段	活动	目标
课前	观看报价的微视频，完成模拟谈判的相关准备。 ·选择扮演求职者的学习者综合分析自身能力和岗位特点，合理制订自己的期望薪资 ·扮演招聘者的学习者综合分析岗位需求，合理制订预期的岗位薪资	了解报价需要考虑的因素、原则和策略，以及应对对方报价的方式，并能够灵活运用
	观看讨价的微视频	了解讨价的方式、次数、基本方法，以及讨价之后对对手进行分析
	观看还价的微视频	了解还价前的准备、还价的方式、还价起点的确定和还价的技巧
	观看讨价还价的微视频	了解讨价还价的基本策略

续表

阶段	活动	目标
课中	模拟谈判1：薪资谈判 · 实践者：灵活运用所学的策略和技巧进行谈判，努力达成自身目标； · 观摩者：思考讨价还价要进行哪些环节？各环节有什么方法与技巧？我们可以运用什么价格策略？	在模拟谈判的实践活动中，让学习者灵活运用相关的策略和技巧，并发现问题和解决问题
	结合案例学习新知（谈判僵局和让步策略），教师通过案例启发学习者思考，并进行引导和总结	在案例中学习和了解谈判僵局产生的原因及应对的方法与技巧；在案例中学习和了解让步的实施步骤、策略和技巧
	模拟谈判2：任务发布 · 购置电脑	为下节课的模拟谈判实践做好相应的准备工作
课后	从组建团队、准备谈判信息资料、制订谈判方案等方面做好谈判前的准备方案	知识的循环复习和运用，综合前面单元所学的内容制订谈判方案，为下节课正式的谈判做好相应的准备工作
课中	购置电脑模拟谈判（1）：第一组和第二组 · 思考：你觉得他们的谈判怎么样？哪些方面值得我们学习？哪些方面还有待改进？ 购置电脑模拟谈判（2）：第三组和第四组 · 思考：你觉得他们的谈判怎么样？哪些方面值得我们学习？哪些方面还有待改进？	在模拟谈判的实践活动中，让学习者灵活运用相关的策略和技巧
	班级研讨	在实践运用中发现问题，解决问题

第七节　评价学习者的混合学习效果及反馈指导

　　混合学习的评价是指针对学习者学习的评价，是以学习目标为依据制定科学的标准，运用一切有效的技术手段对混合学习活动过程及其结果进行测定、衡量，并作出价值判断，从而为教育决策提供依据，以及改进教育服务的过程[1]。学习评价不仅评估学习者在混合课程中最终的学习效果，更重要的是诊断学习者在学习过程中存在的疑难问题并给予及时的反馈和指导。

---

[1] 何克抗，林君芬，张文兰.教学系统设计[M].北京：高等教育出版社，2006：153-157.

一、课程单元的混合学习效果评价及反馈指导

在混合课程每个单元的课前、课中、课后都会围绕不同的学习目标开展相应的学习活动。对这 3 个阶段的学习者学习效果都应进行评价，从而判断每个阶段的学习目标达成情况，并为调整下一阶段的混合学习活动提供参考。在进行混合学习评价时，需要分析学习者在学习单元中每个学习阶段的表现，并据此给学习者提供及时的反馈与指导。表 2-7-1 呈现了混合课程课前、课中、课后学习阶段的常用评价方式与反馈方式。

表 2-7-1　混合课程单元学习的评价及反馈方式

	课前评价	课中评价	课后评价
在线数据分析	参与情况 随时个别反馈 汇总后课中整体反馈		参与情况 视情况整体或个别反馈
测试	在线客观题测试 即时反馈分数		在线客观题测试 即时反馈分数
讨论	讨论区发帖回帖情况及内容 随时回帖 汇总后课中统一答复	分组讨论 观察参与情况随时指导 根据学习结果展示给予点评	讨论区发帖回帖情况及内容 随时回帖 汇总后下一堂课统一答复
提问		课堂提问 根据情况点名提问或者随机抽取学习者提问	
作业			在线作业 批阅后反馈分数和评语
实验实训	虚拟实验实训 随时个别指导 汇总后课中统一点评	实验实训室操作 随时指导个人小组 根据结果展示统一点评	虚拟实验实训 随时个别指导 汇总后下一堂课统一点评
随堂在线教学		随堂在线测试 当堂即时反馈分数 在线观点表达等（投票、弹幕等） 当堂讨论与点评	

课前学习的评价：学习者课前通过线上自主学习、教师在线指导、学习者提问交流、同伴相互讨论和研讨等完成预习，此时，课前的混合教学评价主要评价内容是学习者的学习参与情况与学习者课前自主学习的结果，

包括对混合学习的适应性、接受度、任务完成情况、在线学习行为、学习效果等,可以通过网络教学平台上学习者学习行为数据、完成的任务、问卷调查等方式进行评价。这个阶段给学习者的反馈指导既可以是教师线上的动态答疑与指导、测评结果的即时呈现等,也可以是在接下来的课堂进行统一点评。教师可以针对学习者的学习情况以及疑难之处,及时调整课堂(课中)的学习活动。利用学习者课前学习所反映出来的实际情况和过程数据进行教学目标与教学大纲的适当调整,并为学习者课堂阶段的评价作好铺垫。表 2-7-2 呈现了课前学习评价的内容、目的、方法及评价者。

表 2-7-2 课前学习评价的内容和方法

评价内容	评价目的	评价方法	评价者
混合学习的适应性	考察学习者对混合教学方式、任务难度、团队合作等是否适应	学习者自我报告的问卷	教师
混合学习的接受度	考察学习者对本课的混合教学目标、教学活动设计安排以及混合教学考核方式的安排的接受情况	学习者自我报告的问卷	
学习任务完成情况	了解学习者预习行为发生情况及任务完成情况	平台记录的数据,如登录平台次数、观看视频时间、在线测试成绩、在线发言频率等	
学习结果	了解学习者预习目标达成的情况	课程网站上的测试题、讨论帖子等	

ARCS 模型问卷是测量学习者信息化环境下学习动机的工具,包括注意(attention)、关联(relevance)、信心(confidence)和满意(satisfaction)4 个部分,可以用于评价学习者混合学习的动机[①]。依据对学习者的学习动机评价结果,教师可以对学习者进行针对性的反馈与指导,例如,呈现学习者的线上学习时间、参与讨论的次数、作业接收到的评论条数等信息,以此提醒学习者当前的学习进度和参与情况;还可以通过视频材料、小组活动、游戏等多种方式激发学习者的兴趣。

---

① Ma L, Lee C S. Evaluating the effectiveness of blended learning using the ARCS model[J]. Journal of Computer Assisted Learning, 2021(37): 1397–1408.

拓展阅读 2-7-1

注意利用学习者课前学习所反映出的情况进行教学目标与教学活动的适当调整，下图呈现了如何基于课前评价结果调整后续学习活动的一个示例。

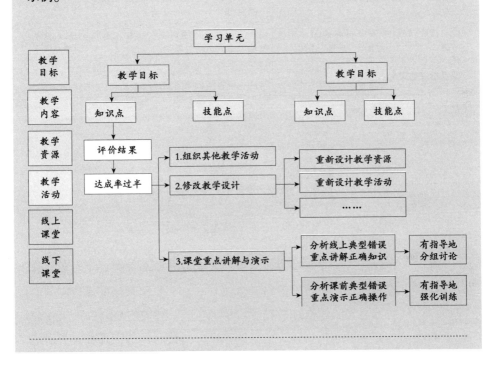

课中学习的评价：课堂学习阶段仍然以线下的教学活动为主，教师可以借鉴已成形的一系列课堂观察工具和个人教学经验，评价内容包括学习者线上参与评价、学习者课堂参与评价、课堂任务完成情况和课堂学习结果等。除了教师采用课堂观察、提问、测验等方式评价课中学习效果外，还可以调动学习者开展同伴间的互评和学习者自评。教师根据评价结果提供有针对性的课后学习资源，布置课后学习任务。这个阶段的反馈与指导可以在课堂上及时进行。表 2-7-3 呈现了课中学习评价的内容、目的、方法及评价者。

表 2-7-3 课中学习评价的内容和方法

评价内容	评价目的	评价方法	评价主体
学习者线上参与评价	了解学习者参与基于线上的学习活动情况	通过在线学习行为数据进行评价，例如，学习者进入在线课程时间、访问学习资源时间、完成在线测试情况、完成在线作业次数、讨论区发帖回帖数量等	教师
学习者课堂参与评价	了解学习者在课堂教学活动的情况	借鉴课堂观察工具和教师个人教学经验，充分调动学习者之间的互评和学习者自评，考核学习者课堂教学出勤、上课发言、小组学习互动等	教师、小组同伴、学习者本人
课堂任务完成情况	考察学习者参与运用课堂知识、技能的情况	以课堂提问、分组讨论、实验、结果展示等方式进行检验	教师、小组同伴
课堂学习结果	考察学习者的课堂知识、技能的掌握与运用情况	以课程网站上的练习题、作业、拓展讨论、反思报告等方式进行检验	教师

拓展阅读 2-7-2

评价后的行动：

教师在获得学习者课堂学习参与和任务完成情况的评价后，应当及时调整课堂讲授的内容和重点，适当调整课堂节奏，依据实际教学情况判断是否需要打断学习者原定活动进程进行统一指导，或者有针对性地为存在问题的学习者提供反馈和指导。根据课堂学习结果的评价，制订课后活动任务的内容和要求。

学习者的学习参与是混合学习得以顺利进行的保障。学习者的学习参与包括学习者的行为参与、认知参与和情感参与。行为参与是最基本的参与形态，是外显的、可观察的，如按时上课、课堂规则遵守、作业任务完成等。此外，行为参与还反映在参与活动的强度（如注意力、坚持度、时间投入、努力程度）和参与活动的方式（参与线上和线下的讨论等）。认知参与主要指学习策略的使用，不同的学习策略会引起不同层次的思维活动。学习者使用练习、总结等策略来牢记、组织和理解学习内容，使用时间管理策略来规划学习任务（可以采用 OSLQ 问卷对学习者在线学习自我调整的能力进行测评[①]）。情感参与主要指学习者的情感反应，包括兴趣、无聊、快乐、悲伤、焦虑等，也可以理解为归属感和价值观。

在混合课程中，学习者的学习参与度可通过在线学习行为数据进行评价，表 2-7-4 呈现了中国某网络教学平台中的数据，如进入在线课程、访问学习资源、完成在线测试、完成在线作业、讨论区发帖回帖等。

表 2-7-4　网络教学平台中教学行为数据项

角色	功能名称	数据项
教师	资源功能	1. 资源最长用时
		2. 资源平均用时
		3. 资源最短用时
		4. 资源已参与人数
		5. 资源未参与人数
		6. 提问总条数
		7. 教学者回答提问条数
		8. 提问文本及字数
		9. 提问被关注数
	投票功能	1. 投票题项名称
		2. 投票各题项的参与人数
		3. 投票各题项的参与比例
	沙龙功能	1. 课班成员人数
		2. 沙龙发言人数
		3. 所有想法得到认可总次数
		4. 认可别人想法的总人数
	测试功能	1. 应参与测试人数
		2. 实际参与测试人数
		3 测试限制时长
		4. 测试最长用时

---

① Barnard L, Lan W Y, To Y M, et al. Measuring self-regulation in online and blended learning environments[J]. Internet & Higher Education, 2009, 12（1）: 1-6.

续表

角色	功能名称	数据项
教师	测试功能	5. 测试最短用时
		6. 测试平均用时
		7. 每道测试题目正确率
		8. 每道测试题项选择人数
学习者	资源功能	1. 学习次数
		2. 学习时长
		3. 第一次访问时间
		4. 最后一次访问时间
		5. 个人提问条数
		6. 个人关注提问条数
		7. 个人提问被关注次数
	沙龙功能	1. 个人发言数
		2. 个人认可的想法条数
		3. 个人想法获得认可人数
	测试功能	1. 个人提交测试次数
		2. 个人测试正确题目数
		3. 个人测试错误题目数

课后学习的评价：评价的主要内容是作业完成情况和学习者对单元学习的总结反思情况。通过学习者课后作业、反思与总结报告、课后拓展任务等考评学习者单元学习目标的达成情况。课后学习评价还可以与课前学习评价相对比，检查学习者的学习效果和进度，并结合学习者的学习反思及时对原来设置的学习目标、设计的学习资源以及学习活动进行调整。这个阶段的反馈与指导既可以通过线上与学习者进行个别化辅导，也可以基于课中和课后任务完成情况，在下一次课堂统一进行点评与总结。

作业完成情况的评价主体是教师，而学习总结反馈表的评价主体是学习者本人，反思内容不仅包括对学习过程的反思，还可以通过学习满意度、自我效能感等内在心理感知问卷对课程学习效果进行整体反思，起到促进学习者反思学习过程、及时调整学习策略的作用。表2-7-5呈现了课后学习评价的内容、目的、方法及评价者。

表 2-7-5　课后学习评价的内容和方法

评价内容	评价目的	评价方法	评价主体
总结反思情况	促进学习者反思学习过程，及时调整学习策略	学习总结反馈表；学习者学习满意度、自我效能感等内在心理感知问卷	学习者本人
作业完成情况	考查学习者对课堂教学内容和知识点的掌握程度	课后作业、单元练习题、自我检测题等	教师

拓展阅读 2-7-3

评价后的行动：

教师将学习者课后学习的评价效果在下次课开始时予以反馈说明，使学习者感受到反馈与收获感，并将学习者课后表现不佳的内容进行有针对性的补充讲授。

拓展阅读 2-7-4

学习满意度是学习者对学习活动的愉快感受或态度，高兴的感觉或积极的态度就是"满意"，反之则是"不满意"。关于学习满意度的测量，通常采用课后调查问卷的方式来了解学习者的主观感受，使用较多的问题题项包括"相比于其他课程，我觉得这门课程质量刚好""我愿意推荐这门课程给其他的同学""我对这门课程中的×××感到满意"，等等，通过自陈题项的形式，请学习者从"非常同意—同意—中立—不同意—非常不同意"中选择自己的态度。

> **自我效能感**最早由美国心理学家班杜拉提出,"自我效能感"是指个体对自己面对环境中的挑战能否采取适应性的行为的知觉或信念,是测量和评价学习者内在心理感知的重要参照。由 Schwarzer 和其同事编制的一般自我效能感量表目前应用广泛,并被翻译成多种语言在全球进行推广。一般自我效能感量表共包含 10 个问题,均为李克特 4 点量表(极不符合—不符合—符合—极符合),请学习者从不同情形中作出选择。该量表包括了诸如"如果我尽力去做的话,我总是能够解决问题的""面对一个难题时,我通常能找到几个解决方法""对我来说,坚持理想和达成目标是轻而易举的"等题项。

二、课程的混合学习效果评价

整个课程的混合学习效果评价一般采用总结性评价的方法,目的是评价学习者是否达到课程所设定的知识、能力及素质目标要求,可以采用开/闭卷考试、项目报告、课程论文、成果答辩等形式进行。人文社科类课程可以采用调查报告、论文等方式进行评价。理科课程可以通过期末考试进行评价。工科、医科类课程可以在模拟场景中的实操演练进行评价。设计类课程可以通过呈现作品设计报告、课堂汇报的形式进行评价。

学习者学业成就的评价离不开测试题的编制。测试题与具体教学内容密切相关,需要教师结合具体课程内容和教学目标进行编制,基本的编制步骤如下[①]:

(1)确定评价内容:从横向上确定评价的广度,即评价什么,需要与学习内容相联系;

(2)确定认知要求:从纵向上确定评价的深度,即评价到什么水平,需要结合具体的学习目标确定评价的目标层级;

(3)开发表现期望:根据纵横的广度与深度两个维度交叉,形成具体的二维矩阵,进而梳理出评价标准;

(4)细化表现期望:根据评价标准,细化评价标准的层次(等级)与赋分情况,并配合示例帮助理解;

(5)编制具体试题:根据细化后的评价标准编制具体试题。

---

① 张雨强,崔允漷.义务教育阶段学生科学学业成就评价框架的初步开发[J].华东师范大学学报(教育科学版),2010(3):38-49.

拓展阅读 2-7-5

学习评价一般有三种类型：总结性评价、形成性评价、诊断性评价，如下表所示。

分类	总结性评价	形成性评价	诊断性评价
目的	为了提升课程教学效果进行的评价。	为了及时发现教和学中的问题而进行的评价。	为了了解学习者的知识基础和准备状况。
时间	结尾时的评价，一般在课程结束、学期末尾、学年结束等时间点进行评价。	中间过程的评价，一般在课程进行中进行评价。	开始时的预测评价，一般在课前、学期、学年开始的时候进行评价。
描述	对课程教学的总体达成情况进行评价，指的是在教学活动结束后为判断其效果而进行的评价。一个学期的课程教学结束后对最终结果所进行的评价，是终结性评价。	在教学过程中为了了解学习者的学习情况，及时发现教和学中的问题而进行的评价。常采用测验、学习报告等形式来进行。测验的编制要围绕单元教学预定的目标。	也称"准备性评价"，一般是指某项教学活动开始之前对学习者的知识、技能以及情感等状况进行的调查。通过这种调查可以了解学习者的知识基础和准备状况，以判断他们是否具备实现当前学习目标所要求的条件，为实现因材施教提供依据。

三、混合学习效果的评价策略

定量评价与定性评价相结合：完善的学习评价体系应将定量评价与定性评价相结合，二者相互验证。有些学习活动采用量化评价效率准确率高，比如，测试知识记忆和理解情况的客观题；有些学习活动采用质性评价更为合适，比如，学习者在小组合作中的投入程度、学习热情、对同伴的支持和帮助等合作表现；有些学习活动则需要两者结合，比如，两位同学在线上提交学习反思的次数及字数大体相同，但其具体表述所体现出的分析深入程度有所区别，这体现出两位学习者的学习态度和认知程度存在差异。

过程与结果、线上与线下的评价相结合：过程性评价与结果性评价相结合、线上数据与线下数据相结合，可确保学习评价的全面性[①]。过程性评价是通过信息技术实时记录学习者的学习过程，对整个教学过程进行实时监控，精准了解学习者学习情况，包含学习者在在线课程学习平台上的自主学习情况、在课堂上的学习表现、课程主题学习讨论情况、课后布置的作业完成质量和对课程学习的反思与总结；结果性评价主要分布在期中和期末，着重测评学习者整体学习情况，依据阶段性的考试成绩、期末提交的方案、小组合作进行期末项目汇报的情况等。线上评价手段包括小测、在线作业和作品点评、个人学习反思及反馈，以及对讨论等一系列在线学习行为表现的观察和测量；线下评价手段主要包括阶段性测试、线下作业和作品点评、课堂学习行为观察、记录和评估等，其中课堂学习行为包括课堂中学习者的出勤、课堂规则遵守、专题小组讨论、问答和小组活动等。

教师评价、同伴评价与自我评价相结合：混合学习有线上和线下两个部分，有时教师在场，有时又不在场，因此除了教师评价，还要充分发挥同伴和自我评价的作用，用于获取更全面的信息[②]。学习者自评是主观性评价，有利于养成他们不断反思、总结并实现发展的良性行为习惯；教师评价与学习者互评偏重于客观性，从不同维度、视角对学习者水平进行考量，有益于评价结果的客观性、全面性；在课堂上，同伴作为共同参与者对彼此的学习行为、态度和效果有更直接的体验。需要注意的是，评价主体多元化并不是弱化教师评价地位，而是强调注意多主体评价，从而使得评价角度更加多元、评价结果更加客观全面。三类评价主体的方式均有其优势，需要在整体评价框架结构下，科学分配不同维度评价的分值。

评分标准明确，评价结果可用：在课程开始时，让学习者了解学习评价的标准并尽量达成一致意见，包括过程性成绩与结果性成绩的构成、线上线下评价活动的构成、来自教师与学习者不同主体的评价结果的比例等。在混合学习开展过程中严格按照最初制定的评价标准进行赋分，既保障评

[①] Choules A P. The use of elearning in medical education: a review of the current situation[J]. Postgraduate Medical Journal, 2007, 83 (978): 212-216.

[②] Vo H M, Zhu C, Diep N A. The effect of blended learning on student performance at course-level in higher education: A meta-analysis[J]. Studies in Educational Evaluation, 2017 (53): 17-28.

分标准的公开性与评价结果的公平性，也可以发挥评价的"指挥棒"作用，为学习者的过程性学习提供指导。需要分析评价结果的可用性，既包含测试题目的语义、情境应是通用地、公平地面向所有学习者，避免测量学习者的"题目功能性差异"（Differential Item Functioning）[①]；也需要明确区分有效数据和无效数据，例如，把学习者在线时长、阅读和观看材料的次数、活跃程度（比如点赞数、被点赞数、发帖量、回帖量等）等作为衡量学习者积极性的依据时，需要设置限制条件以免评价结果失真。例如，对于学习者线上自主学习情况的评价，如果在学期一半或以上的周数在线时长很少，而在某短时间内激增，则考虑无效或降分；对于讨论区参与情况的评价，发帖字数过少（如少于 10 个字）则认为无效帖等。

评价目的重在指导学习者学习：对评价的功能与目的建立正确的认识，应该是为了/作为学习的评价（Assessment for/as learning），而非关于学习的评价（Assessment of learning）。这需要教师提前将清晰的评价目标告知学习者，帮助学习者认识到他们需要达到的标准，激励学习者学会给自己"把脉"，认识到自己目前所达到的程度、离目标的距离、自己的问题在哪儿，进而主动采取措施解决问题、缩小差距、实现既定目标，从而真正达到"以评促学"的目的（见图 2-7-1）。

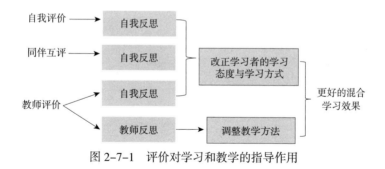

图 2-7-1　评价对学习和教学的指导作用

混合学习的在线学习数据记录可以让每个学习者看到自己的学习进度和效果。教师要据此鼓励学习者分享自己的学习经验和不足，积极进行自

[①] Camilli G. Shepard L A. Methods for Identifying Biased Test Items[M]. Thousand Oaks：Sage Publications，1994：174.

我反省，及时思考并调整他们的学习①。在评分项的设置上，建议给予学习者鼓励性的加分项，减少带有惩罚性的扣分项，从而体现评价对学习者积极参与的引导作用。

拓展阅读 2-7-6

相关概念：评价的目的

Assessment of learning：主要是以考试为代表的结果性评价，教师作为绝对的权威者与评价者根据学习者的考试成绩对其学习结果作出评价。标准化成绩作为衡量一切的主要指标，在学习阶段的最后衡量学习者达到目标的程度，其目的是甄别、选拔、将学习者分类。

Assessment for learning：② 不再将评价作为判断好坏的标准，而是作为促进学习的工具，主要目的是通过评价促进学习者学习，使评价活动成为帮助学习者逐步完成学习目标的教学过程的一部分，注重过程性评价，发挥评价的激励和发展功能。

Assessment as learning：③ 评价不再是一种外镶于学习过程的手段或者环节，而是内化于学习活动的矫正机制。评价他人时，本身就是不断对知识内容进行深化与重构的过程，在不断品评他人回答并与原有知识内容进行评价对比的过程中能更清晰地厘清题目的思路、获得更深入的理解与掌握，因此在评价的过程中自然进入深层次学习。

---

① Davies A, Pantzopoulos K, Gray, K. Emphasising assessment "as" learning by assessing wiki writing assignments collaboratively and publicly online[J]. Australasian Journal of Educational Technology, 2011, 27（5）：798-812.

② Broadfoot P, Daugherty R, Gardner J, et al. Assessment for Learning: beyond the black box[M]. Cambridge: Nuflield Foundation and University of Cambridge, 1999: 1-12.

③ Dann R. Assessmentaslearning: blurring the boundaries of assessment and learning for theory, policy and practice[J]. Assessment in Education Principles Policy & Practice, 2014（31）：149-166.

拓展阅读 2-7-7

《生物学概论》（中国清华大学本科生课程）

	学习目标	资源/工具	分值分配
课前学习评价设计	学习者（A）经过观看教学视频（C），能够回忆 DNA 双链的组成、结构、复制的基本理论及其发现历史（B），回答预习习题准确率达到 60% 以上（D）。	网络教学平台	· 课前部分总分为 2 分； · 若课前完成预习视频的观看及预习作业即可得到 1.5 分； · 预习作业答题实际得分为 5 分及以上可得到 2 分，实际得分每多减 1 分则扣 0.1 分（例：若实际得分为 3 分则得 1.8 分）； · 若课前只观看视频而未完成习题或只完成习题未观看必看视频，则得 1 分； · 课前未完成预习作业则不得分。
	学习目标	资源/工具	分值分配
课中学习评价设计	学习者经过听取课堂讲解和完成课堂游戏，能够： （1）阐述 PCR 反应的流程。 （2）辨别体内 DNA 复制和 PCR 过程的异同（以上通过课堂习题和课堂游戏当堂检验，正确率达到 60% 以上）。 （3）分析真实的 PCR 反应试剂盒中各种试剂的作用、PCR 实验成功进行的要素。 （4）为进一步学习能够应用于临床的新冠病毒的核酸检测方法进行必要的知识储备。	线下授课+课堂互动工具	· 教师根据课堂互动工具对后台数据进行赋分（共 1 分，即每题各 0.5 分）； · 在规定时间 1 分钟内答题即可获得该题分数； · 不参与回答不得分。
	学习目标	资源/工具	分值分配
课后学习评价设计	学习者（A）在完成课堂学习后，能够运用 PCR 反应的基本原理（C），分析真实的 PCR 反应试剂盒中各种试剂的作用（B），正确率达到 60% 以上（D）。	网络教学平台	· 每回答正确 1 个得 1 分；答对两个及以上即可得满分；每答错 2 个则扣 0.5 分（如果回答错误一个，则不扣分），直至扣到 0 分。 · 回答正确得 1 分；若是列出计算公式但答案错误或者考虑到最后一轮使用的引物数量，也可得 0.8 分；提交答案即可得到 0.6 分。 · 每回答正确 1 条原因得 1 分；答对 3 个及以上即可得满分；每答错 1 条原因扣 0.5 分，直至扣到 0 分。

描述评价之间的关系：
课前、课中、课后的评价是循序渐进的，课前评价可以摸底学习者基础水平，从而指导教师改变授课重点和教学方法，在进行课中评价后，可以与课前评价作对比，了解学习者通过课程掌握新知识的程度；课后评价与课中评价，可以了解学习者最终的掌握程度，并可以起到巩固新知的作用。

TIPS：
（1）思考学习评价的要素，综合考虑学习过程评价和学习结果评价（与学习活动相匹配，且指向已有的学习目标）。
（2）学习目标：学习评价的要素与设计方法（应用）。

 拓展阅读 2-7-8

《商务营销与谈判》（高职院校专业课程）

课程采用学习单元考核和课程最终学习结果考核相结合的方式。

单元考核：课程共包括 8 个单元，每个单元中有一个任务，包括基本知识学习和综合实训。每个任务总分为 8 分，具体分配如下：

- **基本知识训练**：2×8=16 分。每个任务对应 1 次基本知识训练，需课前预习后或课程当天完成对应的练习题（选择题、判断题），每次总分为 2 分。全对和做对 80% 以上得 2 分；做对 50%~80% 得 1 分；做对 50% 以下不得分。
- **综合实训**：6×8=48 分。每个任务对应 1 次综合实训，需根据要求完成相应的任务（调研、案例分析、方案制订、模拟谈判等），每次总分为 6 分。每次任务依据相应的评价标准获得不同的得分，不参加不得分。

结果考核：学期倒数第二周开展综合性模拟谈判，最后一周进行闭卷考试，具体安排如下：

- **综合性模拟谈判**：16 分。根据教师给定的谈判内容，开展课堂综合性模拟谈判。谈判的主题和要求在第二周发布，随着学习的进行，学习者可逐步完成谈判的相关准备工作（如组建谈判队伍、收集资料、制订谈判方案、选择谈判策略等），在学期倒数第二周的课堂上开展综合性模拟谈判。每个人在这个模块的得分由课堂模拟谈判和组内互评共同决定，其中，课堂模拟谈判由教师评价和组间评价决定，各占50%；组内互评由小组内所有成员进行打分并说明理由，取平均分，得到每个人在这个模块的得分。

- **闭卷考试**：20分。在学期最后一周进行期末考试，总分为100分，按20%的权重加入到最终得分。考试题型为选择题、判断题、简答题和案例分析等题型，形式为闭卷考试。

本单元课程评价方案说明：

根据学期课程评价方案的预设，本单元的评价包括以下两个方面的内容。

- **基本知识训练**：2分。课前预习后或课程当天完成对应的练习题（选择题、判断题），每次总分为2分。全对和做对80%以上得2分；做对50%~80%得1分；做对50%以下不得分。
- **综合实训**：6分。在课堂上完成本单元对应的综合实训——"购置电脑"的模拟谈判。实训主要包括两个子任务：（1）制订谈判方案：收集整理报价、讨价还价、僵局、让步的信息，制订具体的谈判方案；（2）模拟商务谈判的磋商过程进行角色扮演。该任务的总分为6分，每个子任务的满分为3分，具体的评价量规见下表：

任务内容	0分	1分	2分	3分	任务得分
制订谈判方案	未提交	谈判方案不完整，只考虑到了其中几个阶段。	谈判方案完整，但是策略和技巧的运用与目标关联性不强。	谈判方案完整，且包含谈判磋商各阶段的基本原理、策略、技巧	
模拟谈判	未参与	角色模糊，没有自己的出发点和立场，在谈判过程中被对方打乱节奏。	有清晰的角色立场和出发点，但是无法灵活地运用策略和技巧来帮助自己达到目标，谈判明显处于下风。	有清晰的角色立场和出发点，并能灵活运用各种谈判技巧和策略。	
学习者得分					

四、测量学习者学习动机和能力的工具

（一）基于 ARCS 模型测量学习者的学习动机

ARCS 分别对应注意、相关、自信、满意 4 个要素。已有研究者将以下 ARCS 问卷题目用于混合教学情境，用以评价学习者的动机情况，题目如表 2-7-6 所示[①]。

表 2-7-6　基于 ARCS 模型的学习动机问卷

问卷题目	维度
（1）我的好奇心经常被激发 （2）我喜欢上这门课 （3）我觉得这门课给了我很大的满足感 （4）我们班同学都对本课主题充满好奇 （5）我对这门课的设计感到很满意 （6）我对自己从这门课程中学到的东西感到满意 （7）这门课的内容能满足我的期望和目标 （8）教师使用了各种有趣的教学方法	满意度
（9）我对这门课感到很失望（反向计分题） （10）这门课很少吸引我的注意力（反向计分题） （11）我认为自己无法从这门课程中受益太多（反向计分题） （12）我在这门课上经常走神（反向计分题）	注意力
（13）我相信如果自己在这门课上足够努力，就能够取得不错的学习效果 （14）我相信自己能够学好这门课 （15）对于我来说，这门课的内容太难了（反向计分题）	自信心
（16）这门课的内容很重要 （17）为了达到我的目标，我需要在这门课上取得好的学习成绩 （18）这门课上学到的内容对我很有用	关联性

（二）基于 OSLQ 模型测量学习者的自我调节能力

已有研究者基于在线自我调节学习能力测试问卷（Online Self-regulated Learning Questionnaires，OSLQ）验证了该问卷同样适用于混合教学，题目如表 2-7-7 所示[②]。

[①] Ma L, Lee C S. Evaluating the effectiveness of blended learning using the ARCS model[J]. Journal of Computer Assisted Learning，2021（37）：1397-1408.

[②] Barnard L，Lan W Y，To Y M，et al. Measuring self-regulation in online and blended learning environments[J]. The Internet and Higher Education，2009，12（1）：1-6.

表 2-7-7　基于 OSLQ 模型的自我调节问卷

问卷题目	维度
（1）我会为线上课程的学习任务设定完成标准 （2）我不仅设定长期学习目标（每个月或者每个学期的），也设定短期学习目标（每日或者每周的） （3）我为线上学习课程设定了高标准 （4）为了更好地做到线上课程的时间管理，我制定了目标 （5）我不会因为是线上课程就降低作业的质量	目标设定
（6）我选择一个能让自己不分心的场所学习 （7）我选择一个很舒适的环境学习 （8）我知道自己在哪里能够最有效地学习网络课程 （9）我选择一个不会让自己分心的时间学习网络课	环境建构
（10）我会将笔记做得更加详细，因为比起传统教室授课，网络授课下笔记更加重要 （11）为了不走神，我会大声读出网络课程中的任务指南部分 （12）进入线上讨论间之前，我会准备好问题 （13）为了掌握线上课程的内容，除了教师布置的任务外，我还会完成额外的学习任务	学习任务策略
（14）我会额外分配更多的时间给线上课程，因为线上课程耗费时间 （15）我会在每周或者每天划拨同样的时间进行网络课程的学习，也会遵守自己的时间表 （16）尽管不用每天参加网路课程，但是我仍然会按照时间平均分配学习时间	时间管理
（17）我会找到一个对该网络课程学习内容精通的人，在有学习困难的时候向他求助 （18）我会和网络课程同班同学讲述自己的学习困难，从而知道彼此共同的问题以及如何解决问题 （19）如果有必要，我会和同学见面 （20）我会一直坚持通过电子邮件寻求老师的帮助	寻求帮助
（21）我会对线上课程的学习进行总结，以便检测对线上课程的掌握情况 （22）在进行线上学习时，我会针对教材中的内容提出很多问题 （23）我会经常和同学进行交流，以便了解对课程内容的掌握情况 （24）我会经常和同学进行交流，以便了解学习情况不同于他们之处	自我评估

第八节　多种模式混合课程的实施要点

混合课程在实施过程中由于学习目标、所在时空、教学环境等方面的不同，呈现出不同的模式，实施的内容和方式也要随之调整。

一、基于不同学习目标的混合课程

依据学习目标，可将混合课程分为技能驱动型混合课程、态度驱动型混合课程、能力驱动型混合课程等（见表 2-8-1）[①]。

表 2-8-1　基于不同学习目标的混合课程

课程类型	适用范围	概述	混合课程的实施要点		
			课前	课中	课后
技能驱动型	适用于特定的程序性知识和技能课程教学	将学习者线上自定步调的学习和导师或助教的在线学习支持相结合。教师需要给学习者制订清晰的课前学习计划，并明确学习进度要求。在学习者自定步调的学习过程中，教师进行在线指导。在课中环节着重学习者的技能练习、小组任务完成，教师给予及时指导	·教师在线发布学习任务 ·教师在线进行概要讲授 ·学习者在线开展自定步调学习	·学习者练习、完成小组任务等 ·教师线下指导与反馈 ·教师线下总结	·教师在线对学习者学习成果进行评价
态度驱动型	适用于发展新的态度和行为的课程教学，通常为需要角色扮演、绩效评估或与客户谈判的软技能课程	混合各种活动和传播媒介，以培养特定行为。将传统的基于课堂的学习与在线协作学习活动相结合，教师与学习者、学习者与学习者之间需要通过面对面会议或技术支持的协作活动进行点对点互动。纳入整体学习体验的活动包括论坛、网络研讨会、小组项目和使用聊天模块的在线辩论等	·教师在线发布学习任务 ·教师在线进行概要讲授 ·学习者在线开展自定步调学习	·学习者线下查找解决方案 ·教师线下评价解决方案 ·学习者线下分组协作学习与开展实践练习	·教师在线反馈与总结
能力驱动型	用于为了获取和传递隐性知识开展的课程学习，以发展工作场所的能力为主要目标	采用绩效支持工具、知识管理工具等技术系统，学习者在课前收到学习任务并明确指导教师，通过在线学习社群共享同学们的经验；同时，学习者需要有机会置身真实工作场所中，观察实践专家的工作并进行互动	·为学习者分配工作场所指导教师 ·在线创建学习社群	·学习者线下实践练习 ·学习者与工作场所指导教师开展讨论	·教师解答学习者的询问 ·学习者在线进行知识建构

[①] Valiathan P. Blended Learning Models[EB/OL].（2002）[2022−04−21]. https：//purnima-valiathan.com/wp-content/uploads/2015/09/Blended-Learning-Models-2002-ASTD.pdf.

二、基于不同时空的混合课程

混合课程包含线下和线上两大场景，教师与学习者有同步或异步、面对面或网络交流等不同的教与学关系[1]，据此将混合课程分为同步和异步两种形式[2]，具体实施要点如表2-8-2所示。还有一种是将上述两种形式进行结合，适用于师生面对面教与学的一部分人在教室集中，而其他人在线上同步参与。

表2-8-2 基于不同时空的混合课程

课程类型	适用范围	概述	混合课程的实施要点		
			课前	课中	课后
异步型	适用于自主学习及扩展学习	教师在课堂授课的基础上，增加了课外线上学习活动，是当前应用最为广泛的混合学习形式	教师在线发布学习任务；学习者在线开展自定步调学习	教师线下课堂引导学习者学习	教师在线完成学习反思和课后作业
同步型	适用于师生无法集中到教室的情况	开展同步混合学习要求教师和学习者都具备特定的同步交流工具（视频会议系统、在线实时交互工具等），教师通过视频或者音频会议系统进行授课，与学习者进行实时互动	教师在线发布学习任务；学习者进行学习资料、学习工具的准备	教师通过视频会议系统进行概要讲授；教师和学习者通过视频会议系统进行实时互动交流；教师通过视频会议系统进行学习总结	学习者在线完成学习反思和课后作业

三、基于不同教学环境的混合课程

实体教学环境主要有多媒体教室、实体实验实训室、虚拟仿真实验实训室、虚实融合实验实训室、理实一体化教室与工作场所等几种类型。这些实体教学环境与网络学习空间结合，形成了不同形式的混合课程，具体如表2-8-3所示。

---

[1] 李克东，赵建华. 混合学习的原理与应用模式[J]. 电化教育研究，2004（7）：1-6.

[2] 李秀晗，朱启华. 直播技术在高校混合式教学中的新应用——基于香港大学同步混合教学模式的行动研究[J]. 现代教育技术，2019，29（2）：80-86.

表 2-8-3 基于不同教学环境的混合课程

课程类型	适用范围	概述	混合课程的实施要点		
			课前	课中	课后
多媒体教室+网络学习空间	适用于以知识、智力技能或表达技能为主要学习目标的课程	学习者面对面地接受教师指导，同时可以在线自主学习	·教师在线发布学习任务 ·学习者在线开展自定步调学习，并完成相应的任务	·教师在多媒体教室授课与指导学习者	·学习者在线完成学习反思和课后作业
实体实验实训室+网络学习空间	适用于动作技能、感觉与知觉技能的学习	将基本技能操作挪至课前，课堂进入具备实体性设备的实验实训环境，并通过相关技术手段实现及时监管，支持学习者进行实操训练	·教师在线发布学习任务 ·学习者在线学习与技能相关的程序性知识	·教师在实验实训室演示技能操作 ·学习者根据设备条件分组或个体模仿教师开展技能操作，教师随堂指导 ·教师点评与总结学习者技能成果	·学习者在线完成学习反思和课后巩固练习任务
虚拟仿真实验实训室+网络学习空间	适用与信息技术操作相关的动作技能的学习，也适用于仅借助计算机进行仿真练习的动作技能的学习	虚拟仿真实验实训室里没有实体性设备，学习者采用仿真软件进行模拟实践训练，其主要表现形式为具备虚拟仿真系统和软件的计算机机房	·教师在线发布学习任务 ·学习者在线学习与技能相关的程序性知识	·教师利用虚拟仿真实验实训软件演示技能操作 ·学习者利用虚拟仿真实验实训软件模仿教师开展技能操作，教师随堂指导 ·教师点评与总结学习者的技能成果	·学习者在线完成学习反思和课后巩固练习任务
虚实融合实验实训室+网络学习空间	适用于专业性较强的复杂动作技能的学习，或实操危险系数较高的动作技能学习	充分利用虚拟仿真、虚拟现实（VR/AR）、物联网、传感网等技术，将物理空间及设备与虚拟空间及资源有机结合在一起构成的实训教学场所[①]，既能开展实际操作训练，也能开展虚拟仿真操作训练	·教师在线发布学习任务 ·学习者在线学习与技能相关的程序性知识 ·学习者观看动作技能演示视频，并利用虚拟仿真实训软件完成仿真练习	·教师根据学习者在线学习情况有针对性地讲解技能操作要点 ·教师演示技能实操过程 ·学习者分组开展技能实操，教师随堂指导 ·教师点评与总结学习者的技能成果	·学习者在线完成学习反思和课后巩固练习任务

① 朱孝平，林晓伟，张剑平. 虚实融合的实训教学环境及应用研究——以数控加工为例[J]. 中国电化教育，2015（12）：87-92.

续表

课程类型	适用范围	概述	混合课程的实施要点		
			课前	课中	课后
理实一体化教室+网络学习空间	适用于同时强调知识目标与动作技能训练的学习，以及强调培养学习者综合素养的学习	在理论讲课的教室与实践操作的实验实训场地（有时也配置有虚拟仿真系统）一体化配置形成的教学环境中，教师与学习者开展理论学习，或基于相关虚拟仿真实训软件进行技能实操演练	·教师在线发布学习任务 ·学习者在线学习与技能相关的陈述性知识和程序性知识，并完成相应的测试 ·学习者观看动作技能演示视频，并利用虚拟仿真实训软件完成仿真练习	·教师根据学习者课前测试情况精讲知识要点及原理 ·教师根据学习者课前仿真练习情况讲解技能操作要点 ·学习者分组开展技能实操，教师随堂指导 ·教师点评与总结学习者技能成果	·学习者在线完成学习反思和课后巩固练习任务
工作场所+网络学习空间	适用于培养综合技能和职业能力	学习者以员工的身份参加基于工作场所生产活动的学习，通过参与真实生产任务，并在熟练成员直接或间接指导的活动中获得职业能力	·为学习者分配工作场所指导教师 ·在线创建学习社群	·学习者基于项目开展线下实践练习，完成相应的项目任务 ·学习者与工作场所指导教师开展讨论	·教师解答学习者的询问，并对学习者的学习成果进行评价 ·学习在线进行知识建构

第九节　混合课程实施效果的评估与反思

混合课程教学实施一个学期结束之时，教师需要对实施效果进行评估，评估结果成为下一轮课程实施的重要依据。评估可以从两个方面进行：教师自评与反思、学习者感受调查。教师自评与反思：教师通过表 2-9-1 所示的核对单自评实施效果，反思和改进混合教学中存在的不足。

学习者学习感受调查：学习者通过整个学期的学习，对混合课程的感受是进一步改进课程质量的重要依据。学习者的重要感受就是学习满意度。学习满意度是学习者对学习活动的愉快感受或态度，高兴的感觉或积极的

表 2-9-1　混合课程实施效果自评与反思核对单

Criteria（请对您所要自评的混合课程实施效果进行评分）	是的	很大程度上是	在某种程度上是	不是	完全不是
维度 1：课程目标					
课程的学习内容与学习目标保持一致	3	2	1	0	N/A
课程的学习活动与学习目标保持一致	3	2	1	0	N/A
课程的学习成果与学习目标保持一致	3	2	1	0	N/A
总结与改进：					
维度 2：学习评价					
学习评价能够反映学习成果	3	2	1	0	N/A
学习评价在整个课程中都是持续的	3	2	1	0	N/A
能够在课程的整个阶段为学习者提供反馈	3	2	1	0	N/A
学习评价充分利用了在线行为数据	3	2	1	0	N/A
总结与改进：					
维度 3：学习资源					
在线学习资源能够满足课程学习需求	3	2	1	0	N/A
课前、课中和课后学习活动都有特定的教学材料支撑，并与学习目标相关联	3	2	1	0	N/A
课程材料以一致且符合逻辑的结构和布局呈现	3	2	1	0	N/A
总结与改进：					
维度 4：学习者投入					
在线讨论旨在促进有效的学习互动（教师—学习者、内容—学习者、学习者—学习者）	3	2	1	0	N/A
在课程中，对学习者互动和学习者进步的要求有明确的规定	3	2	1	0	N/A
总结与改进：					
维度 5：学习支持服务					
课程能够清楚地说明学习者如何获得技术支持	3	2	1	0	N/A
课程明确说明了如何获得学习者支持服务（例如同伴支持服务、咨询）	3	2	1	0	N/A
课程明确提供了混合学习环境下学习的操作指南	3	2	1	0	N/A
总结与改进：					

态度就是"满意",反之则是"不满意"[①]。影响学习者学习满意度的因素很多,包括课程人数规模、学习者先前学习经验、学习者年龄、师生关系、学习者参与程度、媒体使用等。关于学习满意度的测量,通常采用调查问卷的方式来了解学习者的主观感受。学习满意度测量问卷如表2-9-2所示。

表2-9-2 混合课程的学习者满意度调查问卷

题型	题干	非常同意	同意	中立	不同意	非常不同意
单选题	相比我所学的纯线下课程来讲,这门混合课程的质量更好一些					
	我对这门混合课程非常满意					
	我觉得这门课程很好地满足了我(对本课程)的要求					
	本课程的课堂讨论质量整体很高					
	选择通过线上线下相结合的方式开展本门课程的学习我觉得很有价值					
	与我选择的其他纯线下课程相比,利用网络开展本课程的教学提升了课程的质量					
	我对自己选择通过混合课程的形式学习本课程很满意					
	如果后续有其他纯线下课程开设了混合课程,我将很愿意选择混合课程修读					
	与我修读的其他纯线下课程相比,利用网络开展本课程的教学增加了学习难度					
问答题	你觉得学习本混合课程的困难之处有哪些?					
	你觉得此种网络学习与教师课堂讲解相结合的学习方式的优点有哪些?在哪些方面对你产生了帮助?					

此外,学习者在每个单元的学习情况以及课程网站中积累的数据都可以作为教师评估自己课程的重要依据。比如,通过课程网站上的测试题、

---

① Long H B, Contradictory expectations? Achievement and satisfaction in adult learning[J]. Journal of Continuing Higher Education, 1989, 33(3): 10–12.

讨论帖子等了解学习者单元预习目标达成的情况；通过课堂提问、分组讨论、实验、结果展示等了解学习者课堂任务完成情况；通过课程网站上的练习题、作业、拓展讨论、反思报告等获取学习者整个单元的学习目标达成情况；通过课程网站上的行为数据、统计分析信息等来了解学习者的在线自主学习投入情况，以及课后任务完成、学习反思情况等。

第三章　专业与学科建设篇

在人类社会的发展过程中，社会机体结构日趋复杂，为了满足人们日益增长的生活生产需要，行业分工越来越精细，对于社会个体的职业化要求也越来越精致，对于专门化人才的要求也越来越高。大学就是为了适应社会对专门化人才的需求而出现的专门教育机构，通常会以学校的形态出现。相对于基础教育领域的学校，大学也被称为高等学校，简称高校。世界上最早的大学大致出现在 12 世纪，譬如，1088 年建立的罗马博洛尼亚大学，主要研究神学和法学，到后来又增加了医学等①。在现代大学的人才培养过程中，往往会涉及"专业"和"学科"两个概念。广义的专业概念，往往会覆盖到本科到研究生阶段，通常指向特定的社会分工，是服务于社会发展或行业需求所设置的专门人才培养机构，并与具体人才培养层次需求相对应。而"学科"概念，则通常指向具体的研究领域。譬如，教育技术学专业和教育技术学学科，前者主要关注如何培养满足不同行业需要的教育技术专门人才，后者则主要关注如何建立对教育技术领域的深度理解与发展。在信息时代，互联网深刻地影响了社会和经济形态，对专业和学科建设也提出了新的要求。高校学科与专业，需要服务于信息时代高质量的人才培养，做好支持体系建设，真正实现以学习者为主体的育人目标。

本章第一节主要讨论现代大学制度下的专业与学科责任，尤其是信息时代专业与学科的变革；第二节，阐述信息时代对专业改革提出的要求；第三节，说明信息时代专业人才培养方案的体系重构；第四节，探讨信息时代专业人才培养的过程优化与支持体系。在内容论述上，结合国家的教

---

① 庞青山. 大学学科结构与学科制度研究 [D]. 上海：华东师范大学，2004.

育政策、学科与专业的实践来展开，试图为高校学科与专业负责人、管理者、研究者、教师等提供参考。

第一节 现代大学制度下的专业与学科责任

现代大学包括普通高等学校和职业院校等多种不同类型和层次，承担着专业人才培养的使命，学习者在不同高校的特定专业完成相应的学业。在专业建设过程中，根据社会提出的分工要求与功能变革趋势，学习者的学业被分成了不同的门类，并在不同的门类中又进一步细化，形成了指向各行各业并能够向未来辐射的具体专业。经过特定的专业学习，人们可以长时期从事某些具体的职业，并能够满足该职业对自己提出的业务作业规范要求。

一、专业与学科的区别及联系

专业与学科是一组既有区别又有联系的术语，两者的目标都是服务于国家或社会的发展需要，注重人才的培养，但专业建设更加关注如何培养适应社会需求并能够直接从事特定工作的合格人才，而学科建设则更加关注如何探索和丰富专业的方向及其内涵、如何优化专业方向与结构，注重人才培养的高规格。专业建设的核心任务在于培养能满足社会不同行业需要的专业化人才，而学科建设的核心任务则在于探索特定的研究领域与方向，并思考如何构建指向专业人才需要的人才能力体系与能力素质要求，丰富不同的专门领域的内涵。

学科与专业已经密不可分，学科明确了人才培养的大致领域或范畴，专业则指向了学科领域的具体实践和应用范畴，强化学科与专业建设的目标，就是为了实现社会的高质量发展与合理分工，围绕一些关键领域进行深入研究，培养专业化的人才，为未来奠基。

现代社会的专业建设是为适应人类社会的科学技术与文化变革，服务于生活生产实践需要，对于未来的社会人才需求进行判断、制订完善的人才培养方案、组织实施人才培养过程的专门机构与专门领域的总称。一方面，专业可以被理解成专门的领域，该领域有特定的研究范围，有具体的专业建设标准，有专门的课程体系，有专业人才质量评价标准等；另一方面，专业也可以被理解为专门的机构，该机构有特定的管理人员和师资队伍、有具体的人才培养方案和培养要求、有过程管理的规范性程序、有体现专业办学质量的运行规范与档案资料、有专业办学所必需的特定的实体空间与虚拟空间等。

为适应社会发展需求，当前中国高等教育领域正在不断探索如何顺应社会发展，实现人才培养的改革，将现代科技的最新发展引入高等教育领域，不仅涉及学习内容的变革，也重视学习方式的变革。譬如，中国有的知名高校在一些优质高中建立了协同实验室，并建立了混合教学的指导方式，这就使得现代大学所招收的新一代大学习者具有了更宽的学识视野和更强的学习能力，这些现实变化都将会倒逼现代大学必须变革专业和学科的建设方式，注重专业人才培养方式的调整，以满足高质量人才的培养需求。

在中国高校的人才培养体系中，国家会结合社会需求和教育的发展建立专业人才培养目录，并会不断修订和调整专业目录，以指导不同高校设计与自身定位相适应的专业。譬如，对于本科院校的专业设置，通常会依据国家颁布的《普通高等学校本科专业目录》进行设置，该目录中包括了特定的学科门类、专业类和具体的专业。职业院校的专业设置会依据《职业教育专业目录》进行设置，包括专业大类、专业类、专业三级分类形式。研究生（含硕士和博士）培养单位的专业设置，则依据国家《学位授予和人才培养学科目录》进行设置，该目录中包括了学科门类、一级学科和二级学科三个层次。

对于专业和学科，存在着知识层面和组织层面的不同理解。对于知识层面的专业或学科，反映了专业或学科的本质[①]。为了促进专业人才的培养，现代高校还需要建立一些基层的学术组织，用于管理专业和学科的发展，这是从组织的层面所理解的专业或学科。简单地说，现代高校需要依赖于特定的组织机构来落实专业或学科人才培养的具体任务，这类组织机构可以简称为专业发展组织。专业发展组织，如院、系或研究所等，承担着高校的专业与学科建设职责。

---

① 胡建华. 知识学科与组织学科的关系分析[J]. 高等教育研究，2020，41（5）：25-30.

二、信息时代引发的跨学科革命

当现代科学技术与人类社会生活的各个领域发生了深度接触以后，人们的学习方式、生产方式与生活方式都发生了重大变化，各行各业都进入了信息时代。现代科学技术与社会不同领域的结合，使得传统的专业和学科概念都发生了重要变化，强化学科之间的交叉并构建新的学科体系、重构新的学科关系，已经成为当前高等学校教育改革实践中的重要命题。

（一）推动多层次高质量专业建设

社会的发展与科技的进步相互影响和渗透，促进了现代高校的不断变革与完善，也促进了不同专业与学科的内涵演变与发展。对于学校的具体专业发展组织而言，需要结合国际、本国所形成的教育发展目标，落实高质量的专业或学科的研究目标与人才培养目标。

美国卡耐基教学促进会1998年发布了《重塑本科教育：美国研究型大学发展蓝图》，2001年又发布了《重塑本科教育：博耶报告三年回顾》，两份报告都对研究型大学如何看待本科教育进行了分析，哈佛大学、斯坦福大学、麻省理工学院等大学纷纷回归本科教育，启动本科教学改革。2006年，哈佛大学本科生院院长哈瑞·刘易斯提出，没有一流本科的"一流大学"是没有灵魂的。2016年英国教育部发布的《英国高等教育白皮书》指出，知识经济体的成功体现为教学卓越、社会流动和学习者选择[1]。

斯坦福大学提出21世纪本科教育目标包括4个方面：一是掌握知识，注重专业教育与通识教育融合，强调知识的深度与广度融合；二是注重磨练能力，重视表达与写作能力、批判性阅读能力、美学与审美能力、推理和分析能力等综合能力的培养；三是培养责任感，注重个人和社会责任感、伦理和道德、跨文化跨种族认同能力、包容与同情心等；四是自适应学习，能够实现知识迁移，懂得应对挑战和机遇，加强创新等。麻省理工学院也强调要加强课程教学变革，倡导主动学习、探究学习、项目学习等[2]。

21世纪以来，中国一直在探索并不断完善"高等教育强国"的内涵与

---

[1] 吴岩.一流本科 一流专业 一流人才[J].中国大学教学，2017（11）：4-12+17.
[2] 吴岩.一流本科 一流专业 一流人才[J].中国大学教学，2017（11）：4-12+17.

路径。自 2009 年以来，"建设高等教育强国"连续 4 年被作为中国高等教育学会主办的高等教育国际论坛的主题。2015 年，中国国务院发布的《统筹推进世界一流大学和一流学科建设总体方案》提出，要在 21 世纪中叶，使得一流大学和一流学科的数量和实力进入世界前列，基本建成高等教育强国，为中国高等教育强国战略提出了明确的路线图和时间表[①]。

2018 年 9 月 17 日，中国教育部发布《教育部关于加快建设高水平本科教育全面提高人才培养能力的意见》（下称《意见》），《意见》提出，要"实施一流专业建设'双万计划'。专业是人才培养的基本单元，是建设高水平本科教育、培养一流人才的'四梁八柱'。以建设面向未来、适应需求、引领发展、理念先进、保障有力的一流专业为目标，建设 1 万个国家级一流专业点和 1 万个省级一流专业点，引领、支撑高水平本科教育"[②]。

（二）推动卓越人才与拔尖人才培养计划

高等学校是人才培养的主阵地，而专业又是落实高质量人才培养的前沿哨。专业方案的设计与实施，需要主动适应国家战略发展的需求变化，并能够瞄准专业领域的发展前沿，与世界高等教育发展的总体趋势保持一致。学校各专业的建设都需要聚焦未来人才的核心能力，重视人才的能力结构与能力发展，形成"内涵与结构相对稳定、内容与方法动态调整"的专业建设与优化方案，既要关注特定专业的内涵塑造，也要重视在学校整体专业布局中特定专业的定位，形成一套专业特点鲜明、不同专业协同支撑的完备专业体系，注重不同门类专业之间的相互补充，适度调整与变革，持续优化专业结构和专业布局，形成可以满足未来社会多层次、多结构人才发展需求的现代专业发展格局。

世界上各个国家都注重跨学科建设，尤其是重视现代工科建设，积极推动工程教育变革。譬如，从 2011 年到 2013 年，美国陆续推出了"美国先进制造业伙伴关系计划""美国先进制造业国家战略计划"和"美国制造业创新网络计划"，2013 年德国颁布了"德国工业 4.0 战略实施建议"，2014 年日本颁布了《制造业白皮书》，英国颁布了"英国制造 2025"战略、法国

---

① 田贵平，赵婷婷．高等教育强国研究二十年回眸[J]．高等教育研究，2018，39（9）：8-16.
② 中华人民共和国教育部．教育部关于加快建设高水平本科教育全面提高人才培养能力的意见[EB/OL]．（2018-10-08）[2022-06-23]．http：//www.moe.gov.cn/srcsite/A08/s7056/201810/t20181017_351887.html.

颁布了《新工业法国》战略等系列工程教育改革的国家战略①。

2018年10月17日，中国教育部决定实施"六卓越一拔尖"计划2.0，即要实施卓越工程师教育培养计划2.0、卓越医生教育培养计划2.0、卓越农林人才教育培养计划2.0、卓越教师培养计划2.0、卓越法治人才教育培养计划2.0、卓越新闻传播人才教育培养计划2.0、基础学科拔尖学习者培养计划2.0。

2019年4月29日，中国教育部等13个部门联合启动"六卓越一拔尖"计划2.0，全面推进新工科、新医科、新农科、新文科建设，提高高校服务经济社会发展的能力。关于"四新"建设，教育部相关管理者认为，"工科是国家的硬实力，医科是国家的健康力，文科是国家的软实力，农科是国家的生长力"②，要通过"四新"建设实现高等教育强国目标。

关于"新工科"建设，在"四新"建设中处于"先锋"地位③。中国相关高校联合发布了新工科建设北京指南，强调要探讨"新工业革命带来的时代新机遇、聚焦国家新需求、谋划工程教育新发展"，构建工程教育新体系，注重工匠精神，落实国际工程教育专业认证理念，既要升级改造现有工科专业，也要布局新兴工科专业，关注前沿与紧缺专业，探索校企联盟、跨学科平台的新型实践模式，推进工程教育的国际化，主张围绕"一带一路"倡议的实施，构建沿线国家工科高校战略联盟，共同打造工程教育共同体，引领新一轮科技革命与产业变革④。

关于"新农科"建设，中国涉农高校与农业专家在"安吉共识"中提出，中国新农科建设有四大发展任务，即"打赢脱贫攻坚战、实施乡村振兴战略、推进生态文明建设和打造美丽幸福中国"。要加强新农业、新乡村、新农民、新生态建设，必须发展新农科，使新农科承担起现代农科人才培养的责任。新农科的使命在于：一是致力于农业产业体系、生产体系和经营体系的转型升级，重塑与提升农业教育链、产业链和价值链；二是致力于新乡村的产业发展和治理创新；三是致力于新农民的职业塑造，让现代

---

① 陆国栋，李拓宇．新工科建设与发展的路径思考 [J]．高等工程教育研究，2017（3）：20-26．

② 吴岩．勇立潮头，赋能未来——以新工科建设领跑高等教育变革 [J]．高等工程教育研究，2020（2）：1-5．

③ 吴岩．勇立潮头，赋能未来——以新工科建设领跑高等教育变革 [J]．高等工程教育研究，2020（2）：1-5．

④ 新工科建设指南（"北京指南"）[N]．高等工程教育研究，2017（4）：20-21．

农民掌握现代科技和管理知识，成为新乡村的建设者与守护者；四是致力于水、林、田、湖、草系统治理体系建设，树立和践行"绿水青山就是金山银山"的理念①。在北京宣言中，又进一步明确了新农科建设的主要领域，强调实现理念创新，实现专业优化改革攻坚，建立三级认证体系和专业标准，推动中国高等农林教育格局的重要改变②。

关于"新医科"建设，就是要服务于现代卫生健康事业，提升卫生健康事业发展品质。医学教育是卫生健康事业的重要基础，是教育强国建设、健康中国建设的重要内容③。新医科建设，需要强调医工结合，否则医学教育就会落后。新冠肺炎疫情的出现，可以视作是驱动卫生健康事业结构变迁的"扳机"，也是对目前卫生健康事业"惯习"的"叛逆"，医学教育在国家战略和结构体系中有两大主要作用，即服务"健康中国"建设和驱动医学科技创新④。"新医科"建设要对接医疗卫生行业需求，既要适应医学多学科交叉趋势，设置有利于复合型人才培养的新兴专业，如智能医学、转化医学、精准医学等，也要加强生命全周期、健康全过程医学专业人才的培养，还要统筹发挥市场决定作用和政府调控作用，构建动态、科学的医学人才规模控制机制和专业协调机制⑤。

"新文科"建设是构建中国学科体系、学术体系、话语体系的必然要求⑥。新文科不仅要关注优秀的传统文化，还要注重文化创新，注重中外文化的交融与发展，为推动"人类命运共同体"的构建贡献中国智慧、中国方案、中国力量；要推动哲学社会科学与新一轮科技革命和产业变革交叉融合，培养新时代哲学社会科学家，形成哲学社会科学的中国学派，创造光耀世界、光耀时代的中华文化⑦。

---

① 安吉共识——中国新农科建设宣言[N].中国农业教育，2019，20（3）：105-106.
② 新农科建设推出"北京指南"[N].中国农业教育，2019，20（6）：104-106.
③ 吴岩.勇立潮头，赋能未来——以新工科建设领跑高等教育变革[J].高等工程教育研究，2020（2）：1-5.
④ 彭树涛."新医科"的理念与行动[J].上海交通大学学报（哲学社会科学版），2020，28（5）：145-152.DOI：10.13806/j.cnki.issn1008-7095.2020.05.014.
⑤ 沈瑞林，王运来."新医科"建设逻辑、问题与行动路径研究[J].医学与哲学，2020，41（12）：69-73.
⑥ 张俊宗.新文科：四个维度的解读[J].西北师大学报（社会科学版），2019，56（5）：13-17.DOI：10.16783/j.cnki.nwnus.2019.05.002.
⑦ 吴岩.勇立潮头，赋能未来——以新工科建设领跑高等教育变革[J].高等工程教育研究，2020（2）：1-5.

在"四新"建设中，中国高校倡导要探索工程教育信息化教学改革，推进信息技术与工程教育深度融合，创新"互联网+"环境下工程教育教学方法[1]。同时，主张以"新工科"建设为契机，借助于互联网+、大数据和人工智能等技术，推动新农科、新医科、新文科的建设。要以"慕课"建设为抓手，通过线上与线下的深度融合，引发以学习者为中心的教学重构[2]。

2020年，中国教育部等九部委又推出了《职业教育提质培优行动计划（2020—2023年）》（下称《计划》）。《计划》设计了10项任务，27条举措，涉及落实立德树人根本任务、推进职业教育协调发展、完善服务全民终身学习的制度体系、深化职业教育产教融合校企合作、健全职业教育考试招生制度等具体方面。《计划》提出要实施职业教育治理能力提升行动、"三教"改革攻坚行动、信息化2.0建设行动、服务国际产能合作行动、创新发展高地建设行动等具体行动要求。

《计划》提出，要"主动适应科技革命和产业革命要求，以'信息技术+'升级传统专业，及时发展数字经济催生的新兴专业。鼓励职业学校利用现代信息技术推动人才培养模式改革，满足学习者的多样化学习需求，大力推进'互联网+''智能+'教育新形态，推动教育教学变革创新"[3]。

为适应社会的发展要求，高校会不断优化专业配置，并增设一些新的专业，但是，在实践中经常出现的问题是，当一些新的专业建成以后，往往会面临教学资源、师资和实验条件等不足的现象，还有一个突出的问题是专业发展的特色不够明显[4]。如果仅仅依赖于不同的专业发展组织、依靠自身力量，专业的发展就会受到许多制约。因此，建立开放、协同与共享的现代人才培养路径就成了当前专业人才培养要求和学科发展的必然需求。

三、信息时代推动了专业办学的变革

信息时代的变革，依赖于课程资源的建设与共享。以大规模课程开放

---

[1] 新工科建设指南（"北京指南"）[N]. 高等工程教育研究，2017（4）：20-21.
[2] 吴岩. 一流本科 一流专业 一流人才 [J]. 中国大学教学，2017（11）：4-12+17.
[3] 教育部等九部门. 教育部等九部门关于印发《职业教育提质培优行动计划（2020—2023年）》的通知 [EB/OL].（2020-09-23）[2022-06-23]. https://www.moe.gov.cn/srcsite/A07/zcs_zhgg/202009/t20200929_492299.html.
[4] 董洋溢，石少敏，田甜. 多元混合模式的地方师范院校物联网工程专业人才培养体系研究 [J]. 无线互联科技，202017（1）：100-102.

运动为代表的课程建设思路,不仅丰富了课程资源的选择与共享机会,也为专业办学提供了许多新的机会和条件。随着在线资源与线下资源的共同作用,以及一系列现代教学与管理平台的引入,现代高校的育人模式已经不再限定于特定的物理空间中,也不再仅仅局限于学校的已有师资,混合形态的专业人才培养路径正在不断改变现代高校的专业人才培养思路。

(一)慕课的兴起推动了课程资源的开放与共享

2008年,加拿大教授斯蒂芬·道恩斯和乔治·西蒙斯提出了MOOC(Massive Open Online Courses)概念;2011年,美国斯坦福大学的塞巴斯蒂安·思瑞和皮特·诺文奇开设的"人工智能导论"吸引了来自190多个国家的16万人在线注册学习;2012年,塞巴斯蒂安成立了在线教育商业公司Udacity,为公众提供免费无学分的大学课程;同年,斯坦福大学安得烈·吴恩达和达芙妮·科勒合作创立了教育科技公司Coursera,哈佛大学与麻省理工学院合作建立了在线教育平台edX。慕课出现以后,世界范围内的高等教育出现了一系列的变革,学校的教育传播方式发生了变化,推动了大学的开放性与虚拟性,并促进了课程资源的可扩张性与经济性的变化[①]。

澳大利亚新南威尔士州TAFE(Technical And Further Education)学院是由政府资助的职业培训机构,主要目标是提供灵活和及时的解决方案,以满足学习者、行业、社区和不断变化的经济需求,TAFE课程的结构有在线、远程、面对面或综合这些方式,试图为所有人提供灵活的高质量教育[②]。

(二)资源共享推动了课程学分的打通与互认

当课程资源面向全体学习者开放以后,学习者获得了学习的机会,但并不等同于学习者可以获得相应的专业学历证明。譬如,英国高等教育质量保证局评审主任斯蒂芬·杰克逊认为,最重要的是可信度,"只有证明学习成果是实实在在的,才应被授予学分"。但经历了一定的发展阶段以后,专业之间实现学分认证已经成了一种自然的趋势,美国科罗拉多州立大学的环球学院2012年成为美国第一所认可MOOC学分的大学,中国清华大学

---

① 曾晓洁.美国大学MOOC的兴起对传统高等教育的挑战[J].比较教育研究,2014,36(7):32-40.

② Bliuc A M, Casey G, Bachfischer A, et al. Blended learning in vocational education: teachers' conceptions of blended learning and their approaches to teaching and design[J]. The Australian Educational Researcher, 2012, 39(2): 237-257.

2014年宣布认定"学堂在线"的部分课堂学分,上海交通大学自主研发的"好大学在线"首次打通了西南片19所高校的MOOC学分互认①。

美国的研究型大学还在探索MOOC增值服务,美国传统高等教育常常依据学分来收费,通过美国教育委员会的学分认证才能让MOOC真正进入美国传统高等教育市场,各高校也在积极探索新的学习认证,如Udacity的"纳米学位"证书、Coursera的"专业课程包"证书以及edX的"职业资格证书"等,哥伦比亚大学还与edX平台合作开发了MicroMasters课程,学习者完成课程就能获得经过学分认证且可以作为学位授予凭证的电子课程证书。基于在职人士专业进修或职业资格认证的需求,MOOC平台运营商还对MOOC学习过程进行系统性评价,如edX设计了签名追踪项目用以评价学习者的学习过程②。

(三)学分互认推动了专业建设的混合与创生

2013年,Udacity宣布与佐治亚理工学院和AT & T合作,开发在线计算机硕士学位课程③。edX也积极探索慕课和传统校园学习相结合的混合模式,于2015年8月联合亚利桑那州立大学启动了"全球新生学院"创新项目,该项目允许学习者在完成大学一年级的全部学分课程并通过考试后,有资格申请包括亚利桑那州立大学在内的不同大学、不同专业、从大学二年级开始的校园学习机会,edX的创始人兼首席执行官阿内特·安格瓦尔将这一新的大学申请、入学模式称为"翻转入学"。2016年edX又推出了"微硕士学位"慕课项目,获得证书的学习者可以申请接受该证书的多家大学的硕士项目校内课程,可以在更短的时间内、花费更少的学费获得正式的硕士学位。2016年,Coursera和伊利诺伊大学香槟分校启动了"数据科学硕士学位"(MCS-DS)和"在线工商管理硕士学位"(iMBA)项目④。

中国许多省市通过组建高校课程联盟慕课平台,建立体现个性化的学习支持服务,譬如,江苏省依托现有大型知名慕课平台,建立了品牌专业

---

① 曾晓洁.从学分到学位:MOOC与大学的融合[J].比较教育研究,2015,37(8):78-84.
② 吴东照,钱小龙.中国大学MOOC商业模式的转型——基于美国研究型大学的实践审思[J].教育发展研究,2021,41(1):79-84.DOI: 10.14121/j.cnki.1008-3855.2021.01.016.
③ 蒋平.美国高校网络课程发展的后现代知识型特征分析[J].比较教育研究,2018,40(8):106-112.
④ 许涛.美国慕课发展的创新模式研究[J].比较教育研究,2017,39(8):95-103.

模块，依据学科分类提供了相关院校的特色专业课程，可以让读者快速找到相关特色课程资源①。这一系列平台资源的出现，加之学分认证制度的建设，将会倒逼高校的专业和学科建设不得不进行系统思考，以混合思维优化和提升专业建设的品质。

拓展阅读 3-1-1

面向全球的逻辑学融合式课堂证书项目

2021年1月，中国清华大学人文学院逻辑学中心发布了"全英文逻辑学全球融合式课堂证书项目"，由清华大学人文学院4位教授组成的团队共同讲授的4门逻辑学课程构成，包含"逻辑、语言与哲学""模态逻辑及其应用""逻辑学基础理论""逻辑、计算和博弈"4门课程。该项目是清华大学推出的首个全球融合式课堂证书项目，项目的目标是面向优质国际生源，从东亚地区、东南亚地区做起，吸引更多学习者关注清华逻辑学和清华人文学科。采用全英文授课，以逻辑学为核心，兼顾哲学、数学、语言学、计算机科学、认知科学等学科基础，在训练学习者基础思维能力的同时，培养学习者跨学科的宽广视野与创新精神。本证书项目除面向清华大学本校学习者外，还面向俄罗斯圣彼得堡大学、新加坡南洋理工大学等世界慕课联盟高校及其他世界一流大学学习者开放。项目中的每门课程将利用混合教学通过在线的方式将海内外高水平大学学习者引入清华大学课堂，构建全球课堂，增进学习者国际沟通与理解，学生可通过同步或异步在线的方式参加课程学习，完成全部4门课程并通过考核后，即可获得项目证书。清华大学期待推出一批全球融合式课堂证书项目以及慕课证书项目，通过共享优质教育资源加强国际交流合作，以开放的姿态应对全球性挑战并推动高等教育创新。

---

① 罗孟儒.各省市高校课程联盟慕课平台调研分析[J].资源信息与工程，2019，34（5）：113-116.DOI：10.19534/j.cnki.zyxxygc.2019.05.035.

第二节　信息时代对专业改革提出的要求

高质量的专业建设与发展，既是高等学校的生存之本，也是高等学校的时代责任与使命。进入信息时代以后，专业内涵越来越丰富，专业办学越来越重视合作，专业方向也越来越开放。

一、从专业人才的特定性到连通性

在信息时代，"专业"的属性正在发生变化，从过去以培养"专才"为目的、注重特定专业方向人才的特有能力结构，到强调面向未来社会的人才综合能力结构，越来越重视不同专业人才之间的互补性，关注专业人才在整个人才体系中的关系。同时，充分发挥互联网的优势，开始注重突破学科和专业边界，鼓励学习者跨专业选课，通过跨专业、跨学校建立学习与研究团队等提升学习者的专业品质。

（一）重视专业类型结构的调整

随着信息技术对社会各行各业的渗透，生产、生活与流通方式都在发生变化。现代科技与传统科技的结合，催生了许多新的产业和行业，中国教育部注重专业门类与专业的设置调整，既去掉了许多过时的专业，也增设了许多新专业。以2021年为例，中国教育部将37个新专业列入《普通高等学校本科专业目录》，各高校新增备案专业（原专业目录中已经有的专业）2 046个，新增审批专业（原专业目录中没有的专业）177个，调整学位授予门类或修业年限专业93个，撤销专业518个。

在专业设置上越来越重视现代科学技术领域的专门人才培养，重视科学技术与新专业的融合。在新增的37个专业中，工学门类增加了14个新专业，新增专业处于前5名的专业主要有人工智能、智能制造工程、数据科学与大数据技术、大数据管理与应用、机器人工程，有130多所高校开设了人工智能专业，跨学科的专业也不断涌现，公共事业管理和信息管理与信息系统等专业则逐步被一些高校撤销。

专业的设置和调整,应当准确理解什么是"新"[①]。一是需要建立新型的专业思维,避免陷于旧的对已有专业的理解,注重对传统专业的改造升级;二是需要不断突破旧的思维框架,关注新兴产业,理解科技革命及其对行业的影响;三是需要重视不同专业之间的联系,从专业门类间、专业间的关系出发,不断优化专业门类的设置,减少狭隘性,增强融合性。

信息时代,混合教学形态已经成为当前教育教学的重要形式,将"混合"的思维引入专业设置中来,可以借助网络技术、数据技术等,深度挖掘专业的内涵,拓展不同专业建设的方式与方法,以新的视野优化专业人才培养方案设置。既要适应时代的发展需要,也要适应行业的发展需求,还需要充分考虑到特殊行业的人才需求,重视专业设计的覆盖面与持续性,以完整的视角论证专业设置的可行性;既要考虑到学校的办学条件和师资队伍,也要考虑到社会对高质量人才的需求,符合国家的发展战略和科技创新需求,减少专业设置的短视性与随意性。

(二)重视专业质量标准的建设

如果将专业或学科的发展目标,仅仅交由各个高校的具体专业发展组织去设计和落实,就容易受到学校办学条件的制约。建立专业建设和发展的指导规范,并通过专门的机构进行考核与评估,是现代专业发展过程中的通行做法。

中国教育部 2013 年起启动了《普通高等学校本科专业类教学质量国家标准》的研制工作,涵盖了普通高校本科专业目录中的 92 个本科专业类,覆盖了 587 个本科专业。在专业标准的研制中,坚持统一与变化相结合、基础与卓越相结合、定性与定量相结合,强调专业办学的底线,并鼓励专业创新。2018 年,国家正式发布了专业质量标准。专业质量标准对于专业办学的基本内涵、专业范围、培养目标、人才规格、师资队伍、教学条件、质量保障等进行了规定,为专业设置和评估提供了依据。

2015 年以来,中国教育部还倡导要探索如何建立学分认定机制,强调在坚持质量标准的前提下,利用在线课程资源实现学分的认定与转换,研究者也开始探索如何在遵循质量标准的前提下优化学分的校际认定[②]。中国药科大

---

① 林健. 面向未来的中国新工科建设 [J]. 清华大学教育研究,2017,38(2):26-35. DOI:10.14138/j.1001-4519.2017.02.002610.

② 蔡文芳. 关于MOOCs学分认定及其校际互认的思考 [J]. 中国高教研究,2016(12):83-85. DOI:10.16298/j.cnki.1004-3667.2016.12.16.

学结合当前高校的 MOOC 建设与应用实际，提出要通过组建校级联盟、搭建在线平台、校商联合等方式加强资源建设，要依托政府政策支持、行业机构促进、媒体舆论导向等方式加强课程运行保障，并需要通过学分或证书认证等形式，提升 MOOC 资源建设与应用保障机制[①]，为专业发展保驾护航。

（三）重视课程学分构成的调整

专业人才的培养，需要通过完成一定的学分才能够达到专业的毕业要求。在专业学分构成方面，高等学校日益重视学分构成的变化，从早期的主要由"公共课—专业基础课—专业主干课程"的学分构成形式，逐步过渡到了"公共平台课程—素质拓展课程平台—专业基础与核心课程平台—自主发展课程平台"的学分构成形式，学分中的自主发展类课程学分的比例有所提升。

随着在线教学资源的建设与发展，跨专业、跨学校选修课程的条件趋于成熟，部分高校的学分认定也更加灵活，学分构成呈现了"重质量轻数量"的趋势，强调学习者核心能力的形成。研究表明，2012 年以来，中国开展 MOOC 资源建设以后，学分认定形式变得更加多样化，部分高校尝试进行 MOOC 平台课程的学分认定，且不再仅限于本校的课程，一些学校开始认定联盟校或区域内高校的学分[②]。

（四）重视专业课程构成的调整

近 10 年来，中国各高校在专业办学过程中，注重自身的办学特色与优势，调整专业学分的构成比例，譬如，清华大学与中国矿业大学相比，清华大学的文化素质类课程和基础知识课程的学分占比更高，而中国矿业大学的工程技术类课程、专业知识课程和自主发展类课程学分占比更高。随着在线资源的大规模建设，一些学者建议高校整合慕课及其资源，并提出了具体的做法，以改革高校的课堂教学[③]。资源的大量建设为改进和丰富专业课程的构成提供了可能性，学校可以跳出故有的思维习惯，面向高质量的人才需求设计专业课程，而不再受限于师资的局限。

---

① 高新柱，冯锋.MOOC 资源建设与应用保障机制探究 [J].黑龙江高教研究，2016（4）：150-154.

② 殷丙山，郑勤华，陈丽.中国 MOOCs 证书授予及学分认定调查研究 [J].开放教育研究，2016，22（2）：30-37.DOI：10.13966/j.cnki.kfjyyj.2016.02.004.

③ 焦建利，陈彩伟.高校整合慕课的教学模式与实施路径分析 [J].浙江师范大学学报（社会科学版），2019，44（4）：9-15.

（五）重视专业学习方式的调整

21世纪以来，麻省理工学院率先推动了开放课件运动，面向世界各国开放学校的课程资源。此后，世界各国都开始重视开放教育资源的建设与共享。

南京师范大学2001年组织了中国高校的第一批网络课程开发，但受到当时技术水平的限制与管理平台的功能制约，课程主要是以静态页面形式呈现教学内容。中国教育部2003年启动了高等学校教学质量与教学改革工程精品课程建设工作，2011年，中国教育部又启动了国家精品开放课程建设工作，包括精品视频公开课与精品资源共享课建设，2015年启动了在线开放课程建设和国家精品在线开放课程认定工作，2019年，中国教育部发布了一流本科课程建设的实施意见，计划启动国家级线上一流课程（国家精品在线开放课程）、国家级线下一流课程、国家级线上线下混合式一流课程、国家虚拟仿真实验教学一流课程、国家级社会实践一流课程的建设工作。

（六）重视混合教学质量的研究

许多国家的高校不仅重视开展混合教学实践，还加强了在线教学质量的研究。譬如，新西兰的梅西大学在2012年成立了远程教育和学习未来联盟，将远程教育、在线教育和混合教育领域中的学者和实践者聚集到一起，共同思考如何在数字联网、全球链接、快速变化的高等教育环境下，形成符合现代大学教育的新模式和新方法[①]。

英国伦敦帝国理工学院的医学院学习者第四学年需要专攻自己选定的一个学科，药理学是可供选择的课程之一，每年约有20名医科学习者和5名生物医学专业学习者会选择完成该课程。该校课程建设团队对课程进行模块化设计，对神经药理学内容以混合教学模式进行组织。学校原先只对研究生开放，后来也将混合教学应用于本科教学。事实证明，让学习者进行混合学习后，学习者对学习这门学科很有兴趣，但前提是课程应当是高度结构化的、高质量的，并有辅导课的支持，学习者认为"混合"学习方式比纯粹的在线学习更有益[②]。

---

① 马克·布朗，肖俊洪. 在线、混合和远程学习新常态：梅西大学经验[J]. 中国远程教育，2013（11）：27–35+95.DOI：10.13541/j.cnki.chinade.2013.11.007.

② Morton C E, Saleh S N, Smith S F, et al. Blended learning: how can we optimise undergraduate student engagement?[J]. BMC Medical Education, 2016（16）: 195.

华中师范大学 2013 年起开始大规模探索混合教学工作，在早期的实践中学校发现，混合教学的整体情况正常但群体之间存在差异，学习资源数量充足但质量有提升空间，学习者能够完成任务但自主性不足，课堂运行正常但网络平台的支持性作用不足。因此，学校在资源建设、实施条件、课程性质、学习适应性等方面进行强化[①]。锦州医科大学发现，在断层解剖学的教学中进行混合教学实践后，提高了学习者的语言表达与沟通能力，增进了师生之间的交流，但自主学习与管理能力参差不齐[②]。通过比较中外混合教学研究的现状，北京师范大学研究团队发现，需要在混合教学的模式、教学能力及培训、教师专业发展、评价与学习分析等方面强化研究与实践[③]。

（七）重视创新创业教育的发展

创新创业教育的核心是"创新"，重点是"创业"，创业是创新教育成果在实践领域的具体化。在高校倡导创新教育不能脱离专业教育，而是要实现创新教育与专业教育之间的融合[④]，结合专业的特殊性实现创新教育本身的"创新"。

美国麻省理工学院在斯隆管理学院下设创业中心，致力于进行创业管理、投资和政策等方面的教育与学术研究，在 2014—2015 学年共计开设 60 门创新创业课程；美国斯坦福大学组建了斯坦福创业网络，涵盖创业研究中心、社会创新中心和技术许可办公室等机构，统筹管理创新创业教育工作，并打破专业壁垒，设计了许多创新创业课程；美国百森商学院成立了创业教育研究中心，广泛与科技园、创业者协会、小企业开发中心和相关创业培训机构等建立联系，为创新创业教育寻找资源支撑，同时还设计了发现、探索和专攻 3 个层次的课程[⑤]。

[①] 曹阳，万枞，陈锦然.高校混合课堂的实施现状及其改进策略——以华中师范大学为例[J].中国大学教学，2014（12）：81–84.

[②] 姜东，李德华，单颖.线上线下混合教学模式在断层解剖学教学中的应用探索[J].解剖学杂志，2018，41（6）：742–743.

[③] 冯晓英，王瑞雪，吴怡君.国内外混合式教学研究现状述评——基于混合式教学的分析框架[J].远程教育杂志，2018，36（3）：13–24.DOI：10.15881/j.cnki.cn33-1304/g4.2018.03.002.

[④] 黄兆信，王志强.论高校创业教育与专业教育的融合[J].教育研究，2013，34（12）：59–67.

[⑤] 包水梅，杨冬.美国高校创新创业教育发展的基本特征及其启示——以麻省理工学院、斯坦福大学、百森商学院为例[J].高教探索，2016（11）：62–70.

2014年以来，中国加大了高校学习者的创新创业能力培养，国家专门设计了培训课程用于培养高校创新创业能力课程的教师，还推出了相应的网络课程，并主导建设了一批用于促进不同高校学习者需求的创新创业类课程，建立了专门的精品资源共享课，并倡导高校之间协同落实创新创业人才的培养目标[①]。四川大学在创新创业人才培养过程中，注重文、理、工、医科的交叉，既设计了一些体现学科交叉的渗透课程，也组建了跨学科的课题与团队，同时还建立了国际课程周，邀请国际高水平的大学专家学者协同参与指导[②]。

中国教育部面向大学习者设计了多层次的创新创业项目，许多高校在课程体系中都增加了创新创业板块课程，如南京师范大学通过设计综合实践类学分计划，鼓励学习者获得创新类学分。教育研究者和实践者发现，当前的高校要实现创新创业教育，知识和信息的承载形式需要从纸质材料逐步过渡到互联网上，借助互联网搭建校企合作的创新创业实践平台体系，促进成果的孵化[③]，支持创新创业的平台需要支持课程学习、创业实践和中介服务等[④]。

二、从专业办学的独立性到协同性

在传统的专业办学过程中，更加重视不同高校的专业办学水平，高校以自身的师资结构、专业理解等作为办学基础，以独立的办学体系追求专业的办学层次。信息时代以后，不同高校的专业之间注重协同办学，专业发展更加体现荣辱与共特征。

（一）建立了高校间的课程共享联盟

在专业办学过程中，如果仅仅依赖于学校内部的资源或课程，容易导致人才培养的格局受到限制。当高校广泛参与到精品在线开放课程资

---

① 曾骊,张中秋,刘燕楠.高校创新创业教育服务"双创"战略需要协同发展[J].教育研究,2017,38（1）:70-76+105.

② 谢和平.以创新创业教育为引导　全面深化教育教学改革[J].中国高教研究,2017（3）:1-5+11.DOI:10.16298/j.cnki.1004-3667.2017.03.01.

③ 白广申."互联网+"时代背景下高职院校创新创业教育改革探索[J].广州职业教育论坛,2016,15（2）:1-5+42.

④ 赵军,杨克岩."互联网+"环境下创新创业信息平台构建研究——以大学生创新创业教育为例[J].情报科学,2016,34（5）:59-63.DOI:10.13833/j.cnki.is.2016.05.012.

源的建设行列以后，学习者获得优质资源的机会得到了强化，也促进了不同学校之间、不同专业之间的资源共建与共享。2013年4月，中国东西部高校建立了"课程共享联盟"，借助在线课程实现了优质课程资源的共享，到2019年，有2 200所高校的2 760万人次通过修读联盟课程获得学分。

（二）主张高校协同实现创新能力提升

依赖独立的高校自身去实现独立的发展，往往会受制于学校自身的原有专业结构。当前，世界高校都常常会不得不接受来自不同体系的评价，使得高校需要不断考虑如何向社会体现办学质量，评价的指标也随着社会的发展不断调整，高等教育的国际化也推动了中外高校的改革，以适应社会的发展需要。

2011年，中国教育部和财政部联合启动了高等学校创新能力提升计划，也称"2011计划"，该计划以人才、学科、科研三位一体创新能力提升为核心任务，以"协同创新中心"的形式，由高校牵头，联合了科研院所、行业企业、地方政府等优势资源，围绕国家的重大需求与参与国际前沿竞争的需要，加大重大领域的研究创新，到2020年，共建设了38个国家协同创新中心及125个省部共建协同创新中心，全国建设的省级协同创新中心超过1 000个。2020年9月，教育部将"高等学校创新能力提升计划"等重点建设项目统筹纳入"双一流"建设。

（三）政府重视专业质量的指导与协同

中国教育部历来重视专业建设的指导工作，从早期设立教材建设指导委员会，到设置高等学校专业教学指导委员会，不断加强对专业的质量管理与指导。目前，中国教育部每5年会调整一次专业教学指导委员会，用于组织和开展高等学校本科专业教学领域的理论与实践研究，加强专业建设、教材建设、课程建设、教学实验室建设和教学改革等方面的具体指导，制订专业规范或教学质量标准，参与本科教学评估或本科专业设置指导，加强和指导对专业教师的培训，组织开展专业学术研讨、信息交流与国际交流等。进入信息时代以后，教学指导委员会的工作形式与指导方式也变得更加生动，从早期每年的有限次面对面会议形式，正在逐步过渡到线上线下相结合的形式，这样一来，不仅指导的范围更宽，受益面也更广，从专业管理者到全体专业建设者，甚至专业培养的对象都有了更多的机会参与到专业建设的讨论过程之中,让专业建设与实践产生了生动的连接。

随着社会的发展,新的专业和学科形式也在不断涌现,从管理领域到研究领域都在探讨如何利用互联网、人工智能与大数据等技术创新学科和专业形式,并形成了跨学科与跨领域的专业建设新认知。研究者提出应该成立跨院系、跨学科的交叉研究和未来研究机构或学术组织,以学科研究带动新工科布局、建设和发展。学科研究既要重视与学科专业对接的产业部门、行业企业和研究院所的合作,也要重视跨产业、跨部门以及与境外机构的合作[①]。

三、从专业方向的封闭性到开放性

传统的专业发展过程,专业领域相对封闭,专业间的学术活动往往也仅仅限于专业内部,难以实现不同专业之间的跨越。信息时代以后,专业之间的交流日益扩大,专业之间的渗透日益广泛,专业内涵不断延伸,并促进了交叉专业的产生与发展。

(一)建立专业发展学术共同体

在江苏省教育厅的直接指导下,江苏省成立了高等学校教育技术研究会,该研究会是全省高校开展信息化教学研究、实践和人才培养的学术性共同体,每年都会组织相关的学术交流活动,围绕高校现代教育教学实践变革进行研究。在研究会二级分支机构的设置方面,研究会适应时代发展,打破过去的以地区或传统专业领域进行设置的局限,进行了功能性重组,重视如何适应信息化教学环境的变化,进行优化管理,建设了面向专业建设、教学变革、资源建设、网络应用、职业教育与社会服务等领域的二级共同体。

对于当前建立的专业建设学术共同体,始终瞄准当前的教育变革需求,围绕专业人才培养的具体内容、专业课程建设的特点、一流课程建设的关键维度、虚拟实验室、虚拟教研室的建设机制等方面的内容,不断开展专业间的协同交流与研究。

---

① 林健.面向未来的中国新工科建设[J].清华大学教育研究,2017,38(2):26-35.DOI:10.14138/j.1001-4519.2017.02.002610.

(二)专业协同解决关键问题

2020年春季爆发的全球性新冠肺炎疫情,使得许多高校都开启了大规模线上教学。这次线上教学是一次由外部因素所逼迫而采取的共同行动,许多高校采用了边探索边实践的方式,在此过程中,中国教育部高等学校教育技术专业教学指导委员会主动作为,协同中国各大高校相关专家学者一起贡献智慧,面向高校和基础教育的广大教师开设了近50场公益性讲座,内容涉及混合教学的特点、教学设计、教学活动组织与实施、教学评价等方面,内容丰富,形式多样。

清华大学教育研究院教育技术研究所还组织全国不同学科专家围绕职业教育领域的混合教学现状等进行了大规模调研,并开展了多场大规模的在线讲座与论坛,直接参与的受众超过了100万人,有效地促进了职教领域混合教学的高质量实践。

此外,北京师范大学、江南大学、华东师范大学、华中师范大学、华南师范大学和南京师范大学等高校,也都设计了面向校内外群体的各类活动,帮助广大高校师生适应教学环境与条件的变化,适应学习形式的变化,提升教学与学习品质。

(三)丰富专业混合教学实践模式

在专业混合教学的研究和实践过程中,注重加强学习,注重国际化交流,相互取长补短,保证了专业人才培养的质量。美国克里斯坦森学院(Christensen institute)的在线中心[①]认为,混合学习是一种正式的教育计划,对于混合学习,需要满足3种情况:首先,学习者至少有一部分内容是通过在线学习获得的,学习者可以控制学习的时间、地点、路径、节奏等;其次,学习者至少有一部分内容是必须在特定的封闭校园场所进行的;最后,每个学习者在进行一门课程或学科的学习时,学习路径的样式是相互联系的,可以为学习者提供综合的学习体验。

克里斯坦森学院认为混合学习大致有4种类型:轮换模式、灵活模式、菜单模式和丰富虚拟模式。

轮换模式:在一门课程或科目的学习过程中,学习者会依据固定的时

---

① Michael B. Horn, Heather Staker. Blended: Using Disruptive Innovation to Improve Schools[M]. San Francisco: Jossey-Bass, 2014.

间表或教师设计的学习样式轮流选择具体学习行为，其中至少有一种样式是在线学习的，其他的样式可能包括小组或全班指导、小组项目、个别指导、纸笔作业等活动。除了家庭作业之外，学习者的大多数学习活动在实体校园里学习。轮换模式包括4个子模式：站点轮换模式、实验室轮换模式、翻转课堂模式和个人旋转模式。

- 站点轮换模式：学习者在所有站点（教室）中轮换学习，而不仅仅是在少数站点间的轮换。
- 实验室轮换模式：学习者轮流到计算机实验室在线学习一些课程或科目。
- 翻转课堂：学习者通过在线学习实践或项目来代替传统的家庭作业，在回到实体学校后由教师进行面对面的指导，主要内容的教学是在网上进行的，这种翻转课堂并非让学习者在晚上仅仅通过网络完成家庭作业。
- 个人轮换模式：每个学习者都有一个个性化的学习列表，不需要参与每一个站点或样式的轮换，主要依赖于算法或教师来设置每个学习者的个人学习时间表。

灵活模式：虽然不排斥离线指导，但是将在线学习看作是学习者学习的支柱。在不同的学习模式中，学习者按照自己定制的、灵活的时间表进行学习。除了家庭作业，学习者大多在实体校园学习。教师负责对学习者的学习进行记录，并通过诸如小组指导、小组项目和个别指导等活动，以灵活和适应的方式为学习者提供面对面的支持，有的支持多，也有的只有很少的支持。有的灵活模式可能会提供经过认证的面对面教师对在线学习进行补充，也有的很少提供面对面的支持，还有的会提供不同的人员组合以满足特定的需要。

菜单模式：学习者完全依靠网络完成课程学习，并通过实体学校或学习中心完成其他学习体验。课程的记录老师是在线老师，学习者可以在校内或校外参加课程学习。与全日制在线学习不同，因为它不能完整地通过学校实现所有的学习体验。学习者们有的通过类似点菜的方式学习课程，有的则在实体校园里面对面学习。

丰富虚拟模式：学习者需要与他们的教师进行面对面的学习会议，并可以自由地通过远程方式完成他们剩余的课程。在线学习是学习者远程学习的支柱，在线和面对面的教师通常是同一个人。许多"丰富虚拟"项目起初是全日制的在线学校，后来发展成了混合项目，也为学习者提供实体学校体验。不同于翻转课堂，虚拟课程中的学习者很少与老师面对面交流；也不同于完全的在线课程，因为面对面的学习过程并非是可选的，而是必须的。

对于教师而言，关键的不仅是提供模式，还需要让这些模式与教师的实践结合起来。沙特高等教育机构对混合学习的需求日益增长，尤其是新兴大学。它们在实践中发现，需要持续组织教师培训，并按一定的顺序组织安排与混合教学相关的教师研讨会，以提高教师的技能。它们还主张给教师提供各种各样的培训课程，包括混合学习的介绍、内容创建工具、评估、质量保证策略和先进的工具，并给予教师及时的支持，譬如，通过在线培训材料、在线讲义、视频教程和MOOC等提供，同时还需要形成激励机制，包括通过奖励、证书、津贴和晋升等方式[①]。

从专业办学实践来看，当前中国高校混合教学的做法和经验与国际上基本一致。2020年，中国教育部遴选认定了首批5类5 118门国家级一流课程。其中，线上开放共享一流课程1 875门，虚拟仿真实验教学一流课程728门，线上线下混合式一流课程868门，社会实践一流课程184门，融入了新教学理念、模式和手段，体现了新时代特征的线下一流课程1 463门。

一流课程的建设，既满足了专业的开放性要求，也有效促进了不同专业之间的资源共享。为了进一步提升资源品质，教育部提出在课程内容上要体现"两性一度"（高阶性、创新性和挑战度）的高质量要求；在课程形式上要体现新技术与教育教学的深度融合，以满足作为互联网原住民的学习主体的学习特点；在课程标准上要体现改革的多样性创新发展，实现从原先"金字塔型"的一个标准，变成"五指山型"的多样化标准，因校制宜、因地制宜创新发展。

---

① Aldosemani T I, Shepherd C E, Bolliger D U. Perceptions of instructors teaching in Saudi blended learning environments[J]. TechTrends, 2019, 63（3）: 341-352.

第三节　信息时代专业人才培养方案的体系重构

专业的设置与发展既是对时代发展的判断与回应，也是对未来社会发展的预测与布局。信息时代，一些传统的行业有的已经被淘汰，有的正在经历重组，一些新的行业或领域正在不断创生。因此，高校在专业人才培养方案的制订过程中，也需要进行体系的重构。

一、专业体系的变革与调整

人才培养模式改革动因既有来自教育外部，也有来自教育内部。对于高等学校而言，人才培养方案的变革和调整需要以国际化视野并立足中国社会发展的要求，既要遵循教育外部关系规律，以社会需要为参照基准，调整学校的专业设置以及专业的培养目标、培养规格，使人才培养更好地适应经济与社会发展的需要，也要遵循教育内部关系规律，以专业培养目标、培养规格为参照基准，调整专业培养方案、培养途径，使人才培养模式中的诸要素更加协调，提高人才培养质量与人才培养目标的符合程度。总之，人才培养模式改革的过程，就是变不适应为适应，变不协调为协调，实质上是主动适应社会的过程。

中国教育部颁布的《普通高等学校本科专业目录（2012年）》，与原来的专业目录相比，专业门类由11个增至12个，新增艺术学门类；专业类由原来的73个增至92个；专业由原来的635种调减至506种，其中基本专业352种，特设专业154种。

《普通高等学校本科专业目录（2020年版）》共有学科门类12个，分别为哲学、经济学、法学、教育学、文学、历史学、理学、工学、农学、医学、管理学、艺术学。每个学科门类下，分为若干个专业类。共有专业类93个，设有专业703个。新增专业最多的专业类是外国语言文学类，共新增40个专业，占新增专业总数的21.2%。新增专业数量较多的专业类还有：计算机类新增8个专业，体育学类新增6个专业，公安学类、自动化类、中医学类、管理科学与工程类、公共管理类、音乐与舞蹈类各新增 5 个专业。

2021年，中国教育部对职业教育专业目录进行了全面修（制）订，形成了《职业教育专业目录（2021年）》，统一采用专业大类、专业类、专业三级分类。一体化设计中的职业教育、高等职业教育专科、高等职业教育本科不同层次专业，共设置 19 个专业大类、97 个专业类、1 349 个专业，其中，中职专业 358 个、高职专科专业 744 个、高职本科专业 247 个。专业设置和调整注重对接产业，对应职业，对应新经济、新技术、新业态、新职业；注重守正创新，与时俱进；注重科学规范，灵活开放；注重产教协同，凝聚合力。专业设置和调整强化类型教育特征，服务技能型社会建设；强调中、高、本一体化设计，体现融会贯通理念；坚持对接现代产业体系，提升人才供给质量；积极推进数字化升级改造，构建未来技术技能；强调遵循职业教育规律，服务终身学习需求。职业教育专业目录体系的调整，主要体现了以下几个方面的调整策略与思路：

一是坚持服务国家战略性新兴产业发展，面向 9 大重点领域设置对应专业，如设置集成电路技术、生物信息技术、新能源材料应用技术、智能光电制造技术、智能制造装备技术、高速铁路动车组制造与维护、新能源汽车制造与检测、生态保护技术、海洋工程装备技术等专业；

二是坚持服务现代服务业重点领域和民生关切设置的对应专业，如设置供应链运营、智能物流技术、数字化设计与制造技术、婴幼儿托育服务与管理、智慧健康养老服务与管理、现代家政管理、冰雪运动与管理、石窟寺保护技术、职业病危害检测评价技术等专业；

三是坚持服务产业链、供应链现代化水平提升，强调传统专业升级与新兴专业增设有机结合的专业，如设置覆盖航空装备全周期的航空复合材料成型与加工技术、航空发动机制造技术、航空智能制造技术、飞行器数字化装配技术、航空发动机维修技术、标准化技术、工业产品质量检测技术、计量测试与应用技术等专业；

四是坚持服务新型基础设施建设，能体现第五代移动通信、工业互联网建设与应用的专业，如设置现代移动通信技术、工业互联网技术、智能交通技术、水利水电工程智能管理、智慧水利技术、分布式发电与智能微电网技术等专业；

五是坚持服务数字产业化和产业数字化发展与信息安全，设置大数据技术、云计算技术应用、人工智能技术应用、嵌入式技术应用、信息安全技术应用、密码技术应用等专业；

六是坚持服务乡村振兴战略实施、国家粮食安全保障和绿色低碳发展，设置现代农业经济管理、农村新型经济组织管理、休闲农业经营与管理、饲草生产技术、禽畜智能化养殖、现代种业技术、粮食储运与质量安全、绿色低碳技术、智能环保装备技术、水环境智能监测与保护、资源综合利用技术、生态环境修复技术等专业；

七是服务国家治理能力提升，对接国家应急管理体系和社会治安防控体系建设，加强和创新社会治理服务，设置应急救援技术、安全智能监测技术、智能安防运营管理、数字安防技术、安全保卫服务、智慧社区管理、党务工作等专业；

八是服务文化旅游、装配式建筑等新业态，以及装配式建筑施工员、区块链工程技术人员、区块链应用操作员、全媒体运营师等新职业，设置定制旅行管理与服务、民宿经营与运营、装配式建筑构件智能制造技术、区块链技术应用、全媒体电商运营、全媒体广告策划与营销、网络直播与营销等专业。

二、专业人才的定位与培养

专业人才培养的目的是适应社会发展需要，为社会提供高质量专门人才。在全球性背景下，社会发展已经跨越国界，既体现了多文化并存与包容的发展格局，也呈现了兼收并蓄与求同存异的现实诉求。对于世界整体发展状态与未来趋势的把握，并能够建立符合时代发展潮流的专业设置与人才培养定位，才能够推动人类社会的共同进步。专业设置与人才培养需要打破固有的专业壁垒，引导学习者具备现代专业素养，能够及时自我调整以适应社会动态发展。譬如，职业教育专业设置的主要依据就来自产业、行业的要求和对未来发展的整体把握，信息时代的新技术及其与行业的结合，使得不同行业对于工作岗位的需求变化也越来越明显，需要培养的学习者在具备工作岗位所需专业技能的同时能够具备知识和技能的转换能力。

专业人才培养方案的设计需要体现恰当的专业发展定位,并能够体现在人才培养的具体过程中。

(一)体现国际化与先进性

全球化对高等教育已经产生并将持续产生影响,其直接结果就是高等教育全球化[①]。由于现代信息技术的运用,全球高等教育的相互依存性愈来愈强,高等教育领域的人才、资源等方面的流动也逐渐加快,促进了各国高等教育体系和结构等方面的变化。各国高等教育体系注重相互衔接、相互建构,促进了全球高等教育之间既有合作和共享,又有竞争,并由此推动了高等教育改革的不断深入。

在融入世界的整体发展格局中培养人,才能够理解专业在世界格局中的优势与不足,找准专业的定位,既能够学习国际先进经验,也能够传播中国文化。譬如,为培养拔尖创新人才,清华大学2009年推出了"学堂计划",起先主要围绕数学、物理学、计算机科学、力学、化学、生命科学等学科领域,2017年拓展到英语学科领域,2019年又拓展到人工智能学科领域。人才培养的总体目标是遵循基础学科拔尖人才成长的规律构筑基础学科人才培养特区,引导优秀学子跟随学科领域的国际大师学习,激励优秀学习者投身于基础学科研究,力求让受计划支持的学习者成长为相关基础科学领域的领军人物并逐步跻身国际一流科学家队伍,为国家培养一批学术思想活跃、国际视野开阔、发展潜力巨大的基础学科领域未来的学术领军人才。

(二)体现现代化与科学性

在国家创新驱动发展战略的背景下,高等教育在人才培养过程中需要重视科教融合[②],引导学习者建立问题意识,既能够发现问题也能够解决问题。高等教育需要引导学习者了解科研领域和产业发展趋势,置身于具体社会生产实践与现代教学研究的真实场景进行专业学习,通过参与科学研究的具体过程,了解当前行业的主要变化,了解现代科学技术与学科的融合,领悟学科或专业的发展前沿,既能够运用现代科学技术优化专业学习,也能够运用专业知识不断推动产业发展与科技进步。

---

① 张应强.全球化背景下的我国现代大学制度改革[J].高等教育研究,2013,34(9):1-7.
② 刘birds岩,任增元,孙莉.重构科教融合下的一流本科教育[J].中国高校科技,2019(8):50-53.DOI:10.16209/j.cnki.cust.2019.08.012.

专业调整需要与现代科学发展相结合，体现专业设置的时代属性。譬如，北京大学1985年成立了第一个多学科交叉研究基地"信息科学中心"，2002年创建智能科学系，加大了人工智能领域的视觉、听觉和智能系统等多个方向的深入研究，2003年在中国率先设立"智能科学与技术"本科专业，2008年又增列了智能科学与技术专业硕士、博士点。目前的关注领域涉及计算机智能与机器学习、数据挖掘与知识发现、计算机视觉与图像处理、机器学习与模式识别、计算机图形学，以及虚拟现实与人机交互、可视化与可视分析、听感知机理与计算模型、语音语言信息处理、环境感知与智能机器人、机器感知与智能机器人、多媒体与智能信息处理、智能交通系统（ITS）与复杂网络建模、人工智能产业创新、数字图书馆与多媒体技术等方面。南京大学也于2018年3月成立了人工智能学院，致力于建设一流的人工智能基础研究基地和人才培养基地，打造人工智能学科高峰。

（三）兼顾多样化与统一性

2018年，中国发布了本科专业类教学质量国家标准，中国教育部高等教育司认为，国家标准的制定，既为高校在专业办学上设定"规矩"，建立各专业类的统一要求与基本质量要求，又为各学校提供了自由发展的"空间"，为各专业人才培养特色留有足够拓展空间，面向未来并体现专业的前瞻性，追求专业卓越，为专业办学提供了基本的依据，也对专业的发展指定了方向。譬如，有的专业标准中提出，对于专业实验室的设计，各学校可以根据自己的专业特色和具体情况有所侧重，但必须符合专业实验课程的基本规范和基本要求。

（四）彰显个性化与创新性

专业办学具有特定的标准，但不可能千篇一律，对于学习者本身而言，也不可能兼具专业的所有能力要求，因此专业办学需要体现一定的差异性，重视创新型人才的培养。譬如，在中国发布的生物科学类教学质量国家标准中，倡导要培养服务于新兴生物技术产业需要的人才，并能够研究与国家发展要求相适应的技术、产品和服务。在专业的办学过程中，需要加强生物学科与其他自然科学学科（如化学和物理学等）、新兴学科（如计算机学科和信息学等）的交融，关注生命科学前沿的最新成果，注重实验技能和实践创新能力，力求创造出一些能满足人们生活需要的新产品、新服务和新体验。对于不同学校所设置的专业，根据具体的培养方案，可以授予理学学位或工学学位。

在国务院发布的《国家职业教育改革实施方案》[①]中，提出要深化复合型技术技能人才培养培训模式改革，借鉴国际职业教育培训普遍做法，制订工作方案和具体管理办法，在职业院校、应用型本科高校启动1+X证书制度试点工作，所谓"1"是指学历证书，"X"是指若干职业技能等级证书。对于参与试点的专业，需要对教学组织与证书培训进行一体化设计，统筹翻转课堂、混合教学、理实一体化等教学与培训模式，探索基于人工智能的新型教学模式，重构学习者学习和培训流程[②]，其试点的目标就在于促进现代人才能力体系的多样化，鼓励职业院校毕业生可以适应岗位的变化需求，提高个人的专业水平与专业证书的含金量，提高个人的专业适应范围，提升个人的创新创业能力，促进职业院校毕业生的高质量就业。

（五）强调规范化与共享性

为了加强专业的规范化建设、建立专业特色、提升专业建设水准、分享专业建设经验，中国教育部启动了专业认证工作。譬如，中国工程教育认证开始于2006年，截至2019年年底，全国共有241所普通高等学校1 353个专业通过了工程教育认证，涉及机械、仪器等21个工科专业类，既有电气信息、计算机等热门专业，也有机械、化工、土木等国家经济发展需要的传统学科专业，还有材料、环境、生物工程等大量新兴学科专业。2008年国家教育部与原卫生部联合颁布《本科医学教育标准——临床医学专业（试行）》，并建立了教育部临床医学专业认证工作委员会，截至2019年年底，工作委员会完成了106所院校专业认证的现场考察，占全部应认证院校的76.3%。

2017年10月，教育部发布了《普通高等学校师范类专业认证实施办法（暂行）》，包括学前教育、小学教育、中学教育三类师范类专业认证实施办法和三级认证标准，2019年10月，发布了职业技术师范教育专业、

---

① 国务院.国务院关于印发国家职业教育改革实施方案的通知[EB/OL].（2019-02-13）[2022-06-23].http://www.gov.cn/zhengce/content/2019-02/13/content_5365341.htm.

② 李寿冰.高职院校开展1+X证书制度试点工作的思考[J].中国职业技术教育，2019（10）：25-28.

特殊教育专业认证标准，截至 2019 年年底，共对全国 4 000 余个师范类专业点进行了一级监测，对 188 个师范类专业进行了二级认证，对 26 个前期试点专业按照二级认证标准进行了复评，对 6 个师范类专业进行了三级认证。2017 年，中国政府发布了《深化教育体制机制改革的意见》（中办发〔2017〕46 号），提出要"建立健全学科专业动态调整机制"。近几年来，中国各大高校加大了专业动态调整力度，从学校的整体定位与师资结构出发，注重专业动态调整。譬如，2017 年以来，南京师范大学将本科招生专业从 100 多个调整为 70 多个。

（六）兼顾专业知识与信息素养

面向信息时代，以"信息化职业能力素养"为主要培养目标，将信息素养培养的要求加入专业培养方案的知识、技能与能力要求中。学习者的信息化职业能力素养体现在以下几个方面。

（1）信息化知识与技能：学习者能够正确理解信息技术的基础知识，掌握常用信息终端及相关专业软件，学会利用信息技术获取专业技能。

（2）信息熟练度：学习者能够利用信息工具收集、评价和利用有效信息，并能与相关专业活动相结合，提出自己的思考与建议。

（3）批判性思维、问题解决和决策：学习者能够利用恰当的数字化资源和信息工具，运用批判性思维技能开展研究、管理项目、解决问题，作出有效的决策。

（4）合作与交流：学习者能够利用数字媒体和环境，促进交流与协同工作，支持个人学习和小组协作学习；同时，还能利用交流和协同工具开展问题诊断、研讨和问题解决的活动。

（5）创新与变革：学习者能根据专业特点，借助各种信息技术手段进行创造性专业活动，包括专业综合能力和职业岗位能力的创新性训练。

（6）社会责任：学习者能够理解与信息技术相关的人类、文化和社会问题，使技术实践符合法律和伦理。

专业人才培养方案需要重新设计，具体包括 3 个方面的内容：（1）对所有课程中信息化内容进行补充修订，并对专业中所有课程的教学大纲也进行修订；（2）在所有课程中引入混合教学方法——针对课程教学，增加在线学习的学时，以面授教学与在线教学相结合，探索混合教学模式；针对实践环节，开展基于网络的学习反思和分享，加强对学习者实践活动尤其是校外学习活动的跟踪与指导,探索混合实训的实施方式;(3)重新制订人才培养效果评价标准和办法。

拓展阅读 3-3-1

在信息时代对大学专业人才培养方案进行重新设计

中国山东一所大学为适应信息时代发展要求,将采矿工程专业本科生培养方案、专业人才培养方案进行了重新设计。

第一部分:学校培养阶段

【培养目标】

1. 知识要求(建议增加信息化专业知识部分)

· 掌握信息技术的基础知识。

· 掌握采矿工程信息技术应用的基本知识。

2. 能力素质要求(建议增加信息化能力部分)

(1)信息素养和自主学习的能力

· 掌握判断何时通过何种网络渠道发现、采集与优选信息的能力,了解采矿工程最新的发展动态。

· 具备良好的信息分析、加工和类比学习能力,能够快速掌握采矿工程新技术(注:信息分析:信息分类、综合、查错与评价;信息加工:信息的排序与检索、组织与表达、存储与变换、控制与传输等)。

· 具备有效运用信息技术开展基于网络的"协作式学习""研究性学习"等多种学习方式的混合学习能力。

(2)有效的沟通与交流能力

· 具备使用信息化多媒体形式表达信息的能力,能够使用技术语言在跨文化环境下进行沟通与表达。

· 能够善于发现、灵活应用多种沟通媒介,在跨校区、跨城市、跨国家环境下提升沟通效率。

（3）具备良好的信息化职业道德，体现对职业、社会、环境的责任
- 遵守信息技术标准、信息安全标准、职业安全标准，并承担相关的安全性责任。

【课程体系】

课程设置

（1）课程教学内容
- 为了适应采矿行业数字化转型，需要对全部专业课程进行梳理，分析是否增加信息化工作能力的培养内容。

（2）课程教学方法
- 对全部专业课程的特点进行分析，针对不同类型的课程，确定混合教学方式。

第二部分：企业培养阶段

1. 项目实训学习安排

分项目组开展基于网络的研究式教学，该阶段教学的考核方式建议修改为：阶段性工作报告（网络提交）+网上讨论的参与度+实际场景的考试方式。

2. 企业项目实践实训安排

该阶段教学的考核方式建议修改为：采矿工程实践项目设计（可通过网络协同完成）+项目实施效果的考核方式。

3. 毕业论文阶段安排

该阶段建议修改为网络化论文指导过程+传统面对面答辩。

三、专业发展的融合与创新

混合学习时代，由于信息获取的渠道更加畅通，专业办学的品质将会暴露在大庭广众之下。现代专业的发展，已经不再仅仅局限于学校的专业内部，而是可以扩展到全学校甚至学校外部，既注重输入，也注重输出，这也对混合新常态提出了更高要求。

（一）厚基础与宽口径相结合

专业建设倡导夯实基础，关注拓宽口径，既重视面对面课堂教学品质，也重视在线资源建设与共享，拓宽学习者的知识领域与范围。高校的专业人才培养方案逐步加大了素质拓展类课程和自主发展课程的比例，学习者可以通过学校设立的内部资源平台为学习者提供资源选择机会，部分学校还建立了国家优质资源平台的课程学分认定机制。譬如，中国地质大学鼓励学习者通过 MOOC 平台选修课程，学校确认后即可实现学分认定。天津医科大学对于学习者选修的 Coursera 网络课程和爱课程网 985 院校开设的课程可以进行学分认定。这一系列与学分认定相关的举措可以有效引导学习者通过选择其他高校课程资源，拓展个人的认知面。

（二）渗透性与融合性相结合

专业创新倡导文理渗透，关注专业融合，既立足当下，又面向未来，加强专业的自我革命与重构。在现代专业建设中，倡导新文科、新工科、新医科等专业领域的相互渗透与重构。香港中文大学（深圳）徐扬生校长认为，要想适应时代发展，就要突破学科边界，注重跨学科思维。陕西科技大学在 2016 年 3 月将原理学院数学系、物理系及原文化传播学院英语系、大学英语教学部合并，组建了文理学院，2021 年 5 月，数学系又从文理学院分离独立设置为数学与数据科学学院。

中国 2020 年 11 月的《新文科建设宣言》强调，要"紧跟新一轮科技革命和产业变革新趋势，积极推动人工智能、大数据等现代信息技术与文科专业深入融合，积极发展文科类新兴专业，推动原有文科专业改造升级，实现文科与理工农医的深度交叉融合""聚焦应用型文科人才培养，开展法学、新闻、经济、艺术等系列大讲堂，促进学界业界优势互补"。同时强调，要聚焦国家新一轮对外开放战略和"一带一路"建设，加大涉外人才培养，加强高校与实务部门、国内与国外"双协同"，完善全链条育人机制[①]。要实现上述宣言，混合形态的专业人才培养机制将成为必然选择。

---

① 教育部. 新文科建设工作会在山东大学召开 [EB/OL].（2020–11–03）[2022–06–23]. http://www.moe.gov.cn/jyb_xwfb/gzdt_gzdt/s5987/202011/t20201103_498067.html.

第四节　信息时代专业人才培养的过程优化与支持体系建设

高质量的专业人才培养方案体系，离不开高品质的人才培养过程与人才培养的支持体系。

一、服务于高质量人才需求的培养过程设计

完整的人才培养过程，需要包括合理的课程体系、合适的学习资源、合格的师资、生动的教与学活动、充实的学习实践、精准的学习评价等方面。由传统教学进入混合教学时代，人才培养过程中的各要素发生了以下变化。

（一）课程体系与学习资源要素的变化

设计专业课程不仅仅可以从已有的专业或学校内部思考，还可以结合当前在线课程的发展，围绕学习者的专业能力结构提供合适的课程学习指引。在混合教学背景下，专业课程体系的变化主要体现在两大方面：一是实现了专业课程从有限数量到无限数量的转变，由此一来，学习者既可以通过必修课程建立专业的基本素养，又可以借助丰富的选修课程培养学习者的专业特长；二是实现了专业课程从受制于本校的师资限制到可以不再过分受制于师资的制约。线上线下贯通的学习空间，可以使学习资源以更加丰富的样态存在。传统的学习资源需要依赖于师生的直接指引与共同拥有才能够发挥教育的价值，并对资源的制作方式与承载工具等提出了许多特定的要求。而在线学习系统可以拓展学习资源，并丰富资源的呈现形式，使师生有了更多的机会选择合适的资源。

（二）合格师资与教学活动要素的变化

教师不仅仅要掌握学科专业知识，还需要掌握教学法知识与技术应用知识，能够设计、组织与管理适当的教学活动。为适应信息时代的发展需求，教师在组织教学活动的过程中，需要同时兼具面对面教学与线上教学的能力，能够在混合教学条件下开展教学、进行互动、实施评价等，注重活动设计的适切性。

拓展阅读 3-4-1

构建面向教师发展的基层协同教学组织

2021年,中国江苏省教育厅发布了《省教育厅关于加强高校基层教学组织建设促进教学能力提升的指导意见》,要求高校要做好教师教学能力建设的"顶层设计和中长期规划",将"基层教学组织"看作与学校、院系相匹配的3个不同层级,这一"基层教学组织"直接指向了专业人才培养的具体要求和过程——服务于现代专业人才培养的真实需求,并根据中国教育部关于本科人才培养质量和关于虚拟教研室建设等文件提出了具体要求,对于高校基层教学组织的建设进行了引导,但又没有拘泥于具体的形式。探索高校基层教学组织的"建设新路径和新机制,推动教师教学发展相关职能部门建设,健全教学规范、提升教学技能、改革教学评价、增强教学动力,进一步完善教学质量评价与保障机制、激励机制和持续改进机制",建立"开放多元的新型基层教学组织",通过"教学工作坊、名师讲堂、教学诊断"等形式开展具体行动。建立一定数量的可以提升高校教师教学能力的实训条件,譬如,建设一定数量的"微格教室、教学研习室、教学咨询室等"专门的实训场所,用于支持教师的专业成长。最终可以借助基层教学组织的实践探索,引导广大教师能够在专业人才培养的过程中"开展多种形式的线上线下混合教学、虚拟仿真实验教学,推进现代信息技术与教育教学深度融合"。

(三)学习实践与学习评价要素的变化

在信息时代,学习者实践能力的形成拥有了更多的机会。虚拟现实、增强现实、混合现实等技术的融合应用,以及结合大数据与人工智能等技术、符合专业需求和特点的信息化实验实训教学环境,包括虚拟仿真实验实训系统和虚实融合的实验实训空间,为学习者提供了更加丰富的实践条件,学习者可以依赖于沉浸式的体验,拓宽专业视野,丰富专业内涵。现代技术的教育应用，也丰富和改变了学习评价方式，充分利用学习者在学习过程中产生的大量数据，可以对学习者的学习进程、学习理解程度、学习深度等有更准确的把握，并能够为学习者的学习提供更有效的决策支持服务。

二、体现用户至上的培养过程支持体系建设

技术与教育的深度融合，为现代专业人才培养过程提供了更加完备的支持与服务体系，使专业办学变得更加规范，办学的过程也更加容易留痕。

（一）学校统筹和强化校内课程与教学支持体系建设

构建满足学校信息管理所需的支持服务系统，是现代大学维持基本办学运行的必要条件。专业需要依赖于学校的现有技术平台，不断设计、丰富和深化课程资源建设，为专业办学提供多时空的条件支持，进而满足学习者专业化与个性化发展的双重需要。专业有责任构建支持学习者学习的混合学习空间，借助专业建设管理平台，不断丰富和完善相关建设资料，构建专业教学资源库，便于师生可以随时获得学习支持。

支持混合学习空间的建设，需要从学习者获取资源的视角提供符合要求的多样态资源的接入条件，满足开放学习环境对各种在线资源的"无缝"接入。同时，还需要吸收新的技术元素，用于支持数据挖掘，为满足学习者的差异化需求提供相应的支持，破除传统的学习空间可能存在的对学习者思维束缚的缺失，将真实世界引入学习全过程，使空间具有生命张力[1]。

（二）适应信息时代专业办学的实践实习支持系统建设

通过加强专业虚实融合实验室、虚拟工厂、虚拟教研等专业功能室的建设，提供虚拟仿真、校际协同等教学实践条件支持，引导学习者可以跨越时空，强化与行业、用人单位的联系，理解现实世界的真变化与真需求，形成与时代发展相合拍的能力体系。基于信息技术搭建企业和学校的交流平台，使校外教师及企业人员参与指导的方式更加灵活，进而拉近实践教学与工作岗位对接的距离，推动更加便捷的校企合作；借助信息技术优化校际间沟通和资源共享，促进校际间临近专业组建专业群并围绕核心技能开展实训基地建设，建成共享实训平台与多功能实训中心；通过与院校、

---

[1] 吴南中. 混合学习空间：内涵、效用表征与形成机制[J]. 电化教育研究，2017，38（1）：21-27.DOI：10.13811/j.cnki.eer.2017.01.003.

企业协同共建，构建虚拟现实教育信息化产学研应用协同创新中心，促进专业教学向校外拓展。

（三）专业根据需要加强项目化学习支持体系建设

现代技术的支持，可以将学习时空从校内延展到校外，学习者的学习也将会有条件实现层次的跨越，从学科知识体系向应用体系转变，从简单的验证性应用向真实问题的解决转变，从学科知识的学习向项目化学习转变。专业建设需要提供适切的项目化学习支持服务系统，便于学习者管理学习过程与行为，并及时呈现学习结果，促进师生之间的学习交流与合作。

（四）专业之间加强协同人才培养支持系统建设

美国等国家开始课程开放运动以后，高校网络课程的研究建设就逐步由校级层面的研究项目升级为国家层面的研究项目，并正在成为全球性教育资源共享的主要渠道，许多国家的教育工作者都参与到其中，使其成为跨国性层面的研究项目，进而促进了知识的再生产与再发展，有些还促进了现代大学之间的资源再利用，也加大了专业之间的协同力度①。

现代专业办学呈现的开放式结构，使得专业之间的资源共建与共享成为了基本需求，构建合适的学习支持系统或平台，建立私有与公开相结合的课程管理系统，提供私有课程与公开课程的学习与管理进程，将有助于促进专业之间的协同。

（五）促进学习成果表征的现代学习支持系统建设

专业办学的质量会通过人才的培养质量体现出来。对于专业的学习者而言，需要达到统一的专业标准，同时也应当拥有个性化的专业特征。学习者的学业水平，可以从他们在具体的学习过程中所生成的学习结果等方面进行衡量，现代专业需要构建支持学习者展示学习结果的支持系统，该系统将能够支持学习成果的多形态表征要求，支持学习成果的展示与分享，支持学习成果的交流与反馈，可以在最大程度上为学习者提供分享学习发现的机会与条件。

学习者在学习过程中会不断生成对外部事物的认识，这种认识是内在于心的，是与学习者的自身认知能力联系在一起的，学习者对于外部世界的认识，需要借助外在的表现（如学习制品等）才有可能体现出学习的价

---

① 蒋平.美国高校网络课程发展的后现代知识型特征分析[J].比较教育研究，2018,40(8)：106–112.

值。借助学习空间这一中介，学习者可以寻找到更加恰当的信息表达方式，借助与他人的交流与沟通，既可以帮助自己梳理认知结构，也可以帮助自己建立认知逻辑，通过内在与外在的相互"转运"，从而实现对外部世界的深度理解[①]。

当前，需要思考如何设计适应性学习空间，探索如何满足不同类型学习者的学习需要，既要关注共同性，也要为那些不适应已有学习过程的学习者提供不同的认知路径，以帮助他们能够找到一条适合自己的道路。以混合学习的视角建立学习空间，以"全空间"的视角理解学习行为数据，以"全数据"的视角理解学习者的差异性，由此所建立的学习空间，才能体现空间的适应性学习支持功能，并满足用户的适应性需求[②]。

（六）适应信息时代专业发展的制度保障体系建设

混合教学引发的教学变革将会改变和重塑教学与学习的关系，对于教学的理解和评价体系也会发生相应的变革。现代专业和学科建设，需要从专业自身的发展和高质量人才培养两个不同角度，从混合教学变革的现实需求出发，不断研究教学中可能存在的新问题，优化和丰富制度保障体系的建设。

在信息时代的专业建设过程中，需要充分考虑到以下几个方面：一是能够根据学校的整体发展定位，确立专业的发展愿景和人才培养目标；二是要制订混合教学的相应政策和计划，成立专门的专业建设领导小组和具体的执行小组；三是要设计人才培养过程运行机制，建立专业人才培养质量的监控和管理机制；四是要建立专业课程并制订具体方案，细化专业培养过程与落实质量保障的具体细节，加强专业实验室建设与实践实习管理制度等。

信息时代的专业建设，既要服务于人才的培养需求，也要充分考虑到学科发展的需求；既要充分依赖于学校的特点建设专业，又要为学习者提供更多的资源选择机会。现代专业建设，既需要强化课程资源建设，也需要考虑课程资源的设计与优化，不断思考如何建立符合线上与线下相适应的现代资源结构体系，构建专业课程的线上资源建设与持续改进方案，加强专业办学的线上过程管理与评价体系建设，做好专业发展的阶段性目标

---

① 沈书生. 学习空间：学习发生的中介物 [J]. 电化教育研究，2020，41（8）：19-25+42. DOI：10.13811/j.cnki.eer.2020.08.003.

② 沈书生. 顺应新常态：构建适应性学习空间 [J]. 广西师范大学学报（哲学社会科学版），2020，56（5）：88-96.DOI：10.16088/j.issn.1001-6597.2020.05.008.

与远景目标。同时，还需要在人、财、物方面提供匹配支持，以促进专业目标的高质量实现。

充分利用互联网＋大数据技术，可以即时性、常态性地获取有关产业经济发展、劳动力市场需求以及学习者就业质量反馈的大规模、丰富性数据。基于各类大数据与信息的统计、分析，实现对行业发展动态与前沿趋势、需求信息的整体性分析和预测，从而支持专业动态调整和优化。

拓展阅读 3-4-2

华中师范大学借助信息化实现人才培养体系重构

华中师范大学将"教育信息化"列为学校发展战略，依托教育部首批全国教育信息化试点高校示范项目，经过持续5年的探索实践，构建了信息时代以学习者为中心的联结、共享、自主、开放、适切的新型人才培养体系，注重教学理念重塑，注重教学资源重组，注重教学方式创新，注重教学评价改革，注重教学文化营造。在具体的变革过程中学校从八大方面进行变革：修订培养方案，构建以学习者为中心的人才培养模式；重构教学环境，实现虚实空间深度融合；开展进阶培训，提升教师信息化教学能力；丰富数字化教学资源，提供更加开放的教育；变革教学方法，推广混合课堂教学；改革评价方式，开展基于数据的综合评价；优化管理服务，构建育人新生态；设立教学节，营造教学文化。学校将信息技术全面深度融入人才培养全过程，有效解决了3个方面问题：一是充分发挥信息技术优势，通过对教学环境、内容、方法、评价等各方面的系统性重塑，构建信息时代以学习者发展为中心的高校人才培养体系；二是利用大数据等技术共享优质资源、创新教学方法，既保证了大规模教学的有序开展，又能针对学习者的个体差异提供个性化资源供给，解决教学活动中规模化与个性化的矛盾；三是营造信息时代高校重视教学、崇尚创新的教学文化，形成善教、乐教的良好氛围（详细内容参见本手册第6章实践案例篇）。

第四章 学校改革篇

目前高等教育领域混合教学已成为新常态，其教学效果也得到研究与实践的验证，然而在学校层面仍然缺乏推进混合教学的系统性规划理念、实践指南及有助于学校自查自省并持续优化的混合教学改革效果诊断与评估方案。如何更加持续、有效地在学校层面开展混合教学改革，成为高等教育数字化转型的重要议题。本章第一节阐述了学校系统推进混合教学改革的总体框架；第二节讨论了学校系统推动混合教学改革的核心要素；第三节提出了学校系统推动混合教学改革的策略；第四节阐述了学校系统推进混合教学改革的效果评价。本章内容面向高校管理者、教学服务者和教育技术支持者提供混合教学改革的策略与方法，同时，为政府部门制定高等教育信息化政策、开展高校混合教学改革质量评估等提供参考。

第一节 学校系统推进混合教学改革的总体框架

一、学校系统推进混合教学改革的实施框架

有关学者以美国高等院校为研究对象进行了系列研究，提出了策略（目的、倡导、实施、定义、政策）、组织（管理、基础设施、教师专业发展、排课、评价）和支持（技术、教学、激励）3个方面多个维度的学校混合教

学改革实施措施[①][②][③]。联合国教科文组织（UNESCO）的研究项目提出了包括愿景和规划、课程体系、教师专业发展、学习者学习支持、网络基础设施、政策与学校组织架构、伙伴关系、研究与评估8个方面的高等院校混合教学改革的实施措施框架[④]。

  本手册综合以往相关研究成果并结合各国实践案例，提出了高等院校系统推进混合教学改革的实施框架，其包括9个方面的要素（见图4-1-1）。制定目标与规划是学校推动混合教学改革的起点，也是实施效果评价的依据。根据制定的混合教学改革目标与规划，学校构建组织机构，出台相应的政策与规范，建设技术支撑环境与人员支持服务体系；以改革专业与课

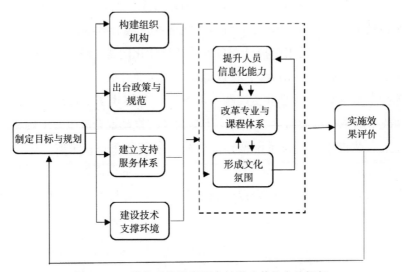

图4-1-1 学校系统推进混合教学改革的实施框架

---

 ① Graham C R, Robison R. Realizing the transformational potential of blended learning: Comparing cases of transforming blends and enhancing blends in higher education[M]. In Fite, K. ed. Blended learning: Research perspectives, Peabody: The Sloan Consortium, 2007: 83-110.

 ② Graham C R, Woodfield W, Harrison J B. A framework for institutional adoption and implementation of blended learning in higher education[J]. The Internet and Higher Education, 2013(18): 4-14.

 ③ Porter W W, Graham C R, Spring K A, et al. Blended learning in higher education: Institutional adoption and implementation[J]. Computers & Education, 2014 (75): 185-195.

 ④ Lim C P, Wang T. A framework and self-assessment tool for building the capacity of higher education institutions for blended learning[J]. In Lim CP & Wang L eds., Blended learning for quality higher education: Selected case studies on implementation from Asia-Pacific, Bangkok: UNESCO, 2016: 1-38.

程体系和提升人员信息化能力为抓手推动混合教学实施,并在此过程中逐步形成学校混合教学改革的文化氛围。学校在系统推进混合教学改革的过程中通过效果评价检验预设目标的达成情况,为开展下一轮的混合教学改革提供目标与规划调整依据。

制订目标与规划:学校依据发展愿景、特色、人才培养目标的要求,确定混合教学在学校人才培养中的定位,结合学校混合教学现状制订改革目标(包括学校混合教学改革的总体目标、操作性目标)、规划、重点任务及保障措施等。

构建组织机构:学校需要组建并逐步完善混合教学改革相应的组织机构,以适应信息化引发的学校教育教学模式创新和业务流程再造,保障混合教学改革的顺利实施。

出台政策与规范:为推进混合教学改革的顺利进行,制定、颁布的相关政策与规范等,涉及混合教学改革的设计与开发、应用与管理和评价的全过程。

提升人员信息化能力:为顺利实施学校的混合教学改革,需要对教师、学习者、管理者的信息化相关能力进行持续提升。教师作为混合教学改革的主要执行者,其信息化教学能力是学校系统推进混合教学改革的关键,学校应构建包括培训内容、实施方案、保障手段、效果评价等在内的教师教学能力发展体系。除教师信息化教学能力外,学校混合教学改革的实施还应提升学校领导的信息化领导力以及职能部门相关人员的信息化管理与服务能力。

改革专业与课程体系:学校在混合教学改革过程中,对专业培养方案中的人才培养目标进行重新定位,对课程之间的关系及每门课程的内容进行重新设计,以满足信息时代人才培养的需求。

建立支持服务体系:为确保师生顺利开展混合教学,学校需要建立包括教师教学支持服务及学习者学习支持服务在内的支持服务体系[①]。教师教学支持服务的主要内容是学校为教师提供信息技术支持相关服务;学习者学习支持服务的主要内容包括在课程和学校层面为学习者提供混合学习相关的学习指导、技术指导与人文关怀。

---

① Machado C. Developing an e-readiness model for higher education institutions: results of a focus group study[J]. British Journal of Educational Technology, 2010, 38(1): 72-82.

建设技术支撑环境：建设混合教学所需的信息技术支撑环境对有效实施混合教学至关重要①。支持学校混合教学改革所需的信息技术环境与数字资源包括信息化基础设施、物理教学环境、网络学习空间及资源等。

形成文化氛围：学校在系统推进混合教学改革过程中逐步形成相应的价值信念和团体氛围。良好的文化氛围可以促进教师对混合教学改革理念与作用的认可并愿意参与到混合教学改革过程中。

实施效果评价：学校在系统推进混合教学改革过程中需要开发同改革目标相匹配的实施效果评价方案与体系，定期开展评价，用以改进改革过程。学校混合教学改革实施效果评价贯穿于改革的全过程。

二、学校不同主体推动混合教学改革的系统框架

前述的实施框架呈现了高等院校推动混合教学改革涉及的要素及其相互关系，在混合教学改革过程中还需要考虑教师、学习者、学校领导、职能部门管理人员、校外支持力量等不同主体在其中承担的责任及其相互关系。本手册依据相关研究提出学校不同主体推动混合教学改革的系统框架（见图4-1-2）：教师是学校混合教学改革的核心，通过混合课程设计、建设与教学实施提升学习者学习效果，实现学校混合教学改革的目标；学校领导、职能部门管理人员、校外支持力量通过完成各自的责任实现对教师混合教学的影响。

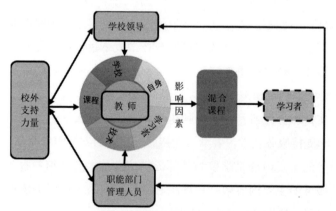

图4-1-2　学校不同主体推动混合教学改革的系统框架

---

① Porter W W, Graham C R, Spring K A, et al. Blended learning in higher education: Institutional adoption and implementation[J]. Computers & Education, 2014 (75): 185-195.

（一）教师

教师在进行混合课程设计、实施与评价时，学校不同主体所发挥的作用会对教师产生影响，教师所感受到的影响因素包括学校、课程、技术、学习者以及自身等方面[①]。"学校"因素涉及学校对教师开展混合教学的要求、投入和评价等；"课程"因素相对复杂和多元，混合课程数字化学习资源制作、线上线下学习活动设计、基于数据的学习评价等都会影响教师混合教学的采用；"技术"因素涉及技术支持、技术培训等；"学习者"因素包括信息时代的学习者特点、学习需求和网络学习经验等；"自身"因素是指教师的认识与态度、个人能力以及原有的教学经验等。不同教师所处的发展阶段不同，对混合教学的掌控能力也会有差异。

学校领导主要是通过"学校"因素对教师产生影响；职能部门管理人员所发挥的作用相对会比较多元，比较重要的是为教师更好地应用"技术"开设混合课程提供持续支持，当然还需要对学习者混合学习效果开展评价等；校外支持力量主要通过"技术"和"课程"因素协助教师开展混合教学。

（二）学校领导

学校领导始终把握着学校推进混合教学改革的方向和着力点，是学校推进混合教学的"舵手"，对于学校开展混合教学改革所要实现的目标、哪些主体参与、如何支持混合教学的实施等起到战略决策和引领作用。学校职能部门管理人员、教师以及校外支持力量都是在贯彻和落实学校领导的思路。可以说，学校领导决策与引领的有效性直接决定着学校混合教学改革能够走多远、走多稳。学校领导在推进混合教学改革方面应注意如下要点（见图4-1-3）[②]：

（1）立足教师现状。学校领导要正视学校发展的现实条件，尤其是当前的师资情况，将其作为混合教学的起点所在。

（2）厘清预期目标。学校混合教学改革预期目标需要明确学校转型发展必须要突破的内容（如要实现教师相应的转型和能力提升等），但目标并不是一开始就明确和清晰的，需要有一个逐步探索的过程。

[①] 白晓晶，韩锡斌.教师开展混合教学的影响因素探究——基于一所成人高校的质性研究[J]. 成人教育，2022，42（1）：65-70.

[②] 白晓晶，韩锡斌.成人高校领导层推动混合教改的实施策略研究[J]. 电化教育研究，2019，40（7）：101-109.

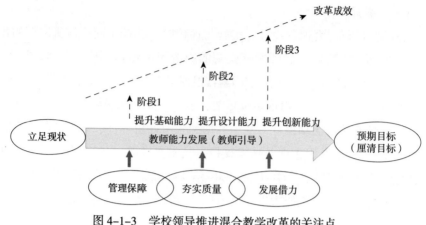

图 4-1-3　学校领导推进混合教学改革的关注点

（3）重视教师引导。学校领导应以教师引导为核心，规划混合教学改革的推进工作。学校领导一般不直接涉及具体的教师培训，而是通过出台政策与规范、制定发展策略、设立专门项目、实施效果评价等手段行使责任，引导教师明确方向、提升能力、激发动力、拓展视野。

（4）分阶段分重点推进。学校领导要采取分阶段推进的方式，通过侧重提升教师基础能力、设计能力、创新能力等不同能力的方式来分步推进混合课程建设，达成混合教学改革的阶段目标，呈现改革成效。

（5）提供教学支持服务。学校领导可以通过管理保障、夯实质量、发展借力来实现对混合教学的支持。其中，通过职能部门的管理与服务保障来营造混合教学改革的良好运行环境，通过形成课程标准和课程要求等政策与规范来夯实质量，借助专家、同行、技术公司等校外支持力量为混合教学提供切实帮助。

（三）职能部门管理人员

职能部门管理人员在学校混合教学改革中承担推进和支持教师混合教学的责任。学校混合教学改革能否真正落地，学校改革规划能否得到贯彻，教师能否得到有效的帮助，往往与职能部门管理人员是否得力有着密切关系。职能部门管理人员在沟通联动学校领导与教师、校外支持力量及校内相关人员的过程中发挥着中枢作用（见图4-1-4）。职能部门管理人员在推进混合教学改革方面应注意下列要点。

（1）落实与反馈。围绕学校混合教学改革目标，将学校的思路落实到

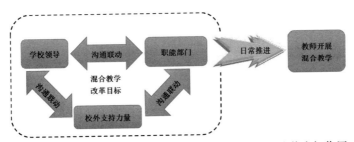

图 4-1-4　职能部门管理人员发挥日常推进混合教学改革中枢作用

日常管理与支持工作中，让教师们在学校思路指引下开展工作。同时，教师开展混合教学的情况、需求和意见也应及时反馈给学校领导知晓。这需要职能部门管理人员全面掌握教师开展混合教学的情况，深入教师中主动发现问题，积极解决问题。

（2）成为内外合作的桥梁。职能部门在学校与校外合作伙伴的沟通与合作中应发挥积极作用，促进合作的开展。这种桥梁作用可以说是责无旁贷的。

（3）顺畅良好的沟通。要把学校领导、校外支持力量和自身作为3个支点形成合力，形成顺畅良好的沟通。实践表明，越是沟通顺畅，职能部门得到的支持也会越多，多方合作也会越顺利。

（4）形成管理领导力。围绕混合教学改革目标，要聚合学校领导和校外支持力量形成"管理领导力"，校内外紧密联动，形成紧抓落实的意志力和行动力，持续推进工作进展，夯实工作成效。

（四）校外支持力量

"校外支持力量"是指学校具有外部伙伴关系——学校为了更好地开展混合教学改革与其一起相互配合、彼此信任的外部企业、机构与个人等。实践表明，仅靠学校自身的能力推进混合教学改革不仅速度太慢，而且还容易走入误区，因此需要借助校外力量，建立协同合作的混合教学改革共同体。学校在借助校外支持力量推进混合教学改革方面应注意如下要点[1]。

在校外支持力量的组成上，有来自企业、同类学校、研究机构等方面的专家。专家类型包括技术专家、教学专家、研究专家等，根据混合教学改革的阶段及需求适时引入专家支持。

---

[1] 白晓晶，韩锡斌.学校借助校外支持力量推进混合教改的实施策略研究[J].清华大学教育研究，2020，41（3）：140-148.

在校外支持力量支持的侧重点与内容上，在起步阶段主要是借助校外支持力量对学校整体情况摸底及对学校全面推动混合教学改革给予规划支持，在建设阶段主要聚焦在支持试点课程的建设，在应用推广阶段应为试点课程提供针对性教学支持，形成校本课例，引领全校课程改革。支持的内容包括教学理念更新、教学设计指导、教育技术培训与服务、基于数据的教学效果评价等。

在与校外支持力量的关系上，学校应与校外支持力量形成信任、紧密、和谐、共同谋划的关系。学校在借助校外支持力量的过程中要将领导层的思路落地，要让教师接受并信任校外支持力量的指导和帮助，要和管理部门形成紧密、和谐、共同谋划的关系，能够全流程地深入参与到学校的混合教学改革中。

第二节 学校系统推动混合教学改革的核心要素

学校系统推进混合教学改革实施框架中共包括9个要素，本手册详细阐述其中的4个要素：制订目标与规划、构建组织机构、出台政策与规范、形成文化氛围。实施效果评价将在本章第4节专门论述。改革专业与课程体系可参考本书的第二章课程教学篇和第三章专业与学科建设篇；建立支持与服务体系和建设技术支撑环境可参考本书的第五章支持与服务篇，提升人员信息化能力可参考《高等教育教师教学能力发展手册》和《职业教育教师教学能力发展手册》。

一、制订目标与规划

学校推动混合教学改革应设定明确的目标、制订清晰的规划，主要思路如图4-2-1所示。根据学校整体愿景与规划确定学校事业发展对混合教学的定位；分析学校混合教学的现状，明确学校开展混合教学改革已有的基础及存在的主要问题；通过前两部分的分析并结合国家关于混合教学的政策与规范确定学校混合教学的长期目标和阶段性的操作目标，根据发展目标进一步规划实施过程中的重点任务及相应的保障措施。

（一）明确混合教学在学校事业发展中的定位

混合教学改革需要服从学校人才培养这一总目标。在制订混合教学改革目标与规划时，学校需要明确混合教学改革在人才培养中的定位与所能

第四章　学校改革篇

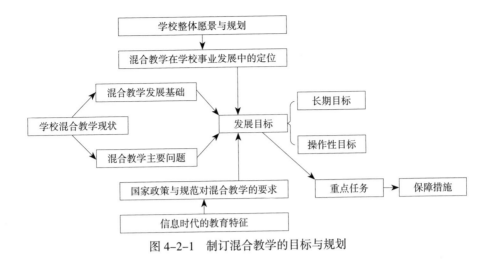

图 4-2-1　制订混合教学的目标与规划

发挥的作用。信息时代对人才提出了新的要求，这就要求学校在教学理念、教学方法、教学手段等方面进行重构，以适应信息时代对人才培养的需求。

1. 高等院校教学改革的愿景

创新人才培养新需求。在新技术和全球化的推动下，当今社会经济发展正在发生深刻变化，面对复杂多变的 VUCA（Volatility、Uncertainty、Complexity、Ambiguity）时代，教育要培养能够更加适应未来发展需要的人才。经合组织（OECD）[1]、联合国教科文组织（UNESCO）[2]、美国大学联合会（AACU）[3]、未来本科教育委员会（Commission on the Future of Undergraduate Education）[4]、英国高等教育质量保证机构（QAA）[5] 和

---

[1] OECD. The Future of Education and Skills education 2030[EB/OL].（2018-05-04）[2019-11-04]. www.oecd.org/education/2030/E2030%20position%20paper%20（05.04.2018）.pdf.

[2] UNESCO. Transversal Competencies in Education Policy and Practice[EB/OL].（2014-10-29）[2019-11-05]. http://www.unescobkk.org/education/news/article/transversal-competencies-in-asia-pacific-region-1/.

[3] AACU. College Learning for the New Global Century（2008 Edition）[EB/OL]. [2019-11-05]. https://secure.aacu.org/AACU/PDF/GlobalCentury_ExecSum_3.pdf.

[4] Commission on the Future of Undergraduate Education. The Future of Undergraduate Education，The Future of America（2017 Edition）[EB/OL]. [2019-11-05]. https://www.amacad.org/publication/future-undergraduate-education.

[5] QAA. Enterprise and Entrepreneurship Education：Guidance for UK Higher Education Providers（2018）[EB/OL].（2018-01）[2019-11-05]. https://www.qaa.ac.uk/docs/qaa/about-us/enterprise-and-entrpreneurship-education-2018.pdf?sfvrsn=20e2f581_10.

291

欧盟[1]等国际组织和世界主要国家对未来人才能力框架的解读发现,"创新能力"是共识度最高的关键核心能力。对这种共识度最高的创新能力进行同要素分析显示,创新能力在行为上表现为能够发现并解决问题、主动承担社会责任、识别机会和创造价值等方面。可见,创新能力不仅仅指能够产生新想法(创意)或学术性的科学想法(发明创造),还包括能够将想法付诸实际行动而产生价值的能力。国内研究者也认为,创新创业能力的培养是成为高质量高等教育的核心内涵,人才培养必须以创新创业能力的形成为中心[2]。余小波认为人工智能时代的高等教育急需树立一种更积极的人才培养观,即重视学习者独立思考与主动学习能力、想象力和批判性思维的培养,在夯实专业教育的基础上要强化通识教育,拓展学习者成长空间[3]。任增元认为,人工智能对高校人才培养规格提出了新要求,在能力结构层面更加强调人工智能技术的掌握,在知识结构层面更加强调学科融合和建立包容的复合知识体系,在素质结构层面更加凸显了创新能力的核心地位[4]。方晓田认为,在第三次科技革命影响下,高等教育必须将自己的目标定位在培养个性化、创新型人才上。这种人才能够将自身价值与社会价值、人类价值紧密相连,具有较高的科学文化涵养、多学科的知识背景、较强的判断实践能力、终身学习能力和创新精神;具有合作、感恩和分享意识;拥有健康的身心和体魄;具有人类"同理心"和社会情绪能力[5]。

拔尖人才培养体系建设。美国的荣誉教育是国际大学拔尖创新人才培养的成功案例,具体而言:第一,构建不同层次和类型的拔尖创新人才培养项目;第二,构建综合评价选拔制度,除了考查学习者的学业基础与能力外,也注重考查学习者的家庭环境、成长经历、个人兴趣、个人性格、

---

[1] European Commission Joint Research Centre. Entrecomp: The Entrepreneurship Competency Frame-work[EB/OL].(2016-11-13)[2019-11-06]. http://ec.europa.eu/ijc/entrecomp.2016-06020.
[2] 王洪才.创新创业能力培养:作为高质量高等教育的核心内涵[J].江苏高教,2021(11):21-27.DOI:10.13236/j.cnki.jshe.2021.11.003.
[3] 余小波,张欢欢.人工智能时代的高等教育人才培养观探析[J].大学教育科学,2019(1):75-81.
[4] 任增元,刘军男.人工智能时代高校人才培养变革的思考[J].大学教育科学,2019(4):114-121.
[5] 方晓田.第三次科技革命与高等教育变革[J].高等农业教育,2014(11):11-15.DOI:10.13839/j.cnki.hae.2014.11.003.

课外活动等非智力因素，尤其是强化对学习者个人特质的评价；第三，构建丰富多样的课程体系，扩充学习者择课空间和提高学习者选课能力；第四，推行发展性学业评价制度，形成多样化学习共同体文化。此外，有研究者认为，拔尖创新人才培养需要处理好教学和科研的关系，具体措施为：第一，创新教学方法，实行研究性学习；第二，设计"体验式"科研项目；第三，搭建科研课题孵化智库平台，通过智库平台的建设，聚拢科研智慧；第四，创办科技训练营，通过科技训练营的方式，提升学习者的科研能力；第五，鼓励学习者在参加竞赛活动中进行科研训练；最后，注重国际化培养。现阶段拔尖创新人才的"在地国际化"培养，可以着重从以下几点入手：第一，进一步挖掘、盘活现有中外合作办学院校的国际化教育资源，以项目制的方式为拔尖创新人才的培养提供国际教育资源服务；第二，加快国际化的在线课程建设；第三，积极推进线上国际学术交流[1]。国内也有研究者提出面向"智·能·知"创新人才培养的课程改革途径，建立了数字化课程资源库、网络在线课程平台和开放共享教学环境，出版了新形态教材，并在创新课堂教学与考核模式、科教融合教学体系和建立学习者主体、教师主导的"学习共同体"等方面进行了改革尝试[2]。

研究生教育数字化。研究生教育数字化主要体现在两个方面：第一，网络教育质量监控。数字化使学习者主动获取高质量信息成为可能，并取代了传统的被动学习，要确保合适的质量标准和质量保障措施，提高跟踪研究生发展的技术和能力，确保与学习者信息管理系统一致[3]，如澳大利亚大学联合会2017年7月针对最好的博士教育项目校外学习方式进行调研，发现他们普遍关注健全的申请过程、学习者评价、导师管理、项目合作可行性分析、导师培训、导师引进、合适的支持服务，确保为校外学习者提供高质量的导师指导。第二，基于生活周期的研究生教育管理改革，需要考虑学习者从入学到职业选择的整个生活周期。研究生院应该建立研究生教育支持系

---

[1] 朱旭.拔尖创新人才培养的若干思考[J].科教文汇（中旬刊），2021（10）：1-3.DOI：10.16871/j.cnki.kjwhb.2021.10.001.

[2] 齐乐华，连洪程，周计明.立足课程建设与改革 探索"智·能·知"创新人才培养[J].中国大学教学，2020（12）：17-22.

[3] PAYNE D G. Advancing graduate education by supporting the graduate student lifecycle [EB/OL]. [2017-10-11]. http：// cgsnet.org/ckfinder/userfiles/files/2017%20Global%20Summit%20Booklet_web.pdf.

统，为处于不同发展阶段的研究生提供指导。Payne 建议通过支持研究生生活周期推进研究生教育改革，并提出研究生生活周期五阶段参考模型①。

人工智能时代人才培养新路径。岳瑞凤构建了"智能+"时代以数据为中心、多元数字在场的数字人交互共生新范式，形成正向循环的三层学习者成长飞轮，使学习者能够实时永续、按需学习②。面对虚拟现实技术、智能化学习技术及混合教学模式、智慧校园等在高等教育中的应用，李广平等认为，更新人才培养理念、提升教学主体人工智能相关素养、优化资源配置及强化校际协同是人工智能时代人才培养的变革路径③。任增元等认为，需要打造产教融合的人才培养平台，调整课程体系和专业设置，并引导教师合理利用人工智能。同时，高校也必须认识到在推进人工智能应用中可能出现的人员安置、数据安全隐患和弱势高校"动力"不足等问题，应采取有效措施主动引导人工智能的健康发展④。

2. 职业院校教学改革的愿景

职业教育作为中国经济社会发展人才和智力供给的重要支撑，改革开放以来，现代职业教育体系框架全面建成，服务经济社会发展能力和社会吸引力不断增强，具备了基本实现现代化的诸多有利条件和良好工作基础。为进一步推进职业教育全方位现代化的发展进程，提升职业教育适应性，《国家职业教育改革实施方案》《职业教育提质培优行动计划（2020—2023年）》等文件，基于多维度、多视角、多方面描绘了"十四五"期间职业教育改革创新的发展愿景。同时，未来职业教育现代化进程中的发展愿景也成为职业院校混合教学改革的终极目标所在。

深化职业教育产教融合、校企合作机制。进一步推动各省级产教融合型企业认证制度，推进示范性职业教育集团（联盟）建设，探索混合所有制改革；深化职业教育供给侧结构性改革，建立产业人才数据平台，发布

---

① PAYNE G D. Advancing graduate education by supporting the graduate student lifecycle [EB/OL]. [2017-09-25]. http：//cgsnet. org/online-proceedings-2017-global-summit-graduate-education-2030.

② 岳瑞凤. "智能+"时代高等教育新范式探究 [J]. 高校教育管理，2021，15（1）：87-96. DOI：10.13316/j.cnki.jhem.20210106.010.

③ 李广平，陈武元. 人工智能背景下我国高校人才培养变革的有效思路 [J]. 中国高等教育，2020（11）：54-56.

④ 任增元，刘军男. 人工智能时代高校人才培养变革的思考 [J]. 大学教育科学，2019（4）：114-121.

产业人才需求报告，促进职业教育和产业人才需求精准对接；深化校企合作协同育人模式改革，建好行业职业教育教学指导委员会，提升行业举办和指导职业教育的能力；完善校企合作激励约束机制，健全以企业为重要主导、职业学校为重要支撑、产业关键核心技术攻关为中心任务的产教融合创新机制，构建校企命运共同体。

建立健全中国特色的现代职业教育体系。统筹职业教育与普通教育、继续教育发展，形成职业教育与普通教育相互沟通、协调发展的新格局；强化中职教育的基础性作用，提高中等职业教育发展水平，保持高中阶段教育职普占比大体相当；巩固专科高职教育的主体地位，把发展专科高职教育作为优化高等教育结构和培养大国工匠、能工巧匠的重要方式，输送区域发展急需的高素质技术技能人才；稳步发展高层次职业教育，把发展本科职业教育作为完善现代职业教育体系的关键一环，培养高素质创新型技术技能人才，畅通技术技能人才成长通道。

完善国家职业教育制度体系。落实好立德树人根本任务，健全德技并修、工学结合的育人机制，完善职业教育质量评价机制，规范人才培养全过程。持续推进"1+X"证书制度试点，探索中国特色学徒制。健全高职院校分类招生考试制度，完善"文化素质+职业技能"评价方式，规范职业教育考试招生形式。稳步推进本科层次职业教育试点，出台职教本科学士学位授权与授予管理工作规定。完善政府、行业、企业、职业院校等共同参与的质量评价机制，探索基于第三方机构的职业教育质量评估机制。完善职业教育督导评估办法，建立职业教育定期督导评估和专项督导评估制度。推进国家资历框架和学分银行制度建设，建立各级各类教育培训学习成果认定、积累和转换机制，健全服务全民终身学习的职业教育制度。

构建职业教育国家标准体系。适时修订中职学校、专科高职学校设置标准，研制本科职业学校设置标准。实施职业学校教师、校长专业标准，制定分层、分类的"双师型"教师基本标准。统筹修（制）订衔接贯通、全面覆盖的中等、专科、本科职业教育专业目录及专业设置管理办法。构建国家、省、校三级专业教学标准体系，国家面向产业急需领域和量大面广的专业要修（制）订国家标准。持续更新并推进专业目录、专业教学标准、课程标准、顶岗实习标准、实训条件建设标准（仪器设备配备规范）在职业院校落地实施。各地根据经济社会发展需要和有关技术规范，补充制订区域性标准。职业学校全面落实国标和省标,开发具有校本特色的相关标准。

实施职业教育"三教"改革攻坚行动,多措并举打造高素质专业化"双师型"教师队伍。(1)加强职业技术师范院校建设,优化结构布局,探索有条件的优质高职学校转型为职业技术师范类院校或开办职业技术师范专业,引导一批高水平工科学校举办职业技术师范教育,构建"双师型"教师培养体系。(2)实施职业院校教师素质提高计划,建立100个"双师型"教师培养培训基地,职业院校、应用型本科高校教师每年至少1个月在企业或实训基地实训,落实教师5年一周期的全员轮训制度。(3)定期组织选派职业院校专业骨干教师赴国外研修访学。(4)在职业院校实行高层次、高技能人才以直接考察的方式公开招聘。建立健全职业院校自主聘任兼职教师的办法,实施现代产业导师特聘计划,设置一定比例的特聘岗位,推动企业工程技术人员、高技能人才和职业院校教师双向流动。(5)职业院校通过校企合作、技术服务、社会培训、自办企业等所得收入,可按一定比例作为绩效工资来源。(6)加强职业教育教材建设,完善职业教育教材规划、编写、审核、选用/使用、评价监管机制;加强意识形态属性较强的哲学社会科学教材建设,将其纳入马克思主义理论研究和建设工程重点建设,做好教材统一使用工作;对接主流生产技术,注重吸收行业发展的新知识、新技术、新工艺、新方法,校企合作开发专业课教材;建立健全三年大修订、每年小修订的教材动态更新调整机制;根据职业学校学习者特点创新教材形态,推行科学严谨、深入浅出、图文并茂、形式多样的活页式、工作手册式、融媒体教材;利用开放教育资源,形成传播度高、时效性强、受益面广的职业教育电子教材;实行教材分层规划制度,引导地方编写国家规划教材领域以外的区域特色教材,在国家和省级规划教材不能满足的情况下,鼓励职业学校编写反映自身特色的校本专业教材;编写并用好中职思想政治、语文和历史统编教材;健全教材的分类审核、抽查和退出制度。(7)提升职业教育课程教学质量,规范人才培养方案,研制发布程序,建立职业学校人才培养方案公开制度,为行业指导、企业选择、学习者学习、同行交流、社会监督提供便利。(8)加强课堂教学日常管理,规范教学秩序,积极推动职业学校"课堂革命",以适应生源多样化特点,将课程教学改革推向纵深。(9)加强实践性教学,实践性教学学时原则上占总学时50%

以上，积极推行认知实习、跟岗实习、顶岗实习等多种实习方式，可根据专业实际集中或分阶段安排。（10）完善以学习者为中心的专业和课程教学评价体系，强化实习实训考核评价。（11）鼓励教师团队对接职业标准和工作过程，探索分工协作的模块化教学组织方式。（12）建立健全国家、省、校三级教学能力比赛机制。

实施职业教育信息化 2.0 行动：（1）落实《职业院校数字校园规范》，推动各地研制校本数据中心建设指南，指导职业学校系统设计学校信息化整体解决方案；（2）引导职业学校提升信息化基础能力，建设高速、稳定的校园网络，联通校内行政教学科研学习者后勤等应用系统，统筹建设一体化、智能化教学管理与服务平台；（3）推动信息技术和智能技术深度融入学校管理全过程，大幅提高决策和管理的精准化、科学化水平；（4）落实网络安全责任制，增强网络与信息安全管控能力，并遴选 300 所左右职业教育信息化标杆学校，推动信息技术与教育教学深度融合；（5）主动适应科技革命和产业革命要求，以"信息技术+"升级传统专业，及时发展数字经济催生的新兴专业；（6）鼓励职业学校利用现代信息技术推动人才培养模式改革，满足学习者的多样化学习需求，大力推进"互联网+""智能+"教育新形态，推动教育教学变革创新；（7）探索建设政府引导、市场参与的职业教育资源共建共享机制，服务课程开发、教学设计、教学实施、教学评价；（8）建立健全共建共享的资源认证标准和交易机制，推进国家、省、校三级专业教学资源库的建设应用，进一步扩大优质资源覆盖面；（9）遴选 100 个左右示范性虚拟仿真实训基地，面向公共基础课和量大面广的专业（技能）课，分级遴选 5 000 门左右职业教育在线精品课程；（10）引导职业学校开展信息化全员培训，提升教师和管理人员的信息化能力，以及学习者利用网络信息技术和优质在线资源进行自主学习的能力。

推进新时代职业教育评价改革。重点评价各级、各类职业学校（含技工院校）德技并修、产教融合、校企合作、育训结合、学习者获取职业资格或职业技能等级证书、毕业生就业质量、"双师型"教师（含技工院校"一体化"教师）队伍建设等发展情况。完善政府、行业企业、学校、社会等多方参与的质量监管评价机制，扩大行业企业参与评价，以社会化机制公开招募并择优遴选培训评价组织，引导培养高素质劳动者和技术技能人才。加大职业培训、服务区域和行业的评价权重，将承担职业培训情况作为核定职业学校教师绩效工资总量的重要依据。完善以章程为核心的校内规则制度体系，健全职业学校内部治理结构，深入推进职业学校教学工作诊断与改进制度建设，切实发挥学校质量保证主体作用。巩固国家、省、校三级质量年报发布制度，进一步提高质量年报编制水平和公开力度。完善职业教育督导评估办法，构建国家、省、校三级职业教育督导体系。

3. 确定混合教学在学校事业发展中的定位时的注意事项

以混合教学改革为抓手可以促进学校教育教学信息时代变革的步伐。学校在确定混合教学定位时，需要注重以下几点：

（1）**混合教学要解决人才培养的现实问题**。学校开展混合教学是需要解决目前学校在人才培养的过程中出现的现实问题，特别是教师教学过程中和学习者学习过程中的问题。不同类型的高等院校需要解决的问题具有较大的差异性，如研究型大学需要解决学习者基础知识学习与研究创新的问题，应用型大学需要解决学习者知识应用能力的问题，高等职业院校需要解决的是学习者基本岗位能力与职业技能养成的问题。

（2）**混合教学不是单纯的技术问题**。混合教学并不是一个只要有技术支撑环境就可以解决的问题，技术支撑环境只是混合教学开展的一个基础，混合教学的改革还需要从组织机构建设、政策规范制定、支持与服务体系建设、人员能力提升、专业与课程改革、文化氛围形成等多方位配合。只有全方位、系统化地推进，才能达成学校教学的整体重构，实现混合教学改革服务学校人才培养的目标。

（3）**混合教学改革需要遵循以学习者为中心的理念**。以学习者为中心的理念，要求混合教学不能将传统的课堂直接复制到网络上，或者是简单地将线上课堂与线下课堂进行结合，而是需要对学习目标、内容、活动、评价等课程要素在虚实融合的环境中进行重新整合与设计，真正调动学习者的学习积极性，使学习者能够根据自己的学习特点和学习能力进行个性化的学习。

（二）分析国家政策与规范对混合教学的要求

为方便学校领导分析国家政策与规范对混合教学的要求，此部分梳理了近10年来国家出台的与混合教学相关的教育信息化政策（见表4-2-1）。

2010年的《国家中长期教育改革与发展规划纲要（2010—2020年）》 提出信息技术对教育发展有革命性影响。2010年，《国家中长期教育改革与

表 4-2-1 近 10 年与混合教学相关的教育信息化政策

时间	重要政策	发布单位
2012	关于印发《教育信息化十年发展规划（2011–2020 年）》的通知	教育部
	《关于开展教育信息化试点工作的通知》	教育部
	关于发布《教育管理信息教育管理基础代码》等七个教育信息化行业标准的通知	教育部
	《关于加快职业教育信息化发展的意见》	教育部
	《关于加快推进教育信息化当前几项重点工作的通知》	教育部等九个部门
2013	《关于印发教育部副部长杜占元在教育信息化重点工作推进会议上讲话的通知》	教育部
	《关于进一步加强教育管理信息化的通知》	教育部、财政部、人力资源社会保障部
	《关于实施全国中小学教师信息技术应用能力提升工程的意见》	教育部
2014	关于印发《2014 年教育信息化工作要点》的通知	教育部
	关于印发《教育行业信息系统安全等级保护定级工作指南（试行）》的通知	教育部
	关于印发《中小学教师信息技术应用能力培训课程标准（试行）》的通知	教育部
	关于印发《构建利用信息化手段扩大优质教育资源覆盖面有效机制的实施方案》的通知	教育部、财政部、国家发改委、工业和信息化部、中国人民银行
2015	《关于积极推进"互联网+"行动的指导意见》	国务院
	《关于加强高等学校在线开放课程建设应用与管理的意见》	教育部
	《职业院校数字校园建设规范》	教育部
2016	关于印发《教育信息化"十三五"规划》的通知	教育部
	《关于办好开放大学的意见》	教育部
2017	《关于进一步推进职业教育信息化发展的指导意见》	教育部
2018	《关于加强网络学习空间建设与应用的指导意见》	教育部
	关于印发《教育信息化 2.0 行动计划》的通知	教育部
	关于发布《网络学习空间建设与应用指南》的通知	教育部
	关于印发《2018 年教育信息化和网络安全工作要点》的通知	教育部
	国家标准《信息技术学习、教育和培训在线课程》发布	国家市场监督管理局、国家标准化委员管理委员会

续表

时间	重要政策	发布单位
2019	印发《中国教育现代化2035》	中共中央、国务院
	《加快推进教育现代化实施方案（2018-2022年）》	中共中央、国务院
	关于印发《2019年教育信息化和网络安全工作要点》的通知	教育部
	《关于"智慧教育示范区"建设项目推荐遴选工作的通知》	教育部
	《关于引导规范教育移动互联网应用有序健康发展的意见》	教育部等八部门
	《关于促进在线教育健康发展的指导意见》	教育部等十一部门
	《关于实施全国中小学教师信息技术应用能力提升工程2.0的意见》	教育部
	关于印发《教育移动互联网应用程序备案管理办法》的通知	教育部
	《关于严禁有害APP进入中小学校园的通知》	教育部
	《关于规范校外线上培训等实施意见》	教育部等六部门
	《关于服务全民终身学习促进现代远程教育试点高校网络教育高质量发展有关工作的通知》	教育部
2020	《关于加强"三个课堂"应用的指导意见》	教育部
	《关于公布"基于教学改革、融合信息技术的新型教与学模式"实验区名单的通知》	教育部
	《关于启动部分领域教学资源建设工作的通知》	教育部
	关于发布《职业院校数字校园规范》的通知	教育部
	《职业教育提质培优行动计划（2020—2023年）》	教育部等九部门
	《关于组织实施2020年新型基础设施建设工程（宽带网络和5G领域）的通知》	国家发改委、工业和信息化部
2021	《关于推动现代职业教育高质量发展的意见》	中共中央办公厅 国务院办公厅
	《关于大力加强中小学线上教育教学资源建设与应用的意见》	教育部等五部门
	《关于开展第二批人工智能助推教师队伍建设试点推荐遴选工作的通知》	教育部
	《关于加强新时代教育管理信息化工作的通知》	教育部
	关于发布《高等学校数字校园建设规范（试行）》的通知	教育部
	《关于推进教育新型基础设施建设构建高质量教育支撑体系的指导意见》	教育部等六部门
2022	《中华人民共和国职业教育法》	全国人民代表大会常务委员会
	《教育部2022年工作要点》	教育部

发展规划纲要（2010—2020年）》（下称《纲要》）明确提出：信息技术对教育发展有革命性影响，必须高度重视。《纲要》发布至今，国家每年都出台重要的教育信息化政策，在顶层设计、发展目标、重点任务、行动举措等方面提出了明确的思路和具体要求。

2012年教育部发布的《教育信息化十年发展规划（2011—2020年）》（下称《规划》）提出：以教育信息化带动教育现代化，是我国教育事业发展的战略选择，要把教育信息化摆在支撑引领教育现代化的战略地位。

《规划》提出，到2020年，全面完成《教育规划纲要》所提出的教育信息化目标任务，形成与国家教育现代化发展目标相适应的教育信息化体系，基本建成人人可享有优质教育资源的信息化学习环境，基本形成学习型社会的信息化支撑服务体系，基本实现所有地区和各级各类学校宽带网络的全面覆盖，教育管理信息化水平显著提高，信息技术与教育融合发展的水平显著提升。教育信息化整体上接近国际先进水平，对教育改革和发展的支撑与引领作用充分显现。为实现发展目标，《规划》提出将实施"中国数字教育2020"行动计划，此计划包含五大行动：优质数字教育资源建设与共享行动、学校信息化能力建设与提升行动、国家教育管理信息系统建设行动、教育信息化可持续发展能力建设行动、教育信息化基础能力建设行动。

2012—2015年"三通两平台"系列政策。2012年9月，刘延东副总理在全国教育信息化工作会议上提出：在当前和今后一个时期，要大力推进"三通两平台"建设。为强化"应用驱动"，同年教育部等九部门发布《关于加快推进教育信息化当前几项重点工作的通知》。七项重点工作中有五项重点工作是有关推进"三通两平台"建设的。

另外，为充分发挥"三通两平台"效益，教育部于2013年10月印发《关于实施全国中小学教师信息技术应用能力提升工程的意见》，提出将信息技术应用能力培训纳入教师和校长培训必修学时（学分）。2014年5月，教育部又印发了《中小学教师信息技术应用能力培训课程标准（试行）》，依据能力标准对中小学教师信息技术应用能力的基本要求和发展性要求，设置了"应用信息计划优化课堂教学""应用信息技术转变学习方式"和"应用信息技术支持教师专业发展"三个系列课程。同时，为推动"三通两平台"机制创新，教育部等五部门于2014年11月联合印发《构建利用信息化手段扩大优质教育资源覆盖面有效机制的实施方案》，首次提出探索"政府统筹引导、企业参与建设、学校购买服务"等创新机制。2012—2015年是教育信息化发展的应用驱动阶段，"三通两平台"建设取得了较为显著的成效，在环境创新、方法创新、教师培训创新、机制创新等方面奠定了发展基础，为下一阶段促进信息技术与教育的融合创新提供了重要支撑。

2016年的《教育信息化"十三五"规划》，明确了发展目标和任务主线。2016年6月，教育部印发《教育信息化"十三五"规划》（下称《"十三五"规划》），这是国家层面第二个教育信息化中长期规划，教育信息化发展主线变得更加清晰。

与《教育信息化十年发展规划（2011—2020年）》提出的战略定位相匹配，《"十三五"规划》提出2020年教育信息化发展目标：到2020年，基本建成"人人皆学、处处能学、时时可学"、与国家教育现代化发展目标相适应的教育信息化体系；基本实现教育信息化对学习者全面发展的促进作用、对深化教育领域综合改革的支撑作用和对教育创新发展、均衡发展、优质发展的提升作用；基本形成具有国际先进水平、信息技术与教育融合创新发展的中国特色教育信息化发展路子。

该规划部署了八大主要任务：（1）完成"三通工程"建设，全面提升教育信息化基础支撑能力；（2）实现公共服务平台协同发展，大幅提升信息化服务教育教学与管理的能力；（3）不断扩大优质教育资源覆盖面，优先提升教育信息化促进教育公平、提高教育质量的能力；（4）加快探索数字教育资源服务供给模式，有效提升数字教育资源服务水平与能力；（5）创新"网络学习空间人人通"建设与应用模式，从服务课堂学习拓展为支撑网络化的泛在学习；（6）深化信息技术与教育教学的融合发展，从服务教育教学拓展为服务育人全过程；（7）深入推进管理信息化，从服务教育管理拓展为全面提升教育治理能力；（8）紧密结合国家战略需求，从服务教育自身拓展为服务国家经济社会发展。

2017年，《关于进一步推进职业教育信息化发展的指导意见》为全面提升信息技术支撑和引领职业教育创新发展的能力、加快推进职业教育现代化提出了如下意见：（1）准确把握进一步推进职业教育信息化发展的重要机遇与基本要求：①"十二五"以来，职业教育信息化发展取得了较大的进展；②探索建立共建共享、开放合作新机制，鼓励行业、企业和社会参与职业教育信息化建设；③到2020年，全面完成《教育信息化"十三五"规划》提出的目标任务。（2）全面落实推进职业教育信息化发展的重点任务：①提升职业教育信息化基础能力；②推动优质数字教育资源共建共享；③深化教育教学模式创新；④加快管理服务平台的建设与应用；⑤提升师生和管理者信息素养；⑥增强网络与信息安全管控能力。（3）着力完善推进职业教育信息化发展的各项保障措施：①明确发展责任；②健全工作机制；③调动多方参与；④完善服务保障。

2018年4月，教育部印发《教育信息化2.0行动计划》（下称《行动计划》），标志着中国教育信息化升级进入2.0时代。《行动计划》提出"三全两高一大"发展目标和三项主要任务。教育信息化2.0很重要的使命是要顺应国家新时代对创新人才培养的需求、智能环境下教育创新发展的需求，以及激发信息技术对教育革命性影响的需求。教育信息化2.0八大行动进一步落实了"十三五"规划的8条任务主线，即数字资源服务普及行动、网络学习空间覆盖行动、网络扶智工程攻坚行动、教育治理能力优化行动、百区千校万课引领行动、数字校园规范建设行动、智慧教育创新发展行动、信息素养全面提升行动。《行动计划》发布之后，还有一系列落地举措出台，层层落实推进。从实施主体的角度，八大行动可以分为区域、学校、师生3个层次。例如，数字校园规范建设行动主要以学校作为实施主体，强调的是在各级各类学校全面普及数字校园，是对"数字校园建设覆盖全体学校"这一目标的贯彻；而数字资源服务普及行动、网络学习空间覆盖行动和信息素养全面提升行动则直接面向师生，强调的是信息化教学和学习成为教师、学习者的常态行为。以网络学习空间覆盖行动为例，在1.0阶段，虽然中小学教师网络学习空间覆盖率已经超过50%，但网络学习空间在教学活动中的实质性支撑作用还很不够，因此，新阶段的网络学习空间应用重点在于让每位师生真正体会到网络学习空间对教与学的支持作用，不仅善于开展线下学习，而且善于开展以网络学习空间为依托的线上学习。从发展重点的角度，八大行动可以分为保障底线、全面发展、引领创新3个类别。例如，网络扶智工程攻坚行动，重在支持"三区三州"教育信息化发展，以及推进网络条件下的精准扶智，强调的是利用信息技术可以突破空间限制的优势，进一步扩大优质教育资源覆盖面，解决教育精准扶贫的"最后一公里"问题,其主要目标在于"保障底线";信息素养全面提升行动,则强调教师和学习者信息素养的普遍提升,让每位师生都能恰当地利用信息技术改进教与学,增强获得感,其主要目标在于"全面发展";智慧教育创新发展行动则包含建立10个以上"智慧教育示范区"等内容,强调的是在少数条件较好的地区加快发展,鼓励自主探索,以期形成示范效应,其主要目标在于"引领创新"。

2019年的《中国教育现代化2035》和《加快推进教育现代化实施方案(2018—2022年)》,是第一个以教育现代化为主题的中长期战略规划。

教育现代化十大战略任务之一是"加快信息化时代教育变革",重点任务聚焦在智能化校园建设、利用现代技术加快推动人才培养模式改革、创新教育服务业态、推进教育治理方式变革等方面,这些重点任务凸显出教育现代化建设对教育信息化发展的核心需求。继两个战略性、规划性文件出台后,教育部及相关部门密集出台一系列落实举措,如《关于"智慧教育示范区"建设项目推荐遴选工作的通知》《关于引导规范教育移动互联网应用有序健康发展的意见》《关于促进在线教育健康发展的指导意见》《教育移动互联网应用程序备案管理办法》《关于严禁有害APP进入中小学校园的通知》《关于加强"三个课堂"应用的指导意见》《关于公布"基于教学改革、融合信息技术的新型教与学模式"实验区名单的通知》,等等。在智慧校园建设、创新人才培养、创新服务业态、教育治理方式变革等方面加快了推进步伐。

2021年7月,教育部等六部门印发《关于推进教育新型基础设施建设构建高质量教育支撑体系的指导意见》(下称《意见》),这是首个国家层面出台的关于教育新基建的顶层规划。《意见》提出了到2025年基本形成结构优化、集约高效、安全可靠的教育新型基础设施体系,并通过迭代升级、更新完善和持续建设,实现长期、全面的发展;建设教育专网和"互联网+教育"大平台,为教育高质量发展提供数字基础;会聚、生成优质资源,推动供给侧结构性改革;建设物理空间和网络空间相融合的新校园,拓展教育新空间;开发教育创新应用,支撑教育流程再造、模式重构;提升全方位、全天候的安全防护能力,保障广大师生切身利益。《意见》提出了信息网络、平台体系、数字资源、智慧校园、创新应用、可信安全六位一体的新型基础设施体系,明确了20条"十四五"期间政策的重点支持方向和建设内容。

2022年,《教育部2022年工作要点》提出要实施教育数字化战略行动:强化需求牵引、深化融合、创新赋能、应用驱动,积极发展"互联网+教育",加快推进教育数字转型和智能升级;推进教育新型基础设施建设,建设国家智慧教育公共服务平台,创新数字资源供给模式,丰富数字教育资源和服务供给,深化国家中小学网络云平台应用,发挥国家电视空中课堂频道作用,探索大中小学智慧教室和智慧课堂建设,深化网络学习空间应用,改进课堂教学模式和学习者评价方式;建设国家教育治理公共服务平台和基础教育综合管理服务平台,提升数据治理、政务服务和协同监管能力;强化数据挖掘和分析,构建基于数据的教育治理新模式;指导推进教育信息化新领域、新模式试点示范,深化信息技术与教育教学融合创新;健全教育信息化标准规范体系,推进人工智能助推教师队伍建设试点工作;建立教育信息化产品和服务进校园审核制度;强化关键信息基础设施保障,提升个人信息保护水平。

(三)分析学校混合教学现状

在制订混合教学改革的目标和规划过程中,需要先对学校混合教学的现状进行分析。为方便学校分析混合教学改革的基础与存在的主要问题,本节提供如下混合教学改革现状诊断框架(见表4-2-2)。该框架包含"学校基本情况""学校混合教学改革现状诊断""学校混合教学改革支持环境诊断"3个方面、8个维度、42项具体诊断点。学校可以此为基础,结合本校情况选择其中的诊断指标或是增加额外指标,形成学校个性化的混合教学改革现状诊断工具。

表4-2-2 学校混合教学改革现状诊断框架

诊断项目	诊断要素	诊断点
1.学校基本情况	学校概况	学校特色与优势
		院系设置
		师资队伍概况
		教育教学概况
		研究概况
		科技成果转化
		招生就业
		其他

续表

诊断项目	诊断要素	诊断点
2. 学校混合教学改革现状诊断	（1）混合课程教学设计与实施	混合课程开发
		混合课程分类
		混合课程结构
		混合教学设计
		混合教学实施
		混合教学资源建设
	（2）混合课程教学评价	教学评价机制
		教学目标达成度的评价
		学校混合教学质量保障与监控
		教学评价反馈
	（3）专业建设	专业建设规划
		专业诊断与改进
		专业动态优化机制
3. 学校混合教学改革支持环境诊断	（1）信息化体制机制	组织机构建设
		校本规范建设
		信息化机制建设
	（2）信息化技术环境建设	信息化教学环境
		数字资源建设与应用
		校企合作资源建设与应用
		开放性资源应用
		数据库标准与数据库建设
		一体化信息系统平台
		校园网络
		信息系统与信息服务
		后勤服务信息化
		网络安全管理体系
		网络舆情管理与处置体系
		网络安全管理情况
	（3）人员信息化能力水平	教学管理人员信息化能力
		教师信息化教学能力
		学习者信息化学习能力
	（4）第三方推进服务	第三方混合教学技术支撑系统
		第三方混合教学支持服务
		第三方混合教学评估

(四)确定混合教学改革的目标

学校通过对混合教学在整个事业发展中的定位分析,结合混合教学现状,并考虑国家关于混合教学的政策与规范,确定混合教学改革的长期目标和阶段性的操作目标。

确定长期目标:长期目标应符合学校的长期发展战略,保持持续性。长期目标应包括学校混合教学改革的价值观、信念、愿景等[1]。学校在开展混合教学改革的过程中会牵涉到从学校领导层到职能部门、最后到教师和学习者等多种角色。已有研究发现,教师和学习者认识到学校实施混合教学的目标与他们自己的目标具有一致性时,对他们开展混合教学有显著影响[2][3]。学校首先需要从领导层凝聚共识,确定混合教学改革的长期目标。领导层一旦确定了混合教学改革的长期目标,就需要使学校不同职能部门、全体教师和学习者之间有一致的努力方向,让这一目标在师生员工中得到理解。要使混合教学改革的长期目标获得师生的支持,一方面,可以召开全校范围内的混合教学改革动员会,从教师的思想和观念上进行动员;另一方面,可以召开学习者代表座谈会,发动学习者组织的力量,传播学校混合教学改革的理念;此外,也可以通过学校的宣传渠道,多角度、立体化、全方位地宣传报道,将改革的理念传达至每一位师生,并获得师生们的理解、认可与支持。

确定操作性目标:操作性目标是指学校在混合教学改革过程中所要达到的具体的、可衡量的结果,说明混合教学改革力图实现什么,而且通常是关注短时期内的结果[4]。操作性目标也可以视为短期目标,需要体现在学校每年的工作要点与工作计划之中。给混合教学改革过程中的活动设定具体的目标,可以为各部门和各单位提供行动方向。学校在确定操作性目标时可参考本部分前述的"学校系统推进混合教学改革的总体框架"中的要素,分别设置操作性目标。

---

[1] Daft R L, Murphy J, Willmott H. Organization theory and design[M]. Mason, OH: South-Western Cengage Learning, 2010: 60-62.

[2] Porter W W, Graham C R. Institutional drivers and barriers to faculty adoption of blended learning in higher education[J]. British Journal of Educational Technology, 2016, 47(4): 748-762.

[3] Taylor J A, Newton D. Beyond blended learning: A case study of institutional change at an Australian regional university[J]. The Internet and Higher Education, 2013(18): 54-60.

[4] Daft R L, Murphy J, Willmott H. Organization theory and design[M]. Mason, OH: South-Western Cengage Learning, 2010: 62-64.

（五）制订混合教学改革规划

学校混合教学改革是一项长期的系统性工程，因此学校在确定混合教学改革的目标后，还应开展混合教学改革规划的制订，明确实现目标的路径及方案，包括为达成目标需要进行的重点任务的内容、时间、方式、负责人、所需的保障措施等。在制订混合教学改革规划时需要从可行性、预期的效果、成本预算、时间进度安排等维度来进行综合分析与评估。根据实践经验与相关研究，"先试点后推广"策略较为适合学校系统推进混合教学改革，因此在制订混合教学改革规划的过程中可以在技术支撑环境、支持服务体系建设、专业与课程改革、人员能力提升等方面采取分阶段实施的规划方案，在"试点"阶段结束时开展效果评估，并在"推广"阶段通过调整与改进达成改革的最终目标。具体规划中的重点任务应包括：

- **明确混合教学设计原则与实施流程**。厘清院校混合教学的特征框架与构成要素。针对学校人才培养实践特征，明确混合教学设计的遵循原则与指导理念。同时，明确学校混合教学设计的注意事项与关键环节，确保混合教学实践的目的性与规范性。

- **开发、建设多模式混合课程**。选择学校已有的国家级、省级精品课程或者是有一定信息化基础的课程，探索、开发符合混合教学特征的混合课程，形成良好示范作用，为现有课程体系面向混合教学的全面升级与转化提供理论与实践支撑。此外，遴选学校特色或优势课程，针对职业院校课程类型与教学实践特征，尝试开展多模式混合教学改革，促使信息时代符合人才培养特征教学模式的生成。

- **融入高水平专业建设**。学校混合教学改革与高水平专业建设相互支持、相互促进。信息时代，高水平专业建设一方面在互联网、大数据等支持下，基于产业经济发展趋向与需求的了解，明确区域或行业战略性、关键性、特色性产业，健全对接产业、动态调整、自我完善的专业建设发展机制；另一方面，通过信息技术赋能，实现专业教学理念、教学模式、教学评价机制、教学环境与资源的协同革新，助力高水平专业的建设。

- **建立混合课程教学评价体系**。对已开展混合教学改革的课程实施评价，从设计、开发、实施过程、成效等多个角度予以综合评价，不断迭代优化混合课程教学设计、实施与评价各方面。

- **健全混合教学技术支持环境**。完善学校混合教学技术环境的建设，建设智能教室和相关软、硬件系统,为教师在信息化环境下开展混合教学提供技术环境支持。

- **完善学校信息化体制机制**。结合学校现状建立混合教学改革的体制机制,健全混合教学改革组织机构,制订混合教学改革规划、实施细则、标准规范、激励措施,为混合教学改革的持续推进提供保障。
- **发展相关人员信息化能力**。开展院长/系主任信息化领导力培训,开展教务处人员、教育信息化中心人员信息化管理能力培训及骨干教师信息化教学能力等相关培训,提升相关人员信息化管理水平、专业建设能力和教师的信息化教学意识与能力。
- **整合第三方混合教学支持服务**。适当引入第三方推进服务,构建信息化教学支持服务体系,为教师、学习者提供混合教学改革中的技术支持服务。

二、构建组织机构

为了保证混合教学顺利稳定地开展,学校需要建立专门的组织机构,针对混合教学实施中涉及的组织、过程、人员等相关要素,明确相关部门的职能与服务范围,建立混合教学管理流程,实现高效的问题解决与风险规避,提升混合教学的绩效。

混合教学改革的组织机构既包括已有的学校职能部门[1],也需要新增特别委员会或者工作小组。依据组织设计的相关理论,在组织机构设置中应考虑工作活动设计、报告关系、部门组合方式三个方面[2]。工作活动设计是指将被划分的一系列职能具体到每一个部门负责的具体工作;报告关系是指组织结构中的指挥链或者是权力关系,即组织中的成员应该向谁报告工作;部门组合方式有职能组合、事业部组合、多重组合(矩阵结构)、横向组合以及虚拟网络组合。多重组合又称"矩阵结构",是同时采用横向和纵向的组织方式,适合于环境变化大且目标反映双重要求的组织。双重结构促进了沟通和协调,是应对环境迅速变化所必需的。混合教学改革因牵涉到校内部门和人员较多,所以适合矩阵结构的部门组织方式。

---

[1] Moskal P, Dziuban C, Hartman J. Blended learning: A dangerous idea?[J]. The Internet and Higher Education, 2013 (18): 15–23.

[2] Daft R L, Murphy J, Willmott H. Organization theory and design[M]. Mason, OH: South-Western Cengage Learning, 2010: 101–104.

高等院校为系统推进混合教学改革，应构建混合教学改革领导小组、专家顾问小组、混合教学改革工作小组等组织机构，指导校内相关职能部门协同推进混合教学改革研究、实践与质量评价工作。可参考的组织架构如图4-2-2所示。

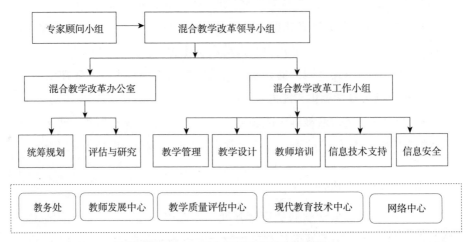

图4-2-2 混合教学改革的组织架构

（一）混合教学改革领导小组

由于混合教学改革涉及教师教学能力、教学支持服务、技术支撑环境、课程建设等众多方面的事务，因此需要以校级领导为核心组建混合教学改革领导小组，统筹混合教学改革总体事务。小组以校长或分管教学的副校长为组长，成员包括副校长、各院系副主任、相关职能部门负责人，主要职能是为学校混合教学改革制定长期目标与操作性目标，制定、出台相关政策与规范，整体统筹协调混合教学改革的工作，开展符合学校需要的混合教学评估与研究。

（二）混合教学改革专家顾问小组

混合教学改革专家顾问小组以校内外信息技术、教育管理、教学设计、混合教学领域的研究机构、专家学者及有丰富经验的一线教师组成，主要为混合教学改革提供方向指引、智囊支持。

（三）混合教学改革办公室

混合教学改革办公室在混合教学改革领导小组的指导下开展工作，一般依托教务处设立，连同混合教学改革相关职能部门，如教学质量评估中心、教师发展中心、教育技术中心的人员开展混合教学改革的规划、研究与评价工作。

（四）混合教学改革工作小组

根据不同职能可以建立多个混合教学改革工作小组，包括教学管理小组、信息技术支持小组、教学设计/资源制作小组、教师培训小组、信息安全小组等，各工作小组的构成及职能建议如表4-2-3所示。

表4-2-3 混合教学改革工作小组的组成

工作小组名称	构成	职责
教学管理小组	教务处管理人员、各院系教务管理人员、教育技术中心人员、教学质量评估中心人员等，教务处应为混合教学改革的第一责任单位	推进教师参与混合教学改革，督导、评价混合教学改革效果，负责对教改实施过程进行管理
信息技术支持小组	信息中心或网络中心人员、教育技术中心人员等	负责混合教学改革技术系统方面规划的实施，包括技术环境搭建、运行维护、用户服务与信息技术培训等
教学设计/资源制作小组	教育技术中心人员、各院系支持服务人员、教学质量评估中心人员等	负责为教师提供教学设计、资源制作等教育技术服务
教师培训小组	教师培训中心人员、教务处管理人员、各院系教师服务人员、教育技术中心人员、教学质量评估中心人员等	负责教师混合教学能力培训、教师质量监督评价等教师能力发展工作
信息安全小组	信息中心或网络中心人员	负责预防发生在混合教学改革过程中的网络安全、舆情、版权侵权等网络安全事故

（五）学校职能部门

教务处是负责学校混合教学业务管理的行政职能部门，领导和协调各院系开展教学活动，进行教学建设，完善管理制度，负责混合教学项目建设的全生命周期管理，以及混合教学自主科研课题的日常管理，提高混合教学的质量。

教师发展中心通过开展混合教学教师培训、教学研究、咨询服务等工作，致力于推动混合教育教学改革，搭建校内外交流平台，解决教师在混合教学中遇到的问题和困惑，提升教师混合教学能力。

教学质量评估中心负责制定混合教学监控体系所需的各项评估指标体系、评估方案、实施办法及相关文件，组织实施混合教学督导和各项教学评估工作，负责收集、处理、督导和评估等教学质量信息，发布评估结果。

现代教育技术中心主要负责混合教学环境的建设、管理与维护；负责多媒体教室日常运行保障；负责网络教学平台的建设和管理维护；负责教育技术技能培训；承担混合课程多媒体资源制作服务、资源在线应用监测与分析等。

信息中心（或者网络中心）负责校园网络、网络教学应用系统等信息基础设施的保障，包括主干网、出口带宽、虚拟桌面、数据中心软硬件和数据中心机房等的管理；负责保障网络运行的畅通与安全；同时，负责同网络教学平台运营方的协作，为混合教学提供技术保障服务。

拓展阅读 4-2-1

华中师范大学的混合教学组织机构包括教务处、信息化办公室、教师教学发展中心等。在组织机构上成立教育信息化工作领导小组，组长为学校校长。领导小组的职责主要包括审议学校教育信息化中长期发展规划、年度工作计划和重要工作制度；听取评审专家评委会咨询意见；对学校信息化建设办公室进行指导、监测和评估等。学校取消了传统的视听中心、信息中心等机构，在合并原有机构的基础上成立了教学数字资源建设中心，组建了专门负责信息化的职能部门信息化办公室，以及教学质量监测与发展评价中心、教师发展中心。这些部门与学校教务处、学习者劳动处、国家数字化学习工程技术研究中心、大教育科学研究中心和教学研究单位等彼此各司其职，相互配合，理顺管理体制，明确权责界限，消除信息孤岛，形成以院系领导为主的教学、科研、技术、管理和服务，构建有利于信息技术的新体系。

三、出台政策与规范

混合教学改革的系统推进需要系列政策与规范进行指导，政策与规范既是支持教师开展混合教学改革的依据，也是对教师开展混合教学改革的目标要求，同时也是职能部门对混合教学改革进行管理、提供支持服务和实施效果评价的参考依据。

（一）政策框架

在学校层面，开展混合教学改革需要制订反映本学校的价值观、愿景与目标的政策，通过政策来进一步明确学校混合教学改革的战略方向，确定改革的重点，并依据政策来优化资源配置。学校混合教学改革的政策框架包括具体措施、角色分工、资源、人员发展、评估等[1]。"具体措施"是指学校为实现混合教学改革操作性目标而制定的需要开展的各项行动；"角色分工"是指明确改革过程中教师、学习者、职能部门等多个利益相关者具体职责的政策；"资源"是指改革过程中涉及的教学资源、资金投入等；"人员发展"是指人员能力要求及发展路径，其中教师信息化教学能力是最重要的；"评估"是指在改革过程中对实施效果的监测与质量评价。

（二）政策/规范分类

学校混合教学改革过程中的政策/规范分为四大类，即设计与开发类规范、应用与管理类政策/规范、评价类政策/规范、激励与保障类政策/规范，具体如图4-2-3所示。

设计与开发类规范主要包括混合课程设计与建设规范、资源建设规范和信息化教学环境建设规范。在混合课程设计方面，面向教师，对课程教学设计的流程、合理性、合法性等作出规定，包括强调教学设计以学习者为中心的理念，对线上线下学时的分配结合学校专业认证的要求对课程的教学设计进行规范；在课程建设方面，针对教师在建设课程时的制作内容、制作形式、技术要求等方面进行规范。资源建设规范，主要针对教师为实施混合教学而建设的数字化学习资源给出具体规定，包括数字化资源本身的分类、表现形式、技术要求等，也包括将资源集成到混合课程过程中的准入条件、使用规范、

---

[1] Garrison D R, Vaughan N D. Blended learning in higher education: Framework, principles, and guidelines[M]. John Wiley & Sons, 2008.

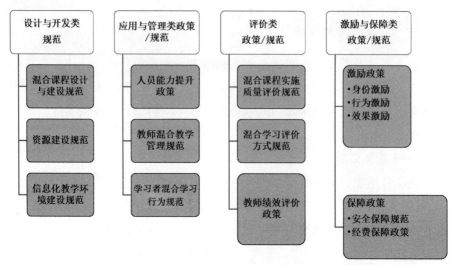

图 4-2-3　混合教学改革的政策与规范分类

评价方式等。信息化教学环境建设规范，主要对混合教学改革过程中的信息化教学环境建设的信息化硬件设施、设备、软件系统等作出统一规定，使之符合相关标准，并能够满足师生的混合教学改革需求。

应用与管理类政／策规范包括人员能力提升政策、教师混合教学管理规范和学习者混合学习行为规范。人员能力提升政策是针对混合教学改革过程中的领导者、教师、职能部门管理与服务人员等制定的分层、分类的人员能力提升政策，其目的是改变人员的教学观念，以达到对混合教学改革理念的认同，提升教师在混合教学改革过程中所需的教学设计能力、教学管理能力与信息技术应用能力。教师混合教学管理规范包括教师在混合教学实施过程中的教学理念、教学行为（如在线教学流程、在线作业批改、在线讨论与答疑、在线测试及评分等）等方面的要求、网络空间中的伦理道德与相关规章等。学习者混合学习行为规范包括学习者混合学习的要求（如学习时间、出勤率等方面的要求）、网络学习空间中的行为规范和伦理道德要求等。

评价类政策／规范包括混合课程实施质量评价规范、混合学习评价方式规范和教师绩效评价政策。混合课程实施质量评价规范主要规定混合课程实施效果的评价内容及方法（可参考本手册"课程教学篇"）。混合学习评价方式规范指对混合教学过程中的学习者考核方式提出要求。在制订混合学习评价方案时，应注重通过形成性评价考核学习者的学习过程与学业收获，利用信息技术记录学习者的学习过程，综合学习者的在线学习行为、课堂学习表现、学业成绩等多方面内容，建立课程考核的形成性评价体系[①]。在学校制定出一些基本规定的基础上，也应充分发挥任课教师的教学自主权，鼓励教师结合课程实际教学情况对学习者学习评价方式进行优化。教师绩效评价政策将教师参与混合教学改革的绩效纳入学校、院系的年度考核范围，纳入教师的晋升考核范围。

激励与保障类政策/规范包括激励政策和保障政策。激励政策包括身份激励、行为激励与效果激励。身份激励，通过身份彰显的方式达到激励的效果，如对在混合教学推进中产生较大影响力的教师给予特定的身份标识，邀请其参与相关的交流性会议或学术会议，鼓励和宣传其在混合教学中所起到的重要作用。行为激励，对具体的某种行为给予肯定，激励教师继续按照被激励的行为进行行动。例如，对混合教学改革与研究的先行者给予教学改革研究与实践项目，支持教师通过项目研究继续开展混合教学；认定教师混合教学工作量，将原有的课时乘以一定的系数，提高相应的课酬标准，实现优课优酬；资助教师用于开展混合教学的信息化教学设施、设备；向教师提供有关任期和晋升的倾斜政策等[②③④⑤]。效果激励以成绩的取得作为表彰要件，进而获取教师的身份认同。例如，针对教师在混合教学中的教学成果，给予教师"优秀教师""改革贡献奖"等类似的表彰奖励。保障政策，包括安全保障规范、经费保障政策等。安全保障规范的目的是实现混合教学改革过程中技术系统及各类数据的安全，规范内容包括安全保障的目标、对象、内容、组织机构及人员要求。经费保障政策的目的是确保学校在混合教学改革实施过程中有长期持续的经费投入。在经费保障政策制定方面，应考虑形成制度

---

① 管恩京，林健，任传波.教务管理者视野下的高校教学信息化改革实践[J]. 现代教育技术，2017，27（4）：92-98.

② Graham C R, Woodfield W, Harrison J B. A framework for institutional adoption and implementation of blended learning in higher education[J]. The Internet and Higher Education, 2013（18）: 4-14.

③ Moskal P, Dziuban C, Hartman J. Blended learning: A dangerous idea?[J]. The Internet and Higher Education, 2013（18）: 15-23.

④ Basir H M, Ahmad A, Noor N L M. Institutional strategy for effective blended e-learning: HCI perspective of sustainable embedding[C]//2010 International Conference on User Science and Engineering (i-USEr). IEEE, 2010: 71-76.

⑤ Chong S, Cheah H M, Low E L. Perceptions of student teachers in a blended learning environment[J]. International Journal of Innovation and Learning, 2010, 8（4）: 345-359.

化的可持续经费投入机制；设立常态化的混合教学改革专项资金；统筹考虑硬件建设经费、软件建设经费、教学资源建设经费、技术系统运行维护经费、人员发展经费的合理分配比例；加强经费投入的效益分析，形成项目应用效果的长期跟踪办法，建立专门的项目评估与审计制度。

四、形成文化氛围

"组织文化"是一个组织所有成员所共享的并传承给新成员的一系列价值观、信念、看法和思维方式的总和[①]。"组织文化"具有导向、规范、凝聚和激励行为的作用，是一个组织与其他组织区分开来的边界，能够表达组织成员的一种身份感，促进组织成员认同和致力于比个体自身利益更高层次的事务，能够为组织成员提供言行举止的恰当标准，把组织凝聚起来，能够作为一种意识形态和控制机制，引导和塑造员工的态度与行为[②]。文化变革是组织变革的深层次体现，混合教学改革文化氛围的形成能够使学校混合教学改革更有系统性、深入性和持久性。学校混合教学改革文化氛围的形成大致可以分为3个层面，即器物层面（外显层）——反映与学校混合教学改革相关的物质层面；制度层面（中间层），是维系学校混合教学改革运转的规章制度与行为规范；精神层面（内隐层），是指学校所奉行的混合教学改革的目标追求、价值观念、基本信念和处事原则等[③]。

在混合教学改革的过程中，要从物质文化、制度文化、精神文化依次入手，逐步建立混合教学改革的文化氛围。物质文化是学校文化建设的一个载体，在混合教学改革过程中可以通过学校物理教学环境、网络学习空间等方面的建设与优化以及适当的标识加以宣传，传递学校混合教学改革的理念和决心。制度文化是在学校日常管理要求中逐步形成的，是全体学校成员认同和遵循的精神规范，体现着学校个体特有的价值观念和行为方式[④]。在混合教学改革过程中，学校要在政策与规范的制订、出台和实施过

---

① [美]里查德·L.达夫特著.组织理论与设计（第12版）[M].王凤彬，石云鸣，张秀萍等译.北京：清华大学出版社.2017.

② [美]斯蒂芬·P.罗宾斯，[美]蒂莫西·A.贾奇著.组织行为学（第16版）[M].孙健敏，王震，李原译.北京：中国人民大学出版社.2016.

③ 郭祖仪.试论高校组织文化的提升与组织形象的塑造[J].高等教育研究，2001（5）：41-45.

④ 王定华.试论新形势下学校文化建设[J].教育研究，2012，33（1）：4-8.

程中尽量听取师生意见，凝聚共识，将文化建设纳入其中，形成与制度匹配的文化氛围。精神文化是从实践的角度告诉师生应当如何去践行价值追求①，将混合教学的价值观、信念、看法和思维方式内化于心，外化于行。学校要积极塑造混合教学改革的文化氛围，可以从以下几个方面着手：

注重领导者自身的作用。文化建设需要一种基于价值观的领导，学校领导者对文化建设的认识、积极性和主动性决定着学校文化建设的宽度与厚度②。学校领导者要结合混合教学改革长期目标与操作性目标的制定，形成混合教学改革的价值观，并将其在整个学校中进行传播、落实。

发挥舆论宣传作用。舆论宣传是师生心理和行为的重要力量，学校可以通过校园网、校报、校园宣传栏以及各种新媒体传播渠道加强混合教学改革的宣传范围与力度，通过改革动员会、专家报告、师生代表座谈会等方式让师生了解混合教学的优势及开展混合教学的必要性等。

注重榜样示范作用。要发挥骨干教师的作用，结合激励机制对积极开展混合教学改革的骨干教师给予一定的表扬和奖励，鼓励他们发挥带头作用③。

发挥仪式典礼作用。通过一些日常行为、富有意义的典礼、特殊的礼节仪式和象征物加以制度化④。

拓展阅读 4-2-2

华中师范大学混合教学改革文化氛围建设

华中师范大学通过设立教学节活动、设立教学创新奖、推进科教结合协同育人等一系列措施，在全校范围内营造重视教学、崇尚创新，善教、

---

① 卢晓中.大学精神文化刍议 [J]. 教育研究 2010（7），82-87.
② 徐文彬，张勇.我国学校文化建设研究：成就与展望 [J]. 当代教育与文化，2009，1（2）：21-27.
③ 刘梅.高校教师混合式学习接受度的影响因素研究——基于创新扩散的视角 [J]. 现代教育技术，2018，28（2）：54-60.
④ [美] 里查德·L.达夫特著.组织理论与设计（第12版）.王凤彬，石云鸣，张秀萍等译 [M]. 北京：清华大学出版社.2017.

乐教的文化氛围。其中，教学节包括教学公开课、教学工作坊、教育教学改革论坛等一系列活动；教学创新奖自 2014 年设立开始，每年进行评比，重点关注信息化环境下教师的教学效果，调动教师积极性；此外，还依托国家数字化学习工程技术研究中心和教育大数据应用技术国家工程实验室，帮助有需求的教师开展信息化条件下的教育教学创新研究，实施科教结合、协同育人，促进科研与教学互动、科研与人才培养结合。

第三节 学校系统推动混合教学改革的策略

一、学校推动混合教学改革的着力点

格拉汉姆等提出了学校层面对混合教学改革采纳实施的 3 个阶段，其混合教学改革的阶段是从学校"有明确意识并制订计划"开始[1]。然而，在实践中存在大量对混合教学改革几乎没有认识与零基础的学校，需要增加一个从零开始推动混合教学改革的过程。因此，学校系统推进混合教学改革可以划分为 4 个阶段，包括无意识阶段、探索阶段、早期采用与实施阶段、稳定实施与增长阶段[2]。学校系统推动的混合教学改革包含多个核心要素，它们在混合教学改革的不同阶段，表现出不同的特点。学校推进混合教学改革的核心要素及其在 4 个阶段的特点如表 4-3-1 所示。

学校推动混合教学改革从无意识阶段到稳定增长阶段，需要经历 3 个转变过程。在每个转变过程中，推进混合教学改革的着力点也会有所不同，分别为学校领导、教师和学习者（见图 4-3-1）。

转变过程 I（Transition I）：在从无意识阶段到探索阶段的转变过程中，推进混合教学的着力点在于提升学校各级领导对混合教学改革的认识，制定目标和规划并付诸行动。

---

[1] Graham C R, Woodfield W, Harrison J B. A framework for institutional adoption and implementation of blended learning in higher education[J]. The Internet and Higher Education, 2013, 18: 4-14.

[2] 韩锡斌，王玉萍，张铁道等.迎接数字大学：纵论远程、混合与在线学习——翻译、解读与研究[M].北京：清华大学出版社.2016.

表 4-3-1　混合教学改革各阶段的核心要素及其特点

核心要素	无意识阶段（0）	探索阶段（1）	早期实施阶段（2）	稳定增长阶段（3）
愿景规划	缺乏混合教学改革的总体规划与设计	有意识地开始考虑从几个具体方面开展混合教学改革，初步形成规划文件	开始制订、出台相关规划文件，统一安排学校教学改革事项	有明确的混合教学改革总体目标与操作性目标，得到师生的一致认可与接受，时间进度安排合理
愿景规划	缺乏对混合教学改革基本理念的正确认识	基本认可混合教学改革的作用以及相关理念，但没有与学校实际情况相结合的考虑	认可混合教学的作用与理念，结合学校实际工作思考其定位	明确了混合教学改革在学校人才培养当中的角色和定位，坚持正确且有特色的混合教学理念与思路
组织机构	缺乏领导和支持混合教学开展的专门机构	成立了领导和支持混合教学开展的专门机构	成立了领导和支持混合教学开展的专门机构，且校领导担任主要负责人	成立了层级合理、职责清晰、人员适当、分工协作的矩阵式混合教学改革专门机构，机构运行良好并持续推动混合教学改革
政策规范	缺乏支持混合教学开展的政策	一些支持混合教学开展的政策已经落实	支持混合教学发展的政策较为完善且在学校各个层面落实	学校推进混合教学的整体规划、相应政策与功能机制都匹配
人员能力	领导者缺乏混合教学的意识	领导者有混合教学改革的意识，开始培训试点教师	领导者、教师和学习者、职能部门人员开始有能力实施混合教学改革	领导者、教师、学习者、职能部门人员、校外力量都具备合格的能力持续推进混合教学改革
课程体系	尚未有课程尝试混合教学方式	个别课程开始探索混合教学改革方式	有一批课程采用混合教学方式，并取得了良好效果	大部分课程形成了稳定的混合教学形式，教学质量大幅提升
支持与服务体系	缺乏支持混合教学专业发展的有利条件	有一些支持混合教学改革的服务，但只关注技术服务	开始提供混合教学支持服务，包括教学支持和技术服务	形成较为完善的混合教学支持服务体系，包括对学习者学习的支持和对教师教学的支持
支持与服务体系	缺乏对学习者学习的支持	只对学习者技术方面的问题提供支持	除了 ICT 技术服务平台，还为学习者混合学习提供在线答疑服务	除了为学习者提供混合学习支持外，还引导学习者成为一个主动的、具有自我管理能力的学习者
技术环境	缺乏教师开展混合教学的物理环境、网络学习空间和数字化资源	开始建设支持混合教学的物理环境、网络学习空间和数字化资源	师生可以便捷地获得混合教学的物理环境、网络学习空间和数字化资源	师生可以便捷地获得混合教学的物理环境、网络学习空间和数字化资源；教师开发并在线分享他们的数字资源

续表

核心要素	无意识阶段（0）	探索阶段（1）	早期实施阶段（2）	稳定增长阶段（3）
文化氛围	缺乏混合教学改革的文化氛围	开始营造一些有利于促进混合教学改革的文化氛围	逐步形成了混合教学改革的文化，并在师生之间得到认可与接受	在全校师生员工中形成了混合教学改革的共同信念与文化认同，成为混合教学改革的内驱力
效果评价	缺乏混合教学改革效果的评价方案	开始制订混合教学改革效果评价指标体系，尝试进行评价	形成了多主体参与、多维度指标体系的混合教学改革效果评价方案，用于诊断学校混合教学改革的效果	形成了符合学校特色的混合教学改革效果评价方案与体系，定期出具评估报告，用以改进改革过程

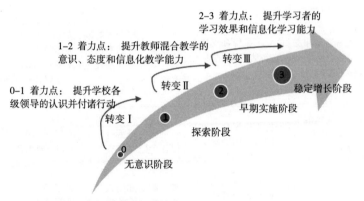

图 4-3-1 学校混合教学改革的不同阶段及其实施着力点

转变过程Ⅱ（Transition Ⅱ）：在从探索阶段到早期实施阶段的转变过程中，推进混合教学的着力点从领导转向教师，即实施培训计划，提升教师混合教学的意识、态度和能力；学校管理层对混合教学有明确意识，并制定计划开展混合教学的改革。

转变过程Ⅲ（Transition Ⅲ）：在从早期实施阶段到稳定增长阶段的转变过程中，推进混合教学的着力点从教师转向学习者，即教师实施混合课程，最终目标是提升学习者的学习效果和信息化学习能力。

二、学校推动混合教学改革的策略

学校系统推进混合教学改革都会依据预定目标、现状、自身特点制定具体策略，根据发动混合教学改革的主体将推动策略分为两种基本类型，即"自上而下"推动策略和"自下而上"推动策略。

（一）"自上而下"推动策略

"自上而下"的推动策略，即以学校管理者为发起方，从顶层设计开始，总体规划，逐步往下到教师与学习者，推动学校混合教学改革。基于该策略，学校推进混合教学改革工作的顺序具体如图 4-3-2 所示，从①制定目标与规划开始，到②构建组织机构、③出台政策规范、④建立支持服务体系、⑤建设技术支撑环境，再到⑥提升人员能力并改革课程体系、⑦改革专业与课程体系，得到阶段性评价结果，并不断调整各个环节，在这个过程中慢慢形成⑧相应的文化氛围。一个阶段过后得到⑨总体实施效果评价结果，再根据这个评价结果修改①目标与规划。部分环节在整个混合教学改革过程中是迭代重复的（如：政策与规范的反复修订、人员信息能力分批提升、评价体系的反复调整等）。

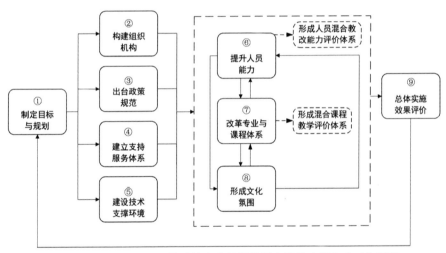

图 4-3-2 "自上而下"推动策略中的学校混合教学改革参考工作顺序

"自上而下"策略的优点是学校统一制定目标与规划，能集中力量与资源对混合教学改革进行全方位的设计与支持。混合教学改革的推动有清晰的时间节点与预期的阶段性成果。这种策略对学校管理者的信息化领导力与组织机构的管理能力要求较高，需要各部门紧密协同合作才能保证各项政策措施的有序规划与实施。另外，由于自上而下的改革带有一定强制性，在推动过程中如果不能形成共识的话，也易遭遇来自教师的较大阻力。

(二)"自下而上"推动策略

"自下而上"推动策略,即由教师自愿探索混合教学方式,得到学校支持后,再推广至更大范围。采用该策略推动混合教学改革的工作顺序如图4-3-3所示。采用这种策略的前提条件是:①已有技术支持环境,然后②部分教师自发探索使用混合教学方式,在此过程中③人员能力自主提升。当这些教师在整个师资群体中占比越来越大时,④校园形成混合教学文化氛围,然后促使学校⑤建立支持服务体系,⑥完善技术支持环境,⑦出台政策规范,⑧完善组织机构,最后,在学校层面⑨制定目标规划,⑩对混合教学改革效果进行评价,形成评价体系。再根据这个评价结果修改⑨制定目标规划。

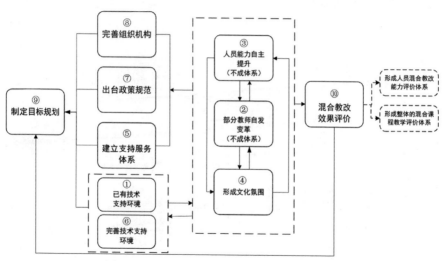

图4-3-3 "自下而上"推动策略工作顺序参考

"自下而上"策略的优点是,教师是改革的发起者,具有内在动力,学校顺势而为渐进地推动混合教学改革,不会引起学校教学秩序太大的震荡。但是由于缺少预先的整体规划和强有力的组织管理,会导致整个混合教学改革推动的节点不清晰,实施过程拖沓,难以在短期内取得明显的阶段性成果。同时,由于教师的需求是零散、短期的,学校对教师混合教学课程实施的支持服务也不会稳定、到位,由此会影响改革的高质量持续推进。

两种策略各有优劣,学校可根据自身需求和条件进行采纳。在学校实际推进混合教学改革的过程中,也可将"自上而下"与"自下而上"的两种策略相结合。学校方依旧主导混合教学改革的进程,进行整体规划和实施,但是对教师的要求应以鼓励为主,设置较长的过渡时期、多维度的培训机制与多层次的激励机制,引导教师持续开展混合教学。

第四节　学校系统推进混合教学改革的效果评价

学校在推进混合教学改革的过程中,需要对其效果进行评价,检验改革的成效并发现存在的问题,据此调整实施过程中的各项措施。

一、高校混合教学改革实施效果的自评框架

格里厄姆基于罗杰斯的创新扩散理论研究了美国高校开展混合教学改革的情况,提出了高校混合教学改革3个方面12个维度的措施,即策略(目的、倡导、实施、定义、政策)、组织(管理、模型、排课、评价)和支持(技术、教学、激励)。[1] 后续研究将"组织"下的"模型"改为"基础设施"与"教师能力发展"。[2] 基于该框架中各个措施的实施情况[3][4],将学校混合教学改革采纳实施的3个阶段,分别定为意识/探索阶段、采用/早期实施阶段和成熟实施/增长阶段。为了便于高校评估混合教学改革实施效果,开发了一个教育机构混合教学改革实施效果自我评价的清单[5]。该清单围绕策略、组织和支持3个方面12个指标设置了相关问题,可供高校通过这

---

[1] Graham C R, Robison R. Realizing the transformational potential of blended learning: Comparing cases of transforming blends and enhancing blends in higher education[M]. Blended learning: Research perspectives, 2007: 83–110.

[2] Porter W W, Graham C R, Spring K A et al.Blended Learning in Higher Education: Institutional Adoption and Implementation[J].Computers & Education, 2014 (75): 185–195.

[3] Halverson L R, Graham C R, Spring K J et al.A Thematic Analysis of the Most Highly Cited Scholarship in the First Decade of Blended Learning Research[J].The Internet and Higher Education, 2014 (20): 20–34.

[4] Porter W W, Graham C R.Institutional Drivers and Barriers to Faculty Adoption of Blended Learning in Higher Education[J].British Journal of Educational Technology, 2016, 47 (4): 748–762.

[5] Graham C R, Woodfield W, Harrison J B. A framework for institutional adoption and implementation of blended learning in higher education[J]. The Internet and Higher Education, 2013 (18): 4–14.

些问题的回答定性判断混合教学改革处于上述3个阶段的哪个阶段，并可发现存在的不足。

二、UNESCO高校混合教学实施自我评价工具

Lim and Wang 在联合国教科文组织（UNESCO）出版的 *Blended learning for quality higher education：Selected case studies on implementation from Asia-Pacific* 一书中，基于亚太地区机构与高校开展信息化教学改革或混合教学改革的实践，研究制定出反映不同类型阶段混合教学改革的措施，将学校层面混合教学改革分为未考虑、初步应用、融合、变革4个阶段[①]。并提出了学校混合教改的实施措施框架，包括：愿景与规划、课程体系、教师专业发展、学习者学习支持、网络基础设施、政策与学校组织架构、伙伴关系、研究与评估8个方面。根据该框架，开发了高校混合教学实施情况自评工具（见图4-4-1）。学校可以采用该工具对混合教学改革8个方面的进展情况在教改阶段进行分析，该工具已经开发为一个在线测试系统，可供学校自测使用[②]。

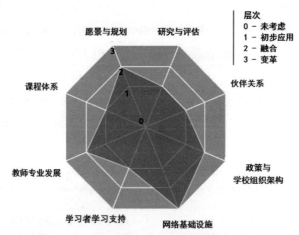

图4-4-1 UNESCO高校混合教学实施情况自评工具

---

① Lim C P, Wang T. A framework and self-assessment tool for building the capacity of higher education institutions for blended learning[J]. Blended learning for quality higher education：Selected case studies on implementation from Asia-Pacific，2016：1-38

② UNESCO. Institutional Blended Learning Practice Self-Assessment Tool [EB/OL]. [2022-06-23]. https：//blendedlearning.bangkok.unesco.org/dynamic/.

三、基于教师群体在线行为的混合教学实施定量评价框架

混合教学改革是一个复杂的连续过程，不仅需要了解学校改革的所处阶段，还需要及时掌握改革推进的动态进展。教师是教学的主导者，是教学改革成功与否的关键因素之一。违背教师意愿或没有教师的积极参与，任何改革都不会成功。因此，对教师参与教学的情况进行评估就可动态了解学校混合教学改革的进展。同时，教育大数据及其分析方法的不断涌现，为基于教师在线教学行为开展混合教学改革的定量评价提供了基础[1][2]。清华大学教育研究院的韩锡斌等教师基于教师在线教学参与的数据，提出了一个高校混合教学实施效果的定量评价框架[3]。

（一）评价模型

教师在线行为数据评价通过建立多层模型来实现，其包括教师个人行为部分与学校层面的教师群体部分（见图4-4-2）。教师个人行为部分包括3个维度：强度、规律与行为性质。"强度"对应教师访问混合课程在线教学部分的频率，基于此将教师分为局外人、落后者、初步参与者、中度参与者、积极参与者5类；"规律"对应教师访问混合课程的常态化情况是按照周期性均衡规律的行为居多，还是突发性行为居多；"行为性质"对应教师在网络课程平台上进行何种教学活动，以及各类教学活动的比例如何，是在进行课程资源建设、课程资源应用，还是在进行教学交互。

进一步往外延伸至学校层面的教师群体部分。"强度"则对应5类教师分别在全体教师中的占比；"规律"对应教师的周期性群体行为模式与理论教学周期行为基准线的拟合度；"行为性质"则对应各类教师在线活动在全体教师在线活动中的占比。

---

[1] Halverson L R, Graham C R, Spring K J, et al. A thematic analysis of the most highly cited scholarship in the first decade of blended learning research[J]. The Internet and Higher Education, 2014 (20): 20-34.

[2] [美]戴维·涅米, [美]罗伊·D.皮, [美]博罗·萨克斯伯格, [美]理查德·E.克拉克主编.教育领域学习分析[M].韩锡斌, 韩赟儿, 程建钢译.北京: 清华大学出版社.2020.

[3] Han X, Wang Y, Jiang L. Towards a framework for an institution-wide quantitative assessment of teachers' online participation in blended learning implementation[J]. The Internet and Higher Education, 2019, 42 (JUL.): 1-12.

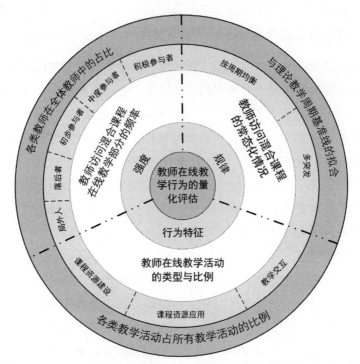

图 4-4-2　基于教师群体在线教学行为的学校混合教学改革评价多层模型

（二）评价指标与案例

教师访问混合课程在线部分的频率——教师混合教学参与强度

参与强度。教师混合教学参与强度可以用教师访问混合课程在线教学部分的次数来评估。并不是说教师访问混合课程在线教学部分的次数很多就一定能进行成功的混合教学，而是如果教师连在线教学管理平台都不登录，则不能期待他们会开展混合课程教学。对大多数尚未进入混合教学改革的第4阶段——稳定增长阶段的学校来说，教师登录在线教学管理平台的次数是一个强有力的指标来评估其参与混合教学的强度。根据罗杰斯的创新扩散理论[①]以及组织成员参与创新的程度，可以将创新参与者分为5类：局外人、落后者、初步参与者、中度参与者、积极参与者。对应混合教学的创新改革，可以将教师也分为这5类群体，其群体特征与评估指标方式描述如表4-4-1所示。

---

① ［美］E.M.罗杰斯.创新的扩散（第五版）[M].唐兴通，郑常青，张延臣译.北京：电子工业出版社，2017：295-297.

假设教师以周为单位进行混合教学,进入混合课程在线教学部分的评估次数可以使用"教师每周至少应访问次数 * 教学周数量"来计算。为完成每周至少1次的混合教学,教师每周至少需要线上教学3次,包括:课前2次以完成课程通知与任务的发布、学习者学习情况的查看与分析;课后1次,用于查看学习者作业、进行评价与反思。根据斯隆报告对混合课程在线教学内容占比的界定(在线教学内容占比为30%~79%)[①],一门混合课程至少有30%的教学内容在线上完成。因此,教师每学期进入混合课程在线教学部分的次数应当是、至少是"教师每周至少应访问次数 * 教学周数量 *30%",如果少于这个数量,则认为该教师总体参与程度处于不频繁状态,并未达到实施混合课程的最低标准。而如果教师每个工作日都进入线上课程1次以上,则可以认为他们较为积极地进行混合教学。

表 4-4-1　教师混合教学参与强度分类

教师类型	特征描述	访问混合课程在线部分的评估数
A. 局外人	教师从未进入线上课程尝试混合教学	0 次
B. 落后者	教师作出了混合教学的一些尝试,但短时间内即失去兴趣不再坚持混合教学	< 教师每周至少应访问次数 * 教学周数量 *30%
C. 初步参与者	教师达到了开展混合教学的最低标准,尝试在日常中进行初步的混合教学	>= 教师每周至少应访问次数 * 教学周数量 *30%, < 教师每周至少应访问次数 * 教学周数量
D. 中度参与者	教师开始逐步习惯在日常开展混合教学,除了面授课堂,会上线查看课程进展,建设课程资源并与学习者在线进行交互等	>= 教师每周至少应访问次数 * 教学周数量 < 教师平均每个工作日应访问1次 * 教学工作日数量
E. 积极参与者	教师积极参与改革,混合教学已成为其日常教学的一部分。教师在每个工作日都会至少登录课程一次,是混合教学改革的领头羊	>= 教师平均每个工作日应访问1次 * 教学工作日数量

---

① Allen I E, Seaman J. Sizing the Opportunity: The Quality and Extent of Online Education in the United States, 2002 and 2003[J]. Sloan Consortium (NJ1), 2003, 36 (23): 659–673.

拓展阅读 4-4-1

中国高等院校教师群体分类计算数据[①]

中国高等院校一学期有19~20个教学周，其中有1~2个复习周和考试周，2个机动周，实际教学周在16周左右。假设教师以周为单位进行混合教学，教师每周至少需要进入线上课程3次：课前2次用于完成课程通知与任务的发布、学习者学习情况的查看与分析；课后1次用于查看学习者作业、进行评价与反思。即如果16周都进行混合教学，教师最少需要进入线上课程48次。根据斯隆报告对混合课程在线教学内容占比的界定（在线教学内容占比为30%~79%），一门混合课程至少有30%的教学内容在线上完成。因此，教师每学期进入线上课程次数至少为14.4次。即如果进入线上课程次数少于15次，则认为该教师总体参与程度处于不频繁状态，并未达到实施混合课程的最低标准。而如果教师每个工作日都进入线上课程1次以上，则可以认为该教师较为积极地进行混合教学。因此，16个教学周，频繁参与混合教学的教师需进入线上课程80次以上。对应5类教师类型的课程访问次数如表4-4-2所示。

表4-4-2 中国高校教师混合教学参与强度评估数值

教师类型	访问混合课程在线部分的评估数
A. 局外人	0次
B. 落后者	1~14次
C. 初步参与者	15~48次
D. 中度参与者	49~80次
E. 积极参与者	80次以上

---

① 黄月，韩锡斌，程建钢．混合教学改革的阶段性特征与实施效果偏差分析[J]．现代远程教育研究，2017（5）：9.

学校群体参与度。罗杰斯的创新扩散理论表明，一个组织是否会持续推广创新措施，需要考察的重要因素是成员的参与度，即到底有多少成员参与、介入了创新接受过程[①]。如果有很多成员参与创新，那么创新措施被持续使用的可能性就会很高。混合教学作为一个创新扩散的过程，参与混合教学的教师人数比例直接影响到能否持续推行混合教学。此处基于前一部分的教师群体分类，计算各类教师群体在学校教师群体中的所占比例来获得学校群体参与度。

拓展阅读 4-4-2

6 所中国高等院校教师群体参与混合教学的强度[②]

选择 6 所高等院校进行参评，参评学校均使用同一 LMS 平台（清华教育在线综合平台），采集学校教师在 LMS 平台上一学期的平台日志数据（2016 年 9 月—2017 年 1 月）评估教师群体在线教学行为。处于政策制定评估中第一阶段的学校，用 Stage 1 标识，处于第二阶段的用 Stage 2 标识，处于第三阶段的用 Stage 3 标识，如图 4-4-3 所示。

整体上来看，混合教学措施较为完善的学校，其教师混合教学总体参与度较高，反之亦然。例如，处于第三阶段的 F 校是所有学校中整体数据最好的学校，"局外人"仅 15%，"落后者"仅 19%，达到最低标准的教师比例占 23%，"积极参与者"比例占 28%，接近教师总数的 1/3。处于第一阶段的 A、B 校均有超过一半以上毫不关注混合教学的"局外人"，有 1/3 左右的"落后者"浅尝辄止地参与混合教学，而达到混合教学课程最低要求的"初步参与者"及以上人群不到 5%。

---

① [美]E.M. 罗杰斯. 创新的扩散（第五版）[M]. 唐兴通，郑常青，张延臣译. 北京：电子工业出版社，2017：295-297.

② 黄月，韩锡斌，程建钢. 混合教学改革的阶段性特征与实施效果偏差分析[J]. 现代远程教育研究，2017（5）：9.

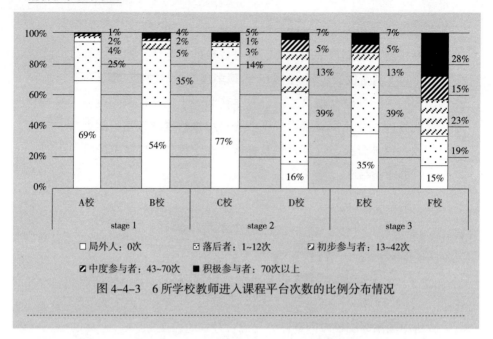

图 4-4-3 6所学校教师进入课程平台次数的比例分布情况

教师访问混合课程的常态化情况——教师混合教学的规律性

一个学期的"进入课程总次数"是一个累积总量，很难看出教师参与混合教学是一种日常均衡行为还是一种突发性的失衡行为，因此还需要教师混合教学的月度失衡度对教师混合教学的规律性进行描述。以月为单位分析教师"进入课程次数"的时间分布，表征教师混合教学月度失衡度的差异。若将一个学期教师累积进入课程次数作为100%的话，可以计算出每个月"教师进入课程次数"的百分比。通过计算各学校教师实际各月进入课程次数比例与月度基准线（实际教学周数）比例的"差值平方和"，可以判断各月度进入课程次数比例的实际曲线与基准线的接近程度，由此得出"教师混合教学的月度失衡度"。公式为：

$$B = \sum_{i=1}^{n} (P_i - P_{i0})^2$$

其中，B代表教师混合教学的月度均衡度；P_i为学校某月教师进入课程次数实际比例；P_{i0}为月度基准线相应月份比例；i为一个学期中的某个月度；n为一个学期中的最后一个月度。"教师混合教学的月度均衡度"取值越小，表示整个学期的实际曲线与基准线的接近程度越高，该教师"进入在线课程"行为在一个学期月度之间越均衡；反之，则表示教师"进入在线课程"行为在一个学期月度之间越失衡。

拓展阅读 4-4-3

6 所中国高等院校教师群体参与混合教学的规律性 [1]

选择 6 所高等院校进行参评，参评学校均使用同一 LMS 平台（清华教育在线综合平台），采集学校教师在 LMS 平台上一学期的平台日志数据（2016.9—2017.1）。教师进入线上课程次数月均比例如表 4-4-3 所示。

表 4-4-3 6 所学校教师进入线上课程次数的月均比例（2016.9—2017.1）

发展阶段	月份	9月	10月	11月	12月	1月	教师混合教学月度均衡度
—	实际教学周数	3 周	3 周	4 周	4 周	2 周	—
—	基准比例	18.75%	18.75%	25%	25%	12.5%	—
Stage1	A 校	35%	11%	17%	34%	2%	5.97%
Stage1	B 校	11%	18%	43%	23%	5%	4.28%
Stage2	C 校	29%	21%	26%	18%	6%	1.92%
Stage2	D 校	13%	21%	29%	21%	17%	0.98%
Stage3	E 校	23%	13%	13%	18%	32%	6.23%
Stage3	F 校	13%	22%	33%	27%	5%	1.71%

6 所高等院校教师在 2016 年秋季学期（2016.9—2017.1）进入课程次数比例的时间分布如图 4-4-4 所示。

注：由于图 1 数据用四舍五入表示，导致 A 校在图中的占比总值为 101%，E 校为 99%。

6 所院校的"教师混合教学月度失衡度"从高到低分别为：E、A、B、C、F、D，表明处于第二阶段的 D 校和处于第三阶段的 F 校的"教师进入线上课程"行为趋于常态化，在一个学期月度之间体现得较为均衡；而处于第三阶段的 E 校和处于第一阶段的 A 校体现得较为失衡，教师的"进入线上课程"行为更像是突发性行为。

---

[1] 黄月，韩锡斌，程建钢. 混合教学改革的阶段性特征与实施效果偏差分析 [J]. 现代远程教育研究，2017（5）：9.

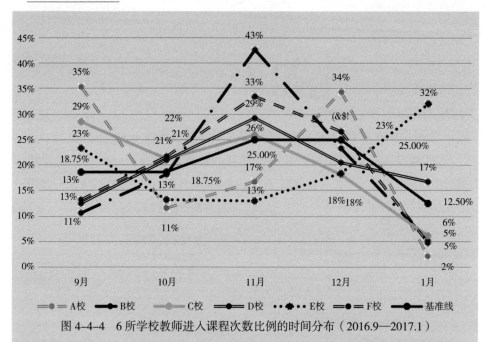

图 4-4-4 6 所学校教师进入课程次数比例的时间分布（2016.9—2017.1）

总体上 6 所院校的"教师混合教学月度失衡度"与院校所处混合教改阶段的趋势比较一致，处于较低阶段的院校（如：A 校、B 校）比处于较高阶段的院校（如：C 校、F 校）的失衡度高。但到具体院校却与趋势有所出入，特征数据表现最好的 F 校并未获得最好的拟合度，特征数据表现最弱的 A 校也未获得最低的拟合度。E 校虽然位处第三阶段，但月度失衡度上表现最差。D 校虽然位处第二阶段，但月度失衡度上表现最好。

分别对 E 校与 D 校作进一步调查发现：2017 年 1 月 E 校发布通知要进行混合教学课程的验收与考评，于是参加混合教学的教师们纷纷增大进入线上课程的次数以应对考评，这导致 E 校 1 月数据极端失衡。D 校 1 月举办了一场教师"信息化能力培训"，当其他校的教师在 1 月进入线上课程比例纷纷降至 6% 以下时，该校的教师保持了 17% 的水平。

教师在线教学活动的类型及比例——教师混合教学的行为特征

基于在线课程平台上采集的教师线上教学活动数据，可以表征与不同教学活动相关的操作（见表 4-4-4），包括建立 / 更新教师个人信息、设计课程网站结构（如制作内容链接与文档，设计课程导航）、建设在线课程空间（如讨论区，博客）、建设/上传在线学习内容（如讲义、微视频课件、在线测试、在线资源链接）、建设/上传评价文件（如小测验，在线提交机制）、上传课程作业、发布在线测试、上传测试结果、发布课程问卷、发布讨论话题（在讨区或博客中）、发布通知、在线标记、回复学习者话题（在讨论区或博客中）、回答学习者问题、为学习者课业提供反馈等。以上平台操作可以归为3类在线教学活动：课程资源建设、课程资源应用、在线教学交互。据此可以了解教师在线教学的活动偏好：是着重于课程资源建设、

表 4-4-4　教师在线教学活动分类[①]

在线教学 行为分类	观测点	数据来源
课程资源 建设	建设/更新教师个人信息	添加教师信息
	设计课程网站结构（如制作内容链接与文档，设计课程导航）	添加教学资源
	建设在线课程空间（如讨论区、博客）	
	建设/上传在线学习内容（如讲义、微视频课件、在线测试，在线资源链接）	添加微视频课件
	建设/上传评价文件（如小测验，在线提交机制）	添加在线测试
课程资源 应用	上传课程作业	发布作业要求
	发布在线测试	发布在线测试
	上传测试结果	
	发布课程问卷	发布课程问卷
	发布讨论话题（在讨论区或博客中）	发布讨论主题
		发布博客文章
	发布通知	发布通知
	在线标记	分享教学反馈
在线教学 交互	回复学习者话题（在讨论区或博客中）	回复学习者话题 （在讨论区或博客中）
	回答学习者问题	回答学习者问题
	为学习者课业提供反馈	批改学习者作业

---

① Han X, Wang Y, Jiang L. Towards a framework for an institution-wide quantitative assessment of teachers' online participation in blended learning implementation[J]. The Internet and Higher Education, 2019, 42 (JUL.): 1-12.

课程资源应用,还是与学习者进行教学互动。然后,计算学校教师各类线上教学活动在总教学活动中的比例,分析这个比例是否随着学校混合教学改革的深入与混合教学阶段的递进发生变化。

从整体上看,随着学校所处混合教学阶段的提高,教师线上教学活动会逐渐从资源建设转向资源应用与教学交互[1][2]。

拓展阅读 4-4-4

6 所中国高等院校教师群体在线教学行为的类型与比例[3]

选择 6 所高等院校进行参评,阶段 1—3 各选两所院校。参评学校均使用同一 LMS 平台(清华教育在线综合平台),采集学校教师在 LMS 平台上一学期的平台日志数据(2017 年 9 月—2018 年 1 月),如图 4-4-5 所示。

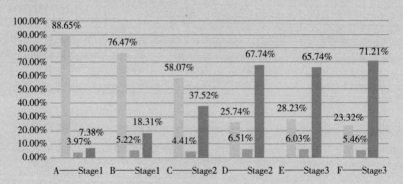

图 4-4-5　6 所学校教师不同在线教学活动的类型与比例(2017 年 9 月—2018 年 1 月)

---

① 黄月,韩锡斌,程建钢. 混合教学改革的阶段性特征与实施效果偏差分析[J]. 现代远程教育研究,2017(5):9.

② Han X, Wang Y, Jiang L. Towards a framework for an institution-wide quantitative assessment of teachers' online participation in blended learning implementation[J]. The Internet and Higher Education, 2019, 42(JUL.):1-12.

③ Han X, Wang Y, Jiang L. Towards a framework for an institution-wide quantitative assessment of teachers' online participation in blended learning implementation[J]. The Internet and Higher Education, 2019, 42(JUL.):1-12.

第一阶段的两所大学（A校，B校）教师在线主要专注于课程资源建设（在线课程资源建设行为占总行为的比例分别为88.65%和76.47%），与第三阶段的大学教师在线教学行为（28.23%和23.32%）形成鲜明对比。而第三阶段大学（E校，F校）的教师在线上更重视教学交互（在线教学交互行为占总行为的比例为65.74%和71.21%），与第一阶段大学（A校、B校）教师相对薄弱的在线教学交互（7.38%和18.31%）形成鲜明对比。

总体来说，随着院校所处阶段的提升，教师群体的行为逐渐从资源建设转向资源应用，进而转向在线教学交互上。

第五章 支持服务篇

混合课程由线上和线下两个有机衔接的部分组成，在实施过程中涉及丰富的多媒体学习资源、各种技术系统、多种教学方式和学习评价方法等，因此需要面向学习者和教师构建混合教学支持服务体系。混合教学支持服务的质量直接影响教学的质量和学习者的满意度。本章第一节概述混合教学支持服务的理论依据、混合教学支持服务的原则和核心内容；第二节说明面向学习者的学习支持服务，包括学习规划与引导、学情诊断与辅导、学情监测与干预、学习评价与反馈；第三节说明面向教师的教学支持服务，包括教学培训支持、课程教学支持、激励政策支持、课程评价支持；第四节专门阐述学校给师生提供的混合教学环境和资源支持。本章秉持以学习为中心的理念，注重内容与方法的可操作性，佐以相关案例和工具，旨在为开展混合教学的教师、教学支持服务者以及学校管理者提供参考。

第一节 混合教学支持服务概述

基于远程教育学习的支持服务经验和混合教学的特点，提出混合教学支持服务的原则。

一、混合教学支持服务的理论依据

混合教学支持服务的理论依据有需求层次理论、全视角学习理论、分布式认知理论、组织行为理论和顾客满意度理论等。

（一）需求层次理论

马斯洛（Maslow）提出的需求层次理论，将人类需要从低到高依次分为生理需要、安全需要、归属与爱的需要、尊重需要、认知需要、审美需要与自我实现的需要（见图5-1-1）[1]。马斯洛需求层次理论认为，人都潜藏着这7种不同层次的需要，人的需要是从外部得来的满足逐渐向内在得到的满足转化，但在不同的时期表现出来的各种需要的迫切程度是不同的。人的最迫切的需要才是激励人行动的主要原因和动力。人的最高需要即自我实现就是以最有效和最完整的方式表现他自己的潜力。

图5-1-1　马斯洛需求层次理论

在混合教学过程中，教师和学习者对物理教学环境、网络平台和资源等软硬件环境的需求，教师和学习者之间沟通、交流的社交需求，学习者得到教师和同伴的认可度，学习者的自我效能感等属于不同层次的需求，混合教学的支持服务只有满足学习者不同层次的需求，才能激励学习者的学习热情，取得好的学习效果。

（二）全视角学习理论

伊列雷斯（Illeris）将学习定义为：发生于生命有机体中的任何导向持久性能力改变的过程，而且，这些过程的发生并不是单纯由于生理性成熟或衰老机制的原因[2]。这与以往的学习概念不同之处在于没有将学习局

---

[1] Maslow A H. Motivation and personality[M]. Delhi：Prabhat Prakashan，1981.
[2] [丹] 克努兹·伊列雷斯著. 我们如何学习：全视角学习理论（HOW WE LEARN）[M]. 孙玫璐译. 北京：教育科学出版社，2014.

限于学校教育情境之内,这也是伊列雷斯所说的"全视角"的内涵之一。只有以"全视角"的视野来看待学习,才能打通"线下与线上""正式与非正式""校内与校外""自学与他教""过去与未来"等。

伊列雷斯认为,所有的学习都包含3个维度,即内容维度、动机维度和互动维度。其中,内容维度通常关注的是知识、理解和技能;动机维度包含动力、情绪和意志;互动维度包含活动、对话和合作。内容维度和动机维度主要构成了学习的获得过程,而互动维度则描述了个体如何与环境进行互动的过程(见图5-1-2)[①]。

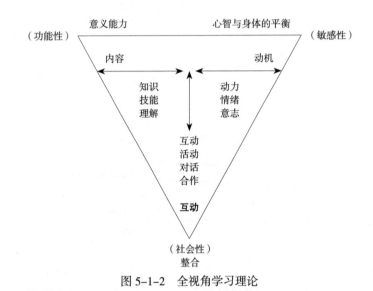

图 5-1-2 全视角学习理论

全视角学习理论认为:第一,学习必须作为一个"整体"被看待或被理解,即学习是一个整体,不可分割;第二,所有学习都包含个体与环境之间的互动过程,以及内部心智获得与加工的过程,这一过程总是以一种"整合性"的方式发挥作用,而且源自个体与环境之间互动过程的冲动;第三,学习总是发生在一个外部的学习情境之中,同时它也被视为是一种社会情境,不仅影响学习,而且对于学习可能有决定性意义;第四,如果学习者在互动中投入更多的活动和责任,学习投入的可能性就会更大,至

---

① 刘徽.全视角认识学习——读《我们如何学习:全视角学习理论》[J].现代教学,2020(7):77-79.

少会发生顺应学习，并可能达成转换学习；第五，所有的学习都包含内容、动机与互动 3 个维度，尽管在某些情境中其比例可能会表现出相当的不均衡。

在混合教学过程中，需要把学习看成整体，看作个体与环境之间的互动，需加强行为、认知和情感的支持，行为支持即个体与环境的互动，认知支持即环境、资源和工具等学习帮助的支持，情感支持即对学习者学习兴趣、动机、意志力、情绪等方面的支持。

（三）分布式认知理论

赫钦斯（Hutchins）的分布式认知理论强调系统性，包括所有的个体、人工制品、情境以及相互之间的关系，认为认知分布于个体、群体、人工制品和环境之中[①]。分布式认知理论认为，认知存在并分布于个体内、个体间，以及媒介、环境、文化、社会和时间中。

分布式认知作为新的认知理论，也是一个看待所有认知现象的认知范式，它开始超越传统二元论模式的限制，将个体的认识活动置于社会和文化情境当中[②]。分布式认知包含两个不同的层面：从社会层面看，个体在完成认知活动的过程中，会受到来自社会中他人以认知资源角色所起到的辅助作用；而从物质层面来看，分布式认知更强调各种心智性和工具制品在个体认知活动中所承载的认知成分[③]。因此，分布式认知强调以功能系统作为分析认知活动的基础单元，认为参与认知活动的各个要素是彼此联系在一起的，功能系统则以参与认知活动的各元素之间的功能性关系为基础，进行系统的协调工作，它更关注认知活动对于情境的依赖性和分布性特征，同时关注个体在解决问题时发生于个体内部、个体之间以及个体与人工制品之间的有效交互作用，关注人类扩展的认知系统。在混合教学支持服务过程中，需重视环境、资源、工具和交互的支持。

（四）组织行为理论

组织行为学是研究组织中人的行为与心理规律的一门学科。组织行为

---

① ［美］戴维·H. 乔森纳主编. 学习环境的理论基础 [M]. 郑太年，任友群译. 上海：华东师范大学出版社，2002.
② 周国梅，傅小兰. 分布式认知——一种新的认知观点 [J]. 心理科学进展，2002（2）：147-153.
③ 张立新，秦丹. 分布式认知视角下个人网络学习空间中有效学习的保障路径研究 [J]. 电化教育研究，2018，39（1）：55-60.

学认为：人的行为是由需要所引起的动机推动的，需要的来源主要是外界刺激和自身的行为满足[①]。

组织行为学理论对学习支持服务系统的启示是：学习支持服务贯穿于整个教学过程中。因此，一要认清学习者的需求，根据需求提供服务；二要把握与区分学习动机的主次，进而选择引发行为的强度、强化行为的力度和目标的方向；三要在学习过程中为学习者创设学习条件，提供学习支持服务；四要对学习者的学习进行客观、及时的评价，并注重信息的及时反馈，准确把握学习者的学习情况，及时引导学习者的学习行为。

（五）顾客满意度理论

美国学者理查德·卡多索（Richard N.Cardozo）提出，顾客满意，能够在一定程度上影响顾客在购买过程中的行为选择。顾客满意度则是一个用具体的统计数据来表示顾客对产品或服务满意程度的一个指标。顾客对产品或服务的满意度高，则表明其实际体验到的服务值大于其内心期望值，反之，则小于内心期望值[②]。马万民将顾客满意度定义为"顾客接受产品和服务的实际感受与其期望值相比较的程度"[③]。

英国学者大卫·西沃特（DavidSewart）认为，学习支持服务与服务产业很类似，都是以服务对象为中心。另一英国学者艾伦泰特（Allan Tait）也认为，学习支持与购买产品的顾客紧密联系，教育机构提供服务必须以顾客（学习者）为导向。在混合教学中，顾客满意理论提示，在混合教学支持服务的过程中，需重视学习者满意度——学习者接受支持服务的实际感受与其期望值相比较的程度。

二、混合教学支持服务的原则

1. 系统化：由单一服务向系统服务转变

混合教学的支持服务体系需采用系统化原则，突破内容分散、各环节孤立、学校不同部门各自为战的单一服务，转化为交叉、融合式学习支持

[①] 行为组织理论 [EB/OL].（2020–06–10）[2022–02–25]. http://baike.baidu.com/view/3894993.htm.

[②] 董兆伟，李培学，李文娟."互联网+"时代的新型学习支持服务体系构建研究 [J]. 远程教育杂志，2015，33（6）：93–98.

[③] 钱晓群. 网络教育服务质量学生满意度实证分析 [J]. 中国远程教育，2009（7）：57–60.

服务，联合系统中各个要素，加强各方联动，围绕教师的"教"和学习者的"学"提供系统服务。①

2. 融合性：由物理空间向虚实融合空间转变

混合教学的空间是基于"融合"理念构建的，即基于一定的学习目标将物理教学空间和网络学习空间有机融合，统筹设计空间中的"教"与"学"要素，需要在融合的教学空间中为教师和学习者随时随地教学与学习提供帮助②。

3. 全过程：由单点服务向教学和学习全过程服务转变

在开展教学活动前，教师对混合教学的过程和混合教学资源进行一体化设计，教学支持服务团队对混合教学的课前、课中和课后全过程提供全方位的服务。

4. 个性化：由服务群体向服务个体的转变

混合教学支持服务需要根据学习者的不同学习经验和自主学习能力等提供个性化的支持服务。基于学习分析和自适应技术，混合教学支持服务由传统的、统一的、固定的学习支持服务转向开发个性化的教学设计、课程管理和学习评价等服务，开发能满足学习者个性化需求、帮助学习者解决学习困难的各种服务。③

三、混合教学支持服务的核心内容

英国学者辛普森（Simpson）把学习支持服务分为教学支持服务和除课程材料制作和传递之外的非教学服务④。英国学者艾伦泰特（Allan Tait）还将学习支持服务分为3类：系统的（管理的）、情感的和认知的⑤。另一名英国学者布林德里（Brindly）将学习支持服务分为辅导和教学（与课程内

---

① 武滨，左明章，宋晔. 混合式学习支持服务的机理与策略：基于全视角学习理论[J]. 远程教育杂志，2021，39（4）：83-93.

② 杨现民，李怡斐，王东丽，邢蓓蓓. 智能时代学习空间的融合样态与融合路径[J]. 中国远程教育，2020（1）：46-53+72+77.

③ 李幸. 基于教育数据挖掘的远程教育个性化学习支持服务研究[D]. 江南大学，2018.

④ [英] Ormond Simpson 著. 对远程学习者的支持服务[M]. 李亚婉，郭青青译. 北京：高等教育出版社，2007.

⑤ 王小梅，丁新. 艾伦·泰特研究[J]. 中国电化教育，2004（11）：39-43.

容相关的支持）、建议和咨询（与课程内容不相关的支持）、行政与技术支持[①]。

丁兴富提出远程教学学习支持服务包含6大要素：人员服务、设施服务、实践性教学环节、信息服务、资源服务、作业检测和考试[②]；黄正明将学习支持服务分为5类：资源支持、导学支持、技术支持、教师支持和管理支持[③]；陈丽根据远程教育的实践，将学习支持教学服务分为管理支持、教学支持、学习技能支持、技术支持和同伴支持。黄荣怀等根据混合学习支持的特点，将学习支持服务分为技术支持、学习方法支持、课程支持、情感支持和实践性教学环节支持等[④]。

混合教学的支持服务的服务对象为教师和学习者，教师是教学的主导者，学习者是学习的主体者，满足教师的教学需求和学习者的学习需求是支持服务体系的根本目标。本书借鉴远程教育学习支持服务相关研究成果和实践经验，从面向学习者的学习支持和面向教师的教学支持两个方面构建混合教学支持服务体系。学校在提供这类支持服务的背后，需要混合教学环境、数字化学习资源的支持，以及组织机构和运行管理的保障（参见本书第四章）。

第二节　面向学习者的学习支持服务

学习者在混合课程的学习过程中涉及的学习内容更加丰富、学习活动多样灵活，具有更多的自主性，对学习技术系统也更加依赖，需要教师和学校对学习者学习提供更加全面、系统的支持。面向学习者的学习支持服务包括学习规划与引导、学情诊断与辅导、学习评价与反馈、学习监测与干预等。

---

① 陈丽.远程教育学基础[M].北京：高等教育出版社，2004.
② 丁兴富.远程教育研究[M].北京：首都师范大学出版社，2002.
③ 黄正明.远程教育教程[M].北京：科学出版社，2004.
④ 黄荣怀，周跃良，王迎.混合式学习的理论与实践[M].北京：高等教育出版社，1900.

一、学习规划与引导

（一）介绍课程概况

混合课程开设之初，应充分利用课程网站呈现课程概述，让学习者对即将学习的课程学习目标和学习计划有清晰的了解，并能激发他们的学习兴趣。美国教育与传播技术学会发布的《AECT 远程学习的教学设计标准》阐明，有效的课程设计始于明确的目标，既包括教师所设想的课程目标，也包括学习者所认为的目标；明确的目标可为教师和学习者之间的合作建立一个坚实的基础[①]。课程概述的设计，正是为了实现学习者对课程的了解这一目的。具体来说，就是让学习者可以清晰地知道课程目标、课程结构、章节内容、课程学习行为规范、先修知识与技能、教师团队信息、班级成员情况等。美国 QM 项目创设了网络课程的国家标准体系[②]，其中第一个部分就是课程概述。其涉及以下 9 个方面[③]：

（1）说明如何开始，以及在哪里可以找到各种课程元素；

（2）向学习者介绍课程的目的和构成；

（3）明确说明对在线讨论、电子邮件和其他互动形式的沟通期望；

（4）明确规定学习者应遵守的课程和机构政策，或提供与现行政策有关的链接；

（5）明确本课程的最低技术要求，并提供如何获取技术支持的信息；

（6）明确说明学习者的计算机技能和数字信息素养技能；

（7）明确说明对学科先修知识或任何必要能力的期望；

（8）提供专业的导师自我介绍；

（9）学习者能够向全班同学介绍自己。

在混合教学中，经过线上课堂和线下课堂合理设计，课程概述将以上 9 个方面部分或全部体现出来。由于各高校情况不同，建议根据实际情况酌情考虑。

---

① Piña, A A, Harris P. Utilizing the AECT instructional design standards for distance learning[C]//ANNUAL. 2019: 169.

② Lowenthal P R, Hodges C B. In search of quality: Using quality matters to analyze the quality of massive, open, online courses (MOOCs) [J]. International Review of Research in Open and Distributed Learning, 2015, 16 (5): 83–101.

③ Quality Matters. Specific Review Standards from the QM Higher Education Rubric, Sixth Edition[EB/OL]. [2022-06-23]. https://www.qualitymatters.org/sites/default/files/PDFs/StandardsfromtheQMHigherEducationRubric.pdf

拓展阅读 5-2-1

"中国大学慕课"的"python 语言程序设计"这门课程的介绍主要包括：

（1）课程定位与目标
- 课程定位：面向编程零基础并体现大学水平的 Python 语言入门课程。
- 适用对象：在校生、自学者、计算机等级考试考生。
- 教学目标：编写 100 行左右的 Python 程序，学会编程、体会思维、培养习惯。

（2）课程教学安排
- 课程学时：2~3 小时/周，共 9 周，合计约 25 小时。
- 课程形式：在线实践、在线课程、离线资料。
- 课程内容：完整讲解 Python 基础语法，以及 7 个常用程序模块、16 个优秀实践案例。
- 课程考核：每周练习、每周测验、期末测验。
- 教学团队：教师及助教团队。

（3）课程学习建议
- 线上线下、手机电脑、长短时间相结合；
- 紧跟进度不掉队、课后实践多训练；
- 9 周 +25 小时 = 编程能力 & 思维加油。

（二）制订学习计划

在混合课程网站中需要在线呈现导学信息，帮助学习者制订学习计划、适应在线学习。在正式学习开始前，引导学习者制订学习计划，可以帮助学习者合理安排时间，按计划完成学习任务，最终达到学习目标。学习计划一般以计划表的形式呈现，主要包括学习日期、学习单元/主题、学时、涵盖章节、作业等。简而言之，学习计划指的是将课程的学习内容拆解为学习单元，在固定的学习周期中完成学习单元中的任务。

- 学习日期：在学习计划表中，学习日期通常以教学周的方式来呈现。
- 学习单元/主题：对学习内容整合之后形成的有主题的单元，每个学习单元通常由若干学时组成。
- 学时：也指课时，一般标准为50分钟。
- 章节：建议与网络课程呈现的章节一致。
- 作业：包括章节习题、形成性考核作业和终结性考核试题。

拓展阅读 5-2-2

英国开放大学为学习者提供课程包。课程包内容包括学习材料及课程学习日程表、学习者学习计划表、学习者复习表等①，尽可能地使学习者在学习前得到必要的学习信息和指导。

拓展阅读 5-2-3

表 5-2-1 为某高校《儿童心理学》课程的学习计划表②。表中详细列出了学习日期、学习单元/主题、章节、学时、形考任务，使学习者对学习内容及时间安排一目了然。

---

① 孙福万，杜若，刘永权等编著.英国开放大学研究[M].北京：中央广播电视大学出版社，2015.
② 国家开放大学学习网内课程.[2022-06-24]. www.ouchn.cn.

表 5-2-1 《儿童心理学》课程的学习计划表

日期	主题	章节	学时	形考任务（满分100分，折合考核总分50分）		
				话题讨论（5次共40分）	阶段性测验（5次共60分）	案例分享（加分1~5分）
1~2周	学前儿童心理发展的基本理论	第一章 绪论	7	话题讨论一（8分）	阶段测验一（12分）	提供与儿童心理学相关的案例（加1~5分）
2~3周		第二章 学前儿童心理学的理论流派	5			
4~5周		第三章 影响学前儿童发展的生物学因素	6	话题讨论二（8分）	阶段测验二（12分）	
6~7周	学前儿童心理和行为发展的年龄特点及发展规律	第四章 学前儿童生理的发展	8			
8~9周		第五章 学前儿童认知的发展	8	话题讨论三（8分）	阶段测验三（12分）	
10~11周		第六章 学前儿童语言的发展	6			
12~13周		第七章 学前儿童情绪的发展	10	话题讨论四（8分）	阶段测验四（12分）	
13~14周		第八章 人格与社会性发展	8			
14~15周	环境因素对儿童发展的影响	第九章 家庭与儿童发展	7	话题讨论五（8分）	阶段测验五（12分）	
15~16周		第十章 家庭以外的环境与儿童发展	7			

（三）明确学习要求

学习要求是学习者在混合教学的学习活动中所应该遵守的基本要求，它规定了学习者在学习环境中的行为规范。明确的学习要求，规定了课程有序推进最基本的学习者行为规范，是营造良好学习环境、保证学习质量和养成良好习惯的重要保障。

Adams 等认为，混合学习需要学习者认知（所需掌握的知识和技能）、行为（积极参与班级活动和课程活动）、情感（对教师、班级、同伴的情感）

多维度的学习参与（study engagement）①，同时，混合课程的学习要求在包含以上3个维度的基础上，也要综合考虑传统课程与在线课程的特点，明确混合学习下的学习要求②。与传统课程相一致，混合学习中的学习要求需要明确以下几点：

（1）规定学习者参与课程的学习时间；

（2）学习者须完成的最低学时；

（3）通过本课程的学习，学习者所应掌握的基本内容、技能；

（4）学习者在课前（如预习工作）、课中（制订课堂行为规范）、课后（如按时完成课程作业等）应遵循的规范。

同时，混合学习的特殊性也对学习者提出了新的要求：

（1）明确课程学习规定的具体网址、学习平台及相关软件；

（2）制订线上班级管理规则；

（3）制订线上课程的考勤规则；

（4）制订线上班级群的参与、讨论规范。

拓展阅读 5-2-4

某高校在《普通心理学》开课前通过微信教学群发布课程学习相关要求，对课程学习时间、直播平台、教学群管理制度、考勤、课前阅读等方面提出了明确的要求，保证课程有序推进并提醒各任课教师及时通知学习者。

---

① Adams D，Joo M，Sumintono B，et al. Blended Learning Engagement in Higher Education Institutions：A Differential Item Functioning Analysis of Students' Backgrounds.[J]. Malaysian Journal of Learning and Instruction，2020，17（1）：133–158.

② 江苏电大考察团，周蔚."获得支持的开放学习"——英国开放大学的成功实践及其启示[J]. 江苏广播电视大学学报，2006（2）：25–30.

拓展阅读 5-2-5

某高校教师在组织《商务英语》课程的过程中，将对学习者的具体学习要求发布至原创公众号。其包括：
（1）学习者课前所需完成的调查问卷；
（2）发布学习群需要下载的学习材料及学习群个人信息修改要求；
（3）下载课程所需的 APP，明确签到、考勤事宜；
（4）明确上课时间、上课所需材料、回放学习等。

（四）推荐学习方法

学习方法是学习者在学习过程中所使用的掌握知识的方法。在混合学习中，学习者不仅需要掌握学习具体知识的方法，同时还需要具备相关信息技术素养，熟练掌握相关学习工具的使用方法。学习方法的掌握有利于提高学习者的学习效率，达到良好的学习效果，保障混合教育的高质量发展。

区别于传统的授课形式，混合学习对学习者的自主学习和自我管理能力提出了更高的要求。Irina 等学者强调，在混合学习中课程教师应考虑学习者软件使用、交流方式、掌握学习内容、课后学习时间利用等[1]，提供合理的学习方法支持。学习方法支持既包含教师提供给学习者的学习内容、工具、管理方面的方法策略支持[2]，也应考虑到在线学习社区中学习者之间的方法支持。

1. 提供学习内容相关的认知支持

帮助学习者进行具体知识的体系构建，如需要提高学习者记忆的课程要提供给学习者快速记忆方法。

---

[1] Ushatikova I, Konovalova E, Ling V, et al. The study of blended learning methods in higher education institutions[J]. Astra Salvensis, 2019, 7（13）: 367-388.

[2] Dwiyogo W D, Radjah C L. Effectiveness, Efficiency and Instruction Appeal of Blended Learning Model[J]. International Journal of Psychosocial Rehabilitation, 2020, 24（2）: 2561-2573.

2. 要求记录课堂笔记

要求学习者随堂记录课堂笔记，形成自己的知识架构，复习时有笔记可参考。

3. 帮助掌握学习工具的使用

帮助学习者掌握学习工具的使用方法，如计算机、相关软件与平台的注册和使用方法。

4. 激发学习者学习动机

混合学习更需要调动学习者的自主学习动力，帮助学习者树立自主学习观念，制订学习计划。

5. 学习社区互动支持

帮助学习者建立在线学习社区，构建线上班级，营造良好的社区氛围，引导学习者通过学习社区获得学习同伴支持。

拓展阅读 5-2-6

某高校《政府经济学》一课的课程学习方法主要侧重于对学习者学习内容层面的学习方法指导，共包含以下几点：

（1）把握课程特点；

（2）理论与实践相结合；

（3）以掌握基本原理、基础知识为主；

（4）关注本章小结；

（5）加强习作，利用计算机多种形式完成。

二、学情诊断与辅导

（一）诊断学习状态

混合学习模式的设计融合了面对面教学与在线学习，旨在帮助学习者获得更优的学习效果。那么，在实际的混合教学场景中，学习者是否获得了良好的学习效果？只有掌握学习者的学习动态、实时诊断学习问题，才能了解混合学习模式在应用场景中的瓶颈，及时调整混合学习设计以达到理想的学习效果。在混合学习中，学习者会面临各方面的学习困难，他们既要面对来自客观的学习条件的困难，如面授课与网上学习脱节、学习内容陈旧、资源匮乏与活动设计不合理，同时也要克服来自自身的学习倦怠情绪。

1. 来自学习资源的困难

线下与线上学习脱节，课程资源缺乏整体设计，学习资源质量不高，应用效果欠佳[①]：学习资源多为课堂搬家，学习内容的组织缺乏教育思想的指导；课件陈旧，资源更新滞后，线上课程图像出现裂图、视频分割成片段，学习者难以有效利用学习资源；缺少针对性学习资源，学习者无法按自身需求选择学习资源，难以实现课程学习的个性化。

学习资源数量不足，类型单一且缺乏整合[②]。大多在线课程除课件外，鲜少包含其他多类型的学习资源，缺乏参考文献、资源链接，学习者通过学习网络仅能查询信息和提交在线作业。缺乏整合的学习资源，学习者难以使用学校图书馆资源，仅有47.1%的试点高校为远程学习的学习者提供了电子图书馆服务[③]。

2. 来自学习交互的困难

缺乏网上交互。Garrison和Kanuka所提出的探究共同体理论赋予了"交互"一词在混合学习中以重要意义[④]。Osguthorpe和Graham也强调在设计混合学习环境时要考虑6个目标：丰富的教学方法、资源获得访问的便利性、社会性交互、提高学习者主动性、提高成本效益、便于改进[⑤]。然而在实际教学的场景中，教师较少进行在线答疑，学习者问题得不到及时解答；线

---

① 李倩倩，马丹.混合学习中网络资源建设的现状、问题与对策研究[J].软件导刊（教育技术），2014，13（5）：48-49.

② 肖爱平，蒋成凤.网络学习者网上学习现状、影响因素及对策研究[J].开放教育研究，2009，15（1）：75-80.

③ 蔡建中，庄小贤.我国网院学习支持服务体系之现状调查[J].开放教育研究，2006（1）：74-79.

④ Garrison D R, Kanuka H. Blended learning: Uncovering its transformative potential in higher education[J]. The Internet and Higher Education, 2004, 7（2）: 95–105.

⑤ Osguthorpe R T, Graham C R. Blended learning environments: Definitions and directions[J]. Quarterly Review of Distance Education, 2003, 4（3）: 227–233.

上学习社区互动缺乏规范，生生交互得不到保障；互动式资源极少，学习者参与讨论的活动少，难以调动学习者的积极性。

3. 来自技术及条件保障的问题

混合学习的场景应用不仅存在内容层面的问题，在技术和条件保障方面也存在不足。一方面，学习者由于技术和条件问题无法获取资源——部分学习者没有计算机和网络覆盖，无法获取网络在线资源，也就无法进行碎片化学习[1]。不仅如此，现有的学习平台资源开放性也不足，仅有部分学习资源对学习者开放且需要校园网络支持。另一方面，已有平台、技术无法支持学习者学习需求——网络环境差，高峰期网速慢、课件打不开、平台安全性和稳定性差，学习者登录学习、提交作业、考试都存在问题；网络学习平台缺乏对移动端的适配支持，不同类型的移动学习设备在使用时会有页面加载问题；缺乏网络平台智能交互工具[2]。

4. 来自学习方法的问题

如何掌握学习资源、如何进行学习工具的操作，都对学习者的学习方法提出了要求，但在实际的教学中缺乏学习策略与反思指导，很少将学习策略和互动设计融入课程之中。

在学习内容方面，学习者很难掌握具体的学习内容，更难以学会学习。课程设计并未将学习策略融入具体的知识内容中，学习者在掌握知识时存在困难。同时，也缺少对学习者学习方法上的指导，学习者并未学会学习，而且也缺乏对学习者自主学习的引导、指导和监控。

在学习工具使用方面，部分学习者难以掌握计算机和相关软件的使用方法，学习平台缺少相应的操作指南，进而影响学习者的学习进程和效果。

5. 来自学习者主观层面的问题

学习者参与学习的积极性不高，易产生消极、倦怠的学习情绪[3]。远程学习的学习者面对工作、生活以及学习各方面的压力，容易对混合学

---

[1] 陆东梅，孙辉.基于混合学习的开放大学学习支持服务的现状和对策[J].成人教育，2015，35（3）：36-39.

[2] 金英善，黄佳双，殷宝法.我国高校混合课程研究现状分析[J].教育教学论坛，2018（3）：70-72.

[3] 李新宇，雷静.远程学习中教师对学生情感支持的构成——理论和实证研究[J].电化教育研究，2012，33（5）：57-62，84.

习产生消极情绪，因工学矛盾而出勤率低；学习者难以适应新的混合学习模式，旧有的学习习惯很难改变，难以掌握新技术而排斥混合学习模式，仍比较喜欢面授课；自主学习能力差，缺乏时间管理与规划的能力；学习孤独感强，难以真正融入在线学习社区，难以实现与教师和学习者的沟通互动。

（二）提供学习辅导与保障

针对混合学习的学习困难，需要为学习者提供合理而全面的学习辅导，包括学习资源、学习活动、学习工具与方法、情感、技术与平台等各方面的保障。

1. 学习资源配置

（1）一体化、个性化学习方案

混合学习应强调一体化设计，将面授课与网络学习进行有效结合，充分发挥二者的优势，为学习者提供全过程的学习服务[①]。在开展混合学习前，学习方案设计应体现一体化特点，将面授课堂与网上课堂的内容进行有机、有效结合。根据学习内容特点设计学习内容的呈现方式，如学习重难点可利用面授课程进行传授，可将重难点录制成视频便于学习者课后复盘。

同时，向学习者提供个性化、更有针对性的学习方案。面对面教授在很大程度上受限于课程时间、师资力量等因素，很难为每位学习者提供个性化的指导，而远程教育借助信息通信技术，通过分析学习者注册信息、课前课中反馈信息可以为学习者提供个性化的资源推荐[②]。英国阿克林敦·罗森黛尔大学在学习方案的制定上非常注重个性化设计，其包含有学前指导、发展评估、教学组支持、信息技术支持等全流程的学习支持方案[③]。

（2）一体化、多元化的高质学习资源

混合学习不仅要实现学习方案的整合，配套学习材料也应实现一体化设计，实现有效衔接。纸质和网络学习资源可相互补充，针对不同的学习

[①] 陆东梅，孙辉. 基于混合学习的开放大学学习支持服务的现状和对策[J]. 成人教育，2015，35（3）：36–39.

[②] 刘茜，孙玫璐. 英国开放大学学生支持服务概况及特点[J]. 成人教育，2021，41（4）：83–87.

[③] 吴若茜. 比较视野的远程教育学习支持服务理论与实践[J]. 开放教育研究，2009，15(2)：97–101.

内容和学习任务设计相对应的学习材料，发挥二者及整体的优势，如面授课缺席可通过哪些学习资源作为替代。关注在面授课教学过程中产生的新知识点，如讲授过程中学习者普遍存在困难的问题、讨论互动中产生的新难点、对混合学习活动的总结等，形成混合学习过程中的配套学习资源，具有更强的针对性和实用性。

丰富学习资源，提供多类型、生动的课程辅导内容。面授课在以教材为主的同时，可通过网络信息技术提供多媒体课件、音视频、录制课中视频课，提供拓展资源对课程进行有效补充。建设数字图书馆，可方便学习者面授课后的远程学习。美国高校的图书馆为学习者提供专属的个人咨询，学习者可以通过电话、邮件、在线咨询的方式咨询关于图书馆资源、借阅和学术问题[1]。优质数字学习资源可实现"强强联合"，资源共享，避免资源的重复开发和浪费。

2. 交互活动与环境设计

混合学习活动设计的初衷是为了激励学习者主动参与课程，进行分享、交流、互动，在融合了网络学习后，学习活动的设计更加强调交互性。Bates 将学习交互划分为个别化交互和社会性交互，个别化交互发生在学习者与学习资源之间，而社会性交互是指学习者与教师、其他学习者、咨询顾问等的"面对面"交流[2]。Osguthorpe 和 Graham 将实现社会性交互作为设计混合学习环境的目标之一[3]。

社会性交互大致可分为师生交互和生生交互两类，交互活动设计可以时间为主线，从学习准备、学习过程、学习结束 3 个阶段入手，将策略分为宏观和微观两个层面，为学习者提供全面的交互活动，如表 5-2-2、表 5-2-3 所示[4]。

---

[1] 白滨，高益民，陈丽. 美国网络高等教育的学习支持服务研究[J]. 比较教育研究，2008（11）：81-85+90.

[2] Bates A W. Interactivity as a Criterion for Media Selection in Distance Education[J]. Never Too Far，1990.

[3] Osguthorpe R T, Graham C R. Blended learning environments: Definitions and directions[J]. Quarterly Review of Distance Education，2003，4（3）：227-233.

[4] 陈丽，仝艳蕊. 远程学习中社会性交互策略和方法[J]. 中国远程教育，2006（8）：14-17，78.

表 5-2-2　学习者与教师交互策略框架表

交互主体	交互主体	学习阶段	策略		
			宏观策略	微观策略	作用
学习者	教师	学习准备阶段	建构学习社区	开通学习者账户	・开通学习社区 ・师生相互了解 ・帮助学习者作好学习前准备
				自我介绍	
				查看相互信息	
				建立课程文件夹	
				解答学习者问题	
		学习过程阶段	组织与管理	明确交流目的	・引导交互方向 ・激发学习动机
				发布交流规则	
				宣布评价方法和标准	
				组织成果展示与评价	
				表扬与奖励	
			评价与反馈	作业与反馈	・解决学习中的问题 ・帮助学习者了解自己的学习情况 ・指导学习方法和技巧
				通知考试结果	
			发展学习技能	认知技能培养	・发展学习者的学习技能
				组织管理技能培养	
				情感技能培养	
			交流与沟通	提问与解答	・引导交互方向 ・鼓励学习者参与交互 ・为学习者提供体验交互的机会
				基于主题的讨论	
				一般社会交往	
			概括与总结	系统讲解	・帮助学习者系统掌握所学的内容 ・帮助学习者了解学习重点，解决学习难点
				重点和难点讲解	
			问题解决	方法建议	・帮助学习者实现知识迁移 ・发展学习者的创新能力
				及时解答问题	
				鼓励创新思维	
		学习结束阶段	评价与反馈	组织期末考试	・完成对学习者的综合评价 ・向学习者反馈评价结果
				批阅考卷	
				收集其他评价信息	
				完成评价报告	
				反馈评价结果	

表 5-2-3　学习者与学习者交互策略框架表

交互主体	交互主体	学习阶段	策略		
学习者	学习者		宏观策略	微观策略	作用
		学习准备阶段	建构学习社区	登录平台	·学习者之间相互认识 ·学习者熟悉学习社区
				自我介绍	
				主动联系同学	
		学习过程阶段	个别化交流	提问与解答	·学习者之间直接一对一互相帮助并建立社会关系 ·吸引学习者参与社会活动 ·提高学习者的学习技能
				一般社会交往	
			观察	阅读其他学习者之间异步讨论的记录	·通过替代交互促进学习者的有效学习
				观察其他学习者之间同步讨论的过程	
				观察其他学习者的学习记录和学习成果	
			竞争与合作	网络游戏	·激发学习者的学习积极性 ·吸引学习者的参与 ·培养学习者的学习责任感 ·培养学习者的问题解决能力和合作能力
				角色扮演	
				头脑风暴	
				组内讨论	
			展示与交流	小组成果展示	·促进学习者之间的相互学习
			集体讨论	提问与解答	·解决学习问题 ·促进学习者的社会意义建构过程 ·提高学习者的观点采集能力
				基于主题的讨论	
			相互评价	小组成果的相互评价	·激发学习者的学习积极性 ·吸引学习者的参与 ·培养学习者的学习责任感 ·帮助学习者理解有效学习的标准
				小组内同伴相互评价	
		学习结束阶段	个别化交流	交流学习情况	·帮助学习者提高学习技能 ·帮助学习者保持对学习的关注
				一般社会交往	

常见的师生交互活动有内容讲解、问题答疑、练习讨论、作业评价、咨询建议等，生生交互则主要有竞争、协作和自由交流。针对现实教学场景中出现的问题，首先，提供多样的互动式教学活动，如针对学习内容的主题讨论、角色扮演、头脑风暴等，引导学习者积极参与讨论并进行课程活动。其次，维护网络学习社区互动秩序，发布学习社区交流规则与规范、评价方法和标准等。再次，提供学习内容之外的交互内容，拉近与学习者之间的距离，营造良好的班级交互氛围。最后，及时回应学习者的在线提问，关注学习者在线实时提问和论坛留言，也可以问卷形式收集学习者疑问，进行答疑。

（三）学习方法支持

有效的学习方法可以帮助学习者更好地领会和掌握学习内容。学会阅读教材等学习资料，提高阅读效率是最基础和最有效的学习方法之一。如学校可安排专业教师，针对学科内容定期开设高效阅读学习资料、记录课堂笔记的讲座和讨论会等，帮助学习者"学会学习"，进而取得良好的学习效果。

同时，学习者在学习的过程中不仅要"学会学习"，还要"掌握学习"，即自主安排学习活动和自我监控学习进程[①]。学习困难的学习者大多在制订学习计划、调整自身学习行为等方面有所欠缺，适当的学习方法可帮助学习者改善此类情况。如引导学习者将课程学习目标分阶段完成，跟随课程进度设置当前学习阶段的目标，确保学习者在短期内能实现目标，提高学习者的满足感，这有助于提高学习者主观能动性，在之后的学习中为达成学习目标学习者会自主安排学习活动，从而逐步学会"掌握学习"的方法。

为学习者提供学习工具使用的指导也必不可少。如使用思维导图帮助学习者进行知识整合和建构，用番茄时钟帮助学习者提高学习者自控能力和学习时间规划能力。

（四）学习情感支持

情感支持通过向学习者提供基于人际交流和技术的双向交互活动，不仅能增进学习者的积极情感体验，更有利于提高学习者的自主学习能力[②]。

---

① 戴斌荣.学习困难学生的心理障碍与教育[J].教育理论与实践，1999（6）：47-50.
② 李新宇，雷静.远程学习中教师对学生情感支持的构成——理论和实证研究[J].电化教育研究，2012，33（5）：57-62，84.

充分利用网络和多媒体技术提高丰富的交互活动，减少学习者孤独感，提高参与感。（1）创设丰富的教学情境和学习活动，如角色扮演、头脑风暴等，丰富学习者情感体验，使其积极参与课程的学习和互动。（2）基于 CSCW（计算机支持的协同工作）构建协作学习模式，在网络教学中可以实现与学习者之间的交流协作[1]。

加强对学习者学习状态的诊断分析，及时提供情感鼓励。（1）借助问卷、弹幕互动、论坛留言了解学习者学习风格、学习困难和诉求，在提供知识的同时提供情感鼓励，及时解决学习者所遇的困难。（2）可通过情感计算模型系统识别学习者表情状态，在学习过程中及时给出对应的情感鼓励。[2]（3）可增加关于技术和心理方面的咨询交互平台，配备相应的教师，为学习者提供专门的支持服务。

当然，混合学习应充分发挥线上与线下学习相结合的优势，充分利用面授课帮助学习者建立起集体感和融入感。

三、学习监测与干预

在混合教学模式下，学习目标的实现不仅需要合理的学习设计和适切的学习辅导，还需对学习过程进行监测和干预（对学习的激励与纠正），发现和解决学习者的学习困难。

（一）学业预警

学业预警是对学习者学习情况进行评判、警示、帮扶的制度。它是为了高质量地完成教学目标，运用适当的方法构建预警模型对数据进行分析，根据评估的结果对学习者和教师发出警示信号，并及时提供有效且有针对性的干预建议。学习预警是"事前、事中预防型"引导服务，可以让教师和教育管理者精准施教，提高教学质量，帮助学习者自主调整学习策略和方法，提升学习效果[3]。随着在线教育的普及和数据采集技术的不断发展，学习预警大多是基于在线教育环境产生的数据。

---

[1] 刘景福，钟志贤.网络教育的情感缺失现状及其对策[J].中国远程教育，2001（6）：15-17，79.

[2] 王济军，马希荣，何建芬.现代远程教育中情感缺失的调查与对策研究[J].现代远距离教育，2007（4）：29-31.

[3] 朱郑州，李政辉，刘煜，邹宇航.学习预警研究综述[J].现代教育技术，2020，30（6）：39-46.

1. 学业预警的指标与等级

学业预警的指标是指某种内容应该纳入学业预警中。研究指出，普通高校大学习者的课堂考勤率、日常行径和学习成绩是确定大学习者是否出现学业困难的重要评判规则，这3个标准应作为预警的基本准则并采纳编入学习者的学业预警信息[①]。

当然，许多研究与实践指出，对于学业预警的指标不应只看重学习成绩，而应该凸显指标的全面性。如一所高职院校根据所在省对学习者综合素质测评的实施办法，针对全日制专科学习者，将思想品德、学业成绩、创新创业、社会实践作为学业预警的一级指标，其实证研究结果表明，综合素质测评数据对学业预警具有显著性影响，当然，4个指标对学业预警影响程度存在差异，其中，学业成绩的影响程度最大[②]。还有的职业院校也会考虑学习者的日常考勤、实习情况，以及获取职业证书的情况等。同时，针对不同的学科与课程特点，还应该细化到每一个课程都要对预警指标进行设计[③]。

学业预警的等级一般按程度或者进展情况进行划分并递进，如低、中、高风险，一、二、三等级，期初、期中、期末阶段等。以某高职学校为例，该校学业预警级别是以逐步递进的顺序设置的，分为一级预警（相对预警级别轻）、二级预警（有较多课程不及格或多旷课学时）、三级预警（可能不能按时取得毕业证）、退学预警（将不能继续在校就读或被劝退学）[④]。

2. 预警系统

在混合学习中，学习平台既是知识传递的重要载体，也是记录学习行为的重要方式之一。收集并分析学习平台数据，基于信息化系统进行学业预警，无疑是较为理想的选择。

如普渡大学的学业系统使用与学习者人口统计、成绩、努力程度和以前的学业历史相关数据，并依据一定的预测算法，让教师获得所教课程学习者风险级别的估计。通过预警系统为每门课程提供绿色、黄色和红色风

---

① 刘美凤.高校本科生学业预警制度研究[D].西安：陕西师范大学，2017.
② 林欣.基于高职院校学生综合素质测评的学业预警分析[J].湖南教育，2021（8）：34-36.
③ 杨麒玉，邓雅倩，吴骊，聂彬彬，黄靓.医学类学业预警制度的优化措施探讨——以南华大学为例[J].科教文汇（下旬刊），2021（9）：135-137.
④ 陈俊明.宽进严出形势下高职院校学业预警的改革研究[J].公关世界，2021（16）：92-93.

险等级递增的"课程信号",教师看到后可以给学习者发信息或者安排与学习者的面对面交流。有的系统有"学习者探索"功能,从机构学习管理系统中挖掘学习者努力和表现的数据,如在线课程资源使用、完成活动的情况和最终成绩之间的直接关系,以评估学习者学业失败的可能性。学习者被分类为"鼓励""探索"和"参与",按照风险的递增顺序,学习者顾问可以利用这些信息采取纠正措施。有的预警系统提供"学习分析仪表盘",对一名学习者与之前系统中其他具有相似风险特征的学习者进行比较得出风险水平评估结果。都柏林大学学院的学业预警系统能够提供精准的预测,可以在足够早的时间里对学习者的学习进行预警。

拓展阅读 5-2-7

中国某高校的学业预警系统通过分析与课程内容相关的系统数据,确定预警内容和帮扶措施,实现学业预警。例如,用形成性考核情况、线上学习情况、考勤情况等系统数据的分析,对学习者的学习状态和成绩进行跟踪监控,从而对学习状态、成绩不及格、选课、毕业、成绩下降等情况进行预警,并制订相关的帮扶措施,有针对性地提供学习指导和辅导(见图 5-2-1)[①]。

基于大数据进行学业预警,可以挖掘学习者学习的实际困难,进行精准帮扶。当然,数据的可用性,比如那些与学习者参与度和表现有关的数据是影响分析方法的最大因素。为了设计一个好的预警系统,还需要考虑许多其他方面。影响分析过程的因素还包括教学策略(如翻转课堂)、评估方法(如连续评估)、地理环境、学习者人口统计等。目前,还没有一种预测算法被公认比其他算法更好[②]。

[①] 姜岱琳. 混合式教学背景下高校学业预警制度优化研究[J]. 中国教育信息化, 2021(5): 18-21.

[②] Liz-Domínguez M, Rodríguez M C, Nistal M L, et al. Predictors and early warning systems in higher education-A systematic literature review[C]. LASI Spain 2019: Learning Analytics in Higher Education, 2019: 84-99.

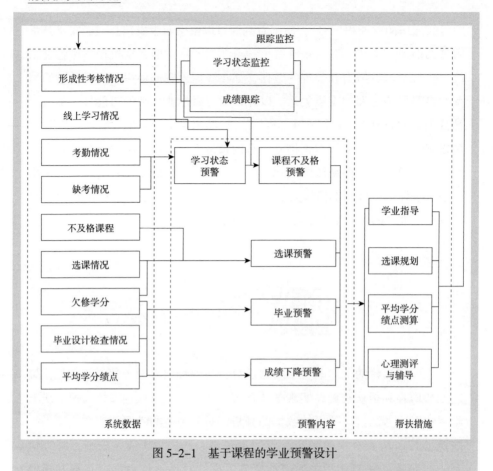

图 5-2-1 基于课程的学业预警设计

（二）帮扶制度

学业预警中的警示只是改善学习者学习状况的开始，更重要的落脚点是在警示之后的帮扶制度，使学习者能够改变目前的学习状况并解决学习过程中的问题。为了更好地为学习者提供帮扶，需要出台相对正式的学习预警管理制度或工作细则，确保明确到人、分工清晰、措施详细、激励到位。帮扶制度的设计可以考虑帮扶工作的参与者、职责分工、帮扶机制、成效体现、业绩认可等方面。

1.建立帮扶队伍及工作机制

帮扶制度实施的关键是积聚各方合力，建立专门的帮扶队伍共同协作完成帮扶工作。

拓展阅读 5-2-8

某高校建立帮扶队伍（见图 5-2-2），由学校教学教务工作部门、学习者工作部门和学校其他部门联动，具体帮扶队伍人员包括院系学习者工作副书记、辅导员、班主任、教学秘书、学习者干部等[①]。

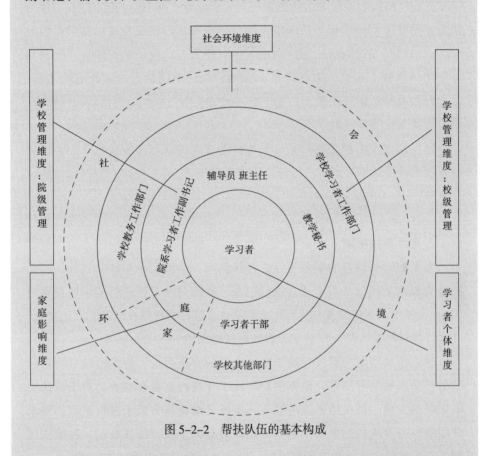

图 5-2-2 帮扶队伍的基本构成

帮扶制度不仅要考虑学习者遇到的困难、学科和学习者特点，还要考虑参与帮扶工作主体的多元性和职责分工，发挥各方长处，共同达到帮扶

---

① 王学江.高校学生学业过程管理及其预警工作机制的探索与研究[J].现代教育技术，2011，21（5）：133-136.

目标。如学习者在学业方面的困难，主要由教师来支持；学习者在学习动力方面的问题，由教师、辅导员、班主任共同发力；学习者在学习方法上的困难，有可能是教师及学校专门的学习者服务管理部门共同合作完成等。

为保证帮扶政策及时有效落地，部分高校建立帮扶责任人机制，为每个帮扶对象对应一名帮扶责任人。如某高职院校根据学业预警的级别确定帮扶责任人：初级学业预警的帮扶责任人为辅导员、班主任、专任教师；中级学业预警的帮扶责任人为二级学院副院长、学习者管理副书记、教研室主任等；高级学业预警的帮扶责任人为学院党支部书记和院长[1]。当学习预警信息管理系统根据预警级别将预警信息和学习建议发送给学习者的同时，也会同时发送到对应帮扶责任人，责任人与帮扶团队按照协作机制和分工实施帮扶。为充分发挥帮扶队伍的作用、对帮扶人员实行有效监督，可出台相关的帮扶规章制度，规定责任人的工作目标、明确帮扶人员权责、制定帮扶人员的考核制度等。

帮扶制度要考虑帮扶效果、受帮扶学习者的学习预警转化率的改善和稳定情况、针对学习困难进行精准帮扶的效率等。

2. 建立帮扶档案

为受到学业预警的学习者建立帮扶档案，全面记录帮扶全过程，包括辅导员和班主任与学习者谈心谈话记录、教师对学习者进行的学业指导情况、被帮扶学习者的结果，以及后续学习动态报告等材料在内的相关记录表，并将这些材料存入学业预警学习者的帮扶档案中。

建立帮扶档案，不仅有助于帮扶政策的实施落地，持续追踪学习者后续学习动态和学习结果，也方便对帮扶工作进行监督和检查。对于帮扶档案记录不完整、帮扶结果差的情况，学校可对帮扶责任人进行追责，要求其限期整改。从长远来看，建立帮扶档案有助于积累帮扶案例，将帮扶机制进一步完善，从而改进预警机制，更好地为学习者提供帮扶支持。

---

[1] 林欣，黄小东，陈超. 高职院校学业预警帮扶机制的实施困境与提升策略[J]. 教育与职业，2021（18）：44–48.

拓展阅读 5-2-9

四川大学向学习不佳的学习者发送《四川大学本科生学业预警通知单》（下称《学业预警通知单》），并要求辅导员告知学习者家长。同时，将预警学习者的名单、成绩单和《学业预警通知单》发送至系主任和班主任，要求对学习者进行学业帮扶，通过约谈学习者和家长，了解学习者学习困难的原因，为学习者提供相应的支持服务[①]。

3. 帮扶人员激励制度

对于因学习方法不当而造成学习困难的学习者来说，将课程的授课教师纳入帮扶队伍，对学习者学业进行有针对性的指导，是提高帮扶效率最有效的手段之一。帮扶工作作为"额外工作"，独立于教师日常教学工作之外，一旦教师成为帮扶队伍工作人员，需建立相关激励制度，以调动教师参与帮扶工作的积极性。

帮扶制度要把教师提供的帮扶工作纳入教师绩效考核中，将帮扶工作结果直接与职称晋升和进修机会挂钩[②]。另外，将参考教师参与帮扶工作的情况纳入高校师德师风考核和其他评奖评优的项目，以认可教师实施帮扶的付出和努力，也有助于激励教师参与帮扶工作。

四、学习评价与反馈

（一）多元化学习评价

对混合学习的评价要结合线上线下以及过程性和终结性，要考虑学习者的课堂表现和线上参与情况等。

[①] 尹建平，李渭新，冯娟，谢红强. 学业预警帮扶措施及其有效性研究 [J]. 教育教学论坛，2020（49）：87-89.

[②] 袁安府，张娜，沈海霞. 大学生学业预警评价指标体系的构建与应用研究 [J]. 黑龙江高教研究，2014（3）：79-83.

1. 评价的主要方式

混合学习的评价主要通过过程性评价和终结性评价来实施。过程性评价主要考察学习者在学习过程中的表现，通过过程性评价的反馈为学习者判断自身学习状态、调整学习策略、提升学习效果等提供支撑。终结性评价是对学习者课程最终学习效果的评价。建立科学、合理化的课程评价体系需要不断地探索与优化。

2. 评价维度

评价维度主要指从哪些方面对学习者学习效果进行评价。

 拓展阅读 5-2-10

扬州大学"现代教育技术"这门课程通过学习过程、学习结果和学习态度三方面构建了面向混合学习的五维评价模型（见图 5-2-3）。其中，学习过程评价主要调查学习者网络课程的参与度和交互性；学习结果评价由效果度实现；学习态度评价则考察适应性与满意度[①]。

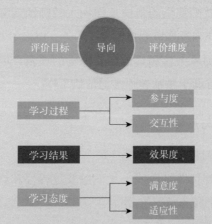

图 5-2-3 《现代教育技术》混合学习五维评价模型

---

① 唐文秀，石晋阳，陈刚. 混合学习五维评价模型的构建与应用——以"现代教育技术"公共课程为例[J]. 现代教育技术，2016，26（8）：89-95.

确定评价维度后，需要明确可以获取哪些指标，并通过何种方式获取。一般来说，对学习者参与混合学习的评价要结合传统课堂与在线学习各自的特点，使两者有机结合，传统课堂数据来源于对传统教室中学习者学习产生的数据，在线学习数据主要来源于线上学习平台的记录。当然，还可以结合问卷调查等。

拓展阅读 5-2-11

江汉大学"大学计算机基础"这门课程传统课堂数据通过课堂点名、实验、上机时长、课堂测试、课堂作业、线下练习等内容构成。在线学习数据通过线上学习时长、线上测试成绩、线上教学视频观看深度、线上点名、线上签到、线上讨论等数据构成①。基于此，该课程形成了对学习者学习效果评价的参数表，如表 5-2-4 所示。

表 5-2-4　学习者混合学习效果评价参数表

一级指标	权重	二级指标	权重
课下活跃度	0.19	课下练习指数	0.55
		课下任务指数	0.45
平时成绩指数	0.38	平时检测指数	0.6
		课堂作业指数	0.4
课堂参与度指数	0.27	点名指数	0.3
		提问指数	0.3
		讨论指数	0.4
知识互动指数	0.16	请教老师指数	0.55
		解答学习者疑问指数	0.45

---

① 朱家成，陈刚，向华. 基于混合教学大数据的学生学习能力分层评价模型 [J]. 信息技术与信息化，2021（10）：203-205.

3. 评价策略

在混合学习中可以采取多种评价策略。如快速测试学习者知识点，掌握情况时可采用随机出题、随堂练习、选人、投票、抢答、问卷、弹幕等多种形式；评价一个完整的章节或模块时可采用过程性评价，给出测试方案，主题可采用线上自评、互评或在线演示等方式；终结性评价评测学习者是否达到课程所设定的知识、能力及素质目标要求，可采用开/闭卷笔纸测试或无纸化测试、口头提问、课堂观察、自评互判、线上直播互动、结课报告等多种形式进行[①]。

（二）学习反馈

学习反馈是学习评价与学习者发展之间的桥梁，有效反馈能够帮助学习者理解评价信息，保证学习效果。

1. 反馈原则

反馈原则包括及时反馈、持续反馈、针对性反馈等。"及时反馈"是指对学习者的学习问题或者困惑及时给予反馈；"持续反馈"是指加强学习过程的反馈；"针对性反馈"是指针对不同学习者的需求和特点给予个性化反馈。

对于持续反馈，有研究指出，学习者学习的重要收获来源于经常向他们提供有关他们学习的反馈，尤其是当反馈包含了可以引导学习者不断努力的具体意见时。当反馈关注学习者的学习过程而非最终成果时，反馈就会极大地促进学习者学习。同时，持续反馈、及时反馈是引导学习者深度反思自己的学习状况并及时调整学习策略、实现深度学习的有效途径。它不仅可以促进学习者深入理解学习内容，改进学习策略，还可以帮助教师及时调整教学策略，增强课堂学习的实效性[②]。

随着教育大数据的应用，反馈时机从延时性转换到即时性，反馈来源从主观性转换到客观性，反馈频率从总结性转换到常态化、反馈形式从文本型转换到可视化等[③]。

---

① 高岩，张晓琴，韩建枫. 基于混合式课程的教学评价设计与思考[J]. 教育教学论坛，2021（36）：161-164.

② 安富海. 促进深度学习的课堂教学策略研究[J]. 课程·教材·教法，2014，34（11）：57-62.

③ 陈明选，王诗佳. 测评大数据支持下的学习反馈设计研究[J]. 电化教育研究，2018，39（3）：35-42，61.

2. 反馈内容

"反馈内容"是指对学习者提供的反馈信息。学习反馈在内容层面上应该包括学习者的当前学习状态、学习者的阶段性学习目标、促进学习者达到目标的学习方法与策略3部分。学习者的当前学习状态主要包括学习者基本成绩信息、知识点信息（如正确率和知识体系的掌握情况）、学习变化信息（如学习的波动情况）、原因信息（错误原因等）；学习者的阶段性学习目标包括当前知识单元的掌握情况、相似知识单元掌握情况与变化规律等；促进学习者达到目标的方法和策略通过教师建议和资源推荐两种方式提供。教师建议主要是帮助学习者认清学习中的问题，并为学习者提供可行的学习方法。资源推荐是为学习者有针对性地推荐学习资源、同伴资源和练习资源等[①]。

在混合教学中，面向学习者的学习支持服务逐渐呈现出以下趋势：

信息化、智能化程度将日益加强。越来越多的高校将运用信息化手段进行学习辅导和学情监测，学习者学习支持及相应的预警与帮扶系统将更加完善、智能，学习者问题可得到及时回应，效率更高，学习者画像更加精准，能够为学习者完成学业、实现个人成长保驾护航等。智能技术将扩大学习支持服务的应用场景，"虚拟助教"使线上实时辅导和交流更加方便快捷。虚拟助教可以替代教师进行简单的答疑，包括讲解课程基础知识、在线督学和其他咨询等。这不仅可以在一定程度上解决远程教育师生比过低、教师无法实时回复每个学习者疑问的问题，还可以督促学习者学习，提高学习者的学习自律性[②]。

服务将更加个性化和精准化。面向学习者的学习支持服务的个性化特征越来越明显，学习者的个性化学习路径更加明确，学习难点更加准确，针对学习者的学习情况和学习需求，为学习者提供个性化的学习辅导、精准解决学习困难、提升学习质量的成效越来越明显。例如，FutureLearn平台就使用了专利算法来优先考虑和定制个性化学习内容。在平台运行的10多年来，它们面向来自全球的100多万名学习者授课，收集了数百万个关

---

① 陈明选，王诗佳. 测评大数据支持下的学习反馈设计研究 [J]. 电化教育研究，2018，39（3）：35–42，61.

② 张晓芳. 智能化背景下成人学习支持服务模型构建探讨——以开放大学为例 [J]. 成人教育，2018，38（12）：26–30.

于内容相关性和实用性的数据点,我们用这些数据点来辨别学习者所需和需要学习的内容[①]。

重视情感支持。支持服务对学习者在学习过程中情感方面的关注越来越高,对学习者在混合学习中产生的焦虑、孤独感、无助等情感和心理问题进行跟进和帮扶,使学习支持服务更加有人情味,让学习者能够身心健康地完成学业。

学习支持服务队伍更加完备。高校对学习支持服务更为重视,在关键环节和重点工作中,建立包括学校领导在内的工作团队和协作机制共同发力,解决学习者现实困难。如对学习困难的学习者的帮扶工作,成立工作组、确定帮扶责任人,推动帮扶政策及时有效落地。

相信未来随着智能技术的发展,将进一步扩大学习支持服务的内容和应用场景,优化学习支持服务的方式,更好地满足学习者多样化的学习需求。

第三节 面向教师的教学支持服务

从传统课程转换到混合课程,课程的要素更加多样,线上线下活动结构更加灵活,教师会面临更多的教学难题。为了更好地帮助教师开展混合课程的实施,需要提供全方位的持续支持,包括教学培训支持、课程教学支持、激励政策支持、课程评价支持等。

一、教学培训支持

从混合课程的前期分析到教学设计与实施,最终对混合教学效果进行评价的各个实施环节,都需要对教师进行必要的理论知识和实际操作培训。同时,教学技术及工具系统是不断发展的,更新换代速度非常快,更需要将教师培训制度化,以有效推动混合教学的不断发展。

---

① Data-Driven Excel Training: Key Formulas for Every Professional – Excel Course[EB/OL]. [2023-05-25]. http://futurelearn.com.

骨干教师作为学校教师队伍里的中坚力量，他们将信息技术与课程教学深度融合的努力不仅仅对自身教学能力的提升有价值，而且对青年教师的引领也能起到积极的示范作用。绝大多数骨干教师熟悉线下的信息化教学，但对于混合教学中的线上教学部分，或全程开展师生分离的线上教学则比较陌生，因此需对骨干教师开展混合教学进行有针对性的培训。要基于该部分教师群体已有的成熟教学经验，针对开展线上教学的需求，对混合教学中线上课程的教学设计、实施和评价等理论知识和实际操作进行培训，以使其较快地开展并适应混合教学。

青年教师是学校教师团队的新生力量，学校应加强对青年教师的培养，促进他们快速成长。学校在对青年教师进行混合教学专题培训时，需要在培训之前对教师的初始教学能力进行评估，在培训内容上做到混合教学理论知识和技术操作培训齐头并进，在培训策略上建议使用角色示范和体验式学习策略。

除了专家讲座、工作坊等形式外，学校还可以建设教学实践共同体，从而加强教师培训。共同体建设强调协同教学研究，除组织培训团队开展对混合教学技术工具的操作技能培训外，还要对混合课程设计策略、教学组织方法、师生互动方式、教学评价与指导等方面开展培训。此外，还可以开展跨学校、跨区域的网络研修和课例分享。需要给共同体成员提供持续支持，如针对混合教学实践中存在的真实问题设计长周期的教研活动等[1]，以促进混合教学实践的可持续发展。

二、课程教学支持

学校需要给教师提供有关混合课程开设的明确要求和指导，包括教学大纲撰写、混合教学活动开展、混合课程网站建设等。

教学大纲撰写。要求对开展混合教学的课程须制定明确的线上教学和线下教学时间分配方案；混合课程成绩应由线上成绩和线下成绩组成等。

---

[1] 冯晓英，郭婉瑢，宋佳欣.教师混合式教学能力发展模型：原则、准备与策略[J].开放教育研究，2021，27（5）：53-62.

拓展阅读 5-3-1

华中师范大学本科生混合课程教学大纲撰写要求（部分）：

（1）课程简介。它是指有关课程的基本信息，如课程类别、适用专业、学时与学分、课程性质与定位、教学团队与成员分工，以及对课程内容的简要描述等。

（2）在线学习方法与要求。其包括在线学习系统使用的基本操作指南或引导性说明、针对不同类型的学习内容和学习资源推荐的可选方法，以及对这些方法之过程和步骤的简单引导性说明。

（3）课程学习内容。主要是指根据课程教学内容所包含的主要结构模块，使用文本或多媒体形式构建课程的资源库，总体上应包含课程大纲、章节资源。章节资源中应包括各种媒体形式的核心学习资源和拓展性的可选资源，以及相应的案例资源等。

（4）课程录像。如以小班授导形式按照知识点或知识模块录制成微视频，每段视频时长不超过 15 分钟，所有视频内容集成在一起应实现对整门课程教学内容的全覆盖。

（5）学习活动设计与安排。内容包括作业、练习与测验、成绩册、答疑、课程讨论、小组学习等，尤其是对基于小组合作的学习活动的组织与安排。

（6）学习评价设计与安排。主要包含学习活动统计、课程信息管理等。

混合教学活动开展。要求包括依据教学安排按时在线发布教学任务，并提醒和督促学习者完成线上学习；课程第一周要为学习者解读教学模式及课程安排，对学习者进行线上学习的操作培训；适时开展线上交流，及时解答学习者线上提出的问题，引导师生、生生互动讨论与学习；组织好线上测试和作业工作等。

混合课程网站建设。要求混合课程须具备相应的网站，其中，数字化教学资源完备，线上教学活动与线下教学无缝衔接等。

学校还要给教师和学习者提供技术方面的及时支持，包括混合教学环境和资源建设、教学中的技术支持、技术系统的监控与故障处理、技术系统中数据的管理与利用等。

混合教学环境和资源建设。为使教师便捷地构建混合课程网站并顺利开展混合教学，学校应统一建设网络学习空间、实体教学环境和数字化教学资源（详细内容参见下一节）。

教学中的技术支持。在混合教学的过程中，网络教学平台会出现一些问题，如教学资料无法上传至网络平台；无法查看、回复或发布信息；系统无法统计学习者在线学习时间；无法登录网络平台或登录困难等。学校要加强和通信运营商的合作，不断增强平台的稳定性，尽可能缩短系统的维护时间以保证课堂教学的顺利进行。针对教师和学习者在进行混合教学过程中遇到的软件操作问题，可以提供在线指南、操作演示视频，还需要提供 7×24 小时的答疑服务，如服务邮箱、留言工具等。对于因各种原因，如疫情、生病、工作繁忙等无法到校上课的学习者，学校可通过网络、电话等途径提供适当的在线教学工具安装及使用培训，给学习者的居家学习提供服务与帮助。

技术系统的监控与故障处理。技术系统在运行过程中，需要对其运行状态进行实时的监控，随时发现服务的运行异常和资源消耗情况。及时分析重要的日常服务运行报表以评估系统对学习支持服务和业务整体运行状况，提前发现服务隐患。对技术系统在提供混合教学服务过程中出现的任何异常需要进行及时处理，尽可能避免问题的扩大化甚至终止服务。这之前需要针对各类服务异常，如网络故障、程序 bug 等问题制订处理预案，问题出现时可以自动或手动执行预案，以达到止损的目的。除了日常小故障外，还需要考虑产品不同程度受损情况下的恢复，如网络教学平台数据被清除等对平台造成致命伤害的情况。

技术系统中数据的管理与利用。技术系统在教学过程中沉淀下来的数据，需要及时整理并反馈回教学支持工作中，以提高数据的价值。如网络教学平台上教师个人、学习共同体、研修项目组的数据记录，可以用教师在教学中的真实问题、真实需求，随时随地展开研讨。

三、激励政策支持

相较于传统教学模式，混合教学的实施与发展需要授课教师对课程的长期建设和更新。因此，学校应建立合理的激励机制，明确相应的激励和淘汰机制，从制度上保障开展混合教学的教师的权益，鼓励教师进行混合教学改革与探索，保证混合课程教学价值的实现，这些对促进混合教学的发展都具有积极的实践意义。

学校应当本着物质奖励与精神奖励相结合的原则，促进混合教学有序、有效地开展。其一，设立混合教学课程建设专项基金，根据混合教学发展计划每年按一定的比例资助教师建设混合教学课程；其二，对已建设完成并通过评审的混合教学课程的相关教师给予奖励，并对该课程后期的完善和改进继续加以资助，以使该课程能够良性更迭从而更加有效地开展混合教学；其三，鼓励混合教学效果较好的教师适时申报相关课题立项，做更深层次的研究，高质量研究成果可列为将来职称评定和评优评先的条件。在符合相应的政策下，正确把握激励尺寸、提高教师进行混合教学的积极性是混合教学得以持之以恒发展的基础。有关激励政策制定的详细内容还可参见本书第四章。

四、课程评价支持

传统的课程评价机制已经很难适应信息化条件下的混合课程。构建有效而适切的混合课程评价体系，对于促进混合教学的持续开展有重要意义。混合教学强调学习者的主体地位，它所带来的师生关系的变革势必导致混合教学评价视角的转变。混合教学评价要基于其自身的教学特点，在教学评价中兼顾好教师、学习者两者在评价体系中的作用，采用线上线下相结合的评价形式，避免片面化；力求实现学习评价的全面性和科学性，可采用过程性评价和总结性评价、定性评价与定量评价等多元评价方式。[①] 评价主体应基于线上和线下教学过程的情况来对教师和学习者在课堂中的表现以及教学效果予以真实、全面的评价，评价的数据应及时、准确地反映教学的质量。[②]

[①] 王伟毅，顾至欣. 混合教学模式下高职在线开放课程学习实效评价指标体系构建与应用实践[J]. 教育与职业，2020（21）：85–91.

[②] 肖学玲，肖远军. 构建基于混合课程的教学评价体系[J]. 信息系统工程，2020（10）：173–174.

拓展阅读 5-3-2

华中师范大学为规范混合教学，先后出台《混合课堂教学管理办法》《混合课程资源建设规范》《混合教学课程建设管理办法》等文件，对混合教学的课程建设、课程管理、平台运营等方面作出了规范性的政策要求，对混合课程的线上和线下内容与活动进行评价与指导。对混合课程的要求与评价内容包括：

（1）教师按照混合课程资源建设规范的教学资源，并将资源上传到云端一体化学习平台，通过网络教学空间面向本科学习者开设网络课堂或混合课堂，并负责资源的更新和完善。

（2）主讲教师根据课程教学需要确定课堂类型，由学院审核同意后，根据学校每学期安排统一排课，并按要求向教务处报送网络课堂和混合课堂信息。

（3）面向新生第一学期开设的课程不开设网络课堂或混合课堂。

（4）网络课堂和混合课堂的第一次课安排在教室进行，由主讲教师向学习者介绍课程学习方法、学习要求及考核要求等。网络课堂除统一安排第一次师生见面的教室外，一般不再安排固定授课教室。若确有需要，可临时向教务处申请教室。混合课堂的在线教学和课堂面授的课时分配比例由主讲教师根据实际教学需要来确定。

（5）教师负责网络课堂或混合课堂的管理，加强与学习者的联系，指导学习者自主学习，规范学习者的网络行为，参与学习者学习的动态管理，并在网上及时回答学习者提出的学习问题、批改学习者作业。

（6）课程总评成绩由平时成绩和期末考试成绩组成，按照学院要求进行评定。主讲教师应根据学校和学院的相关要求制订详细的平时成绩量化考核标准，并告知学习者。平时成绩的组成包括但不仅限于以下几个方面：学习者自主学习情况（学习平台记录的学习者在线学习时间、发言次数等）、平时的作业成绩（教师以电子作业、小论文、在线交流讨论等方式考核学习者的学习效果）、参与在线讨论的成绩（学习者发言次数、效果、讨论的积极性等）、参加面对面研讨的情况（学习者参加的次数、课前准备、课堂表现等）。

（7）学校通过组织督导员和专家不定期听课、查看数字化课程资源建设情况、召开学习者座谈会、与主讲教师交流等方式对网络课堂和混合课堂的教学进行检查和评估。

为了便于学校自查面向教师提供的支持服务情况并提出针对性的改进措施，本书提供了专门的表格工具（见表5-3-1）。

拓展阅读5-3-3

表5-3-1 学校面向教师提供支持服务情况的自查与改进措施表

编号	检查内容	现状	改进措施
1	部门管理者是否鼓励		
2	院校领导是否鼓励		
3	学校是否制定了实施混合教学相关的政策与规则（如管理部门是否发布具体混合教学实施规范、评价机制等）		
4	院校与教师个人在提升技术（与教学）融合的需求方面是否一致		
5	院校政策是否要求教师实施混合教学		
6	学习者在校园内能否顺利找到上网设备、环境，以便进行网络学习		
7	学习者在校园内能否流畅地查看线上的教学资源		
8	学校是否提供了将课程内容在网络上建设为所需要的专业资源		
9	是否有其他教师的成功经验分享		
10	是否能够获得实施混合教学所需要的教学支持（如与课程设计的开发人员持续沟通）		
11	是否能够获得实施混合教学所需要的一对一专业（面授）指导/培训		
12	是否能够获得实施混合教学所需要的小组形式的专业面授指导/培训		
13	是否能够获得实施混合教学所需要的在线专业指导/培训		
14	是否能够获得实施混合教学所需要的技术支持		
15	是否能够获得判断实施混合教学是否有效所需要的评价数据		

编号	检查内容	现状	改进措施
16	是否实施混合教学会获得财务津贴		
17	是否实施混合教学会影响职称与晋升的评估		
总结与改进措施：			

第四节 混合教学环境和资源支持

混合教学的支撑环境和资源是指为支持线上线下教学而构筑的信息化物理和数字化网络教学环境，并在环境中为师生提供开展教学的内容信息[①]。混合教学支撑环境和资源建设的目标是充分保证各种形式的混合教学正常实施，支持多种教学方法和策略的实现，并借由各种信息化设备、数字化资源提升混合教学质量，为学习者提供丰富的学习内容、公平的学习机会、构建多种形态的学习小组，满足多元化学习需求，促进师生参与，为抽象知识学习和复杂技能习得提供多种额外的、可选的支持。

参与混合教学的教师和学习者在物理环境和网络环境中学习[②]，支撑两种环境的技术系统要素应围绕开展混合教学的师生设计实现，并促进师生在物理现实场景和网络学习空间混合的环境中开展一系列教学活动[③]。为此，支撑环境的技术系统要素应包含两个部分，分别是物理教学环境和网络学习空间。其中，物理环境为支撑混合教学参与主体所处的信息化实体教学空间；网络学习空间为支撑混合教学参与主体所处的数字化教学环境，即网络教学平台和一系列学习工具。支撑混合教学的资源应是多样化的，能够引发学习者学习动机，并促进学习者探索、反思、协作、创造等深层次

---

① Johnson M C, Graham C R. Current Status and Future Directions of Blended Learning Models. In M. Khosrow-Pour, D.B.A. (Ed.), Encyclopedia of Information Science and Technology, Third Edition, 2015: 2470–2480. IGI Global. http: //doi: 10.4018/978–1–4666–5888–2.ch240

② Osguthorpe R T, Graham C R. Blended learning environments: Definitions and directions[J]. Quarterly Review of Distance Education, 2003, 4（3）: 227–233.

③ John McCarthy. Tech Integration in Blended Learning [EB/OL]. (2018–09–24) [2022–06–24]. https: //www.edutopia.org/article/tech-integration-blended-learning

学习的重要内容信息。

混合教学支撑环境和资源由现实物理环境、网络学习空间、专用教学工具和教学资源共同支持，其中，网络学习空间提供包括动机激发、教学控制、课程设计、内容接入、任务支持、交流支持、评价支持、协作支持、反馈支持、教学代理、学习辅助、群组构建等主要教学环节所需功能的实现。现实物理环境提供信息化场馆教学、信息化实验教学、信息化实训教学、信息化面授教学和物联网感知等实体教学场所信息化功能的实现。专用教学工具主要负责教学外围的支持和辅助功能，包括但不限于matlab、思维导图、AR/VR、视频会议、翻译转换等软件系统或软件工具。最后，在网络学习空间、现实物理环境和专用教学工具背后需要一整套基础设施支持，包括网络基础设施、网络安全设施、数据汇聚和分析设施、物联网感知器、设备管理中心等。教学资源包括教学素材、教学课件、网络课程、虚拟仿真资源、教育游戏、教学案例、数字图书、数字教材、教学工具、学习网站等内容（见图5-4-1）。

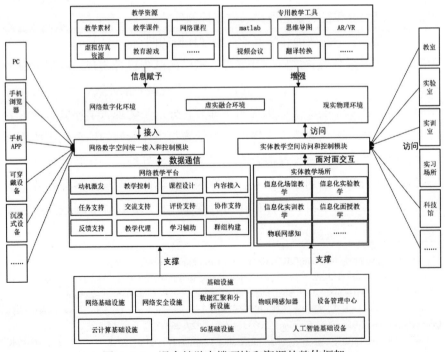

图5-4-1 混合教学支撑环境和资源的整体框架

一、混合教学物理环境

（一）现实物理环境概述

传统班级课堂学习环境主要包括教室和黑板、桌椅等硬件物理环境和多媒体教学仪器等硬件设备。混合教学的现实物理环境从课堂教学与在线教学结合的角度来综合考虑，在有线和无线网络的支持下，搭建一个能够实现教学模式多样化、课堂学习个性化等适用于多种现实物理教学情境的信息化支撑环境。

混合教学的现实物理环境应该以学习为中心进行支持服务，但是正如戴维·H.乔纳森（David H.Jonassen，2000）所指出的那样："与传统教学不同的是，没有统一的理论来指导以学习者为中心的学习环境设计，鉴于以学习者为中心的学习环境的独特目标和要求，几乎不可能提供一个全纳性的设计模型。相反，对于体现或者符合具体理论基础、假设和实践的学习环境，研究者需要识别出框架，以对该学习环境加以分析、设计和实施。"

混合教学的现实物理环境包括学习者学习理论知识和技能技术所依赖的教室、实验环境、校园等。混合教学模式下实施教学的现实物理环境包括讲授型多媒体教室、探究型多媒体教室、研讨型互动教室、互动直播教室等[①]。

讲授型多媒体教室：在授课过程中，教师作为主导课堂的讲授者，通过板书或多媒体课件将知识传递给学习者，学习者在课堂上以听课、做笔记为主，教学结构完全以教师为中心，学习者人数从几十人到几百人不限。

探究型多媒体教室：与讲授型多媒体教室相比，探究型多媒体教室里学习者座位的布局相对比较灵活，大多为可自由组合的单人桌椅，教师的位置不局限于讲台，学习者的位置也能灵活多变，既可以是讲授型课堂的布局，也可以是灵活的小组式布局。

研讨型互动教室：研讨型互动教室支持以小组协作为主的课堂教学，空间布局以圆形、扇形、星形等为主，通常分成4~6组，每个小组配备一台智能显示终端，通过有线或无线网络的方式可以在智能终端上进行组内讨论对比和组间展示评价。作为传统多媒体教学环境的补充，研讨型互动

---

① 丛方杰，焦艳辉.混合式教学模式下教学环境的设计与实践[J].中国信息技术教育，2017（17）：102–105.

教室可以在混合教学模式下支持师生讨论、生生讨论、师生互评、生生互评等多种教学活动。

互动直播教室：互动直播教室是把多媒体、网络、演播室系统集成在一起的多功能教室，教师在主讲教室授课，不同学校的学习者通过网络能够跨地区看到教师的现场授课场景，可适应不同的远程听课方式，共享优质的教学资源。

在混合教学的现实物理教学环境中，可实现物理教学空间与网络教学空间的无缝对接，实现任何时间、任何地点、任何人、任何物都能顺畅地通信，都能通过合适的终端设备与网络进行连接。同时，可对物理环境和设备状态等信息进行实时采集、捕获、分析和处理，管理人员通过可视化界面查看运行状况和进行管理操作，从而实现教学过程的全方位"实时感知、动态控制和智慧管理"。

（二）现实物理环境的设计标准和原则

为满足混合教学需求，须建设信息化物理教学环境，包含对上述所有类型教室的音视频系统、显示播放系统、考试控制系统、智能化控制系统、供配电系统、照明系统、信息网络、物联网感知器及系统集成的设计与实现。在中国，上述硬件设备建设应遵循 GB/T 36447、GB/T 36354 和 GB/T 36449 等标准的要求。

在国际上，多所院校都公布过它们的信息化物理环境建设指导方案，如新墨西哥州的阿尔伯克基公立学校的详细校园设计方案对信息化物理环境建设中的空间、网络、设施都提出了详细要求[1]。北达科他州立大学也公布了其教学环境的设计手册，区分了会议教学用、实验用、远程教学用等不同的环境[2]。其他还有新加坡政府出台过的教育规定，为全新加坡的教育环境建设作出了详细要求[3]。设计混合教学的支撑环境并不是简

---

[1] APS Facilities Design and Construction. School Design Standards 2021[EB/OL].（2021-02）[2022-06-23]. https：//www.aps.edu/facilities-design-and-construction/documents/design-standards-and-guidelines/HS_Standards.pdf#page=65

[2] North Dakota State University.Classroom Design Manual，Guidelines for Creating and Remodeling Learning Spaces [EB/OL].（2017-03）[2022-06-24]. https：//www.ndsu.edu/fileadmin/provost/LSEC/NDSU_Classroom_Design_Manual.pdf.

[3] Singapore Statutes Online. Classroom Accommodation And Equipment[EB/OL].（2022-06-24）[2022-06-24]. https：//sso.agc.gov.sg/SL/EA1957-RG1?ValidDate=20130731%20&ProvIds=P1VII-#pr40-

单地将信息技术系统与各种物理场景结合在一起，根据教学设计的需求，有机地整合信息技术系统尤为重要①。以往的研究指出，混合教学支撑环境是为促进参与其中的学习者开展更有效的学习而构建的，应在教学法指导下进行设计和实施②。有学者认为，梅瑞尔教学原则应成为混合教学环境的设计指导准则③，结合目前学者开展的混合教学支撑环境研究，可得到 7 项指导设计原则④。

原则一：根据校园数字化基础设施现状，设计信息化物理环境。院校的发展战略、教学特色和 IT 基础设施都影响着信息化物理环境的建设及应用成效，在关注如何建设信息化物理环境前，应首先分析当前院校的数字化基础设施现状。

原则二：规划详细的建设阶段。师生的混合教学需求会随着时间的变化而改变，灵活的建设过程和对师生需求的及时掌握有助于提高信息化物理环境，提升教学成效的能力。

原则三：提供持续的支持和帮助。在完成信息化物理环境设计后，院校要组织必要的团队帮助师生使用、控制、管理环境中的信息化设备。同时，为教师提供教学设计、实施和评价的辅助，以便优化教学，提升教学成效。

原则四：持续评估信息化物理教学环境质量。通过构建信息化物理教学环境评价体系，满足不同教学对环境的需求，根据评价结果灵活调整设备、网络和环境参数，降低师生的认知负担和疲劳感。

原则五：提供令人舒适的布局和陈设，信息化物理环境要根据预设教学场景提供可灵活变更的布局和陈设。提供给师生完全的设备使用方法和符合日常使用习惯的陈列方式。同时，在合适的位置布局物联网感知器以便收集师生的教学过程数据。

---

① Cleveland-Innes M, Wilton D. Guide to blended learning[M]. Vancouver: The Commonwealth of Learning, 2018.
② Madden A G, Margulieux L E, Kadel R S, et al. Blended learning in practice: A guide for practitioners and researchers[M]. Cambridge, MA: The MIT Press, 2019.
③ Simarmata J, Djohar A, Purba J, et al. Design of a Blended Learning Environment Based on Merrill's Principles[C]//Journal of Physics: Conference Series. IOP Publishing, 2018, 954（1）: 012005.
④ Van Laer S, Elen J, Spector J M. An instrumentalized framework for supporting learners' self-regulation in blended learning environments[M]. Spector JM et al eds., Learning, Design, and Technology, Berlin Springer, Cham, 2018: 1-38.

原则六：技术选型保持适用性和适度先进性。信息化物理教学环境最主要的功能是支持混合教学，应采用常见的成熟技术以缩短师生适应新技术的过程，同时，适度采用先进技术以便支持教学创新和感知增强。

原则七：创新应用。各类信息化教学环境虽然有预设教学场景，但并没有限制师生的教学方法。在已有教学实践上总结创新能够探索、扩展信息化教学环境的应用方式，同时，可支持更加丰富的混合教学形式[①]。

（三）物理教学环境的主要功能

物理教学环境包括教室和实验实训环境。

教室分为多媒体教室、智能教室、智能交互教室、网络互动教室等；实验实训环境分为数字化技能教室、虚拟仿真实训室、大场景虚拟仿真实训室、情景化互动实验室和强交互虚拟实验实训室。每类信息化物理教学环境的主要功能如下：

1. 多媒体教室

每间教室均配备多媒体教学设备，可满足课堂多媒体互动教学的需要；支持教室中的多终端接入互联网；具备多媒体教室远程智能管控功能。

（1）配置简单，实现迅速

传统教室只需要配备PC，投影仪和扩音设备即可快速转换为多媒体教室；人力和财力投入较低，改造速度快；师生接受速度快，可迅速实现在传统教室物理环境中的信息化教学。

（2）控制方便，管理便捷

院校管理员只需要购买简单、成熟的管理控制终端，即可实现对全楼抑或是全校教室中的所有多媒体设备进行统一管控。借由校园网等基础设施实现对全校多媒体设备进行远程管理，同时，不改变教师的课堂管理和教学习惯。

（3）丰富教学样态，提升学习体验

借由数字化学习资源和课堂管理软件工具，教师可在面授教学过程中实现与学习者的异步交互、同步展示、随机抽查等多种教学活动，从而提升学习者在教室环境下的学习体验。

---

① Brown M. Seven Principles for Classroom Design: The Learning Space Rating System [EB/OL].（2015-02-22）[2022-06-24]. https://er.educause.edu/articles/2015/2/seven-principles-for-classroom-design-the-learning-space-rating-system

拓展阅读 5-4-1

多伦多大学全新电子化教室配置了可调节的光源，可以在授课中根据多媒体投影影像的色彩自动调节周围光照明暗程度。该项功能由 Lutron 的 GRAFIK Eye®多场景预设调光控制系统提供，采用自动化光线控制、多媒体学习环境感应等技术。教室管理系统还可以提供课程信息管理、学习活动统计等功能。

2. 智能教室

智能教室是为课堂活动提供智能应用服务的教室空间以及软硬件设备的总和，是在物联网、云计算、大数据等新兴信息技术推动下的教室信息化建设的最新形式。智能教室以教学活动需求为基础，旨在为教学活动提供个性化、智能化的互动空间[1]。利用智能技术提供多智能服务，实现最佳的教学效果是智能教室的终极目标[2]。智能教室需配置液晶大屏一体机/智能黑板，并支持无线投屏；课堂教学与网络学习空间无缝衔接，支持基于互联网的学习，支持移动学习和泛在学习；多种工具支持课堂内的师生互动；对教室内的设备实现统一管理和控制，实现"一键开关"；智能感知学习者听课状态，通过多种模式实时统计并向教师反馈；配置或支持多台学习终端，支持个性化学习、协作学习等多种教学模式；大数据分析每个学习者的学习状况，提供学习者发展的预测、预警和建议；电子班牌、电子门禁、考勤签到一体设计，支持刷卡、扫码、人脸识别等多种生物识别开门方式，集成师生考勤功能，实现人证合一验证；根据预先设置的参数，自动控制环境因素（空气清新度、温度、光照、窗帘等）；语音控制设备开

---

[1] 联合国教科文组织高等教育创新中心. 智慧教室概念文件 [EB/OL].（2020-11）[2022-01-16]https://www.ichei.org/Uploads/Download/2021-06-23/60d2e2f30ea6b.pdf.
[2] 聂风华，钟晓流，宋述强. 智慧教室：概念特征、系统模型与建设案例 [J]. 现代教育技术，2013, 23（7）: 5-8.

关和环境参数。

智能教室可以优化教学内容的表达，促进学习资源的获取，促进课堂的互动，它具有情景感知和环境管理的功能[①]，使教师和学习者能够相对自由地访问教学资源以及参与包括远程教学在内的多种形式的教学活动[②]。

智能教室由基础设施、网络感知、可视管理、增强现实、实时记录、泛在技术六大系统组成[③]。

各系统主要包括以下子系统，如图5-4-2所示：

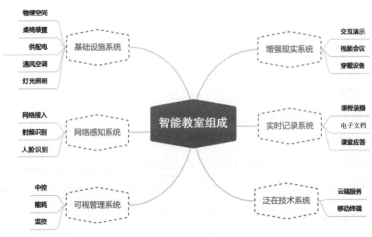

图5-4-2　智能教室组成

（1）营造师生共享的数字化学习环境，以前沿信息通信技术驱动高效、创新的教学管理

智能教室通过智能交互一体机、多媒体终端、教学管理系统促进师生互动，搭建师生协同、讨论、研究的桥梁，提升教学效果。通过智能教室、学情分析系统的大数据，得出教学过程中的重难点，形成可靠的分析报告，诊断学习成效，支持老师因材施教，开展个性化教学。

---

① 黄荣怀，胡永斌，杨俊锋，肖广德. 智慧教室的概念及特征[J]. 开放教育研究，2012，18（2）：22-27.
② 陈卫东，叶新东，张际平. 智能教室研究现状与未来展望[J]. 远程教育杂志，2011，29（4）：39-45.
③ 聂风华，钟晓流，宋述强. 智慧教室：概念特征、系统模型与建设案例[J]. 现代教育技术，2013，23（7）：5-8.

（2）弥补数字化资源短板，促进向在线教学的过渡

计算机、平板电脑、无线投影等各种设备在教师需要的时候可以方便地接入。建立泛在的学习资源环境，可有效拓展学习时空，并且与校内外资源系统无缝整合，实现数据互通、资源共享、个性化推送等，从而突破传统课堂边界的限制[①]。智能教室的学习管理系统与学情分析系统为高等院校的在线与混合教学提供支撑，通过多机位课程录制、剪辑与上传等功能，为教师提供开发在线课程的基本条件，建设本土化课程资源，扩大优质资源的共享与终身学习的机会。

（3）视频录播清晰、真实展现课堂场景

在音频信号采集系统中，通过多个灵敏度较高的拾音吊麦可全方位清楚地拾取师生音频信号。摄像跟踪定位系统在课堂中能较迅速地捕捉不同主体的动态，通过进一步聚焦体现具体环节，教师、学习者、计算机场景可平稳切换，高清展示。通过一键设置，实现在课程录播的同时自动上传至视频管理平台，便于直播实时观看[②]。

（4）教学形式多样、实现个性化学习

提供便捷、自然、友好的人机交互以及高效的信息获取，实现以学习者为主体的多种教学模式，从而提高学习、讨论和协作的效率。提供方便、快捷的学助服务和学习分析技术，实现线上和线下、正式学习和非正式学习的结合，为每个学习者提供个性化学习环境。

（5）管理智能化，实现实时感知和动态控制

对物理环境和设备状态等信息进行实时采集、捕获、分析和处理，管理人员可通过可视化界面查看运行状况和进行管理操作，从而实现教学过程的全方位"实时感知、动态控制和智能管理"[③]。

---

① 程敏.信息化环境中智慧教室的构建[J].现代教育技术，2016，26（2）：101–107.
② 张菲菲.基于智慧教室的高校教师教学技能提高及有效性研究[J].现代教育技术，2015，25（5）：110–114.
③ 周恩浩.高校智慧教室物联网系统设计与实现[J].现代电子技术，2018，41（2）：30–33.

拓展阅读 5-4-2

华东师范大学顾小清教授团队在上海某中职学校已建成的智能教室中开展小组合作学习活动设计的理论与实践应用研究，从技术优化小组合作学习的视角出发，开展面向智能教室小组合作学习理论研究与实践的应用。研究通过分析当前小组合作学习存在的问题，以明确其对教室环境的新需求；设计智能教室支持小组合作学习的研究框架，详细设计学习测评、学习者讨论、小组竞赛和展示分享 4 种小组合作学习活动，并以"商品介绍 FAB 法的识别及运用"学习内容开展了应用实践研究，通过问卷调查和访谈，分别从学习者和教师的角度对应用效果进行评估。结果表明，智能教室能够对小组合作学习的开展给予有力的技术支持，有效提升学习者的学习兴趣、主动性和参与度，促进学习者对基本知识的理解和掌握，提高学习者解决问题的综合应用技能，实现培养学习者从较低认知目标向高阶认知目标的转变，推动课堂学习的变革。

3. 智能交互教室

智能交互教室是在一个教室空间内部署多套学习终端系统，实现多小组内部或小组间协同学习的智能交互教学系统（见图 5-4-3）。系统能够记录每个小组学习者的学习过程、行为，可以进行统计，对问题可以在线讨论，学习成果可以在线分享。

智能交互教室具备智能教室的所有功能，每个小组有自己学习建构的空间，有供分享、思考、交流的屏幕；具备多个小组不同屏幕显示，支持多个小组学习情况的对比讨论；无感知、全流程收集教学互动数据，自动生成教学过程的数字档案袋；支持基于虚拟仿真技术（AR/VR/MR）的学习环境。

（1）增强现实交互，提升学习主动性

智能交互教室可实现面授教学不同小组的学习同时开展，并通过多种学习终端为不同小组分布的学习者提供真实的教学。学习者在智能交互教

图 5-4-3 智能交互教室
（图片来源：高等教育中主动学习整合指引）

室中可实现与临时组成的学习共同体交互，为学习者提供更多发表和展示自己思想的技术和工具。

（2）网络空间功能丰富，提供实时分析反馈

智能交互教室通过虚拟仿真技术创设不同小组的学习者超越现实物理环境开展学习的模拟场景，并实时、无感知地收集学习者学习过程数据，通过智能分析后为学习者提供学习方法建议和学习辅助反馈。

（3）深化小组思想讨论，促进共同体知识生产

借由为不同学习小组提供私有网络空间和智能建议反馈，深化小组讨论的深度和广度，扩展学习者的视野，促进各种专业化学科思维的训练。通过不同小组的分享展示，为学习共同体的思想碰撞提供多种可能性，进而促进学习共同体的知识生产。

4. 网络互动教室

网络互动教室能实现 1 个教室主讲 +N 个教室听课的功能。在教学过程中，摄像头自动跟踪教师和学习者，实现不同教室（或不同校区）师生网络面对面，为主讲教师和回答问题的学习者提供网络实时交流镜头，确保师生的良好教学体验（见图 5-4-4）。

该教室具备智能教室的所有功能：

配置不少于两个高清摄像头，能够自动跟踪教师教学行为，自动跟踪学习者学习活动，支持教师与学习者网上面对面交流；

配置拾音扩音系统，在师生不佩戴麦克风的情况下，支持本地教室与远程教室进行有效的网上语言交流；

支持网络视频会议和在线直播，并能够与标准网络视频会议系统实现互联互通；

主讲教室和听讲教室均可对接课程表自动开机，听讲教室开机后能根据课程表自动连接主讲教室。

图 5-4-4　视听教室
（图片来源：清华大学视听教室）

（1）提升在线学习体验，实现多地教学联动

网络互动教室可实现面授教学和远程教学的同时开展，并通过学习终端为不同空间分布的学习者提供真实的教学。学习者在网络互动教室中可实现与不同地域不同国家的远程学习者交互，同时丰富远程学习者的学习活动。

（2）增强网络交互活动，构建无障碍教学互动

网络互动教室通过多种网络交流技术设备和工具，创设不同空间分布的学习者会聚一堂的学习空间，并通过面部感知、教学活动感知，提升网络交互学习的体验，降低因网络延迟、活动主体不在画面之内、音频缺失等导致的学习障碍。

（3）教学与管理共用、减少重复建设

网络互动教室在支持院校开展远程教学的同时可作为视频会议室使用，承载多地院校之间的管理行政协同工作，充分发挥教室基础设施建设功能作用，减少重复建设带来的资金浪费，多头管理问题。

5. 仿真实训环境

仿真实训环境是利用计算机仿真技术、虚拟现实技术、仪器设备、模型，以及利用场地、环境的布置，模仿出真实的工作环境、工作程序和动作要求，支持模拟生产、教学实训和考核鉴定等教学活动（见图 5-4-5）。

图 5-4-5　仿真实训环境
（图片来源：https：//www.3dsystems.com/healthcare/medical-simulation）

（1）模拟多种实训学习场景，提升实训学习成效

仿真实训环境是通用的专业技能模拟训练学习的教学环境，通过改变环境布置、设备配置和教学指引，帮助学习者在相同物理教室环境下体验多种专业技能设备操作或工作场所中执行生产的过程。

（2）灵活变更设置，加强实训学习体验

仿真实训环境通过模块化的建设，可灵活变更室内环境布置、设备配置和模拟系统参数设置，从而改善学习者只采用 PC 模拟软件和桌面设备带来的临场感不强、学习体验不高的仿真实训问题。

（3）统一管理，复用性强

仿真实训环境的所有信息化设备可接入院校多媒体设备统一管理平台，实时收集学习者学习数据，并进行统一管理。另外，构筑仿真实训环境可为其他类型实训场所建立硬件基础，管理员只需在对应硬件或模块上进行增减，以期达到专业特化，或教学形式特化的实训目标要求。

6. 数字化技能教室

数字化技能教室是指实物设备与计算机系统有机结合的一体化教室，

实操实训功能由实物设备实现，实物设备的控制由计算机系统承担，支持技能演示、模拟训练、计算机考核等教学活动（见图5-4-6）。

图 5-4-6　数字化技能教室
（图片来源：Electrical Maintenance Skill Training Workbench Lab Equipment Electrical Automatic Trainer for University）

（1）技能训练真实感强，专业教学特化度高

数字化技能教室是针对某个专业大类构建的专业化技能训练的信息化环境。通过实物技能训练设备的设置，达到专业大类中所有技能训练的教学要求，配合计算机管理，实现将学习者从初学者培养成行业专家的全部技能专业化训练的目的。

（2）接轨行业产业，加强创新能力培养

数字化技能教室配备的行业产业真实设备或模拟设备，让学习者在真实生产环境中完成技能习得，实现"做中学"。同时，专业化设备的模块化配置可促进师生共同开展生产工序和生产流程的创新，加强师生的创新能力。

（3）系统化技能习得过程，可提升团队配合能力

数字化技能教室的设备一般由工程化、模块化的专业（模拟）生产系统构成，并由教师通过计算机进行管理，需要多名学习者形成团队，在交流和配合中完成学习或生产实践。教师可通过设置循序渐进的团队项目提升学习者的专业化技能水平、沟通交流能力和团队配合能力。

7. 虚拟仿真实训室

虚拟仿真实训室是由计算机及附属软硬件设备所构成的实验实训环境，其中实训活动所在的三维职场环境、设备和工具等皆由计算机软件生成，学习者可以通过键盘、鼠标、操纵杆、手柄等简单设备实现对操作对象的交互操作（见图5-4-7）。

图 5-4-7　虚拟仿真实训室
（图片来源：https：//www.ubisimvr.com/ubisims-immersive-vr-for-structured-linical-learning-experience/）

（1）多样化实训学习场景，可提升实训学习临场感

虚拟仿真实训室可通过变更模拟实训场景的参数设置或软件系统，实现实训环境的多样化配置。帮助学习者在无法获得某些专业设备或无法轻易到达某些工作场所时，通过虚拟现实的方式实现实训学习。

（2）对学习者学习过程的数据无死角收集，可构建完整的学习者画像

学习者在虚拟仿真实训室中的所有实训活动都可被虚拟现实设备记录，完成对学习者全部学习过程的无死角收集，帮助学习者技能学习或实训操作的分析建模，构建更加完整和全面的学习者画像。

（3）全方位教学演示，增强观摩学习成效

在学习者或教师佩戴虚拟现实设备进行实训学习时，其他学习者可通过计算机设备或其他监控端全方位观摩学习者/教师操作过程。观摩学习者可通过各种角度观看操作过程，并通过录播回放形式回顾所有操作，解决在真实情境下只能通过固定位置观摩实训的问题。

8. 大场景虚拟仿真实训室

大场景虚拟仿真实训室是基于多通道视景系统、实训操作设备以及软件系统等建立起来的虚拟仿真实训室（见图 5-4-8），其中，视景系统可生成高逼真度的职场环境，实训操作设备可实现对设备、工具、仪器仪表等的接触性技能获得，计算机软件系统也可完成对整个实训系统的控制。大场景虚拟实训室的优点是可营造强烈的沉浸感及实物的介入，是计算机软件、硬件技术的理想结合，适于大面积观摩实训教学与多人技能训练。

图 5-4-8　大场景虚拟仿真实训室

（图片来源：https://gapssimulation.com/st-georges-advanced-dental-simulation-suite/）

（1）特化实训学习场景演示，增加实训学习专业细节

大场景虚拟仿真实训室特化了实训场景的构筑能力，适用于大型复杂场景中系统化训练学习者综合技能的教学。该环境重视场景的复杂性和细节呈现能力，支持学习者构建综合运用多种技能解决复杂问题的能力。

（2）提升教学沉浸感，增强仿真实训环境通用性

大场景虚拟仿真实训室可实现学习者沉浸式学习，无论是在设备中参与虚拟仿真实训的学习者还是在外部观摩的学习者，都可实现工作场景的完全沉浸。同时，大场景虚拟仿真实训室通过变更系统配置和软件工具可实现从动车制造到风洞实验的各种复杂场景仿真。

9. 情景化互动实验室

情景化互动实验室采用虚拟现实技术，将真实场景虚拟化，让学习者以角色扮演的方式参与互动，是具有很强体验感的实验室（见图 5-4-9）。

图 5-4-9　情景化互动实验室

（图片来源：https://vrschoolresearch.com/2017/03/14/ever-wonder-what-happens-when-vr-is-used-in-classrooms/）

(1)特化实验学习方式,增加实验学习活动形式

情景化互动实验室专门特化了实验教学的角色扮演式学习。在虚拟现实技术的配合下,学习者实现完全沉浸式实验学习,体验扮演不同角色开展实验学习获得的成就,增强实验学习的参与感。

(2)创新实验教学模式,提升师生教学反思能力

教师可使用虚拟现实技术设计各种环境下的实验学习过程,为学习者提供多种实验学习活动,增强学习动机,创新实验教学内容、形式和活动组织序列,进而达到实验教学模式创新。通过虚拟现实技术中的全方位实验过程记录,师生可通过回顾记录的方式反思教学过程和实验操作过程,促进师生进行更为全面的教与学的反思。

10. 强交互虚拟实验实训室

强交互虚拟实验实训室是指以高性能计算机网络和计算机系统为平台,以多人虚拟现实系统为核心,以头盔显示器为主体的视觉系统,以语音识别、声音合成与声音定位为主体的听觉系统,运用方位跟踪器、数据手套和数据衣为主体的身体方位姿态跟踪设备,组建由视觉、听觉、触觉及运动反馈系统等功能单元构成的支持原理验证、职业培训和技能训练的交互式虚拟实验实训系统(见图5-4-10)。

图5-4-10 强交互虚拟实验实训室
(图片来源:https://theleadsouthaustralia.com.au/industries/education/virtual-reality-bridges-gap-between-hazardous-workplaces-and-the-classroom/)

（1）丰富虚拟实验实训活动，强化虚拟实验实训交互

强交互虚拟实验实训室针对的是需要多种感官并用的实验实训教学情境。强交互虚拟实验实训室中的信息化设备更加关注对学习者多种感官的同时刺激，从而使学习者在专业化技能学习、实验操作和实训工作时达到多种知觉能力协同使用的能力，进而强化教学交互对学习质量的影响。

（2）支持教学模式创新，突破虚拟现实教学瓶颈

强交互虚拟实验实训室为教师提供了从学情分析到学习评价的完整、多维、系统化环境，支持教师基于虚拟现实教学进行模式创新。在位置模拟器与头盔显示器结合的虚拟现实教学环境中，开展真实感和临场感的实验实训，可以综合调动学习者所有知觉系统，促进动作、技能和能力的综合培养。

（3）支持教学科研，促进理论发展

强交互虚拟实验实训的信息化设备可完整记录学习者多种知觉调动和协同工作的过程，为教学研究者提供学习者从感知到能力形成的全过程数据。通过新兴的大数据和学习分析技术总结学习者的知觉系统规律、专业化学习规律、实验实训能力培养规律等，进而促进教学理论的突破和发展。

（四）物理教学环境的配置

1.讲授型教学环境配置

讲授型教学环境的配置需要根据教室环境、面授教学形式、学习者分布不同、教室功能的需求，选择不同的环境配置。具体的技术环境推荐表如表5-4-1所示。

表5-4-1　讲授型教室技术环境参数推荐表

类型	物理空间	虚拟空间	专用教学工具
讲授型教学	面积需为41~200m^2左右的教室（16~30ft^2/人） 适应全年龄段的桌椅 可移动桌椅（可选） 场景布局：以讲台为前端的前后桌椅配置 LED光源 拾音器 投影仪 电子白板（可选）	商业网络教学平台 开源网络教学平台（可选） MOOC平台（可选）	钉钉（可选） QQ（可选） 微信（可选） Xmind（可选） AR/VR系统（可选） Nearpod（可选） Zoom（可选） 腾讯会议（可选） 视频录播软件

第五章 支持服务篇

续表

类型	物理空间	虚拟空间	专用教学工具
讲授型教学	2~5个同步显示屏（可选） 视频会议系统/设备 视频录播系统/设备 教室用PC 幕布 气温感知器（可选） 电子窗帘（可选） 中央空调（可选） 电脑网络接入端口 WIFI发射器（可选）	商业网络教学平台 开源网络教学平台（可选） MOOC平台（可选）	钉钉（可选） QQ（可选） 微信（可选） Xmind（可选） AR/VR系统（可选） Nearpod（可选） Zoom（可选） 腾讯会议（可选） 视频录播软件
参考场景	该教室含有智能黑板、显示屏、触摸显示器、教师跟踪摄像机/学习者全景摄像机、计算机主机、可移动桌椅等（见下图）  （图片来源：长安大学） 该报告厅在物理环境布局方面进行直排状或弧状的平面/阶梯形摆放，配置可储物的固定桌椅、投影仪、幕布或多分显示器、触控交互一体操控台、PC机、LCD触摸屏、USB电缆、吸顶式摄像头、VGA和HDMI连接设备、音响或扬声设备、无线领夹话筒或头戴式麦克风，以及多媒体设备、网络设备、基础设施监控系统等设备（见下图）  （图片来源：清华大学经管报告厅）		

续表

类型	物理空间	虚拟空间	专用教学工具
参考场景	为支持教师讲授、学习者分组讨论等混合教学活动，在物理环境布局方面可直排或弧状的组块化摆放，可配置能移动、可拼接的桌椅、多分显示屏／黑板／白板、粉笔／油性笔、投影仪、幕布、触控交互一体操控台、PC机、LCD触摸屏、USB电缆、音响／扬声设备、无线领夹话筒／头戴式麦克风，以及多媒体设备、网络设备、基础设施监控系统等设备（见下图）		

（图片来源：王东. 未来教室的教育功能研究[D]. 华东师范大学博士学位论文，2016.）

2. 协作型教学环境配置

协作型教学环境的配置，需根据教室环境、协作教学形式、学习者分布不同、教室功能的需求，选择不同的环境配置，具体的技术环境推荐表如表5-4-2所示。

表5-4-2 协作型教室技术环境参数推荐表

类型	物理空间	虚拟空间	专用教学工具
协作型教学	面积需为41~200m²左右的教室（16ft²／人~30ft²／人） 适应全年龄段的桌椅 可移动桌椅（可选） 场景布局：以3~12人为小组的圆形配置 LED光源 拾音器 投影仪 补充光源（可选） 布置于教室四周的黑板（可选） 3~5个电子白板（可选） 2~4个同步显示屏（可选）	商业网络教学平台 开源网络教学平台（可选） MOOC平台（可选）	钉钉（可选） QQ（可选） 微信（可选） Xmind（可选） AR/VR系统（可选） Nearpod（可选） Zoom（可选） 腾讯会议（可选） 视频录播软件 CoSpaces（可选）

第五章　支持服务篇

续表

类型	物理空间	虚拟空间	专用教学工具
协作型教学	视频会议系统/设备 视频录播系统/设备 教室用PC 幕布 气温感知器（可选） 电子窗帘（可选） 中央空调（可选） 电脑网络接入端口 WIFI发射器（可选）	商业网络教学平台 开源网络教学平台（可选） MOOC平台（可选）	钉钉（可选） QQ（可选） 微信（可选） Xmind（可选） AR/VR系统（可选） Nearpod（可选） Zoom（可选） 腾讯会议（可选） 视频录播软件 CoSpaces（可选）
参考场景	学习者可选择学习效果最好的地点或姿势，协作技术让学习者之间的信息分享或教师、审稿人之间的审阅工作更加便利（见下图）  （图片来源：https://www.steelcase.com/eu-en/research/articles/topics/education/how-to-design-hybrid-and-blended-learning-environments/） 在线教学与实时面授教学同时发生，师生在面授协作中还与虚拟空间的小组进行交流活动，针对教师们对课堂教学环境灵活多变的需求，采用独立的、可移动的桌椅，为老师改变教学方法、丰富课堂教学组织形式提供有力支持，满足教师和学习者对灵活的教室空间布局的需求（见下图）  （图片来源：https://www.steelcase.com/eu-en/research/articles/topics/education/how-to-design-hybrid-and-blended-learning-environments/#educator-spaces）		

395

3. 实验型教学环境

实验型教学环境的配置，需根据实验室环境、实验教学形式、学习者分布不同、实验室功能的需求选择不同的环境配置，具体的技术环境推荐表如表5-4-3所示。

表5-4-3　实验型教室技术环境参数推荐表

类型	物理空间	虚拟空间	专用教学工具
实验型教学	面积需为41~200m² 左右的教室（16ft²/人~30ft²/人） 适应全年龄的桌椅 可移动桌椅（可选） 场景布局：以讲台为前端的前后实验仪器配置，或以实验仪器为中心的圆形配置 教室门在教室后方 实验仪器 信息化实验仪器（可选） LED光源 拾音器 投影仪 2~6个同步显示屏（可选） 视频会议系统/设备 视频录播系统/设备（可选） 教室用PC 幕布 气温感知器（可选） 电子窗帘（可选） 中央空调（可选） 电脑网络接入端口 WIFI发射器（可选）	商业网络教学平台 开源网络教学平台（可选） MOOC平台（可选）	钉钉（可选） QQ（可选） 微信（可选） Xmind（可选） AR/VR系统（可选） Nearpod（可选） Zoom（可选） 腾讯会议（可选） 视频录播软件（可选） 趣味仿真实验系统（可选） Machining数控仿真系统（可选）
参考场景	这是一个集财务共享、大数据、云计算、人工智能为一体的会计专业实验室，支持学习者体验平台如何完整地支撑企业的运营全过程（见下图） 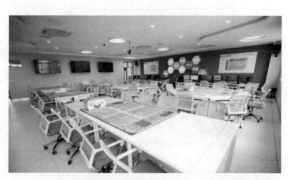 （图片来源：山东财经大学智能会计实验室）		

续表

类型	物理空间	虚拟空间	专用教学工具
参考场景	该实验室由环幕投影系统、光学动作捕捉系统、VR头盔、虚拟现实交互设备等组成，利用虚拟现实技术实现了教育各阶段的高度融合、高度沉浸和交互。模拟不可及的特殊空间环境，实现科研向教学的高度转化，补充了不易开展的实际教学实训内容，利用先进的教学手段，运作教与学互动演练的模式，增强学习者学习兴趣，提高教学效果，承担全校学习者的工程训练实践课程（见下图）  （图片来源：哈尔滨工业大学虚拟仿真实验室） 悉尼技术大学的蜂巢超级实验室，整个教室呈六边形分布，致力于创建协作交互的真实场景。整个实验室可囊括最多不超过270名学习者的实验教学，并在每个彩色区域中包含不同的设备：有专业的视频实时传播技术、骨传导耳机，从而让所有学习者可分组协作，也可同步协作。在该教室中可容纳多达7个班级同时教学，允许来自不同学科的学习者协作学习，为交叉学科的实验教学和思想交叉传递创造机会（见下图）  （图片来源：Hive Superlab of University of Technology Sydney）		

4. 实训型教学环境

实训型教学环境的配置，需根据实训室环境、实训教学形式、学习者分布不同、实训室功能的需求，选择不同的环境配置，具体的技术环境推荐表如表5-4-4所示。

表 5-4-4　实训型教室技术环境参数推荐表

类型	物理空间	虚拟空间	专用教学工具
实训型教学	面积需为 41~200m² 左右的教室（16ft²/人 ~30ft²/人） 适应全年龄的桌椅 可移动桌椅（可选） 场景布局：以实训场景为中心的圆形配置，以及同步播放实训场景的显示大屏 教室门在教室后方 LED 光源 拾音器 投影仪 7~14 个电子白板（可选） 2~5 个同步显示大屏（可选） 视频录播系统/设备（可选） 视频会议系统/设备（可选） 教室用 PC 幕布 气温感知器（可选） 电子窗帘（可选） 中央空调（可选） 电脑网络接入端口 WIFI 发射器（可选）	商业网络教学平台 开源网络教学平台（可选） MOOC 平台（可选）	钉钉（可选） QQ（可选） 微信（可选） Xmind（可选） AR/VR 系统（可选） Nearpod（可选） Zoom（可选） 腾讯会议（可选） 视频会议软件 Simulation training（可选）
参考场景	教师可在授课中运用新型智能黑板、智能讲台、无线实物投影结合实物进行大小屏操作，还可以运用集控管理平台对设备进行远程管控和数据分析（见下图）  （图片来源：天津市化学工业学校无人机智慧云实训室） 实训室划分为 CAVE 虚拟现实交互系统、VR 头盔交互实训区、教学区、VR 设计区等部分，涵盖了 VR 虚拟现实技术、AR 增强现实技术、3D 打印技术、三维扫描技术、实验室智能管理技术等（见下图）		

续表

类型	物理空间	虚拟空间	专用教学工具
参考场景	 （图片来源：辽宁建筑职业学院虚拟现实 VR 实训室） 如下图所示，该实训室整体布局呈"U"形，每个座位上双屏显示屏模拟量化真实实训场景，可供学习者一边查看实时动态，一边作建模分析  （图片来源：对外经贸大学量化金融实验室）		

二、混合教学网络学习空间

（一）网络学习空间概述

1. 概念

网络学习空间是一种基于互联网的虚拟学习环境[①]。网络学习空间根据运行载体服务性质的不同，可以将其分为广义的网络学习空间和狭义的网

---

① Weller M. Virtual learning environments: Using, choosing and developing your VLE[M]. London: Routledge, 2007.

络学习空间。广义的网络学习空间是指运行在任何平台载体上、支持在线教学活动开展的虚拟空间；而狭义的网络学习空间特指运行在专门的教育服务平台上、支持在线教学活动开展的虚拟空间[①]。网络学习空间具有为师生开展学习活动提供场所，支持教师、学习者、家长、管理者等不同角色之间的交流互动，其根本目的是促进交流并提高学习效果[②]。

2. 特点

网络学习空间的基本属性是学习、社会和环境。"学习"指的是网络学习空间的根本目的是促进学习者的学习；"社会"指的是网络学习空间支持教师与学习者、家长等的互动交流；"环境"指的是网络学习空间为师生之间提供开展学习活动的场所。网络学习空间具有个性化、开放性、联通性、交互性、灵活性等突出特征[③]。网络学习空间的个性化主要体现在能够针对不同角色的用户提供不同的资源、工具、活动、服务和设计等；网络学习空间的开放性主要体现在资源和空间的开放性，资源对所有用户开放，空间能与其他系统及系统中的资源、工具等对接；网络空间的联通性指网络学习空间实现主体（用户）与主体、主体与客体（空间、资源、工具、技术、服务等）、客体与客体之间联通；网络学习空间的交互性强调它能为不同角色的用户之间的交互、学习者与资源的交互、资源与资源的交互提供平台；网络学习空间的灵活性是指在时间和空间两个维度的可伸缩性，在时间维度，学习空间既可记录学习者终身学习记录也可查询某个时间节点的学习记录，在空间维度上，网络学习空间根据用户需要可大可小，联通节点越多，空间越大。

3. 分类

根据不同的标准，网络学习空间可以划分为不同的类型。

（1）按功能分类

按功能分类，网络学习空间可以分为学习资源型空间、直播教学型

[①] 杨现民，赵鑫硕，刘雅馨，潘青青，陈世超. 网络学习空间的发展：内涵、阶段与建议 [J]. 中国电化教育，2016（4）：30-36.

[②] 李玉斌，王月瑶，马金钟，武小力，张贝贝. 教师网络学习空间评价指标体系研究 [J]. 电化教育研究，2015，36（6）：100-106.

[③] 毕家娟，杨现民. 联通主义视角下的个人学习空间构建 [J]. 中国电化教育，2014（8）：48-54.

空间、学习社区型空间、角色扮演型空间和课程服务型空间5种类型[①]。

学习资源型空间，以提供视频、音频、教案、讲稿、课件、习题、多媒体素材等教学资源为共同特征。在这种类型中，学习者可以根据学习需要自主下载或浏览，其学习方式为接受学习，知识建构方式为个体建构。爱课网（www.icourses.cn）、百度文库（wenku.baidu.com）、中国微课网（www.cnweike.cn）、TED（www.ted.com）等都属于这一类型。

直播教学型空间，以提供在线视频或音频实时直播教学为共同特征。在这种类型中，学习者的学习方式以接受学习为主，但在学习过程中可以通过留言、弹幕、评论等多种方式进行会话，因而其知识建构方式为群体建构。腾讯直播课堂（ke.qq.com）等都属于这一类型。

学习社区型空间，以提供学习交流服务为共同特征。学习者和助学者在该网络空间中具有持续的交互关系并组成学习共同体，是学习社区中的交互主体，网络空间是交互活动得以展开的环境[②]。在这种类型中，学习者的学习方式为发现学习，知识建构方式为群体建构。

角色扮演型空间，以角色代入开展探究学习为共同特征。在这种类型中，学习者以某一角色进入虚拟的学习情境中，学习方式为发现学习，知识建构方式为群体建构。摩尔庄园（mole.61.com）、Second Life（www.secondlife.com）都属于这一类型。

课程服务型空间，以同时提供课程平台、课程内容和学习支持服务为共同特征。在这种类型中，课程内容周期性更新，提供作业批改、教学答疑等，是一种全方位的课程服务。Coursera（www.coursera.com）、edX（www.edx.org）、Udacity（www.udacity.com）、中国大学MOOC（www.icourse163.org）、学堂在线（www.xuetangx.com）都属于这一类型。

（2）按通用性分类

从通用性上划分，以网络教学平台为主构建的网络学习空间可以划分为通用网络教学平台和专用网络教学平台。不论是通用网络教学平台还是专用网络教学平台，主要功能应包括教学传递系统、网络学习社区、内容

---

① 胡永斌,黄如民,刘东英.网络学习空间的分类：框架与启示[J].中国电化教育,2016(4)：37-42.

② 张立国，郭箭.对虚拟学习社区的解读[J].现代远距离教育，2009（4）：22-25.

管理系统和学习者评价系统等核心模块①。通用网络教学平台又分为商业平台和开源平台，商业平台的代表有 Blackboard（国外）、清华教育在线 THEOL（国内），开源平台的代表有 Moodle、Sakai 和 Drupal；专用网络教学平台指专门为某个机构开发的和专门为某类学科、课程开发的专用网络教学平台。

（3）按服务对象分类

按服务对象划分，网络学习空间可以分为个人空间和机构空间②。

个人空间支持不同角色用户（教师、学习者、管理者），是具有角色基本功能且可拓展的个性化工作和学习空间，是调用各类应用服务的个人应用枢纽，支持资源管理、教学管理、互动交流和信息查询等。个人学习空间基本功能有：个人管理、消息管理、资源管理、应用管理、社区管理等。教师角色空间在具备个人基本功能的基础上还应包括教学管理、学情分析、网络研修等；学习者角色空间在具备个人基本功能的基础上还应包括学习管理、学情反馈、成长记录等；管理者角色空间在个人基本功能的基础上还应包括办学情况查询、空间应用查询等。

机构空间包括班级空间、学校空间和区域空间等，能够调用公共应用服务（资源共享服务、教学支持服务、学习交互服务和决策评估服务等），支持成员管理、生成性资源管理、信息发布、活动组织和活动分析等功能。

（4）按应用场合分类

根据应用场合划分，网络学习空间可分为正规学习、非正式学习和非正规学习3种形态③。正规学习是有意图的、有组织和结构化的以课程、任务、研讨会等形式展开的教学活动，其中的学习机会、学分课程或其他正式项目通常由学校组织安排。正规学习通常有学习目标和预期结果。非正式学习可以是也可以不是有意图的、组织化的，但通常以某种方式加以组织——即便它是较为松散的组织，没有学分的。非正规学习从不需要刻意

---

① Wikipedia. Blackboard Inc [EB/OL]. （2013-08-27）[2022-06-24]. http://en.wikipedia.org/wiki/Blackboard_Inc.

② 教育部. 教育部关于发布《网络学习空间建设与应用指南》的通知 [EB/OL].（2018-04-17）[2022-06-24]. http://www.moe.gov.cn/srcsite/A16/s3342/201805/t20180502_334758.html

③ Ainsworth H L, Eaton S E. Formal, Non-Formal and Informal Learning in the Sciences[M]. Calgary: Onate Press, 2010: 48.

组织，也不以严格的课程作为引导，它不具有明显的意图与目标，非正规学习常常被视为体验学习，这也是一种最为自然的学习。

（二）网络学习空间的设计原则

随着信息技术的发展，网络学习空间的建设逐渐呈现一体化、数据化、智能化、个性化等新特征[①]。网络学习空间的设计要结合新技术发展，基于开放式的云计算架构，综合考虑教与学的相关信息、资源和服务，为教师、学习者、家长和教育管理者提供互动学习网络空间，提升学习者学习效果，促进教师专业化发展，实现课堂教学远程辐射，扩大优质资源受众群体，实现教育公平和均衡发展。网络学习空间的设计有三大趋势：强调人本中心的设计；以学习原则为基础进行设计，形成有目的的支持社会学习与积极学习的策略；增加对丰富学习体验的不同设备的所有权[②]。可见，网络空间的设计与开发要遵循的本质是"人是如何学习的"，贺斌[③]等对一般学习原则与一般设计原则的耦合情况作了归纳，如表5-4-5所示。

表 5-4-5　学习原则—设计原则的对应耦合

一般学习原则	基本含义	一般设计原则	基本含义
1. 原理性概念知识	当新知识和现有知识围绕学科的主要（核心）概念和原则加以组织时，会促进理解性学习；深层学习要求寻找模式与基本原理	1. 以知识为中心	按核心概念及其联系设计知识网络框架，并嵌入丰富的学习资源以促进学习者更好地理解
2. 有意义的学习	符号所代表的新知识与学习者认知结构中已有的适当概念建立非人为的、实质性联系的过程；主动的、建构的、有意图的、真实的、合作的问题解决过程。以活动理论作为设计框架，设计多个学习活动，提供多种学习路径、学习支架、帮助提示、学习建议以及可供选择的学习形式；促进有意义学习		
3. 先前知识、技能和态度	学习者运用先前知识建构新的理解；先前的知识技能与态度对新近的学习有重要影响	2. 以学习者为中心	完整保存学习过程中产生的历史数据以及学习行为信息，生成学习模型（知、行、情）

---

① 杨现民，赵鑫硕，刘雅馨，潘青青，陈世超.网络学习空间的发展：内涵、阶段与建议[J].中国电化教育，2016（4）：30-36.
② Brown M, Long P. Trends in learning space design[J]. Learning Spaces，2006（9）：1-9.
③ 贺斌，薛耀锋.网络学习空间的建构——教育信息化思维与实践的变革[J].开放教育研究，2013，19（4）：84-95.

续表

一般学习原则	基本含义	一般设计原则	基本含义
4. 元认知/反思	运用元认知策略来识别、监控和调节认知过程会促进学习；反思学习过程与知识，促进深层理解	2. 以学习者为中心	设计学习活动以支持高阶（复杂）思维，提供制订计划、监控反思和自我评估的机会与工具
5. 学习者差异	学习者有不同的策略、方法、能力模式和学习风格，这些是他们的遗传特征和先前经验交互的结果		提供多样化交互形式、多种学习路径和学习机会选择；设计多层次、多维度（如难易程度）的学习任务
6. 动机/主动的/需要的	学习者的学习动机和自我意识会影响学什么、学多少，以及学习过程中付出多少努力		安全的、合适的、有吸引力的、挑战—能力平衡的学习体验；支持情绪管理
7. 情境化学习	在学习时所进行的实践活动会影响学习者所学的内容。社会性支持的互动会促进学习，使互动形式多样化	3. 以共同体为中心	为学习者提供丰富的背景信息、真实的案例、范例、问题、提示、线索等；支持社会参与、手脑并用、全脑协同
8. 学习共同体			提供丰富的互动协作，知识外化与表达，反思组织的价值理念
9. 多元化评价		4. 以评价为中心	提供用于改进学习效果的形成性评价反馈，以及学习结果的评价；基于能力和绩效的评估；确保评估的一致性
10. 技术支持学习		5. 以技术为中心	基于技术的无缝连接、充足的学习资源，以及丰富的学习工具（认知、协作、反思、建构、交流工具等）、有效的学习支架以及个性化服务推送

（三）网络学习空间的功能

网络学习空间的基本功能是为教师和学习者提供开展教学活动的场所，支持教师、学习者、家长、管理者等不同角色之间的交流互动，以促进交流并提高学习效果[①]。面向学习者，网络学习空间应提供个性化、智能化的

---

① 李玉斌，王月瑶，马金钟，武小力，张贝贝. 教师网络学习空间评价指标体系研究[J]. 电化教育研究，2015，36（6）：100–106.

绿色学习环境，实时、非实时地跨时空互动交流，直播、自主点播相结合，事先学习者根据个人需要和兴趣选择名师课程。面向教师，网络学习空间要提供优秀同行教师课堂教学，实现教师与其他教师进行区域或跨区域的教学研讨，促进教师专业化发展；同时，通过学习空间数据可以了解学习者的学习和生活，以开展有针对性的有效教学和辅导工作。面向家长，网络学习空间须实现家长对孩子学习情况的全面了解，加强家校互动，同时，可以与其他家长交流育儿心得。面向教育主管部门及学校，可利用网络学习空间平台解决区域教育不均衡、优秀教育资源共享难的问题，推动教育高质量均衡发展。

基于互联网环境下的学习有连接性、学习者中心性、无边界性、社区性、知识共享性、多感觉性等特点[1]。依据网络学习的特点，一个以网络教学平台构建的网络学习空间应至少具备以下能力：课件制作标准化；一致的课件接口标准，以便系统的扩充；采用面向对象的数据库技术为教学资源的存储、管理等提供便利；方便实用的课件开发工具；多种实时的交互技术，方便学习和交流；支持多种格式的多媒体技术；具有良好的扩展性，能满足不同规模的应用；有效的安全机制和认证技术；有各种网上交流和学习的工具。

网络学习空间在具备上述基本能力和功能外还要克服现有教学平台的弊端，提高学习系统的科学性、系统性、高效性、完整性和全面性，能够支持混合教学，提高学习质量。不同类型的网络学习空间的主要功能存在一定的差异，具体阐述如下：

1. 学习资源型网络学习空间

学习资源型网络学习空间，承载大量且多样的学习资源，学习者拥有浏览和下载学习资源的权限，支持个体自主学习。国内外各类 MOOC 网站等都支持开放教育资源的开放共享，满足社会学习者的学习需求、促进学习型社会建设。

2. 直播教学型空间

直播教学型空间的主要功能是提供在线视频或音频实时直播或录播，具有互动白板、屏幕共享、实时消息、实时录制、随堂测评和教务管理等

---

[1] 赵呈领, 杨琳, 刘清堂. 信息技术与课程整合（第2版）[M]. 北京：北京大学出版社, 2015.

功能的网络学习空间。直播教学型空间拥有专业直播技术，支持多种教学场景（大班课、小班课、1V1、双师课堂等），支持多种格式视频上传或直播一键转录播，支持随堂测验并具有相应的教务管理功能。学习者在学习过程中可以通过留言、弹幕、评论等多种方式与教师或同伴进行互动交流，完成群体知识建构。

3. 学习社区型空间

学习社区型空间的主要功能是提供学习交流服务，实现学习者与助学者（教师、专家等）的交互、学习者与学习者的交互、学习者与资源的交互等多种互动形式。助学者与学习者之间通过交流、指导、答疑，提供学习支架、学习策略等形式互动；学习者与学习者间通过讨论、协作实现交互；学习者通过对资源的编辑、定制、收藏、评论、分享、创造等形式实现对资源的交互；教育微博、教育博客、个人教育网站、教育BBS等，提供关注、点赞、评论、回复、引用、"@"等多种功能支持学习者进行会话。

4. 角色扮演型空间

角色扮演型空间，提供角色扮演功能，通过特定角色代入开展探究学习。角色扮演型学习空间克服了虚拟学习社区教育模式乏味枯燥的缺点，游戏化虚拟学习社区为学习者提供"寓学于乐"的学习环境，通过游戏激发学习者对知识的热情，达到强化虚拟学习社区的目的，使其真正发挥作用。

拓展阅读 5-4-3

摩 尔 庄 园

摩尔是玩家在游戏中扮演的角色，摩尔可以装扮。一个玩家只能操控一个摩尔，由玩家控制的摩尔可以在游戏中任意变更名称和皮肤颜色。摩尔有职业，有属性，有等级。等级达到一定水平后可以学习职业。玩家可以获得职业称号。职业称号拥有相应的任务，完成职业任务可以获得奖励。玩家可同时拥有多种职业称号。

5. 课程服务型空间

课程服务型空间的主要功能是提供课程平台、课程内容和学习支持服务，是一种全方位的课程服务空间。该类型学习空间，承载有大量且周期性更新的课程资源；面向学习者提供课程检索、学习计划制订、学习情况记录等功能；面向教师提供包含公告、评分标准、课件、测验与作业、考试、讨论区六大模块的课程设计功能，以及课程发布功能、课程管理功能；在交流工具方面，提供课程讨论区，包括老师答疑区、课堂交流区、综合讨论区等互动交流功能。

三、混合教学的工具

（一）资源获取与设计工具

伴随着"互联网+"时代的发展和智能手机的普及，越来越多简单实用的 APP 和微信小程序，可以让教师快速上手，解决工作和学习中的许多问题，提高教学效率和质量[①]，教学资源开发工具能够应用于混合教学设计、教学资源开发中，帮助教师收集有效的教学资源和进行教学资源的组织与开发，能使教学内容更为直观、精彩，吸引学习者注意力和激发学习者学习兴趣。

在混合教学资源开发过程中，教师可以利用传图识字（小程序）、石墨文字识别（小程序）、图片内容抓取等工具快速抓取图片信息内容，利用讯飞语记、搜狗听写、微信声音转文字等工具快速地帮教师将音频资源转换成文本资源，提高教学资源开发效率。动画制作及视频剪辑工具可以帮助教师根据学习者学习需求自主设计微课或者其他教学视频，丰富混合教学中学习者的学习形式，如万彩动画大师、万彩演示大师、来画视频等动画制作平台制作的微课和教学视频趣味生动，能够单一地呈现知识点。讯飞快读、语音生成、语音合成小帮手等工具支持文本转换成配音，爱剪辑、剪映、万兴喵影、camtasia 等剪辑软件可以轻易地合成视频。除此之外，教师还可以通过抖音、B 站、微视频等平台即时分享自己的资源，也可以通过草料二维码、香蕉打码（小程序）、二维码生成等小工具将教学资源制作成二维码。常见的教学设计工具如表 5-4-6 所示。

---

① 吴善佳. 极简教育技术在日常教育教学中的应用[J]. 中国信息技术教育，2019（20）：75-76.

表 5-4-6　教学设计工具

图片信息提取工具	传图识字（小程序）
	石墨文字识别（小程序）
	图片内容抓取
	扫描全能王
语音信息提取工具	讯飞语记
	语音识别小能手（小程序）
	微信、QQ
网页视频下载工具	硕鼠视频
	维棠视频
	X 浏览器
动画制作工具	万彩动画大师
	来画视频
	WPS
视频便捷工具	剪映
	爱剪辑
	万兴喵影
演示文稿工具	WPS
	万彩演示大师
	希沃白板
协作办公工具	金山文档
	腾讯文档
	石墨文档

教师在混合教学资源整合的开发与应用过程中起主要作用，教师可结合课程教学的需要，选择合适的工具开发混合教学资源，形成教学资源支撑混合教学模式，条件成熟时还可将校园端优质课程资源建设成果传到开放性的教学资源共享平台，以实现教学理念、方法与资源的充分共享[①]。

如通过"手机＋软件（如剪映、抖音等）"的方式可以随手拍摄便生成微课视频，还可以用软件自带功能完成添加片头、字幕、剪切、配背景音

---

① 马晓燕. 基于慕课、微课混合式教学模式及其资源开发与应用 [J]. 宁波教育学院学报，2017，19（1）：11-13，51.

乐等编辑。现在教师已广泛采用PPT讲授课程，在对课程中的重要知识点进行拆分后，通过"计算机+录屏软件（如超级录屏）+麦克风"的方式制作微课。教师一边播放PPT一边讲述，将单个知识点通过录制电脑屏幕来生成微课视频，操作简单，画面效果好[①]。

拓展阅读 5-4-4

利用剪映制作微课

微课拥有"短小精悍"的特点，能满足学习者的碎片化学习需求，在混合教学的各个环节中得到广泛应用，深受师生的欢迎。而剪映是一款免费的视频剪辑软件，操作简单，功能丰富，支持字幕自动生成，节省了视频制作的时间成本，对教师制作微课有很大的帮助，能够快速完成多种类型的微课设计与制作。

剪映在视频处理上拥有强大的功能，剪映的音频功能包括使用素材库推荐的音乐、能够提取视频中的音乐、使用抖音收藏的音乐、导入本地音乐、支持直接录音、文字转换语音、音频自动生成字幕、降噪、变声等。剪映的视频功能有视频分割、视频长宽比例变化、画中画插入、视频变速、视频音乐自动卡点、视频特效、视频动画、视频转场、插入贴纸。APP版的剪映还支持提词器、一键成片、图文成片、创作脚本、拍摄、录屏等功能。

剪映的手机版操作更加便捷，微课创作自由性大大增强，不再受限于设备和时间，随时随地一人一部手机即可完成一节微课的制作。剪映APP解决了教师长时间使用电脑完成微课制作的时间和空间局限性，让教师能充分利用碎片时间完成高质量微课制作。

---

① 康晓明，沈庆磊，杨艺萌. 面向"线上学习"的信息化教学资源设计与实施[J]. 中国职业技术教育，2019（14）：87-92.

(二)知识管理工具及应用

1. 知识管理工具及特点

知识管理是将可得到的各种信息转化为知识,并将知识与人联系起来的过程。其重要功能就是将大量无序的信息有序化,利用数字化和知识化的手段,采用现代信息技术将信息加工整理成为知识,并将这些知识按照一定的知识结构进行有效整理,建成知识数据库[①]。

知识管理工具是指帮助学习者对知识进行管理的工具[②],能方便或提高学习者对知识的搜集、查询、分类、存储、再现等各方面的效率[③],它围绕着学习者的各个信息行为可以将大量的知识通过线性或网状的形式组织起来,以实现知识的积累、共享、查询和交流[④]。

2. 知识管理工具的功能说明

知识管理工具在混合教学中可促进学习者的知识建构和思维发展[⑤]。

(1) 支持知识建构

知识的建构需要对所学内容进行阐释、表达或展现,这是建构知识的必要方式,也是检测知识建构水平的有效方式,知识管理可以有效地帮助学习者形成组织化、多媒体化的知识库。学习者可以利用知识管理软件(如电子表格软件、统计软件、数据挖掘软件等)把积累的信息资源以文件的形式分门别类地保存放入自己的知识库中,随着知识库的逐步扩展和完善,学习者可以建立自己的知识结构体系。

(2) 支持知识搜寻

帮助学习者"在建构中学习",自由地获取必需的知识。学习者可以利用数据库技术、新型检索技术、智能代理、搜索引擎,以及网络技术、组件技术有效地解决在信息检索和查询过程中出现的问题。

---

① 赵静超,戴心来,张囡囡.知识管理对远程学习者信息行为的影响[J].现代远程教育研究,2009(5):43-45,72.

② 唐剑岚,胡建兵.自主学习模式下的网络环境设计[J].现代教育技术,2003(6):32-35.

③ 邢晓俊.作为认知工具的平板电脑对小学生认知发展的影响研究[D].南京邮电大学,2016.

④ 赵静超,戴心来,张囡囡.知识管理对远程学习者信息行为的影响[J].现代远程教育研究,2009(5):43-45,72.

⑤ 陈建军.基于知识管理的教学设计[J].中国远程教育,2007(11):38-41,80.

（3）支持知识共享

知识管理工具可帮助学习者发布评价信息或作品，以及发表学习反思等内容，在知识共享过程中，学习者对问题进行分析概括，对自己掌握的内容进行分析、总结、回顾和整理，形成文字或多媒体作品，这是认知精细加工的过程，也是知识的内化过程。

（4）支持评价反思

知识管理工具支持学习者"在反思中学习"，帮助学习者清晰地解释和表达所知，并反思他们的学习结果和学习过程，实现知识创新，促进学习者进行内部协商和意义建构，以建构个人化的意义，发展高阶思维（如批判性思维）[1]。

3. 知识管理工具典型应用举例——思维导图

思维导图自20世纪60年代由英国教育兼心理学家Tony Buzan提出以来，被广泛地应用于学习、工作、生活的各个方面。思维导图和传统的直线记录方法完全不同，看上去像是一个人的神经网络图。这种创新的笔记方法大大地提高了理解能力和记忆能力，有助于改进使用者的逻辑思维和创造性思维[2]。思维导图在教学中的应用主要有以下几个方面：一是作为先行组织者，在课程开始时给学习者呈现，让学习者对课程进行整体认识；二是教学进程引导，在教学过程中逐步引导学习者的思维和注意力；三是讨论交流，支持同伴之间的协同知识建构；四是复习总结，系统回顾之前学习的内容，将新旧知识进行联系，实现知识的深层次加工。此外，思维导图还能用来汇报、反思、评价和创作等[3]。常见的思维导图工具有思维导图APP、MindMaster、Mindmanager、百度脑图、Xmind、幕布等。

在课前教师进行教学设计时，就应创建适合学习者意义建构的环节，为有意义的情境创设问题。教师为学习者提供学习材料，并让学习者根据课前学习材料完成知识导图绘制任务，这不仅有助于学习者建立大脑中的

---

[1] 林建才,董艳,郭巧云.思维导图在新加坡小学华文教学中的实验研究[J].中国电化教育，2007（10）：65-68.

[2] 钟志贤.教学设计视域：大学教学模式的局限与走向[J].开放教育研究，2007（2）：34-45.

[3] 赵国庆.概念图、思维导图教学应用若干重要问题的探讨[J].电化教育研究，2012,33（5）：78-84.

图示结构，教师也可以通过学习者完成的思维导图情况了解学习者的学习情况，进行针对性教学。在课中，结合教学内容，教师可以通过创设情境组织协作学习，并在一旁加以引导调整，连接新旧知识，帮助和促进学习者主动完成意义建构，绘制完整的思维导图。学习者在这个过程中充分发挥了主观能动性，变被动为主动，在运用思维导图进行支架式教学中，可以将实际教学过程分3个阶段：准备、呈现、输出。而教师为学习者搭建支架、创设情境属于"准备"阶段，在呈现阶段中展示学习材料，让学习者迅速进入真实情境，激活原先大脑中的图式结构，达到较好的教学效果。输出阶段也即学习者展示本课通过思维导图进行意义建构成果和教师评价教学效果的阶段[①]。在课后，教师对学习者的思维导图进行评价，充分了解学习者在课堂中的学习情况，并给学习者展示完整的思维导图，引导学习者总结与反思，可以激发学习者的思维、拓宽思路，更好地理解知识[②]。

拓展阅读 5-4-5

以浙江水利水电学院的混合课程"大学基础英语"为例，教师在课前进行教学设计时，就应创建适合学习者意义建构的环节，为有意义的情境创设问题。运用 MindManager，在幻灯片上给出文章的"全景图"，让学习者迅速进入真实情境，激活原先大脑中的图式结构，达到较好的教学效果。结合教材 Unit6 Staying in Shape，教师首先运用 MindManager 在幻灯片上制作出文章的框架结构图，引导学习者围绕如何保持体形这个主题进行探讨：常见有哪些体形？哪些体形是完美体形？如何练就完美体形？有哪些方法？等等。然后，课堂中给定 10 分钟时间让学习者结合课文实际，发挥创造力与想象力，给未完成的思维导图进行

---

① 赵佳娜.思维导图在认知结构建构中应用模式研究——以大学基础英语实践课为例[J].中国电化教育，2014（6）：121-126.
② 魏琳璐，王重力，韩宁.XMind思维导图软件在高中生物教学中的应用[J].科教导刊（下旬刊），2020（27）：151-154.

增补完善。教师可以通过创设情境组织协作学习,并在一旁引导调整,联结新旧知识,帮助和促进学习者主动完成意义建构。学习者不仅根据课文内容对框架进行了充实,还利用 MindManager 的多种绘制模式在幻灯片上展示出自己建构的思维导图。

(三)混合教学协作互动工具及应用

1. 混合教学协作互动工具及特点

师生之间的互动是教学的精髓,混合教学协作互动工具分为协作工具和互动工具。协作工具主要支撑学习者深度参与知识建构、问题解决与过程反思[1],提供协同小组管理、协同资源创作与管理、协同项目进展管理,类似于 WIKI、有道云协作等[2],可以支持学习者围绕学习主题或小组活动开展实时和非实时的交流、同步与异步的协作[3];互动工具贯穿于整个教学活动之中,为教学实施、教学管理、教学反馈和教学评价提供互动功能[4]。

2. 混合教学协作互动工具的功能

混合教学协作互动工具能够为混合教学的互动、协作、交流和知识共享等提供良好支持[5]。

(1)支持协作互动学习

云技术的广泛运用,使得越来越多的在线协作互动工具采用了云端服务形式,实现跨设备、跨平台,一套工具可以同时在 PC、智能手机、平板电脑等不同设备与平台上使用。在混合教学开展协作学习中,小组成员可以根据需要选择合适的设备来进行协作。例如,一个关于"校园植物种类调查"的课堂实践类协作学习,利用在线协作工具,一部分小组成员可以在

---

[1] 于颖,周东岱.走向智慧:智慧型自主探究与协作式教学模式探析——基于第十二届全国小学信息技术与教学融合优质课大赛的思考[J].电化教育研究,2015,36(11):26-32.

[2] 张进良,贺相春,赵健.交互与知识生成学习空间(学习空间 V2.0)与学校教育变革——网络学习空间内涵与学校教育发展研究之四[J].电化教育研究,2017,38(6):59-64.

[3] 郑云翔.新建构主义视角下大学生个性化学习的教学模式探究[J].远程教育杂志,2015,33(4):48-58.

[4] 路光达,郭庭航,韩瑜.职业教育在线教学工具的应用研究[J].职教论坛,2020,36(8):64-69.

[5] 刘睿,徐翔.在线协作工具在 MCSCL 中的应用研究[J].软件导刊,2015,14(12):92-94.

室外通过自带移动设备对发现的植物进行实时观察记录，另一部分小组成员则在室内用 PC 端对同步共享的信息进行分析整理，形成调查报告。

（2）提供协作交流媒介

支持学习者"在交流中学习"，进行知识共享。教师和学习者可以利用在线会议、在线聊天室、在线论坛等交互媒体以及学习社区开展协作性学习与交流。只有在交流过程中多提出问题、观点，积极交流协作，才能营造混合学习环境中畅所欲言的氛围，从而得到更好的信息评估与反馈，消除学习者个体在混合学习过程中的焦虑感和孤独感。

（3）促进协作互动参与

混合教学协作互动工具在促进学习者积极参与课堂活动的同时实时采集与分析生成的教学数据。教师可以借助互动工具采用随堂测试、弹幕讨论、趣味知识竞赛等互动方式，调动学习者的学习热情，也可以利用智能录播系统及时捕捉学习者的动作性反馈，通过分析学习者面部表情与动作姿态获取学习者当前的学习情绪与教学活动的参与度，进而直观掌握每位学习者的学习效果。

拓展阅读 5-4-6

"统计建模语言 R 语言概述"课程

微助教平台是由华中师范大学与华中科技大学团队联合开发的一款面向高等教育的课堂在线互动工具，可为混合教学提供良好的互动支撑。以南京邮电大学通达学院商学院谭萍的混合课程"统计建模语言 R 语言概述"为例。

1. 课前准备

教师在每一次课前将本次课的教学设计上传到微助教课件文件中，同时，教师将教学大纲、电子教材、教学课件、作业文件等教学资料一并上传，解决学习者学习资料缺乏的问题，学习者便能及时收到提醒去查阅资料，提前了解教学内容和过程，作好课前准备。在微助教上能看到每位学习者预习资料的时间，通过设置参与预习课件的情况给出平时成绩，以提高学习者预习课程的积极性。

2. 课堂教学

（1）课堂签到。在课前10分钟，教师通过微助教签到功能系统自动发送消息，提醒学习者课前签到。签到功能包括普通签到、GPS签到和二维码签到，可以根据具体情况选择使用不同的签到方式。

（2）课堂讨论。采用微助教提问能保护提问人的隐私，让性格内向的学习者提问变得积极。另外，对于积极参与提问和课程讨论的学习者，可以设置给予一定的平时成绩附加分奖励，从而有效延伸课后学习与思考，促进学习者自主学习并积极思考。通过讨论也可以及时、方便地开展学习结果调研与反馈，并对不善于集体讨论的学习者进行辅导和教学帮扶。

（3）随堂测试。课程最后通过微助教进行随堂测试并设置测试时限，学习者通过手机或PC端完成测试。微助教系统会自动统计答题人数、学习者答案分布以及每个学习者的答案。系统会自动批阅、计算答题分数，并计入学习者的成绩管理中，作为平时成绩的一部分。教师可以实时掌握学习者的学习动态，并对未完成学习的学习者给予学习预警，以促进学习者真正参与学习。

3. 课后安排

（1）课后作业。教师通过微助教作业功能向学习者推送课后作业，学习者微信端可及时收到作业和答题提醒，并且在微信上即可完成作业和答题的提交，帮助学习者完成课后的复习巩固。答题功能能够对客观题进行在线自动化判分，同时，也可以设置作业提交的截止时间，并对尚未提交作业的学习者可"一键催交"，有效提醒学习主动性不强的学习者。学习者完成作业后可以以文件、图片或者语音的形式上传，教师可以进行下载与批改，另外，还可以根据题目的性质采用在线学习者互评＋教师评价相结合的形式。对不合格的作业进行打回，作业未提交的学习者也可以使用补交功能。

（2）课后讨论。对于一些比较复杂并且多数学习者都没有很好掌握的知识点，教师可以通过微助教开放讨论区，让有问题的学习者直接将问题发送到微助教讨论板块。这样，教师能够及时看到提问，并可设置匿名方式以保护提问学习者的隐私，有效保证学习者提问的积极性。

四、混合教学的资源

2017年,国务院颁布的《国家教育事业发展"十三五"规划》(国发〔2017〕4号)提出,"鼓励教师利用信息技术提升教学水平、创新教学模式,利用混合教学等多种方式用好优质数字资源"①。

(一)教学资源的建设规范

教师、教育管理者在设计、开发、管理和应用教学资源时,需遵守相关的教学资源建设规范,以此来保障线上学习资源共享和系统的互操作性。混合教学的线上资源部分具有范围广、种类多、格式多样的特点,难以实现资源的共建共享,不同教学系统沟通效果较差。因此,需要用标准化办法使得一个学习对象能被多个教学系统应用;不同系统之间能够交流使用彼此的学习对象。教师、教育管理者需要了解和遵守教学资源规范,在此之上才能更好地建立和使用各种不同的应用程序。例如,学习元数据标准规定了对学习对象的描述方法,教师、教育管理者可在此基础上开发用于存储学习资源的教育资源库,可帮助学习者、教育者或自动化的软件等对学习对象进行查找、评估、获取和使用。

教学资源的规范建设目的在于统一教师、教育管理者的开发行为、开发资源的制作要求、管理系统的功能要求等。国内外在资源建设规范方面已有了一些成果,教师可结合具体实践情况,规范相关资源的建设行为。学习对象元数据通过定义一个统一的结构,对学习对象进行描述,增强学习对象的互操作性。基本框架包含对学习对象的通用信息描述、技术特征、教学特征、知识产权、使用条件等信息。教师和学习者可在此规范基础上实现对资源的查找、评估、获取和使用,同时也支持学习对象的共享和互换。

DCMI 是一个国际性的电子数据对象标准研究组织,专门从事元数据标准、实践指南、支撑技术及相关政策的研究与开发。DCMI 提出的电子图书馆元数据标准被国际上广泛采用和参考。此外,DCMI 从电子图书馆元数据标准中筛选出15项要素作为学习对象数据要素(标题、创建者、科目、说明、出版者、贡献者、日期、类型、格式、标识码、语种、出处、

---

① 国务院.国务院关于印发国家教育事业发展"十三五"规划的通知[EB/OL].(2017-01-10)[2021-11-26]. http://www.gov.cn/zhengce/content/2017-01/19/content_5161341.htm

关联、覆盖面、权利）①。这些维度可对学习对象进行较为全面的描述，在教师和学习者对学习对象关键信息了解较少时，也可定位出检索关键词快速地检索，获取资源。

《教育资源建设技术规范》（CELTS_41）是我国 CELTS 标准体系中专门针对教育资源建设所制定的标准，具有很强的实践指导意义②。此标准规定了需要从哪些角度对素材进行标注；提出了管理这些素材的管理系统的体系结构以及所应具备的一些基本功能。《教育资源建设技术规范》的基本结构共包括三大部分，分别为严格遵守的必备数据元素、作为参考的并对每类资源都适用的通用可选数据元素和针对资源特色属性的分类数据元素。教师、教育管理者可依据此规范进行教学资源库的设计与开发。

教育部教育信息化技术标准委员会在学习资源类陆续发布了 GB/T 21365-2008 学习对象元数据、GB/T 30265-2013 信息技术学习、教育和培训学习设计信息模型、GB/T 26222-2010 信息技术学习和培训内容包装、GB/T 29810-2013 信息技术学习、教育和培训测试试题信息模型 XML 绑定规范、GB/T 29802-2013 信息技术学习教育和培训测试试题信息模型、GB/T 29809-2013 信息技术学习、教育和培训内容包装 XML 绑定、GB/T 29807-2013 信息技术学习、教育和培训学习对象元数据 XML 绑定规范、GB/T 28825-2012 信息技术学习、教育和培训学习对象分类代码、GB/T 36350-2018 信息技术学习、教育和培训数字化学习资源语义描述、GB/T 28824-2012 信息技术学习、教育和培训数字权利描述语言、GB/T 36642-2018 信息技术学习、教育和培训在线课程。GB/T 36642-2018 信息技术学习、教育和培训在线课程标准③给出了在线课程和评价方案的信息模型与要素、在线课程的评价原则，规定了各要素的功能和属性以及相应的 XML 绑定。在教学实践中，教师、教育管理者可依据此标准对不同类型的在线课程开展建设及评价。例如，可依据在线课程信息模型中各个部分的规定进行在线课程的开发（见图 5-4-11）。

---

① 祝智庭. 网络教育技术标准研究 [J]. 电化教育研究，2001（8）：72-78.
② 教育部教育信息化技术标准委员会. 教育资源建设技术规范（信息模型）（送审稿）：CELTS-41.1CD1.0 [S]. 北京：教育部教育信息化技术标准委员会，2020.
③ 教育部教育信息化技术标准委员会. 信息技术学习、教育和培训在线课程标准（报批稿）：GB/T 36642-2018 [S]. 北京：教育部教育信息化技术标准委员会，2020.

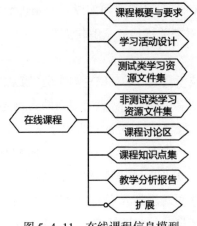

图 5-4-11　在线课程信息模型

（二）教学资源的分类及应用

教学资源分类可帮助教师、教育管理者从资源整体的角度梳理资源中各个部分的逻辑关系，了解资源的适用范围，从而更高效地应用教学资源。教学资源可从不同视角进行划分，针对不同的研究对象和应用领域，描述和分类方法也不相同。目前，国内外的数字教学资源大多是从以下两个视角进行划分的。

一是从资源元数据的视角分类，如学习对象元数据模型、都柏林核心元数据元素集、学习资源元数据规范和我国教育部教育信息化技术标准委员会于 2002 年发布的《教育资源建设技术规范》[①]。

二是从资源应用的视角分类，如教育部的《高等学校数字校园建设规范（试行）》将数字化教学资源分为在线课程、数字化教材、实验实践资源、学术报告类资源等[②]。教育部《职业院校数字校园规范》根据媒体形式，将学习资源分为 6 种类型：文本类、图形/图像类、音频类、视频类、动画类和三维模型类。在课堂与实训室数字化教学资源、数字化场馆资源和数字

---

① 教育部教育信息化技术标准委员会.教育资源建设技术规范（信息模型）（送审稿）：CELTS-41.1CD1.0 [S]. 北京：教育部教育信息化技术标准委员会，2002.

② 教育部.教育部关于发布《高等学校数字校园建设规范（试行）》的通知 [EB/OL].（2021-03-16）[2021-08-06]http://www.moe.gov.cn/srcsite/A16/s3342/202103/t20210322_521675.html

图书馆资源中，课堂与实训室数字化教学资源包括通用性基础资源和仿真实训资源。通用性基础资源分为 10 类：媒体素材、试题、试卷、课件、案例、文献资料、网络课程、教学工具软件（包括教学 APP）、常见问题解答和资源目录索引；仿真实训资源分为仿真实验软件、仿真实训软件和仿真实习软件[①]。

刘清堂提出的教育资源分类模型包括资源应用领域分类体系、资源学科课程分类体系、资源适用对象分类体系、资源教材版本分类体系、资源格式分类体系、资源类型分类体系 6 个方面的内容[②]。顾小清从实用目的分类视角、适合人群视角、课程供应商视角、媒体形式视角、支持终端视角对教育资源进行分类[③]。王瑛借鉴开放教育资源的分类标准，将教育信息化软件资源划分为"数字化教育内容""数字化工具性软件""数字化教育平台"三大部分[④]。柯清超结合当前政策文件的提法和公共物品供给机制分类方法提出数字教育资源分类框架[⑤]，此框架包含基础性资源、市场化资源、开放性资源及校本化资源 4 个部分。国家教育资源公共服务平台将平台征集的资源划分为教学素材、教学课件、网络课程、虚拟仿真系统、教育游戏、教学案例、数字图书、数字教材、教学工具、学习网站 10 类[⑥]。

数字教学资源的不断丰富，使支持线上线下相结合的混合教学逐渐成为一种趋势。混合教学的方式能为学习者提供更加丰富的学习资源，不仅有线下课堂的纸质资源，还有线上网络学习资源。教学资源的丰富性与多

---

① 教育部.教育部关于发布《职业院校数字校园规范》的通知（教职成函 [2020]3 号）[EB/ OL].（2020-06-24）[2021- 08-06]. http: //www.moe.gov.cn/srcsite/A07/zcs_zhgg/202007/t20200702_469886.html.

② 刘清堂，刘梅，谢燕辉，李浩，胡敏.面向村镇的教育资源分类体系研究与应用[J].电化教育研究，2010（12）：57-63.

③ 顾小清，查冲平，李舒愫，顾凤佳.微型移动学习资源的分类研究：终身学习的实用角度[J].中国电化教育，2009（7）：41-46.

④ 王瑛，郑艳敏，贾义敏，任改梅，周晓清.教育信息化资源发展战略研究[J].远程教育杂志，2014，32（6）：3-14.

⑤ 柯清超，王朋利，张洁琪.数字教育资源的供给模式、分类框架及发展对策[J].电化教育研究，2018，39（3）：68-74，81.

⑥ 教育部.关于印发《国家教育资源公共服务平台教育资源审查办法（暂行）》的通知[EB/OL].（2013-09-02）[2021-11-26]. https: //www.ncet.edu.cn/u/cms/www/201401/1409130132x9.pdf

样性同时也带来了资源利用率较低、学习者不知如何选择的问题。因此，教学资源应用于混合教学，需要结合教育教学理论设计出教学资源的应用策略。教学资源应用于混合教学的支持服务主要包括以教学内容为基础的基本资源、与教学过程同步更新的拓展资源和学习者共建共享的作品资源3个方面[1]。马斯洛在《人类动机的理论》一书中提出过需求层次理论，表明人的需求有重要性和层次性之分，且只有当低层次的需求得到满足之后，才会追求更高层次的需求[2]。借鉴马斯洛需求层次理论，学习者在资源支持方面也会产生不同层次的需求。其中，基本资源相当于马斯洛需要层次理论中的生理需要，即最基本的需求，基本资源能够更好地指导学习者对课程基本教学内容的理解。对基本资源的设计，要注意与课程重难点、课程主要目标的紧密结合，以促进学习者理解为出发点，且能够引导学习者对课程进行更深一步的学习。拓展资源主要是为了补充教学内容、拓宽学习者视野，是对基本资源在范围上的拓宽、在深度上的挖掘，应该结合学习者的学习兴趣和教学拓展内容来设计。另外，拓展资源可以通过当下广泛流行的订阅号进行实时推送，订阅号推送资源的优势在于学习者不需要二次下载，随时随地点击链接即可观看、学习。而学习者共建共享的资源则是一种自我实现需要的体现，即学习者通过交流分享、协作学习，共同创造出学习作品。学习者本身既是资源的分享者也是资源的创造者。这些作品会成为新的学习资源供新的学习者借鉴学习，新的学习者又会创造新的学习作品，这样无限循环、反复迭代，达到了"迭代共生"的状态，课程积累的共建共享资源会越来越多，且所有的资源都是在原来学习者创作的基础之上补充、完善、提高、升华，进一步达到从"共享"到"共生"的理念[3]。

---

[1] 白倩，张舒予，沈书生.面向混合学习的学习支持服务体系设计与实践[J].中国电化教育，2018（8）：107–115.

[2] 吴丽妍.马斯洛需要层次理论在初级中等学校教育中的运用[D].华中师范大学，2012.

[3] 孙田琳子，张舒予.迭代共生：开放课程资源建设的路径创新[J].开放教育研究，2015，21（4）：80，113–119.

拓展阅读 5-4-7

"Photoshop"课程

以某高校 PS 课程中《图层蒙版的概念及运用》为例讲述教学资源在混合教学中的应用。如表 5-4-7 所示。

表 5-4-7　混合课程《图层蒙版的概念及运用》中教学资源的应用

适合的学习方式	教学资源的类型及内容	教学资源对混合教学的作用机理
课前线上	基本资源：学习指导手册	指导学习者了解课程基本教学内容
课中线下	基本资源：微课，用学习者熟知的透明玻璃类比图层蒙版，讲解图层蒙版	帮助教师讲解抽象概念，理解重难点；促进学习者使用已有知识，迁移理解新知
课中线下	拓展资源：微课，展示"婚纱换背景"正确的操作步骤	补充教学内容，拓展学习视野
课后线上	共建共享资源：作品案例库，学习者展示自己与卡通人物的合影照片	学习者创造作品，供其他学习者借鉴学习；帮助学习者复习、巩固所学知识；引导学习者触类旁通，学以致用

第六章 实践案例篇

本章共收录了来自中国、澳大利亚、埃及、摩洛哥、秘鲁、塞尔维亚、印度尼西亚、马来西亚、菲律宾、越南10个国家的15个实践案例。这些案例旨在呈现案例的实施背景、核心问题、解决措施、效果与影响等,帮助教师和管理者理解案例体现出来的教育教学理念,学习案例中的教学设计与实践方法、教学管理策略,反思案例实施的经验和教训,同时也为研究者提供了各具特色的研究素材。

第一节 案例概述

一、混合教学案例的作用与价值

本部分的案例可以理解为个案,是已有的可作为典型事例个案的归纳与提炼。案例的基本属性可以理解为共性与个性结合,具有实践性、真实性与意义性。首先,实践案例篇归纳的案例是一个混合教学共性与个性的结合体。从共性角度讲,案例概括并归纳、提炼具有代表性的实践,其概括了众多混合教学事件的核心特征,能够帮助教师理解案例背后蕴含的普遍特征与规律;从个性角度讲,案例又代表了具体院校、教师对自身实践的理解与反应,是鲜活的、极具个性的,能够反映管理人员与教师对真实混合教学问题的分析预判断。实践性是指混合教学案例是对教学过程中所发生的典型事件的追述,直接源于实践。因此,教学案例是在教学过程真实场域中产生的,是在教学实践之后对当事人所经历的典型的、有代表性的、富有启发意义的某一个事件或某一个教学片断进行的回忆性陈述[①]。真实性是指案例蕴含了院校、课程、教师真实的信息，具有鲜活性与代入感，可以还原真实情境下的条件与信息，吸引教师主动将自身实践与案例进行对比，能够提升教师对混合教学的理解与反思。同时，案例具有意义性，其基本内涵是案例，并非一个简单的故事，是一个实践操作指南，能帮助教师将理论知识与实践知识不断融合，掌握混合教学有关的专业知识、理论、技能，锻炼、提升其独立进行混合教学管理、设计与实施的工作能力。

二、混合教学案例的使用方法

混合教学案例旨在通过对一个含有问题在内的具体教育情境的描述，引导教师和管理者对这些特殊情境进行分析与讨论。本部分的案例定位于引导教师和管理者凝练混合教学管理与教学设计及实施的实践知识，促进教师和管理者实践性知识的生成与转化。

（一）内化混合教学实践性知识

混合教学案例提供的知识是内化了的实践性知识，并且可以在很大程度上帮助教师和管理者整合在实践中不确定的知识。实践性知识生成与发展是一种"做中学"的形式，它是从经验与活动中获取知识，并将其整合到自身的认知结构之中，一方面可以应用于"结构性"较差的问题情境；另一方面也把自身的教学实践转变成了一种特殊的研究活动，教师和管理者之间可以利用案例相互探讨，并对案例进行较为深入细致的分析与解释。

（二）理解混合教学理论的内涵

混合教学理论是由概念、命题、原理等相互联系构建而成。教师和管理者在实践中感知到的混合教学及其管理实践不是理论化的分割表达，而是生动的教学问题与事件，生活世界是问题式的，而不是概念式的。混合教学案例把一些真实的问题展现在教师面前，要求他们像一个成熟的、专家型教师那样去作出反应，给他们提供了像专家型教师一样去思维的实践机会。这样的案例可以帮助教师和管理者将教学实践概念化、分解并还原成概念、命题与原理，帮助教师充分理解混合教学理论的内涵。

---

① 郭翠菊.教学案例实践含义辩证[J].教学与管理，2021（8）：1-3.

（三）分析反思混合教学的实践问题

混合教学中的实践问题是驱动教学决策的前提，也为教师和管理者分析、反思提供了重要的实践土壤。混合教学案例可以帮助教师和管理者理解教学中所出现的两难问题，掌握对教学进行分析和反思的方式。案例会把混合教学及其管理中的"两难"状况真实地反映出来，作为教师和管理者来说，通过集中案例研讨、分散案例反思等，分析案例当中涉及的各种各样问题，也就逐渐学会了如何去分析反思实践问题。

三、案例内容的基本结构

案例篇中收集了两类案例：学校案例和课程案例。学校案例主要指教育机构或跨教育机构的混合教学改革案例，课程案例则是面向单个课程或某类课程的混合教学实践。案例内容标准确定了这两类案例的总体要求、具体要求、结构要求和附件要求（见表6-1-1和表6-1-2）。

表6-1-1　学校层面混合教学案例

总体要求	·所选案例资料来源真实可信，紧贴院校混合教学改革主题，且产生过广泛的、重大的社会影响，有突出的示范意义或借鉴意义
具体要求	·理念先进，目标明确，问题典型，观点清晰且有充分的论据支持 ·阐明问题提出的背景、意义及解决的方法与过程、效果和借鉴价值 ·案例分析应突出重点，抓住要害，清晰地阐明解决方案
结构要求	·背景与问题 ·环境与资源 ·设计与实施 ·特色与创新 ·效果与影响 ·反思与经验

表6-1-2　课程层面混合教学案例

总体要求	·所选案例资料来源真实可信，突出教师在混合教学模式上的创新，对解决教师面临的实际教学难题有指导价值和借鉴意义；遵循互联网开放共享知识版权
具体要求	·案例是真实而又典型的教学事件：案例必须具有典型意义，能够给读者带来一定的启示和体会，具有借鉴价值 ·案例应以实际问题为导向，阐明问题提出的背景、说明混合教学的思路和方法、描述教学过程，反映教学效果 ·对教学情境的描述要清晰，教学观点明确，有充分的论据支持，教学分析应突出重点，抓住要害 ·对教学实施的利弊得失要进行总结和反思，有一定的看法和观点，揭示案例的意义和价值，揭示成功的原因和科学规律 ·对案例有关键影响和重大相关的教学资源、数据、工具等，可以附件的形式提供

续表

结构要求	· 背景与问题：包括课程类型、学情分析、教学目标分析，描述疑难问题等 · 设计与实施：阐述教学设计中采用的教学理念、教学方法、教学活动、环境工具、教学评价等内容，以及教学实施的过程和结果 · 效果与反思：对学习效果进行评价，反思和总结教学设计及实施中的成功与不足 · 特色与创新：总结案例的特色和创新之处，以及对同类教学问题的借鉴意义
附件要求	· 对案例有关键影响和重大相关的教学资源、数据、工具等，可以附件的形式提供

第二节 具体案例呈现

案例1：借助信息化推动本科生培养体系重构与实践

摘要：华中师范大学位于中国武汉市，现有全日制在校生31 000余人，其中本科生18 500余人，研究生12 000余人，国际学习者1 100余人，专任教师1 905人。学校将"教育信息化"列为学校发展战略，认真贯彻以教育信息化带动教育现代化的总体思路，进行了顶层设计，并依托教育部首批全国教育信息化试点高校示范项目，经过持续5年的探索实践，构建了信息技术与课程教学深度融合的、以学习者为中心的连接、共享、自主、开放、适切的新型人才培养体系。

关键词：混合教学实施、本科生培养体系、学校教学改革、教学信息化

一、背景与问题

华中师范大学将信息技术全面深度融入人才培养全过程，有效地解决了3个方面问题：一是如何充分发挥信息技术优势，通过对教学环境、内容、方法、评价等各方面的系统性重塑，构建信息时代以学习者发展为中心的高校人才培养体系；二是如何利用大数据等技术共享优质资源、创新教学方法，既能保证大规模教学的有序开展，又能针对学习者的个体差异提供个性化资源供给，解决教学活动中规模化与个性化的矛盾；三是如何营造信息时代高校重视教学、崇尚创新的教学文化，形成善教、乐教的良好氛围。

二、理念与思路

学校确立了以学习者发展为中心的人才培养理念和素质、知识、能力并重的价值取向,构建了以学为主、能力为先、更加开放和个性化的教育支撑体系。

确立了以"四个转变"为指导原则的人才培养方案,即教学方式从以教为主向以学为主转变;教学内容从以专业教育为主向专业和通识教育有机结合转变;教学空间从以课堂为主向课内课外结合转变;教学评价从以结果评价为主向结果和过程评价结合转变。通过信息技术与教学内容、过程的深度融合,不仅有效提升了学习者知识学习的主动性、能动性,而且增强了批判思考、合作、沟通、创新(4C)能力,提升了信息时代学习者的自主管理、自主学习、自主服务(3S)素养。

三、资源与教学

在资源组织方面,学校制定 A、B、C 三类数字课程资源规范,实现所有必修课网上开课,并通过自主开发及引进优质数字化课程资源,进一步扩大资源供给规模;优化通识教育、专业主干及个性发展课程的结构比例,实现教学内容的多样化供给;通过自主研发的云教学平台提供的师生一人一网络空间,共享优质教育资源;通过创新网络思政课程,促进学习者社会主义核心价值观培育。

在教学方式创新方面,学校提出并实施"物理·资源·社交"三维空间融合教学理论;研制并部署云教学平台和智慧教室,推行线上线下结合的混合课堂教学;压缩课内学时,加强导学和课内研讨,实现"把时间还给学习者、把方法教给学习者";基于大数据开展学情分析和学习过程跟踪,及时发现教学过程中的薄弱环节,精准定位学困生并进行针对性辅导,因材施教、以学定教。

四、评价与文化

在教学评价改革方面,学校建立基于数据的综合评价体系,面向教师、学习者、课程和课堂,开展多元化、过程化、发展性评价。

在教学文化营造方面,学校打造"教学节"等品牌活动,营造"重视教学、崇尚创新"的文化氛围;发挥学校在教育信息化方面拥有两个国家级科研基地——国家数字化学习工程技术研究中心和教育大数据应用技术国家工程实验室——的优势，促进科教结合，协同育人。

五、举措与创新

学校借助信息化从八大方面实现本科生培养体系的创新。

（一）修订培养方案，构建以学习者为中心的人才培养模式

贯彻以学习者为中心的素质、知识、能力并重教育理念，设计理论研究、复合交叉、创新创业3个方向，系统修订人才培养方案：在课程结构上，调整通识教育、专业主干、个性发展三类课程比重；在学时分布上，压缩课内学时20%~30%，把时间还给学习者；在教学方式上，全面开展线上线下结合的研究型教学，倡导用讲授研讨"2∶1"教学组织形式，把方法教给学习者；在评价方式上，实施基于数据的过程评价。

（二）重构教学环境，实现三维空间深度融合

提出"物理·资源·社交"三维空间融合理论，全面改造教育教学环境。在物理空间上，制定了统一的标准规范，建成60余间具有优质展示能力、丰富互动能力和智能分析能力的智慧教室；在资源空间上，汇聚自主开发和引进的优质数字化课程向全校开放共享；在网络空间上，依托自主研发部署的云平台，实现师生一人一网络空间，日常教学紧密围绕网络空间开展。构建了线上线下打通、课内课外一体、实体虚拟结合的泛在式智能型教学环境。

（三）开展进阶培训，提升教师信息化教学能力

为助力广大教师角色转变，学校构建了教师信息化教学能力发展体系（见图6-2-1）。学校对不同类型的教师开展极具针对性的培训：一是针对新进教师，邀请国内外知名学者来校内开展信息化教学能力培训、媒体技术与云端一体化平台应用培训；二是针对骨干教师，开展信息化与教学深度融合培训，解决教师在信息化教学中存在的教学效果提高和教学资源设计与制作等方面的困难和问题；三是针对种子教师，开展信息化教学能力海外拓展培训，连续4年每年组织20名种子教师赴美国纽约州立大学进行TPACK（学科与现代信息技术以及教学法的整合）研修，为信息化教学改革培育一批核心力量。

图 6-2-1　教师角色的重新定义

（四）丰富教学资源，提供更加开放的教育

研制出台 A、B、C 三类数字课程资源规范，采用自建、共享、购置 3 种方式汇聚优质资源，完成 800 余门必修课数字化建设，引进 220 余门境内外高校专业课和通识教育网络课。打破学院间壁垒，所有课程在统一的云平台上面向全校开放共享。夯实思想政治教育主阵地，利用新媒体技术实现网络思政教育可视化，2017 年，依托云平台开展"1+X"模式的校领导主持的新生思政课取得了良好效果。牵头组建湖北教师教育网络联盟，输出优质课程服务地方高校发展；开通师范生毕业后两年网上攻读教育硕士通道，提供更加持续、开放的教育。

（五）变革教学方法，推广混合课堂教学

实现混合课堂常态化应用占比超 20%，选课人次超 3 万，涌现出一大批信息化教学创新案例，显著促进了优质师资资源共享，施行传统讲授法与混合学习结合的新型翻转式教学模式，探索出破解规模化下的个性化教学难题的有效路径。以湖北高校教学竞赛一等奖获得者数统学院代晋军老师的"线性代数"课程为例，原本代老师只能带一个班，其他班由青年教师带，教学质量受到影响。采用"1+N"混合课堂教学后，代老师可以一人同时带 8 个班的课程，由青年教师担任助教，依托云平台采用大数据技术对每个学习者情况进行精细化分析和及时精准辅导，极大共享了名师资源，8 个班平均成绩实现整体同步提升，实现了规模化前提下的个性化教学。

（六）改革评价方式，开展基于数据的综合评价

建立教学基本状态数据库，从学习者在智慧教室的课内学习行为、云教学平台的在线作业和研讨情况、测验考试情况及日常生活情况等多方面采集数据，为学情诊断、综合评价和学业规划提供支撑；依托云平台开展大数据支持的过程化评价,将平时成绩占比从 20%~40% 升至 50%~80%,施行基于数据的过程性、发展性评价。

(七)优化管理服务,构建育人新生态

通过基于信息门户的一站式服务、基于校园网格的一张网管理、基于学习者成长档案的一张表跟踪,实现从学习者录取到毕业的全过程跟踪服务,体现自主管理、自主学习、自主服务的 3S 育人理念。形成了以信息化为支撑的思政、通识、专业、实践教育和管理服务"五位一体"育人生态(见表 6-2-1)。

表 6-2-1 华中师大以信息化为支撑的育人生态

思想政治教育	通识教育	专业教育	实践教育	管理服务
·形成了思想政治网络体系 ·利用信息化开展思想政治教育,帮助大学生树立正确的人生观、世界观、价值观	·资助建设 150 门数字化通识教育核心课 ·开设 130 门新生研讨课 ·与境内外高校共建共享优质资源60 多门	·各专业基本完成专业主干课数字化资源建设 ·全面开展研究性教学(小班授课达 70%) ·10% 以上的课程采取翻转式教学	·建设创业教育创客空间 ·实行了社群(创新创业)学分认定制度 ·建设 300 多个数字化教育见习资源	·树立管理育人观念,不断提高管理服务的质量和水平 ·组织学生积极参与到自主管理与服务中

华中师大的五位一体育人生态

(八)设立教学节,营造教学文化

首创"教学节"品牌活动,自 2015 年起每年举办为期一个月的"教学节",包括教学公开课、教学工作坊、教育教学改革论坛、东亚教师教育国际研讨会、学习者信息化学习能力竞赛、师范生"卓越数字化教师"教学技能竞赛等一系列丰富多彩的活动内容,在全校范围内营造出重视教学、崇尚创新的文化氛围。自 2013 年起每年开展教学创新奖评比,重点关注教师的创新策略和学习者的学习效果,对获奖教师配套专门奖励政策,并在职称评聘方面予以倾斜。

2017 年,华中师大混合课堂选课学习者高达 3 万人次,线上学习的学习者达 10 万人次。学习者学习积极性和满意度连续 5 年提升,学情调查显示,经常进行网络学习的学习者比例高达 85%,75% 的学习者认为混合学习更有助于提高分析和解决问题的能力。近5年来学习者在各级学科大赛中共获奖1 026项,其中国家级赛事获奖349项。

华中师大培训教师1 500余人次,选拔赴美国研修的种子教师80余名。教师制作数字化教学资源累计达6.58T,2017年开设混合课堂746个。88%的教师能够综合学习者在线学习情况、活动情况、学习成果等进行教学自我评价和反思。

华中师大的学校信息化经费投入实现统一归口、统筹使用,2012年以来,投入信息化建设及教学改革经费超过2亿元。通过建立学习者事务大厅、开展一站式服务、一张表监测、一张网管理等多措并举,学校教学与办公空间等各类资源配置得到明显优化,教室等公共空间利用率显著提升,教师逐步摆脱烦琐的填表,工作负担显著降低。

作者:刘清堂,华中师范大学人工智能教育学部副部长、教授。

案例2:大学通识课混合教学探索

摘要:本案例介绍了在全日制高校(中国中山大学)通识课中开展线上线下混合教学的典型案例,探索在选修课混合教学中如何保证线上学习质量、翻转课堂上如何进行针对性指导,以及如何通过智能手机APP辅助线上线下混合教学等问题,对同类课程开展混合教学具有指导意义。

关键词:公选课、混合课程、混合教学、翻转课堂、智能手机APP

一、背景与问题

中山大学是一所研究型大学,在中国综合排名前10以内,在QS排名为前100名。"创新思维训练"课程教师是一名资深的教育技术学者和创新教育专家,拥有若干名教育技术学研究生和曾经修过这门课程的本科生作为助教。课程最早开设于2010年,最初是作为教育技术学研究生的专业选修课;2013年开始向本科生讲授部分内容;2015年主讲人将课程主要内容制作成线上课程(慕课),并出版了自编的教材,2016年开始进行线上线下混合教学。学习者可自由选课,每期人数控制在120人以内。每周开课一次,每次2学时;一共18周,总计36学时,计2学分。选修这门课程的学习者来自全校各院系与专业,大多是大一、大二的学习者,尤以大一的新生居多。在开展混合教学过程中,任课教师遇到下列两个最常见的问题:

- 作为一门公选课,学习者往往抱着一种听听就好的态度,不愿投入过多时间和精力。在这种情况下如何保证线上学习质量?
- 在大班教学的情况下,如何开展有针对性的课堂练习和互动?

二、设计与实施

(一)课程设计

教师为这门课程设计了5个目标层次:树立创新思维意识、培养创新思维习惯、了解创新思维原理、掌握创新思维方法、完成创新思维实践。5个目标由低到高、循序渐进。

教室是由学校教务部门统一安排的多媒体教室,拥有电脑、投影屏幕等基本设备。教师有时会要求安排到课桌椅可以移动的教室,以便开展分组活动。所有学习者都有智能手机,绝大部分学习者有笔记本电脑。

由于已有了线上慕课,教师决定采用线上线下混合教学;又因为这门课程性质不是以知识传授为中心,而是以思维训练为重点,因此采用完全的翻转课堂教学模式:线上让学习者通过慕课自学知识性内容,课堂里开展相关的思维训练。线上学习安排12个学时,占总学时的1/3;课堂教学为24学时,占总学时的2/3。线上学习与线下学习常常交替进行,便于内容上的相互衔接与配合。学期的最后几周时间,安排学习者自主完成创意作品,公开展示并进行评价。

学习评价由平时学习成绩、期末考试成绩与创意作品成绩三部分构成。平时成绩占总分的60%,主要由线上学习成绩和课堂学习表现两部分构成;期末考试成绩占总分的20%,包括主观题与客观题两部分,主要检验学习者对课程知识的掌握与应用情况;创意作品成绩占总分的20%,可以个人或小组的形成完成。

课程的平时学习成绩主要依靠一款移动学习APP帮助统计。教师可将网络课件、电子教材等数字资源上传到云端,学习者和教师可通过电脑端和手机端访问线上学习资源,并开展各种教与学活动。APP将学习者大部分学习活动记录下来,作为评定平时学习成绩的主要依据,如签到、讨论、作业、学习者互评作业、回答问题、问题抢答等。

(二)教学过程

本课程内容一共分为十五讲,每学期教学都是从开学第一周开始,按照教学计划表逐周展开。课程教学并没有完全按照教材和视频的顺序,而是根据实际教学需要作了适当的调整。课堂练习与线上学习进度相配合，一般三讲教材和视频内容配合一次课堂集中练习。

线上学习流程如下：提前一周发布导学案或导学视频，学习者自主开展线上自学；到了每周上课时间，教师通过手机在学习通上发起签到，学习者手机签到后继续自学慕课1小时，并完成每讲后的练习题；教师再通过手机在学习通平台上发起讨论和布置练习，可通过学习通选人或抢答功能，要求学习者回答问题和完成练习；到了下课时间，教师再一次发起签到，通过学习通直播功能总结本次线上学习情况，并回答一些学习者的问题。

课堂学习流程如下：课前5分钟现场签到，教师先让学习者做一些热身游戏，接着布置思维训练内容，组织学习者开展个人和小组思维练习，完成课堂作业；然后通过学习通发起课堂提问和抢答，对学习者的练习和作业进行点评与互评；最后，布置下周学习任务；到了下课时间，再进行一次现场签到。

三、效果与反思

（一）课程效果

每学期期末教师都会向学习者发放问卷，进行无记名调查，评教分数在90分以上，平均为95分左右。学习者在问卷后开放式留言中大多给予课程较高评价，对其中的一些游戏与训练环节印象深刻。一些本校教师和外校教师旁听课程后，也给予高度评价。在申报国家一流课程过程中，学校组织了以原教学副校长为首的专家委员会对课程进行评审，也作出了高度评价。课程在2017年和2020年分别通过了首届国家精品在线开放课程、第一批国家级本科线上一流课程和线上线下混合式一流课程认证。

（二）课程反思

1. 如何保证线上学习质量？

本课程采用线上学习+翻转课堂的教学模式。为了不占用学习者太多的课余时间，教师从课程总学时中拿出了约1/3的课时给学习者线上自学之用。然而在运行一两个学期之后发现，尽管给学习者留出了线上学习时间，但并不意味着学习者就一定会在规定时间内认真学习线上课程内容。学习者较少进行课前自学的原因主要有两方面：一是长期应试教育形成的被动学习习惯；二是线上学习缺少集体学习氛围，对学习者的自律性要求较高。于是，教师采取了提前发布导学案、打造线上虚拟课堂、课堂教学时提问学习者、提高平时学习成绩权重等对策。线上虚拟课堂即利用手机学习通 APP 的课堂管理功能，在线上学习时间进行线上签到，开展线上讨论活动、营造线上共同学习氛围。所有线上线下的学习活动都计入平时学习成绩，平时学习成绩在总分中的占比由原来的 20%，提高到 60%。实施之后效果良好。学习者在课堂练习前完成线上学习任务的比例实施之前为 40%~50%，实施之后提高到 90%~100%。

2. 如何在大班教学中开展针对性指导和课堂练习活动？

在大班教学（人数在 50 人以上）情况下，教师会事先将学习者分成若干学习小组，并为每个小组配备一名助教参与小组的课堂学习活动，提供必要的指导与帮助。小组讨论的问题可根据具体情况有所差异，并接受教师的统一指导。

不足之处就是教师对学习者的要求不能太高。由于中山大学实行选修课第 1 周至第 2 周试听，可以放弃选课或改选其他课程的制度，如果教师对学习者要求较高，学习负担较重，学习者有可能不选这门课，或选了之后又放弃并改选他课。所以，教师不得不在保障教学质量和迎合学习者心理之间求得平衡，一定程度上降低了教学期待。

四、特色与创新

（1）本课程提供了在大学公选课上开展混合教学的实践经验，尤其是在保证学习者线上学习质量方面的几点有效做法；

（2）本课程充分利用智能手机和学习通 APP 的移动学习及教学管理功能，在连接线上线下学习、调动学习者参与学习和互动的积极性、统计学习者平时学习活动等方面发挥了重要作用，为手机进课堂提供了成功的经验。

（3）探索出一整套在大学开展创新思维训练的内容、方法与模式，其中，一些内容与方法具有原创性，积累了丰富的教学案例，出版了 3 本教材与参考书，并发表多篇研究论文。

作者：王竹立，中山大学教师发展中心。

案例 3：系统推进职业院校混合教学改革

摘要：山东科技职业学院以培养技术技能型人才为目标，围绕人的全面发展，建设数字化智能环境、创新教学模式、丰富数字教学资源、提升师生信息素养，变革教学评价，系统推进混合教学改革，构建了新型的职业教育人才培养模式，服务新时期中国发展对技术人才的需求。通过混合教学改革，教师的教学方法更加灵活、手段更加丰富；教学质量纵向比较有明显的提高，学习者的自主学习能力和终身学习意识提升显著。

关键词：混合教学实施、学校教学改革、师生素养、教学质量、技术技能人才

一、背景与问题

山东科技职业学院位于中国山东省潍坊市，是一所全日制公办高职院校，学院开设了纺织服装、机电工程、机械制造、信息工程等 11 个专业群 51 个专业，在校生 20 490 人。学院自 1997 年开始信息化校园建设，2008 年引入清华教育在线（Tsinghua Education Online，THEOL）平台，应用信息技术实施教育教学管理改革；2013 年启动学习者学习行为挖掘项目；2014 年遵循"一体化设计、结构化组织、颗粒化建设"逻辑，创新混合教学评价模式，形成了以"线上、线下、职场化"为主要特征的"现代职教课程"，全面推行混合教学；2015 年，结合专业需求，建设智能教室、教育大数据平台、虚拟仿真平台等信息技术环境，支撑翻转课堂、协作学习等课堂教学改革。

二、设计与实施

（一）建立网络教学平台，服务人才培养全过程

THEOL 网络教学平台是学院信息化教学综合服务平台，融合教、学、管、评、测于一体。"教""学"支撑了学院的混合课程开发、实施和在线学习管理；"测"实现了学习进度与结果实时分析及即时反馈；"评"实现了系统性评价、教学质量运行保障；"管"实现了教学管理，为数据赋能提供源头数据。

（二）建设智慧教学环境，助力课堂实现"四转变"

学院根据不同专业需求，建设服装设计、物联网等专业型智能教室 49 间；围绕学习者的"做"和专业职场化特点，建设理实一体化教室 168 间、可自带笔记本上课（BYOD）教室 32 间。具体来说，根据专业需求，建设服装设计与制作专业、物联网技术专业、商务管理专业等多个具有专业特

色的智能教室，解决了示教、分组研讨、分组教学、协作难点等问题。围绕"教、学、做"一体化的理念，结合专业需求，在实训室打造教学、研讨、指导训练的信息化环境，解决"围观"问题，指导线下训练、考核等问题。完善信息化与"职场化"环境，实现了由传统课堂教学模式转变为"以学习者为中心"的课堂教学改革。

（三）建设海量教学资源，推进学习者个性化培养

（1）建设线上课程超千门。基于校内优慕课教学平台开设课程813门，其他平台开设课程200余门。

（2）虚拟仿真教学深度应用。依托学院的山东省智能制造公共实训基地和虚拟仿真实训平台，按照基础能力、核心能力、综合能力、岗位能力的职场能力递进规律，融合实训教学场所及适用虚拟仿真的实训课程内容，联合西门子、东方仿真、上海景格等企业，共同建设81套虚拟仿真教学系统，解决实训教学中的"三高三难"问题。

（3）承担国家资源库建设项目。建设服装设计专业、汽车电子技术专业2个国家资源库，主持资源库子项目19个。

（四）建设大数据中心，数据赋能教学相长

利用大数据中心和针对改进平台采集业务系统、教学过程的数据，形成教学主题数据库，利用分析模型、智能化教学环境，课前数据赋能老师精准"了解学习者学情"；课中数据"温度表"驱动学习者深度参与课堂；课后数据赋能教师精准辅导，实施个性化教学。目前，大数据中心日更新数据超500万条。

（五）提升师生信息素养，增强教学改革活力

（1）建立教师信息化素养培训体系。聚焦于提升教师的施教能力、科研和社会服务能力，搭建线上、线下两种方式和校外、校内、系部3个层面的教师信息化素养培养体系；设立教师发展中心，成立教师之家，整合校内外资源，以及教师各种形式的专业培训。

（2）建立学习者信息素养提升体系。学院致力于改革信息技术基础课程，承载信息素养提升课堂培养任务；组建学习者信息技术支撑团队，建立覆盖到班级的学习者信息员培训与推广体系；学校举办多种形式的信息技术大赛。

（六）实施过程性评价，提升育人质量

学院设定过程评价标准，充分利用课程平台和诊改系统中的大数据，记录学习者成长过程，基于学习轨迹形成画像，进行过程监控和自我诊断，形成"预警—改进—提升"的过程性评价机制。

三、特色与创新

（一）构建"两线三级"教师发展服务体系，提升教师信息化教学能力

构建了以校本培训为核心的教师混合研修模式：

（1）通过"在线学习"与"面对面实战培训"相结合的混合研修，创新教师工作坊、教学沙龙等活动形式，系统推进学院教学团队整体信息化课程开发与实施能力。

（2）先后邀请教育部、山东省、清华大学等的教育信息化专家对教师进行混合教学模式创新、信息化课程开发能力培训与课程设计等给予指导、点评。

（3）组织每位专任教师与教学管理骨干，学习"翻转课堂教学法"等在线培训课程，并在线学习、体验一门本专业的 MOOC。

（4）建立教师成长在线视频档案，记录、分析教师成长过程。

（5）建立信息化交流平台，为教师提供互动交流的场所；利用信息技术，创新职教教师专业发展工作机制，促进教师发展。

（二）信息化环境创新

搭建了涵盖教、学、管、评、测于一体的 THEOL 平台，全面推行"线上、线下、职场化"的混合教学改革。线上：开设 1 000 多门课程，配合虚拟仿真教学软件、课程资源库等丰富的线上资源，支持混合教学的实施。线下：创建专业特色的职场化环境，配合"时时、处处、人人"的信息化支持，按照"一专业一方案"的理念，设计具有专业特色的服装、物联网、商务管理等专业智慧教室，很好地解决了分组教学、协作学习、协同开发等体现学习者主体地位的教学活动。

（三）数据应用创新

利用线上课堂与智慧教室系统精准记录了学习者混合教学过程数据，形成数据画像，及时反映学习者学习状态、行为状态。课前数据赋能老师精准了解学习者情况；课中数据赋能教师引导学习者深度参与课堂；课后数据赋能教师精准辅导，实施个性化教学。

（四）质量保证机制创新

制定了《山东科技职业学院内部质量保证体系诊断与改进实施方案》《现代职教课程推进工作实施方案》《现代职教课程管理评价办法》等一整套保障制度和激励评价机制；建立教与学的目标链和标准链，形成教学质量螺旋提升的闭环机制。重奖课程建设优秀、实施成效显著的教师，提升了教育教学水平，充分调动了师生的参与性、主动性。

作者：刘英群，清华大学教育研究院

案例4："教育技术研究方法"混合课程探索

摘要："教育技术研究方法"是江南大学教育技术学专业核心课，面临理论与实践脱节、知识传授式教学无法较好激发科研动机两个问题。秉持"围绕问题解决与知识建构开展混合教学，面向任务推进与问题解决的需要设计内容与资源，基于学习过程的证据进行嵌入式评价"理念，按照"任务—问题"逻辑重构课程内容；采用协作知识建构教学法设计混合教学，引导学习者在研究过程中学习方法；基于学习过程数据开展过程评价，围绕学术海报开展结果评价。

关键词：教育技术研究方法、问题解决、嵌入式学习评价、混合学习

一、背景与问题

（一）课程类型

"教育技术研究方法"课程是教育部教育技术学本科教指委确立的专业核心课，也是江南大学教育技术学专业核心课。课程面向江南大学教育技术学专业大三学习者开设，采用线上线下混合教学。课程时长为一学期（16个教学周），每周2个线下学时（每学时45分钟），一学期约为12个线上学时（折合成45分钟/学时）。

（二）学情分析

认知水平：大三学习者在过去的两年时间里，学习过教育统计与测量、新生研讨课等相关课程，具有一定的开展研究的基础知识和技能储备；通过假期社会实践、大学习者双创项目等接触过的研究，对教育技术研究方法有碎片化的经验性认知。

学习态度：本课程是在大三下学期开设的必修课。此时，学习者处在准备考研或者就业的专业发展规划关键期，课程对于未来打算攻读研究生的同学具有极强的吸引力，这些学习者学习态度良好；但部分未来打算就业的同学无法感知到本课程对自己的实用价值，因此在课程开始之前，对课程的期待不高。

（三）教学目标分析

江南大学作为研究型大学，高度重视学习者研究能力培养。教育技术学专业人才培养方案指出：“学习者须具备教育科学研究的基本素养、能运用适当的研究方法解决教育信息化场域实际问题。"

与上述要求相适应，课程构建了"知能+思政"目标体系。学习者学习本课程后，在知识方面能够演示教育技术常用文献数据库及其使用方法；能列举教育实验法、基于设计的研究等常用研究方法的一般步骤。在能力方面应具备以下几个方面：批判性地分析已有研究，撰写文献综述的能力；发现教育信息化领域的研究问题，以及分析问题、解决问题的能力；凝练研究成果，开展研究反思的能力。在思政方面树立严谨求真的学术态度，在学术领域具备攻坚克难的品质。

（四）疑难问题

本课程已在江南大学开设了20年，最近一次教学改革之前，面临的核心疑难问题有二：

第一，理论与实践脱节。学习者学习后，停留在理论层面，无法用所学知识指导自身研究。本课程的解决策略：引导学习者在做中学，用开展课题研究的方式来学习研究方法。

第二，围绕知识点的传授式教学无法较好地激发科研动机（尤其对未来不准备攻读研究生的同学）。本课程的国际国内常见教学方式为：以不同的方法为内容分割逻辑，围绕核心的几种研究方法及其知识点开展系统教学。但部分学习者认为所学知识点零散、枯燥，很难提起自身的科研动机和兴趣，对自己的思维提升作用也不大。本课程的解决策略：将围绕知识点开展教学变成围绕"科研过程中的问题"开展教学，把知识点以在线视频资源的形式嵌套在问题解决所需资源中，学习者在问题解决的过程中主动获取与应用知识，完成科研任务。在夯实课程知识的基础上，提升高阶思维能力。

二、设计与实施

(一)教学理念

课程教学理念为:围绕问题解决与知识建构开展混合教学,面向任务推进与问题解决的需要设计内容与资源,基于学习过程的证据进行嵌入式评价。基于上述理念,课程开展了顶层设计,框架如图6-2-2所示。该框架围绕课程目标,以教学法、课程内容与资源、学习评价3个方面为抓手,具体呈现了对上述理念的落实。

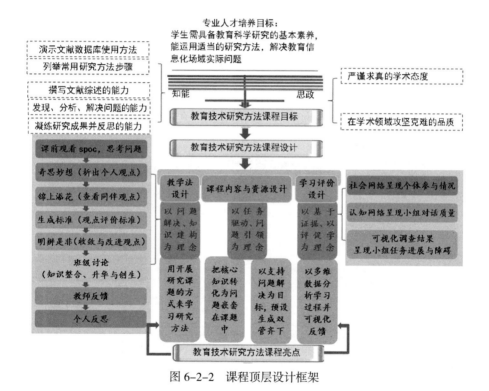

图6-2-2 课程顶层设计框架

(二)教学方法与活动过程

1. 方法选择及依据

本课程的混合教学采用协作知识建构教学法。如前所述,学习者在正式学习之前,对于教育技术研究方法有碎片化的经验性知识,这些知识得以整合的最佳方式是在教学中引导学习者将碎片化的知识在真实的问题情境中激发为"观点"加以陈述,再通过与教师和其他同学的对话,对观点进行改进和升华——这符合协作知识建构的基本运行模式。

2. 方法应用准备

(1)课程内容重构。课程内容由5模块、16节构成。

5模块:在本课程中,各小组用时一学期,实施一个与当前教育信息化密切相关的教育技术微课题,完成选题到结题的5个核心任务:提出有教育技术"范儿"的研究问题、写出规范的文献综述、作出缜密的研究设计、得到科学的研究结果、作出高质量的学术成果汇报。课程内容的5个模块即为上述5个任务。

16节:团队将16个方法层面的核心问题嵌套到上述5个核心任务中。设计了"这份研究报告有何不足?我们研究什么题目?"等16个问题。学习者每周课程解决一个问题,并在学期末形成一份自己小组课题的海报,海报由研究背景、研究问题、研究现状、研究设计等7个部分构成。与此相应,课程内容含16个以问题命名的节,如图6-2-3所示。

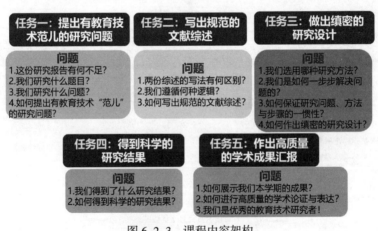

图6-2-3 课程内容架构

(2)学习资源准备

课程含900分钟视频、学习单16张、PPT16个等系列学习资源,并通过预设资源、生成性资源相结合的方式解决预设资源不一定适合当届学习者的问题。学习者为提升小组课题质量,主动整合与利用资源的动机强烈。

（3）学习环境准备

线下教学在智慧教室开展，教室平台自动记录教学全过程。线下学习时，4~6人一个小组，同组同学坐在一起，异组同学之间间隔一排（见图6-2-4左侧所示）或一个过道（见图6-2-4右侧）。

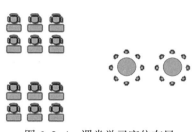

图6-2-4　课堂学习座位布局

线上教学环境为学习通平台，内置任课教师自行录制的、覆盖了解决问题所需核心知识的spoc视频，以及针对每节课设计的学习活动，（见图6-2-5）。

图6-2-5　课程线上教学环境

3.教学活动与过程

课前（一般是线上）：提出本节课要解决的核心问题，引导学习者在线观看视频，之后学习者基于自己小组的课题思考核心问题，带着自己的观点来到教室。

课中（线上线下混合）：所有教学过程均在腾讯共享文档和学习通平台的支持下，以"教学活动"的形式呈现给学习者。基本流程包括：每位同学查看小组同伴的观点、小组集体协商生成观点评价标准、依据评价标准收敛和改进观点、班级在学习通中开展讨论进一步升华观点。学习者在完成活动的过程中再次有针对性地查看在线视频，夯实所需基础知识。在课中或下节课初开展教师反馈。图 6-2-6 为模块 2 中第 2 节的课中学习活动与过程。

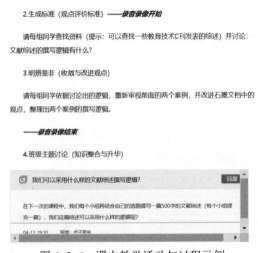

图 6-2-6　课中教学活动与过程示例

课后（线上）：每位同学完成一篇反思日志。学习者在学习通中收到老师设计的反思问卷，这些问卷通常包括对小组协作解决问题过程的反思、对课题研究进展的反思。上述教学活动与过程如图 6-2-7 所示。

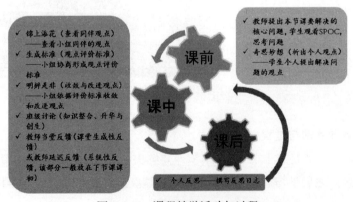

图 6-2-7　课程教学活动与过程

(三) 教学评价

1. 过程评价

课程总成绩由平时成绩（40%）和期末成绩（60%）构成。依托过程性评价给出的平时成绩源于"证据"。采用录音、录像、平台数据下载的方式收集学习过程数据，从表6-2-2所示的3个方面评价。过程评价旨在找出学习者在学习过程中的不足，以可视化的形式反馈给学习者，以评促学。

表 6-2-2　课程过程性评价框架

评价指标	表征该指标的数据	获得该数据的技术
交互参与情况	小组成员在交互（线上讨论、线下对话）中形成的社会网络	UCINET
小组对话质量	小组成员在讨论中形成的认知网络	网站 http://www.epistemicnetwork.org/
任务进展状况	任务感知与监控、认知冲突等	自行设计的在线调查问卷

2. 结果评价

课程期末要求每个小组制作一张学术海报，从选题敏感度、前沿把握能力、学术思维、数据素养、设计与审美5个维度找到海报对应的具体表现点，并通过这些点来综合评价小组的研究能力和思维。

三、效果与反思

经过一学期"做中学"，每组协作制作了课题学术海报。学习者具有高获得感，通过实践应用了基础知识，提升了研究能力，破解了本轮教改面临的两个问题。但是，由于本课程混合教学的线上学习部分自由度大，没有配套的监督和评价机制，导致有部分学习者不重视基于在线视频资源的自主学习，相关基础知识掌握不牢固。对于这一问题，后续课程将通过完善在线学习部分的监督与评价机制来破解。

四、特色与创新

课程特色：将原本知识体系抽象、以教师传授为主进行教学的课程变成基于实践主动开展知识建构的、以学为中心的课程。

混合教学法创新：教学过程不是单纯的知识传授过程，而是学习者围绕自己小组的课题，主动探究、积极解决问题、完成课题任务的过程。教师围绕学习者学习需要的资源和出现的问题进行有针对性的学习支持服务。

教学评价创新：改变了以往偏重理论考试的模式，期末用课题学术海报代替试卷进行考核，对学习者一学期的实践研究成果进行评价；平时基于"证据"而非"经验"来评价学习过程，以评促学。

作者：马志强，江南大学教育学院教授

案例 5：基于联通主义的混合课程教学探索

摘要：为适应"互联网+"时代知识的新特征，探寻与新知识观相适配的课程实践形态，北京师范大学远程教育研究中心、互联网教育智能技术及应用国家工程实验室、北京师范大学基础教育大数据应用研究院，以及江南大学"互联网+教育"研究中心联合开发了国内第一门基于联通主义的混合课程。课程依托团队自主搭建的 cMOOC 平台，以"开放""共享""互动""创新"为理念，关注互联网推动教育变革的实践策略和创新理论，围绕"互联网+教育"的五大主题开展线上线下自主研讨和在线协作问题解决。课程为互联网教育领域的研究者、实践者、管理者等搭建了一个畅所欲言的平台，聚焦热点话题、探索前沿领域、分享资源工具、开展广泛互动，促进理论与实践的深度对话，通过群体智慧会聚的方式解决互联网推动教育领域变革与创新过程中的真问题。

关键词：联通主义、互联网+教育、线上线下混合、新知识观、新学习空间

一、背景与问题

互联网创设了人类生产生活的第三空间——信息空间，在新空间中，知识的生产与传播已然发生变化，半衰期缩短，更新速度剧增。面对知识超载和急剧变化带来的挑战，很多情况下个体试图掌握某一领域的全部知识已不胜其任，也难以运用原有的定理和规则去解释和指导日新月异的实践。"互联网+教育"领域的知识更迭与涌现便是典型缩影，其变化速度快、差异大，具有极强的创新性、情境性和不确定性，缺乏系统化的理论指导。而联通主义指导下的混合学习课程作为一种社区型课程形态，正是面向孕育这一类新知识的沃土：在这类课程中，学习的目的不是知识的占有和掌

握，持续建立和优化连接更为重要；知识存在于网络中，已有的知识是循环的起点，在情境中被赋予意义，同时，依托管道得以流通、关联和发展。因此，为了深刻把握"互联网＋教育"创新的内外部动因，揭示"互联网＋教育"的本质内涵和外在特征，解决"互联网＋教育"实践中的真问题，2018年10月，北京师范大学远程教育研究中心、互联网教育智能技术及应用国家工程实验室、北京师范大学基础教育大数据应用研究院，以及江南大学"互联网＋教育"研究中心联合开发了国内第一门基于联通主义的混合课程——"互联网＋教育：理论与实践的对话"。

该课程遵循新知识观和联通主义学习理念，旨在为互联网教育领域的研究者、实践者、管理者等搭建一个畅所欲言的平台，共享、共创群体智慧，协作解决互联网推动教育领域变革的真实问题，提炼创新理论与实践策略；帮助学习者发现自身的兴趣点并探索生成与之相关的个性化知识体系，结识一批互联网教育领域志同道合的同伴，构建个性化人际网络。课程面向7类人群：（1）教育技术专业的优秀本科生及其他专业对此话题感兴趣的学习者；（2）教育创新相关管理人员；（3）互联网教育领域研究人员；（4）教育技术硕博生及研究人员；（5）互联网教育领域从事技术与产品研发、课程与资源设计、服务与市场营销等的企业人士；（6）互联网教育领域的创业者；（7）其他感兴趣的企业或者政府人士。

二、设计与实施

（一）课程主题与运行方式

该课程围绕"互联网＋教育"的五大主题开放教学，五个主题包括"'互联网＋教育'的哲学观""线上线下教学空间融合""社会各界教育资源共享""消费驱动的教育供给侧改革"和"精准高效的教育管理模式"。这类主题复杂、开放、无边界、非结构化，为学习者创设了一个内容开放和发散思维的讨论方向，适合联通主义的学习方式，学习者可据此开展自主研讨。同时，该课程支持学习者自由组队，围绕"互联网＋教育"实践中的真实问题开展协作，促进深度联通和知识创生。截至2021年8月，课程已完成6期运行，每期课程运行约12周。主题运行时长依照难度或当期课程组织形式灵活变化，如前两期课程采用每个主题讨论2周的形式，而第三至第六期课程采用每个主题运行1周的形式，同时增加协作问题解决活动5周。

（二）课程学习方式

课程采取线上与线下交流相结合、案例剖析与理论研判相结合的学习方式。学习者不仅是知识的消费者，还是知识的贡献者和创造者。促进者虽为课程学习者提供了丰富的内容选择，但这些材料只是学习的起点，学习者可充分发挥自主性与思维活跃性，课程内容由促进者与学习者共建共创，在社群持续交互过程中动态生长。学习者基于学习兴趣，通过持续地寻径（如阅读周报中提供的生成性资源、案例和讨论帖）、意会（参与讨论和评论）、沉淀（反思认识、分享疑惑）、建网（建立网络关系）来促进联通和知识创生。

（三）课程学习环境

课程创设了高度开放、联通化、分布式的学习空间（见图 6-2-8），支持学习者自主选择工具和技术开展学习。课程团队自主搭建的 cMOOC 平台（http://cmooc.bnu.edu.cn）作为主平台支撑在线学习基本活动、汇聚分布式平台内容、提供个性化学习支持等，其他分布式工具辅助支持各类同步、异步交流，与主平台联通共同为社会化交互、网络构建和知识创生提供服务。

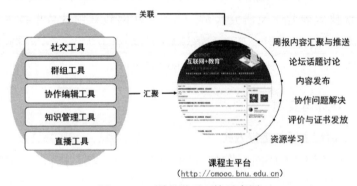

图 6-2-8　课程学习环境示意图

（四）课程学习活动

联通主义学习是"操作—寻径—意会—创生"4类交互螺旋递归、迭代深入的过程。课程团队围绕4类交互开展学习活动设计：（1）操作类学习活动可促进学习者适应学习环境，该类活动主要集中在引导周，引导学习者了解主学习平台功能模块及操作、选择熟悉的社交媒体或其他工具构建个性化学习空间等，需要提供操作指导和示例，列举可供选择的社交媒体和工具。（2）寻径类学习活动可引导学习者融入学习社区，主要发生于引导周和主题学习阶段初期,包括自我介绍类、主动寻径类和辅助寻径类 3 类活动。自我介绍类(如表明兴趣、介绍背景与职业经历等)旨在让其他成员了解自己;主动寻径类(如关注他人、表示喜欢和支持)旨在引导学习者主动与他人建立联系;辅助寻径类(如利用日报等进行个性化推送)旨在引导学习者广泛高效寻径;(3)意会类学习活动激发深度讨论联通,围绕非共识性、实践性和递进性的复杂真实问题展开,可以由课程组织者预先设计,也可以由学习者提出,灵活采用论坛交流、博客反思、案例研讨、小组协作等多种方式开展;(4)创生类学习活动推动内容沉淀生成,注重学习制品的整理输出,形式灵活(如博客、视频、思维导图等),类型多样(如解决方案、简短观点、案例分析报告等),充分发挥知识管理、协作编辑等工具优势,辅助学习者在活动过程中完成学习作品的创作。

(五)课程学习评价

联通主义课程的评价取向是网络联通和知识创新,而非知识的传授和掌握,通过综合运用社会网络分析、内容分析、文本挖掘、行为分析等混合评价方法,对个体和集体在某一阶段的网络联通和知识生成情况进行评估。同时,在整个学习过程中,利用 cMOOC 平台的过程性评估与建议模块实时呈现学习者分享、互动、反思和创新水平,依据个体学习情况提供个性化学习建议,将学习与评价充分融合,帮助学习者寻径和驱动意会,助力转变学习者学习理念。除此之外,课程设计了 10 类证书肯定不同学习者的积极联通和贡献(见图 6-2-9),并以学习报告的形式从主题学习、问题解决、学习行为与交互倾向、网络构建、内容贡献 5 方面给予学习者个性化评估反馈。

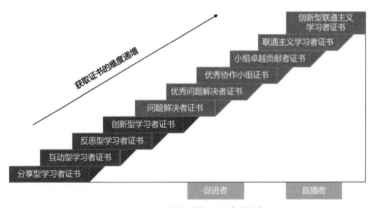

图 6-2-9 课程学习证书设计

（六）课程学习支持服务

联通主义课程学习支持服务的目的是帮助学习者更好地适应和开展联通主义学习，为此该课程为学习者提供了面向各类活动与环节的系统的学习支持服务，助力学习者开展线上线下混合学习。与一般混合课程学习支持服务的不同点在于，联通主义学习支持服务的主体不仅仅是课程促进者，还可以是学习者，学习者之间的相互支持、学习者参与课程建设与运营是其显著特色。同时，对于联通主义课程促进者而言，最有效的支持服务便是融入课程学习中，成为学习者的学习伙伴，用行为引领和促进学习者转变，使学习者成为重要节点，影响和塑造网络。

三、效果与反思

截至 2021 年 8 月，该课程已完成 6 期设计与运营，受到了国内互联网教育领域研究者和实践者的广泛关注。来自全国各地的 5 426 名学习者注册平台，正式学员 2 018 人，其中产业从业者约占 11.60%，教师约占 36.09%，教育管理者约占 8.61%，学习者约占 39.22%；以线上线下混合形式举办了 24 期"互联网＋教育"创新沙龙，促进了理论与实践之间的深度对话；学习者成为内容的主要贡献者和创造者，通过持续讨论和对话生成 223 个论坛话题，贡献博客、案例、资源 4 309 个，讨论、评论 24 954 条，形成协作问题解决小组 42 个。学习者自发组织形成了结构紧密、多核心、模块化、具有小世界效应的社会网络，涌现出多个与课程促进者同等地位的学习者，共同参与课程的设计和运营。该课程也有效支撑了联通主义研究的深入，3 年间，课程团队基于实践经验，一方面运用设计研究方法，探索联通主义混合课程设计的要素、策略和模式；另一方面，运用数据密集型研究范式，在复杂网络分析、文本挖掘、内容分析、行为序列分析、认知网络分析、描述统计与计量模型等多样数据分析方法的支持下，发表高水平研究论文 20 余篇，从网络特征与演化规律、知识特征与生产模式、教学交互规律、管道与内容的关系及促进者与学习者之间的关系等多方面揭示了联通主义学习的复杂规律，推动了联通主义的本土化实践和理论规律的创新。

受疫情的影响，混合学习、在线学习的重要性日益凸显，但从实践来看，当前真正发挥互联网优势的课程创新却寥寥无几，而作为网络时代应运而生的学习理论——联通主义，虽提出已有 16 个年头，但国内基于联通主义的创新课程少之又少。尽管过去 3 年的课程实践支撑团队在研究方面取得了一定的成果，但当前关于联通主义混合课程设计的理论提炼不足，深层次的学习规律尚待挖掘，如三大网络的演化规律及其成因、网络间的相互作用机制、联通主义课程设计与开发模式、联通主义对学习者能力发展的影响、联通主义知识表征和演化规律的进一步挖掘、个体学习与集体学习的关系、交互水平的影响因素等。未来课程团队也将以此为方向开展更加系统和深入的研究与实践。

四、特色与创新

（一）以联通主义理论为指导，适应"互联网 + 教育"的新知识观

该课程围绕开放、复杂、动态变化、实践性极强的"互联网 + 教育"主题展开，以联通主义理论为指导，强调网络建立对这类知识学习的重要性，内容以碎片化形式分布于各个平台，在网络中持续流动、生长，生产与传播过程相融合，汇聚群体智慧共建共创新知识。

（二）充分发挥学习者能动性，以学习者之间的教学交互为核心

基于联通主义的混合课程以社区形态存在，给予学习者充分的自主权，不同个体在互动分享的过程中自组织形成社群，通过汇聚群体智慧的方式解决复杂的真实问题。学习者不仅是知识的消费者，还是知识的贡献者与创造者。在联通主义中，教师的定位是课程促进者，是联通主义学习的示范者和学习者的共同旅行者，而非决定者。学习者在社群中通过持续交互联通建构自己的数字身份与个性化学习网络，核心学习者甚至能够超过促进者的地位，发挥影响和塑造网络的作用，与促进者共同参与提供课程支持服务。

（三）发展网络时代的学习能力，利于培养互联网时代的创新人才

联通主义学习理论作为具有前瞻性见解的学习理论，其指导的联通主义学习依托复杂的网络环境展开，既是网络时代非正式学习的缩影，也是培养具有开放意识与创新能力的人才的重要方式。开展联通化学习的学习者需要在动态不确定的环境中自主组织信息来源、评估辨析内容，借助网络检索、社会化和知识管理等工具对碎片化信息进行寻径、筛选、过滤和整合，其自主性、模式识别能力、网络素养等得以重复训练；为了培养和维护连接，学习者需要持续主动地表达和思考、与他人联通和给予反馈，在对话中激发灵感，实现问题解决和知识创生，在此过程中，表达能力、批判性思维、问题解决能力和创新能力等得以培养与发展。

作者：陈丽，北京师范大学教育学部教授

案例 6：面向职业院校理实一体化的混合教学

摘要：对于职业院校中的理实一体化课程，任务导向的教学是实现理论与实践相融合的有效教学方法和学习策略。学习性工作任务是对工作情境中的工作任务和学习情境中的学习任务有机结合，是职教课程的核心和载体。教师通过任务的设计优化教学过程，学习者通过自主完成任务、寻求解决方案、创造性地提出任务方案、评估不同的方案建议来发展职业能力。将混合教学与任务导向的教学方法相整合，以任务为中心进行教学设计，更能凸显职业教育的特色，贴合职教课程的教学需求。本案例以"数据库应用基础"中的一个学习单元"选课系统 E-R 图设计"为例，探索以任务为导向的混合教学设计。

关键词：任务导向的教学、学习性工作任务、职业能力、混合教学

一、背景与问题

本案例是山东某高职院校计算机网络技术专业的"数据库应用基础"课程，该门课程既包括数据库相关概念和模型，也包括从需求分析到数据库设计的完整工作过程，是一门典型的理实一体化课程。"选课系统 E-R 图设计"是该门课程中的一个教学单元，其线上课时为 0.5 学时，线下课堂面授学时为 2 学时。

本节课的内容与上节课的教学内容关系紧密，学习者必须能理解 E-R 图的相关概念才能使用这些概念完成建模，并利用绘图工具绘制 E-R 图。因此，教师课前要求学习者复习上节课的学习内容，并为此提供了相关教学资源，包括 PPT、案例、自测题等。在课中，上课地点在机房实训室，每个学习者有一台计算机，并配备了任务所有相关操作软件。教师设计了两个任务，任务一要求学习者利用 VISIO 软件模仿绘制 E-R 图，任务二提高了任务难度，要求学习者先进行需求分析，然后进行相应的 E-R 图绘制。在这个过程中，教师利用微信群给学习者发布任务，并要求学习者将任务成果以截图形式上传到教学平台。学习者在完成任务的过程中，教师通过

课堂巡查来帮助学习者解决任务中存在的问题。在课后，学习者通过网络教学平台提交反思报告。经过教师访谈和课堂观察，基于混合学习原则对现有教学设计方案进行分析，发现存在以下几方面的问题：

（1）教师借助网络教学平台、微信等工具进行了初步的混合学习尝试，但是从教学实施结果来看，课前、课中和课后的衔接与融合存在问题。课前线上的预习效果不理想，线上自测结果显示学习者对知识的掌握程度较低，这对课中任务的执行具有较大的影响。学习者还未形成反思的学习习惯，缺乏反思能力，课后提交的反思报告千篇一律，都比较敷衍，与课中任务的关联度较低。

（2）教师基于行动导向教学设计理念采用任务导向的教学方法，但是任务的设计较为随意，任务与教学目标之间缺乏一致性。此外，由于实际工作情境下原始需求的复杂性和模糊性，对于同一需求可能存在多种设计方案，E-R设计实际上是一种开放式的设计性任务。而限于课堂时间和学习者预习结果，教师极大简化了任务的设计，降低了任务的复杂性。

（3）教师为了保证任务的完成率，课堂活动更多是以教师为主导，学习者进行模仿和练习，教学活动更侧重于工具的使用，缺乏主动的分析、评价等高阶思维能力的培养。

从以上分析来看，当前教师和学习者基本接受了混合学习的理念，掌握了一般性的混合学习方法和工具，但是当把这些方法应用于任务导向的教学中时，需要针对这种教学方法进一步扩展或调整，以满足这类课程的需求。

二、设计与实施

（一）任务的设计

学习性工作任务是以典型工作任务为基础设计的学习载体，是对典型工作任务进行的"教学化"处理的结果。学习性工作任务是对工作情境中的工作任务和学习情境中的学习任务有机结合，是工作任务在教学中转化和生成的结果，同时又是"理实一体化"教学的一个基本要素。工作任务和学习任务具有不同的要素框架和分类方式，相应地，衍生出不同的教学策略和教学方法。学习性工作任务的设计需要将两者有机结合，并体现两方面的特点。

本节课要完成的任务来源于软件开发中的真实任务，是数据库设计中的重要一环。E-R 图设计首先需要从描述信息中提取系统要素（实体）以及要素之间的关系（实体关系），并采用适当的形式（E-R 图）来表示。任务完成的过程也是问题解决的过程，需要确定初始的需求、最终的设计目标，以及问题解决的策略和步骤。为此，本节课采用了迭代设计策略，即将问题解决过程分为两个阶段：一是初步实现阶段，二是提升完善阶段，并分别对应两个任务。此外，由于本节课的学习重点是"掌握用 VISIO 工具构建 E-R 图"，因此增加一个任务让学习者熟练掌握用 VISIO 制作 E-R 图的操作技能。最终的任务设计如表 6-2-3 所示。

表 6-2-3 "选课系统 E-R 图设计"的任务设计

任务名称	学习任务类型[1]	工作任务类型[2]	教学目标
任务一：用 VISIO 工具模仿画出任务图	示范任务	封闭式任务	掌握 VISIO 工具的使用及相关模型的含义
任务二：根据需求分析并设计 E-R 图	正向任务	设计式任务	掌握用 E-R 图进行数据库分析和设计的完整过程
任务三：完善并提升任务二的 E-R 图	补全任务	创新式任务	了解 E-R 图的评价规则，学习如何完善 E-R 图

这 3 个任务的复杂性是逐渐提高的。在任务一中，学习者只需跟随老师的示范一步步完成所有操作即可，这个过程只是单纯的技能训练，并不涉及问题的解决。在任务二中，学习者需要运用 E-R 图相关概念和任务一中掌握的技能完成分析和设计完整任务过程，任务的难度提高了。而在任务三中，学习者需要结合教师提供的 E-R 图评价量规对自己在任务二中所设计的 E-R 图进行自我评价，并进一步修改、完善和提升，同时突出自己的设计风格。在这个任务设计的基础上，结合本节课的重点和难点，确定了每个任务的活动细节和活动时间，并完成了课堂学习任务单的设计。

（二）教学活动设计

在 3 个任务中，任务二是整节课的重点和难点，在原有任务的基础上，增加了需求中实体的数量，实体之间的关系更具有模糊性和不确定性。此外，任务二采用完整的任务教学方式，包含了任务导向教学的 5 个完整阶段。基于学习者的能力水平，确定了每个任务阶段的自我导向类型，且提供了学习任务单引导和帮助学习者完成任务，在这里，学习任务单起到了教学支架的作用（见表6-2-4）。

表6-2-4 任务二的教学活动设计

任务阶段	教学活动	自我导向类型
1. 引入任务	1.1 教师讲解 E-R 图设计在软件开发中的作用和意义，引入本任务的情境	教师导向
2. 分析任务	2.1 教师以文字的方式展示需求，向学习者解释需求中的重要概念	教师导向
	2.2 学习者按照教师给出的规则和步骤从文字中辨别和提取实体及属性，对实体进行恰当的分类，并对实体和属性进行命名	学习者导向
	2.3 学习者按照教师给出的规则确定实体间的关系和关系类型	学习者导向
3. 制订任务计划	3.1 填写任务单，确定绘制 E-R 图的步骤和顺序，以及每一步要绘制的内容	学习者导向
4. 执行任务计划	4.1 按照 3.1 给出的步骤绘制 E-R 图	学习者导向
5. 任务评估与反思	5.1 上传作品至平台并在教师引导下进行点评互动	部分教师和学习者导向
	5.2 学习者填写任务单中教师设置的反思问题，对自己的问题解决过程进行回顾与反思	学习者导向

（三）混合学习设计

（1）课前学习活动：课中的工作任务是混合学习设计的核心，教师在课前将任务发布给学习者，让学习者了解任务的情境、任务的目标、主要活动、完成任务所需要的工具和材料，以及 E-R 图的评价量规。此外，通过视频向学习者介绍一些案例，让学习者了解 E-R 图设计在整个软件开发中的重要意义。

（2）课中学习活动：课中，教师采用任务单形式，以便让学习者对当前要完成任务的关键活动有更清晰的理解和认知。学习者按照任务单自主完成任务，并在线填写任务单记录任务执行的结果。对学习者来说，任务单起到支架的作用，使得学习者可以独立完成任务。此外，任务单也起到过程监控的作用，教师可以了解学习者任务完成的进度及结果，及时反馈学习者所遇到的问题。此外，教师改变以往采用的"这节课你有哪些收获？"

这类笼统的反思问题,将反思整合到任务单中,使之成为任务的一部分,让学习者记录在任务完成过程中遇到的问题,分析问题产生的原因。

(3)课后学习活动:课后的学习活动重点是任务的拓展,即在表 6-2-3 任务三的基础上让学习者继续完善 E-R 图的设计,并上传到平台上。教师选出其中的优秀作品让学习者相互借鉴和评价。

三、效果与反思

对于课程实施效果的评估,其依据主要来自 3 个方面:课堂观察、学习任务单的填写情况分析、任务完成情况分析。评估内容包括学习者的参与度、学习效果和学习效率。经过分析,本节课的实施效果如下:

(1)学习者的参与度。学习任务单的提交率为 100%,其中任务 1 的引入任务填写率为 100%,任务 2 的分析任务和任务 5 的任务评估与反思环节填写率较低,仅为 18% 和 38%。这两个环节填写率相对偏低的可能原因是课中留给学习者填写这部分的时间较短,学习者没有来得及填写。从课堂观察结果来看,学习者的整体参与度较高,特别是在任务 1、任务 2 中,学习者积极与相邻座位学习者进行讨论交流,进一步拓展一些实体属性,并将讨论结果绘制到 E-R 图中。

(2)学习者的学习效果。学习者将 3 个任务结果的截图上传到平台上,教师给出每个学习者 3 个任务的成绩。从成绩来看,有 80% 以上的学习者 3 个任务的平均成绩在 80 分以上,达到了预期目标。

(3)学习者的学习效率。依据课堂观察结果,在任务 1 中大约 90% 的学习者在预定的时间内完成任务,而在任务 2 中仅有大约 50% 的学习者在预定时间内完成任务,教师不得不延长任务 2 的时间,导致任务 3 的时间不足。

基于上述课堂实施效果的评估结果,结合对教师课后的访谈,对整节课的设计和实施中存在的问题进行分析,并给出优化建议。

(1)对于任务的部分环节参与率不高的问题,一方面,需要改善任务单设计;另一方面,加强教师对任务执行进度的把控能力,根据教学内容的重难点合理规划学习活动时间。

(2)教师在实施任务导向混合教学设计的过程中,遇到的最大障碍主要来自两个方面:一是对学习性工作任务的理解不够深入,二是对任务导向的教学方法只停留在理念层面,缺少具体的教学方法和教学策略的指导。

（3）任务导向的混合教学设计是混合教学方法和任务导向教学方法的融合，围绕任务进行教学设计还未形成明确的理论和实践框架，需要进一步研究和探索，这需要教师结合自己的课程不断总结、实践和提升。

四、特色与创新

理实一体化设计教学目标任务。职业教育的教学目标是通过制订理论和实践一体化的教学策略，将学习和工作过程中获得的实践经验与已有或将要获得的理论知识相结合并完成任务。任务导向的学习则是实现理论与实践相融合的有效教学方法和学习策略，通过鼓励学习者自主完成任务、寻求解决方案、评估不同的方案建议、批判性地完成工作任务来发展职业能力。职教课程的核心是学习性工作任务，将混合教学与任务导向的教学方法相整合，以任务为中心进行教学设计，更能凸显职业教育的特色，贴合职教课程的教学需求。

作者：刘英群，清华大学教育研究院

案例7：澳大利亚大学习者自主选择的混合学习模式

摘要："人类发展"（Human Development）是澳大利亚南昆士兰大学教育类专业本科生的必修课程，该课程起初在两个校区内面对面授课，后伴随教学规模的扩大，引入线上教学，正式实施混合学习。面对不同背景、具有多样学习经历的学习者，采用有效和灵活的授课模式即学习者自主选择的混合学习模式。在该混合学习模式下，学习者在各种环境以及自身因素的影响下，可自由选择参与模式。另外，通过融合式的学习，学习者提高参与度并获得丰富且高质量的学习体验。

关键词：混合学习、课程设计、自主学习、单元计划、澳大利亚

一、背景与问题

（一）课程类型

"人类发展"（Human Development）课程是澳大利亚南昆士兰大学教育类专业本科生的必修课程。该课程起初仅在两个校区以校内面对面的方式开设。经过一系列制度变革后，该课程作为本科生的核心课程被纳入另一个非教育项目中，规模也扩大到3个校区，为此需要开发远程课程。

（二）学情分析

在第一学年，"人类发展"课程吸引了 450 名学习者的注册，其中 80% 的学习者在校内模式下注册，即主要采用面对面学习模式，20% 的学习者则注册为校外模式，即采用远程学习模式。这些学习者包括中学毕业生、成年学习者和国际学习者，他们的生活方式和学习经历各不相同。

（三）教学目标

从宏观上来说，通过采用有效和灵活的授课模式即学习者自主选择的混合学习模式，提高学习者的学习参与度和学习灵活性，使学习者更方便地获得高质量的学习体验。从学习者个体角度而言，培养他们的低阶和高阶思维技能，鼓励和发展学习者的批判性思维能力。

（四）教学设计重点解决的问题

在扩大教学规模和转变教学模式的过程中，关键的挑战是为来自不同背景的大量学习者设计并提供有效的学习体验。重点是设计反馈，鼓励和支持多元化学习者群体的包容、参与和学习，使这些学习者跨越多个校区并且以不同的模式注册入学。

二、设计与实施

（一）教学理念

"人类发展"课程允许学习者依据需求变换学习方式，结合通用学习设计（UDL）开展个性化的教学，注重培养学习者的批判性思维，始终坚持"以学习者为本、个性化教育和创造性教学"的教学理念，并为此设置课程目标，开展课程建设。

（二）教学过程与实施方法

对课程进行重新设计，将所有学习者定位为成人学习者，并有机会根据自己的个人学习需要、偏好选择他们希望参与课程的方式。

课程通过学校的在线学习管理系统（LMS）进行在线学习，学习者们称之为"学习桌"。课程由 6 个同等权重的模块组成，首先是介绍性概念模块，然后是 5 个依次按时间顺序排列的不同生命周期模块。每个模块都有焦点问题和视觉概念图，为学习者提供关于每个模块关键内容的指导。每个模块分配两周的学习周期，以在线模块测验的总结性评估任务结束。学习者们在学期末需要完成一项书面作业，要求对一篇报道人类发展的相关报纸的文章内容进行分析评估。

该课程混合学习设计的目标是发展学习者的批判性思维能力，根据布鲁姆修订后的教育目标分类指导学习活动的设计和顺序。活动设计分为3个阶段（A、B、C），目的是在学习者通过每个模块的学习过程中有意识地培养他们的低阶和高阶思维技能。例如，在每个模块的开始（阶段A/B），学习活动通常集中在记忆、理解和基本应用课程内容上，而在模块的后面阶段（B/C），学习活动要求学习者参与更复杂的应用、评估和创造。

这种混合学习设计还借鉴了通用学习设计（UDL）方法，其主要有4个方面：（1）结构化与非结构化学习设计（例如，讲座、讲座录音、印刷学习手册与在线论坛讨论）；（2）个人学习与小组学习（例如，印刷学习手册与在线论坛讨论）；（3）面对面与远程学习的结合（例如，校园讲座、校园辅导与在线论坛讨论）；（4）教师引导与学习者自主学习的结合（例如，校园讲座、校园辅导与教科书、光盘、纸质学习书籍）。学习者在每个模块的学习阶段都有多种表达和参与方式。

整个课程为所有学习者提供一份印刷版课程指南。除了详细说明课程目标、学习计划和评估任务外，课程指南还包括课程设计摘要，鼓励学习者以最适合其需要的方式参与课程。课程网站上的公告和课程在线论坛上的帖子进一步鼓励学习者在学习中进行选择，改变学习模式，随后根据需要提供个人指导和支持。

（三）学习评价与教学反馈

在混合学习模式下，学习者可自由选择参与模式。另外，通过融合式的学习，学习者可提高参与度并获得丰富且高质量的学习体验。

1. 校外和校内学习者的参与模式

校外学习者的参与模式非常相似，他们选择远程线上学习而不是面对面的学习活动，选择自我导向而不是教师引导的活动。校外学习者的个人学习与团体学习、结构化学习与非结构化学习的模式更为复杂。他们经常接触个人和结构化的学习材料，如印刷学习手册、文本材料和交互式光盘。此外，大多数人也在一定程度上参与了同伴和导师的异步在线讨论，这是一种非结构化的集体学习。对于许多校外学习者来说，异步通信技术有助于他们的学习和参与，有助于满足学习者的社会和学术需求。与校外学习者相比，校内学习者的多样性和融合性更强。大多数在校学习者参与面对面讲师指导的活动（如讲座和辅导），但也定期参与自我指导的远程资源（如印刷学习材料和在线论坛讨论）。

2. 学习者参与和学习体验

学习者们对已有参与体验的反思表明，如果课程设计者为在校和校外的学习者规定了参与模式，可能会影响学习者的积极性；信息通信技术可以为学习者提供一个丰富的学习环境，有助于其提升参与度，并实现个人目标。

混合学习使学习者能够控制自己的学习节奏，无论是提前预习还是复习材料都可以达到理解目的。良好的混合学习设计、成熟的反馈促进机制，以及对学习者的持续支持是混合学习成功的关键。在这种情况下，学习者的反思强调了清晰和组织良好的课程设计的重要性。除此之外，学习者认为学习过程和环境需要符合其需要和偏好。还有一部分具备潜在"风险"的学习者，他们难以适应从中学到大学的过渡，混合学习课程可能增加了他们的被压迫感。这些学习者更加需要持续鼓励、促进和支持、包容，并得到学业发展和自我管理的技能。

三、效果与反思

本案例的持续运行数据表明：在高等教育中，以学习者为中心的混合学习设计具有重要的潜力。成功的学习者可以意识到他们对学习情境的需求与偏好，并能够选择学习模式，以适应他们不断变化的需求。尽管课程对混合学习模式最合适的组合探索仍在继续，但课程开发人员坚信有多少学习者就有多少成功的组合；教师的角色不是规定混合的性质，而是开发具有多种表现和参与手段的课程，并通过建立脚手架支持学习者创造他们自己的个性化混合学习方式。通过这种方式，学习者将参与并发展他们作为反思、自我导向、自我调节和自主学习者的技能。

四、特色与创新

不同于以往的混合学习设计，"人类发展"课程充分关注"学习者的自主性"，学习路径依赖于学习者个体选择，尊重学习者的个性化学习体验，并通过借助信息手段，支持多样化学习模式，融合多种理念，发展自主性学习技能。

案例8：埃及艾因夏姆斯大学实施混合教学计划

摘要：艾因夏姆斯大学（ASU）是埃及乃至中东地区最古老和最著名的大学之一，其规模庞大。随着对在线技术的潜力以及对员工时间和集中资源的相关需求意识的提高，更多的大学开始采取与它们的新兴战略相一致的数字化政策。在新冠肺炎疫情之前，艾因夏姆斯大学采取了诸多行动，将混合教学作为一种创新的教育战略并在新冠肺炎疫情暴发之际和高等教育机构被封控的情况下，及时实施在线学习计划。艾因夏姆斯大学教育战略管理部门采取了确保在线教育质量的策略，并专注于发展艾因夏姆斯大学所需的数字能力，以推动由高科技、可持续、可拓展和安全的基础设施支持的教育数字战略，引入创新的在线学习和在线评估方法与工具，并培养教职工和学习者在教育技术应用领域的能力。此举建立在对现状的深入分析和明确的高质量混合教学战略计划之上。

关键词：混合教学、在线教学、教育数字战略、埃及

一、简介和背景

艾因夏姆斯大学成立于1950年，位于埃及，是非洲和中东地区最古老和最负盛名的大学之一，其规模庞大，拥有20多万名学习者，1.4万名学术人员和18个院系总共900多个学术项目。艾因夏姆斯大学在世界大学的前3%中占有一席之地，因其满足对不同维度和方法的测评标准，该大学在有声望的国际排名中都有所展现。根据CWTS莱顿排名，艾因夏姆斯大学在国际上排名第576位，在非洲排名第8位，在埃及排名第二（CWTS莱顿排名，2020）。这也证实了艾因夏姆斯大学的国际前景和声誉。另外，艾因夏姆斯大学在不同领域中都占有优势。艾因夏姆斯大学是埃及第一所、也是唯一一所在教学、在线学习、学术发展、就业能力、社会责任和包容性方面被评为整体五星级的政府大学（QS顶尖大学排名，2022）。

机构层面对在线技术敏锐而广泛的反应表明，在线学习与大学目前面临的挑战和机遇是相关的。进一步来讲，对在线学习的投资不仅符合机构层面的目标，还与大学的内部决策和部署相一致。在线学习涵盖面广、兼容性强，在实际应用中有高度的灵活性。在此基础上，在线学习能够对大学教育产生深远的影响。

艾因夏姆斯大学在疫情之前就已将混合教学作为一种创新的学习方法，并且意识到在线学习所需要具备的能力要远远超过传统的教学方法。在线学习着重强调以"学习者为中心"的方法，教师将作为学习的促进者而非知识提供者。

面对新冠肺炎疫情，实现不同流程和服务的数字化转型俨然已成为所有大学的一项使命。数字化转型的实现需要庞大而有协调力的工作团队，以及文化和技术变革。学习应被给予鼓励，并为学习者提供在线学习的培训，做好在线课程和项目的配备，从而实现混合教学的学习方式。然而，从面对面教学到在线学习的转变并非易事。我们在实施过程中遇到了众多挑战，包括基础设施和互联网连接问题、系统安全性问题，对IT专家、资深网络安全员工和高效的支持团队需求的增加，对教师和学习者高强度的能力建设需求，在许多层面上都可能面临变革的文化阻力，以及混合课程设计和开发需要的时间与资源。

二、设计和实施

在疫情之前，教育战略管理局在艾因夏姆斯大学制定了在线学习机构的战略。其主要有以下4个方面内容：

- 确保高质量的在线教育；
- 为在线学习和在线评估提供创新解决方案；
- 在教育技术应用领域中进行持续的专业发展；
- 以可持续、可扩展和安全的基础设施支持在线教育。

（1）在线学习中心是作为教育战略管理局的核心机构之一而成立的（见图6-2-10）。在新冠肺炎疫情期间，在线学习中心与其4个下属部门付出了更多的努力来改善学校教育技术基础设施和设备，开发、利用和维护一个网络教学平台，提高大学教职员工选择和使用在线学习设施、技术与工具的能力，培养学习者在在线学习环境中有效学习的能力，并为他们提供7天24小时的技术支持。在线学习中心还确保与18个院系在线学习协调中心保持一致，提供必要的支持来提高师生有效使用在线学习工具的能力。

（2）IT基础设施和设施改造。在新冠肺炎疫情期间，为支持大学的在线学习而配备的资源和基础设施包括1个新的数据中心、4个在线学习工作室（见图6-2-11）、伟东智慧教室以及计算机模拟实验室。

```
                    在线学习中心
    ┌──────────┬──────────┴──────────┬──────────┐
在线学习战略和监测部  院系在线学习协调中心  创新项目计划和管理部  培训和技术支持部
```

图 6-2-10　在线学习中心组织结构

图 6-2-11　用于制作教育视频的在线学习工作室

在与联合国教科文组织高等教育创新中心、苏州科技大学和伟东集团开展云教育的合作中,智慧教室最终配备完毕,并在新冠肺炎疫情之前(2020年1月)开始使用,为教师和技术人员提供培训课程。在新冠肺炎疫情期间,针对智慧教室的利用举办了研讨会(见图 6-2-12),并开发了视频教程以帮助教师更好地使用智慧教室(见图 6-2-13)。自 2020 年 3 月开始,通过智慧教室录制课程视频,18 位教师在 18 门不同课程中制作了 54 个视频,被学习者访问次数超过 17 000 人次。

(3)建设网络教学平台和在线学习门户网站。网络教学平台的建设对高等教育可持续性发展及改善学习至关重要。网上教学是通过互动式直播课程和视频录制课程的形式来实现的,并且在视频录制课程的授课形式中有与学习者开放沟通的渠道。新冠肺炎疫情期间(2020 年 3 月 15 日至 4 月 15 日)的在线学习数据显示,大学开发了 6 000 多门不同专业的在线课程,包括超过 26 000 个视频课程和大约 6 000 个在线互动课程。74% 的学习者与教师通过网络进行交流,22% 的学习者与教师进行了实时互动。

另外,还开发了一个新的在线学习门户网站 ASU2Learn,通过提供各种教育工具和现代技术在在线学习和远程教育中的应用,来应对混合学习

图 6-2-12　2020 年 2 月举办的"为残疾学习者授课"研讨会

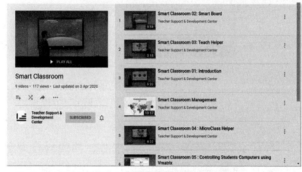

图 6-2-13　智慧教室使用视频教程

日益增长的需求。通过对过去 7 年的情况分析发现，各院系在使用不同的在线学习平台和工具方面存在很大差异，有的甚至没有使用任何工具。我们需要一个新的在线学习门户网站来缩小院系之间的差距，同时，确保在校大学习者有一致的学习体验。新的在线学习门户网站包括所有院系的在线学习实例、在线学习服务和工具。在线学习门户网站的系统质量标准包括门户网站的导航、材料展示、搜索功能、互动性、网站的速度和响应性、门户网站的设计、任何特殊服务和安全性。有研究发现，没有得到有效管理和设计的网站不能带来预期的效果，一个管理不善的网站会降低学习者的学习动机和兴趣，而这正是参与在线学习的基础。

　　ASU2Learn 包括一个基于 Moodle 的网络教学平台，能够通过内容编写和管理、课程录制、互动活动、作业任务、抄袭检查、聊天、论坛和讨论组、专业技术支持系统，以及报告系统和内容展示板来促进和实现有效的教学与学习实践。虚拟学习技术在帮助学习者传递和理解概念、提高过程技能和学习成果，以及培养积极态度等方面跟传统的学习辅助工具有同等或更有效的作用。网络教学平台中还加入了创新的教学工具：虚拟教室、虚拟实验室、虚拟病人学习（见图 6-2-14）和虚拟显微镜平台。

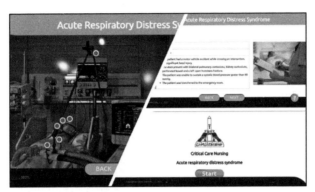

图 6-2-14　ASU2Learn 虚拟病人学习

对于教师而言，ASU2Learn 可以帮助他们创建、更新和管理互动性的电子内容，轻松整合学习者在线和离线的学习体验，使用在线协作工具来创建虚拟教室，跟踪学习者的表现并获得他们的反馈以便修改课程和提供个性化的反馈，同时，还可管理行政任务，如跟踪考勤、学习者评分、分发材料等。ASU2Learn 也能够让学习者随时随地访问他们的课程，通过创建在线学习小组进行合作学习，与同学和老师互动，提交家庭作业，跟踪成绩和提供课程反馈。

（4）在正式学术交流和非正式同伴交流的情况下，虚拟显微镜的同步和异步使用都提高了学习者学习的主动性。大约 1 200 名医学系学习者在线下和线上课程中使用了虚拟显微镜，超过 70% 的学习者表示对平台的易用性和虚拟显微镜对提高线上学习的效果表示满意。由 ASU2Learn 系统提供的虚拟显微镜平台包含 1 072 张扫描的显微镜幻灯片，此外，还有 4 500 张幻灯片与欧洲和美国的几所知名大学共享（见表 6-2-5）。

表 6-2-5　虚拟工具使用数据统计

虚拟工具	院系	学习者总数
虚拟实验室（化学—生物—物理）	8	110 230
虚拟显微镜和高分辨图像平台	10	135 460

（5）电子档案是评估教与学能力的方式之一。电子档案的存在为学习者提供了记录重要学术历程和成就的平台，建立这种系统需要学校的支持，尤其是在早期阶段。例如，电子档案功能的建立需要学校认可其对学习者的价值，并将其实施纳入决策的过程中。学校通过服务平台、电子邮件和校内办公系统等途径对使用该系统的教职工和学习者提供技术支持。

（6）在线学习持续职业发展项目。学术和技术工作人员需要接纳虚拟教学和远程工作工具在学校中的应用，通过对多个层面的培训需求评估（TNA）来确定在线学习中心的行政人员和学术人员所需的能力建设领域。培训需求评估的工具包括与在线学习中心的管理人员和工作人员的焦点小组讨论，以及一份可以自行掌握和预先设计的问卷。

教职员工的培训需求分析显示，微软系列软件是教师在进行在线授课时最常使用的应用软件（51%），这也是促使其成为计划培训重点的原因。大约60%的教师需要接受网络教学平台基本技能和学习者互动，参与技能方面的培训。除此之外，平均有65%的教职员工提出对视频课程录制、虚拟显微镜和虚拟实验室等应用的培训需求。培训模式和时间是根据教职员工的需求来安排的，在培训需求评估的基础上对在线学习持续职业发展项目进行设计、开发和实施（见表6-2-6）。

表6-2-6　艾因夏姆斯大学的在线学习持续职业发展项目（2020年1月至2022年1月）

培训范围	培训场次	培训模式	完成培训的教职工数目
教学、学习和评估的教育概念	混合学习中的互动学习策略	线下培训	24
		在线互动培训	65
	电子课程的设计管理和评估	线下培训	24
		在线互动培训	75
	混合课程评估策略	线下培训	24
		在线互动培训	65
基于能力的评估工具	作为持续评估工具的电子档案系统	在线互动培训	130
		网络教学平台自主培训	63
在线学习工具	作为教师如何使用学习管理系统	在线互动培训	1513
		翻转学习模式	1669

续表

培训范围	培训场次	培训模式	完成培训的教职工数目
在线学习工具	作为教师如何使用学习管理系统	网络教学平台自主培训（视频教程）	向所有教职工开放 25 个视频 / 5 463 次浏览
	作为管理员如何使用学习管理系统	实践性的面对面培训	180
	微软团队（Microsoft Teams）线上课程	网络教学平台自主培训（视频教程）	5 个视频 /4 035 次浏览量
	用于录制视频课程的微软应用程序		3 个视频 /44 467 次浏览量
网络教学中的虚拟工具	虚拟显微镜和高分辨率图像平台	在线互动培训	122
	虚拟实验室	在线互动课程	456

作为 UNESCO 高等教育创新中心国际网络教育学院（IIOE）共同发起人和第一个轮值主席单位，艾因夏姆斯大学致力于在提高埃及以及所有共同发起大学的高等教育质量方面发挥重要作用，并提高各院系在线教育和在线学习工具使用等方面的能力建设。于 2020 年 4 月开始启动的 IIOE-ASU Facebook 页面目前获得了超过 750 名用户的关注，其中大多数用户来自埃及的大学。2020 年 4 月至 5 月，还通过 Facebook 页面宣布了我们作为 IIOE-ASU 的第一个活动——应对新冠肺炎疫情的培训，以及高等教育大数据项目 IIOE 多层次"人工智能普通水平"培训系列。参与者包括了来自 17 个教育机构的 450 多名埃及学员，其中 66% 是女性。此外，还在和埃及知识银行的合作框架内举办了药理学、牙科和物理教育的认证教学卓越计划。

三、对公平、质量和效率的影响

艾因夏姆斯大学在在线学习方面志存高远的战略规划、开发和实施让艾因夏姆斯大学在 2022 年首次被 QS 星级评级系统评为五星级在线学习学校，使其成为埃及第一所也是唯一一所获得此评级的公立大学（QS 大学排名，2022）。IT 基础设施的更新迭代有助于艾因夏姆斯大学所有在线学习活动的实施，并为中心在线学习单元对在线与混合学习系统的设计、开发和利用提供了支持。不同专业和课程内容在 ASU2learn 平台上的呈现，以及员工和学习者的注册和入学人数证实了这一结论。

在实施阶段,艾因夏姆斯大学通过持续的监测和评估来检验其在线学习系统对教职工产生的影响。有效的评估指标对持续改进和促进可持续发展的方法至关重要,我们通过 ASU2Learn 系统仪表板上的关键绩效指标来衡量其优势和劣势,以及技术和能力建设干预措施的有效性。网络教学平台在艾因夏姆斯大学的普及度可以通过师生活跃账户的数量来判断。另外,网络教学平台的内容与各院系章程的一致性也在我们的监测范围之内,以此来确保混合学习方法在所有课程中的应用性。在提高教师和学习者的在线学习表现过程中,确定学习内容的强度尤为重要。为了在课程初期的不断完善,非互动式内容、平台资源和互动性内容都被视为监测的内容。其中,学习者互动是最重要的指标之一,因为它是在线学习的关键目标之一,而不是建立资源库,我们需要在学习者和老师之间建立一个积极的学习渠道,并且选择和引入广泛的、有吸引力的互动工具来影响学习者的参与程度,并对师生学习与互动过程、学习者个体与小组的学习表现进行过程监测(见表 6-2-7)。

表 6-2-7　ASU2Learn 关键性能指标

关键表现指标	衡量标准	总数
普及性	ASU2Learn 网络教学平台的总数量	16
	注册学习者总数	176 889
	注册教师总数	6 808
内容(与专业章程的一致性)	专业总数	186
	课程总数	25 885
非互动性内容	上传文件总数	62 791
	URL 总数(讲座和外部资源)	60 221
互动性内容	作业任务总数	5 897
	测验总数	4 740
	论坛总数	28 893
学习者互动	提交的作业总数	152 623
	学习者在论坛上发帖和回复的总数量	11 737
	学习者完成的在线测试数量	186 266
教师互动	公告的总数量	1 219
	教师在论坛上发帖和回复的总数量	4 508
学员表现和进展	平均课程完成率	6%
	平均花在课程上的时间	1:54:30

艾因夏姆斯大学工作人员对创新型的教育解决方案有了更高的意识，并根据其需求评估、制定和实施了有效的培训方案，这让学术人员在使用创新型的教育解决方案时变得更加投入和训练有素。国际网络教育学院（IIOE）开展的系列培训使该培训项目更具有国际色彩。

四、结论和影响

教育战略管理局为混合学习和在线学习的应用制定了战略标准，为工作人员和学习者的能力建设制定和部署了培训计划，并对工作流程和混合学习方法的效率进行了监测。同时，它还制定了在线学习和在线课程的行为准则。

在线学习中心致力于艾因夏姆斯大学在线学习战略的实施，具体行动包括规范在线学习体验质量、促进在线学习的文化和道德、员工和学习者的能力建设，以及制定监测、评估和促进流程改进的关键表现指标与在线学习衡量标准。

这次危机管理的经验让我们了解到，设计得当的混合学习模式能够为学习者提供良好的学习体验。然而如何做到这一点是一个真正的挑战。混合学习不应该被教师视为对现有教学方法的"附加"，因为它是关于"教学和学习的互动关系中的一次重新构造"。此外，相比技术层面，更多的精力应放在提高工作人员和学习者的能力、完善课程目标和选择与学习环境相符的互动学习工具上。最后，策略的采用应建立在最大限度地提高学习者的参与度的基础上。我们应为学习者提供明确的技术指导，以及使用在线视频课程的方法和技术支持的渠道。

作者

Abdel-Fattah Saoud 教授，骨科与脊柱手术教授，艾因夏姆斯大学教育与学习者事务副校长

Mona Abdel-Aal Elzahry 教授，公共卫生教授，艾因夏姆斯大学教育战略部门执行主任

Dalia Ahmed Yousef 教授，组织学与细胞生物学教授，艾因夏姆斯大学在线学习中心主任

案例 9：摩洛哥卡迪—阿亚德大学借助在线平台支持疫情下远程实验实训

摘要：疫情的出现及其在全球范围内的迅速传播对教育机构产生了

重大影响。世界各国被迫关闭教育机构，考虑新形势下的教育替代方案，本文将聚焦在线实验实训平台（在线实验实训）支持远程实验实训的作用及其在疫情下保持教育连续性和减缓病毒传播的角色。为了测试该平台，通过具有可分析性的课程，针对一组使用过摩洛哥马拉喀什的卡迪－阿亚德大学塞姆拉利亚科学学院设计的在线实验实训平台的师生进行了问卷调查。调查结果表明，在线实验实训平台可以在支持大学教育方面发挥重要作用。它有助于维护师生的健康，并减少疫情的传播。

关键词：远程实验实训、在线学习平台、高等教育、疫情、摩洛哥

一、简介与背景

疫情肆虐，迫使全世界包括摩洛哥的大学和教育机构关闭。这使学习者被隔离在家中，促使人们认真思考基于现代技术，尤其是互联网技术的新型学习方式。互联网超越了时间的限制，可以解决许多教育问题，例如，减少大学的过度拥挤，并为异步教学提供条件。由于互联网的发展，通过数字教育平台开展数字化学习和远程学习已成为当务之急。在目前的紧急情况下，高等教育的数字化转型将提高学习者和教师的能力，防止教育过程和教学活动的中断。本文介绍的数字化教学平台由卡迪－阿亚德大学塞姆拉利亚科学学院出资提供。我们将对该平台在当前疫情下支持远程学习的角色进行分析，并评估该平台如何支持和维系教育的发展。本文聚焦于疫情对教育的影响，特别是对高等教育的影响。摩洛哥的教育管理者不得不寻求紧急替代方案，以促进高等教育的进一步发展，并最终决定通过现有的数字平台启动远程和数字化学习，从而确保学习的连续性。本文将强调一系列目标，其中最重要的是：

· 展示疫情是如何影响大学教育的

· 阐明数字教育平台的内涵及其如何支持高等教育中的数字化学习

在疫情出现、师生远离校园并被疫情阻隔的背景下，突出了卡迪－阿亚德大学塞姆拉利亚科学学院在线实验实训平台启动远程学习，通过远程实验实训促进师生互动的作用。上述挑战也促使卡迪－阿亚德大学塞姆拉利亚科学学院思考在线实验实训平台是否能在支持和维系远程学习、减少疫情的传播方面发挥作用。本文审视了以下问题：在线实验实训平台是如

何在新冠肺炎疫情下支持和延续卡迪－阿亚德大学塞姆拉利亚科学学院的学习者和教授进行远程教学的？

二、设计与实施

构建在线实验实训平台，让学习者快速、灵活地进行远程实验。师生基于该平台的基本工作职责如下。

第一部分：教授负责管理所有提供给学习者的内容，其工作职责如下：
- 提前在在线实验实训平台上开设账户；
- 将学习者分组，并为每个小组分配一定时间；
- 删除或添加新学习者；
- 如图 6-2-15 所示，LabVIEW 的环境和 NI ELVIS II+ 卡为学习者后续在平台上的活动做好了准备。该卡使师生能够通过 LabVIEW 程序完成和控制操作，亦即一切行动都是通过 LabVIEW 程序和该卡来模拟的。
- 通过单击特定文件中的"确认"按钮记录教授所做的全部工作，以用于其他任务，例如，更改实验方法或给学习者提出不同的问题。

第二部分：教授在布置远程实验之前，学习者必须完成以下任务：
- 提前在在线实验实训平台注册账号；
- 注意教授事先开发的实验所处阶段及所在组别；
- 从教授规定的时限中预留适当的时间；
- 等到预留时间再查看教授布置的任务；
- 从回答理论问题开始，转向应用工作，并在得出结论之前将其与假设答案进行比较。

完成后，学习者按右键，完成该过程。他们在此期间的所有操作都通过 MySQL 程序存储在特定位置，以便用于学习者评估后进行处理。

第三部分：实验室是完成大多数教授设计的操作地方。实验室配备了 NI ELVIS II+，一款可适应 LabVIEW 等虚拟学习环境的高质量过程设计计算机。NI ELVIS II+（见图 6-2-15 和图 6-2-16）可以精准地运行教授设计的操作，将现实中的操作连接到 LabVIEW 进行虚拟操作，并将相关数据上传到服务器以通过互联网与外界联络。NI ELVIS II+ 的继电器开关在控制待研究电路元件之间的电力流通方面发挥着重要作用。

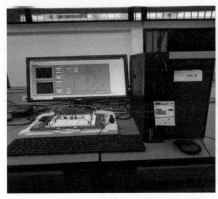 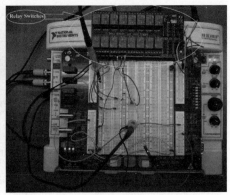

图 6-2-15　NI ELVIS II+ 卡和 LabVIEW 环境　　图 6-2-16　NI ELVIS II+ 卡和继电器开关

（一）数字化教学平台

交互式教学平台由 Feoktistov 等人（2020 年）提出。这些平台采用网络技术并将电子内容管理系统的功能与社交媒体平台和通信网络相结合。交互式教育平台的主要目的包括：

- 方便在网上发布课程并为学习者开发在线教学任务和活动；
- 允许学习者通过多种方式直接联系教授；
- 通过将学习者分成工作组进行团队合作；
- 教授和学习者之间讨论观点与想法及分享科学内容将有助于实现高质量的教育产出。

（二）在线实验实训平台

在线实验实训平台发端于 2017 年，采用 PHP、HTML、CSS、Python、JavaScript、LabVIEW 和 MYSQL 等软件语言。其主要作用是随时随地进行远程实验操作。2019 年，该平台通过添加部分功能和融入人工智能技术提升了灵活性。例如，教师可以将理论课程加入平台，以在实验操作开始之前或每门课程结束后对学习者进行评估。值得一提的是，这个平台是开源的，任何人或教育机构都可以使用。

卡迪-阿亚德大学塞姆拉利亚科学学院是摩洛哥国内为所有类型和不同水平的学习者提供动态学习环境平台的学院之一。在线实验实训平台以科学而非工程或技术为基础设计，向学习者提供基于人工智能、能够实施远程实验操作和测试的数字化学习工具。该平台目前可在学院使用，允许学习者和教授之间通过同步通信机制、图标和异步机制交换信息。该平台是最方便使用的开源在线学习平台之一，允许创建多种现实生活中的实验，其内容仅供注册学习者访问。在线实验实训平台包括教学内容、网络教学平台和教育内容管理。

（三）在线实验实训平台与数字化学习

在线实验实训平台可以通过其在学习成果和留用率方面的积极影响来支持数字化学习。例如，在线实验实训的某些功能，包括指导学习者并快速向他们提供反馈,对于了解学习者的情况和有效传递信息十分有效。此外，快速的知识输入和传播是在线实验实训平台的关键要素，可提高学习效率和成果。在线实验实训平台被设计为一个开放、不受限制的参与式学习环境，支持自主学习，有助于在学习者之间分享和保存经验与思想。

三、对公平、质量和效率的影响

（一）评估工具

为了评估在线实验实训平台的有效性，该学院设计了一份包含 14 个封闭式问题的问卷。问卷的设计过程包括以下多个阶段。

- 阶段一：选择问卷类型，包括封闭式（无限制）、开放式（特定）或混合形式（非特定）。选择取决于要收集的信息类型，即关于群体行为的信息。
- 阶段二：基于研究主题提出问题，设计调查问卷。问题应该清晰、流畅、易于理解，使用礼貌的提问方法也很重要。这些高标准的问题构建技巧能够促使受访者如实回答问题。
- 阶段三：团队决定取样方法。
- 阶段四：即调查问卷的试用阶段。目的是确定问卷中问题的偏差程度，修改或替换当前问题。问卷被提交给一组专家以评估其内部有效性。
- 阶段五：将问卷表发放给学习者受访者。由于疫情使我们无法直接接触受访者，因此我们通过电子邮件发送了调查问卷。此外，随着技术的发展和电脑的普及，问卷也通过网站发放。另外，Facebook 和 WhatsApp 等社交媒体网站也被用于广泛传播问卷和快速访问数据。

（二）参与者

问卷通过有目的取样方式分发给了塞姆拉利亚科学学院和科学与技术学院的 100 名教授与 400 名学习者，答复率为 100%。受访者分享了他们对卡迪－阿亚德大学塞姆拉利亚科学学院在线实验实训平台在支持远程大学教育及减缓疫情传播方面的作用的看法。

（三）数据准备

通过以下步骤收集和进一步分析数据：

- 确定数据分析的目标：研究团队设定了分析数据的目标——在线实验实训平台在支持远程实践工作中的作用及其在疫情下为保持教育连续性和减缓病毒传播的作用。团队还使用了描述性和演绎性分析，并采用了数据可视化工具和技术。
- 数据采集：如评估工具部分所述，研究团队提前收集了问卷中的数据和在线实验实训平台中的可用数据以便分析，并制作了所有数据及其来源的记录。
- 数据清洗：收集数据后，研究团队还对数据进行了清洗，以减少数据分析过程中的潜在错误。
- 数据分析：在收集、提炼和处理数据后，数据分析工具和程序被用于根据预先确定的目标来理解、解读数据，并得出结论。
- 数据解读：对收集的数据进行分析。
- 数据可视化：用图表将数据可视化，以监测关系、比较数据集，帮助发现有助于研究的新信息。

（四）结果与讨论

表 6-2-8 显示了数字化平台在疫情下对促进和维持远程学习方面的贡献。

表 6-2-8　数字化平台对促进疫情期间远程学习的贡献

问题	回答 1	回答 2	讨论
数字化平台在大学学习中是否重要？	50% 是	50% 否	这种趋同的结果是因为部分教授和学习者并不重视数字化学习，并且他们不常使用数字化平台；在这种情况下，我们将回答视为否定。然而，技术发展和疫情情况决定了受访者对这一问题的回答
了解数字化平台的来龙去脉是否有好处？	80% 是	20% 否	大多数学习者和教授都知道数字化平台已经存在而非完全新的发明，因为它们已经问世很久了。我们指的是一般的数字化平台
您如何看待将数字化平台扩展到所有大学教育系统？	90% 是	15% 否	接受大学内数字化平台的存在并证明它们有助于解决许多问题

续表

问题	回答1	回答2	讨论
您认为塞姆拉利亚科学学院（FSSM）的学习者喜欢在学习中使用数字化平台吗？	15% 是	70% 否	这一高比例表明需要激励学习者使用虚拟学习环境，并为学习者提供数字化平台使用的培训
实验的在线化如何影响了您的满意度？	60% 是	40% 否	远程实验操作应用的思路正朝着正确的方向发展，必须进一步发展完善
您认为数字化平台在大学教育中是不可避免的吗？	70% 是	32% 否	数字化平台提供的服务为教授、学习者甚至管理人员提供了许多便利

表6-2-9展示了塞姆拉利亚科学学院在线实验实训平台对减少疫情传播的贡献。

表6-2-9 塞姆拉利亚科学学院在线实验实训平台对减少疫情传播的贡献

问题	回答1	回答2	讨论
数字平台是否有助于降低疫情的传播？	91% 是	9% 否	这凸显了数字平台在减缓疫情传播中的作用
您是否认为在线实验实训平台的成功取决于对教授和学习者的良好培训？	95% 是	6% 否	这个非常高的比例使得高等教育部决定的公共卫生措施在教育系统中得以实施
是否在筹备平台时面临着阻碍实验室正常运作的困难？	55% 是	45% 否	这证实了平台只需要作出少量调整就可以很好地运行
在线实验实训平台是否上手快、易于学习？	60% 是	20% 否	这一比例表明有必要重新考虑如何使用它，增加互联网带宽，并让所有人都可以使用它
您认为在线实验实训平台在疫情后会继续运行吗？	56% 是	44% 否	对师生而言，平台操作是暂时的，疫情过去后将不复存在
您认为在线实验实训平台的出现是由疫情引起的还是人为原因引起的？	61% 新冠肺炎疫情	43% 人为原因	疫情在展示电子在线实验实训平台的背景和重要性方面发挥了重要作用
数字平台是缓解疫情的重要方法之一吗？	95% 是	5% 否	这意味着这些数字化平台，尤其是在线实验实训平台，在缓解疫情方面发挥了重要作用

问卷调查结果证实了数字学习平台在所有公共危机时期和此次疫情危机中对教育过程发挥的重要作用。在线实验实训平台的设计和实施结果也证实，数字化学习和远程学习解决了教育领域最大的危机。在线实验实训平台对于提升教育质量益处良多：

- 鼓励参与教育过程，增强教师、学习者和其他参与教育过程人员的教与学的能力；
- 完善行政制度，明确各方的任务和责任；
- 处理来自家长的投诉并回应需求，以减少此类投诉量，营造各方相互合作与理解的氛围；
- 以正确的方式解决问题，避免那些可能弊大于利的解决方案；
- 提升卡迪－阿亚德大学在众多大学中的地位，提升国内外竞争力。

四、结论与启示

疫情的肆虐对教育造成了严重的限制和挑战，疫情下的封闭措施促使教育工作者把眼光投向了远程学习。他们选择了开放教育平台，主要是在线实验实训平台。

此次研究发现，卡迪－阿亚德大学塞姆拉利亚科学学院在疫情下的远程学习领域已经作出了努力。但卡迪－阿亚德大学塞姆拉利亚科学学院的智能化在线实验实训平台在远程学习方面的投入仍然需要加强，在危机情况下采用在线实验实训平台的速度及低利用性也需要提高。为达到在线实验实训平台或其他类似智能化数字平台的预期效果，利益相关方可参考下列事项：

- 应认识到技术要求和能力的不足，并在考虑质量的情况下迅速解决和改进这些问题。在线实验实训平台使学习者和教授能够继续交流并完成远程实践工作，提高利益相关方的技术能力。
- 应建立短期、中期和长期的机制，持续培训教授如何设计真正的实践工作，并将其放到平台上——向学习者展示。尽管在线实验实训平台产生了积极影响，但仍必须加强对教授的培训，以跟上平台的每次更新。
- 应建立对学习者持续培训的短期、中期和长期机制，方便学习者远程和现场使用在线实验实训（远程和现场实践工作）。
- 促进教授在平台使用中的角色，并提供与学习者需求相吻合的数字化教育应用型项目。这些计划将增强学习者和教授之间的联系，鼓励他们积极使用平台工具。
- 提高和丰富学习者教育水平的数字化课程，发展学习者的智力、开发学习者的研究技能和提供获取信息的途径也是必要的。我们还可以从在线实验实训平台的师生报告中跟踪学习者的发展。
- 建议在机构层面建立一个包含所有相关单位都参与的数字教育委员会。委员会通过专门设计的平台，负责高等教育师生的在线培训。

作者：

Abdelali El Gourari，摩洛哥卡迪–阿亚德大学物理、高能和天体物理学实验室博士生

Mustapha Raoufi，摩洛哥卡迪–阿亚德大学塞姆拉利亚科学学院物理系教授

Mohammed Skouri，摩洛哥迪–阿亚德大学塞姆拉利亚科学学院物理系教授

案例 10：在线与混合教学确保疫情期间高等教育的连续性

摘要：在质量保障和改进在线与混合教学（OBTL）领域，秘鲁天主教大学（PUCP）制定了一系列应对疫情的行动计划，在保持社区健康环境的同时，确保教育的质量与连续性，保障人们接受高等教育的权利。同样，大学也已开始制订促使教育逐步回归混合模式的行动计划。本研究旨在描述引领、创新和支持在线与混合教学以确保其质量的过程，以及讨论为缓解疫情而采取的策略。这些策略主要集中于在线与混合教学模式的课程和内容选择、为教授提供在线教学培训、对学习者的支持以及制定保障在线与混合教学的质量和公平的指导方针。

关键词：在线教学、混合教学、疫情影响、秘鲁

一、简介

本次全球卫生危机比以往任何时候都更加清楚地表明了教育机构必须在一个不确定的未来中前行。因此，大学需要快速灵活地适应变化并同时保持其使命和核心原则，即致力于全面教育、创造科学知识和推动人类与环境的可持续发展。这就需要制订相关战略，使大学能够管理危机，在机会平等的框架内确保公平获得优质教育的机会，并照顾到学习者、教授和员工的健康情况（秘鲁天主教大学教育模式）。我们必须实施远程教育，

这表明了将信息和通信技术（ICT）融入高等教育的重要性。揭示了以学习者为中心的必要性，并阐明了教授在教学过程的优化和创造性设计中的作用。

秘鲁天主教大学成立于1917年，自2020年3月以来，为应对疫情，已采取措施确保在线教学的质量。这一系列行动旨在维护社区的健康环境，确保高质量培训的连续性，这是高等教育中的一项权利。同样，自2021年8月以来，秘鲁天主教大学已经开始规划逐步回归混合学习模式的行动。在疫情流行之前，秘鲁天主教大学没有在线模式的本科课程，但已经通过教育学院的远程学习和30多年的远程教师培训活动提供研究生和继续教育课程。得益于20多年的"虚拟秘鲁天主教大学"（PUCP virtual，一个负责使课程和计划适应在线学习模式的部门）的经验，秘鲁天主教大学得以在信息技术部（DTI）和工程领域经验的支持下以协作和灵活的方式应对卫生突发事件。

2020年3月，在秘鲁政府采取社会隔离措施后，秘鲁天主教大学学术副校长办公室立即制定并发布了一系列与学术部门和教授开展合作的指导方针，旨在制定一个适应和培训过程，以通过远程教学的方式实现教育的连续性。此后不久，国家大学高等教育监管局（SUNEDU）调整了大学质量监督标准，并在特殊情况下明确规定，远程教育的设计和实施应考虑学习者的最大利益和主管部门的原则。远程教育的设计和实施不应损害学习者基本权利，特别是受教育权利，并且，必须在可访问性、适应性、质量可用性、可监控性、相关性和一致性方面保障教育质量。

与世界其他地区大学一样，秘鲁的大学在一夜之间开始重新设计教育流程，为所有学习者提供在线课程。私立大学在这方面适应得更快，因为它们有更多的机会获得技术和资源。一些公立大学通过教育部一项由国内外机构参与的支持计划（PMESUT）获得了支持，使它们的能力、技术和经济资源都得到了加强。此外，教育部还设立了长期奖学金和其他机制来减少疫情引发的辍学。在此背景下，在学术副校长办公室的协调及相关部门（学术事务部、"虚拟秘鲁天主教大学"、大学教学研究所、信息技术部）的支持下，秘鲁天主教大学在开课前3周内筹划了第一个在线学期，对教授进行了培训，并对这一过程进行长期监测，以便进行调整和改进。

本案例研究的目标如下：
- 描述秘鲁天主教大学通过在线和混合教学为确保学术教育的连续性而制定的机构政策和战略；
- 解释秘鲁天主教大学为在线和混合教学的开发与质量保障而实施的机制；
- 分析秘鲁天主教大学在在线和混合教学模式实施过程中的影响与经验教训。

二、设计和实施

为应对迫在眉睫的疫情以及秘鲁政府即将于2020年3月颁布的隔离措施，秘鲁天主教大学不得不在很短的时间内应对教学、技术和组织方面的挑战，以确保教学过程的连续性和质量。例如，确保在疫情流行期间在社区中接受高等教育和医疗保健的权利。

在适应在线和混合教学的初期，教育机构主要的挑战包括：将教育过程转移到机构的线上环境；通过在线和混合教学持续提供大部分本科和研究生课程；对教授，通过在线平台准备和开发课程并使用技术资源进行培训；确保学习者和教授的连通性与获取技术的途径。秘鲁天主教大学决定推迟第一学期的开学日期（原定于3月16日），以组织学习者可以远程通过在线和混合教学继续学习。校长立即采取了一系列措施，定期与学术部门主管进行沟通和协调，学术部门主管负责领导转向远程教育的准备和实施工作。

需要指出的是，在疫情流行之前，秘鲁天主教大学只有16个混合模式的研究生项目和一些混合模式的继续教育活动。大学对应用在线和混合教学的本科项目的经验很少，只有7%的课程使用网络教学平台（LMS，Moodle），但大学有具备混合模式教学成功经验的专家人员。"虚拟秘鲁天主教大学"是负责在线教育过程超过20年的部门，承担了校内外项目开发的重要任务。此外，教育学院与主修在线模式继续教育的教师合作了30多年，可以为学习者和教授提供技术支持与教学培训，为转向在线模式提供准备。

（一）在线和混合模式的教学过程设计

首要措施和学术规划。在在线模式的计划确定和组织过程中，为了统一标准并指导学术部门和教授的培训工作，副校长办公室制定并传达了以下机构指导方针：

- 选择机构平台 Paideia（Moodle）作为机构在线学习环境，能够采集教授和学习者使用的学习环境并监控其实施情况。基于这一决定，教师培训过程将重点放在该环境的使用和后续的实施行动上。
- 对本科课程的初步及必要协助。在第一周，机构资源集中在这个层面，因为它覆盖了学习者的 78.61%。研究生课程在第二周进行讨论，之后是继续教育活动。
- 学院必须分析它们的课程表，根据课程性质挑选可以在在线环境中教授的课程（主要是理论性课程）并优先在在线和混合教学中实施这些课程。
- 对于需要实物资源的课程，如工作坊和实验室课程及其他实践课程，必须保证理论内容的教学，尽可能开展远程实践活动，而将必须面授的内容留待之后的学期。
- 要求各部门找出使用过 Paideia 平台的教授，以便他们在培训过程中与同伴合作。

为了让每所学院能够进行课程表分析，课程被分为 3 类：可以完全在线教授的课程（100%）、无法在线教授的课程和混合教授的课程。

校长团队、技术团队和学术机构小组每周举行在线会议，制定了共同的机构标准，供各部门根据各自的情况加以应用。同时，每两周会举行一次学术副校长办公室会议，讨论在线与混合教学活动的进展和发展质量，从而作出调整并加强实施。为吸取第一学期的经验教训，改进规划和组织 2020 年第二学期的教学，学术副校长办公室成立了一个委员会，由学术支持办公室负责人、两名院长代表、两名部门主任和两名研究室主任组成。该委员会将以往的经验系统化，并为准备和组织第二学期的学术活动制定了指导性文件。

教授培训。在适应在线模式的过程中，对教授进行关于在线学习环境——Paideia PUCP（Moodle）的知识和使用的培训发挥了核心作用。机构提供了相关的自学在线课程，其课程目标如下：

- 提高教师对远程学习方式的认识；
- 了解和使用 Paideia 平台及其活动；
- 分 4 步准备远程学习模式、学习活动的设计和实施。这些步骤的划分涵盖了学习过程的每个基本方面，并充分利用极短的时间准备在线课程。

为开展在线培训课程，确保在线课程的准备和质量，大学共组建了41个教授小组，并由一名导师陪同，导师在整个学期履行以下职责：
- 监测教授的课程调整进度；
- 与教授进行持续沟通以发现问题或疑虑；
- 分组召开 Zoom 会议以解决各种问题，并对工具的使用进行示范；
- 为教授制订一份清单，以核查实现合格教学所需的最低要素。

该课程在每学期（2020年第二学期、2021年第一学期和2021年第二学期）开学前再次提供给新教师。团队还开发了名为在线学习资源的网站，供教师搜索和使用。此外，还与信息技术部合作提供了一个技术支持服务平台，用于解决任何潜在的需求或问题。最后，有超过40名学习者的教授（没有助教）可以要求1名助教在课程开发过程中负责提供技术支持和监控学习者。

数字资源和技术获取。Paideia 平台为个人和团体活动的内容展示、开发提供了工具和活动，并允许获取有关活动和互动访问的报告。大学购买了 Zoom 的视频会议软件许可证，并将其与 Paideia 集成以开发同步教学和学习活动。除此之外，大学还推广了其他免费在线工具，并为特定课程购买了专门的软件许可证，以补充和确保特定学科的学习质量。

此外，图书馆服务还为教授和学习者提供了一些数字资源，以获取教学和学习过程中必要的学术信息源，包括数据库、电子期刊和书籍、主题指南和在线存储库的访问、在线文档服务、促进研究的视频和主题指南，还包括数据库管理、书目管理等方面的在线培训。

行政副校长办公室提供了互通互联基金，其中包括一个每月免费的 20 GB 调制解调器。这确保了每个学习者和教授都可以访问该平台并安排在线活动。同样，办公室也向处于弱势地位的学习者提供了一个借出数字设备的计划。

（二）在线教学活动的实施

教学期间的教授培训和支持。在2020年到2021年的4个学期出现了一些新需求，因为教授需要加强教学方法以及在线教学模式下的教学活动。此外，教授还必须创造一个值得信任的环境，让师生之间，以及学习者之间建立更好的互动。为此，大学教学研究所（IDU）举办了一系列开放式研讨会和微型研讨会，旨在改进和加强远程学习模式的资源实施情况、沟通学习和评价活动的教学策略。同样，他们还制定了详尽的"远程学习模式教师指南"，提供有关指导方针的信息，并为准备和开展在线和混合教学的教学、学习与评价活动提供支持。

大学还举办了两次教学经验会议，以帮助确定和分享良好的教学实践。这些会议使秘鲁天主教大学能够将经验系统化，并为同事之间的反思和对话创造空间，以提高教学质量。作为补充，学院的学术办公室提供了一项心理支持计划，以帮助那些因健康危机及其后果而身心受到影响的教授。目前，学校正在筹备培训活动和指导文件，主要是指导教师在2022年设计混合学习课程。

对学习者及其健康的帮助。 开课前一周，"适应活动"在各学院的特定课程中进行。学习者可以与平台、教授和同学进行互动。学院还提供了介绍视频和指南，以便学习者更好地理解这种模式。由于封控期间造成的经济危机，学校为经历困难时期的学习者提供了特殊的经济支持，使他们能够继续学习。此外，还向感染病毒的学习者提供了即时援助，并为那些不幸失去父母的学习者提供了孤儿奖学金。在心理和精神健康方面，学习者事务学术办公室（DAES）在Facebook上提供各种服务，如在线心理支持、心理教育咨询、16种运动课程和培训。

确保质量的行动。 大学选择了3种机制监控，以确保教学质量。

（1）Paideia报告。学术事务部（DAA）在信息技术部的支持下，向每个学术部门组织并展示关于每个在线课程中已开发活动的访问情况和类型的周报。2020年、2021年度报告的指标如下：

- 每个部门确定为在线授课的课程占总课程安排的百分比；
- 已具有注册远程学习模式的时间表的课程占Paideia总课程安排的百分比；
- 参加自身课程安排的学习者百分比；
- 使用资源的学习者百分比，例如Paideia上的"文件""问卷""论坛"和"任务"；
- Zoom上按课程安排划分举行的会议次数；
- Paideia上按课程安排划分的注册学习者人数；
- 按课程划分退学学习者人数，每所学院都可以通过这些信息发现课程中可能存在的问题，教授或学习者也可以作出决定，并采取行动改进。

（2）关于 Paideia 的最低要求文件。为了让 SunEdu 了解学校层面的学术提议，制定了关于 Paideia 的每门课程的最低要求文件：课程大纲、课程时间内同步活动的每周时间表（不少于常规面对面课程的50%）和其他非同步活动、同步课程的录音、课程基本材料、电子参考书目、网络链接、视频等。

（3）关于在线模式的满意度调查。在每年的第一学期末（2020年第一学期和2021年第一学期），对本科生和研究生项目的学习者与教授进行满意度调查。调查分为3个维度：

- 一般体验（访问在线资源，以及用户友好性）；
- 对在线模式的看法（互动、课程组织、个人组织和沟通、大学服务提供的支持）；
- 开放式问题，收集关于在线模式体验的主要缺点和优点的评论与经验。

这些调查结果已提交给学校和相关部门，以便在组织和实施新学期教学时进行适当的改进。

三、对公平、质量和效率的影响

（一）学术机会、平台使用权以及对学习连续性的支持

在院系和教授的参与下，大学作出了重大体制改革，以确保学习者公平地获得大多数课程的学习并保证学术教育的连续性。如表6-2-10所示，第一学期远程教学模式中的学业录取比例几乎超过了总录取比例的85%，并在2021学年第二学期达到98.8%。在2021学年第二学期，混合学习课程首次在本科课程中开设（4.19%）。这些课程要求面对面体验，包括使用实验室、工作坊和进行实地工作以保障学习质量，这些是目前规定所允许的。

表6-2-10 完全在线授课课程、无法在线授课课程和混合课程（本科和研究生）

课程	2020-1	2020-2	2021-1	2021-2
完全在线教授的课程	84.8%	95.8%	98.8%	95.81%
无法在线教授的课程	12.8%	3%	0%	0%
混合课程	2.33%	1.2%	1.2%	4.19%

在这一阶段，教育的连续性和入学率在获得教育机会和对教学质量的满意度方面显示出积极的结果（见表6-2-11）。在2020年第一学期，除了对远程教育质量缺乏信心外，还有由于疫情对家庭造成健康和经济危机的初步影响使更多学习者退学。然而，在为获得教育机会、公平和高质量提供条件的机构层面的努力下，下学期重新入学的学习者人数显著增加。这表明，秘鲁天主教大学提供的技术和经济支持是有效的，而且该模式质量的可靠性得到大幅提高。

表6-2-11　按学期划分的（本科生和研究生课程）在校生、复校生和退学者

	第一学期		第二学期	
	2020-1	2021-1	2020-2	2021-2
总在校生	26 494	29 719	27 831	28 363
复校生	1 142	1 597	3 057	1 533
退学者	6 296	3 843	3 428	4 127

关于访问Paideia平台的定期报告使每所学校能够有效地监控学习者访问不同课程和资源（文档、论坛、活动和问卷）的百分比。这些信息帮助人们发现一些课程、小组和教授的困难，调查其原因并提出改进建议，确保教学机会及其质量。得益于监控系统、培训行动的规划和发展，学习者的参与度也取得了令人满意的结果。如表6-2-12所示，本科生和研究生在Paideia课程、活动与资源方面的访问和参与度很高（98%）。需要注意的是，在一些论文研讨活动中，为了进行个性化辅导，使用了其他同步和异步的替代方式，这可以解释为什么此类访问没有达到100%。

表6-2-12　访问Paideia平台的学习者百分比

	2020-1	2020-2	2021-1	2021-2
访问课程安排的学习者百分比	98%	96%	98%	（进行中）

在这两年中实施了一系列支持措施，以保证在线教学活动的公平性和连续性。互通互联基金（Connectivity Fund）为包括学习者和教授在内的8000多名受益人提供了支持（见表6-2-13）。此外，在过去两年中，因疫情失去父母的孤儿奖学金数量有所增加（见表6-2-14）。

表 6-2-13　按学期划分的互联互通基金受益人数量　单位：名

学期	受益者数量
2020-1	5 000
2020-2	6 400
2021-1	7 500
2021-2	8 000

表 6-2-14　按学期划分的孤儿奖学金发放人数　单位：人

学期	2021-2	2021-1	2020-2	2020-1	2019-2	2019-1	2018-2
孤儿奖学金（第 23585 号法令）	341	306	188	105	52	48	51

由于疫情危机不断在社会情感方面影响着大学社区，秘鲁天主教大学通过心理护理等行动开展了一系列心理健康活动。2020 年共资助学习者 7 653 人；2021 年共资助 3 799 名学习者。这些行动有助于确保受影响的学习者能持久性学习。

（二）为提供优质教学和在线教学而接受培训的教授

据报道，得益于各种培训活动以及教育和技术支持，教授们已经具备了在机构平台上进行远程教学和使用在线教学与混合教学工具的能力。这些能力有助于提高教授们在线教学与混合教学的质量。共有 71.5% 的在职教授成功地完成了 2020 学年第一学期疫情流行开始时提供的 "Organize your Paideia" 自学课程（见表 6-2-15）。在接下来的几个学期里，新教授和那些想用在线模式设计新课程的人也参加了这些课程。

表 6-2-15　每个学期注册 "Organize your Paideia" 自学课程并获得证书的教授数量　单位：人

学期	注册并认证的教授
2020-1	1 997（占在职教授总数的 71.5%）
2020-2	378
2021-0	121
2021-1	309
2021-2	751

虽然这些培训课程的最初目标着重于使用在线工具和确保信息传输，但这些培训课程也融入鼓励教师加强与学习者互动和沟通的元素，为改善对学习者的全面教育作出了贡献。

（三）学习者满意度调查

在线和混合教学第二年（2021年3月）开始之前，通过年度调查（2020年和2021年）和定性研究评价学习者满意度。调查多个方面的满意度是为了评估在线和混合教学质量，了解成果与困难并逐步改善教学体验。

2020年和2021年分别有55%和24%的学习者对远程教学模式的满意度调查作出了回应，评分从0到5。

- 一般体验（访问在线资源，用户友好性）；
- 对在线模式的看法（互动、课程组织、个人组织和沟通、大学服务提供的支持）；
- 开放式问题，收集关于在线教学模式体验的主要缺点和优点的评论与经验。

2021年年初，来自不同职业的20个学习者专题小组，通过聚焦在线教学模式和学习评价开展了一项定性研究。

随着在线和混合教学的实施，学习者已经更加适应在线学习平台。调查结果显示，学习者对Paideia资源访问及其用户友好性的满意度逐渐提高。满意和非常满意（4级和5级）的百分比从2020年的52.5%增加到2021年的75%。这一结果可能是由于使用在线课堂的适应性和学习曲线的改善所致，也可能是由于各机构或家庭为在线访问采取的改进措施。Paideia上的学习工具/活动的有用性显示超过50%的积极结果，但论坛仅达到25%。根据这些结果，与外国专家一起举办了研讨会，就如何更好地使用这些工具提出建议。

调查表明，秘鲁天主教大学的在线和混合教学方法质量很高。学习者对课程的整体质量表现出非常高的满意度。超过60%的人对课程内容的质量表示满意，满意度从2020年的62.8%上升到2021年的78%。同样，教授们展示视频会议（同步）和视频（异步）等内容的工具被认为是最有用的工具（高达70%的满意度）。此外，与更多实践活动相关的学习材料和练习的阅读资源也获得了较高的满意度（60%）。

秘鲁天主教大学采用的在线和混合教学方法还鼓励教授与学习者之间

的交流及强化他们的关系。在教授的沟通和解惑意愿方面,第一年的第一学期有 56% 的学习者表示满意,第二学期这一比例提高到 67%。

定性研究对这些结果进行了更详细的分析,在定性研究中,学习者积极评价各种在线要素,如课堂录音和更多的在线材料。此外,由于在线和混合教学节约了离学校较远学习者的通勤时间,以及使职业发展较快的上班族可以同时学习和工作,所以使学习的公平性得到了加强。

目前的在线和混合教学方法也有一些值得注意的地方:虽然在线学习质量的评价主要集中在内容和练习的获取上,但学习者在参与和与同学互动以及学习时间安排方面的满意度较低。这些方面在第二年有所改善,但满意或非常满意的比例仍未超过 43%。这些结果表明,学习者对课程、内容、材料和教授的满意度高于他们自己在学习过程中的参与、互动和组织水平。

在线教学的有效性似乎在理论学习方面比在实践方面更大。教授们已经能够通过同步会议、录音和阅读材料的视频会议传输高质量的内容,但他们在设计促进实践和现场学习以及与学习者互动的体验方面仍有很大的困难。

(四)教授满意度调查

第一年 53% 的人回答了针对教授远程教学的满意度调查,第二年有 28% 的人回答,评分从 0 到 5。一般来说,参与调查的秘鲁天主教大学教授已经意识到了在线和混合教学的优势,并逐渐习惯了在线和混合教学方法。

教授们对在线和混合教学的机构培训表示满意和非常满意(4 级和 5 级)。76% 的教授对大学通过"Organize your Paideia"自学课程提供的支持表示满意,68% 的教授由学校通过指定导师提供支持;75% 的教授对大学教学研究所提供的培训和微型研讨会感到满意。这些结果显示了为教授提供培训的有效性,以规划和发展他们的在线教学和学习活动。

对 Paideia 平台资源的满意度在这两年都非常高。教授们也对自己的课程准备和组织过程感到满意,其中包括根据远程教学模式对教学大纲中提出的内容和活动的调整,以及为学习者答疑解惑的时间安排。研究还显示,学习者对他们在同步活动中与学习者的互动水平以及在非同步活动中与学习者的互动水平的满意度很高,尽管第二年的互动率略有下降,平均下降 10 个百分点,但这可能是因为学习者参与度较低。

评价团队认为，在处理学习者的沟通需求来为他们答疑解惑时，需要在教学实践中有更多的反思空间。最后一个调查要素与定性学习者的观点不同，他们对互动性表达了困难，尽管在调查中取得了积极的结果。

四、结论和影响

在学术副校长办公室、学术部门和教授的参与下，秘鲁天主教大学启动的在线和混合教学适应过程及应对疫情的挑战变得可行。通过不断的沟通和协调，各部门参与了机构政策的决策和实施，指导了学术规划和管理，进而满足了各学科的特殊需求，确保了学术质量。

学校已经付出巨大努力用以支持教授发展技术和教学能力，并为他们提供在线和混合教学的资源与工具。连同图书馆提供的网络教学平台支持和资源，此次培训使我们以在线和混合模式重新设计了 100% 的课程，教授和学习者都非常满意。在线和混合教学提供的内容，尤其是一些理论内容，以及允许传输获取信息的资源，如视频会议、录音和阅读的质量得到了认可。这些数字化内容加强了知识获取的学术质量。同时，它也显示出在知识和能力发展方面的弱点，这需要付诸实践并且对在线和混合教学的教学方法提出更大的挑战，需要在考虑到每门学科性质的情况下，以面对面或混合的方式发展。

教授和学习者之间的沟通与互动是需要详细分析的方面，因为他们在问卷调查和焦点小组访谈中对满意度水平表达了相反的评价。由于面对面交流的质量受到影响，教授和学习者需要更高水平的同步互动，以促进对学习和教学过程进展的即时反馈。在线课堂交流方面在教授培训期间得到了发展，从教学角度来看，还可以利用在线和混合教学提供的可能性进行改进：可能需要对教学和评价实践进行更多的定性跟进，以确定不同学科在实践课程中的困难和良好做法，以及在线和混合教学中的沟通与评价。根据秘鲁天主教大学的经验，考虑到学科的多样性和课程的性质，将其判断标准与机构的标准统一起来，以指导不同模式的课程教学设计和评价体系，也可能是有意义的。

改进质量参数的监控指标以符合必要的持续改进过程有助于在线和混合教学的发展——提供必要的信息，以便对在线和混合教学的内部质量系统负责。秘鲁天主教大学自 2020 年 9 月以来已经针对教育模式进行了修订和更新，将技术和教学方法融合到在线和混合教学模式的课程开发中，并对这些模式中学习者的一般能力和教学角色、教学和学习模式、在线资源和媒体，以及需要提供和运作的支持进行了审查和更新。

作者：Cristina Del Mastro Vecchione 博士，秘鲁天主教大学教育学院主任教授兼学术副校长

案例 11：塞尔维亚诺维萨德大学借助网络教学平台保障学习者实习

摘要：疫情暴发以来，迫使教育提供者必须拓展新的思路、采取新的方式方法。为满足学习者的实习需求，需要不同的方法和系统能够让学习者在疫情期间继续实习（封控期间完全在线上进行），并且根据学习者的学习项目，帮助学习者融入特定的业务环境中。实习系统不仅要考虑到所有重要环节，还要能够对即将开展的活动以及如何开展这些活动提供充分、可靠的支持与判断。本文介绍的系统采用学习分析算法，并逐步调试以满足学校、学习者及实习单位三方的需求，尤其是学习者需求。想要达成上述目标，该项目指定协调资源和专家专门负责，并使用 Moodle 平台的高级功能和学习分析来优化开展的活动类型，同时，增强对现有资源的使用，以最大可能地提升实习成功率和取得显著成效。这一系统同样支持传统教学，并提供所有资源的远程访问权限。鉴于诺维萨德大学技术科学部的学习者经验丰富，熟悉在 Moodle 远程学习环境中学习（他们从入学第一年便开始使用），该系统的开发也基于了 Moodle 平台。该平台使教师能够创设内容来吸引学习者，学习者也可以在 Moodle 平台上按照自己的节奏学习，这样既可以提高学习者的学习意愿和参与任务的兴趣，也可以提升其数字化学习能力。这也打破了原有师生在线下课堂交流后才能开展实习的情况。本案例显示，在实习环节做好对学习者的培养能够促使学习者进一步适应社会，而培养质量取决于实习单位的积极参与以及大学、学习者和实习单位三方的配合。三方合作借助数字化学习与管理平台的应用，可以加强实习需求的精确匹配，推动以岗位任务为主的课程开发，激发学习者的自主学习能力，等等。

关键词：在线实习、混合实习教学、新冠肺炎疫情影响、塞尔维亚

一、简介和背景

诺维萨德大学是一所综合性大学，也是塞尔维亚规模排名第二的大学，拥有约 5 万名学习者和 5 000 名员工。大学由 14 个学院组成，其中技术科学学院是最大的学院，拥有 1.6 万多名学习者，成立了大约 130 家初创企业和衍生企业。诺维萨德市拥有 30 多万人口，是众多国内外企业的所在地，这些企业不断需要熟练的劳动力和专家。在这些企业中，数量最多的是信息技术和工程领域的企业，大多数企业大量招聘技术科学学院的毕业生和学习者。为满足劳动力市场的需求，学院不断努力改进课程和教学。在某种程度上，实习项目的成功及其有效性取决于利益相关者的坚定承诺和参与，这些利益相关者很大程度上依赖于优秀的大学毕业生。而培养高质量的学习者也是高等教育机构的首要任务。

企业经常使用实习作为招聘手段，借此了解潜在人力资源市场，吸引充满工作热情、年轻廉价的劳动力，从而加快人才预选过程，降低培训成本，并通过承担社会责任来提高企业声誉，与社区保持良好关系。考虑到企业和劳动力之间的关系，学习者的兴趣和愿望必须与实习岗位契合。实习将对学习者未来的职业生涯产生重大影响。他们与潜在雇主接触，减少现实冲击，并深入了解工作所需的各项能力等。

此外，通过实习了解未来的工作场所可能会成为学习者决定是否想在类似企业工作的关键因素。实习可鼓励学习者更多地参与工作，帮助他们认识到自主学习的重要性，让他们对自己的教育承担更多责任，这可以通过量身定制的在线课程来促成。当教师适当地使用网络教学平台和协作工具时，他们可以激励学习者继续专注于学习，并在课堂之外积极学习。同时，还可以鼓励学习者通过应用问题导向的学习和教学法进行研究。

我们的目的是创建一个包含所有重要因素的实习系统，帮助我们更好地预见未来应该开展活动的类型和方法。实习系统使用适当的学情分析算法，熟悉并逐步适应 3 个利益相关方的需求，尤其是学习者的需求。使用学情分析工具的目的是测量、收集、分析和报告教师与学习者在在线实习课程（学习环境）中产生的数据和背景，以了解和优化所有重要流程。为了实现这些目标，必须有相关的资源和专家，并使用 Moodle 网络教学平台和学情分析的高级功能，以优化活动类型，同时，尽可能利用可用的资源，最大限度提高成功率和实习成果。

二、设计与实施

在开展与学习者实习相关的活动过程中，学习者与企业之间的安全协议是一个重要方面。组织团队的责任重大，因为它是整个过程中的重要调解人。尽管如此，实习过程中的所有参与者都需要对疫情防护及学习者的实习成果负责。据推测，学习者对可申请职位的满意度较低，因为企业是根据自身需求来定义适用条款的。尽管企业大多期望学习者积极参与，但疫情也会影响企业的决定。合作企业的数量需要增加，实习岗位的数量也会相应增加。同时，学校应不断提高学习者对实习重要性的认识，激励他们认识到实习带来的机会。

负责匹配学习者与实习岗位的团队由在实习、校企合作、网络教学平台和协作工具领域经验丰富的专家组成。学校部门为课程开发投入了必要的资源，多家企业的代表也在开发过程中作出了积极贡献。他们的首要任务是设计出一种能够保持与企业合作以及保证学习者实习的方法，使得实习这一重要的教育环节在疫情期间尽可能少地受负面影响。

在线实习课程的测试版一经开发，就在 3 组利益相关方的参与下进行了测试：企业代表、技术科学学院的教师和学习者。在线课程根据意见和建议作了调整并正式上线。这主要涉及组织一系列在线讲座，其重点关注两个主题：实习的重要性，以及在线课程要求的步骤和活动。在线实习课程旨在支持传统的教学并提供远程访问所有资源的途径。由于诺维萨德大学技术科学学院的学习者比较熟悉 Moodle 远程学习环境（学习者从第一学年就开始使用 Moodle），Moodle 也被选为学习在线实习课程的平台。

在开始实习项目之前及建立正式合作关系（签署罗列双方义务的实习协议）之后，技术科学学院和企业的导师需要共同努力为学习者制订有意义的任务并提供支持。这一过程至关重要，因为必须将不同学习者的基础与实习意愿匹配。高等教育机构经常通过实习来测试理论在实践中的应用，创造发展性的教学环境，并与特定行业的代表建立直接联系，通过学习者和企业导师的反馈来了解行业情况，根据劳动力市场需求更新课程，从而提高学习者的就业能力。

教育技术实验室（诺维萨德大学工业工程与管理系技术科学学院）开发的实习课程包含 9 个明确定义的步骤，指导学习者完成所有任务并最终通过考试。其中一个关键步骤是申请实习岗位，学习者在此选择实习的企业、任务和时间范围。申请后，学习者将被分别分配给技术科学学院和所选企业的导师。

课程开始时（在线课程的主页）会对所有参与项目的学习者提供相同的初始信息。实习课程的主界面由 3 个主要部分组成：（1）基本信息；（2）企业及相关业务；（3）步骤/活动。这一设计也是因为所有学习者最初都需要相同类型的信息、他们的角色和应该履行的义务，以及实习过程的整体规则。

基本信息：由实习介绍课、实习意义课、等待步骤和其他重要信息组成。在该部分，学习者不需要参与活动或给出反馈。这一部分是所有活动的起点，可以作为信息资源为学习者答疑解惑。

企业及相关业务：由定期更新的可选择"雇主"名单组成。学习者可以点击企业标志访问企业网站，了解企业的基本信息，从而决定是否想在某个企业实习。在合作企业的名单下面，学习者还可以看到一组待定企业，大学正在与这些企业进行最后阶段的合作谈判，这意味着学习者很快就可以申请这些企业的实习。

步骤/活动：是最重要的互动部分，学习者要在这里完成关于实习过程的 9 个步骤。学习者需要按顺序依次完成每个步骤，这意味着不能跳过任何一个步骤，也不能不按编号顺序进行活动。这样做的目的是实现系统化管理，追溯工作进度，并将错误的可能性降到最低。9 个步骤的活动被分为 3 个阶段：实习前、实习中和实习后。

在实习项目开始之前，学习者必须完成前 4 个步骤。第一步包括 Moodle 个人资料设置和个人简历上传。这些资料信息在毕业前将保持不变。尽管简历在实习中非常重要，但在此阶段，大多数学习者并没有被鼓励撰写简历。实习系统将 Europass 模板的学习者简历转发给实习企业代表。

第二步是申请合适的职位。这是实习过程中的关键一步，也是高等教育机构与企业此前进行的工作和协调的结果。在此阶段，学习者可以选择最适合他们的项目。所有可选择的实习职位都由提供实习岗位的企业、学习年份、课程特点（小组/模块）、精确时间段、任务，有时还有特定的知识要求（企业要求）等因素所决定。该系统的设置使学习者一次只能申请一个职位。如果他们在申请后退出实习项目，该岗位将自动提供给其他学习者。由于实习岗位是按学习课程进行分类的，学习者只能申请与其学习课程相关的岗位，且只有获得实习岗位申请资格的学习者才能提交申请。其他学习者只能查看招聘公告，但不能申请实习岗位。当新的实习岗位放出，所有学习者将收到电子邮件通知，且所有实习岗位申请截止日期都会标注在日历上。

第三步的目的是检验学习者是否对他们选择申请的企业有基本的了解。事实证明，有时学习者会在了解企业的更多信息后撤销他们的实习申请。学习者需要在第四步上传实习所需要的推荐信。推荐信代表着院系和主办企业对学习者可以在规定时间内到场工作的正式确认和许可。

在剩下的步骤中，学习者需要与企业和学院签署三方协议（第五步），以确保学习者能够负责地、认真地执行任务并遵守规则。此后，学习者可以下载实习作业和任务（步骤六）来撰写实习报告，填写企业和实习总体满意度调查问卷（步骤七），上传实习报告（步骤八）并参加考试（第九步）。

步骤七中提及的调查问卷通过李克特五点量表来收集学习者的反馈。在 Moodle 在线课程中，调查问卷被视为学习者对关键指标满意度的评估工具。调查问卷针对引入在线课程之前完成实习的学习者进行面对面访谈，以便更详细地了解学习者对实习关键方面的态度。

除了与来自学院和实习企业的导师保持常态沟通外，学习者还可以选择寻求其他学习者的支持和指导。贯穿 9 个步骤中的论坛讨论功能对学习者交流和解答与实习步骤有关的疑问有非常大的帮助。这一功能为学习者提供"实习校友经验"和"实时问题"的答疑服务。学习者通过论坛提问并回答问题，可分享经验，互相帮助申请岗位，向有经验的实习生寻求实习建议和意见，并将他们在实习中学到的知识应用到本科和硕士论文中，还可以通过参与讨论获得一些奖励积分。

三、对公平、质量和效率的影响

现有研究指出，完成实习的学习者通常有更高的薪水，对职业发展道路有更深刻的理解、更高的工作满意度、更贴合实际的期望，以及更好的学习成绩。其中，实习尤其能增强学习者的工作和社交能力。在实习成功的前提下，实习对学习者能够产生显著的积极影响。因此，获得适当的学术和专业支持对学习者来讲至关重要。

根据从实习项目中汲取的经验，实习的成功可能取决于学习者与院校和实习企业导师之间的对等付出。在线课程能够减少所有参与者之间的直接接触，以最大限度地降低疫情带来的危险。此外，在线课程与高等教育机构目前已采用的预防措施（网络教学平台和协作系统）协调一致。Moodle 平台具有多方面优势：使师生无须在教室里直接互动就能促成实习，教师能够在 Moodle 上提升教学内容，吸引学习者，并增加学习者对完成任务和自主参与活动的兴趣。此外，它还能帮助学习者根据自己的进度学习，提高学习意愿，并提升数字化学习的知识和技能。

　　在引入在线课程之前，技术科学学院的实习也属于必修课，但学院没有衡量学习者对实习的满意度，因此无法对比在线课程实施前后学习者的满意度。然而，通过学习者满意度问卷（见表 6-2-16）可以看出，实习项目质量较高，并且能为未来的项目组织者提供借鉴。

表 6-2-16　学习者满意度的平均得分和标准偏差

评价对象	学院导师	实习机构	网络学习平台有用性	可申请职位	实习企业导师	实习企业	整体满意度
平均得分	4.44	4.28	4.37	3.79	4.59	4.54	4.45
标准差	0.829	0.881	0.923	1.097	0.753	0.765	0.707

　　结果表明，提交问卷的 192 名学习者对实习企业导师的满意度最高（4.59），其次是实习所在的企业环境（4.54）。这两项也是选择实习机构的重要参考指标。考虑到学习者的需求和期望得到了满足，可以认为，精心筛选企业可能会直接影响学习者是否能有专业的实习导师。学习者对实习机构和导师的评估具有最低的标准偏差和最高的平均值，这意味着大多数学习者对当前的合作企业和导师有着高度评价。与传统的组织系统不同，现有的实习项目的所有信息都在在线课程中有所提供。这大幅度地提高了效率，并且，学习者可以通过论坛/讨论组与教师或企业导师的直接联系来获得新信息。学习者可以快速访问当前开放的实习职位和即将到来的学期时间表，并且可以通过标准化程序与学院签署实习申请协议。所有活动都是公开的，以确保过程的透明性和公平性。在大多数情况下，面试候选人是由雇主企业决定，否则由学院以面试的形式进行选择。

四、结论和启示

诺维萨德大学借助网络学习平台保障的实习项目仍需要全面的基于数据的评估系统来揭示项目对不同利益相关方的影响。尽管我们假定专业实践对后续学习有着积极的影响,但实习或其他专业实践的组织者可能还需要对该项目的影响进行详细的系统性分析。需要进一步数据佐证的另一方面是学习者通过参加实习获得的进入就业市场准备的增长度。目前的文献表明,传统的实习模式(非本案例展示的综合、混合形式)促进了学习者的就业能力。虽然学习者获得奖学金或雇主企业继续录用的案例越来越多,但我们仍需要更多的证据来证明网络学习平台支持的实习项目与学习者的长期职业表现之间的关联。

目前,网络学习平台支持的实习项目的合作伙伴企业大多是根据学习者的建议选择的,这也加强了诺维萨德大学的产学合作。项目设计者同时也被鼓励在结合学习者职业发展和企业参与方面进行创新,以在学习者、大学和企业之间建立一个可持续的社交网络和生态系统。为了在网络学习平台支持的实习项目中结合个人偏好、适当的时间安排和有意义的实习任务等因素,来自不同方面的利益相关方受邀参加项目评估过程,并长期提供反馈。

产业界已成为学习者将理论应用到实践中的"实验室"。长期以来,课程和教学方法一直在调整,以弥合课堂与教育实践之间的差距。教师能够通过案例、习题和模拟实验,帮助学习者了解课堂学习与企业环境现实之间的联系。然而,这些课堂活动不能完全复制现实世界中分析和解决问题的复杂性。实习能将学习者置于行动的学习场景中,促使他们将在课堂上学到的理论和知识应用到实践中,从而提高他们在现实环境中的管理和决策能力。

疫情的暴发严重阻碍了实现这些目标的过程,但在线学习工具的使用可以帮助我们应对这些挑战。在此期间,教学数字化转型进程明显加快,高等教育机构必须预先做好准备,具备应对这些挑战的机制。在充满风险的时代,完全线上实习在不久的将来有可能变为现实。企业也可以从线上实习过程中获得的新经验和知识中受益。由于学习者在实习中的任务与企业员工实际执行的任务非常相似,这样的实习系统也可以帮助企业进行调整并具备先进的疫情响应机制。高等教育机构在实习系统中收集的所有数据和基于这些数据开展的活动将与合作伙伴企业的代表共享。在疫情的影响下，高等教育机构需要利用已有资源和知识来改进教学过程。未来，学情分析和数据处理技术将帮助我们更好地评估实践方向：需要在哪里投入更多资源，以此取得更好的结果并确保每个人的安全。

作者：

Branislav Bogojević，博士生，诺维萨德大学

Bojan Lalić，教授，技术科学学院

Tanja Todorović，助教、博士生，工业工程与管理系

Nikola Zivlak，助理教授，教育技术实验室

案例 12：印度尼西亚促进高等教育在线学习的发展

概要： 在线学习从 2010 年起已被纳入印度尼西亚（下称"印尼"）高等教育，但其形成快速发展态势则是由于疫情的促进作用。疫情暴发后，高等教育机构便开始在没有准备的情况下直接转向在线学习。印尼政府于 2021 年设立印尼网络教育学院，成为印尼在线学习和数字化课程的资源集成市场。该项目旨在帮助疫情期间印尼高等教育机构实施在线学习，并通过提供本地和海外一流大学的优质在线课程，进一步提升国家高等教育的公平和质量。印尼网络教育学院旨在汇集优质在线课程资源，机构的主要功能包括：规划、审核和注册在线课程资源、管理线上课程资源库、开展在线学习的创新研究、管理在线课程的合作伙伴关系以及课程认证，并使用区块链技术将在线课程的适切性和学习者的能力与就业市场连接起来。由印尼网络教育学院的伙伴联盟共同建设了 275 门在线课程，且由印尼政府资助购买了 edX 平台 1 420 门在线课程，为印尼本地参与自由学习校园计划（Merdeka Belajar Kampus Merdeka）的 69 所高等教育机构及其 3 800 名学习者提供服务，包括为这些教育机构提供研究、在线课程、学习者交换、微认证等。未来，印尼网络教育学院将继续强化伙伴网络、提高协作、提升覆盖范围和服务质量。

关键词： 在线学习、高等教育、政府在线教育战略、印度尼西亚

一、介绍和背景

印尼在意识到高等教育在国家经济建设中所起的作用之后，认为其高等教育系统应当具备变革性和敏捷性，以适应全球变化。2021 年 7 月，印尼政府以印尼开放大学为基础成立了印尼网络教育学院（https：//icei.

ac.id/），作为政府改善高等教育公平、质量和适切性的重要战略措施。印尼网络教育学院旨在应对下述新的挑战。

（一）第四次工业革命

第四次工业革命带来了新的思维方式、思考方式和行动方式。第四次工业革命是数字革命，技术融合模糊了物理、数字和生物等学科领域之间的界限。第四次工业革命的高速转型给人类生活的各个方面都造成了全球性的扰乱。在这种情形下，印尼将高等教育置于首位，从而使国家更好地应对第四次工业革命带来的社会转型。政府决心提高印尼在全球市场的竞争力，优先发展科技创新，并将人文主义和全纳教育目标融入国家高等教育发展规划。同时，政府正致力于支持高等教育在线学习模式的出现，力争为所有人提供可获得优质教育的机会。

（二）印尼高等教育规划的目标

根据国家政策文件，印尼高等教育规划提出"到2024年，使得国家高等教育入学率从31.34%（9 034 972人）提高到约38%"。目前，全国有4 516所高等教育机构、37 553个专业，以及298 347名教职人员。政府期望高等教育在培养合格、成熟和专业的高等教育人才方面发挥重要作用，以满足21世纪国家产业发展和社区需求。这些目标将通过提高雇用就业以及创业就业的毕业生比例、增加在区域和国际市场有竞争力且获得专业资质认证的毕业生人数、人力资源生产力增加对提高国家竞争力的贡献，以及与产业需求相一致的高等教育机构创新。国家需要克服挑战来实现上述目标：印尼只有大约62%的高等教育机构和68%的专业获得了国家认证，同时，专业学科的优质师资短缺，特别是与第四次工业革命新技术相关的师资。

2020年初，印尼教育文化研究和技术部推出了MBKM（Merdeka Belajar Kampus Merdeka）计划，为高校本科生提供了校园学习计划之外的3个学期的弹性学习，通常从第五学期开始。这项政策计划由8类活动支持：学习者交流、自主学习、实地服务、农村支教、发展村庄、创业项目、实习项目以及研究项目。该政策举措的实施或可应对目前印尼高等教育机构毕业生质量和生产力的挑战。

（三）全球疫情的影响

2019年疫情全球蔓延，给各方造成巨大影响，包括印尼的教育系统。突然之间，印尼90%的高等教育机构在几乎毫无准备的情况下被迫开始实施在线学习。当时，印尼开放大学是全国唯一一所能够为 50 多万学习者提供远程教育的学府。2020 年，印尼教育文化研究和技术部建立了另外 3 所远程教育大学，分别是亚洲网络大学（Universitas Siber Asia）、印尼印山西塔大学（Universitas Insan Cita Indonesia）和穆罕默迪亚在线大学（Muhammadiyah Online University）。同时，政府还专门设立了印尼网络教育学院，使得印尼在线教育资源成为在该国普及的优质学习载体。印尼网络教育学院的成立将显著提高该国高等教育参与率，提升高等教育机构及其毕业生的质量和生产力，并促进 MBKM 政策举措的落地实施。

二、设计和实施

印尼网络教育学院集成了一批优质在线课程资源，并向该国高等教育部门提供这些来自顶尖国立大学和国际高等教育机构的优质在线课程。这项举措是由印尼政府高等教育、研究和技术总干事（司长）于 2021 年 7 月 28 日正式启动的。

在印尼的高等教育实践中，设立印尼网络教育学院的战略意义日益凸显。疫情期间，国家实施"减少物理接触"的原则，提倡"紧急在线远程学习"，却无法得到完善的生态系统的支持。世界银行（2021）的研究发现，学习效果很大程度取决于在线学习的有效性，而并非学校停课时间或任何其他因素。因此，印尼认为优质的在线学习设计会带来良好的学习效果。第一阶段印尼网络教育学院的职能如下：

（1）在印尼策划、审核和注册在线课程资源、在线课程或在线学习项目，特别是印尼高校的在线学习课程和海外大学及全球慕课平台的在线课程。印尼网络教育学院根据既定标准执行管理流程并监督其合规性。管理过程不仅要验证课程内容的有效性和审查在线学习设计，而且还要验证体系中每个课程的互通性。验证之后，课程资源将被分配唯一注册编码，作为该课程在资源库流通的唯一标识。

（2）管理印尼网络教育学院的在线课程库。课程库的在线课程经过精心规划可供用户访问。该课程库的在线课程质量保证将促进课程在机构或国家之间的转移和认证。

（3）通过协同研究不断完善系统和服务。这项研究旨在将合作扩展到伙伴大学，改进印尼网络教育学院系统，并传播适用于印尼或其他地方在线学习环境的研究成果。

（4）与各个机构建立网络和合作伙伴关系，以确保在线课程的可用性。到目前为止，印尼网络教育学院已经与该国14所院校和edX慕课平台结盟，作为在线课程资源的主要提供方。

（5）通过印尼网络教育学院完成的课程、证书和其他学习者学习往来，应用区块链技术记录数字认证证书，并与就业市场互联。

印尼网络教育学院的联盟成员共提供了275门课程和1 420门edX慕课课程。其他一些合作机构也通过印尼网络教育学院提供服务。在成立的前3年，印尼网络教育学院可以提供免费的非捆绑课程，可根据MBKM政策获得独立学习、学习者交换或微证书认证。印尼网络教育学院的服务基于政府和合作大学的财政补贴，在2023年之前对所有相关方免费提供。之后，预计将实现新的商业模式以激励联盟的贡献，为用户提供定价服务。一方面，会形成付费课程服务列表；另一方面，也会同时继续升级课程质量，为政府授权的边缘化群体提供服务。

三、对公平、质量和效率的影响

（一）公平

印尼网络教育学院被公众视为国家及其他地区获取优质知识的战略手段。印尼网络教育学院采用云技术，成为向印尼人民及全球传播优质在线课程的平台。平台提供来自印尼一流大学的在线课程，不仅增加了学习者接受优质教育的机会，并且改变了印尼高等教育机构的学习过程。印尼网络教育学院的运营，基于伙伴大学的贡献和合作，促进和强化了印尼公立大学和私立大学的工作关系。其中，14所合作大学都是印尼顶尖的学府，能提供本国最高质量的教学。这种合作也为实施MBKM政策提供了强有力的支持。通过印尼网络教育学院，伙伴大学有望与印尼网络教育学院签署一份单次协议，以访问其他高校提供的在线课程资源库，也包括edX慕课。通过印尼网络教育学院参加在线课程已被认可为独立学习和学习者交流，抑或是微认证活动。到目前为止，共有3 800名学习者在印尼网络教育学院注册。每个学习者选修至少一门课程，最多选修20个学分的课程。8 857名学习者参加了印尼网络教育学院联盟和edX的各种课程学习。预计这一数据在接下来的一个学期还会增加。

印尼网络教育学院提供的优质在线课程最大限度地缓解了合格师资短

缺的问题，并以成本效益解决这一问题。此外，许多由于高校缺乏合格师资而无法提供的优质课程将比传统授课方式能够更快地提供给学习者。第四次工业革命的主题是改变全球人类生活格局的新发展进程。在印尼网络教育学院项目中，有关这些主题的在线课程可以立即从国际合作伙伴那里获得，从而加快了印尼高等教育机构对新知识的传播。

根据官方统计（Lembaga Layanan Dikti III 2020），印尼网络教育学院的目标是为全印尼 9 061 977 名大学习者中约 400 万学习者、1 605 所高等教育机构提供在线课程，以及 12 671 个需要优质学习体验的专业。简而言之，印尼网络教育学院促进了各高等教育机构跨越时间和空间向印尼高等教育部门，特别是偏远地区高等教育部门提供优质在线课程。考虑到群岛人口的广泛地理分布，印尼网络教育学院有潜力为所有印尼人提供优质教育。

（二）质量

印尼网络教育学院一直致力于在全国范围内提供优质在线课程。然而，在线学习存在的主要问题是它的质量，且通常会将在线学习和传统教育进行一定的比较。在线学习不仅仅是传统面对面教育的数字化翻版，任何形式的在线学习最终考察的仍将是其对学习的有效性。从理论上讲，需要满足最低标准，以确保在线学习过程得到良好实施。

刚开始贡献的在线课程是基于 6 个领域进行审查的，包括：（1）教学设计；（2）教学内容；（3）互动和传授过程；（4）评估和评价；（5）系统和技术；（6）人力资源。印尼网络教育学院会对即将上传至平台的每一门课程进行审查。上述指标是以自我评估的形式提供的——这也为课程讲师们提供了相应的反思和修改其课程内容的空间，随后讲师可以重新提交在线课程，由印尼网络教育学院团队进行审核。当课程质量低于预期时，将为其提供提高在线课程质量水平的培训。最近，该指标已被修改为 7 个领域，包括：（1）课程信息；（2）教师信息；（3）技术与学习工具；（4）学习材料与活动；（5）互动与参与；（6）评估；（7）评价。由于高等教育信息化的快速发展，特别是在疫情期间，系统和技术这一指标被省略了。越来越多新的在线课程需要质量保障机制和工具。学院在线课程的质量保障服务包括指标、测量手段、机制、指南和培训等，为其高校和教师保证在线课程的质量提供了便利。

（三）效率

公众认为印尼网络教育学院为高等教育部门提供的在线课程是高效的。

学习者可以免费参加印尼网络教育学院提供的在线课程，包括参加考试和通过考试后获得证书的机会。各院校通过印尼网络教育学院提供了越来越多的在线课程，为学习者和院校进入在线课程资源库提供了直接的途径。

印尼几所大学进行的一项研究表明，76%的学习者和91%的教师更喜欢使用在线或混合学习的授课模式开始他们的新学期。印尼网络教育学院课程联盟以及其他高校通过这种提供在线课程资源共享的方式减轻了实施传统面对面课程和提供优质师资的经济负担。因此，印尼网络教育学院引入了有效的措施，在保证质量的同时提供了高等教育。此外，由一所大学来提供在线课程资源库的资本投入相对较高，印尼网络教育学院作为各个大学和院校的资源协调与集成枢纽来说，有助于高校和机构克服高资本投入的限制。因此，印尼网络教育学院提供了一个所有合作伙伴都可以使用和共享的市场化的系统。

四、结论和影响

信息通信技术的快速增长为包括印尼在内的全球在线高等教育的迅猛发展提供了途径。印尼网络教育学院的成立旨在为学习者提供公平和优质的教育，增加学习者的学习机会和学习灵活性，培养21世纪所需的技能和能力，提高高等教育的运作效率。

目前，印尼网络教育学院作为在线课程市场在印尼越来越受欢迎，这主要是因为印尼网络教育学院与其合作伙伴基于改善印尼高等教育质量和公平的良好愿景而进行了坚实的合作。合作伙伴的数量和提供在线课程的数量正在显著增长。尽管如此，印尼网络教育学院作为一个新的尝试，仍需作为印尼在线课程的市场广泛而密集地推广，以便在印尼高等教育界获得更大的市场份额。此外，印尼网络教育学院已经能够参与MBKM政策的推动，它的运作需要在质量保证、研究和创新方面的共同努力，从而不断改进。即使后疫情时代在线学习也不会消退，在线课程将继续蓬勃发展。通过政府机构、印尼网络教育学院联盟（作为在线课程提供方和理事会）共同努力，保障印尼网络教育学院用户的运维和服务质量。同时，需要增加优质精选在线课程的收藏量，开拓更为广阔的市场，获取更大的市场份额，推动并参与制订学术机构认证的政策。

迄今为止，印尼网络教育学院在印尼排名前100的大学中有22所合作高校。因此，这些大学有潜力成为能够为其提供优质在线课程的合作伙伴；

同时，这些高校也可以引领各类能力微认证，并与国家、区域乃至全球市场的行业需求保持一致。此外，与国际机构的合作在加强印尼网络教育学院的优质国际在线课程收集方面具有很大潜力。随着课程库的增加，印尼网络教育学院的覆盖面也可以扩大，为印尼和其他需要此类服务的国家提供资源。

在未来，印尼网络教育学院也将向社会从业人员和公众开放。随着工业革命带来的岗位变化，从业人员可以通过网络教育学院获取新的相关知识，以跟上新工作、新技能和胜任力的步伐。印尼网络教育学院汇集了优质的在线课程，可帮助作为终身学习者的劳动力和公众重新掌握技能、提升技能，从而使他们能够胜任新的工作岗位。此外，网络教育的服务还需要更加多元化，包括提供弹性学习的在线课程和微认证、提供印尼在线课程质量保证体系、提供供高校使用在线课程的技术系统。

印尼网络教育学院的能力建设需要与助力其成功的关键因素相结合，包括：（1）政策和法规；（2）授权；（3）公共和私营部门伙伴关系，以及赋能印尼高等教育用户。虽然印尼政府在疫情之前已经发布了有关在线学习、自由学习和远程教育的支持政策，但在新常态背景下，这些政策也将进行修订和更新，以促进高等教育更快地实现数字化转型。例如，在学位项目的正规课程和就业市场中，肯定需要制订政策和法规来承认在线课程的认证和微认证。此外，谈及数字化转型，特别是在教育部门，带来了全新的思维方式、心态和数字化思考方法。因此，在数字化转型过程中，需要通过政府教育部门、印尼网络教育学院、各个高等教育机构以及与私营部门的通力合作，充分授权用户在数字化转型过程中发挥积极作用。在当前社区正在加快速度和加大范围进行数字化转型并进入新常态的敲门时机，大规模用户赋能是最具战略意义的。

私营部门参与数字化转型非常重要，比如，技术供应商、基础设施供应商、培训供应商等。未来，印尼网络教育学院与私营部门的合作也需要扩大规模，使得印尼网络教育学院能够成长为印尼的在线课程市场。在过去的几年中，印尼的教育格局发生了巨大的变化。齐心协力，对于塑造实现国家人类发展目标这一愿景至关重要。印尼网络教育学院正在采取行动以履行其使命，努力成为印尼高等教育数字化转型的驱动者之一。

作者：Paulina Pannen, Chairman, Indonesia Cyber Education Institute, Universitas Terbuka, Indonesia.

案例 13：马来西亚高等教育机构实施数字化发展与管理战略

摘要：为了更好地促进和加强信息通信技术（简称 ICT）在高等教育中的使用，马来西亚的高等教育机构积极推进数字化发展和管理战略。高等教育生态系统包括 5 个核心领域：政策措施、合作的推动者和平台、机构培训提供者、青年和成人学习者，以及战略伙伴关系。高等教育政策制定者提出了相应的对策，重点是制定面向未来的 ICT 驱动政策，以加强高等教育机构开展的教学活动。利益相关者首先需要明确当前政策的系统性是否可以满足不同需求，其次，还需要确定最适合其教育环境的 ICT 驱动工具和技术。这一过程可以帮助利益相关者确定最合适和最有效的培训计划，以及协助相关培训提供者创建更系统和可持续的培训机制。此外，还有助于相关利益者将 ICT 驱动的创新与可持续发展目标所倡导的为边缘化群体创造受教育机会的需求联系起来，并充分调动跨部门战略伙伴关系。教育系统在规划、协调和管理资源方面需要独创性、智慧和人文关怀。这一案例展示了马来西亚高等教育机构通过制定数字化发展和管理战略来满足不同利益相关者对学习和教学生态系统的可持续性需求。

关键词：数字化发展战略、高等教育机构、高等教育生态系统、马来西亚

一、介绍和背景

整个亚太地区数字化转型的快速发展不断给马来西亚高等教育系统带来挑战。尽管近年来促进和加强 ICT 在马来西亚高等教育中的应用不断增加，但整个生态系统仍然需要适当的调整。根据马来西亚的第 11 个 5 年计划（2016—2020 年），马来西亚本应在 2020 年迈入发达国家的行列，但在此之际，全球却遭遇了 21 世纪以来的第一个重大流行病。2020 年 2 月，疫情急剧恶化，不仅影响了个人的健康和福祉，也影响了整个马来西亚高等教育生态系统。几乎在一夜之间，为校内和校外学习者提供全新的教学和学习方法成为迫切需要，然而，全国高等教育机构普遍对此准备不足。

为应对这一挑战，高等教育的相关利益者需要采取更加严谨和系统的方法，通过数字化建立以 ICT 为支撑的高等教育生态系统，在后疫情时代更好地支持实现 2030 年可持续发展目标（Sustainable Development Goals，简称 SDGs），并确保所有人平等地获取优质高等教育和终身学习的机会（即

可持续发展目标）。本案例研究主要围绕在高等教育中促进和加强 ICT 驱动的教学创新，提出了加强机构治理及与合作伙伴关系的潜在战略，以通过其数字化和管理战略来提供平等获得优质教育的机会。

本案例研究通过观察马来西亚的一所一流大学——博特拉大学（Universiti Putra Malaysia，UPM）在其生态系统中为促进和加强 ICT 使用而作出的努力，来探讨数字化服务大学发展战略的努力。UPM 最近推出了"2021—2025 年创新教学和学习转型战略计划"，以推动该研究型大学建成智慧校园。此计划将特别关注加强智慧校园的关键方面，包括数字化教学、服务、基础设施及其可持续性发展。但对于大学来说，评估整个系统以确保计划中即将推出的举措能够成功实施非常重要。该评估由"学术发展中心"（Centre for Academic Development，简称 CADe）牵头和实施，评估内容如图 6-2-17 所示。

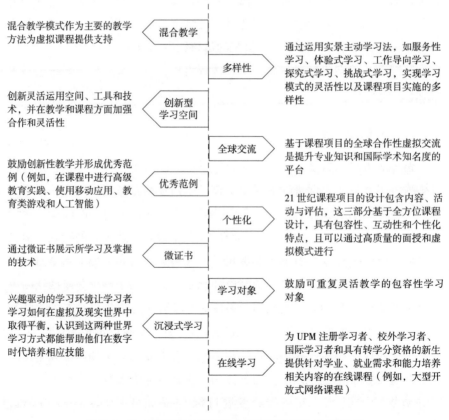

图 6-2-17　创新教学和学习交付转型计划的 10 项内容

二、设计和执行

（一）理论框架支撑与设计

高校应根据其使命、目标和文化确定评估指标。我们相信绩效改进（Performance Improvement，PI）理论是一种可用于提高组织流程和个人绩效的理论（Rummler & Brache，1995），可以合理地应用于调整当前实践来匹配具体指标。关于绩效的确定和调整，该模型（见图6-2-18）包括5个相互关联的组件或特征，即绩效分析、原因分析、干预措施——选择与设计、实施和变更管理、评估。

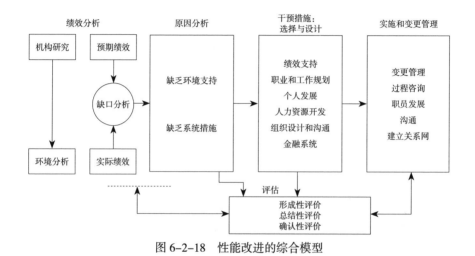

图6-2-18 性能改进的综合模型

这5个组成部分用于评估马来西亚高等教育机构中当前ICT驱动的教学创新实践。决策者还使用这些组成部分来确定最合适的政策或战略，使ICT驱动的政策或战略的制定与实际实践保持一致。

为了更好地解读ICT的实施水平，在实施过程中需要设置一系列阶段，以反映支持技术融入教学实践的战略。因此，本研究参考了联合国教科文组织在2005年和2010年广泛定义的进展阶段研究框架。这一框架在亚太地区被高度接受，并被证明有助于追踪机构在支持技术整合方面的进展情况。为了反映特定高等教育背景下不同层面的ICT实施，本案例研究进一步改编了联合国教科文组织这一研究框架,并为其设定了新阶段。联合国教科文组织的这一研究框架确定了 ICT 在教育中采纳和使用的 4 个主要阶段:新兴、应用、融入和转化,如表 6-2-17 所示。

表 6-2-17 ICT 采纳和使用的阶段

主要阶段	技术使用阶段	描述
新兴	具有使用 ICT 技术的意识	教育机构仍扎根于传统的以教师为中心的实践。管理者和教师开始调查 ICT 在院校管理和纳入课程方面的可能性及效果
应用	学习如何使用 ICT 技术	行政人员和教师积极参与整合 ICT,以获得专门的学科技能和知识,并通过在各学科领域增加使用特定的 ICT 工具和软件来转变课堂教学方式
融入	了解如何以及何时使用 ICT 技术	教学机构将信息通信技术纳入其课程,并在实验室、教室和行政办公室使用一系列计算机技术。教育工作者运用 ICT 来管理自身和学习者的学习
转化	专注于 ICT 技术的使用	ICT 已经成为个人技能和职业能力的重要组成部分。现今课程的重点是以学习者为中心,将学术领域与现实世界的应用相结合

联合国教科文组织根据亚洲国家的经验提出了在教育政策实施中综合采用 ICT 的方法。这种方法考虑了如 ICT 资源、课程、评估、教师专业发展以及为机构的数字化和管理战略筹资等关键方面。

在此基础上,获得了以下评测标准的大学战略发展经理被邀请参加若干研讨会,并对以下 10 个方面进行评分来验证评估结果。这些结果为本案例分析提供了数据,促成了本案例研究报告的结果(见图 6-2-19)。

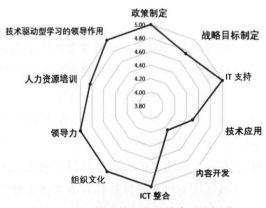

图 6-2-19 策略管理者的综合基准评分

在该过程中使用的评测标准是：

（1）有 5 年或者超过 5 年积极参与过大学战略规划的经历

（2）既是学者也是电子 / 在线学习的专家

（3）积极参与、制定和评估过国家电子学习政策的实施

在为期一天的研讨会上进行的评分和讨论结果都被进行了评估和测绘，如下节所述。

（二）马来西亚高等教育机构通过使用 ICT 调整数字化和管理战略

以下的评价指标被用来分析机构数字化和管理策略的一致性，尤其是通过政策、合作的推动者、持续的发展（培训）、学习者的参与和合作关系 5 个方面来研究技术在当中的使用。研究结果展示在表 6-2-18 中。UPM 作为一所公立大学，选择了这一评价指标来更好地调整科技在机构教学活动中的整体应用。

表 6-2-18　改进绩效模型的评价矩阵

领域	绩效	原因	干预措施：选择和设计	实施和变更管理	评价（需要调整）
政策措施	应用	应对不断变化的技术发展	作为参与者参与到自上而下的创新项目中，以加强政策的落实	制度性的和企业范围的	需要更有针对性的政策到位
合作的推动者和平台	应用	外部使用比内部使用更迅速	为灵活的教学和学习创造更多渠道	取决于个人或集体的技术能力	对系统集成的调整至关重要
机构培训提供者	融入	对知识和技能的未来方向有高度认识	制订适当的在线培训计划，以提升教师的知识和技能	活跃于各个层面	根据内部和外部变化进行调整
青年和成人学习者	转化	青少年和学习者与创新紧密相关	建立组织，确认项目 / 课程的交付和完成情况	"流动性"是改进和试验的关键	根据内部和外部变化进行调整
战略伙伴关系	融入	各方对共同价值和愿景的了解	对各方的激励措施（拨款、确认、合作等）	需要改进政策和提高灵活性	不断关注

三、对公平、质量和效率的影响

绩效改进模式以及数字化和管理战略对 UPM 的公平、质量和效率产生了影响。随着教育部门正朝着补充工业革命 4.0、社会 5.0 和 2030 年可持续

发展目标的方向发展，通过使用适当的绩效改进模型，可以提高教育公平以及高等教育交付系统的质量和效率。通过使用绩效改进模型，数字化和管理战略与"马来西亚高等教育框架4.0"和"马来西亚教育蓝图"（高等教育）产生了协同效应。

蓝图和框架是数字化和管理战略的绩效改进，是模型如何提高UPM质量和效率的两个证据。蓝图的实施过程一直根据10项计划中的机构绩效进行评估，这些举措培养了所有学习者的数字素养、批判性思维和解决问题的能力，使其在工业革命4.0中茁壮成长。高等教育部于2021年制定的"体验式学习和基于能力的教育格局"（Experiential Learning and Competency-Based Education Landscape，EXCEL）框架体现了一个利用未来驱动的新课程、新技术、新学习空间和基础设施的新学习生态系统，旨在培养全面和高技能的毕业生。4种新的学习范式，即"行业驱动的体验式学习""社区弹性体验式学习""研究注入式体验式学习"和"个性化体验式学习"，将改变马来西亚高等教育机构的课程和教学，以培育有远见的终身学习者、创新企业家、创意实践者和变革者。

新的绩效改进模式似乎也有助于扩大参与高等教育生态系统的利益相关者网络，并加强、促进和维持高等教育交付系统质量和效率所需的质量保障机制。来自各行各业的学习者现在可以接受优质教育，享受终身学习机会，体验灵活的学习方式。大规模开放在线课程和微证书现在被广泛用于补充高等教育机构采用的混合学习计划，特别是在后疫情的工作、生活和学习规范中。

同样重要的是，绩效改进模式以及数字化和管理战略的一致性也塑造了行业和社区驱动的新课程。因此，高等教育、社区和行业合作伙伴之间加强合作以支持这一新课程已逐渐成为马来西亚的普遍做法。高等教育机构的智能校园计划融合了物理基础设施和数字技术，以支持高等教育机构的管理运营和交付系统，改变了马来西亚现在和未来向学习者提供优质教育的方式。

四、总结和启示

本案例研究希望提供一个评估指标，指导研究和政策讨论围绕哪些ICT驱动的创新、课程交付和学习生态系统是必要和相关的。侧重于从政策、促成因素、持续发展（培训）、学习者包容和伙伴关系等方面调查技术使用来协调数字化和管理战略，制定面向未来的 ICT 驱动政策，以加强教育者和学习者对高等教育的参与。该矩阵旨在帮助利益相关者确定当前政策是否系统化并满足利益相关者和突发事件的不同需求。在底层，利益相关者可能需要确定最适合其教育环境的必要的 ICT 驱动工具和技术。

此外，建议利益相关者确定最合适和最有效的培训计划与提供者，以创建系统和可持续的培训交付机制。这对于考虑正规教育系统之外的青年和成年人的需求，以及如何利用 ICT 驱动的创新来增加因疫情而被边缘化或"迷失的一代"群体的教育机会将是有帮助的。利益相关者可能需要考虑通过利用该地区跨部门的战略伙伴关系来实现相关的可持续发展目标，从而实现教学的数字化。

基于这些核心领域和"新冠肺炎"疫情的影响，本案例研究报告的结果根据新兴的颠覆性技术，通过 ICT 驱动的创新扩大了数字化视角。鉴于马来西亚所有高等教育机构的技术支持，评估数字化战略对课程开发、交付和评估的影响至关重要。这种一致性可以帮助利益相关者将 ICT 驱动的创新与增加可持续发展目标所支持的边缘化群体的教育机会联系起来，同时，还可以利用跨部门的战略伙伴关系。

根据 UPM 的实践经验教训，建议高校管理人员确保 ICT 治理结构能够有效地为内部和外部服务对象提供有效的支持，并具有高度的问责制和透明度。高校管理人员还可以与内部和外部利益相关者保持密切合作，以确保分配与 ICT 驱动的教学和学习创新相关资源，并确保机构拥有适当的成本模型和资本效率来满足 ICT 驱动计划的财务需求。通过行业的帮助，高等教育机构可以通过提供在线持续专业发展培训和支持计划，为教师提供有关如何进行远程和在线教学的支持计划，从而提高教师的教学知识和技能。教师还可以使用社交媒体和在线论坛与同事分享远程和在线教学的最佳实践。由于网络攻击可能会削弱一些高校实施 ICT 驱动的教学和学习创新的连续性，管理员可以在行业的帮助下投资高校网络安全防御系统，并培养有弹性的教师和学习者，以确保教学和学习的有效连续性到位。最终，教育系统在规划、协调和管理资源方面可能需要独创性、智慧和人文关怀。这个案例说明了马来西亚高等教育机构的数字化和管理战略的一致性是如何促进ICT驱动的学习和教学创新生态系统的可持续性的,以满足马来西亚不同利益相关者的需求。

数据驱动的国家监测和评估系统对于加强教育系统的管理以及确保问责制十分重要,并且可帮助实施者理解ICT驱动在知识传播、新技能和能力获取,以及与建设可持续和平社会相关的价值观和态度发展等方面的重要作用。因此,系统的监测和评估服务于3个不同的用户群体——政策制定者、研究人员和教师。有效的政策应考虑各国教育系统的集中和分散水平,以确保灵活的政策转化和实施。本文建议的制定ICT驱动创新全面性政策的关键驱动因素包括:(1)面向未来的高等教育愿景;(2)系统性视角;(3)促进对政策学习的承诺;(4)政策的有效制定和实施过程。

从马来西亚UPM的案例中发现,应对与适应新技术和实践至关重要,否则就会面临被落在后面的危险。高校ICT驱动的创新不应仅限于慕课和混合学习,还应包括其他ICT驱动的创新。ICT驱动创新的手段和促成因素还应考虑人工智能、自动化、混合现实、学习分析和物联网的集成,以及对未来新兴技术的开放性。

ICT驱动的创新可以使弱势与服务不足的人群提高并调整他们的技能,尤其是消除基于性别的障碍,以及诸如残疾人和弱势国家等弱势群体的障碍。因此,需要为UPM教育工作者提供足够的技术技能来应对特殊教育的挑战。参与课程设计、教材开发和基于ICT教育的教师必须经历持续的专业发展。

最后,多部门参与,包括与教育技术提供商的合作,在可持续性和创新性方面似乎很重要。大学、大学与行业、大学与政府以及大学与社区之间的跨部门合作伙伴关系创造了互惠互利和善意,跨越了区域和国家层面的正规和非正规教育部门。建议作出更多努力,将大学、政府实体、社区和行业联系起来,支持正式和非正式学习。鉴于不同的学习模式和数字证书的快速扩展,资格的公平承认将需要跨部门的密切合作。

作者:Habibah Ab Jalil,马来西亚博特拉大学教育研究学院副教授

案例14:菲律宾疫情期间教师教育机构在线教学的实践和挑战

摘要:疫情的爆发给全世界带来了前所未有的影响。作为阻止病毒传播的唯一手段,社区隔离被广泛地采用,限制了常规的面对面互动,从而

中断了线下面授课程这一形式。在菲律宾，数以百万计的学习者被这场教育危机所影响。"学习不中断"成为疫情期间的一个主要问题，急需探讨如何从传统学习模式过渡到在线或其他可替代的学习模式。为了解决这一问题，菲律宾高等教育委员会（CHED）制定了高等教育阶段的弹性学习实施指南。尽管弹性学习是最可行的解决方案，但它要求高等教育模式作出重大转变。高等教育机构面临着制订紧急预案和进行大幅度调整，以应对教育和技术方式快速转变的挑战。在这之中，菲律宾全国的大部分教师教育机构率先制定并实施了弹性学习策略。本文对来自菲律宾3个主要岛屿的7个教师教育机构开展弹性学习情况进行了考察，总结了相关实践的经验和教训。

关键词：在线教学、弹性学习、教师教育、高等教育、菲律宾

一、背景介绍

菲律宾政府于2020年3月中旬实施全面封锁政策，作为防止"新冠肺炎"疫情蔓延的主要措施（第922号总统公告）。这一历史性事件中断了人们的日常活动，并给各个行业包括商业、制造业、旅游业、教育、表演艺术、农业和其他行业带来了危机。菲律宾长期的社区隔离或封锁对该国经济产生了巨大的冲击。具体来说，它影响了国民经济，导致2020年第二季度国家GDP总值下降16.5个百分点（菲律宾统计局2020年）。

教育部门同样因长期的全国封控受到了极大影响。根据联合国教科文组织2020年的数据，菲律宾政府实施的严格隔离措施波及了超过2 800万在基础教育和高等教育机构的学习者。菲律宾教育体系的特色是三位一体，分别由3个部门来管理：教育部（DepEd）负责基础教育；技术教育和技能发展管理局（TESDA）负责职业技术项目；高等教育委员会（CHED）负责高等教育和研究生以上的学习。尽管如此，3个部门都有着共同的目标，即在疫情紧急情况下为"学习不中断"提供指导方针。

为了解决这一问题，菲律宾高等教育委员会发布了一系列备忘录。尤其是2020年第4号高教委备忘录（CMO 4，s2020），即《公立和私立高等教育机构弹性学习实施指导意见》，为全国17个地区的2 000多所高等教育机构提供了指导。基于《共和国法案》（RA）7722或1994年的《高等教育法》，以及《共和国法案》（RA）11469或《团结一致法案》，这一政策

的核心目的是确保在危机时期,即传统教学模式不再可行的情况下,持续为学习者提供优质、包容和可获得的教育。该政策自2020-2021学年开始正式实施。

备忘录将弹性学习描述为一种以学习者为中心的教学方法,是对结果导向型教学的一种补充。它允许学习者和教师定制学习经验,以满足学习者的独特需求,包括学习地点、过程、学习步调和学习结果。学习的教授方式可以是面对面教学、课外教学,或者是这些方式的结合。其主要目标可以总结为,"利用数字和非数字工具,在学习内容、学习进度、学习资源获取和学习结果创新评估等方面为学习者提供最大的灵活性"。

在有限的准备时间情况下,所有高等教育院校都面临着不可避免的剧烈转变,必须立即调整整个教育系统,采取弹性学习方式,并作出一切必要的调整和改革,使所有学习者在疫情中都能继续学习。从好的方面看,这项政策促进了合作学习和教育创新,巩固了以学习者为中心的理念,扩大了学习机会。同样,这一政策也起到了催化剂的作用,因为它迫使不同的利益相关者重新思考能够改变现状的替代方法。它也成为加速不同背景和可能性下长期滞后的教育转型工具。

值得注意的是,教师教育机构在危机中的作用对其运作的高等教育部门和服务的基础教育系统起着至关重要的作用。因此,本案例以多种学习模式的组成部分作为分析视角,展示了所选取的教师教育机构响应高教委备忘录的政策实施情况。这些机构包含了菲律宾三大主要岛屿的公立和私立大学(3所来自吕宋岛,两所来自维萨亚斯岛,两所来自棉兰老岛),并阐述了它们因地制宜改革创新的宝贵经验。

二、研究设计和实施

为应对新冠肺炎疫情期间"学习不中断"的需求,菲律宾全国所有高等教育机构制定并实施了高教委备忘录实施指导意见。弹性学习使得教育部门在国家紧急情况下,即无法进行面对面教学时,仍能正常运行。弹性学习的基本原则是处理学习者遇到的各种情况,因为他们面临着许多情境上的挑战和限制。它还有助于提供个性化的学习环境,从而允许学习者对教育过程有更多的掌控权。通过弹性学习,学习者可以自主管理学习地点、过程、学习步调和学习结果。

根据 2020 年第 4 号高教委备忘录，所有的高等教育机构都应该实施弹性学习，并将其与结果导向的教学方法进行整合。同时，它们还继续遵守现有的适用政策、标准和指导方针（PSGs），以确保教学质量。然而，高等教育机构必须在充分考虑该决定是否"合理、透明和成果验证有效"后，自主判断其他教学模式该如何布局（高教委"新冠肺炎"疫情第 6 号预警）。这意味着，只要能达到课程必要的学习效果，高等教育机构可在教学模式和评价方式上尽可能地灵活。因此，弹性学习是确保持续提供包容的、可获得高质量教育的最佳选择。

此外，政策要求所有的高教委区域办事处应监督所有高等教育机构在 2020-2021 学年初制订并提交其学习不中断计划（LCP），并将其作为教育监测和可持续发展的机制。通过该项计划，不间断学习和弹性学习连续性的准备度与响应度可以被及时监测观察。随着教育内容、系统和流程的大量变化，该政策要求高等教育机构在向弹性学习过渡中，落实或促进高校教职工和管理层的能力建设项目。高等教育机构还应通过审查与调整线下、混合和在线课程的授课材料来开发教学内容。

具体而言，本案例接下来将从以下 6 个方面探讨教师教育机构如何开展弹性学习模式下的各个相关部分。

（一）政策

考虑到本案例中涉及的教师教育机构，制度层面对政策的重视使高教委备忘录得以实施。从收集到的数据来看，教师教育机构都基于自身资源和能力来制定计划和政策。比如，德拉沙大学分享道："我们有教学服务与技术学术支持（ASIST）部门，可提供课程设计、教学技巧和教育技术方面的培训，它还支持使用学校学习管理系统的用户。"这说明，基于情境的政策对于成功实施弹性学习十分重要。它包括对不同项目课程的教学设计、教学内容、教学模式的优化管理，定期审查和反复校对，以及创新教学管理。具体来说，开发的课程模块和文件受版权政策保护。这展现了对版权法的足够重视，尤其是在需要大量资源构建在线课程的情况下。

（二）师生指南

信息传播对在教师教育机构参与者之间开展弹性学习至关重要。为了实现这一信息传播，教师和学习者都充分获得机会和工具来有效地参与到项目中。表 6-2-19 展示了菲律宾迪拉曼大学（UPD）为其师生开展远程学习准备的一些活动。

表 6-2-19　菲律宾迪拉曼大学准备远程学习的一些活动

教职工	学习者
・在线教学准备咨询会 ・教育装备清点在线研讨会 ・远程学习和创新研讨会（OVPAA*2020-75） ・教学项目再设计 ・疫情下教师利用计算机免息贷款加强教学的调查（0VPAA2020-83） ・远程学习资源要求提交指南（OVPAA 2020-68B） ・将受版权保护的作品使用或纳入课程包指南；关于课程包中教职工版权问题的解答（OVPAA 2020-91） ・印刷及分发课程包的后勤支持（OVPAA 2022-93） ・课程包准备与奖励（OVPAA 2020-92）	・互联网接入情况及弹性学习方式偏好调查 ・学习者事务副校长办公室关于设备/工具和其他形式援助的特别项目 ・远程学习信息图表和在线手册 ・远程学习常见问题指南 ・菲律宾大学学术和学习者事务路线图（OVPAA2020-100） ・招生工作推进（OVPAA2020-101）
・2020-2021年学术计划和师生、管理人员及家长等多方对话时间表 (OVPAA 2020-68) ・大学虚拟学习环境使用网上研讨会（UVLE） ・副校长学术事务办公室	

（三）技术

在教育非常态化时期，技术的使用比以往任何时候都更有必要。高教委备忘录为大多数教师教育机构提供了改善直接用于教学的技术基础设施的机会。具体来说，参与这项研究的高等教育机构保障了其校园各方联通的质量，它们配备或者开发了必要的学习管理系统和应用程序，使它们能够开展同步和异步的班级授课。对教师教育机构来说，这是一个重大的研发成果；标准学习管理系统的开发支持开放性的学习环境。同步和异步模式的协调组合有助于满足教学的便利性和师生互动需求。

（四）内容与学习材料

在弹性学习中，当学习者可以使用互联网连接设备时，教师教育机构最常用的学习材料包括电子学习模块、订阅的数字工具和学习管理系统。然而，上网不便的学习者则可以在校园领取学习包和纸质学习材料。在这两种模式下，教师教育机构都是一步步根据指导意见开发教学材料的。根据重新调整的教学大纲、学习计划或任务分析图，教学材料被开发、审查、上传或打印分发。这表明提供一个精心设计的指南或范例对于内容开发连贯性至关重要，特别是相关机构在没有专业帮助的情况下开发课程内容时。

(五)考核评价

尽管弹性学习给考核评价学习者的学习带来了挑战,但教师教育机构仍可通过重新调整课程大纲来确保该方面不被忽视。学习内容和材料的开发应包括与计划的学习结果相匹配的考核和评价方式。例如,布基农州立大学在准备学习内容和材料时,会同时对在线学习表现任务的评价标准进行审查。另外,马里亚诺马科斯国立大学要求教员通过虚拟学习平台上传学习模块并需要附上相应的终结性测试。这证明了一些学习管理系统对于以反馈的形式进行终结性评价和形成性评价是有效的,这在疫情期间支持学习者学习是十分关键的。然而,设计评价可能非常有挑战性,因为它们会影响到学习过程的学术完整性。

(六)支持服务

本案例还确定了教师教育机构有效实施弹性学习所需的 4 种基本支持服务:学习者支持、专业支持、教学支持和信息通信技术支持。适当的学习者支持应源于学习者的实际需求和所处情境,如能力建设需求、学习者实际工作量和学习者对学习方式的偏好。专业支持为教职员工提供动机、技术支持和服务,以及必要的教法和教育技术培训。同时,教学支持包括鼓励教学创新、营造良好的学习环境、确保优质教育和促进学习者不断进步的机制。信息通信技术支持包括提供技术设备和对学习管理系统等在线学习平台的持续支持。这些支持服务对于支持学习者学习和教职员工的在线教学培训都是有利的,同时,这些支持服务也是菲律宾高等教育机构对高教委备忘录的重要回应。

三、对公平、质量和效率的影响

在疫情期间,2020 年第 4 号高教委备忘录是菲律宾 2 000 多所高等教育机构的统一政策指导指南。根据高教委(2020)最新的记录显示:在 2019—2020 学年,全国高等教育入学总人数为 3 408 425 人,而教师教育机构的注册人数为 671 421 人。具体来说,本案例的数据来源于 7 个教师教育机构的教师和学习者(见表 6-2-20)。

根据高教委备忘录,相关教师教育机构均探索积累了所处情境下弹性学习的宝贵实践经验。因为教师教育机构在它们各自所在大学承担着重要角色,本研究探讨了弹性学习面临的挑战、从对应实践中获得的关键经验,以及这些经验如何成为其他学位项目的典范。

表 6-2-20　菲律宾七所教师教育机构师生注册人数　　单位：人

高等教育机构	教师教育项目本科招生人数	教育学院教职工人数 全职/常规	兼职
1. 布基农州立大学	1 323	94	8
2. 国会大学	536	13	9
3. 宿务师范大学	3 263	260	100
4. 德拉萨大学	365	40	106
5. 马里亚诺马科斯州立大学	2 441	74	0
6. 菲律宾迪里曼大学	370	53	15
7. 圣阿古斯丁大学	338	113	40

（一）弹性学习实践面临的挑战

在弹性学习的实施过程中，教师教育机构主要面临四大挑战：首先要挑战涉及相关资源，比如，互联网连接的稳定性、可靠性以及教学设备或工具的可得性；其次，教师教育机构也受到一些学习活动或评价局限性的影响，因为这些活动或评价涉及社会互动和学校设施设备的使用；再次，学习环境也成为挑战之一，因为一些学习者或教师在家里不可避免地会分心；最后，缺乏信息技术培训和不愿接受弹性学习这样变化的利益攸关方也会成为弹性学习实施的挑战。挑战还涉及必要时进入学校的健康风险和居家办公时工作与生活如何保持平衡。

（二）弹性教学实践中的关键经验

尽管疫情不是我们所乐见的情况，但换个角度来看，这个案例中的教师教育机构发挥出来的创新和创造力也可以看作是"疫情带来的礼物"。弹性教学政策和实践的关键经验是考虑到每位学习者的学习情境，以及机构的应对方式。具体而言，要充分利用现有资源和机制，以确保所有学习者在疫情期间享有平等的学习机会。图 6-2-20 是一个关于这种弹性学习行动的简化模型。

另一个成功实施弹性学习的重要元素是师生间的系统交流。研究表明了

图 6-2-20　弹性学习路径

有效沟通的重要性，通过社交媒体、学习管理系统的论坛和最常见的邮件形式等易得且富有创造性的方式保证弹性学习的落实。此外，交流平台的反馈机制不仅保障了学术活动的开展，还促进了师生参与，并考虑到了学习者的福祉。尽管投资风险高、资源有限，但改善技术基础设施和提升教师的信息技术能力势在必行。这些都是弹性学习的重要先决条件，高等教育系统必须将其作为宝贵的一课。在教师能力建设方面，本案例强调了开展应用教育技术定期培训的重要性，这也应是各大学专业发展计划的核心。

疫情时期，实施弹性学习积累的有意义的经验教训须成为疫情后快速恢复高等教育系统和创建可持续发展未来的基础。在这些充满挑战的时代之外，高等教育机构应该寻求一线希望，例如，抓住时机提高在线教学能力，在线上教学设计中整合21世纪的技能，开发新的知识和教学方法，加强研究来促进学习者学习以应对其他可能的教育危机。

（三）弹性学习实践为其他学位项目提供榜样

在弹性学习实践方面，教师教育者的重要作用和贡献显而易见，因为他们在疫情之前就已经开始尝试去实践和普及弹性学习。例如，他们中的大多数人在各自的大学教学委员会中带头承担培训其他学科教师的任务。特别是教师教育机构，会根据其研究出版物、创新实践和疫情前的经验来重新规划课程和授课模式的战略。

随着2020年第4号高教委备忘录成为全国性的框架准则，许多提高不同高等教育机构的公平、质量和效率的倡议不断涌现。例如，通过一系列的线上研讨会，教师教育机构的弹性学习实践可以传授给其他的高等教育机构，许多教育者成了弹性学习课程包有效教学方法和合理学习评价策略的传达者与促进者。这些均表明，通过最佳的教学设计和教学实践所开发的课程会给学习者与教师带来最大的满意度。在本案例中，其他教师成员受益于教师培训中心和教学设计师等的帮助，并由此加快了远程教学的准备工作，从而使这些教师教育机构成为弹性学习实践的前线力量。

四、结论和启示

本案例介绍了在菲律宾选定的教师教育机构中2020年第4号高教委备忘录的实际实施情况。本案例以弹性学习模式的各个组成部分为理论视角，揭示了机构弹性学习政策的根本意义，即该政策必须基于机构的环境、资源和能力。这种以政策为基础的实施方式必须准确传达给教师、学习者和其他利益相关者，以确保大家积极的接受度和参与性。由于有效的沟通是政策成功的关键因素之一，因此教师和学习者之间应该通过现有的适当手段建立起牢固的沟通渠道，以促进健康的师生互动、相关的指导和反馈机制。疫情期间，技术与弹性学习的结合，使菲律宾高等教育系统的数字化转型取得了重大进展。在转型过程中，内容和学习材料的开发、考核与评价实现了数字的（以纸质为基础，满足缺乏技术资源的学习者的需求）数字化（通过数字化手段提高公平、质量和效率）。最后，教育非常态情况下的弹性学习需要强有力的支持服务，特别是在后勤、培训等方面。

教师教育机构参与者的弹性学习经历中所遇到的挑战和机遇，可以作为进一步实践和学术的参考。在本案例中，弹性学习应对的挑战集中在缺乏资源，不能提供公平的高等教育。这意味着政府必须分配资金进一步改善必要的技术基础设施，以便教育能够朝着应有的方向发展。高等教育机构可以与电信公司、专业或民间社会组织，以及国际或地方机构等行业建立合作关系，以应对互联网连接和其他问题的挑战。高等教育机构还必须优先考虑信息和通信技术培训及教员技能的提高，以适应疫情所强调的灵活的教育环境。通过共同体、联盟或网络，共享资源可以整合在一起来优化跨组织的能力建设项目。

高等教育机构也可以从这次疫情期间弹性的学习实践中吸取宝贵的经验教训，这些可能是未来实践和研究的前进方向。一些做法，包括维护虚拟学习环境或学习管理系统等其他数字工具，即使在疫情之后也可能是有益的，以此在传统教学和混合教学的适当整合中实现机会最大化和时间管理最优化。同样，需要着重考虑综合校园和居家办公的时间表，以促进教育从业人员的工作和生活平衡。

基于混合教学实施面对的挑战，对未来研究的一些建议可以是：发现有效的教学活动和评价技术；管理涉及能力建设和人员行为方面的职工质量变化；探索高等教育中以学习者为中心的概念；通过混合教学发展 21 世纪的学习技能。

作者：Jerome T. Buenviaje 教授，菲律宾迪里曼大学教育学院院长

案例 15：越南工程与技术大学以评估为中心的混合教学实施

摘要：越南工程与技术大学（UET）从 2010–2011 学年开始，在世界银行项目赞助下引入学习管理系统（LMS）。最初在 442 门信息技术、电子和电信专业类课程（占全校课程总数的 20%）中实施混合教学，5 年之后，混合教学几乎覆盖了上述三类专业的全部课程。实践表明，虽然在混合教学的实施过程中遇到了许多的困难，但初步结果显示，混合教学可以扩展到大学的所有课程，并且可以提高学习者的学习效果。

关键词：混合教学、学习管理系统（LMS）、形成性评估、越南

一、背景介绍

越南工程与技术大学（UET）是在越南国立大学（VUN）的技术学院和机械培训与培养合作中心的基础上成立的一所四年制公立大学，以信息技术、电子和电信、工程物理和纳米技术以及工程力学和自动化等专业为主。该校在人事组织、学术项目、科研与技术开发等方面拥有高度自主权，可以结合自身情况开发实施新型教学模式。

二、学习环境与资源

学习管理系统（LMS）提供了可以供教师设计练习及测试的教学工具，以支持教师的管理和对学习者学习过程的评估，使形成性评估不仅适用于小班教学，也适用于大班教学。利用学习管理系统，教师可以随时监控学习者的线上学习进度，也支持学习者之间的线上协作、沟通和信息共享等活动。

为有效开展线上线下混合学习，学习者需要准备必要的设备和软件，如电脑、手机、耳机等学习设施，网络连接（4G、Wifi、互联网……）、浏览器软件等。线下实践操作需要预装浏览器软件的计算机（最好是 Chrome、FireFox 等）、越南打击乐（Unikey、VietKey、……）、Microsoft Office 2016。还需安装 Skype 软件，如扬声器、麦克风、耳机（隔音效果好，能与老师有效沟通，避免外界噪音），以及远程支持软件（Ultraviewer、Teamviewer 等），以便能够在此软件上与教师聊天、视频聊天、共享屏幕等。

在混合学习期间，如果需要硬件、软件以及讲座内容等方面的技术支持，学习者可以联系学校的学习者支持中心人员获取帮助。

三、设计与实施

（一）设计依据

良好的学习环境是以学习者为中心、以知识为中心、以评估为中心和以社区为中心的，并且吸收和借鉴了混合学习研究和实践中形成性评估的已有成果。课程设计者认为，对于混合教学的实施，形成性评估非常关键，因为它不仅可以评估和促进学习者，而且还可以收集学习者的反馈信息，帮助提高混合教学及课程的质量。

混合教学可以发生在不同的层面：活动层面、课程层面和机构层面。本案例聚焦于课程层面的混合教学实施，并且从混合教学实施的评估环节，尤其是形成性评估作为切入点，在长期的研究和教学实践中提出了一个以评估为中心的混合教学实施框架，将课程中的各种学习活动结合到对学习者的形成性评价之中。

（二）混合教学的实施原则

根据学校科学训练委员会的要求，技术类学科的实践操作时间要占课程总时间的 1/3~2/3，终结性期末考试分数占科目总分的 50%~70%，这给教师的评估留下了主动权与空间。要求确保学习者至少有 1/3 的时间参与在线学习活动。为了促进线上和线下学习活动，需要采用多种形式的评估方法，并确保学习者充分参与上述评估活动才能完成课程。

（三）实施过程

本案例采用了传统线下学习和学习管理系统相结合的混合教学方式，提出了以评估为中心的混合教学框架，包括课程、学习活动、学习路径和评估 4 个要素。

（1）**课程**。常规课程包括 15 个学习周。1 个学习周包括 2~3 小时的学习时间。要完成课程，学习者必须通过学期中设定的每周练习、期中考试和期末考试。在以评估为中心的混合课程中，要求学习者花费超过 1/3 的课堂学习时间通过学习管理系统进行学习。教师将学习资源更新到学习管理系统中。教师可以选择以下两种方法之一进行教学：在学期开课前一次性更新系统中的所有学习资源和教学计划；或每周在学习过程后更新每周学习资源。学习资源包括电子教科书、教师教学 PPT 讲稿、视频和互联网学习资源网址链接等。学习者可通过学习管理系统获得教师发布的线上学习资源。

（2）**学习活动**。混合教学中的线上学习活动包括在线作业、在线测试、在线讨论、在线自评与同伴互评及在线调查等（见表 6-2-21）。

表 6-2-21　线上学习活动

学习活动	设置活动目标	活动频率	时间要求
在线作业	评估学习者的出勤频率和出勤水平	每周 1~2 次	每项作业 30~40 分钟
在线测试	评估学习者通过学习获得的知识，尤其是技能，这是建立部分评分评估的基础	每 3~4 周进行 1 次	每场测试 50~60 分钟
Wiki 在线讨论	评估学习者参与讨论的情况以及他们对讨论主题的个人意见	每个学习者至少进行 2 次发言	每次发言 15~30 分钟
在线自评与同伴互评	评估学习者的小组参与情况	每个课程进行 1~2 次	每场评估 30~60 分钟
在线调查	评估学习者的小组参与情况	每个课程进行 1~2 次	15~30 分钟完成

小组作业活动。学习者在课程开始时，选择班上的其他成员组成学习小组。对于不能自己组成小组的学习者，教师将学习者随机分成不同的小组，这些小组在课程结束前保持稳定。教师宣布小组练习的内容和要求，供小组在课程进行过程中选择。在本案例中，每个小组由 5~6 名学习者组成；每个小组必须至少做 3 次小组练习才能完成课程。

小组同伴互评活动。每组 5~6 名成员需要选择 1 个项目；其执行时间约为 4~5 周。项目绩效评估分 3 个阶段进行：小组成员根据其对小组工作的贡献程度进行自我评估；小组成员将进行自我分类；各小组将讨论并总结小组每个成员的最终评估，通过讨论记录获得整个小组的一致意见，以及每个成员的认证。

Wiki 在线讨论活动。各小组根据学习课程的具体内容编写一份文件，教师和课堂上的其他小组对每小组共同建构的文件进行评估。Wiki 活动使用 Moodle workshop 工具，允许学习者在线参与，并查看在实验课程中进行小组练习的过程，我们要求每组学习者编写一份关于开发基于 web 应用程序框架的学习文档。

论坛活动。每门课程都有一个论坛，供学习者交流课程相关事宜。这也是学习者与学习者、教师和学习者之间就课程问题交换官方信息的地方。论坛参与程度是评估学习者出勤水平的标准。

（3）**学习路径**。学习路径由课程的结构和顺序组成。在案例实施中，采用了以活动为中心的课程、面向知识的教程和探索性教程。要求学习者必须持续性地参加每周一次的传统面对面课程，也必须完成所有由教师通过学习管理系统提出的课程学习要求。

（4）**评估方式**。对学习者在课程中的成绩评估是建立在成绩的基础上的。其中，期末考试成绩占总成绩的 50%~70%，过程性成绩占 30%~50%。对学习者学习的过程性评估包括了学习者进入学习管理系统的频率以及基于作业、调查、小型测试和 LMS 讨论板的每周练习成绩。借助于学习管理系统，教师可以非常轻松地通过系统中的"成绩中心"来对学习者进行过程性评估。

四、效果与反思

研究者收集了历年来基于 LMS 开展混合教学的课程实施数据和对学习者发放的调查问卷，数据分析结果表明：

（1）在提供了在线作业、小组互评和在线讨论的混合教学课程中，学习者对线上课程的访问量有所增加。

（2）相比于传统课程而言，学习者更积极地参与那些采用过程性评估的课程，并且课程的实施效果与过程性评估之间存在显著的正相关。

（3）大多数学习者对线上学习活动的态度是积极的。学习者视频会议课的图像质量和声音质量的评价处于较高水平，且大多数学员都认为在小组工作中使用交互式支持工具很容易。

（4）几乎所有学习者都对混合教学中使用的考核方式感到满意，他们也对教师的形成性评估结果感到满意，并认为形成性评估框架能够鼓励他们更积极地投入学习。

（5）学习者希望这种混合教学的方法能够拓展和应用到更多的课程学习之中。

另外，混合教学的实施也存在一些挑战，如将传统的教学方法转换为基于学习管理系统的混合学习，尤其是学习活动的设计和实施需要教师和课程设计师作出更多努力，也对教师的教学设计和实施能力提出了更高的要求；相对于传统教学而言，混合教学实施中的形成性评估，需要教师花费更多的时间用于对学习者学习过程和学习活动的监督与支持，这对教师的形成性评估技能提出了挑战。

第七章　未来展望篇

以互联网为核心的新一代信息技术正在、也必将对教育的发展带来十分深远的影响，促进教育的系统性变革。混合教学就是变革的一个重要方面，其环境、资源和方式都将发生深刻变化。混合学习空间将是未来教学环境发展的一个重要趋势，成为未来教学或学习发生的重要场所，也是系统推进混合教学改革的重要基础。在开放共享的理念作用下，开放教育资源成为重要的混合教学资源，也是促进混合教学改革的重要基础。在混合教学成为高等教育常态化教学方式的条件下，泛在学习是适应这种常态化教学方式的一种重要学习形态。同时，新一代信息技术可促进教育理念更新、教育规律变革和高等教育生态体系重构。

本章从混合学习空间、开放教育资源、泛在学习、教育理念更新与教育生态体系变革等不同侧面对混合教学改革的未来发展进行展望。第一节"混合学习空间"，在阐述混合学习空间内涵及其支持技术的基础上，分析混合学习空间的未来发展趋势和学习空间的发展对混合教学的影响；第二节"开放教育资源"，在列举部分开放教育资源的基础上，分析开放教育资源的未来发展方向，提出促进开放教育资源应用的策略和建议；第三节"泛在学习"，包括泛在学习的基本理念、促进泛在学习的策略与建议、泛在学习的未来发展趋势；第四节"教育理念更新与教育生态体系变革"，从知识观的发展、学习观的发展、教育系统的发展、教育新形态和教育制度的发展等方面阐述了教育理念的更新与教育生态体系的变革。内容撰写秉持理论与实践并重，现实性与前瞻性、学术性和易读性兼顾的原则。读者群体面向普通高等学校、高等职业院校不同层面的管理者、教师、研究者等。

第一节 混合学习空间：系统推进教学改革的基础

随着互联网、大数据、云计算、人工智能等新一代信息技术在教育领域的应用，教学或学习空间作为教学或学习发生的场所也在发生重大改变，学习空间的融合将是学习空间发展的一个重要趋势，混合学习空间将成为未来教学或学习发生的重要场所，也是系统推进混合教学改革的重要基础。

一、混合学习空间将成为未来教学的场所

潘云鹤院士指出，人类社会正在由传统的物理—社会二元空间走向物理—社会—信息三元空间，人类生产生活的方方面面都将在这3个空间内进行[1]。教育也不例外，教育实践已经由两空间支撑变为三空间支撑，与物理和社会空间相比，信息空间具有时空灵活化、资源共享化、行为数据化、关系网络化、系统联通化等全新特征[2]。信息空间不仅可以突破物理空间和社会空间的局限，带来原有学习空间的融合，还可以虚实融合创造出全新的学习空间——混合学习空间。

早期在以教为主的视域下，将有教学活动存在的场所均称作"教学空间"[3]，最典型的教学空间就是传统教室。随着以学为主的教学思想的出现和信息技术的发展及其在教育领域的应用，又出现了"学习空间""网络学习空间""虚拟学习社区"等概念，本手册将教学活动或学习活动存在和发生的场所均称为"学习空间"。鉴于传统教学空间对实体物理空间的侧重，以及网络学习空间对虚拟网络空间的强调，很多学者用"混合学习空间"来指向二者的融合，即包含了以现代教室、图书馆、实验室等为代表的线下物理空间和以信息技术支撑的线上虚拟信息空间的组合。混合学习空间是一种虚

---

[1] 潘云鹤.人工智能2.0与教育的发展[J].中国远程教育，2018（5）：5-8，44，79.
[2] 陈丽，逯行，郑勤华."互联网+教育"的知识观：知识回归与知识进化[J].中国远程教育，2019（7）：10-18，92.
[3] 齐军.教学空间的内涵及与邻近概念的关系摭论[J].上海教育科研，2011（4）：12-14.

实融合环境,通过各类传感器设备识别、获取真实环境中与学习活动相关的客观信息,并通过互联网将课堂、社会中的真实学习环境与基于网络、多媒体的虚拟学习空间融为一体[①]。混合学习空间蕴含了混合学习课堂中根据学习者变化、技术变化和对学习理解变化的隐喻[②]。"混合学习空间"允许学习者在任何设备上以任何形式接入时都可以获得持续的服务,可以获取随时、随地、按需学习的机会;还能够感知学习情境,通过深入发掘与分析、记录的学习历史数据,给予学习者科学合理的评估,推送真实情境下的优质学习资源和最适配的学习任务,从而帮助学习者进行正确的决策,促进学习者思维品质的发展、行为能力的提升和创造潜能的激发[③]。具备真实物理空间优势和虚拟信息空间优势的混合学习空间将成为未来教学发生的核心场所。

二、混合学习空间构建与应用的支持技术

混合学习空间的构建和应用离不开信息时代各种新技术的支持,例如,互联网、大数据、5G、人工智能、虚拟现实/增强现实等。

(一)互联网

互联网整合全社会的优质资源为教育服务,促进优质教育资源共享,与"淘宝网"上草根开店类似,在互联网时代,社会中蕴含着大量具有价值的教育、教学资源,不仅权威专家、教师、企业等可以建设、传播教育资源,每一个草根个体也可以上传原创的资源并进行传播共享,教师不是唯一能够为学习者提供服务的师资力量[④]。高校"知识围墙"正在瓦解,知识传播途径更加便捷多样,其传播的深度、广度、速度可以为每一个有网络连接的人共享[⑤]。借助开放、共享理念,高校资源建设模式正在改变,所谓"众人拾柴火焰高",调用社会力量共建资源,不仅有利于解决高校资源的重复建设、资源质量有待提高等问题,还将有利于打破高校"信息孤岛"的瓶颈,有效解

---

① 李红美,许玮,张剑平.虚实融合环境下的学习活动及其设计[J].中国电化教育,2013(1):23–29.

② 吴南中.混合学习空间:内涵、效用表征与形成机制[J].电化教育研究,2017,38(1):21–27.

③ 祝智庭.智慧教育新发展:从翻转课堂到智慧课堂及智慧学习空间[J].开放教育研究,2016,22(1):18–26,49.

④ 陈丽."互联网+教育"的创新本质与变革趋势[J].远程教育杂志,2016,34(4):3–8.

⑤ 陈廷柱,齐明明.开放教育资源运动:高等教育的变革与挑战[J].清华大学教育研究,2014,35(5):109–117.

决当前教育与社会脱离问题[①]。未来，互联网技术及其思维将支撑时空灵活、多模态化、互联互通的混合学习空间的发展，为混合教学的发展提供新机遇。

（二）大数据技术

大数据技术的兴起和快速发展使得行为数据化，为网络环境中的信息精准推送和精准选择提供了强有力的支持[②]。未来，人们在互联网中的所有行为将被转化为实时数据，并被持续记录和存储。在在线教学过程中，"教"与"学"的行为被转化为"教"与"学"全过程数据，并能够支撑精准评价与科学管理。利用学习者在线学习全过程数据，可以为学习者实时画像，基于此为学习者精准推送学习资源，进而提高教学效率；教师的教学过程数据也精准反映教师的教学投入与教学质量，为教育管理提供了科学依据。未来教学管理、学校管理、教育系统管理都将由粗放型管理向精细化管理转变。此外，互联网使人类首次可以运用数据科学认识和支持教育实验，推动未来教育研究范式的发展。

（三）5G 技术

5G 技术具有大带宽、广链接、低延时的特性，5G 技术的应用将对学习空间的构建产生更加深刻的影响，进而影响到其他要素及其关系。尤其是 5G 技术支持学习空间构建的突破，将更加有助于技能类学习目标的达成。学习空间可以配备更加丰富的以工作过程为导向的教学资源，还将促使实体教学空间发生结构性变革，实体教学空间更加强调学校教学场景与校外真实工作场景的联通，并与网络虚拟教学空间互通，以支持虚拟和实体空间中的教学活动有效融合。大带宽、低延时的网络链接不仅仅是教室和工作场景的对接与融合，更为重要的是能够支持学习者与构建的虚拟或者虚实融合的场景进行实时互动，在此过程中记录的学习行为大数据可以用于动态学习诊断和评价，为教学改进和学习者学习提供充分证据。未来，5G 技术将融合其他新一代信息技术促进教育硬件和软件的升级，推动物理学习环境和虚拟学习环境的融合，让个性化、情景化、数据驱动的学习成为常态[③]。

---

① 陈丽,王怀波,孙洪涛,刘春萱.中国MOOCs的回归与高等学校教学服务模式变革方向[J].中国电化教育，2017（8）：1-6, 12.

② 陈丽,逯行,郑勤华."互联网＋教育"的知识观：知识回归与知识进化[J].中国远程教育，2019（7）：10-18, 92.

③ 庄榕霞,杨俊锋,黄荣怀.5G时代教育面临的新机遇新挑战[J].中国电化教育，2020（12）：1-8.

（四）人工智能技术

人工智能技术的发展与应用，包括机器学习、知识图谱、自然语言处理、机器人与智能控制等方面，正在教育领域广泛应用。未来，人工智能技术对教育的影响领域可能会表现在以下方面：一是机器学习可以预测学业成绩、分析学习障碍、预警退学风险等；二是通过自然语言处理技术可对短文自动评分和口语自动测评；三是可以将知识图谱应用于自动解答知识类问题、精准推荐资源与课程；四是机器人与智能控制可成为知识传授与情感陪伴的教育服务类机器人，也可作为教学用途类机器人承担教学辅助工作。未来基于感知智能、计算智能等智能技术开展因材施教，实现个性化教学也是一个重要领域。基于智能技术，一是进行学情数据分析，可以提供学习者个性化差异分析；二是创设适切的教学情境，提供个性化"教"与"学"服务；三是进行多元发展评价、规划和推荐个性化发展路径等，达到助力学习者全面而有个性发展的目的。

（五）虚拟现实（Virtual Reality，VR）/增强现实（Augmented Reality，AR）

VR/AR技术既可以将物理空间中真实存在的场景在信息空间中体现，也可以将物理空间中不存在、但在信息空间中可以看到的场景在物理空间中进行复现。如基于VR/AR技术构建的虚拟图书馆，可以将图书馆里珍贵或陈旧的书籍模拟出来，以立体、动态的形式呈现，让读者在虚拟空间中完成图书查阅。台湾科技大学黄国桢教授团队利用VR/AR技术开展情景感知的泛在学习，将学习者在物理空间感知不到的自然真实场景在信息空间中呈现，实现物理和信息空间中的场景融合[①]。未来虚拟现实和增强现实技术对教育的影响可能会表现在以下方面：一是帮助学习者在更贴近真实世界的丰富情境中学习课程内容；二是打破传统教室的限制，允许学习者探究现实中难以接触到的环境和人物，并与之互动；三是促进学习者的体验式学习，帮助学习者克服过度依赖理论而缺乏实践探究的弊端。

除了以上技术，还有物联网、云计算、区块链等其他新一代信息技术对未来混合学习空间的构建和应用起到支撑作用，支持混合学习空间中各种教学或学习活动的开展。

---

① 杨现民，李怡斐，王东丽，邢蓓蓓.智能时代学习空间的融合样态与融合路径[J].中国远程教育，2020（1）：46-53，72，77.

三、混合学习空间的未来发展

（一）支持智慧化的无缝学习方式

混合学习空间的价值在于支撑混合学习中线上与线下、正式与非正式等不同学习场景的自由、有序切换，为学习者提供完整的一体化学习支持服务，以达到促进学习的目的。混合学习空间的智慧化体现在能够满足集体讲授、小组合作、自主学习等多样化学习方式，以及提高学习者参与学习的适应性和舒适度的物理实体空间，创建能够支持学习者彼此协作、便捷接入网络、促进真实学习的环境，尊重学习者的个性化需求[1]。

"无缝学习"是指能够随时在不同情境下学习，且在移动设备的辅助下快速、容易地在不同学习情境间切换，融合了课内与课外、即时和非即时交流及正式和非正式学习、多种教学法和教学活动的结合[2]，实现学习经验完整、连续的一种学习方式。混合学习空间具有高度的灵活性，它消除了传统物理学习空间的限制，为学习者提供了可选择的多样化学习支持，使得学习者可以根据自己的时间、空间和学习资源偏好等灵活选择线上或线下、同步或异步的学习方式，改变学习者由于环境的变化而被动学习的状态，方便其根据自身学习需求灵活地选择合适的学习方式，实现学习者不同学习需求之间的无缝连接，提高学习者的学习体验与对环境的感知。因此，混合学习空间将是开展无缝学习的新契机[3]。

（二）基于大数据的适应性学习空间

"适应性学习空间"是指具有适应性学习功能的学习空间。构建适应性学习空间，就是要关注影响学习效果的不同变量及其关系，建立学习的理想路径。这需要研究不同类型学习者的学习风格与认知过程，并由此建立"学习模型"，将复杂的学习模型转化为"数学模型"。构建与认知相匹配的"数学模型"是构建适应性学习空间的关键步骤[4]。

---

[1] 杨俊锋，黄荣怀，刘斌.国外学习空间研究述评[J].中国电化教育，2013（6）：15-20.
[2] 祝智庭,孙妍妍.无缝学习——数字时代学习的新常态[J].开放教育研究,2015,21（1）：11-16.
[3] 肖君，梁晓彤，黄龙翔，潘志敏.无缝学习的焦点与趋势[J].中国远程教育，2021（2）：66-75.
[4] 沈书生.顺应新常态：构建适应性学习空间[J].广西师范大学学报（哲学社会科学版），2020，56（5）：88-96.

此外真实情境中的学习者学习行为往往是复杂且多样的，传统的教学评价往往仅从知识获取的层面进行总结性评价。而理论所倡导的形成性评价、多元化评价则需要技术的支持和大数据的收集。基于大数据进行学习分析，可以描述和解释过去的现象、预警和干预正在发生的学习、推断发展趋势和预测将来，让学习者了解自己的学习情况及可能的后果，以便引导学习者向健康的方向发展。在混合学习空间中，结合信息技术的优势可以充分进行对大数据的深入挖掘与分析，从而丰富评价指标，加强过程性评价和以学习者自评与互评为主的主体性评价，实现记录学习者日常学习表现的嵌入式评价[①]。

（三）虚实融合的空间教学环境

人工智能、人机交互、物联网等技术在教育教学中的普及应用带来了对混合学习空间虚实融合的教学环境的构建。虚实融合环境主要借助传感器，通过互联网连接现实世界与虚拟世界。传感器设备作为物联网的重要组成部分，识别、获取真实世界中对促进学习活动开展起着重要作用的信息，经过数字化处理后直接为学习者所采用；互联网和多媒体技术的应用，主要表现在学习者通过个性化学习环境获得学习主题相关的资源[②]。还有目前随建模仿真和传感技术而兴起的数字孪生，以数字化的方式在虚拟空间内建立物理实体的多维、多尺度、多学科、多物理量的动态虚拟模型，能够有效连接物理空间和虚拟空间，提供更加实时、高效、智能化的服务[③]。虚实融合环境中不同空间带来的多样化体验，为学习者提供了获得由具体到抽象的各种学习经验，以及多模态感知学习、狭义具身认知学习和联通主义学习的条件[④]。

四、学习空间的发展对混合教学的影响

学习空间是教学或学习发生的重要场所，其发展变化将会深刻影响混合教学的改革和发展。互联网等新一代信息技术进入教育领域以来，对发

---

① 钱铭，汪霞. 美国公立大学通识教育课程嵌入式评价 [J]. 现代教育管理，2013（11）：109-114.
② 张剑平，许玮，杨进中，李红美. 虚实融合学习环境：概念、特征与应用 [J]. 远程教育杂志，2013，31（3）：3-9.
③ 王小根，周乾. 孪生场馆：融入数字孪生的虚实共生学习空间 [J]. 现代教育技术，2021，31（7）：5-11.
④ 杨彦军，张佳慧. 沉浸式虚实融合环境中具身学习活动设计框架 [J]. 现代远程教育研究，2021，33（4）：63-73.

生在传统校园的教学产生了巨大影响，越来越多的教师和课程广泛应用互联网开展教学，越来越多的校园中学习者开始网络学习或在线学习。随着教师网络教学与学习者网络学习（在线学习）占传统校园教育教学全过程的比重或成分越来越高时，线上线下教学的混合就成为必然趋势。从学习空间发展的角度看，有两种形态的混合教学，即以传统物理空间为支撑的混合教学和以混合学习空间为支撑的混合教学。

在混合教学的早期阶段，其发生的场所或赖以支撑的学习空间以传统物理空间为主，主要为多媒体教室、实验室、仿真实训场所、图书馆、网络互动场所等为代表的线下物理空间。互联网等信息技术仅为线下物理空间中的教学提供部分教学或学习资源、教学辅助工具等，还不能有效构成信息空间并与线下物理空间融合形成新的学习空间或教学空间；仅对教学发挥有限的支撑或辅助作用，不能对教学的开展发挥决定性影响，无法满足教学场景集成化、教学过程全覆盖、教学活动智能化、教学进度定制化、教学干预个性化等要求。课堂面授教学所占比重或成分较重，依然发挥着重要作用，学习者的学习方式依然以被动学习为主。

随着互联网等新一代信息技术的飞速发展，支撑混合教学的学习空间发生了深刻变化，混合教学的形态也从以传统物理空间为支撑的混合教学转向以混合学习空间为支撑的混合教学。以线下物理空间和线上虚拟信息空间融合形成的混合学习空间开始出现，构成虚实融合教学环境，共同支撑师生的混合教学需求。互联网、大数据、人工智能、虚拟现实/增强现实等新一代信息技术已不仅是为线下物理空间中的教学提供部分教学或学习资源、教学辅助工具等，还有效构成信息空间并与线下物理空间融合形成新的学习空间或教学空间，其发挥的作用也超越"辅助"，开始对教学的发展与改革产生决定性影响[1]，能够满足教学场景集成化、教学过程全覆盖、教学活动智能化、教学进度定制化、教学干预个性化等要求[2]。以混合学习空间为支撑的混合教学，课堂面授教学所占比重或成分越来越低，而以网络教学空间为支撑的自主学习所占比重或成分越来越高，真正实现了教师教学方式转变和学习者学习方式转变。

---

[1] 俞树煜. 从辅助到创新：教育中技术作用的再认识[J]. 电化教育研究，2021，42（12）：21-28，35.

[2] 韩锡斌. 混合教学研究与实践[M]. 北京：清华大学出版社，2022.

第二节 开放教育资源：
促进混合教学改革的重要学习资源

自2001年麻省理工学院启动"开放课件项目"（Open Course Ware Project）以来，开放教育资源运动在世界各地蓬勃发展起来。开放教育资源在促进教育公平、资源共建共享和变革高等教育等方面发挥了重要作用，也必然是支撑混合教学发展与变革重要的学习资源。

联合国教科文组织（UNESCO）在2002年举行的"开放课件对发展中国家高等教育的影响"论坛上，首次提出"开放教育资源（Open Education Resources，OER）"的概念并对其进行界定，此后，开放教育资源被不断地赋予更为丰富的内涵[①]。在联合国教科文组织2019年通过的《关于开放式教育资源的建议书》中，将开放教育资源界定为："是以各种媒介为载体的任何形式的学习、教学和研究资料，这些资料在公有领域提供，或以开放许可授权的形式提供，允许他人免费获取、再利用、转用、改编和重新发布。""开放许可"是指"在尊重版权所有者的知识产权的同时提供许可，授权公众获取、再利用、转用、改编和重新发布教育材料的许可"[②]。

一、开放教育资源的种类

经济合作与发展组织将开放教育资源分为3类：（1）学习内容。主要包括课程、课件、模块、学习对象、馆藏、期刊等。（2）工具。主要指支持学习内容开发、使用、重用和交付的软件，包括用于搜索、开发和组织内容的工具、学习管理系统和在线学习社区。（3）实施资源。主要指学习

[①] UNESCO. Final Report of Forum on the Impact of Open Course Ware for Higher Education in Developing Countries [EB/OL]. （2002-07-01）[2022-06-24]. http://unesdoc.unesco.org/images/0012/001285/128515e.pdf.

[②] UNESCO. Recommendation Concerning Open Educational Resources [EB/OL]. （2019-11-20）[2022-06-23]. https://www.unesco.org/en/articles/unesco-recommendation-open-educational-resources-oer

内容和工具的知识产权许可、促进材料公开发布的策略、最佳实践设计原则和内容的本地化[①]。以下我们列举一些常见或常用的开放教育资源,供读者参考。

(一)开放课件

"开放课件"(Open Course Ware,OCW)是发展最早、成熟度最高的开放教育资源。国际开放课件联盟(Open Course Ware Consortium,OCWC)对开放课件的定义是:(1)具有免费公开许可的数字化资源,任何人在任何时间都可以通过互联网获得;(2)高质量的高等院校课程层次的教育资源;(3)以课程为单位,主要包含课程计划、评估工具、主题内容三部分。麻省理工学院(MIT)为OCW运动的首倡者。截至2017年,MIT对外公开2 400多门课程,其中近半数课程在全球其他国家有翻译版本,课件涵盖MIT5个学院36个专业,每月访问量超过200万次,总访问量超过2.5亿次[②]。"爱课程"是中国大学精品开放课程的官方网站,集中展示中国大学视频公开课和中国大学资源共享课,合作高校329家,提供2 882门课程[③],主要由高校和教师自愿申报、共享,经过推荐、评审、遴选后进行发布。

(二)开放获取文库

"开放获取文档或文库",相当于一个在线互动式的文档分享平台,包括教学资料、考试题库、专业资源等多个领域的资料,一般由作者将资料以特定的格式上传到文档服务器,经官方审核后即可发布,用户可以在线阅读和下载这些文档[④]。例如,百度文库平台(https：//wenku.baidu.com)于2009年11月12日推出,经过多年的发展,其内容已涵盖基础教育、资格考试、人文社科、IT计算机、自然科学等53个行业,超过2 600家机构入驻,每天吸引4 000万用户,全中国近6成800余万教师通过百度文库分享教育资源,百度文库已经与多省、市、校已有的信息平台融合。

---

① Hylén,J. Open educational Resources：Opportunities and Challenges[C]. Proceedings of Open Education.2006：49-63.
② Monthly Reports of MIT OCW. [2018-01-22]. https：//ocw.mit.edu/about/site-statistics/monthlyreports /MITOCW_DB_2017_12_v1.pdf.
③ 爱课程.资源共享课[EB/OL]. [2022-06-23]. http：//www.icourses.cn/mooc/.
④ 蔡春燕.开放教育资源模式及运行情况比较研究[D].厦门大学,2007.

（三）大规模开放在线课程

MOOC 即"大规模开放在线课程"，是指在进行大规模学习者交互参与和基于网络的开放式资源获取的在线课程[①]。MOOC 具有规模大、开放性、网络化、个性化、参与性等特征。典型的 MOOC 平台有：美国的 Udacity（http：//www.udacity.com）、Coursera（http：//www.coursera.org）、edX（http：//www.edx.org），英国的 Future Learn（http：//www.futurelearn.com/courses）、澳大利亚的 Open2Study（http：//www.open2study.com），以及中国的网易云课堂（http：//study.163.com）、中国大学 MOOC（http：//www.icourse163.org）、学堂在线（http：//v1-www.xuetangx.com）等。

（四）大规模开放在线实验

MOOE，即"大规模开放在线实验"，是一种全新的实验模式。MOOE 采用虚拟化、软件定义网络（Software Defined Network，SDN）等技术，能快速构建复杂度高、隔离性强的各种实验环境，以解决传统实验室在时间、空间与实验内容等方面的限制[②]。大规模开放在线实验（MOOE）具有广泛的应用。如中国国家虚拟仿真实验教学课程共享平台（http：//www.ilab-x.com/），截至 2022 年 2 月 28 日该平台共提供 3 250 个实验项目，涵盖管理类、化学类、机械类等 61 个学科门类。

（五）开放教科书

"开放教科书"（Open Textbook）是指根据开放版权许可授权，可在线提供给学习者、教师和公众免费使用的教科书，以印刷版、电子书或音频格式等形式发布。根据授权许可，任何人可以自由地使用、改编或重新发布教科书的内容。成立于 2008 年的 College Open Textbooks，旨在推动大众对开放教科书的认识和使用。该平台服务 200 多个社区大学，向 2 000 多个社区和其他两年制大学推广开放教科书的使用，提供近 800 本教科书，涵盖 24 个专业。平台通过对开放教科书内容进行同行评议，保证其内容质量可控[③]。

[①] Massive open online course. [2013-04-16]. http：//en.wikipedia.org/wiki/Massive_open_online_course.

[②] 朱建忠. 大规模在线开放实验初探——以网络安全为例[J]. 河南广播电视大学学报，2016，29（1）：13-16.

[③] 赵艳，肖曼，张晓林，李欣. 开放教育资源的可持续发展：现状、问题与挑战[J]. 图书馆论坛，2019，39（3）：42-50.

（六）数字化场馆

数字化场馆是以现有资源为依托，以互联网作为基础平台，利用VR、AR、MR等技术，展示实体场馆中能展示或不能展示的展品的一种方式和载体，具有数字化、网络化、分布化和共享化的特征，在很大程度上可以弥补因地域差别而造成的不平衡。数字化场馆主要包括数字博物馆、数字科技馆等。中国国家博物馆数字展厅（http：//www.chnmuseum.cn/portals/0/web/vr/），涵盖历史文物、艺术珍品、各国文物等领域的50余种展品；纽约大都会艺术博物馆（https：//www.metmuseum.org/）在2021年1月推出了"The Met Unframed"（大都会无限游）沉浸式虚拟艺术和游戏体验。中国数字科技馆（https：//www.cdstm.cn/museum/）在《航空》《航天》博览馆里运用虚拟现实技术提供了3D模型、虚拟装配、全景图等内容，飞机、航天器的3D模型可自由旋转、缩放；日本虚拟科技馆（http：//jvsc.jst.go.jp/）的《地球恐龙》制作了10余种恐龙仿真模型，恐龙在操控的过程中，不时地发出吼声，四肢也在原地缓缓摆动，十分逼真[1]。

二、开放教育资源的未来发展方向

从21世纪伊始到现在，开放教育资源运动经过20年的蓬勃发展，世界各国都意识到开放教育资源在教育教学乃至全社会的作用，纷纷效仿和探索适应本国国情发展的开放教育资源项目。尽管开放教育资源的发展面临很多挑战，但凭借其开放的理念、技术和合作平台，仍有很多可以不断拓展的新空间，这些新空间都是开放教育资源未来可以探索突破的方向。

（一）开放教育资源的功能从单一辅助走向多元创新

开放教育资源虽已在实践领域得到快速发展，而面对信息技术和学习理念的不断更新，开放教育资源单一辅助功能显然已经不够用。目前，伴随着新一代信息技术的发展，开放教育资源的功能走向多元创新。这种趋向主要表现在不断拓展学习和服务的空间、加大开放的深度和广度、推动开放教育资源多元创新的功能、赋能教育发展、促进知识和信息生产及传播与应用，以及推动新技术和教育结合、实现教学和学习模式创新等方面。

---

[1] 曾敏.国内外数字科技馆比较研究浅见.//北京市科学技术协会信息中心、北京数字科普协会.（eds.）数字博物馆研究与实践（2009）.北京：中国传媒大学出版社2010：307-311.

开放教育资源功能的多元创新主要体现在创新开放的深度、广度和变革高等教育体系等方面。在创新开放的深度方面，主要体现在从开放学校教育资源走向开放终身教育资源。从 2001 年美国的麻省理工学院（MIT）启动"开放课件项目"开始，开放教育资源由初期的开放静态资料走向开放动态讲授，再到后面的开放动态学习过程，在本质上来看，这些都属于学校教育的范畴。近年来，随着信息技术的不断发展，服务和面向终身教育与全民学习已经成为开放教育资源发展的一个重要方向。英国开放大学的开放学习项目、中国国家开放大学牵头实施的国家数字化学习资源中心项目、上海远程教育集团承担的上海教育资源库项目等均是大规模、面向终身学习的、整合了远程教育特色与优质资源的建设实践项目，走在了基于规模的优质网络教育资源建设和应用的前列。

在创新开放的广度方面，主要体现在从服务于一般群体拓展到服务于特殊教育与学习群体。在开放教育资源的发展过程中，人们逐渐意识到，尽管开放教育资源的可用性越来越高，但供有特殊需要的学习者使用的资源却很少。基于扩大受教育机会和公平的理念，开放教育资源应该惠及每一个有需要的学习者，尤其是有特殊需要的特殊群体，满足特殊教育与学习群体将是开放教育资源未来的一个发展方向。事实上，集所有媒体功能于一体的信息技术不仅可以在一定程度上弥补特殊学习者生理上的缺陷，减少学习障碍，还可以更好地发挥基于个性化教育支持系统的作用。在实践上，一些探索也正在进行中，如尼科莱塔研发的一个适于幼儿园聋童教学的 VR 游戏原型等。

最后，在变革高等教育体系方面，当下由众多大学向某一个网站提供课程的全球市场正在形成。纳森·哈登指出，网络技术和新型教育模式将促使传统高等教育体系崩溃，相当一部分大学会消失[①]。事实上，这种情况正在发生。例如，作为一所新型的远程教育大学——美国犹他州的西部州长大学就只负责认证而不提供任何形式的课程。学习者只要通过了它们组织的测试，就会获得证书。近年来，随着 MOOC 等开放教育资源的推广，出现了诸如学分认证、学位认证、项目认证等一系列项目，更好地扩展与完善了现有的高等教育功能与实践，也变革了高等教育体系。

---

① 现代高等职业技术教育网.新型教育模式将导致传统大学消失[EB/OL].（2013-02-19）[2022-06-24]. https://www.tech.net.cn/news/show-62795.html

（二）从开放数字教育资源走向智力教育资源

"数字教育资源"是指为教学目的而专门设计的、或者能服务于教育的各种以数字形态存在和被使用的资源，属于课程资源的范畴。与物质资源相比，数字教育资源天然具备易于生产、复制、传播的特性，可在区域、校际之间开放共享。数字教育资源以数字形态存在和被使用，例如，各种教学素材库、试题库等。可以说，数字教育资源是以静态的形式存在的。

智力教育资源常常包括教师以及科研工作者等的技术、知识、经验、诀窍、学习力和创造力等，也包括存在于个人心智中的价值观、洞察力、感悟力、人际协同能力、情感控制能力、责任感和忠诚度等。智力教育资源主要是主体通过自身学习和创新行为逐步积累而成。因此，相对于静态的数字教育资源，智力教育资源则是动态的，主要包括高等教育学校的优秀教师、科研工作者等，他们能够利用信息技术所提供的协作、分享的互联网平台快速组织知识资源，提供网络学习环境，为他人提供综合服务——不仅是提供数字教育资源的服务，更重要的是把自己的智慧与数字资源进行整合，进行体系化的服务。疫情以来，加速了智力教育资源开放的趋势，中国各高校开始探索"停课不停学"的模式，探索出更多的在线教育、混合学习等方式，而且还有更多的名校教师的讲座不限于面对面形式，线上讲座这种方式被逐渐推崇，其同步学习、异步回顾、随时随地学习和提问等优点被挖掘出来。在后疫情时代，这些模式被延续下来，智力教育资源共享已经成为一大趋势，越来越多的大学习者等群体从中收益。

（三）融入新兴信息技术，营造开放教育资源新生态

随着信息技术的飞速发展，以人工智能、大数据、虚拟现实等为代表的新一代信息技术与教育正在深度融合，不仅催生了开放教育资源生态，而且还是开放教育资源发展的重要支撑。首先，新兴信息技术的发展是促进开放教育资源多元化的重要手段，是实现开放教育资源从平面化向立体化发展的途径之一。从开放教育资源建设方面来看，利用虚拟现实技术可开发沉浸式体验数字教育资源、利用5G技术可开发高清实景型数字教育资源、利用人工智能技术可打造人机协同型数字教育资源，等等；从开放教育资源应用方面来看，5G+VR/AR技术可支持复杂交互性学科资源在各类智能教学终端的高速传输与处理，人工智能技术可支持各类多模态学科资

源的本体特征识别与自适应推荐，等等①。此外，多模态学习分析技术在资源学习系统中的应用、机器学习在数字资源内容监管中的应用、区块链在数字教育资源流通管理中的应用也是未来发展方向。目前，推动新一代信息技术与数字教育资源的深度融合，使得数字教育资源从单一性的知识承载媒介转换为支撑知识生产、知识传播、知识加工等需求的多样化工具软件，进而营造技术支持下更加丰富、科学、开放的教育资源新生态。

三、促进开放教育资源应用的策略和建议

上面我们呈现了部分常见的开放教育资源，分析了开放教育资源未来发展方向，以下我们提出一些促进开放教育资源应用的策略和建议，供读者参考。

（一）推进质量认证制度，促进开放教育资源高质量发展

2013年以来，中国开放教育资源如雨后春笋般出现，但前期为了促进教育资源的建设与传播，在质量认证方面管控比较宽松，中国大学MOOC、学堂在线、网易云课堂等开放教育资源平台中的资源质量参差不齐。而现在中国的开放教育资源体量已经非常庞大，已经走过资源数量提升的阶段，到了"提质增效"阶段，所以要推进质量认证制度的实行，以促进开放教育资源高质量发展。推进质量认证工作的进行，首先要制订质量认证标准，由国家权威部门和机构牵头，组织各方面的专家和一线的教育工作者等组成标准制定委员会，制订质量认证制度。目前，中国教育部正在积极研究制订开放教育资源国家标准，并力争把中国标准推向世界，为世界开放教育资源标准的制定提供中国方案。在未来，应该对高校开放教育资源的认定进行深度探索，与企业、政府等主体进行合作，拓展各类培训、再教育的市场。要提高品牌声誉，取得社会信任。我们还要提高开放教育资源的准入准出要求，取得教育主管部门、大学的认可，以促进开放教育资源高质量发展。

（二）促进MOOE与MOOC融合，推进实验平台开放

随着开放教育资源的发展，尤其是MOOC的普及和应用，MOOC的推广打破了大学之间的围墙，实现了跨学校课程学习。依托MOOC平台，世界各地的学习者在家即可学到全球著名高校的课程。不同层次和不同学校的广

---

① 柯清超，林健，马秀芳，鲍婷婷. 教育新基建时代数字教育资源的建设方向与发展路径 [J]. 电化教育研究，2021，42（11）：48–54.

大学习者，还可以通过 MOOE 平台组成不受空间限制的学习群体，通过开放在线实验教学资源开展学习活动。中国的大规模开放在线课程，如中国大学 MOOC、学堂在线等大规模开放在线课程平台的课程，在实践和实验教学方面也存在局限性，只有理论教学，没有实验等实践教学。而 MOOE 的出现可以较好地弥补 MOOC 等资源的劣势，MOOE 建设更注重实践教学，实现跨学校学习。借助虚拟平台搭建的实验环境，学习者可以随时随地完成实验任务，不再局限于校内的实验课堂上，而是在 MOOE 平台进行实验学习，交流学习需求、学习经验、学习习惯、评价课程、评价实验。对于实践性较强的课程，要促进 MOOE 与 MOOC 融合，推进实验平台开放。MOOE 与 MOOC 相结合建设，互补互助，在教学中会取得非常好的教学效果[①]。

（三）促进数字孪生体与场馆融合，推进开放数字场馆建设

开放教育资源发展到今天，已经呈现出多形态的趋势。数字场馆就是其中一个比较有代表性的形态，场馆承担着重要的社会教育和学校教育功能，可以说是促使学校教育发挥更大潜能的重要因素。但现有场馆教育服务存在信息服务效能不佳、数据共享不畅、学习支持服务水平不高等现实问题。研究表明，融入大数据、人工智能、虚拟现实、数字孪生等技术，能够促进场馆提升智慧教育服务水平，满足学习者的个性化学习需求。促进数字孪生与场馆的融合，需要通过在虚拟空间内构建物理实体的孪生体，以联通场馆虚拟空间与物理空间的数据，优化馆内资源的呈现和配置方式，这样，有利于提高场馆资源获取和使用的便捷性、提升场馆学习效果评价的精准性、增加场馆学习方式的多样性，最终达到开放场馆的目的。基于数字孪生理念，物理空间的任意一个对象在虚拟空间都有其对应的"孪生体"——此"孪生体"自发聚合不同空间、不同阶段的数据，形成物理对象在虚拟空间中唯一且完全忠实的映射。发生在场馆内的学习多表现为触发交互，有了"孪生体"的加入，场馆内的交互除了学习者与展品、学习者与环境、学习者之间的交互，还有学习者与孪生体、孪生体与孪生体之间的交互[②]。所以，要促进数字孪生体与场馆融合，推进数字场馆建设。

---

① 王睿.MOOC 与 MOOE 相结合的资源库建设与使用研究 [J]. 信息与电脑（理论版），2019，31（17）：250-252.
② 王小根，周乾.孪生场馆：融入数字孪生的虚实共生学习空间 [J]. 现代教育技术，2021，31（7）：5-11.

第三节　泛在学习：一种适应混合教学的学习形态

随着信息时代的到来，科学技术的迅猛发展使得现代信息技术特别是新一代信息技术不断推陈出新，广泛地渗透到包括教育在内的社会各个领域，也在深刻地影响和改变着人类的教学方式与学习方式。混合教学、混合学习成为信息时代高等教育教学常态化的教学方式和学习方式，泛在学习也将成为适应这种常态化教学方式或学习方式的一种重要学习形态。

一、泛在学习的基本理念

早在12世纪，中国南宋朱熹就已经提出"无一事而不学、无一时而不学、无一处而不学"的理念。17世纪夸美纽斯在其所著的《大教学论》中提出了把"把一切事物教给一切人"的"泛智"思想，成为西方最早有关泛在学习理念的论述[①]。人们普遍认为泛在学习是由"泛在计算"衍生而来。泛在计算是美国的马克·维瑟（Mark Weiser）在1988年提出的概念，正如他在《21世纪的计算机》(*The Computer for the 21st Century*)一文中所说的："最深刻的技术是看似消失的，它们融入了每天的生活当中以至于不可分辨了。"[②] 在此基础上，日本、韩国、欧洲和北美的学者先后提出了类似的概念，认为泛在学习如同空气和水一样，自然地融入人类日常的社会生活中。Jones和Jo提出，泛在计算技术在教育中的同化标志着又一个伟大的进步，泛在学习通过泛在计算的概念出现了[③]。Bomsdorf认为，泛在计算导致了泛在学习，使个人的学习活动嵌入日常生活之中[④]。

[①] 刘革平，农李巧. 从"泛智"论到泛在学习进阶智慧学习：论"泛"教育思想的内在关联和价值意蕴[J]. 电化教育研究，2020，41（6）：27–32，67.DOI: 10.13811/j.cnki.eer.2020.06.004.

[②] Weiser M. The computing for the twenty–first century[J]. Scientific American，1991：94–104.

[③] Jones V，Jo J H. Ubiquitous learning environment: An adaptive teaching system using ubiquitous technology[C]//Beyond the comfort zone: Proceedings of the 21st ASCILITE Conference. 2004，468：474.

[④] Bomsdorf B. Adaptation of learning spaces: Supporting ubiquitous learning in higher distance education[C]//Dagstuhl Seminar Proceedings. Schloss Dagstuhl–Leibniz–Zentrum fr Informatik，2005：539.

"泛在学习"的概念自出现以来，在较短的时间里经历了从 3A（Anywhere、Anytime、Any Device）到 4A（Anyone、Anytime、Anywhere、Any Device），再到 5A（Anyone、Anytime、Anywhere、Any Device、Anyway）、7A（Anyone、Anytime、Anywhere、Any Device、Anyway、Any contents、Any learning support）的理念发展，因此泛在学习亦被称为普适学习、无缝学习、无处不在的学习，等等。

对泛在学习内涵的理解，大家的认识也不尽相同，主要有广义和狭义两种。狭义上，主要从泛在学习的支撑环境和技术对其进行了界定，认为泛在学习是指在泛在技术和普适计算的支持下，学习者根据自己的学习内容和认知目标积极利用容易获取的资源开展各种学习活动；广义上，对泛在学习的界定主要是从理念层面进行界定，认为泛在学习是一种无所不在、无孔不入的学习，只要学习者愿意，他们就可以通过适当的工具和环境及时获取信息和资源。泛在学习具有泛在性、易获取性、交互性、情境性、个性化等特征。

二、促进泛在学习的策略与建议

泛在学习需要无处不在的网络、计算能力、学习资源和学习服务。泛在学习的研究应该从技术环境、学习资源、学习理念 3 个方面进行[1]。泛在学习环境的实现需要解决 3 类关键问题，即硬技术问题、软技术问题和教学法问题[2]。基于此，促进泛在学习的实现需要关注技术环境建设（与基础支持环境、学习终端相关的问题）、学习资源建设、支持服务体系建设、学习共同体的构建（与学习者、助学者及教法学法相关的问题）。

（一）构建泛在学习技术环境

泛在学习环境的构建是泛在学习成功实施的基础和保障。为了有效地支撑泛在学习，需要为学习者构建一个能够随时随地使用任何终端设备进行学习的技术环境，为学习者提供各种技术手段。其主要包含泛在基础环境和泛在学习的终端设备[3]。

---

[1] 李卢一，郑燕林. 泛在学习环境的概念模型 [J]. 中国电化教育，2006（12）：9-12.
[2] 杨现民，余胜泉. 生态学视角下的泛在学习环境设计 [J]. 教育研究，2013，34（3）：98-105.
[3] 陈凯泉，张凯. 融合学习科学与普适计算：构建大学生泛在学习环境的路径选择 [J]. 远程教育杂志，2011，29（5）：50-57.

基础环境为泛在学习提供包括网络、计算、存储、平台等在内的基本技术支撑，是构成泛在学习环境的基础要素。泛在互联网借助物联网、教育云、大数据、区块链、人工智能、5G等新一代信息技术，结合卫星移动通信网与地面移动通信网，形成全球无缝覆盖的立体通信综合性网络环境，将网络延伸到人们所有生活和学习的空间。同时，学习资源和学习支持服务建议采用云存储模式，统一存储在"云端"。这就能为学习者提供可随时随地使用任何终端设备进行学习的技术环境，以支持学习者的泛在学习需求。因此，在高速发展的信息技术浪潮中，有关部门需加快构建支持高速访问、多网互通的网络支撑环境，使泛在互联网和云端延伸到人们的生活与学习空间之中，促进泛在学习的发展与落实。

同时，泛在学习的发生离不开各种学习终端设备的支持。随着计算机、移动网络、传感器等技术的发展，出现了如智能手机、平板电脑、笔记本电脑、移动电视、楼宇电视等各种各样的学习终端。在泛在学习环境中，学习终端负责与云计算中心进行通信，调用所需的各种学习服务，相互连通并互相传递信息，接受响应数据，自适应呈现学习资源，且具有易于获取、类型多样、简单适用的特点，是学习者用来学习和交互的工具。因此，有关部门需加快研发和升级支持学习交互的智能移动终端，使移动终端能够智能感知学习者的环境信息、身体状态信息、真实物体的介绍性信息等，从而更好地满足学习者的学习需求，为学习者提供无缝的学习机会，随时获得资源和互动，延长学习时间，增强学习效果。

（二）建设泛在学习资源

学习资源是沟通学习者与学习行为的桥梁。学习资源应具备对不同学习情境的感知能力，对社会知识网络的分析、构建和推荐服务能力，对知识演化过程的感知和记录能力，并可以根据学习者需求进行动态、适应性聚合[①]。因此，我们认为应共建共享具有开放性、适应性的学习资源，满足泛在学习者多样化、碎片化的学习需求。

当今世界，新一代信息技术深刻改变着人类的学习方式，新型学习方式的出现，应运而生出海量的学习需求。因此，应建设更多多样化的优质

---

① 余胜泉，王琦，汪凡淙，万海鹏.泛在学习资源组织和描述框架国际标准研究——暨学习元的国际标准化研究[J].中国远程教育，2021（7）：1-9，76.

学习资源，以满足学习者的海量学习需求。与此同时，学习者通过网络，根据自身需求，利用零散的时间进行碎片化学习，也是一种新型学习模式。这需要学习资源的建设能满足学习者学习内容的个性化与学习时间的碎片化。一方面，学习资源的建设应趋向碎片化、视频化、网络化和移动性，以满足来自各行各业和不同领域的学习者个性化学习需求；另一方面，通过建设适合移动终端的微型化学习资源，适应学习者碎片化的学习时间、个性化的学习需求，使泛在学习逐渐成为主流学习方式。

（三）提供泛在学习支持服务

泛在学习是一种自主学习，即依赖学习者的学习动机、自主意识和自控力等管理和控制整个学习过程。因此，泛在学习成功的重要因素就是要为学习者构建支持的网络，提供全面、充分、有效、个性的支持服务[1]。

学习者是学习支持服务系统中最为核心的要素，技术环境服务、学习资源服务、智能导学服务、学习社区服务等都因学习者的自主学习而存在。因此，应根据学习者的实际情况提供适当的学习支持服务，以满足不同学习者不同时期的不同学习需求。在技术环境服务方面，通过人工智能技术，改善学习环境，改变标准化的支持服务，使数据通过双向或多向传输为学习者所用，从而提升学习者的学习效果；在学习资源服务方面，应依据学习者的学习需求和学习内容提供适合学习者自身的学习支持，提供推送个性化的学习内容服务、灵活多样的信息资源服务和支持高速检索的网络环境，以满足学习者多样个性的学习需求；在智能导学服务方面，利用情境感知设备来感知和分析有关学习者或周围环境的一些信息，根据学习者的学习能力、学习风格等内部因素，自动性或导向性地为学习者推荐适合的学习目标，设计最佳学习路径，为学习者提供最大的帮助服务；在学习社区服务方面，根据学习者的学习风格、学习能力、知识水平等内部因素，帮助学习者寻找有互动意向的学习伙伴或创建学习社区等进行协作学习，使学习者在交流中合作，在合作中共同进步。

（四）构建泛在学习共同体

在泛在学习环境中，技术环境建设和学习资源建设为泛在学习的开展

---

[1] 陈丽.远程教育[M].北京：高等教育出版社，2011.

提供了物态技术的保障，为学习社会性协商机制的建立奠定了基础。①。

学习者是主体，由信息空间和物理空间构建的智能空间是客体，学习过程就是主体与客体的交互过程。学习者应充分认识到自己的学习主体地位，由被动学习转向主动学习，根据自身的认知水平、个性特点以及学习能力等条件，依据自我学习需求，利用多元学习资源自主选择学习内容，制订适合的学习计划。学习者应提高自身能力，诸如辨别处理信息的能力、思考问题的能力、积极探索的能力，多角度分析问题，提高自主性和开放性。泛在学习共同体的建立还有赖于助学者的引导和规划。一方面，在泛在学习环境中，助学者需要重新审视自己的角色定位，充当学习资源的建设者、学习者学习的引导者、学习的督促者等角色。根据学习者的认知水平和学习需要，指导学习者积极有效地利用学习资源主动进行知识建构，通过对学习者进行合理的引导，给予及时支持与帮助；另一方面，助学者应顺应时代发展的潮流，树立终身学习意识，充分利用现代信息技术，通过参与相关技能培训等途径，不断探索合作学习、在线学习等新的教学方式，提高自己的专业素养和教学水平，将理论成果转化为实践运用，形成良性循环。学习者和助学者通过分享、交流、协商、合作等融入共同体，主动参与、积极协作、协商对话，逐渐形成共同目标和共同意识，形成身份认同和意义感知，在归属中收获学习成果，在合作中走向卓越。

三、泛在学习的未来发展趋势

随着普适计算和无线通信技术的发展，便携式移动终端的使用愈加频繁，极大地拉近了我们与泛在学习的距离。

（一）学习环境趋向智能化、泛在化

近年来，在大数据、语义分析、云计算等人工智能技术的快速发展和逐渐普及下，泛在学习环境的建设由于得到了强大的技术支撑而变得更加智能化。智能化的泛在学习环境，以获取知识为主要目的，是学习者通过泛在化网络进行学习的直接界面，其形态多样、功能丰富，并具有一定的

---

① 陈凯泉，张凯. 融合学习科学与普适计算：构建大学生泛在学习环境的路径选择[J]. 远程教育杂志，2011，29（5）：50–57.

智能性、简单性、连通性等特点[1]。

在大数据、人工智能、虚拟现实环境支持下的泛在学习环境也将成为符合"互联网+"的学习环境，学习者可以从传统课堂中脱离出来，不用按时按点地在规定的地点进行学习，在任何时间任何情境中，学习者都可以利用移动设备掌握知识点。泛在学习不仅可以帮助学习者在任何终端支持的学习环境中解决问题，还可以使学习者利用反思工具对学习过程进行及时反思，这些都为学习者的个性化发展提供了良好的条件[2]。

（二）学习资源趋向多样化、生态化

学习资源作为沟通学习者与学习行为的纽带，是构建教育生态系统的关键种群，是能够不断自我进化和发展的生命有机体，具有适应性、整体性、开放性、进化性等生态属性。在未来，学习资源的建设应更加趋向生态化，使其能主动适应其他物种（学习者、学习工具或平台）的发展变化，突出其与另一关键物种（学习者）的动态联系和相互作用，促使其实现进化和发展[3]。

在泛在学习环境下，学习者来自不同的行业和领域，对学习资源的需求也呈现多样化的特点。另外，学习者大多利用碎片化的时间进行碎片化的学习，这就使得学习资源要适应学习者碎片化的学习需求。面对海量和零散的学习需求，学习资源的建设也在向多样化发展，越来越体现其生态属性。

具体来说，首先，生态化的学习资源要求其内容是开放的和可进化的，允许更多的人进行创建及编辑以生成动态的学习资源。其次，未来的学习资源聚合模式也应向动态的和自适应的方向发展，这就要求能够根据学习者对当前情境下问题解决的需要，动态聚合最适合的学习资源，以促进个性化学习的发生，此时的学习资源也就向着多元适应和动态结构形态的方向发展。除此之外，泛在学习是共享和构建个体认知网络和社会认知网络的过程，将来的学习资源建设应最大化地综合学习者群体的认知智慧，进而形成一个包

---

[1] 解继丽，王晓彤. 泛在学习环境下学习共同体的形成机制[J]. 学术探索，2015（9）：148-152.
[2] 罗林，涂涛. 生态学视角下的泛在学习[J]. 中国远程教育，2009（7）：47-50，80.
[3] 杨现民，余胜泉. 生态学视角下的泛在学习环境设计[J]. 教育研究，2013，34（3）：98-105.

含物化资源和人力资源的、可以动态演化和自我发展的认知网络①。

（三）学习支持服务趋向个性化、情境化

泛在学习作为非正式学习，应满足学习者多样化学习的需要，因此，应努力为学习者提供及时、快捷、有效和人性化的学习支持服务，以提高学习者的能力，满足其个性化发展的需求，进而要求泛在学习支持服务的设计要趋向个性化和情境化②。泛在学习支持服务的个性化与情境化主要体现在：一方面，从服务内容上说，随着"以人为本"理念的深入和智能技术的发展，学习支持服务正向以学习者为中心的个性化学习支持服务的方向演化。由于泛在学习本质上是一种按需学习，这就需要我们根据不同的学习情境提供不同的学习服务，以增强学习体验感。另一方面，在支持服务的方式上，从非实时支持扩展到实时与非实时支持并重。随着近些年"互联网＋教育"以及人工智能教育的发展，越来越多的交互形式出现，实时的支持服务能够实现点对点在线答疑和即时反馈，这有利于形成有意义的师生、生生交互。在将来，随着新兴技术的加入，其交互方式也会更加个性化与情境化③。

学习支持服务体系是一个诸多要素共同存在的有机整体，各要素之间只有组合协调才能将系统的最优功能发挥出来。泛在学习所创设的智能化和泛在化的学习环境对学习支持服务也提出了更高的要求。因此，未来的泛在学习支持服务会更加完善和全面，不仅导学助学、学习资源、学习策略等均需要个性化、情境化的服务，其技术、情感的支持等也应更加全面。

（四）学习共同体建设更加开放化、社会化

学习共同体是一个由学习者、助学者，以及其他有明确的团队归属感、共同向往和广泛交流机会的人共同构成，是拥有共同目标、共同分享、交流沟通、共同活动、相互促进的学习团队④。新的技术与媒介为泛在学习共同体的建构提供了新的基础和条件，因而使得其更加开放化和社会化。

---

① 余胜泉，陈敏. 泛在学习资源建设的特征与趋势——以学习元资源模型为例[J]. 现代远程教育研究，2011（6）：14–22.

② 董兆伟，李培学，李文娟. "互联网＋"时代的新型学习支持服务体系构建研究[J]. 远程教育杂志，2015，33（6）：93–98.

③ 孙朝霞，陈丹燕. 现代远程教育学习支持服务研究述评[J]. 职教论坛，2021，37（10）：113–120.

④ 时长江，刘彦朝. 课堂学习共同体的意蕴及其建构[J]. 教育发展研究，2008（24）：26–30.

面向开放化的泛在学习共同体建设，其主要表现为：对象的开放化、资源的开放化，以及学习方式的开放化。首先，泛在学习共同体的对象不仅仅是学习者，不同年龄、不同地域的不同职业人群也可以利用手边现有的移动设备随时随地进行学习。其次，在泛在学习共同体的开放化建设中，各类学习资源得到整合，可以满足学习者利用碎片化时间学习的需要，进一步实现优质学习资源的开放与共享。在学习资源上，进一步加强了共同体建设的开放化、个性化与互动化，为学习者提供了更加自由与开放的学习空间，学习者可以根据自己的需求，个性化地定制自己的学习方案。最后，学习方式由传统的"以教为主"转变为开放化的混合学习。现阶段的泛在学习共同体建设已经改变了原有的学校封闭结构，为学习者提供了开放性的学习方式，使用者能够通过各类平台快速获取自己想要的各种资源。

泛在学习共同体的社会化主要体现在两方面：一是社会认知网络的形成，二是各种社交软件的广泛应用。泛在学习共同体以其开放化的对象与资源可以更好地促进学习者个体认知网络和社会认知网络的形成，学习者在人人交互、人机交互的过程中，知识与人的相互作用、相互交织的网络也逐渐形成。社交软件的本质是参与和分享，其目的是让群体可以听到每个人的声音，因此，社交软件对实现现实社会中人际之间的交流拓展有积极的促进作用。随着社交软件的普及度越来越高，其在泛在学习共同体中的参与度也越来越高。

第四节 教育理念更新与教育生态体系变革

以互联网为核心的新一代信息技术不仅改变了教学空间、学习资源和学习形态，而且也在不断地促进教育理念的更新，以及高等教育生态体系的重构。在新一代信息技术的作用下，人们对知识、学习的认识和理解发生改变，教育系统也发生本质变化，新的教育形态不断涌现，因此教育制度需要重新构建。2022年，中国教育部工作要点中特别提出实施教育数字化战略行动，积极发展"互联网+教育"，加快推进教育数字化转型和智能升级。实施教育数字化战略行动是在国家层面上对这些更新与变革的响应。

一、知识观的发展：从精加工的符号化信息回归到全社会的人类智慧

以互联网为核心的新一代信息技术引起了教育根本性问题的变革。最关键的是：教育是传播知识的事业，知识的内涵发生了变化，知识从精加工的符号化信息回归到全社会的人类智慧[1]。

学校教育中的知识是人类智慧的提纯部分。为了更好地通过学校传播知识，人类对智慧进行抽象化、结构化、逻辑化和文字化处理，将其固化在书本中。此时的知识是挖掘类知识和建构类知识，互联网把各类型的人类智慧会聚、共享，在互联网环境下，知识内涵发生了变化，知识的形态、生产与传播方式也发生了变化，并产生了一种新的知识类型——生长类知识。技术日新月异，仅靠挖掘类、建构类知识已不能适应社会发展，因此生长类知识应运而生。互联网丰富了知识的内涵和类型，它既包含了以线性静态知识、抽象原理知识、分科系统知识、规定共性知识为主的传统知识观，又涵盖了以网络动态知识、境遇操作知识、综合碎片知识、灵活个性知识为主的网络知识观[2]。正如联合国教科文组织在其《反思教育：向"全球共同利益"的理念转变》报告中对知识的重新定义："可以将知识广泛地理解为通过学习获得的信息、理解、技能、价值观和态度"[3]。同时，知识生产尊重个体价值，重视实践者的个体经验，知识选择强调满足个性所需、促进个性化发展。知识的颗粒度更小，组合运用更加灵活，对问题的针对性解决能力也更强[4]。

知识的存储是网络化的、多模态的，知识以各种形态存在于多模态载体中，具备更强的吸收、整合、存储、应用能力，从而支持更快的传播速度、更强的传播力、更广泛的受众和更个性化的表达。知识不再是一种静态现象，而是一个网络现象。知识的生产不再是个体经营的生产，而是群体智慧的会集。过去，人类是先生产知识，再传播；今天，在互联网环境中，知识

---

[1] 陈丽, 逯行, 郑勤华. "互联网 + 教育"的知识观：知识回归与知识进化 [J]. 中国远程教育, 2019（7）：10–18, 92.

[2] 陈丽. "互联网 + 教育"：知识观和本体论的创新发展 [J]. 在线学习, 2020（11）：44–46.

[3] 联合国教科文组织. 反思教育：向"全球共同利益"的理念转变？[J]. 现代远程教育研究, 2017（5）：2.

[4] 王怀波, 陈丽. 网络化知识的内涵解析与表征模型构建 [J]. 中国远程教育, 2020（5）：10–17, 76.

生产和知识传播在同一个过程。过去,生产者和传播者不是一个群体;今天,生产者既是传播者,也是受益者,这是互联网环境下特有的现象,个人知识增值的方式也因此发生了变化。

二、学习观的发展:学习是与特定的节点和信息资源建立连接的过程

知识的内涵、生产与传播都发生了改变,如何让学习者面对和适应这样的变化?什么才是有价值的学习?基于开放复杂的时代背景,联通主义学习理论被提出,该理论是一个值得关注的新理论,它认为学习是人的内部神经网络、人类社会的概念网络和外部社会网络之间建立连接的过程,联通就是重要的学习方式。学习不仅是学到别人的经验、消化知识的过程,也是创造知识的过程,是一个与特定的节点和信息资源建立连接的过程(见图7-4-1)[①]。学习也可能存在于非人的应用中,因此,学习能力比当前所掌握的知识更加重要。学习的目标是基于创造知识的生长,是实现知识的流通,学习的过程不再是单向、线性的,而是不断建立管道并保持管道内的信息畅通流动[②]。当一个人跟有价值的信息源建立了有机的联通,持续不断地共享信息,就是重要的学习。

学习观的发展,对高等教育教学的启示是:教学就是要帮助学习者与有价值的信息源建立连接,构建促进联通的生态网络。在这个过程中,个体、组织和外部世界相互作用、共同发展,话题不断生成,核心概念逐渐涌现,课程社会网络关系逐渐出现多中心,活跃学习者逐渐获得新的能力,如交互能力、整合能力、选择能力等[③]。除传统线下面对面课程形态与讲授式教学方式,当前还需要更多元、灵活、开放的课程形态,以及更有效、有针对性的教学方式,从而真正能够为学习者实现联通、适应时代发展。例如,北京师范大学互联网教育智能技术及应用国家工程实验室开设的群体协作的网络社区型课程——互联网+教育:理论与实践的对话,基于开放、前

[①] Siemens G. Connectivism: A learning theory fort he digital age[J]. International Journal of Instructional Technology and Distance Learning. 2004(6): 2011.

[②] Downes S. Connectivism and Connective Knowledge: essays on meaning and learning networks[M]. Montreal: National Research Council Canada, 2012.

[③] 王志军,陈丽.联通主义:"互联网+教育"的本体论[J].中国远程教育,2019(8):1-9,26,92.

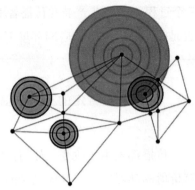

图 7-4-1　联通主义学习观：学习即连接的建立和网络的形成（Siemens，2006）[1]

沿的学习主题，设计社群化、交互性的学习活动，提供引导性、生成性的学习资源，以及个性化、过程性的学习支持，真正帮助学习者实现知识创生、联通发展，培养、发展学习者的协作联通、批判创新、整合、选择等高阶能力。

三、教育系统的发展：从线性有序变成开放、复杂的动态系统

互联网对教育的这场变革是教育规律的深刻演变[2]。过去对教育的认识是线性关系，而互联网支撑下的新教育变成了复杂系统，教学中的关系由简单线性关系转化为非线性关系[3]，并呈现出复杂网络的特点：自组织、涌现和不确定性[4]。所谓复杂系统，指的是遵循基本运作规则、存在交互关系的个体组件或主体构成的具有层次结构的动态非线性系统，是认识世界的新研究视角和方法[5]。随着互联网的发展以及互联网创设出的更加开放、平等、互联互通的学习空间的涌现，传统教育系统与各教学要素及其相互作用关系均发生了巨大转变。原有的"教"与"学"过程中"一对一、一对多"的简单线性交互转变为"多对多"的复杂交互，加剧了"教"与"学"

---

[1] Siemens G. Knowing knowledge[M]. Research Triangle：Lulu.com，2006.
[2] 陈丽."互联网+"时代教育哲学与教育原理的演变与发展[J].中国远程教育，2019（7）：9.
[3] 徐亚倩，陈丽.生生交互为主的在线学习复杂性规律探究[J].中国远程教育，2021（10）：12–18，38.
[4] 郭玉娟，陈丽，许玲，高欣峰.联通主义学习中学习者社会网络特征研究[J].中国远程教育，2020（2）：32–39，67，76–77.
[5] 陈丽，徐亚倩."互联网+教育"研究的十大学术新命题[J].电化教育研究，2021，42（11）：5–12.

行为的不确定性、无序性和多层次性。个体与主体间的交互行为会导致复杂系统的产生,"教"与"学"的关系呈现复杂化。

系统的复杂性主要体现在集体与个体两类视角,即集体行为复杂性(符号表征、形式体系和社会文化实践)与系统中的单个个体或主体的交互行为的复杂性。整个系统的集体复杂性体现在主体和元素、系统层次、自组织性、初值敏感性与非线性、涌现性5个方面;独立主体在系统中的复杂性体现在并行性、条件触发、适应与演化3个方面[1]。陈丽等从在线教与学的复杂视角出发,对"互联网+教育"新知识观下的新型学习方式——生生交互为主的在线学习的复杂性规律进行了探究,提炼出了10项规律:从集体行为复杂性来看,呈现出参与主体多元化和异质化、自组织形成多中心的网络结构、通过对话形成网络地位和身份、初期交互水平和质量影响后期学习成效、群体智慧会聚促进知识涌现、群体内部与群际之间的非线性相互作用、与外部环境进行持续的元素交换七大规律;从个体层面来看,表现出并行处理交互信息、网络地位与学习效果的正向循环、个体与集体网络的持续适应与演化三大规律[2]。

复杂性规律的发现,说明互联网支撑下的新教育与传统学校教育遵从不同的规律,启示当前研究者应尽快从用传统线性思维转变到用非线性思维认识教育规律的轨道上来,互联网能将"教"与"学"过程的行为以数据方式记录下来,使得人类可以运用自然科学的方法认识教学规律,转型升级教育研究范式,发展计算机教育学,进而深入揭示教育教学的新规律[3]。

四、教育新形态:未来学校和新的教育供给主体涌现

互联网派生出了新的教育形态和教育服务供给主体。在"互联网+"时代,出现了打破传统教育观念,运用互联网思维和技术促进高等教育的组织体系与服务模式变革的大学新形态。

作为数字时代的大学创新,密涅瓦大学是"一所没有墙的世界大学",4年本科学习分布在全球七大城市,包括旧金山、香港、孟买、伦敦等,整

---

[1] [美]迈克尔·J.雅各布森,摩奴·卡普木,彼得·赖曼,张婧婧,王雨晨,曹鹭.学习与教育研究中的理论之争——建立学习的复杂系统概念化框架[J].开放学习研究,2018,23(2):1-8.
[2] 徐亚倩,陈丽.生生交互为主的在线学习复杂性规律探究[J].中国远程教育,2021(10):12-18,38.
[3] 陈丽.教育信息化2.0:互联网促进教育变革的趋势与方向[J].中国远程教育,2018(9):6-8.

个城市都是它们的校区①。通过与当地高校、研究所、公司建立合作，学校不再是学习者获得知识的唯一渠道，学习者可以使用一流的图书馆、实验室等，大学利用一切优秀的社会资源开放办学，并把主要精力放在课程开发和吸引师资上，实现了大学组织体系的结构性创新②。当前，高等教育依靠单一的校内供给主体，采用标准化的供给内容、粗放型的供给单元、面授为主的集中供给方式和供给驱动，难以满足学习者优质、灵活、个性化的学习需求，而互联网支撑下的教育新形态为破解当前高校教学难题满足学习者学习需要、培养适应信息社会的人才等提供了新的有效解决途径。

在"互联网+"时代，一所高校教育资源与服务的供给，将不再仅仅依赖一所高校，而是会逐渐走向政府、高校、企业等多主体协同供给的新格局。一方面，高校内部可深度合作，推动高校优质资源跨校区、跨学校、跨区域流转，为学习者提供更多选择，满足学习者的多元教育需求，为跨学科的创新人才成长提供支持；另一方面，高校可积极探索企业等更多主体参与的教育模式，通过企业进校、校友进校等方式，打破知识、技术、产业之间的壁垒，推动产、学、研、用一体化发展。促使政府、企业等更多主体参与教育服务，通过多元开放的实践活动，增强学习者的实践能力、创新能力，将高校打造为科技创新集聚地，共同助推高等教育高质量发展③。

因此，新的教育形态和教育供给主体的出现启示我们：应研究、构建开放的教育组织体系，关注教育与社会的融合，不只是学校公立教育体系，全社会都能为人的发展提供服务；不仅是已有的自建资源，全社会都蕴含着丰富的教育资源，构建共建共享的新机制，使多个主体都有机会参与创建、分享与选择、推荐；要从供给驱动的教育服务转向消费驱动的教育服务，联通各类提供者与使用者，实现跨界的"共创、共享、共治"；教育组织体系要在不断重构、发展、迭代和演化基础上创生出新的联通化生态，最终使高等教育真正能够服务学习者的需求、社会的需求和未来的发展。

---

① 王佑镁，包雪，王晓静.密涅瓦（Minerva）大学：MOOCs时代创新型大学的探路者[J].远程教育杂志，2015，33（2）：3-10.

② 尚俊杰，曹培杰."互联网+"与高等教育变革——我国高等教育信息化发展战略初探[J].北京大学教育评论，2017，15（1）：173-182.

③ 刘国瑞.新发展格局与高等教育高质量发展[J].清华大学教育研究，2021，42（1）：25-32.

五、学习制度的发展：构建灵活、终身的学习制度

制度性是教育自身一个不容忽视的特性，全社会对于教育价值及其取向的判断也常常取决于制度供给情况。随着互联网等新一代信息技术的发展，终身学习的需求和教育服务体系的演变都已经从教室场景、学校场景扩展到整个社会[①]。学校与社会也将深度融合，因此需要用一整套制度来整合社会资源，全社会协同，服务于人的发展。

在原有高等教育的学校体系框架内，原有的师资力量、资源储备等都不足以满足当前和未来人才培养的需要。事实上，全社会蕴藏着丰富的资源，目前，已经有不少资源整合平台方面的实践探索，虽然模式不尽相同，但都是通过社会来组织和整合教育教学资源的开发与应用。目前，急需相应的制度通道把这些资源汇聚并使其流动起来，让各级、各类学校可以选择、敢于选择优质的教育教学资源。对丰富的社会资源进行水平认定，从长远来看需要有相应的质量认证制度来保证，以便让学校放心选择。传统高等教育尚不太认可各类成人教育证书和文凭，用人单位也存在对成人教育证书和文凭的歧视现象。学习者选修校外在线课程、职业证书、比赛奖项等个人学习成果难以被认证、管理。

因此，这启示我们应构建灵活、终身学习的体制机制：一是建立终身学习资历框架制度，认可学习者通过正规教育、非正规教育和非正式学习获得的学习成果，如学位、文凭、行业培训证书、技能等级证书、职业资格证书、MOOC证书、各类业绩（创新创业、科学研究、文化传承、奖项等）所获得的学习成果，减少重复学习，鼓励终身学习。二是建立健全教育质量保障制度。首先，制订各级各类教育的质量保障国家标准，作为最基础的质量保障标准，在质量保障中发挥基础性和引导性的作用。其次，要探索建立教育质量保障运行机制，理顺国家权力、学术权威和市场力量之间的关系，积极发挥并合理约束不同主体的作用边界，明确规则与程序，实现彼此间的分工、协作和对接，尤其要注重加强和发挥第三方机构的作用。三是建立健全学分银行制度，为学习者建立能够记录、存储学习经历与成

---

① 陈丽. 教育信息化2.0: 互联网促进教育变革的趋势与方向[J]. 中国远程教育, 2018（9）: 6-8.

果的个人学习账号,实现学习成果可追溯、可查询、可转换,建立个人终身学习档案。

约翰·杜威(John Dewey)100年前曾针对美国的教育改革说过一句话:"如果我们仍然以昨天的方式教育今天的孩子,无疑掠夺了他们的明天。"① 借用他的句式说:"如果我们仍然用昨天的教育思想和教育理念来教育现在的学习者,即使很好、很熟练、很炫地应用了以互联网为核心的新技术,也不能培养出面向未来的拔尖创新人才。"② 以互联网为核心的新一代信息技术对教育的影响不仅是手段、方法的变革,而且是教育理念的更新和生态体系的重构。

未来的高等教育体系既是教育理念、教育规律、教育方式、教育形态和教育制度的整体变化,也有校内与校外的融合、面授与远程的融合、正式与非正式的融合,它是一个与社会高度融合的高度开放、互联互通的教育新生态体系。当前,中国实施教育数字化战略行动、发展"互联网+教育"的目的就是构建与信息时代相适应的新的高等教育体系。

---

① Dewey B J. Democracy and Education: an introduction to the philosophy of education[J]. American Journal of Sociology, 1916, 10(1): 40–49.

② 陈丽."互联网+教育":知识观和本体论的创新发展[J]. 在线学习, 2020(11): 44–46.

附录：名词术语中英文释义

泛在学习：是指在普适计算和泛在技术的支持下，学习者根据自己的学习目标，利用随时随地获取的资源自主开展的各类学习活动。

Ubiquitous learning: refers to that, with the support of ubiquitous computing and technology, learners actively engage in a variety of learning activities according to their own learning goals, by taking advantage of resources available anytime, anywhere.

翻转课堂：即将原本在课堂上进行的教学活动放在课下进行，反之亦然。其背后的理念为主动学习。

Flipped classroom (Inverted classroom): refers to that events that have traditionally taken place inside the classroom now take place outside the classroom and vice versa. The learning belief behind flipped classroom is active learning.[1]

仿真实训软件：是指应用于职业技能训练过程的软件，以期达到熟悉操作、技能养成的目的。该软件基于数学方法对真实现象进行建模，试图创造一个逼真的实训环境，再现真实的工作过程和场景。

Simulation training software: refers to the computer software used for vocational skills training. It is based on the process of modeling a real

---

[1] Lage, M. J., Platt, G. J., & Treglia, M. Inverting the Classroom: A Gateway to Creating an Inclusive Learning Environment [J]. The Journal of Economic Education, 2000, 31 (1): 30–43.

phenomenon with a set of mathematical formulas. Simulation software is the creation of a true-to-life learning environment that mirrors real-life work and scenarios.①

分布式学习：作为一种教学模式，它允许教师、学习者和教学内容分布于不同的、去中心的位置，因而教学和学习可以在不同的时间和地点进行。该模式既可以与基于实体教室的课程相结合，也可以与远程课程相结合，或者可以用来创建完全的虚拟课堂。

Distributed learning: refers to the instructional model that allows instructor, students, and content to be located in different, non-centralized locations so that instruction and learning occur independently of time and place. The model can be used in combination with traditional classroom-based courses, with traditional distance learning courses, or can be used to create wholly virtual classrooms.

混合教学：是将基于互联网和数字媒体的学习与需要师生共处一室的传统面授教学相结合的教学形态②。其深层次的内涵：混合教学是在实体和虚拟二元融合的环境中，教学的核心要素包括将目标、内容（资源）、活动、评价、教学团队等进行重构，形成新的教学形态，旨在达成特定条件下的最优化学习效果。

Blended learning: refers to an instructional model that combines online learning with face-to-face teaching. Its deeper connotation: blended learning is a new instructional form formed by reconstructing the core elements of teaching, including learning objectives, content (resources), activities, evaluation, and teaching team, in the environment of physical and virtual binary integration, aiming to achieve the optimal learning effect under specific conditions.

---

① Woofresh. The 9 Best Simulation Software [DB/OL]. [2022-08-06]. https://woofresh.com/simulation-software/#:~:text=The%209%20Best%20Simulation%20Software%201%20AUTODESK.%20Autodesk,...%207%20SIMULATION%20X.%20...%20More%20items...%20

② Garrison, D.R. & Kanuka, H. Blended learning: Uncovering its transformative potential in higher education[J]. Internet and Higher Education, 2004, 7(2), 95-105.

混合教学设计：为实现特定教学目标，将面授教学的优势与网络教学的优势相融合，对教学活动序列及其方法策略进行重新设计，从而形成多种要素混合的教学方案的系统化过程。

Blended instructional design: refers to the systemic process of arranging a series of instructional activities and corresponding instructional strategies so as to form the instructional plan with a hybrid of multi-variables in order to fulfill the specific learning objectives, by taking advantages of both face-to-face teaching and online learning.

混合教学环境：是指信息化的课堂环境和网络学习空间，以支持在线和面授的教学活动，同时提供学习资源。

Blended learning environments: refers to the technology-enhanced classroom environment and learning cyberspace, for supporting both online and face-to-face learning, meanwhile supplying learning resources.[①]

混合课程：课程内容以在线和面授相结合的方式传授，既有在线学习活动，也有面授活动，教学模式得以重构。

Blended course: is defined as having course contents delivered both online and face-to-face and having the instructional model reconfigured.

教学设计：一个系统化规划教学系统的过程，将学习理论与教学理论转换成对教学目标、教学内容、教学活动和教学评价等环节进行具体计划、创设教与学的系统过程和程序。[②]

Instructional design (ID): refers to the systematic process of designing and creating a high-quality instructional blueprint (including learning objectives, content, activities, evaluation, etc.) based on teaching and learning theories.

[①] Johnson, M. C., & Graham, C. R. Current Status and Future Directions of Blended Learning Models. In M. Khosrow-Pour, D.B.A. (Ed.), Encyclopedia of Information Science and Technology (Third Edition) [M]. Hershey: IGI Global, 2015: 2470-2480.

[②] 何克抗，郑永柏，谢幼如. 教学系统设计 [M]. 北京：北京师范大学出版社，2002: 3.

课程开发：完成一项课程计划的动态过程，包括确定课程目标、选择与组织课程内容、实施与评价课程。①

Curriculum development: refers to a dynamic process of identifying curriculum goals, selecting and organizing curriculum content, and implementing and evaluating the curriculum.

课程开发模式：在理论指导下，基于课程实践提炼、总结用以指导完成课程开发过程的操作方法和程序。

Curriculum development models: refers to the process of curriculum development utilizing sets of concepts to achieve both quantity and quality education through a guided learning experience.②

基于问题的教学：是一种主动的学习方法，涉及学习者共同理解和解决复杂的、非结构化的问题。在PBL中，学习者通过解决真实的现实世界问题进行学习。教师引导学习者对这些学习体验进行反思，促进学习者学习解决问题所需的认知技能、合作和表达所需的技能以及这些技能背后的原则。

Problem-Based Learning (PBL): refers to the active learning method that involves learners working together to understand and solve complex, ill-structured problems. In PBL, students learn by solving authentic real-world problems. Teachers guide student reflection on these experiences, facilitating learning of the cognitive skills needed for problem-solving, the skills needed for collaboration and articulation, and the principles behind those skills.③

基于项目的教学：是通过实施一个完整的项目而进行的教学方法，其目的是将理论与实践教学有机地结合起来，充分发掘学习者的创造潜能，

---

① 杨明全. 课程论[M]. 北京：清华大学出版社，2016：234.
② Modebelu, M. N. Curriculum Development Models for Quality Educational System. In N. Ololube, P. Kpolovie, & Makewa, L. (Eds.), Handbook of Research on Enhancing Teacher Education with Advanced Instructional Technologies [M]. Hershey: IGI Global, 2015：259-276.
③ Hmelo, C. E. F. The problem-based learning tutorial: Cultivating higher order thinking skills [J]. Journal of The Education of The Gifted, 1997, 20 (4): 401-422.

提高学习者解决实际问题的综合能力。该模式往往需要学习者进行跨学科的思维整合,以项目为驱动,在真实的情境中解决复杂问题。

Project-based learning: refers to the instructional model carried out through the implementation of a complete project, which aims to combine theory learning and its application together, improve students' ability of comprehensively applying knowledge to solve practical problems. The model often requires students to think across disciplines to integrate and solve complex problems in authentic contexts, driven by projects.

基于资源的学习模式:是指学习者通过与各类学习资源交互作用进行学习的模式。学习资源是指所有可以利用的印刷和非印刷的媒体,涉及书和文章、音像资料、电子数据库和其他基于计算机、计算机多媒体和计算机网络的资源等。

Resources-based learning model: refers to the learning model in which learners learn by interacting with various types of learning resources. Learning resources are all print and non-print media that are available, involving books and articles, audio and video materials, electronic databases and other computer-based, computer multimedia and computer network resources, etc.

教材:是依据课程标准编制的、系统反映学科内容的教学用书。

Textbooks: are compiled according to the curriculum standard and reflect the subject content systematically, used for teaching and learning.

教学策略:关于有效解决教学问题的方法、技术的操作原则与程序的知识。①

Instructional strategies: refers to the ways, approaches, and the knowledge of operational principles and procedures followed by the teachers for effective instructional problem-solving.②

---

① 黄高庆,申继亮,辛涛.关于教学策略的思考[J].教育研究,1998(11):50-54.
② Akdeniz, C. Instructional strategies. In Instructional Process and Concepts in Theory and Practice: Improving the Teaching Process [M]. Singapore: Springer, 2016: 61.

教学环境：是教学活动开展的物质条件和非物质条件。①

Instructional environment: refers to the material and non-material conditions for teaching activities to be carried out, made up of multiple, inter-related facets that can either support or inhibit learning.

教学模式：是指在一定教育思想指导下，为完成特定的教学目标，设计并通过实践而逐渐形成的教学诸要素之间比较稳定的相互作用的关系，包括教学诸要素的组合方式、教学程序及其相应的策略和评价方式等。

Instructional model: refers to the relatively stable interactions between the elements of teaching designed and gradually formed through practice under the guidance of certain educational theories to accomplish specific teaching objectives, including the combination of the teaching elements, procedures and their corresponding strategies and evaluation methods, etc.

教学设计模型：在教育研究中或在解释教育现象时，"模型"常作为简化的方式来描绘教育事件或过程的解释性框架。教学设计模型即教学设计理论的一种表征，用以描述教学设计过程。

Instructional design models: are simplified overviews of instructional design procedures. They are typically visual representations, such as process flowcharts, that prescribe the steps that should be followed in a design project. All models are the representation of instructional design theory and they typically describe the process of instructional design.②

教学支持服务：教学支持服务是指教育机构（院校）为支持教师开展混合教学，为教师的教学准备、教学设计、教学实施和教学评价等提供的支持服务。

Teaching support services: are provide by educational institutions (colleges) to support teachers in carrying out blended learning, such

---

① 武法提. 基于 WEB 的学习环境设计 [J]. 电化教育研究，2000，(4)：33-38，52.

② Richey, R.C., Klein, J. D., & Tracey, M.W. The instructional design knowledge base: Theory, research, and practice [M]. New York: Routledge, 2011.

as support service for preparation for teaching, instructional design, implementation and evaluation, etc.①②

教育传播：是人类信息传播的特殊形式，是由教育者按照一定的目的，选定合适的内容，通过有效的媒体通道把知识、技能、思想、观念等传送给特定的教育对象的一种活动，是教育者和受教育者之间的交流活动。

Educational communication: refers to a special form of human communication, which is an activity of transmitting knowledge, skills, ideas, concepts, etc. to specific educational targets by educators in accordance with certain purposes and selected appropriate contents through effective media channels, and is a communication activity between educators and educated people.

教育传播模式：教育传播模式是再现教育传播现实的一种理论性的简化形式。它是对教育传播现象的概括和简明表述，是对教育传播过程的各要素的构成方式与关系的简化形式，反映了教育传播现象的本质特征。

Educational communication model: refers to a theoretical and simplified form of reproducing the reality of educational communication. It is a general and concise representation of the phenomenon of educational communication, a simplified form of the composition and relationship of the elements of the educational communication process, and reflects the essential characteristics of the phenomenon of educational communication.

教育评价：是保障教育教学有效开展的关键因素，它是对教育过程和结果的描述与价值判断。③

---

① Wray, M. Additional support services and the utilisation of teaching assistants in university settings: dissuading inclusive practice or improving academic outcomes? [J]. Support for Learning, 2021, 36 (1): 102–115.
② Mmny, A. M., Ellis, J. R., & Abrams, P. In-service Education in American Senior Colleges and Universities: A Status Report [DB/OL]. (1969) [2022-08-06]. https://files.eric.ed.gov/fulltext/ED057731.pdf
③ 李雁冰. 论教育评价专业化 [J]. 教育研究, 2013, 34 (10): 121–126.

Educational evaluation: refers to the continuous inspection of all available information concerning the student, teacher, educational program, and the teaching-learning process to ascertain the degree of change in students and form a valid judgment about the students and the effectiveness of the program.

开放获取文档或文库：是指一个在线互动式的文档或者文档分享平台，包括教学资料、考试题库、专业资源等多个领域的资料，一般由作者将资料以特定的格式上传到文档服务器，经审核后即可发布，用户可以在线阅读和下载这些文档。

OA archives or repositories: refer to online interactive documents or sharing platforms of documents, including teaching materials, exam question banks, resources, etc. In general, the author uploads the data to a document server in a specific format, which is officially reviewed and then released, and users can read and download the documents online.

开放教科书：是指根据开放版权许可授权，可在线提供给学习者、教师和公众免费使用的教科书，以印刷版、电子书或音频格式等形式发布。①

Open textbooks: are available online for free use by students, teachers and the general public, in print, e-book or audio format that are licensed under open access licenses.

开放教育资源：是以各种媒介为载体的任何形式的学习、教学和研究资料，这些资料面向社会公众发布，或以开放许可授权的形式发布，允许他人免费获取、使用、改编和重新发布。开放教育资源包括完整的课程、课程材料、学习模块、教科书、流媒体视频、测试等，用于支持知识的开放获取。

Open educational resources (OER): refer to teaching, learning, and research resources that reside in the creative commons and/or public domain or

---

① 赵艳，肖曼，张晓林，李欣. 开放教育资源的可持续发展：现状、问题与挑战[J]. 图书馆论坛，2019, 39（3）: 42-50.

have been released under an intellectual property license that permits their use and repurposing by others. OER may include full courses, course materials, modules, textbooks, streaming videos, tests, etc. used to support access to knowledge.①

开放课件：是指具有免费公开许可的数字化课程材料，任何人在任何时间都可以通过互联网获得。开放课件的内容主要包含课程大纲、教学材料（如讲稿、阅读材料）、课程作业或者测试题等。

Open Course Ware (OCW): refers to an online free publication of course materials from courses, freely sharing knowledge with learners and educators over the Internet. Each OCW includes a syllabus, some instructional material (such as lecture notes or a reading list), and some learning activities (such as assignments or exams).

课程：为了达到培养目标所需要的全部教学内容与教学计划。②

Curriculum: refers to all the instructional contents and plans required in order to achieve educational objectives.

课件：是对一个或几个知识点进行呈现的多媒体材料或软件，依据使用目的的差异可分为助讲型课件（如教师使用的 PPT 讲稿等）和助学型课件（如学习者学习的课件等）。

Courseware: refers to a multimedia material or software that presents one or several knowledge units. According to the difference of the purpose of use, it can be divided into teaching-assisted courseware (such as PPT lecture notes used by teachers, etc.) and learning-assisted courseware (such as courseware for students to learn, etc.).

---

① UNESCO. Recommendation concerning Open Educational Resources [EB/OL]. (2019-11-25) [2022-08-06]. http://portal.unesco.org/en/ev.php-URL_ID=49556&URL_DO=DO_TOPIC&URL_SECTION=201.html.
② 全国十二所重点师范大学联合编写. 教育学基础 [M]. 北京：教育科学出版社，2005.

课程目标：课程本身要实现的具体目标，是期望一定教育阶段的学习者在发展品德、智力、体质等方面达到的程度。①

Curriculum objectives: Objectives are statements that describe the end-points or desired outcomes of the curriculum, a unit, a lesson plan, or learning activity.②

课程评价：系统地运用科学方法，对课程的过程和产物收集信息资料并作出价值判断的过程。③

Course evaluation: refers to the process of systematically examining and refining the fit between the course activities and what students should know at the end of the course. Conducting a course-level evaluation involves considering whether all aspects of the course align with each other and whether they guide students to achieve the desired learning outcomes.

课程设计：一定的群体或个人，根据特定的价值取向，按照一定的教育理念，通过特定的方式，组织、安排课程的各种要素或成分的过程。④

Curriculum design: is the art and science of designing curricula. Its inputs are information about reality and creative thought. Its output is curriculum. Its functions are information processing and decision making. Curriculum design is systematic to the extent that its processes are coherent and interactive, and unified by a common purpose. The same is true of the instructional system (or program) into which the curriculum is an input.

面授课程：课程内容主要是通过面对面的方式传授，教学中没有使用基于网络的技术。

---

① 顾明远.教育大辞典（增订合编本）[M].上海：上海教育出版社.1988：898.
② Kridel, C. Objectives in curriculum planning [EB/OL]. [2022-08-06]. https://dx.doi.org/10.4135/9781412958806.n331.
③ 钟启泉.课程论[M].北京：教育科学出版社，2007：299.
④ 李允.课程与教学论[M].北京：北京大学出版社：2015：99.

Face to face course: Course content is delivered face to face, with no use of online learning.①

慕课：大规模开放在线课程，是指基于网络开放资源获取并进行大规模学习者交互参与的在线课程。

MOOC: refers to the Massive Open Online Course, online courses that involves large-scale student interaction and open source to web-based resources.②

评价标准：对所评价对象的功效的数量和质量进行价值判断的准则和尺度。③ 其需要具备两个要素：指标体系和评价基准。评价指标体系是评价目标的具体化；评价基准是区分被评价对象不同表现水平的临界点。

Assessment standards: The criterion and scale for value judgment on the quantity and quality of the efficacy of the evaluated object. Two elements are required: index system and evaluation benchmark. The evaluation index system is the embodiment of the evaluation objectives, and the evaluation benchmark is the critical point to distinguish the different performance levels of the evaluated objects.

评价工具：评价活动中收集信息资料、反馈数据的具体手段。通常根据评价的目的、对象和阶段，选用相应的工具。④

Assessment instrument: refers to the specific tools for collecting information and feedback data in evaluation activities. Usually, the appropriate tools are selected according to the purpose, object, and stage of the evaluation.

---

① Allen, I.E., & Seaman, J., Sizing the opportunity: The quality and extent of online education in the United States, 2002 and 2003[J]. Sloan Consortium（NJ1）, 2003, 36（23）: 659-673.
② Massive open online course.（2013-04-16）.http: //en.wikipedia.org/wiki/Massive_ open_ online_ course.
③ 顾明远.教育大辞典（增订合编本）[M].上海：上海教育出版社.1988：2808
④ 顾明远.教育大辞典（增订合编本）[M].上海：上海教育出版社.1988：2808

评价指标：是对评价目标的一个方面的规定，是具体的、可测量的、行为化和操作化的目标。①

Evaluating indicator: a marker of accomplishment/progress. It is a specific, observable, and measurable accomplishment or change that shows the progress made toward achieving a specific output or outcome in your logic model or work plan.②

认知学徒制教学模式："学徒"表明了它与传统的学徒制的继承关系或相似性，即强调学习应当发生在其应用的情境当中，通过观察专家工作与实际操作相结合获得知识与技能；"认知"则又强调一般化知识的学习发生在应用的场景，促进知识在多种情境中应用。认知学徒制的主要目的在于培养学习者的高级认知技能，比如问题解决能力、反思能力等。③

Cognitive apprenticeship instruction: "Apprenticeship" shows its inheritance relationship or similarity with traditional apprenticeship, that is, it emphasizes that learning should take place in the context of its application, and knowledge and skills should be acquired through the combination of expert work and practical operation. Cognition, on the other hand, reflects a strong realistic significance, emphasizing that the learning of general knowledge takes place in the application scene and promoting the application of knowledge in various situations. The main purpose of cognitive apprenticeship is to develop learners' advanced cognitive skills, such as ability of problem solving and ability of reflection④.

---

① 顾明远.教育大辞典（增订合编本）[M].上海：上海教育出版社.1988：2809.
② CDC. Developing Evaluation Indicators [DB/OL]. [2022-08-06] https://www.cdc.gov/std/Program/pupestd/Developing%20Evaluation%20Indicators.pdf.
③ Collins, A., Brown, J. S., & Newman, S. E. Cognitive apprenticeship: Teaching the craft of reading, writing, and mathematics. In L. B. Resnick（Ed.）, Knowing, learning, and instruction: Essays in honor of robert glaser [M]. Mahwah N J: Lawrence Erlbaum Associates, Inc. 1989, 453–494.
④ Collins, A. O. Cognitive apprenticeship: teaching the craft of reading, writing, and mathematics [J]. Knowing Learning & Instruction, 1987, 453–494.

试卷：是用于进行多种类型测试的典型成套试题，通常在课程单元学习之后或者全部内容学习之后使用，是教师和学习者进行总结性评价的一种工具。

Test papers: refer to a typical set of test questions used to conduct various types of tests, usually used after the study of a course unit or after the study of the entire subject, and is a tool for teachers and students to make summative evaluations.

数字教育资源：是指为教学目的而专门设计的或者能服务于教育的各种以数字形态存在和被使用的资源，属于课程资源的范畴。

Digital educational resources: belong to the category of curriculum resources, are all kinds of resources that exist and are used in digital form, which are specially designed for teaching purposes or can serve education.

随机进入教学模式：是一种对复杂（或高级）的知识与技能进行教学的模式。学习者可以为了不同的目的，随意通过不同途径、不同侧面、采用不同方式多次进入同样教学内容的学习，从而获得对同一事物或同一问题多方面的认识与理解。

Random access learning: refers to the instructional model that teaches complex (or advanced) knowledge and skills. Learners can enter the same teaching content multiple times through different channels, different aspects and different ways, so as to obtain knowledge and understanding of the same thing or the same problem in many aspects.[①]

网络辅助课程：课程内容传授中使用了基于网络的技术，但只是作为面授教学的补充，沿用传统教学模式。

Web-facilitated course: Course which uses web-based technology to

---

[①] Spiro, R. J., Feltovich, P. J., Jacobson, M. J., & Coulson, R. L. Cognitive flexibility, constructivism, and hypertext: Random access instruction for advanced knowledge acquisition in ill-structured domains. In L. P. Steffe, & J. E. Gale (Eds.), Constructivism in education; Constructivism in education [M]. Mahwah NJ: Lawrence Erlbaum Associates, Inc, Hillsdale, NJ. 1995, 85–107.

facilitate what is essentially a face-to-face course, following the traditional teaching model.①

网络教学平台：是在线学习和教学全过程的支持环境，能够承载在线课程，支持网络环境下的教与学。

Learning management system (LMS): is an e-learning platform and a supportive environment for the whole process of online learning and teaching, which can carry out online courses and support teaching and learning in the network environment.

网络学习空间：根据运行载体服务性质的不同，可以将其分为广义的网络学习空间和狭义的网络学习空间。广义的网络学习空间是指运行在任何平台载体之上，支持在线教学活动开展的虚拟空间，而狭义的网络学习空间特指运行在专门的教育服务平台之上，支持在线教学活动开展的虚拟空间。②

Cyberspace for learning: refers to the virtual computer world, and more specifically, an electronic medium that is used to facilitate online communication. Cyberspace typically involves a large computer network made up of many worldwide computer subnetworks that employ TCP/IP protocol to aid in communication and data exchange activities. Cyberspace's core feature is an interactive and virtual environment for a broad range of participants.③

无缝学习：是指随时在不同情境下进行的学习，能在移动设备的辅助下快速且容易地在不同学习情境间切换，融合课内与课外、即时和非即时交流，以及正式和非正式学习、多种教学法和教学活动。④

---

① Allen, I.E., & Seaman, J., Sizing the opportunity: The quality and extent of online education in the United States, 2002 and 2003[J]. Sloan Consortium (NJ1), 2003, 36 (23): 659–673.
② 杨现民，赵鑫硕，刘雅馨，潘青青，陈世超. 网络学习空间的发展：内涵、阶段、问题与建议[J]. 中国电化教育，2016 (4): 30–36.
③ Weller M. Virtual learning environments: Using, choosing and developing your VLE [M]. London: Routledge, 2007.
④ 祝智庭，孙妍妍. 无缝学习——数字时代学习的新常态[J]. 开放教育研究，2015，21 (1): 11–16.

Seamless Learning: refers to learning that takes place in different contexts at any time, can be quickly and easily switched between different learning contexts with the aid of mobile devices, and integrates in-class and out-of-class, instant and non-instant communication, formal and informal learning, multiple pedagogies and teaching activities.

学科：是指依据学术的性质而划分的科学门类。如自然科学中的物理学、化学；人文与社会科学中的历史学、语言学等。
Disciplinary: is related to a specific field of academic study. Such as Physics, Chemistry in natural sciences, and history, linguistics in humanities and social sciences.

学习动机：通常被定义为一种激发、指向并维持某种行为的内部心理状态。[①]
Learning motivation: is usually defined as an internal psychological state that stimulates, directs and maintains a certain behavior.

学习风格：指的是个体之间最有效的教学或学习模式的差异。
Learning styles: refers to the concept that individuals differ in regard to what mode of instruction or study is most effective for them.[②]

学习共同体：是一个由学习者、助学者以及其他有着明确的团队归属感、共同向往和广泛交流机会的人共同构成，拥有共同目标，可共同分享、交流、沟通、共同活动、相互促进的学习团队。
Learning community: is a learning team composed of learners, facilitators, and other people with a clear sense of team belonging, common

---

[①] [美]安妮塔·伍尔福克（著），教育心理学[M]. 伍新春（译）. 北京：机械工业出版社，2015：330.
[②] Pashler, H., McDaniel, M., Rohrer, D., & Bjork, R. Learning Styles: Concepts and Evidence [J]. Psychological Science in the Public Interest: a Journal of the American Psychological Society, 2008, 9 (3): 105-119.

aspirations and extensive communication opportunities, with common goals, common sharing, communication, common activities, and mutual promotion.

学习活动：指学习者以及与之相关的学习群体（包括学习伙伴和教师等）为了完成特定的学习目标而进行的操作总和。其至少包括4个方面：活动任务和主题、活动基本流程和步骤设计、活动监管规则和活动评价规则。①

Learning activities: refers to the sum of operations performed by learners and their related learning groups (including learning partners and teachers) to accomplish specific learning objectives. It includes at least four aspects: activity tasks and themes, basic procedure and steps of activities, activity rules, and evaluation rules of activity.

学习目标：是对学习者通过学习后应该表现出来的可见行为的具体、明确的表述。②

Learning objectives: are statements that clearly describe students' behaviors change after completing a prescribed unit of instruction.③

学习能力：是学习者在学习活动中形成和发展起来的能力，是在正式学习或者非正式学习环境下自我求知、做事和寻求发展的能力。④

Learning ability: refers to learner's ability formed and developed in learning activities to seek knowledge, do things and seek development under the formal or informal learning environment.

学习评价：是指针对学习者学习的评价，是以学习目标为依据，制定科学的标准，运用一切有效的技术手段，对学习活动过程及其结果进行测

---

① 葛文双，傅钢善. 基于活动理论的网络学习活动设计——"现代教育技术"网络公共课活动案例[J]. 电化教育研究，2008（3）：51-55，63.
② 何克抗，林君芬，张文兰. 教学系统设计[M]. 北京：高等教育出版社，2006.
③ Kibler R.J., Cegala, D.J., Barker, L.L. & Miles, D.T. Objectives for instruction and evaluation[M]. Boston, MA: Allyn and Bacon, Inc, 1974.
④ 刘美凤，康翠，董丽丽. 教学设计研究：学科的视角[M]. 北京：北京师范大学出版社，2018：139.

定、衡量，从而为教学决策提供依据。①

Learning assessment: is defined as the deliberate process of collecting information about students' learning, using any of a number of different formats, to evaluate their learning and to make instruction-related decisions.②

学习态度：是指个体在自身学习过程中形成的一种相对稳定的，包括认知、情感和行为倾向等因素的心理倾向。

Learning attitude: refers to a relatively stable psychological tendency formed by individuals in learning process, including cognitive, emotional and behavioral tendencies.

学习兴趣：是指个体的学习意愿，分为个体兴趣和情境兴趣两类。个体兴趣是特质性的，而情境兴趣是状态性的。③

Learning interest: refers to the individuals' attention and investment in certain specific events and learning contents, is usually divided into two categories: individual interest and situational interest. Individual interest has the characteristics of persistence and stability while Situational interest is the immediate, short-lived psychological state.④

学习需要：是指学习者目前的学习与发展水平与期望学习者达到的学习和发展水平之间的差距。

Learning needs: refers to the gap between the current learning development level of learners and the expected learning development level of learners.

---

① 何克抗，林君芬，张文兰.教学系统设计[M].北京：高等教育出版社.2006.
② Richey, R. C. Encyclopedia of Terminology for Educational Communications and Technology [M]. NY: Springer New York, 2013: 12
③ [美]安妮塔·伍尔福克（著），教育心理学[M].伍新春（译）.北京：机械工业出版社，2015：347.
④ Zhang, J. Learning Interest: A Review of Studies and Implications for Future Research Directions in Second Language Acquisition [J]. Teacher Education and Curriculum Studies, 2022, 7 (1): 15-22.

学业预警系统：是对学习者学习情况进行评判、警示、指导的软件系统。它是为了高质量地完成教学目标，运用适当的方法构建预警模型，对数据进行分析，根据评估的结果对学习者和教师发出警示信号，并及时提供有效且有针对性的干预建议。

Early warning systems（EWSs）：By analyzing multiple sources of educational data, Early Warning Systems（EWSs）identify students who might undertake risk of academic failure and provide academic interventions to students and other stakeholders.

学习支持服务：是指教育机构（院校）为指导和帮助学习者开展混合学习，达到学习目标，通过各种形式和途径提供的各种类型服务总和，包括学习规划与引导、学情诊断与辅导、学习监测与干预，学习评价与反馈等。

Learning support services: refers to various types of services provided by educational institutions to guide and help students to carry out blended learning and achieve learning goals, including learning planning and guidance, learning diagnosis and tutoring, learning monitoring and intervention, learning evaluation and feedback, etc.

远程教育：是一种教和学分处不同地方的教学和有规划的学习，需要通过技术和专门组织机构来支持有效沟通。[①]

Distance education: refers to the teaching and planned learning where the teaching occurs in a different place from learning, requiring effective communication supported by technologies and special institutional organizations.

在线课程：课程的大部分或全部内容通过在线方式完成（在线传授内容所占的比例达80%及以上），通常没有面对面的交流。

[①] 韩锡斌，王玉萍，张铁道 等. 迎接数字大学：纵论远程、混合与在线学习——翻译、解读与研究[M]. 北京：清华大学出版社，2016：71-72.

Online course: is defined as having at least 80% of the course content delivered online. Typically has no face-to-face meetings.①

在线学习：在线学习是远程教育的一种形式，学习过程以技术为媒介，课程教学完全通过互联网完成，学习者和教师无须在同一时间和同一地点来参与。此类学习不包括更为传统的远程教学方式，如印刷资料相关的函授、广播电视或者收音机、传统方式的视频会议、录像带/DVD 和单机版教学软件。②

Online learning: is a form of distance education where technology mediates the learning process, teaching is delivered completely using the internet, and students and instructors are not required to be available at the same time and place. It does not include more traditional distance education instruction methods, such as print-based correspondence education, broadcast television or radio, videoconferencing in its traditional form, videocassettes/DVDs and stand-alone educational software programs.③

专业：高等学校根据社会分工需要而分的学业门类，一般由必修课程和选修课程组成，通过这些课程的学习可获得学位或证书。

Academic program: is a professional category divided by colleges and universities. comprising the required and elective courses that lead to a degree or certificate.

知识：将知识广泛地理解为通过学习获得的信息、理解、技能、价值观和态度。④

---

① Allen, I.E., & Seaman, J., Sizing the opportunity: The quality and extent of online education in the United States, 2002 and 2003[J]. Sloan Consortium (NJ1), 2003, 36 (23): 659-673.
② 韩锡斌, 王玉萍, 张铁道等. 迎接数字大学: 纵论远程、混合与在线学习——翻译、解读与研究 [M]. 北京: 清华大学出版社, 2016: 72.
③ Gasevic, D., Siemens, G., & Dawson, S. Preparing for the digital university: a review of the history and current state of distance, blended, and online learning [M]. Arlington: Link Research Lab, 2015: 100.
④ 联合国教科文组织. 反思教育: 向"全球共同利益"的理念转变？. 北京: 教育科学出版社. 2017.

Knowledge: is broadly understood as information, understanding, skills, values and attitudes acquired through learning.①

自我效能感：一个人相信他在执行某项任务时能够取得成功的信念。感知的自我效能感是指人们对其控制自己活动的能力的信念。

Self-efficacy: One's beliefs that he/she can be successful when carrying out a particular task. Perceived self-efficacy refers to people's beliefs about their capabilities to exercise control over their own activities.②

---

① UNESCO. Rethinking education: towards a global common good? [DB/OL]. (2015) [2022-08-06]. https://unesdoc.unesco.org/ark:/48223/pf0000232555.

② Bandura, A. Social foundations of thought and action: A social cognitive theory [M]. Englewood Cliffs, NJ: Prentice-Hall. 1986.